北京邮电大学校史
(1955—2015 年)

《北京邮电大学校史》编委会　主编

北京邮电大学出版社
www.buptpress.com

图书在版编目(CIP)数据

北京邮电大学校史：1955—2015年/《北京邮电大学校史》编委会主编. -- 北京：北京邮电大学出版社，2018.11
ISBN 978-7-5635-5623-6

Ⅰ. ①北… Ⅱ. ①北… Ⅲ. ①北京邮电大学—校史—1955—2015 Ⅳ. ①G649.281

中国版本图书馆CIP数据核字(2018)第260602号

书　　名	：北京邮电大学校史(1955—2015年)
主　　编	：《北京邮电大学校史》编委会
责任编辑	：张珊珊　孙宏颖
出版发行	：北京邮电大学出版社
社　　址	：北京市海淀区西土城路10号(邮编：100876)
发 行 部	：电话：010-62282185　传真：010-62283578
E-mail	：publish@bupt.edu.cn
经　　销	：各地新华书店
印　　刷	：保定市中画美凯印刷有限公司
开　　本	：720 mm×1 000 mm　1/16
印　　张	：40.75
字　　数	：862千字
版　　次	：2018年11月第1版　2018年11月第1次印刷

ISBN 978-7-5635-5623-6　　　　　　　　　　　　　　　　　　定　价：88.00元

·如有印装质量问题，请与北京邮电大学出版社发行部联系·

领导关怀

1958年，朱德副主席、郭沫若副委员长参观我院电视台（1958年）

周恩来总理视察学校电报大楼（1958年）

领导关怀

全国人民代表大会副委员长朱学范参加我校三十周年校庆（1985年）

中共中央政治局常委宋平参观我校科技展览（1990年）

领导关怀

全国政治协商会议副主席谷牧在展览会上听取激光通信的介绍（1990年）

全国人民代表大会副委员长雷洁琼来我校指导工作（1995年）

领导关怀

李岚清副总理来我校看望教师并参观实验室（1994年教师节）

曾庆红、吴基传、罗青长、伍绍祖等参加李白烈士塑像揭幕典礼（1995年）

领导关怀

全国人民代表大会副委员长许嘉璐一行来我校视察工作（2001年）

教育部部长陈至立视察我校（2002年）

领导关怀

教育部周济副部长视察我校（2002年）

北京市市长刘淇来校视察并看望学生（2000年）

领导关怀

国务委员陈至立来我校参加校庆展开幕仪式（2005年）

教育部赵沁平副部长一行莅临我校检查指导工作（2007年）

领导关怀

北京市委书记刘淇、市长郭金龙莅临我校进行信息产业发展专题调研（2009年）

教育部副部长陈希同志来我校视察工作（2009年）

领导关怀

吴邦国委员长视察我校无锡感知技术与产业研究院（2010年）

李长春、刘云山、陈至立等中央领导同志听取我校世纪学院科研课题成果汇报（2012年）

领导关怀

俞正声主席莅临我校民族教育学院调研（2013年）

教育部袁贵仁部长会见我校王亚杰书记（2015年）

发展邮电
人才先行

李鹏
一九九五年八月

为我国通信现代化培
养更多的优秀人才

江泽民
一九九五年八月廿二日

振兴邮电事业促进
我国现代化建设

北京邮电大学建校四十周年志庆
钱伟长
一九九五年九月八日

面向廿一世纪信息
时代，培养更多优
秀的通讯信息人才

祝北京邮电大学
建校四十周年

李岚清 一九九五年八月廿日

通信连四海
信息遍九洲

雷洁琼
一九九五年九月

北京邮电大学建校四十周年纪念

信息时代邮电先行
育人兴国重任不贷

一九九五年秋月 吴阶平题

贺北邮电大学建校四十周年

培养通信高级人才
振兴邮电宏伟大业

杨泰芳
一九九五年十月

祝贺北邮校史出版

艰苦创业育桃李
改革开放展新篇

杨恩九 乙亥年五月

我校院士和历任党政主要领导

叶培大院士

周炯槃院士

陈俊亮院士

徐大雄院士

我校院士和历任党政主要领导

钟夫翔

杨思九

孟贵民

我校院士和历任党政主要领导

宋德仁

李根达

叶培大

我校院士和历任党政主要领导

胡健栋

朱祥华

李鹏飞

我校院士和历任党政主要领导

孙鸿志

王德宠

林金桐

我校院士和历任党政主要领导

方滨兴

王亚杰

乔建永

北邮第一届毕业生合影（1956年）

苏联专家参加我校教学活动（1957年）

教学科研

师生们奋战在十三陵水库工地上（1958年）

教学电视台和半导体载波机试制成功，参加国庆游行（1958年）

教学科研

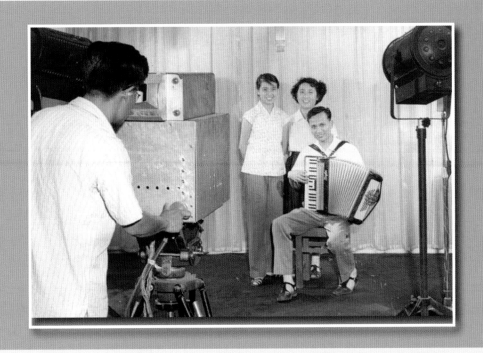

无线系建立的教学实习电视台演播室（1958年）

130电化教室（1978年）

教学科研

"文化大革命"恢复招生后第一届硕士研究生毕业答辩(1981年)

78级研究生论文答辩会(1981年)

教学科研

叶培大教授为研究生上课（1984年）

首届博士生论文答辩（1986年）

教学科研

"RC有源滤波器"是我校第一个发明专利（1987年）

学校召开教学表彰大会（1994年）

教学科研

1994年我校首位博士后出站

北京市文明校园建设专家组来我校进行评估（1995年）

教学科研

10G比特秒ATM交换机技术鉴定会（1998年）

本科教学工作优秀评建动员会（1998年）

教学科研

庆祝建校45周年暨叶培大教授执教60周年大会（2000年）

网络学院毕业生在ATM网上进行毕业答辩（2003年）

教学科研

北京邮电大学本科教学工作水平评估汇报会（2007年）

泛网无线通信教育部重点实验室建设项目验收（2008年）

教学科研

教育部高等教育司司长张大良一行检查指导我校大学生创新成果展示交流会（2010年）

可信网络通信协同创新中心揭牌仪式（2014年）

教学科研

北京邮电大学研究生培养指导委员会成立大会（2014年）

北京邮电大学2014年教学工作会议（2014年）

学校师生参加新中国成立十周年游行（1959年）

元旦晚会演出——洗衣舞（1973年）

校园文化

五月鲜花学生歌咏比赛(1986年)

首届学生文化艺术节(1987年)

校园文化

40年校庆时热闹的主楼前广场（1995年）

第37届学校运动会（2000年）

校园文化

"一二·九"文艺汇演（2004年）

50周年校庆300天倒记时活动启动仪式（2004年）

校园文化

奥运会赛会志愿者录用通知书发放仪式暨共青团组织表彰誓师大会（2008年）

国庆60周年群众游行教育发展方阵走来的北邮学子(2008年)

学校建设与发展

北京邮电学院初建时期的大门（1958年）

北京电信学院与北京邮电学院合并大会（1959年）

学校建设与发展

邮电科技大学与北京邮电学院合并大会（1960年）

学校教学科研主楼落成典礼（1991年）

学校建设与发展

学校更名庆祝大会（1994年）

我校"211工程"建设项目开工动员大会（1998年）

学校建设与发展

远程学院开学典礼（1999年）

教育基金会正式成立大会（2000年）

学校建设与发展

研究生院正式成立揭牌（2004年）

北邮研究生院正式成立大会（2004年）

学校建设与发展

国际学院开学典礼（2004年）

我校与加拿大BNR签署技术合作备忘录（1993年）

学校建设与发展

北邮"十五""211工程"建设项目验收会(2006年)

北京邮电大学党建和思想政治工作汇报会(2007年)

学校建设与发展

中国共产党北京邮电大学第十三次代表大会开幕式（2009年）

北京邮电大学正式启动"985工程"优势学科创新平台建设（2011年）

学校建设与发展

北京邮电大学沙河校区建设工程开工仪式（2012年）

北京邮电大学沙河校区启用仪式暨北京高科大学联盟（昌平）揭牌典礼（2015年）

德国邮电部部长来访（1995年）

瑞典爱立信公司总裁来我校访问并签署合作协议（1996年）

对外合作与交流

基辛格出席GTE基金会向我校捐款仪式（1997年）

朱祥华校长在GTE基金会捐款仪式上与基辛格交谈（1997年）

对外合作与交流

芬兰交通通信部基莫·萨西部长访问我校（2002年）

微软公司与我校合作协议签字仪式（2003年）

对外合作与交流

北邮与中关村管委会共建留学人员创业园签字仪式（2003年）

日本富士通株式会社社长参观光通信中心（2004年）

对外合作与交流

任晓敏副校长和Rajesh Chandra教授关于孔子学院的签约合影（2011年）

王亚杰书记会见斐济南太平洋大学校长钱德拉教授一行（2012年）

校园风貌

教学主楼

北邮科技大厦（1999年）

校园风貌

教三楼

科学会堂（1999年）

校园风貌

图书馆大楼初建时的外景（1986年）

修葺一新的运动场（2004年）

校园风貌

学生餐厅

沙河校区规划蓝图

校园风貌

新科研楼

沙河校区校门

编 委 会

主　任　王亚杰　乔建永
副主任　赵纪宁　任晓敏　温向明　曲昭伟
委　员（按姓氏笔画）

　　　　王　欢　王启霄　王性毅　王德宠　方明东　吕文彬

　　　　任德恭　许云龙　李全喜　李秀峰　严潮斌　张志刚

　　　　张筱华　陈家瑞　林金桐　赵纪宁　赵青山　高纪春

　　　　程玉红

前　　言

光阴荏苒。不知不觉间,北京邮电大学走过了自己的六十年,而我们——所有北邮人,也在翘首伫盼中终于等来了这一刻:北邮的六十华诞。

六十年一甲子,这在中国无论如何都是件了不起的事,庆祝、献礼之类自然少不了。而作为隆重献礼之一的,便是呈现在读者诸君面前的这本新《北京邮电大学校史》。

说它新,也不全然。因为这本校史是在旧史的基础上编纂而成的。早在1995年北邮建校四十周年时,便已经有了一部拓荒性的校史雏形——《北京邮电大学四十年》。2005年五十年校庆之际,《北京邮电大学校史》编委会又在其基础上编成了第一部正式的校史。如今的这部校史,不仅在编纂形式上继承了旧校史年经事纬的体例格局,而且在内容上,前50年史事基本上保持旧观。这样做,不仅仅是为了表示对前两部校史劳动成果的尊重,也不仅仅是为了追求全书框架结构的统一,更是历史编纂学自身客观叙事的要求使然。人还是那些人,事还是那些事,旧史已经客观叙述过的,我们不可能为了显示自己的高明而随便将之推倒重来、另构新编。

但既然是重修,便自有其不同于旧史之处。其中最大的不同,莫过于新增了最后的两章。这两章共十万多字的篇幅,叙述了2005年迄今十年间北邮的新史事、新历程,全是旧史不曾有过的新内容,也是此次编纂新《北京邮电大学校史》时我们最大的用力所在。在我们的工作即将结束之际,回首一年来围绕着新《北京邮电大学校史》编纂工作的点点滴滴,不免良多感慨:从最初在校党委书记王亚杰同志的领导下成立编委会,到后来几度召开不同范围、不同规模的讨论会;从编纂宗旨的初步确立,到纲目草案的最终拟定;从执笔人员的纂写工作,到全校各级领导、各相关部门的支持与配合;从早期的史料搜集和整理,到后期史稿的撰写与修改……相比于北邮六十年来的伟大历程,我们的工作是微不足道的,却也是兢兢业业、甘苦自知的。

综上所述,呈现在大家面前的这部新《北京邮电大学校史》,不是哪个人或哪几个人劳动的产物,而是一代乃至几代北邮人集体创作的结晶。而这部凝结了几代人心血和智慧的新《北京邮电大学校史》,是否能够准确记录六十年来北京邮电大学的历史征程,全面反映六十年来几代北邮人艰苦创业、奋发进取的精神风貌呢?作为献给北邮六十华诞的一份特殊礼物,这部新《北京邮电大学校史》又是否能与北邮的辉煌历史相颉颃,令广大北邮人、天南地北的新老宾朋们感到满意呢?这当然是我们既愿意奢望、又不敢奢求的了。

夫史者,事也。执史笔者的最高境界,莫过于以事寄意,以事传神,以事警世,以事觉民。我们愧无如椽巨笔,却也自感有一种责任,通过记录一件件北邮故事,去承载北邮精神,去彰显北邮情怀,去激励北邮学子,去关注北邮兴衰。往者已矣,来日方长。而一切所谓"述往事",莫不是为了"思来者"。我们希望读者打开本书时,从中读到的不只是北邮的过去、现在和未来。

北邮的过去是什么?是一代代北邮人的埋头实干、艰苦创业,是曲折与辉煌并存。北邮的六十年,几乎与新中国同步,其挫折与失误、光荣与成就,大致与国家发展和社会需求相一致,尤其与邮电通信、高等教育事业的发展息息相关。但是时代环境的影响和制约,毕竟只是外因。"盛衰之理,虽曰天命,岂非人事哉!"我们在这里只想更多地检讨"人事"。试问六十年的甘苦历程,哪一步不是北邮人自己跋涉过来的?"崇尚奉献、追求卓越"的北邮精神,以及"厚德博学、敬业乐群"的校训,哪个字不是从以往的无数"人事"中提炼萃取而成的?回顾历史,我们不能不以虔敬的心态,去缅怀为北邮的发展做出过贡献的所有先驱者,无论他们是做出过突出贡献的人,还是普通人。

北邮的现在是什么?是当代北邮人的继往开来、二次创业,是希望与危机同在。天旋地转,世运升沉。当代中国社会的新发展、新变化,对于北邮既有有利的一面,也有不利的因素。而历史终归是历史,无论过去的业绩是正是负,在现实的天平上,一切都难免要残酷归零。如果说还有什么遗产可以继承的话,那就是老一辈人创业拼搏、自强不息的精神。所以,对当代北邮人来说,没有什么历史资本可以依赖,也没有什么历史包袱可以背负。继承先辈创业精神,努力开拓与守成创业的新局面,去直面危机,去实现梦想,才是唯一可行的策略。站在当下,我们欣慰地看到,新一代北邮人正以不骄不躁的姿态,沉潜砥砺,继往开来,务实进取,续写辉煌。

北邮的未来是什么?要么新生,要么沉沦。也许有人会问,在六十华诞大庆之际,说这样的话是否适宜?我们不是歌唱家,而是修史者。史贵乎直而忌乎隐。瞩目未来,我们看到的是中国高等教育竞争日益激烈的大趋势,是北邮的明天将面临更多危机和挑战。谚曰:"逆水行舟,不进则退。"又曰:"物竞天择,适者生存。"优胜劣汰是不以任何人主观意志为转移的客观规律,明天的北邮将走向何方?无非就是以上两种答案。我们更愿意居安思危,提醒大家常怀有一份对未来的戒慎恐惧。只有这样,我们此时祝福北邮的缤纷话语,到明天才不致成为缥缈的空言。

说到了祝福,祝福什么呢?六十岁,对于一个人来说,无论如何不算小了,但我们的北邮还很年轻。不仅如此,如果发展得好,相信再过一百、二百、几百年后也不能算老。世界上许多历史悠久的名校不是至今仍然焕发着无尽的青春活力吗?我们的北邮也应如此。因此,就套用句老话,祝她青山不老、绿水长流!

是为序。

《北京邮电大学校史》编委会
2015 年 9 月

目 录

第一章 北京邮电学院的创建(1953—1956) ………………………… 1

一 新中国成立前的邮电教育 ………………………………………… 1

二 新中国成立初期邮电事业的发展 ………………………………… 2

三 新中国第一所邮电高校的筹建 …………………………………… 3

  (一)国家批准筹建邮电学院 ……………………………………… 3

  (二)成立学院筹备处 ……………………………………………… 4

  (三)开展各项筹备工作 …………………………………………… 4

四 北京邮电学院的成立 ……………………………………………… 12

  (一)北京邮电学院的诞生 ………………………………………… 12

  (二)正式招生,建立教学秩序 …………………………………… 13

五 建院初期各项工作的开展 ………………………………………… 16

  (一)扩大招生 ……………………………………………………… 16

  (二)教学工作 ……………………………………………………… 16

  (三)科研工作 ……………………………………………………… 17

  (四)业余和函授教育工作 ………………………………………… 18

  (五)邮电管理干部进修工作 ……………………………………… 18

  (六)体育活动与学生军训 ………………………………………… 19

  (七)新校址搬迁工作 ……………………………………………… 19

  (八)调整组织机构 ………………………………………………… 20

  (九)图书资料工作 ………………………………………………… 22

  (十)服务保障工作 ………………………………………………… 22

六 全面学习苏联,向科学进军 ……………………………………… 22

  (一)全面学习苏联教育经验 ……………………………………… 22

（二）制定学院长远规划 …… 24
　　（三）师生制定红专规划 …… 24
　　（四）向科学进军 …… 25
七　党的建设与思想政治工作 …… 26
　　（一）学院第一次党员代表大会 …… 26
　　（二）思想政治工作 …… 27
　　（三）党的组织建设 …… 28
　　（四）建立青年团组织 …… 28
　　（五）开展创三好活动 …… 28
　　（六）开展文体活动 …… 29
　　（七）建立工会组织 …… 29
　　（八）贯彻党的统一战线政策 …… 29
　　（九）选举区人民代表 …… 30
　　（十）创办学院院刊 …… 30

第二章　学院在探索中前进（1957—1960） …… 31

一　各项政治运动的开展 …… 31
　　（一）整风运动和反右派斗争 …… 31
　　（二）"双反交心"和"红专辩论" …… 33
　　（三）"大跃进" …… 34
　　（四）八届八中全会文件学习和反右倾斗争 …… 34
二　"教育革命"的探索 …… 36
　　（一）贯彻党的教育方针 …… 36
　　（二）在生产劳动中改造思想做普通劳动者 …… 36
　　（三）教育革命辩论和新的教学方案实施 …… 39
　　（四）贯彻中央关于调整教育的精神 …… 40
三　开展群众性的科学研究 …… 43
四　两院合并和各项工作的大发展 …… 44
　　（一）并院工作 …… 44
　　（二）全院各项工作的大干快上 …… 45
五　学院被确定为全国重点院校 …… 47

六　院第二、第三次党代会 …… 49
　（一）第二次党代会 …… 49
　（二）第三次党代会 …… 50
七　师生员工共度暂时困难 …… 50

第三章　学院在调整、充实中发展（1961—1965） …… 53

一　贯彻"八字方针"和"高教六十条" …… 53
　（一）领会中央精神，统一思想认识 …… 53
　（二）学校教学秩序逐步恢复 …… 54
　（三）制订贯彻执行"高教六十条"的《五年规划》 …… 56

二　甄别、平反，调动师生员工的积极性 …… 57
　（一）甄别、平反，纠正错误 …… 57
　（二）广泛调动知识分子的积极性 …… 59

三　召开院第四次党代会总结办学经验 …… 60
　（一）学校工作必须贯彻以教学为主的原则 …… 60
　（二）必须正确贯彻理论联系实际的原则 …… 60
　（三）在教学工作中必须充分发挥教师的主导作用 …… 61
　（四）必须全面贯彻党的团结教育知识分子的政策 …… 61
　（五）必须正确处理红和专的关系 …… 61
　（六）认真贯彻执行党的"百花齐放、百家争鸣"的方针 …… 61
　（七）加强党的领导，必须实行党委领导下的以院长为首的院务委员会
　　　　负责制 …… 62
　（八）必须把群众运动和深入细致的思想政治工作密切地结合起来 …… 62

四　坚持教学为主，加强教学管理 …… 63
　（一）贯彻以教学为主的原则，修订教学计划 …… 63
　（二）加强教学管理，稳定教学秩序 …… 63
　（三）发挥教师在教学中的主导作用，加强教学第一线 …… 64
　（四）加强教材建设，修订教学大纲 …… 64
　（五）加强学生的"三基""三严"训练，提高实习实验课的质量 …… 64
　（六）采取多种措施，保证正常教学和学生的全面发展 …… 65
　（七）学生学习风气的好转 …… 66

五 科研和其他各项工作全面、协调发展 ……………………………………… 67
  (一)科研工作 ……………………………………………………………… 67
  (二)研究生教育工作 ……………………………………………………… 68
  (三)师资队伍培养工作 …………………………………………………… 69
  (四)函授教育工作 ………………………………………………………… 70
  (五)健全规章制度,加强行政工作 ……………………………………… 71

六 党的建设和思想政治工作 …………………………………………………… 72
  (一)重新登记党员试点工作 ……………………………………………… 72
  (二)加强思想政治工作 …………………………………………………… 72

七 贯彻中央精神和毛泽东主席的指示,进行教学改革 ……………………… 74
  (一)学习领会中央和毛泽东主席指示精神,为教改做准备 …………… 74
  (二)各项教学改革的开展 ………………………………………………… 75

八 推行"以阶级斗争为纲","左"的倾向继续发展 …………………………… 78
  (一)政治思想方面"左"的倾向继续发展 ………………………………… 78
  (二)组织师生员工,参加三大革命斗争实践 …………………………… 79
  (三)院第五次党代会 ……………………………………………………… 79

第四章 "文化大革命"的十年(1966—1976) ……………………………………… 81

一 停课"闹革命",成立"革委会" ……………………………………………… 81
  (一)停课"闹革命",学校大乱 …………………………………………… 81
  (二)造反派夺权,学院成立"革命委员会" ……………………………… 83

二 全院教职工下放"五·七"干校 ……………………………………………… 84
  (一)筹办"五·七"干校 …………………………………………………… 84
  (二)全院教职工下放"五·七"干校 ……………………………………… 85
  (三)军宣队继续斗、批、改,教职工遭到严重打击和迫害 ……………… 85

三 学院更名为北京电信工程学院 ……………………………………………… 87
  (一)学院更名 ……………………………………………………………… 87
  (二)北京电信工程学院的领导体制和机构设置 ………………………… 87
  (三)招收工农兵学员 ……………………………………………………… 88

四 恢复北京邮电学院建制 ……………………………………………………… 88
  (一)开展恢复北京邮电学院 ……………………………………………… 88

（二）学校工作的恢复和整顿 …………………………………………… 89
　　（三）"开门办学" ………………………………………………………… 91
　　（四）院第六次党代会的召开 …………………………………………… 92

五　"四人帮"破坏，学校再度陷入混乱 ……………………………………… 92
　　（一）"批林批孔"及"反复辟回潮" ……………………………………… 92
　　（二）"四人帮"发动的"反击右倾翻案风" ……………………………… 92

六　粉碎"四人帮"，学院获新生 ……………………………………………… 93

七　十年"文化大革命"对学院的破坏与师生的抗争 ……………………… 94
　　（一）"文化大革命"对学院的破坏 ……………………………………… 94
　　（二）师生员工在逆境中的抗争 ………………………………………… 95

第五章　拨乱反正恢复学校正常秩序（1977—1982） …………………… 97

一　推翻"两个估计"，解除精神枷锁 ………………………………………… 97
二　恢复和整顿学校管理机构 ………………………………………………… 99
三　恢复办学条件和教学秩序 ………………………………………………… 99
　　（一）恢复与改革招生制度 ……………………………………………… 99
　　（二）调整专业设置 ……………………………………………………… 101
　　（三）教师队伍的恢复和建设 …………………………………………… 101
　　（四）深入调查研究，改进教学工作 …………………………………… 103
　　（五）开始实行学年学分制 ……………………………………………… 104
　　（六）对77级学生教育质量进行调研 …………………………………… 106

四　科研工作逐步恢复 ………………………………………………………… 108
　　（一）派代表出席全国科学大会 ………………………………………… 108
　　（二）成立北京邮电学院科学研究所 …………………………………… 109
　　（三）重建院学术委员会 ………………………………………………… 109

五　建立学位制度和恢复研究生招生 ………………………………………… 111
　　（一）建立学位制度 ……………………………………………………… 111
　　（二）恢复研究生招生 …………………………………………………… 111

六　落实党的政策，调动各方面积极性 ……………………………………… 112
　　（一）纠正冤假错案，落实党的政策 …………………………………… 112
　　（二）贯彻落实党的知识分子政策 ……………………………………… 112

七　召开院第七次党代会 …………………………………………… 112
八　学校各项基本建设加快进行 …………………………………… 114
　（一）校舍建设及维修 …………………………………………… 114
　（二）教学条件和设施逐年有所改善 …………………………… 115
　（三）图书资料建设 ……………………………………………… 115
　（四）实习工厂得到恢复和加强 ………………………………… 115
九　筹建电化教育馆 ………………………………………………… 115
十　筹建北京、平谷、福州分院 …………………………………… 116
　（一）北京邮电学院北京分院 …………………………………… 116
　（二）北京邮电学院平谷分院 …………………………………… 116
　（三）北京邮电学院福州分院 …………………………………… 116

第六章　改革开放　加速发展（1983—1988） …………………… 118

一　开展多种形式办学 ……………………………………………… 118
二　发展研究生教育，加强重点学科建设 ………………………… 119
　（一）改革研究生招生工作 ……………………………………… 119
　（二）研究生培养方案的修订 …………………………………… 119
　（三）通信与电子系统专业接受教学质量检查评估 …………… 120
　（四）探索研究生培养新模式 …………………………………… 121
　（五）举办教师进修班 …………………………………………… 121
　（六）重点学科建设 ……………………………………………… 122
三　选派教师出国进修，促进师资队伍建设 ……………………… 122
四　积极推进本科教学改革 ………………………………………… 123
　（一）全面实行学分制，加大力度推动教学改革 ……………… 123
　（二）实行学分制教学管理制度 ………………………………… 124
　（三）努力提高学生的外语和计算机能力 ……………………… 125
　（四）加强实验教学，实行"实验一条龙" …………………… 125
　（五）进行体育教学改革 ………………………………………… 126
　（六）设立教学基金，支持教学改革 …………………………… 127
五　进行教学基本建设 ……………………………………………… 128
　（一）加强德育教育 ……………………………………………… 128

（二）不断修订和优化学分制教学计划 …………………………………… 128
　　（三）完善教学大纲的制订和修改 ……………………………………… 129
　　（四）积极开展教材基本建设 …………………………………………… 129
　　（五）开展课程评估，进行（Ⅰ）类课程建设 …………………………… 130
六　开创科研工作为经济建设服务的新局面 ………………………………… 131
　　（一）科研工作新局面的初步形成 ……………………………………… 131
　　（二）加强校企间的协作与联合 ………………………………………… 132
　　（三）充分发挥院学术委员会参谋咨询作用 …………………………… 132
七　学校内部管理体制改革 …………………………………………………… 133
　　（一）提高领导决策的民主化、科学化程度 …………………………… 133
　　（二）理顺职能机构，扩大系部权限 …………………………………… 134
　　（三）稳步进行各项管理改革 …………………………………………… 134
　　（四）增强改革意识，更新传统观念 …………………………………… 134
　　（五）开展有偿服务 ……………………………………………………… 134
八　十年基建的成就 …………………………………………………………… 136
九　党的建设和思想政治工作 ………………………………………………… 137
　　（一）关于党的建设 ……………………………………………………… 137
　　（二）关于思想政治工作 ………………………………………………… 139
十　院第八、第九次党代会的召开 …………………………………………… 141
　　（一）院第八次党代会 …………………………………………………… 141
　　（二）院第九次党代会 …………………………………………………… 142

第七章　整顿提高深化改革（1989—1992） ……………………………… 143

一　深化教育改革，搞好本科生教育 ………………………………………… 143
　　（一）对我校本科教学改革的基本估计 ………………………………… 143
　　（二）继续深化教学改革，加强教学基本建设 ………………………… 145
二　科研管理改革与科研工作的新发展 ……………………………………… 148
　　（一）改革科研管理和经费分配制度 …………………………………… 148
　　（二）科研工作的新发展 ………………………………………………… 148
　　（三）科技开发与校办产业出现了好势头 ……………………………… 150
三　对外开放与国际交流合作逐步扩大 ……………………………………… 150
四　进行全面综合改革 ………………………………………………………… 151

（一）综合改革的指导思想、目标和重点 ………………………………… 151
　　（二）综合改革的基本思路 …………………………………………………… 152
　　（三）综合改革的基本内容 …………………………………………………… 152
五　大力发展成人教育 …………………………………………………………… 155
　　（一）邮电函授教育 …………………………………………………………… 155
　　（二）北邮夜大学 ……………………………………………………………… 156
　　（三）邮电培训中心 …………………………………………………………… 156
　　（四）国际电信开发培训中心 ………………………………………………… 156
六　坚持从严治党 ………………………………………………………………… 157
　　（一）实现了领导体制的转换，明确了党组织在学校的地位和作用 …… 157
　　（二）把党的思想建设放在首位，坚持不懈地抓党内思想教育 ………… 158
　　（三）认真进行党员重新登记工作 ………………………………………… 158
　　（四）加强各级领导班子建设，坚持实行考核制度 ……………………… 159
　　（五）加强基层党支部建设 ………………………………………………… 160
　　（六）加强民主建设，改进管理工作 ……………………………………… 160
七　加强精神文明建设 …………………………………………………………… 161
　　（一）认真落实德育首位 ……………………………………………………… 161
　　（二）开展形势教育和社会主义理论教育 ………………………………… 161
　　（三）加强马列主义理论课和德育课的教学 ……………………………… 162
　　（四）组织学生参加社会实践和军事训练 ………………………………… 162
　　（五）开展教书育人、管理育人、服务育人活动 ………………………… 163
　　（六）开展"文明校园"建设 ………………………………………………… 163
八　"八五"计划的制定和院第十次党代会 …………………………………… 164
　　（一）"七五"计划的完成情况 ……………………………………………… 164
　　（二）"八五"计划的制定 …………………………………………………… 165
　　（三）院第十次党代会 ……………………………………………………… 168

第八章　跻身"211工程"建设高水平大学（1993—1995） …………… 170

一　把握有利时机，进军"211工程" ………………………………………… 170
　　（一）积极行动，按照程序申报 …………………………………………… 171
　　（二）群策群力，做好预审准备 …………………………………………… 172
　　（三）实事求是，接受专家评审 …………………………………………… 174
二　深化学校综合改革，教学科研成果斐然 ………………………………… 176

(一)深化改革的思路 …………………………………………………… 176
　　(二)教学改革和教学发展 ……………………………………………… 177
　　(三)开创科技工作新局面 ……………………………………………… 183
　　(四)进一步开展科技产业与学术交流活动 …………………………… 185
三　学院更名为大学,提高办学效益 ………………………………………… 187
　　(一)学院更名为大学 …………………………………………………… 187
　　(二)研究生教育步入新台阶 …………………………………………… 188
　　(三)集中力量搞好国家重点实验室建设 ……………………………… 189
四　函授教育荣获全国先进 …………………………………………………… 191
　　(一)不断前进的函授教育 ……………………………………………… 191
　　(二)"两个轮子一起转" ………………………………………………… 192
五　德育工作与思想政治教育 ………………………………………………… 193
　　(一)坚持社会主义办学方向,落实德育首位 ………………………… 193
　　(二)努力做好文化素质教育的试点工作 ……………………………… 194
　　(三)加强党建工作,实施3年规划 …………………………………… 195
六　后勤基建与公共服务体系建设 …………………………………………… 196
　　(一)后勤保障日臻完善 ………………………………………………… 196
　　(二)加强基础设施建设,改善公共服务体系 ………………………… 198

第九章　开拓进取　开始第二次创业(1996—2000) ………………………… 201

一　全面启动"211工程"建设 ………………………………………………… 201
　　(一)"211工程"建设项目正式立项 …………………………………… 201
　　(二)"211工程"建设项目全面开工 …………………………………… 202
　　(三)"211工程"的组织和领导 ………………………………………… 203
　　(四)"211工程"一期建设项目成果 …………………………………… 205
二　深化学校管理体制改革 …………………………………………………… 212
　　(一)学校后勤社会化改革进一步推进 ………………………………… 212
　　(二)学校党政机关改革全面展开 ……………………………………… 215
　　(三)改善管理,加强服务 ……………………………………………… 217
　　(四)进行院系调整,启动院系改革 …………………………………… 218
　　(五)人事分配制度等改革全面铺开 …………………………………… 222
　　(六)校办产业改革 ……………………………………………………… 223

三　拓展学校发展空间 ………………………………………………… 225
　　（一）发展远程教育 ……………………………………………… 225
　　（二）高等职业技术学院成立并招生 …………………………… 227
　　（三）成人教育发展迅速 ………………………………………… 227
　　（四）加强基础设施建设，改善办学条件 ……………………… 228

四　稳步推进本科教育 ………………………………………………… 229
　　（一）增设新的专业，扩大招生规模 …………………………… 229
　　（二）修订本科专业培养计划 …………………………………… 230
　　（三）加强本科教育教学改革和研究 …………………………… 235
　　（四）积极启动本科教学优秀学校评建工作 …………………… 238

五　向研究型大学目标逐步迈进 ……………………………………… 239
　　（一）努力扩大研究生教育 ……………………………………… 239
　　（二）科研经费不断增加 ………………………………………… 240
　　（三）科研成果不断涌现 ………………………………………… 241
　　（四）广泛开展学术交流 ………………………………………… 243
　　（五）产学研合作不断推进 ……………………………………… 243

六　加强学校党建和思想政治工作 …………………………………… 246
　　（一）加强党的建设，促进学校的改革发展 …………………… 246
　　（二）加强"两课"教学改革和建设 ……………………………… 247
　　（三）加强学生的思想政治教育 ………………………………… 251
　　（四）创建文明校园，推进学校的精神文明建设 ……………… 253

七　圆满完成学校"九五"计划 ………………………………………… 254
　　（一）提前完成学校发展架构设置 ……………………………… 254
　　（二）全面超额完成人才培养计划 ……………………………… 255
　　（三）"211工程"取得一批标志性成果，学科建设有了新发展 … 255
　　（四）师资队伍结构有所改善 …………………………………… 255
　　（五）科学研究形成新机制 ……………………………………… 256
　　（六）校办产业开创新格局 ……………………………………… 256
　　（七）学术交流更加广泛 ………………………………………… 256
　　（八）投资力度明显加大，办学条件大有改善 ………………… 257
　　（九）办学效益逐年提高 ………………………………………… 257

第十章 与时俱进实现跨越式发展(2001—2005) ········· 258

一 审时度势谋划未来 ········· 258
（一）"十五"计划 开启世纪新局面 ········· 259
（二）制定中长期战略发展规划 ········· 263

二 探索北邮特色的办学理念 ········· 267
（一）北邮办学的战略发展思路 ········· 268
（二）北邮育人的治学文化 ········· 270

三 学科建设和科研水平持续攀高 ········· 271
（一）学科建设总体原则和目标 ········· 272
（二）持续提高学科建设水平 ········· 272
（三）研究生院的建立 ········· 277
（四）校企合作实现科技创新 ········· 278
（五）科学研究再创佳绩 ········· 281

四 坚持教育创新提高教学质量 ········· 282
（一）全面实施"三大工程" ········· 282
（二）转变教育思想，更新教育观念 ········· 285
（三）"理工融合"教学改革 ········· 285
（四）精品课程建设和教学评估 ········· 286
（五）积极推进网络教育 ········· 289
（六）完善课程教材、实验室和图书馆建设 ········· 290

五 加强党的建设，依靠广大教职工办学 ········· 295
（一）加强党的建设和思想政治工作 ········· 296
（二）胜利召开北京邮电大学第十二次党员代表大会 ········· 297
（三）"管理年"抓管理学习 ········· 298
（四）重视干部队伍建设 ········· 300
（五）加强师德建设 ········· 302
（六）做好学生思想政治工作 ········· 303

六 开拓创新以改革求发展 ········· 304
（一）精简机构实施校务公开 ········· 304
（二）积极进行院、系改革 ········· 305
（三）开拓办学新渠道 ········· 307

（四）提高后勤服务能力 ··· 309
　　（五）进一步完善教代会制度 ·· 311
　　（六）喜迎50周年校庆 ·· 312

第十一章　凝心聚力，提升学校核心竞争力（2006—2010） ············ 316

　一　解放思想，凝聚力量 ·· 316
　　（一）加强党的建设，提高领导力和执行力 ···························· 316
　　（二）胜利召开北京邮电大学第十三次党员代表大会 ·············· 321
　　（三）发扬基层民主，调动教职工的积极性 ···························· 322
　　（四）开展教育思想大讨论，进一步解放思想 ························· 323
　二　成略引领　特色办学 ·· 325
　　（一）特色型大学的发展定位 ··· 325
　　（二）"两翼齐飞、四轮驱动"的发展战略 ······························ 327
　三　深化改革　破解难题 ·· 329
　　（一）"十个归位"为核心的改革思路 ··································· 329
　　（二）机构改革和院系调整 ·· 333
　四　加强教学建设和改革，努力提高教学质量 ····························· 334
　　（一）本科教学工作水平评估取得优秀成绩 ··························· 334
　　（二）本科专业建设和课程教学改革 ···································· 336
　　（三）实施人才工程，加强师资队伍建设 ······························ 347
　五　重点突破，加强学科建设和科研工作 ···································· 350
　　（一）学科建设异峰突起，群峰竞秀 ···································· 350
　　（二）科研工作重点突破 ··· 353
　　（三）科研成果新跨越 ·· 358
　六　以人为本，创新学生思想政治工作 ······································· 360
　　（一）学生管理机制的改革尝试 ·· 360
　　（二）思想政治理论课的建设和改革 ···································· 361
　　（三）创新"形势与政策"教育机制 ······································ 362
　　（四）加强心理健康教育和就业指导工作 ······························ 363
　　（五）丰富多彩的素质教育和校园文化活动 ··························· 364
　　（六）服务奥运盛会，弘扬志愿精神 ···································· 366
　七　团结一致，学校"十一五"规划圆满完成 ······························· 368

（一）学科建设成效显著 …………………………………………………… 368
　　（二）人才培养质量稳步提升 ………………………………………………… 369
　　（三）科学研究效益明显 …………………………………………………… 369
　　（四）师资队伍良性发展 …………………………………………………… 370
　　（五）国际合作与交流日趋活跃 …………………………………………… 371
　　（六）条件保障更加有力 …………………………………………………… 371
　　（七）体制机制更加通畅 …………………………………………………… 371
　　（八）党建工作成果丰硕 …………………………………………………… 372

第十二章　科学发展，开创学校办学新局面（2011—2015） ……………… 373

一　加强党的领导，强化制度建设 ……………………………………………… 373
　　（一）反腐倡廉工作继续加强 ………………………………………………… 373
　　（二）深入贯彻十八大精神的"十个一"工程 ………………………………… 374
　　（三）深入开展党的群众路线学习实践活动 ………………………………… 375
　　（四）学生思想政治工作开拓创新 …………………………………………… 376
　　（五）网络党校学习平台广泛应用 …………………………………………… 378
　　（六）党的基层组织建设水平不断提高 ……………………………………… 379
　　（七）胜利召开北京邮电大学第十四次党员代表大会 ……………………… 379
　　（八）胜利召开北京邮电大学第六届教职工代表大会 ……………………… 380
　　（九）制定和实施北京邮电大学章程 ………………………………………… 382
　　（十）启动综合改革 ………………………………………………………… 384
　　（十一）开展"三严三实"专题教育活动 …………………………………… 387
　　（十二）积极推进制度建设 ………………………………………………… 387

二　推进学校环境建设 …………………………………………………………… 388
　　（一）校园基础建设扎实 …………………………………………………… 388
　　（二）圆满完成"平安校园"创建工作 ……………………………………… 390
　　（三）沙河新校区建设取得新进展 …………………………………………… 391
　　（四）世纪学院整体搬迁延庆新校区 ………………………………………… 392
　　（五）后勤保障日臻完善 …………………………………………………… 392

三　教学改革成绩突出 …………………………………………………………… 393
　　（一）创新师资培养机制，师资队伍建设得到加强 ………………………… 393
　　（二）扎实推进教育质量工程，引领教学改革 ……………………………… 396

（三）教学方式和模式改革逐步深入 …………………………………… 397
（四）专业建设得到进一步加强 …………………………………………… 398
（五）注重优秀生源选拔，夯实教育质量基础 …………………………… 398
（六）进一步增强学生创新能力培养 …………………………………… 400

四　学科建设群峰竞秀 ………………………………………………………… 403
（一）强基固本，拓展学科群建设 ………………………………………… 403
（二）圆满完成"211 工程"三期验收 …………………………………… 404
（三）传统优势学科继续保持领先地位 …………………………………… 405
（四）打造新的强势学科群 ………………………………………………… 405
（五）学科发展生态进一步优化 …………………………………………… 406
（六）学科建设平台进一步拓宽 …………………………………………… 407
（七）组建北京高科大学联盟 ……………………………………………… 410

五　科研工作重点突破 ………………………………………………………… 412
（一）科研项目数量和科研经费总量逐年增长 …………………………… 412
（二）高水平科研论文不断涌现 …………………………………………… 413
（三）高层次科研获奖成果丰硕 …………………………………………… 414
（四）产学研结合良性机制逐渐形成 ……………………………………… 417
（五）连续 4 年蝉联中国大学国家标准创新贡献奖排行榜之首 ………… 418
（六）学校学报总体质量稳步提升 ………………………………………… 419

六　对外合作取得新拓展 ……………………………………………………… 420
（一）国际合作新篇章 ……………………………………………………… 420
（二）国内合作新天地 ……………………………………………………… 421

七　继往开来，北京邮电大学发展新思维 …………………………………… 423
（一）喜迎建校 60 周年校庆 ……………………………………………… 423
（二）树立事业型思维，展望北邮未来发展 ……………………………… 424

附录一　北京邮电大学大事记 ………………………………………………… 428

附录二　历任学校党政领导人名录 …………………………………………… 522
（一）历任党委书记、副书记名录 ………………………………………… 522
（二）历任院（校）长、副院（校）长 …………………………………… 523

附录三　国家级有突出贡献的专家名录 ……………………………………… 525

附录四　省部级教学、科研成果奖获得者名录 …………………………………… 526

附录五　省部级以上劳动模范、先进工作者、优秀教师名录 …………………… 542

附录六　历年毕业生、招生、在校生情况 ………………………………………… 547

附录七　北京邮电大学章程 ………………………………………………………… 558

编后语 …………………………………………………………………………………… 573

第一章　北京邮电学院的创建
（1953—1956）

中华人民共和国诞生后，随着国民经济的恢复发展，1953年开始执行国民经济发展的第一个五年计划，国家进入大规模经济建设和社会主义改造时期。我国邮电通信事业的发展进入了一个崭新的历史阶段。为促进邮电事业的发展，1954年9月12日，中央人民政府政务院批复邮电部："同意成立北京邮电学院，望即进行筹备工作"，1955年7月，北京邮电学院正式成立，并于同年暑期开始招收本科生。

一　新中国成立前的邮电教育

中国近代邮电教育是伴随着近代邮电通信的发展而产生的，比较正规的学校最早是1875年在福建船政学堂附设的电报学堂和1880年10月在天津的北洋电报学堂，继而在上海也建立了电报学堂。

北洋电报学堂第一期招收学生32名，聘请丹麦人任教，至1900年改聘中国教员，教育逐渐正规，修业年限为3年。电信专业课达十余门，另设史、地、算、外语（英、法）等课程。北洋电报学堂成为我国早期电信教育的重要学校。

清末民初，清政府交通部交通传习所曾办有邮电科高等班和简易班，均设有邮政课，至1921年2月25日国民政府交通部将所属北京邮电学校、北京铁路管理学校、上海工业专门学校和唐山工业专门学校四所学校合并成立交通大学，设置了电机工程科（系）。它是由此成为中国第一所设有通信专业的高等学校。后来天津大学、重庆大学等也相继在电机系或电信系中设置了通信专业。

1931年1月13日，国民政府教育部颁布《特设各种专修科办法要点》十一条，规定专修科以教授应用科学、培养专门技术人才为目的，招收高中毕业学生，学习两年，并指定中央大学等14所学校办理专修科，设有电信等17个专业，20个班。

1942年2月，在山东解放区成立了战时邮政训练班，1948年更名为华东邮电学校。1946年又在山东大学附设邮电干部学校。

1947年3月，东北邮电管理局在佳木斯市成立东北邮电学校，1949年改称东北邮电高级职业学校。

二　新中国成立初期邮电事业的发展

中华人民共和国成立后,没收并改造了官僚资本主义的邮政、电信企事业机构。根据国家的政策接管了外国公司、企业在中国大陆的全部邮电设施,取消了帝国主义在华经营邮电的特权,收回了国家通信主权。中国邮电事业走上了自主发展的道路,开始进入新的历史时期。

1949年接收的旧中国邮电,设施简陋,网点散缺,制式零乱。同年10月,中华人民共和国邮电部成立后,采取了"统一领导、分别经营、垂直系统"的体制,部内设邮政总局和电信总局,分别经营邮政和电信业务,并于12月召开了第一次全国邮政会议,确定邮政名称为"中国人民邮政",还对统一全国邮政组织机构,恢复、发展邮政业务,整理邮路局所等问题作出了部署;又于1950年1月召开全国电信会议,就电信组织机构,人事、财务、物资等问题作出了全国性的统一规定,拟定了全国电信恢复建设计划。为适应国家整个经济发展的需要,同年7月邮电部决定实行邮政、电信企业行政管理领导合一(简称"邮电合一")的新管理体制。全国性的"邮电合一"工作至1952年年底基本完成。同年,又将"邮发合一"作为人民邮政的主要任务之一。

在3年经济恢复时期,迅速修复和扩建了公用通信网,统一了全国邮电的管理。

1952年11月,邮电部明确提出以"迅速、准确、安全、方便"作为邮电部门的服务方针。

第一个五年计划期间,邮电部对通信网路进行了有计划的扩建和改造,采取"重点建设、照顾一般"和"有线为主、无线为辅"的方针。加强以北京为中心的全国通信网的建设,提前一年建成了"一五计划"规定的国家电信干线通信网。

至1957年,邮电通信有了很大发展,已形成了比较完整的通信网,与1949年相比,全国邮电局所增长72%,邮电业务总量增长2倍。

随着邮电事业的恢复、发展,对通信专业人才的需求也急剧增加。邮电部在第一个五年计划期间需要基建和维护工作的高级电信技术人员1 500人,管理干部2 000人,以市话最急需,长途次之。而在岗的电信技术人员仅700余人,且人员专业结构不符合需要,在数量上远不能满足通信发展的需要,质量上更难以担任新型电信设备的设计安装与维护任务,已直接影响承担国家建设的任务;邮政研制专用设备,进行技术改造,亦需大量技术人员;管理方面更迫切需要一批具有新的企业管理能力的工农知识分子,担任改造旧企业的任务。因此,为满足国家建设和邮电事业发展的需要,必须立即开始有计划地培养邮电建设人才,特别是高级技术人员和管理干部。作为培养邮电事业建设人才基础的邮电教育得到了各方面的重视。邮电部于1952年11月成立教育司,第一个五年计划期间,邮电部召开过五次全国邮电工作会议,其中有四次会议讨论了有关发展邮电教育的问题。尽管1950年在上海、南京,1951年在北京成立邮电人员训练所(班),培养了一批电信技术,邮政业务,财会、供应、计划管理等专业人员;1953年相继在各地建立邮电(电信)学校;1954年还从各地邮电企业抽调百余人送中南财经学院工业经济系专修科学习企业管理,以应急需,但是还没有专门培养邮电部门高级管理和技术人才的邮电高等学校。邮电通信事业要达到世界先进水平,没有大量的科学技术人才是不可能的,因此发展邮电高等教育已成为刻不容缓的重要任务,筹办邮电通信专业高等院校已迫在眉睫。

为了邮电通信的发展和建立一个包括高等教育、职业技术教育及职工教育的比较完整的邮电教育体系,邮电部于1955年在全国高等教育院系调整中,成立了新中国第一所直属高等学校——北京邮电学院。

三 新中国第一所邮电高校的筹建

(一) 国家批准筹建邮电学院

邮电部于1953年向政务院提出在北京电信学校基础上成立邮电学院的报告。报告指出设立邮电学院的目的是"培养邮电通信事业所需要的高级技术人才和管理干部,担负起一部分邮电科学研究的重要任务,成为全国邮电通信的最高学府,为改造提高邮电业务技术而努力。"同时抽调干部进行准备工作。同年10月19日,政务院通知邮电部:"批准设立邮电学院一处,学制四年,每年招生250人,设电信、邮电管理两系,电信开设有线电话、电报与无线电通讯及广播两专业"。

后因邮电事业迅速发展,需要加快培养更多的邮电专业人才,又适逢全国高校院系调整。邮电部决定保留北京电信学校,在院系调整基础上,依托老大学的办学优势,另选新址建立邮电学院。1954年8月27日邮电部与高教部联名向政务院呈报了《关于筹建北京邮电学院的初步方案》。政务院于同年9月12日批复:"同意成立北京邮电学院,望即进行筹备工作",并指示:"北京邮电学院的建立,是我国高等工业教育事业发展中的一件大事。为了办好这个学校,有关方面及有关学校都负有积极支援的责任,其中特别是与之直接有关的天津大学及重庆大学两校,在筹建过程中更应大力协助,以便尽量减少困难,保证邮电学院于1955年能如期开学"。

邮电部和高教部在《关于筹建北京邮电学院初步方案》中提出:为了集中力量培养电气通信方面的技术干部,以满足国家建设的需要,并便于加强保密工作,需要建立北京邮电学院。

建校基础:以天津大学电话、电报通信专业、无线电通信及广播两专业及重庆大学电话、电报通信专业和有关教师为基础,成立邮电学院。

名称和领导关系:校名定为北京邮电学院。学院成立之后,由邮电部负责管理……

成立时间：1955年暑假后成立。

修业年限：本科四年。

发展规模及最近3年招生人数：最大发展规模为4000人。1955年招生510人；1956年招生690人；1957年招生750人。1955年由天津大学、重庆大学两校调入原有学生275人，当年在校学生数达到785人。

干部及师资来源：全部行政干部由邮电部负责配备。

专业课师资：天津大学、重庆大学两校电气通信方面的专业师资全部调入邮电学院，不足部分由邮电部补充。

共同必修课（政治、俄文、体育）、基础课（数、理、化）及基础技术课师资，由邮电部抽调干部送天津大学培养后调入邮电学院。……基建面积由高教部在总控制数中统一划拨。全部基建工作统由已成立的北京邮电学院筹备处负责规划进行，争取于1955年完成任务，以便如期开学。

教学设备：天津大学、重庆大学除原有有关专业教学仪器设备、图书及资料全部调入外，基础课及基础技术课教学仪器图书资料如有多余亦应尽量调入，不足部分由北京邮电学院另列预算、专案办理。

苏联专家：1954年所聘电信专业的苏联专家在邮电学院未成立前，暂在天津大学工作并指导邮电学院筹备工作，成立后调入邮电学院。

教学：1955—1956学年三、四年级过渡性教学计划，以天津大学为主，根据两校具体情况作适当修订。以求调整集中后便于合班上课。在师资培养以及教学行政及组织的准备工作方面由天津大学负责。

（二）成立学院筹备处

1954年1月底北京邮电学院筹备处宣告成立，并在邮电部教育司召开了筹备处第一次会议。会议主要内容是：宣布成立北京邮电学院筹备处；宣布钟夫翔副部长兼任筹备处主任，教育司副司长林爽兼任筹备处副主任；讨论开展筹备处的工作。参加筹备处第一次会议的人员共有24人：钟夫翔、林爽、陈炳南、田永正、张世佩、段东山、吴彝尊、刘泽民、杨自辰、黄庚年、唐人亨、高攸刚、区惟煦、赵辰、钱彭年、全子一、李国瑞、李平、陆志刚、王在嵩、郭宗泰、李建伟、李朔生、钟保安。

2月24日，筹备处正式在北京电信学校内办公，同时启用北京邮电学院筹备处印章。

筹备处有工作人员68名，其中行政人员33名、教员32名（副教授1名、讲师5名），其他专业人员3名。设立教务、基建、人事行政3个组。

学院规模在筹备过程中曾调整过两次。1954年3月邮电部通知调整规模为4 000人。1955年5月高教部、邮电部联合指示再次调整规模为5 000人。

（三）开展各项筹备工作

学院筹备处根据办学规模，确定总体规划方案，各方面的筹备工作分头展开。在各项工作进行中及时按新定规模相应修正,总的原则是从保证1955年暑假按时开学出发部署各项工作的进度。

1. 教学准备工作

组织人员翻译苏联莫斯科通信学院和列宁格勒通信学院的相关专业的教学计划、大纲,搜集教材、培养目标、毕业标准及教学组织、教学方法、工作制度等各种有关资料。当时确定成立3个系,设3个专业:有线电信工程系设电话与电报通信专业,无线电信工程系设无线电通信及广播专业,工程经济系设邮电企业经济及组织专业。为制定学院的培养目标,进行调查研究,组织座谈讨论,征求意见。1955年4月6日组织审议培养目标草案。草案提出本科生修业四年,培养目标为工程师,政治上要求热爱祖国,忠于社会主义事业,具有一定马克思列宁主义水平。业务上按专业要求通晓本专业理论基础,掌握实际技术。出席会议的有邮电部人事司、教育司、市话总局、长途总局、基建工程局、北京电信局、北京电信学校等单位的专家、领导30余人,就政治思想、业务范围、专业理论的要求、专门化等内容进行广泛深入的讨论。与会者认为四年制要完成培养工程师的任务,学生负担过重,难以达到目标,可酝酿采用五年制。

2. 制定各专业教学计划

1954年参照高教部修订的统一的教学计划和苏联的相关专业教学计划,在天津大学、重庆大学原教学计划基础上,结合学院情况,拟定电话与电报通信、无线电通信与广播两专业的教学计划初稿,再征求两校和苏联专家的意见,修改定稿送审。对于两专业高年级学生的过渡教学计划,按便于合班上课的精神进行了修改。邮电企业经济及组织专业是我国首次设立的新专业,并无参考资料,则在参照中国人民大学工业管理专业的教学计划和苏联经验的同时,搜集我国邮电企业管理的资料,在学习和借鉴的基础上,拟出教学计划初稿,分别征求邮电主管部门和企业的意见后再行定稿。

整个教学计划开始都是按四年制安排的。根据高教部1955年6月8日通知"为适应国家建设需要,提高教学质量,1955—1956学年入学学生开始实行五年制"的要求,对有线系、无线系原定教学计划又都重新作了调整,制订出各专业的五年制教学计划。

附 教学计划一

有线电通信工程系

电话与电报通信专业教学计划(1955年7月订正)
培养目标:有线电信工程师
修业年限:五年制
课程门数:28门　　共计:4045学时
内　含:讲课　　　　　　　　　　　　2 304学时
　　　　实验　　　　　　　　　　　　545学时

| 课堂讨论、练习、实习等 | 1 156 学时 |
| 课程设计、作业 | 40 学时 |

课程名称	课时
1. 中国革命史	190
2. 马克思列宁主义基础	136
3. 政治经济学	132
4. 俄文	238
5. 体育	136
6. 高等数学	376
7. 物理	242
8. 普通化学	86
9. 画法几何及制图	158
10. 理论力学	152
11. 材料力学	80
12. 机械原理及机械零件	90
13. 金属工艺学	102
14. 电工基础	254
15. 电工量计	72
16. 电力机械	90
17. 电工材料	48
18. 电子管及电离子管	96
19. 电信理论	192
20. 电子管放大器	96
21. 特种量计	54
22. 电话学	222
23. 电信线路设备	162
24. 电报学	184
25. 长途电信	236
26. 电源设备	79
27. 电信企业经济组织及计划	102
28. 保安及防火技术	40
总学时	4 045

附 教学计划二

无线电通信工程系

无线电通信与广播专业教学计划(1955 年 7 月订正)

培养目标：无线电信工程师
修业年限：五年制
课程门数：30 门共计：　　　　　　　　4 033 学时
　内　　含：讲课　　　　　　　　　2 263 学时
　　　　　　实验　　　　　　　　　　582 学时
　　　　　　课堂讨论、练习、实习等　1 148 学时
　　　　　　课程设计、作业　　　　　　40 学时

课程名称	课时
1. 中国革命史	136
2. 马克思列宁主义基础	190
3. 政治经济学	132
4. 俄文	136
5. 体育	136
6. 高等数学	376
7. 物理	242
8. 普通化学	86
9. 画法几何及制图	158
10. 理论力学	152
11. 材料力学	80
12. 机械原理及机械零件	90
13. 金属工艺学	102
14. 电工基础	254
15. 电工量计	72
16. 电力机械	90
17. 电工材料	48
18. 电子管及电离子管	96
19. 无线电基础	180
20. 电子管放大器	96
21. 电波传播及天线工程	119
22. 无线电发送设备	210
23. 无线电接收设备	198
24. 无线电量计	54
25. 无线电广播及电声学	126
26. 电报电话技术基础	65
27. 电视	99
28. 电源设备	72

29. 无线电企业经济组织及计划	96
30. 保安及防火技术	40
总计	4 033

3. 师资工作

师资的调配和培养提高是筹备工作的基本任务。学院所需师资有多方面的来源。从天津大学(简称天大)、重庆大学(简称重大)和其他大学调来的教师具有相当教学经验,由应届相应专业大学毕业分配来的学生,熟悉专业课程,从邮电中专调配来的教员熟悉邮电业务情况,从邮电企业机关抽调来的技术、管理专业人员具有较丰富的实际工作经验。他们各有所长,但亦各有所短,需要提高以弥不足,适应担负高校新教学任务的要求。尤其是邮电企业经济及组织专业的专业课教师,他们面临要从技术转向技术经济,非邮电工业企业管理转向邮电企业管理的繁重任务。

根据教学计划和教师工作量暂行办法,结合近期内历年在校学生人数,拟定各课程教师编制,逐步调配教师。针对已报到教师的情况,分配任务后,本着缺什么补什么的精神,确定他们的培养方向、培养方式、步骤、学习内容。有的到外校旁听相关课程或脱产进修。1954年9月选送了21名教师到天津大学电信工程系进修,4名教师去清华大学进修,4名教师在北京师大、铁道学院旁听。学习教学内容的同时,熟悉教学组织,教学环节,教学方法,教学制度,实验室建设等情况,达到基本上掌握课程内容且能运用相关教学方法。

4. 基建工作

基建工作主要是进行选定校址,提出基建计划任务书,搜集资料,办理用地申请,进行测量,委托勘探设计和组织施工等。校址初定在新街口外皇姑坟(小西天)北京电信学校同院内。1953年10月中财委下达学院教学主楼和家属宿舍基本建设计划任务书,总建筑面积为14 000平方米。12月中旬学院委托中央建筑工程部设计院勘察设计,由邮电部工程局新组建的邮电部建筑公司施工。1954年2月中旬,邮电部朱学范部长巡视在京邮电单位基建工程时,视察了小西天邮电学院教学主楼工地,并对施工质量和设计布局问题作了指示。

1954年9月,学院获准扩大规模后,几经易地选址,最后经北京市建筑事务管理局批准,划拨西郊一间房土城(明光村)作为校址。基地面积36.48公顷(约550市亩),南北长760米,东西宽480米。周界为东邻北京师范大学,北邻教育行政学院,西至西土城马路,南傍农田(现学院南路)。1954年10月委托武汉市中南建筑设计院对新校址进行设计。当时工地是一片农田,还有不少坟地。后勤职工在艰苦条件下清整现场。前期准备工作基本就绪后,组织施工。年底安排施工的有报话楼(教三楼)、基础楼(教四楼),总建筑面积21 000平方米,投资300万元,楼内结构是根据专业、基础课教学、实验需要设计建筑的。实验室有布线槽、电力线槽、木地板。机房设架空电缆铁架,中教室有玻璃黑板,大教室为斜坡地面。并装置活动黑板。1956年竣工后投入教学使用,效果良好。同期施工的还有学生一食堂、学生宿舍5幢、职工宿舍3幢及南北锅炉房。学生宿舍各楼内设计了冷热水管道和淋浴室。1955年又陆续安排了教职工食堂、浴室、理发室等生活配套设施的施工。1956年无线楼(教二楼)基础工程破土,同时建筑实习工厂车间。

在施工过程中,1955年6月基建工程贯彻增产节约精神,邮电部就邮电学院工程是否重新修改设计标准问题请示高教部和国务院第六办公室后,指示学院对部分设计进行调整,生活用房采用建委批准的标准设计,教学用房采取节约措施。

当时学院筹备处本着艰苦奋斗、勤俭节约精神,自己动手建窑烧砖,组织工程队,在院内自建了8栋平房宿舍,2栋体育活动室和学生第三食堂及一些零星配套用房。

5. 人事行政工作

人事行政工作的其中心任务是组织保证学院筹备工作的正常进行,拟定学院的组织机构、职掌分工、人员编制、管理制度、工作条例。

1955年5月24日,学院筹备处组成教学管理小组赴大连工学院、天津大学学习教学行政工作经验,通过听取介绍,参加业务会议,学习校系领导发扬民主,开展教师和学生工作的经验。又通过走访北京有关院校,并结合学院情况提出《北京邮电学院教学行政工作条例》。条例规定了贯彻教学改革、保证教学质量的具体要求;明确教学副院长领导教学单位工作的内容;教务科、系的工作重点及教学单位制定工作计划和总结的要求,各级教学机构的会议汇报制度,接待群众制度,教学检查办法、教学过程的组织程序等。还拟定了《北京邮电学院暂行规程(草案)》共七章三十五条,为拟定各项管理制度确立依据。

规程第一章为总则,阐明学院为专科性高等工业学校,受邮电部领导。第二章至第六章规定入学、课程、考试、毕业、工作分配、机构职责、奖惩、会议、社团组织等。第七章为附则。

设定学院的组织机构:院长领导四处二室(教务处、研究处、人事处、行政事务处、院长办公室、会计室),教学由院长直接领导,并接受教务处、研究处的业务指导。政治思想教育由党委领导。学生政治辅导工作采取一、二年级设班主任,聘请教师担任,在副系主任领导下工作。

公共课设9个教研组,专业课设7个教研组。

人员编制:确定全体学生与全体教职工的人数比例为3:10全体学生与全体教师的人数比例为8:1。1955年编制283人(超过邮电部下达指标13人),其中行政人员75人;教学人员122人;教辅人员42人;勤杂人员44人。

6. 安置调整来院师生

组织安排好天津、重庆两大学来院的师生教学和生活,是筹备工作的重要任务之一。为此成立了专门接待组。由于宿舍不够,暂借了邮电部、北京电信学校、邮电科学研究院等单位的住房安顿。两校师生来京日期统一安排在1955年7月中旬至8月中旬,各分3批抵京。重庆大学师生来京时,还请湖北省邮电管理局在汉口设中转接待站。

1955年学院创建时,从天津大学、重庆大学调入北京邮电学院的教师共48名。其中天津大学32名,他们是:叶培大、蔡长年、周炯槃、胡筠、李路德、黄念祖、沈树雍、陈通、王蕴玮、王致中、王蔚亢、周葆、陈庆凯、杨渊、汪雍、舒贤林、易钟炳、诸维明、陈厚堪、朱平洋、袁家骝、钱乃辉、胡健栋、陈琼岚、邓联生、唐建中、杨恩泽、马师亮、蔡六瑜、刘平北、李廷治、章继高。重庆大学16名,他们是:陈德昭、张家兴、王静宇、余宝钧、曾德汲、陈季子、胡士毅、张策、吴慧常、尧正文、许升汉、邓梅生、王孝谦、蹇锡钧、文瑜、黎兴华。

从天大、重大调入的这批教师,他们中大多数不仅在北邮的创建时期,而且在以后的40年中,一直是教学、科研的骨干力量。他们为学院的创建和发展作出了重大贡献。

7. 实验室工作

拟定实验室规划,提出设施和布局意见,落实具体工作,并审核建筑设计院设计的实验室图纸。实验室的安装任务相当繁重,按建筑进度,小西天教学主楼1955年6月底竣工。于5月初成立实验室设计安装工作小组,组长周元亮。5月底完成设计,6月初提前进楼,做好安装准备工作。在时间紧、任务重、困难多、人员少的情况下,全组同志紧张工作,熟悉教学安排、实验内容,学生编组和实验设备技术资料,日夜奋战,仅用两个月,如期完成安装调试任务。16个实验室在7月底安装完毕。同时,还借用北京电信学校的专业实验室11个。8月份准备好开学后的实验项目,保证了9月开学使用。

8. 后勤和物资供应工作

教学实验器材设备的购置以及室内家具配置工作同步筹划,实验器材设备除由天津大学、重庆大学调入外,还需从各邮电单位调拨和采购,办理到货后的验收、分配、建立账卡等手续,任务相当繁重。对于学校家具配置,因业务不熟悉,需先走访兄弟院校了解情况,再根据学院教学、实验、图书、办公、生活的不同需要,拟定家具配置计划。由于头绪纷繁,品种各异,数量庞杂,时间紧迫,市场现货在时间、品种、质量上都无法保证。为确保开学,又节约经费,立足自制,成立木器加工厂,自行采购木材,设计图纸。临时聘用40~60名,最多时达100多名木工,加工各种家具、用具,还兼做了部分几何图形教具。

各类生活设施的采购任务也非常艰巨。为寻求价廉物美的货源,不少同志到处奔忙,长期在外走南闯北。当时钢材供应紧俏,北京订不到双层铁床,便去大连、沈阳才定做了2000张铁床。当时制作的家具质量上乘,多数至今仍完好地在使用着。

9. 招生准备工作

为了做好第一届招生工作,1955年3月学院编发了升学指导,详细介绍电话与电报通信、无线电通信与广播、邮电企业经济与组织3个专业的特点和主要专业课程。还向《中国邮电工人报》撰写通信报道,介绍学院开学时间、专业、学制、报考条件、在职报考手续、入学后待遇等邮电职工所关心的情况。

1956年开设的3个本科专业具体情况如下：

（1）电话与电报通信专业

培养为国家社会主义建设服务，体格健全，热爱祖国，具有一定马列主义水平，通晓电话电报科学基本理论、设计原理，能掌握实际技术，符合邮电企业及各厂矿交通组织中电报电话工程技术、设计施工和维修的有线电信工程师。

主要专业课程有电工基础、电信理论、市内电话、长途电话、电报学、电信线路设备和其他必要的生产实习。

（2）无线电通信及广播专业

培养为国家社会主义建设服务，体格健全，热爱祖国，具有一定马列主义水平，通晓无线电科学基本理论、设计原理，并能掌握无线电发信台、收信台以及广播站中无线电发射、接收，播音设备的设计安装、维护和检修技术的无线电信工程师。

主要专业课有电工基础、电子管放大、无线电发送、无线电接收、无线电广播、天线工程和必要的生产实习。

（3）邮电企业经济及组织专业

培养为国家社会主义建设服务，体格健全，热爱祖国，具有一定马列主义水平，熟悉邮电经济与组织知识（即经营管理知识），并掌握一定邮电技术基本知识的邮电通信经济工程师。邮电通信经济工程师的主要工作是计划工作、调度管理工作、经济核算工作以及工作量和工作质量的分析，研究改进提高等。

专业课程除电信理论、电报学、电话学、长途电话、无线电工程和邮电起重运送装备及专用机器的教程外，在经济课程方面有邮电经济学、邮政通信企业组织与计划、电信企业组织与计划、邮电技术定额、邮电企业经济活动分析和邮电法规及必要的生产实习。

10. 开办工程经济专修科

邮电部为了提高邮电企业原有中级以上工农干部的政治文化和邮电企业管理水平，加速培养邮电管理干部。1955年3月11日决定在北京邮电学院筹备期间开办工程经济专修科。学院拟定了一年制和二年制两种办班方案。邮电部批准先按一年制招收学员，学员由邮电企业推荐。报到科级干部以上学员104名，于1955年4月9日开学。是日，邮电部朱学范部长莅临学校会见全体学员并作报告，他勉励学员虚心学习，毕业后成为真正的社会主义建设者。陪同会见的钟夫翔副部长（兼学院筹备处主任）、范式人副部长都到会讲了话，强调学员"要发挥共产党员模范作用，完成学习任务，达到工程师的规格，管好社会主义企业"。应邀参加会见的苏联顾问波特哥洛杰茨基在讲话时指出：开办工程经济专修科是邮电部解决所有问题中最重要的一个问题——培养管理干部。教师代表胡正名发言，表示保证"全心全意教好学员"。学员分两班上课。经济班23人，开4门课程：数学、政治经济学、统计学、电信技术（包括电工、电子管、市内电话）。技术班81人，设5门课：数学、政治经济学、物理、电工、俄文。为了保证教学质量，拟定了学员职责暂行规定，要求学员"努力学习、服从领导、尊重教师、爱护公物、发扬互助、参加锻炼、完成教学计划所规定的学习任务"。

由于学员文化程度偏低和参差不齐,加之课程门数多,学习期限短,教师经验不足,教材临时编写,原定培养目标偏高,对学员的基本情况估计不够,上课后既加重了教师讲课和辅导负担,又使学员感到学习负担过重。开课3个月以后,学院筹备处进行阶段性总结,并向邮电部作了汇报。邮电部研究后立即通知学院筹备处,决定延长工程经济专修科的学制为二年。并指示"制定教学大纲要切合实际,贯彻少而精的原则,教师要提高备课质量,学员要树立刻苦学习精神"。1955年8月学院修改试行二年制教学计划,加强教学领导工作,增派教师,采取措施保证教学质量。

学院的筹备工作从开始起就受到高教部、邮电部的重视,及时指示工作,帮助学院解决各项重大问题。直至1955年4月11日还专函通知学院"从4月份起将筹备工作进展情况向高教部和主管部每月书面报告一次"。

在高教部、邮电部的领导和关怀下,1955年7月胜利完成各项筹备工作。筹备处编写了介绍北京邮电学院的通讯稿,送中国新闻社通讯编辑部国内组进行宣传报道,并以此向高教部、邮电部和全国邮电职工汇报新中国第一所邮电高等学府即将诞生的喜讯。

四　北京邮电学院的成立

(一) 北京邮电学院的诞生

经过紧张的筹备,具备了开学的基本条件,报经高教部、邮电部批准同意,北京邮电学院正式成立。高教部于1955年8月10日颁发了北京邮电学院的铜印章。学院于次日启用新章,筹备处的旧印章缴回销毁。同时刻制院内各单位印章,还制作了校徽。

同年11月6日,国务院通过了任命钟夫翔为学院院长的决定,向钟夫翔院长颁发任命书。

学院于1955年7月20日在小西天举行了隆重的成立大会,正式宣告北京邮电学院的诞生。

邮电部朱学范部长、高教部曾昭抡副部长、邮电部范式人副部长、钟夫翔副部长兼院长、邮电工会全国委员会向明华副主席参加了学院成立大会。

朱学范部长在致辞中代表邮电部向学院全体师生表示热烈祝贺:"学院的成立是人民邮电企业的一件大喜事,标志着人民邮电事业的发展将更加光辉灿烂。学院将培养出许许多多具有优良政治品质,高度技术业务水平的邮电专家,工程师和优秀干部,成为发展邮电事业的一支强有力的生力军和骨干。为了实现国家第一个五年计划,为了完成邮电部门在国家建设期间所担负的任务,必须培养大量优秀人才,邮电学院所朱部长还勉励全院师生共同努力完成教学和培养任务,并宣布钟夫翔副部长兼任北京邮电学院院长,林爽、施光迪、卢宗澄任副院长,同时宣布了学院的机构名称。

学院成立时设立的下属机构有:院长办公室、干部科、设备供应科、教务处、学生科、会计科、科学研究科、总务科、膳食科、生产实习科、基建科、医务室、毕业设计资料室、文印科、图书馆、有线电通信工程系、无线电通信工程系、工程经济系、工程经济专修科、金工实习工厂。

曾昭抡副部长代表高教部祝贺学院成立:他指出:"经过院系调整成立邮电学院,实现了邮电工作的老前辈、学校的老教师的夙愿,解决了学校与企业结合,有计划培养邮电技术干部的大问题,希望学院在邮电部领导下发挥集体力量,完成党和人民交给的任务"。

范式人副部长在大会讲话:"学院的成立是邮电部门的大事,既迫切而重要,又光荣而艰巨。学院要贯彻中央的教育方针,时刻注意提高质量,学习苏联经验,加强党的领导,团结协作克服困难,完成培养建设人才的任务"。

向明华副主席代表全国邮电职工祝贺学院的成立,指出学院的成立为提高邮电职工的技术业务水平创造了优越的条件。

钟夫翔副部长(兼院长)向全院师生作报告,他在报告中介绍学院筹备经过后,宣布:"在国务院和邮电部直接领导下,在高教部大力帮助下,筹备处全体同志经过一年多紧张的努力工作。至此,除基本建设外,光荣地完成了邮电学院筹备任务。今天北京邮电学院正式成立了,全院教职工又肩负起更繁重、更光荣的长期而复杂的任务:贯彻中央关于德、智、体全面发展的教育方针,培养适应国家社会主义建设需要的高级技术人才和管理干部"。最后他勉励全院教职工努力完成光荣任务。

(二) 正式招生,建立教学秩序

学院成立后,随即进行紧张的开学前的准备工作,成立教学和行政管理机构,任命干部,提出第一学年的中心任务:要使学院稳步而迅速地成长为一个正规的新型高等工业学校,提高教学质量,切实贯彻全面发展的教育方针和结合中国实际学习苏联先进经验的原则。要健全组织,加强对教研组的领导,迅速建立正常的教学秩序,有计划有重点地逐步实行系统的教学改革工作,积极地进行基建和培养师资,大力提高教师的政治和业务水平。积累教学经验,为提高教育质量,培养全面发展的人才和建设新学院打下良好的基础。各部门亦确定了工作重点,迎接新学年开学的准备工作全面铺开。如加强计划和组织工作,健全基层单位,加强对教研组的领导,建立正常教学秩序;全面深入地学习苏联先进经验,加强教学法的研究工作,修订和制定教学计划和教学大纲,认真提高师资水平,积极培养新生力量;加强政治思想工作;加强对学生的全面负责等。发挥教学辅助机构、物资保证部门的积极作用,做好服务教学的配合工作;抓紧完成学生宿舍、家属宿舍的基本建设任务,作好下一年施工准备工作。

为了组织好招收第一届新生的工作,学院成立了招生工作组,选派 8 名干部参加华北、华东和中南招生委员会招生工作,共录取 501 名新生。新生报到后进行入学教育。邮电部王子纲副部长来学院作报告,向新同学全面阐述邮电企业的性质,要求同学根据国家的发展需要,持正确态度,确定志愿,选择专业。林爽副院长作了专业介绍。入学教育后,同学们填报志愿,分配专业,编班组准备上课。

1955 年 9 月 10 日,第一届新生入学开学典礼隆重举行。应邀来院参加开学典礼的有高教部曾昭抡副部长,邮电部朱学范部长、范式人、王子纲、申光副部长及全国邮电工会向明华副主席、邮电部各局、司负责同志,在京邮电单位、兄弟院校代表和领导,还有苏联专家。

林爽副院长主持大会。钟夫翔副部长(兼院长)致开幕词。朱部长代表邮电部对学院迅速开学表示热烈祝贺,向全院教职工致以亲切慰问,对全体新同学表示热烈欢迎。接着指出第一个五年计划邮电事业有巨大发展,企业需要补充大批技术干部和管理干部,学院任务繁重而光荣。强调学院新建、房屋紧张、设备不全、条件还较困难,以后将逐步改善。希望全体师生加强管理,厉行节约,克服困难,充分利用现有条件,努力完成教学任务。

曾昭抡副部长特意来学院参加第一次开学典礼,代表高教部向全院师生致以热烈祝贺:北邮是我国有史以来的第一所新型的邮电方面的专门学院,为高等教育事业增添了一份有力的新生力量,希望学院为国家社会主义建设培养更多的具有一定马克思列宁主义水平、掌握先进科学技术、体魄健全的高级邮电建设人才。

苏联专家斯米尔诺夫代表邮电部苏联顾问组祝贺学院开学:这不仅是全院师生的节日,也是全国邮电工作人员的节日,表现了党和国家对邮电事业的关怀。相信在座的同学将成为国家自己培养的第一批邮电企业专家。祝同学们学习好,祝教师们把知识交给将来的专家。

教师代表杨恩泽向同学们介绍专业情况,并代表全体教师热诚欢迎新同学,表示一定搞好教学工作,为国家输送更多的合格人才。

同学代表邓克勤、周家麟也在大会发言,表示要热爱学院、热爱专业、团结进步、努力学习,将来为邮电事业作出贡献。

1956 年 7 月,学院组织审订电话与电报通信专业,邮电企业经济及组织专业的教学计划,各系主任非常重视,亲自主持组织教研组进行反复研究,并吸收有关的系与公共课教研组的意见。有线系按苏联教学计划修改了课程,将"特种量计"并入"电信理论"课,"电力机械与电源设备"合并为"电信企业的动力"。增加"无线电通信及广播",使教学计划更接近苏联的最新教学计划。工经系调整了课程学时数,对照苏联的教学计划,将削减课时过多的课程,适当增加了课时。无线系的教学计划另行审订。同时审订专业课教学大纲,要求贯彻学习苏联与中国实际相结合、理论与实际相结合、科学性与思想性相结合、保持学科的系统性与照顾专业教学计划的要求相结合的原则。各教研组本着宁肯少些、但要好些的精神,修改各门课程教学大纲,编写反映现代科学技术水平,联系社会主义建设实际,符合统一教学计划要求的教学大纲。

当时普通课教材,部分根据高教部统一的大纲,自行编写讲义。部分是以高教部指定的教科书为主。专业课教材则是按照审订的教学大纲,由教师编写讲稿。因此需要油印的讲义较多,教材科一时难以完成,邮电部办公厅文印科在自身任务繁重的情况下,帮助学院油印了大量讲义,保证了上课。

由于一年级新同学中有10%左右的工农和调干学生,基础较差,学习困难,一般同学也普遍存在学习负担过重的问题。部分新教师教学经验不足,教学环节不熟,新编的讲义结合中国实际不够。加之,周讲课学时偏多,达34学时,自学时间不足。教研室采取措施,加强教师辅导,组织交流教学经验,深入了解学生学习情况,进行教学法研究。同时加强院、系干部听课检查。贯彻关于解决学生学习负担过重问题的指示,深入研究教学大纲,明确讲授重点,注意基础课与专业课的配合。并加强班主任的工作,指导学生制订自学学时平衡表,改进学习方法,端正学习态度。同时对学习困难的同学,加强个别辅导,个别特别困难的同学,则免修俄文。

师资培养工作。制定师资补充、青年教师培养、老教师进修的计划,加强向苏联专家学习的组织和检查。因新教师多,培养任务重,采取多种培养方式:除外出进修、旁听外,组织教研组集体备课,发挥老教师的作用,新教师在担任辅导任务的同时,在老教师指导下写讲义,试讲,试作毕业设计,课程设计等,亦为毕业设计进行了准备工作。使绝大部分青年教师能指导毕业设计和开课。工程经济系因新教师集中,新课程多,在苏联顾问波特哥洛杰茨基指导下,组织了教师进修班。由顾问讲课,辅导各教学环节,学习课程内容,编写讲义,建立教材。

为了加强教学法研究,成立了教学法委员会,重点审查教研组的教学法文件,并总结推广经验。研究高校教师教学工作量和工作日试行办法,提出学院计算工作日的标准,检查各门课程教学质量和专业课实验效果,提出改进意见。同时,加紧实验室建设工作,拟定实验室设备标准草案。

为了给学生提供金工实习场地,1955年在小西天建立金工实习工厂。按高教部关于"金属工艺学"教学大纲的要求,配备了车、铣、刨、磨机床和钳、锻、铸、焊工设备。成立两个车间,配备了管理人员和指导实习的技术人员。安排学生进行各工种的实习。

在科研工作方面。由于教师力量主要集中在搞好教学,专业教师忙于培养师资,公共课教师缺乏骨干,科研条件也待配置,因而投入科研的力量相对不足。多数教师只是拟订计划,选定课题,收集资料,添置仪器设备准备条件。少数教师进行了研究工作,写了科研报告。为鼓励开展科学研究,1956年11月第四次院务委员会会议通过1955~1956学年教师科学研究论文及成果奖,决定对沈钟岳、李路得、郭宗泰老师给予奖励。

随着提高教学质量措施的落实,组织管理工作的深入,逐步建立了各项制度、主要有:①北京邮电学院教学工作组织管理暂行规定;②北京邮电学院科学研究工作暂行办法;③北京邮电学院培养研究生工作的几项具体规定;④北京邮电学院工作守则;⑤北京邮电学院公文管理规定;⑥北京邮电学院学生学籍管理暂行办法;⑦北京邮电学院优秀学生、先进班奖励暂行办法;⑧北京邮电学院接受外校教师进修暂行规定;⑨北京邮电学院实验室及器材管理办法;⑩北京邮电学院出入校门及会客制度。

接待群众来信来访工作逐步加强。为使教职工、同学热诚关心、监督学院各方面工作,积极提出建议、意见,院领导和各单位注意倾听、改进工作。一年多来共收到群众来信441件。其中学生343件(78%),教工59件。内容涉及生活福利167件,行政工作133件,教学工作104件,领导工作2件,其他35件。对于教学问题,由教务部门会同系、教研组采取措施逐步改进。其他问题亦逐一解决和作出交代。

五　建院初期各项工作的开展

根据高教部、邮电部指示和苏联专家指导、部署各项工作,经一学期的努力,基本建立起正常教学秩序。在此基础上学院提出1956年的主要任务:继续贯彻全面发展、提高教育质量的教育方针;充分发挥教研组的集体力量;有计划地积极地进行培养师资的工作;加强教学文件的研究工作;创造条件开展科学研究工作。为加速学院建设,增强领导力量,邮电部于1956年3月2日任命孟贵民为学院副院长。由于钟夫翔院长忙于部务,不能经常来院,学院日常工作由孟贵民主持。

(一) 扩大招生

1956年,根据邮电企业发展需要,暑假计划招生1200人。4月份准备招生工作,成立新生办公室,编印"北京邮电学院招生介绍",发至各地中学广为宣传。组织接待北京市应届高中毕业生来院参观。邀请11个省、市邮电管理局的同志到校座谈,协助做好各地招生工作,保证生源质量。本年实际录取新生1100人,同时接受越南民主主义共和国留学生10名。

第一届毕业生由天津大学、重庆大学来院的高年级学生85人,经一年的努力学习于1956年7月毕业,成为北京邮电学院的第一届毕业生,奔赴祖国建设岗位,为邮电通信发展输送了首批新生力量。

(二) 教学工作

本科生教学进一步贯彻减轻学生学习负担、提高教学质量的精神,加强教学工作领导,结合实际,采取措施,完善教学内容,组织修改、审订教学计划,调整培养目标和专业面,合理安排基础与专业基础课。各系教学期中检查突出重点,讲课基本按教学大纲组织教材,实验课准备充分,课程设计选题结合实际,认真组织生产实习,并进行重新安排课程,适当减少习题课,加强实验课。适当减少课内学时,增加自学时间。

当时师资严重不足,不少教师担负额外工作量,俄文老师2人担负了7人的工作量。多数教师除讲课外,还要安装实验室。在开课的59位教师中,27位是第一次开课,49位实验指导教师中,39位第一次担任辅导工作。为解决公共课教师不足,学院采取将专业课教师临时调任公共课教学,并大胆让青年教师在老教师指导下开课。

第一学期,学院各方面工作都缺乏经验,为摸清情况,改进工作,部署期中检查,根据教育方针要求检查各项工作,教研组以教学质量为重点,系以解决主要问题为主,行政单位检查配合教学工作的情况,要求检查后提出改进措施。

有线系重视培育"在工作上崇尚实干,反对浮夸;在生活上提倡朴实,摒弃奢华;在业务上讲究精益求精,勇于进取;在政治上坚持党的领导和社会主义道路"的风气,教师言传身教,使学生养成优良学风。加强听课和学生联系,改进讲授方法,举办教学展览会,展出教学大纲、教材、课程设计、毕业设计、考卷、教学法指导书和同学学习笔记、习题作业、实验报告、教师评语。组织全系同学观摩、学习、了解课程内容。系主任蔡长年为教师、同学开"信息论"讲座,扩展对新学科领域的了解。

无线系组织教学经验交流会,请老教师介绍课堂教学和指导实习的经验体会。

各教研组、实验室自制教学设备、教学模型。工程画教研组收集整理同学难于理解的问题,在40天内自制86件画法几何模型。数学教研组设计显示极限意义的教具,以直观形象教具帮助同学理解抽象概念。

同时,组织全院教学经验交流大会,由物理、力学、数学、电工等教研组介绍培养新教师、准备实验课、发挥教研组集体作用等经验。还开展对外联系合作,学习经验、交换资料、安排实习。先后与交通大学、北京铁道学院、华南工学院、邮电部器材供应管理局、设计院、中央广播事业局、国营七三八厂、武汉长途报话局等签订联系合同。

认真安排学期考试,根据高教部的考试规定,制定了学院的考试补充规定,明确考试方式,考签制作,评分标准,补考办法,升留级处理等,还公布了考试进程表,考场规则。

积极组织第一届毕业班的毕业实习,毕业设计和答辩,提出实习、设计的明确要求。毕业设计题目一般从企业生产和学校教学实际需要中选定。有线系将设计电报、电话实验室,无线系将实验室机架作为设计题目。为指导毕业设计,有线系的教师在苏联专家指导下先试作一遍设计。拟定好设计题目,结合同学情况分配任务,由各自准备资料,教师作必要的答疑。通过毕业设计,同学们复习了理论,提高了俄文阅读水平和查阅文献资料的能力。进行毕业答辩时,成立了答辩委员会。三分之二委员由校外专家担任。毕业设计论文大多数都是请企业工程师评阅。一般认为比较全面、深入、成绩较好,不少题目有现实意义,可直接应用于生产或供企业参考。有线系49名,无线系32名同学参加了答辩,获优秀成绩的27人,良好的39人,及格的15人。另有研究生4名,进修教师5名也参加了答辩。均获优秀成绩。

(三) 科研工作

新教师结合教学任务,开展以编写教科书、教学参考书、教学法指导书等解决教学为主的科研工作。任课教师根据企业生产需要，国民经济和科技的发展，结合教研组的发展方向，拟定科研的中心问题，安排专业科学研究课题，结合教学、毕业设计、实验室工作进行，效果显著。各系有48位新教师开课，基本掌握教学法各环节的要求，开出新课38门。但当时的科学研究情况总的是处于起步阶段。

（四）业余和函授教育工作

为满足全国邮电企业职工提高业务技术水平的要求，1956年3月筹办夜大学，翻译、制订教学计划、大纲、教学法指导书。于暑假招收北京地区学员，设电话与电报通信、无线电通信及广播、邮电通信经济与组织3个专业，除不设外语、体育、军训及生产实习外，其余课程与本科基本相同。修业6年，培养目标同本科。报考272人，其中邮电、广播部门188人，录取141人。实际报到134人。电话与电报通信专业48人，无线电通信及广播专业50人，邮电通信经济与组织专业36人，其中许多学员是学院教职。9月初开学，每周上课9学时，学员学习认真。为适应邮电职工分散的情况，1957年主要发展函授教育，夜大学不再招生，现有夜大学，继续按教学计划学习至毕业。夜大教学工作为在职高等函授教育积累了经验。

（五）邮电管理干部进修工作

根据1956年4月2日高教部关于高等工业学校开办干部特别班及其教学若干问题的通知精神，邮电部于同年4月16日由钟夫翔副部长召集干部司、教育司、学院负责人研究工程经济专修科教学问题。并于6月27日向学院发出了"关于决定在北京邮电学院开办干部特别班，撤销原工程经济专修科的指示"：①为了有计划地培养受过长期革命锻炼、有一定文化和企业管理水平的领导干部，提高他们的文化和企业管理水平，根据中央指示精神和邮电管理的需要，决定自1956年起在你院开办特别班；②特别班成立后，现有工程经济专修科名义即予撤销。学院成立干部特别班后，工程经济专修科撤销。1956年7月10日经干部特别班考核，原工程经济专修科学员转无线通信工程系本科二年级学员9名，转有线系二年级学员3名，一年级学员1名，转工程经济系二年级学员1名，共14名。其余编为特一班继续学习。当年招收特别班学员52名，很多是久经革命锻炼的老干部，不少学员毕业后分配在学院充实干部队伍。

邮电部党组于1956年7月23日召开会议，其中专门讨论学院"关于特别班的教学计划和学员组织管理问题的请示"，基本同意方案所提培养目标、教学计划和保证措施。学院按方案调整，成立干部特别班委员会，负责研究重大教学问题，设班主任负责日常教学组织领导工作，取消原数理、技术基础、经济与组织3个教研组，所属教师转入有关系、部教研组。课程由各系、部派教学经验丰富的教师担任讲授、辅导、实验等环节，并负责编写、审查教学大纲、教材，组织试讲和检查听课。

(六) 体育活动与学生军训

学生体育活动蓬勃开展,坚持劳卫制锻炼,组织单项班际比赛,形式多样,吸引了95%左右的同学参加各项活动。1956年3月成立院学生体育协会。1956年4月4日举行院第一届体育运动大会,有同学514人、教工145人报名参加。无线104班获团体总分第一。电109班组织北京——玉门2500公里象征性长跑,在大会开幕式起跑。运动会极大地推动了师生参加体育活动的积极性。1956年4月15日举行摩托车、射击训练班开学典礼。学习驾驶与射击技能,开展国防体育运动。

经国务院批准,学院于1956年暑假后开展学生军训。全期军训时间为150小时,最多不超过200小时。军训重点是培养预备役技术军官,训练内容与学习专业相近,无线电通信及广播专业的学生接受军事无线电通信技术预备役人员的训练。

1956年5月院教职工体育协会亦告成立。

(七) 新校址搬迁工作

学院新址的教学楼、宿舍楼工程随着新学年的临近而加速进行。基础楼、报话楼、学生和职工家属宿舍楼、学生食堂及生活配套设施、浴室、茶炉房等相继完工,新开工的教学楼、宿舍楼、实习工厂车间陆续破土,院内主干道路设施基本完成,限于投资,未敷下水管道和通讯线路。为绿化美化环境,学校在植树季节组织700多名同学、40多名青年教工种树1万株,修建一个青年苗圃。随着迁校条件基本具备,1956年6月28日学院召开迁校工作会议,决定由小西天全部迁入新址。为组织好实验室迁移工作,成立实验室安装委员会,负责设备搬运、材料采购、安装设计。整个搬迁工作贯彻精简节约、勤俭建院原则。师生积极参加义务劳动,劳动中注意了安全,未发生重大事故。搬迁中对资产进行清点核对。部分同学还参加了实验室的安装工作。迁校劳动中,大家不叫累,不怕苦,一切为了按时开学。汽车不够用板车拉,自行车驮,甚至人挑肩扛,很多同志上下楼搬东西,一天几十趟。食堂和膳食科一方面搞好小西天师生的伙食,同时要为新食堂准备炊具。另外文具劳保、校园绿化、环境卫生、汽车运输、托儿所等都全力投入迁校工作和新校址的工地劳动。当时并无临时工,就靠全体教师、工人、干部、学生大家一起奋战,将办公家具、宿舍家具、课堂桌椅、教学设备、工厂设备安排就绪。17个实验室自7月15日开始至8月底如期胜利安装完毕。同时,建立了仪器设备管理制度。全部工作在暑假结束前基本完成,保证了如期迎接新同学和新学年开学。

由于后勤部门在迁校中发挥了重要作用,为表彰他们的辛勤劳动,1956年9月学院召开后勤人员奖励大会,受一等奖的有19人,二等奖的26人,三等奖的28人。

1956年我院的实验室基本情况如表1-1所示。

表 1-1 1956 年实验室基本情况

实验室名称	接受实验学生人数	现有设备占最终设备的百分比	说明
有线系			
电工基础	1500 人	50	
电工量计	450 人	20	
电工材料	450 人	60	
电工机械	450 人	20	
电信理论	300 人	40	
电信量计	300 人	20	
电信线路	300 人	20	
电源设备	300 人	20	
电话学	105 人	30	
长途电信	120 人	30	
电报学	120 人	30	
无线系			
电子管	1000 人	17	
放大器	1000 人	14	
无线电基础	500 人	30	
无线电测量	500 人	20	
天线	500 人	20	
电声	500 人	20	
广播	500 人	30	
接收	500 人	25	
发送	500 人	20	
电视		1	
基础课 化学 物理	力学及分子物理学可开 26 个实验项目,满足 1200 名同学大循环实验。电学方面可开 14 个实验项目。光学方面设备尚不能完成实验要求。声学方面尚无		
材料力学	正在筹建,暂借北航、矿院材料力学实验室供同学实验		

(八) 调整组织机构

在熟悉工作、积累经验基础上,1956 年 6 月,学院提出调整机构方案,采取院、处二级管理体制,院长统一领导,下设教学、科研、人事、总务 4 名副院长,各设副院长办公室。另配备院长助理四名。调整方案经邮电部批准后于 1956 年 8 月 13 日公布实施。同时修订机构职责分工和增订有关制度。北京邮电学院 1956—1957 学年增订的各项制度主要有:①各种会议暂行规定;②院长、副院长接见群众暂行规定;③教职工请假规则;④院内外工作联系制度;⑤处理群众来信工作细则;⑥关于计划总结汇报和检查工作暂行规定;⑦机要资料管理办法;⑧安全工作制度;⑨总值班暂行制度;⑩交流教材暂行办法;⑪图书馆管理暂行规定;⑫学生守则;⑬教师进修暂行规定;⑭干部特别班学籍、教学管理暂行规定;⑮夜校教学若干暂行规定。1956年9月27日邮电部转发国务院任命通知:周元亮、叶培大、刘宜伦、朱贻先为院长助理。邮电部任命蔡长年为有线电信工程系系主任,叶培大为无线电信工程系系主任,胡命浥为工程经济系系主任,黄衡为干部特别班班主任。

1956年教研组情况

有线电通信工程系:

电工基础教研组

电信理论教研组

电话学教研组

电报学教研组

长途电信教研组

无线电通信工程系:

无线电发送设备教研组

无线电接收设备教研组

广播与电声教研组

放大教研组

无线电基础教研组

工程经济系:

经济与组织教研组

公共课:

化学教研组

物理教研组

力学教研组

工程画教研组

体育教研组

马列主义教研组

政治经济学教研组

数学教研组

金属工艺学教研组

俄文教研组

1956年9月4日,经高教部同意成立学院院务委员会,由院长、副院长、院长助理、系主任、副系主任、教研室主任或副主任、院长特邀教师、党委书记、副书记、团委书记、工会主席组成。第一届院务委员会委员48名。主任委员钟夫翔、副主任委员孟贵民、秘书周元亮。1956年11月钟夫翔院长工作调动,邮电部于11月24日通知北京邮电学院院长职务由副院长孟贵民代理。

(九) 图书资料工作

学院在筹备期间就开始建立了图书馆,在条件困难情况下,配备 5 名工作人员,挤出 3 个教室作书库、阅览室,最初虽只有 4000 余册图书,面积很小,但尽力解决教师借阅需要。迁入新校址后,条件相对有了改善,新辟阅览室、资料室,购书迅速增加,至 1956 年已有藏书 6 万余册。

(十) 服务保障工作

学生食堂立灶 6 个,入伙学生由 1200 人增加到 2500 人。每月伙食费 12.50 元。主食调配花样,粗细粮搭配,副食一荤一素两菜一汤。教工食堂分甲、乙、丙、丁四种菜,设小卖部备有小菜。食堂职工学习业务、贯彻粮食政策、改善服务、保证卫生、提高质量,每逢考试期间改善伙食。

1956 年 5 月,学院公布了关于改善知识分子工作和生活条件的规定,对教授、副教授、讲师、工程师在生活、医疗、图书等方面,给予必要的照顾。

根据国家规定,学院 1956 年进行工资改革,参加调整工资 507 人,人均工资由 67.31 元增到 80.32 元,平均增加 13.01 元。其中教师人均增加 20.63 元,行政人员人均增加 10.59 元。

成立家属委员会,协助组织搞好环境公共卫生、粮食定量工作、宣传冬季安全、开展家属扫盲活动、进行邻里调解工作。

印刷厂筹备就绪,1956 年新学年开始印刷教材、讲义为教学服务。

六 全面学习苏联,向科学进军

(一) 全面学习苏联教育经验

在 1949 年底召开的第一次全国教育工作会议上,国家提出"我们的教育建设特别要借助苏联教育建设的先进经验"。根据新建北京邮电学院、设立通信专业的需要和学习苏联先进教育建设经验的方针,1955 年开始学院聘请苏联顾问和专家指导工作。

苏联专家主要任务是指导培养研究生,帮助培养及提高师资水平,指导编制、修订教学计划、教学大纲,编写教材、讲义、审定教科书;指导教研组开展科学研究工作,建立资料室、实验室;讲授专业课,介绍苏联教学经验、资料,指导各教学环节的教学法。

为充分发挥专家作用,虚心学习苏联先进经验,加强专家工作的组织领导。学校制订专家工作计划、安排月工作进度,认真按计划组织各项活动,严格遵守工作时间,杜绝拖拉松弛现象;发挥向专家学习人员的积极性,事先充分准备,事后领会消化,系统思考提问;虚心诚恳地学习苏联先进经验,结合实际执行专家建议,加强检查及时推广;配备足够数量称职的翻译人员,及时双向翻译,帮助译员熟悉专业,发挥其向专家学习的桥梁和促进作用;为专家提供工作方便,及时提供资料、安排参观访问,帮助专家了解我国党和政府的方针政策、邮电企业历史、现状和发展计划;关心专家生活、征求专家意见;由专人负责专家工作,协调各方面关系,顺利开展各项工作。

从1955年11月至1958年7月,学校先后聘请4位长期工作专家和2位短期工作专家。他们是:

吉杰列夫原应聘天津大学,1954年11月24日来华工作,1955年11月由天津大学转聘到我院继续工作,1956年11月下旬工作期满回国。

波特哥洛杰茨基聘为学院顾问,1955年11月25日来院,1957年11月底完成任务回国。

耶尔马可夫　1956年9月受聘来院,1958年7月结束工作回国。

阿·巴·索林仲　1956年8月至1958年8月在学院工作。

柯克沙尔斯基　1957年10月8日来院工作,1958年1月21日回国。

约特克　1957年10月8日来院工作,1958年1月21日回国。

苏联专家在院工作期间,为我院共培养研究生24名,进修教师44名;讲授专业课程17门;帮助建立实验室、资料室8个。专家、顾问与院长谈话不下数百次,研究讨论学院建设、教学科研规划,解决重大教学工作问题。为学院提高教学质量,开展科学研究工作,向世界科学水平进军打下了良好基础。

苏联专家热情、忘我地指导工作,受到师生的钦佩,激发起学习苏联先进经验的积极性。当时,许多内容我们不懂,由于迫切需要,免不了先搬过来,经教学实践,结合实际逐步修改。又限于时间,对苏联经验钻研不够,领会精神实质不深,出现结合中国实际不够,存在盲目照搬的现象。但还是充分发挥了专家的特长和优势,指导工作,解决薄弱问题,储备了发展的后劲,站在苏联当时先进水平的基础上,迎头追赶世界先进学术水平。学习苏联先进经验是学院建设与发展取得成绩的关键。

在建立工程经济系新专业、研制安装我国第一套教学黑白电视台、试制成我国第一端半导体二路载波机过程中,苏联专家的指导作出了重大的成绩。有两位专家得到高教部杨秀峰部长的感谢信。

尤其是长期工作的苏联专家,在学院工作期间,正是学院创业维艰的阶段。他们为对培养研究生、进修教师进行指导,花了大量精力熟悉中国的文献资料、党和国家的方针政策,学习毛泽东著作,务求结合中国邮电实际。第一本中国邮电经济学讲义就是由波特哥洛杰茨基顾问编写的,为我国邮电经济学教科书提供了蓝本。吉杰列夫专家指导长途电信教研组集体编写了《长途电信》教科书。

专家们对教学法的指导,从每个教学环节逐一示范,对毕业设计的指导从选题开始到现场指导,组织答辩,让我们了解全过程。为此专家的足迹遍及全国许多基层邮电企业。

苏联专家指导研究生、进修教师的毕业设计题目选择范围包括邮电各个业务部门,既具特点又有系统,既结合实际又有较强理论性,对我们的教学工作具有长远指导意义。

(二)制定学院长远规划

为贯彻"全面规划、加强领导"和"中共中央关于知识分子问题"的指示精神,学院组织编制发展远景规划和科学研究长远规划。苏联专家给予了指导。1956年1月5日拟就远景规划初稿。其主要指标为:

学院招生规模　由1956年招生1200人到1961年增为1500人。

毕业生水平　自第3至5届起接近或达到苏联通讯学院毕业生水平。

教学文件　1962年各专业主要课程审定自编教科书。

师资培养　由1956年教师123人发展到1962年为526人。1957年前入校的助教80%达到讲师水平(1960年前完成系统学习四门政治理论课。),为1963年邮电部增建两所邮电学院培养师资。

1961年基本完成学院总体规划主要建筑。

同时提出了12年科学研究长远规划,其原则是:提高科学水平,培养干部,1957年前掌握国内最先进的通信技术和理论;1962年(第二个五年计划)前,在理论和技术上接近世界上先进的科学水平,培养出我院的主要研究力量;1963年开始更高起点的通信科研工作,在理论和技术上赶上世界最先进水平。

科学研究的基本方向是:教学过程与教学方法的研究;理论与实验研究;全国科学规划中有关重大问题的研究。1956—1961年选定的8个科学研究的内容是:微波多路通信;频带压缩;乡村电话及广播网;电报及市内自动接转;传真电报;半导体的理论和应用;电视;邮电资费理论。

1956年4月3日成立学院全面规划委员会,主任委员孟费民、委员16名。领导全院讨论、修改远景规划及研究政治思想教育、教学改革、科学研究等重大问题。全院教职工经过认真热烈讨论,基本同意规划所提主要指标,并提出了修改意见和措施。5月13日全面规划委员会通过了规划。

(三)师生制定红专规划

学院的远景规划,极大地激励了全院师生,他们热烈响应,纷纷制定各单位和个人红专规划。学生班级努力创三好,争先进。教工有计划地学习政治理论和提高业务、文化水平。学院鼓励教师学习俄文,职工参加业余文化学习。要求40岁以下行政工人文化程度达到小学水平,工厂工人达到中专水平,科办人员达到高中水平,教辅人员达到大专水平,并学习一门外语。职能部门拟订干部、师资补充计划,物资设备、图书购置计划以及改善知识分子工作和生活条件的办法,明确保证教学,树立为教学服务的思想。无线系、有线系以培养师资和开展科学研究为中心环节,安排全系工作。工经系提高向苏联顾问学习的效率,加速各门课程大纲、讲义的编写进程。公共课化学教研组提出教学改革,培养师资,提高讲课、实验、习题教学质量的要求。规定每个教师每学年至少有一篇科学研究报告或读书心得。物理教研组制定教学环节和实验室建设设备、资料两类规划指标。体育教研组提出要在二年内使学生劳卫制锻炼达到一、二级标准的措施。图书馆提出要加强对外联系,与其他学校建立互借图书关系,和各省邮电管理局进行资料交换,增加订购国内外图书。

1957年后,由于连续的政治运动,加之规划自身某些不切实际等因素,因而规划没有完全执行。

(四) 向科学进军

在科学研究12年规划的鼓舞下,全院师生响应党中央和国务院向科学进军的号召,各系安排科研课题33项:包括企业委托,理论专题研究,实验室建设,编写新课程教材。相继成立学生科学研究小组,教研组将指导学生科学研究小组列为中心工作之一。指定教师帮助确定选题,指导科研。电201班同学向院刊投稿表示迫切要求参加科研活动的心情。有线系三年级科研小组参加试制苏BYD-50单路载波机初步成功,研制的光电计数器参加了少年宫表演。无线系301、401班科研小组研制了电子计算机和示波器。

无线系为推动全系科学研究工作,1956年3月26日组织了第一次系学术报告会,请广播事业局专家作"无线电广播远景规划",中国科学院学者作"微波发展方向及应用"的学术报告,还有老教师的科研报告和心得。有线系在卢宗澄副院长亲自帮助下也举行了第一次学术报告会,有教授、讲师、助教共9人宣读了有关信息论、控制论、自动电话、线路设备、长途电信、电报、电信理论等9篇报告。苏联专家听后指出:"从报告看出,大家已具备相当科学理论水平,以后注意结合实践充实内容"。

卢宗澄副院长在1956年12月4日的全体教师大会上,就开展科学研究问题作了理论上阐述和具体指示,共讲了十个问题:科学研究工作与教学工作的统一性;高校科研工作的范围;我院科研工作的基本方向;教研组在科研工作中的作用;教研组对科研工作基本方向的选择;进行科研工作的步骤与方法;如何在学生中开展科研;学院的长期和近期科研工作计划草案;如何积极地开展我院的科研工作;最后提出了进行科研工作的几点建议。第五次院务委员会会议通过卢副院长的报告并向全院发出号召:第二个五年计划向邮电部门提出了更高的要求,全体教职工要以更大的决心,积极开展科学研究,认识新事物,掌握新发展,理论联系实践,丰富教学内容,培养适应时代发展的人才,承担更大任务。

卢宗澄副院长,叶培大系主任、胡命溓是系主任,陈厚堪、胡筠、杨渊等老教师,梁崇高、林坚等青年教师,订出个人规划,表示要从头做起、迎头赶上,接受党的教育,克服困难,开展科学研究,攻克科学堡垒,回答党的期望,并在院刊上向院领导和全院师生表示决心。

七 党的建设与思想政治工作

（一）学院第一次党员代表大会

学院筹备处成立之初，设立党小组，1955年2月党员增加到32名，建立了党支部，受邮电部机关党总支领导。鉴于党员人数逐渐增加，至7月学院成立前党员达262名，改设党总支。总支委员会委员7名，书记施光迪。1956年9月党员人数468名，已具备成立学院党委会条件，10月9日获北京市高校党委批准，党总支成立秘书处，进行召开第一次党员代表大会的准备工作。各支部选举出席党员代表大会正式代表74名，候补代表8名。中华人民共和国成立前入党的代表49人，占总数的66.3%，女代表14名，占19%。11月17至29日召开代表预备会，讨论工作报告草稿，代表小组认真讨论，充分发扬民主，展开批评与自我批评，党总支诚恳听取意见，修改工作报告。

12月1日下午，中共北京邮电学院第一次党员代表大会正式召开。学院民主党派、无党派民主人士代表、越南民主主义共和国留学生代表和邮电单位党组织代表应邀参加了大会。总支书记施光迪代表总支委员会作《党总支一年来工作总结》的报告。周元亮代表院长向大会报告《行政工作总结》。秦华礼代表总支委员会报告《今后任务的建议》。

学院民主同盟支部代表张家兴副教授、民革小组代表袁可尚、九三学社小组代表胡筠和无党派民主人士卢宗澄副院长分别在大会致辞，祝贺大会的胜利召开。

代表小组对3个报告进行深入热烈讨论，肯定一年来党总支在时间紧迫、任务繁重、经验不足、力量薄弱的情况下，保证完成教学和建设任务所取得的成绩。同时也指出未能形成坚强领导核心，存在某些官僚主义作风，发挥各级组织和群众的积极性不够等问题。最后大会通过决议，批准党总支一年来工作报告，同意今后任务的建议和行政工作总结。选举产生了中共北京邮电学院第一届委员会，正式委员15名，候补委员2名，常委9名。党委书记孟贵民、副书记秦华礼、张书田。大会决议指出党委要组织全体党员并领导全院师生认真贯彻党的全面发展的教育方针和百家争鸣的科学研究方针，根据中共八大和八届二中全会精神，加强党的团结，健全集体领导，充分发扬民主，开展批评与自我批评，克服官僚主义、主观主义和个人主义，坚决贯彻党的群众路线，依靠和发挥全体党员、全院师生员工的积极性，克勤克俭，团结一致，不断提高政治思想和业务水平，积极改进教学工作，开展科学研究，提高行政工作效率。坚持勤俭办院的原则，发扬劳动建院的精神，为提高教学质量，为更好地培养邮电通信建设人才而努力。大会统一了思想认识，总结了经验教训，体现了民主集中制原则，开展了批评与自我批评，调动了全体党员和师生的积极性，明确了今后的艰巨任务，形成加强党委领导,建立坚强核心,团结协作,发扬民主,努力学习,艰苦工作,发挥各级党组织的战斗堡垒作用,加速发展学院的良好基础。

大会后学院认真组织传达贯彻决议精神,调整加强党的组织建设,分别成立有线系、无线系、工经系、干部特别班党总支,设立组织部、宣传部、党委办公室,经北京市高校党委12月27日批准,发给公章,即日启用。

(二) 思想政治工作

在上级党委的领导下,学院的党组织从学院筹备开始到成立以后,一直肩负着领导和监督行政完成各时期任务的职责。学院的教工来自各方,同学入学伊始,对学校都较生疏,工作、学习和生活条件颇为艰苦,党总支面临着多重困难的局面,依靠有力的政治思想工作,发扬艰苦创业精神,发挥全体党员和全校师生的积极性,面对艰苦繁重的建校任务,不尽人意的生活、工作条件,新来的青年教职工没有单身宿舍,住在教学楼四层教室,本科生8个人一个宿舍,干部特别班学员也不能按高教部的规定安排宿舍,还有交通车、操场、浴室、食堂等诸多问题。但大家以苦为荣,分担暂时困难,创造条件,为培养更多更好邮电建设人才,胜利地完成了建院任务。

学院党组织思想政治工作的任务是:

宣传贯彻执行党的方针政策,及时传达学习中央重要指示,明确贯彻全面发展的教育方针,百家争鸣的科学研究方针,落实关于知识分子政策的任务,鼓舞全院师生的积极性,提高教学质量,减轻学生学习负担。

配合行政工作,做好正面思想教育。根据各时期的中心工作,结合党内外思想情况,进行宣传教育。

组织教职工和学生政治理论学习,制订全院学习计划,安排系统的理论学习,定期组织时事政策报告。

加强思想政治工作,建立健全各级党的组织,建立工会、青年团、学生会组织,发挥各级群众组织的作用。

协助成立民主党派在学院的基层组织,调动一切积极因素,做好知识分子的工作。

随着所肩负的任务和党员人数的变化发展,逐步建立健全党的组织,加强思想建设和组织建设,到学院成立时,党员占全体师生的19%。由于分布单位不平衡,不少教研组、班级、科室没有党员,或党员很少,不能单独成立支部,不利于工作。党总支特别注意发挥党员的作用,加强党员的思想教育,要求树立全心全意为人民服务的思想,增强党性锻炼,发挥党支部的作用,严格组织生活。注意培养发展新党员,开办马列主义夜大学,定期讲党课,吸收积极分子参加学习。讲授关于党纲党章、群众路线、民主集中制等党的基本知识。

宣传贯彻党的方针政策,结合学习苏联先进经验,依靠老教师培养提高青年教师,教师对学生全面负责,落实党的知识分子政策,提高教学质量,减轻学生学习负担,制定规划等任务。联系群众,了解思想情况,组织党员进行思想政治工作,促使党员起好带头作用。

（三）党的组织建设

至 1956 年底,发展新党员 26 名,其中教师 7 名,学生 17 名,行政人员 2 名。随着党员分布单位结构的变化,及时调整支部组建,便于支部充分发挥作用,掌握党内外思想动态,重点做好党内思想教育,反对资产阶级个人主义。

（四）建立青年团组织

学院的团组织始建于 1955 年 8 月 19 日,经邮电部机关团总支报国家机关团委批准,成立邮电学院青年团分总支,经党总支提名、上级团委同意由 5 名委员组成,书记王立江。开学后,学生团员增加,10 月 11 日青年团北京市委组织部同意改建学院团委,委员 14 名,常委 4 名,指定王立江任团委副书记。1956 年 3 月 18 日召开学院第一次团员代表大会。出席会议代表 74 人,列席代表和来宾 53 名,学院党政领导都出席了会议。大会由王立江代表团委会作第一学期工作总结,听取了林爽副院长的《向科学进军》和党总支副书记方刚的《贯彻全面发展,争取三好》的两个报告,通过了决议,因团委成立不久,此次大会没有进行改选。

决议指出祖国正处在社会主义建设和社会主义改造的高潮,团组织要教育和帮助团员、同学,向科学进军,提高学习质量,加强社会主义思想教育,改进和提高团的工作,更好的发挥党的助手作用。号召团员和同学争取做三好学生和先进班,成为合格的全面发展的通信建设人才。为贯彻学院第一次党代会决议精神,1956 年 12 月 22 日,召开青年团北京邮电学院第二次代表大会。出席会议正式代表 151 名,列席代表 24 名,大会听取团委一年来在加强政治思想教育,搞好课外活动,关心青年生活,开展团的工作方面的总结报告。明确今后中心任务是加强政治思想教育工作,贯彻学院第一次党代会决议。以加强阶级教育,进行共产主义道德品质和革命传统教育为重点,培养坚定的共产主义立场,高尚的道德品质,良好的组织纪律和艰苦奋斗的精神,严密组织生活积极开展团的独立活动,提高团的战斗力。

大会选举新一届团委会委员 21 名,常委 9 名。书记王立江。

（五）开展创三好活动

团委为贯彻市团委关于召开市高校三好学生大会的要求,积极组织开展争创三好的思想教育活动,拟定优秀学生、先进班奖励办法,成立院评选三好学生委员会,主任委员施光迪。并决定于 1956 年 4 月召开学院表彰三好学生大会。随着开展对同学进行热爱祖国、热爱劳动、热爱党的教育和阶级斗争的教育,学院将学生每年参加两周劳动列为劳动课,鼓励同学热爱专业,关心集体,号召青年教工努力完成本职工作,并组织多种形式课外和业余活动。3 月 3 日 103 班全体学生给院长、书记写公开信决心争当先进班。3 月 4 日院领导立即回信,预祝同学们胜利实现诺言。各班团支部、班委制定学期计划、总结工作,参加评三好活动。

(六) 开展文体活动

根据青年特点,团委成立各种学生文艺社团,经常组织各项文娱体育活动。党委定期听取团委关于社团工作计划和执行情况汇报,加强领导。1955年12月隆重举行"一二·九"二十周年纪念大会,由学生戏剧社、合唱团等演出文艺节目。有学生运动的诗歌大联唱,话剧"放下你的鞭子"等。并在运动场举行了首次纪念"一二·九"火炬接力赛。每逢元旦、春节、"五一""十一",团委学生会联合组织文艺会演、游艺会、迷宫等,以诗、歌、舞、剧为主,同学自编自演,短小生动,反映自己生活的"生产实习的一天""愉快的假日"等短剧,深受同学喜爱。有线301班连续筹办一年一度的哈哈茶社在全校师生中留下难以忘却的欢乐景象。到了暑假又组织露天俱乐部,把思想教育的形式搞得丰富多彩。

(七) 建立工会组织

学院的工会于1955年10月召开第一届工会会员代表大会,选举产生第一届工会委员会,季焕麟老师为工会主席,隶属于全国邮电工会。1956年下半年,建立了九个部门工会。工会工作围绕党的中心工作,为党的中心任务服务,组织教工参加政治理论学习,召开老教师座谈会,组织青年教师向老教师学习,搞好新老教师团结,关心职工生活,举办职工福利,协助行政办好托儿所,成立少年之家辅导站,组织职工疗养、休养,组织互助储金会等,并积极开展业余文化体育活动。

为了加强教工政治理论学习,1956年2月开始组织教工系统学习哲学或联共(布)党史,参加学习人数占教工总数的85.40%。同时开办业余俄文学习班,报名参加学习的教工80余人。针对当时不少职工文化程度偏低的状况,工会经过短期筹办的职工业余学校在1956年3月开学。第一学期报名教工120余人,分初小、高小、初中三个班上文化课。第二学期参加学习的增加到190余人。以后又陆续开设高中、大学、函授班,学习方式有全业余的,或基本业余,占用一定工作时间的。由于有严格的管理制度,保证了学习质量,为不少优秀学员的进一步深造打下了基础,也为北邮的发展培养了后备干部队伍。

(八) 贯彻党的统一战线政策

党总支还协助民主同盟、九三学社建立邮电学院支部、小组。提供开展工作的条件,传达文件精神,便于他们了解掌握党的各项方针政策,发挥民主党派配合党委进行知识分子的政治思想工作,反映知识分子的情况,贯彻党的统一战线政策。

党委定期召开高级知识分子、青年知识分子、民主党派人士座谈会,讨论社会主义新形势下如何适应党的需要,学好政治理论,培养好师资,掌握新技术,配合行政开展各项工作。由于当时对知识分子首先是高级知识分子强调团结、改造、教育政策,虽在工作环境、生活条件方面给予某些照顾,在发挥积极性时也产生一些思想压力。

(九) 选举区人民代表

选举人民代表,体现人民当家做主。党委认真组织选举工作。1956年10月选举海淀区人民代表,经组织酝酿,按选举程序,陈德昭当选为学院选区的区人民代表。是年,国家征兵,学院报名应征人数占适龄青年的60%。

(十) 创办学院院刊

为了发挥政治思想工作的宣传教育作用,1955年12月学院决定出版院刊,刊名为《北京邮电学院》。决定指出:为加强宣传党的文教政策,配合中心任务,推动教学和行政工作,贯彻提高质量、全面发展的教育方针,培养合乎规格的高级邮电建设人才,决定出版院刊——《北京邮电学院》。其主要任务:总结交流教学经验、配合进行政治思想教育,推动文体卫生活动。院刊编审委员会主任为林爽副院长。

院刊于1955年12月24日创刊,不定期出版,每期四版。至1956年底出版19期。发行量逐期增加,由初期的300份增至700份。除赠送全院师生阅读外,还与兄弟院校和邮电企事业单位交换刊物。内容基本反映了学院各方面的重要情况,受到师生的喜爱。

第二章 学院在探索中前进
(1957—1960)

1956年9月中共中央召开了党的第八次全国代表大会,为社会主义事业的发展和党的建设指明了方向,极大地鼓舞了全国人民建设社会主义的积极性。但是,在后来的几年中,党在指导思想上发生了"左"的错误,使中共八大的基本原则没有始终一贯地贯彻执行。1957年,由于错误地估计形势,把本来是邀请党外人士帮助党整风的运动,演变为全国范围的反右派斗争。接着是1958年开展"轰轰烈烈"的"大跃进"运动,1959年又进行了反右倾斗争,使"左"的错误继续发展,以至出现了"三年困难时期"。"左"倾错误的不断发展,使我国社会生义建设事业出现不应有的曲折。这对刚刚建校不久,各项工作都处于初建之中的我院,影响很大。我院的办学道路探索和教学、科研等工作的开展,就是在这样形势下进行的。广大师生员工基于迅速改变我国邮电通信落后面貌,决心把我院办成适合社会主义邮电事业发展需要的热切愿望,他们对学校的教学、科研等各项工作都进行了大胆的探索和试验,取得了一些令人瞩目的成果,对学院的建设和发展作出了贡献。

一 各项政治运动的开展

(一) 整风运动和反右派斗争

1957年4月27日,中共中央发布了《关于整风运动的指示》,决定在全党进行一次以正确处理人民内部矛盾为主题,以反对官僚主义、宗派主义和主观主义为内容的整风运动。号召广大人民群众、各界党外人士,帮助共产党整风。

我院党委根据中央指示和中共北京市高校整风领导小组的布置,于5月13日召开了党委扩大会,讨论和通过了我院的整风计划,5月15召开了全院师生员工大会,由党委书记孟贵民传达了毛主席在中央宣传工作会议上的讲话和彭真在北京市宣传工作会议上的总结,并宣布了我院整风计划。请广大群众和党外人士帮助党整风。整风分两批进行,第一批是整风的重点,范围包括党委、总支和行政科长级以上的党员干部,以及系、班、教研组主任以上的党员教学人员。其余党员干部和一般党员为第二批。第一批整风自5月13日至7月中旬,共用10周时间。

为了加强对整风的领导，党委成立了五人组成的整风领导小组，孟贵民任组长。领导小组要求党委领导成员要深入群众，召开各种座谈会，广泛听取群众意见，防止关门整风，并提出整风教学两不误。

整风运动，在动员学习基础上，先后召开了教职工代表、学生代表座谈会和各民主党派人士座谈会共 65 次。广大群众和党外人士对党委和学院的工作，对党内存在的官僚主义，宗派主义和主观主义等方面的问题，提出了大量的批评和建议，涉及教学、科研、行政管理，包括改院名等问题，对改进党的工作，提高党员干部的工作和思想水平以及推动全院各项工作的整改，提供了很好的内容。

在对党提意见过程中，虽然有一些比较尖锐，比较过激的意见，说了一些过头的话，但都是为了帮助党整风，所以，总的来说，运动还是健康的，是符合党开门整风的宗旨的。但是，当时全国形势却发生了"一些令人不安的倾向"，有极少数人借党整风，攻击党和社会主义，他们提出"轮流坐庄"，"取代共产党的领导"等主张。

针对全国形势，党中央于 6 月 8 日发出《关于组织力量准备反击右派分子进攻的指示》，同日，人民日报发表了《这是为什么？》的社论，提出对右派进攻实行反击。从此，在全国范围内开展了反对右派的斗争。这一运动直到 1958 年夏季才基本结束。

我院党委根据中央精神和北京市委的布置，于 1957 年 6 月 17 日召开了全体党员大会，党委书记孟贵民作报告，传达上级指示。运动经过学习文件、发动群众、重点批判和党内处理 3 个阶段，于 7 月底基本告一段落。1957 年暑假后，开展群众性的"定右"和"处右"工作。我院共划右派分子 98 人。

全国反右派斗争，就当时形势讲，是必要的。但把大量人民内部矛盾当作敌我矛盾，把许多正常甚至善意的批评和建议，均视为右派进攻，都要批判斗争，并把它扩大到全国范围内一直到最基层党组织和党员以及一般群众中，面太宽太大，使许多人带着右派分子帽子，长期受到委屈、压制和不幸。这样的急风暴雨式的阶级斗争，不仅冲击了学院的教学、科研等工作的正常开展，对广大知识分子也是严重的伤害。（后来，党的十一届三中全会以后，在我院反右中被错划为右派的同志全部得到了平反。）

学院党委在反右派斗争告一段落，进行"处右"工作的同时，于 1957 年暑假和下半年，继续开展整风运动，重点是整改。根据中共中央 1957 年 10 月作出的在整风过程中要边整边改、紧缩机构、下放干部参加生产劳动的指示。我院提出：整改要以改进领导工作作风、探索适合社会主义建设需要的办学道路，开展教育革命为主要内容。并通过召开教职工和学生代表会议方式，进一步扩大民主，密切党与群众的关系，根据整风中群众提出的大量批评建议，整理综合各方面的主要问题，制定了《关于改进党委领导工作作风的若干措施》。院行政也制定了关于改进行政工作的措施。党委召开了多次有关精简机构、下放干部的会议，并提出方案，交院务委员会讨论通过。方案决定把档案科、教务科、生产实习科、毕业设计科合并为教务科；把房产管理科、行政事务科合并为行政事务科。12 月 19 日公布我院第一批下放干部 110 人名单，23 日离校到昌平等地劳动锻炼。

(二)"双反交心"和"红专辩论"

1958年3月1日,中央发出《关于开展反浪费反保守运动的指示》,全国高校相继开展了"双反"运动。我院党委在3月4日和5日先后召开了全院党员和全院教职工学生大会,对"双反"运动的开展,作了动员和部署。强调"双反"运动是当前学院的中心工作,提出我们要反对浪费和保守,树立艰苦朴素、勤俭办学的思想,反对官气、暮气、阔气、骄气、娇气。党委和院领导干部要带头揭发问题,引火烧身,希望大家多贴大字报,多贴领导的大字报,打掉"五气",当革命促进派。党委于3月29日召开了全院党员大会并邀请全院师生员工参加。由党委常委、书记、院长作自我检查,开展批评与自我批评,自觉带头引火烧身,烧自己也烧别人。这样使全院运动得到了更深入的发展,出现了党员干部、全体党员和广大师生员工主动引火烧身,检查自身存在的问题,向党交心的"自我革命运动"高潮。检查批判了自己的资产阶级个人主义,不问政治只专不红思想,提出要把"三心二意"变为"一心一意","把知识交给人民"。不少教师认识到学校的最大浪费是培养不合格的社会主义建设人才。广大师生员工还揭发批判了学院存在的资产阶级的办学方向和办学路线,同时提出许多建设性意见。党委副书记秦华礼在总结二十多天运动情况时指出:在短短的时间里,大家对我们存在的浪费保守提出了非常尖锐的批评和无情的揭发,这期间共贴出大字报十万八千张,不仅烧了领导,也烧了教学行政事务等方面,收获是很大的。他希望广大师生员工继续针对办学方向和教学科研工作中的问题进行深入的揭发批判,以便改进工作,把学院办好。

为了帮助一些老教授老教师又红又专,在揭发和批判资产阶级教学观点、教学思想时,不少学生班级为老师在大礼堂和大教室里,建立了"西瓜园地",集中对×××老师贴大字报,进行揭发批判。学院不少的教授和老教师都被建立了"西瓜园地",被集中地进行了批判和"火烧"。

学校中存在的最大浪费的确是集中在办学道路、办学思想和教学中的许多问题上,但其原因是多方面的,应该在辩论中求得解决,况且许多问题属于思想认识问题,可以通过教育和引导逐步解决。这种把矛头集中在一些教授和老教师身上,对他们进行指名道姓的急风暴雨式的批判,违反了处理人民内部矛盾的基本原则,伤害了知识分子的心。

在"双反交心"运动基础上,学院还开展了"红专辩论"。"红"与"专"的关系问题是个知识分子中存在的普遍问题,不少高校中开展了"红"与"专"的辩论,提出了各种各样的红专道路。如何正确认识和理解二者关系,做到又红又专,这是学校必须要解决的问题。学院党委在整理和分析"交心"中反映出来的红专问题基础上,于4月11日召开了全院学生大会,由杨思九副院长做"红"与"专"的专题动员报告。5月19日开始集中在教师中开展了"红"与"专"的辩论。全院师生结合自己的思想实际,检查和分析了自己的红专道路,暴露出各种各样的红专道路。如"先专后红""重专轻红""多专少红""边专边红""多红少专""先红后专",还有"粉红色""白专"道路等。辩论中有的同学贴出大字报以坚持"既不先专,也不先红,只求粉红色道路"的观点愿意公开和大家辩论。在党委和各级组织的积极引导下,基本上统一了认识。在辩论基础上,师生员工纷纷制定了自己的红专跃进规划。提出改造世界观,走又红又专道路。有的提出克服右倾思想决心当"左"派,与资产阶级个人主义彻底决裂。

(三)"大跃进"

全国范围的反右派斗争基本结束时,党认为这个斗争的胜利,大大提高了人民群众建设社会主义的积极性。1958年2月2日《人民日报》社论提出:我们国家现正面临着一个全国跃进的新形势,工农业文教卫生事业都要"大跃进"。5月,中共八大二次会议正式通过了社会主义建设总路线:"鼓足干劲,力争上游,多快好省地建设社会主义"。《人民日报》发表了"力争高速度"的社论,强调"速度是总路线的灵魂"。一个工业"以钢为纲",农业"以粮为纲"所带起的群众运动,把"大跃进"运动推向了高潮。社会主义建设总路线及其基本点其正确的一面是反映了广大人民群众迫切要求改变我国经济文化落后状况的普遍愿望,其缺点是忽视了客观的经济规律。从一定意义上说,当时我国的经济建设发展得快一些的可能性也确实存在,全国人民从内心里也都想使我国发展得快一些,因此,广大干部和群众从原则上拥护总路线,并且不辞劳苦地为实现总路线"大跃进"而努力奋斗。他们破除迷信、打掉自卑感、奋发向上,要为民族振兴和社会主义发展有所作为,这种精神是可贵的。他们创造出的大量财富和经验,包括成功的和不成功的都是应当珍惜的。在此形势下,我院也面临着如何适应形势需要按照总路线、"大跃进"精神,办好邮电学院的问题。学院党委于5月下旬在全院开展了"大跃进"的宣传和讨论。5月29日杨思九副院长在全院教师大会上作动员,要求教师要在"大跃进"形势下,在教学和科研上进行整改,要插红旗拔白旗,把总路线精神贯彻到教学中去。6月13日,全院举行了贯彻总路线誓师大会。孟贵民院长作了在本院贯彻总路线实行技术革命和"文化革命大跃进"的初步规划的报告,提出艰苦奋斗,大干特干,力争上游,在3年至5年时间内,把我院建成为一个先进的红色学院。会上16位同志分别代表有线、无线、工经等各单位报告他们的跃进规划。当时,所谓的豪言壮语竞相出现。大会以后,全院广大师生员工"大跃进"的热情更为高涨,一个以教育革命为中心的"大跃进"群众运动在我院全面展开。

(四)八届八中全会文件学习和反右倾斗争

高校和全国形势是密切相联的,也是随着全国形势的发展变化而发展的。1958年冬至1959年7月,党中央发现"大跃进"、人民公社运动中的错误,曾多次召开扩大会和中央全会制定了一系列方针政策并采用了许多具体措施进行纠正。高指标和瞎指挥受到初步遏制,形势开始向好的方面转变。高校在这样形势下,也进行了一定的调整,1959年1月至7月,中央和北京市委就对高校教育革命中的一些不正确的作法作出指示,各校都进行了纠正和引导。高校工作开始由运动转向正轨。但仅仅相隔半年,形势发生了变化。1959年7月2日至8月16日,党中央在庐山连续召开了政治局扩大会议和八届八中全会。会上错误地发动了对彭德怀的批判,进而在全党错误地开展了"反右倾"的斗争,中断了纠正"左"倾错误的进程,使"左"倾错误又重新发展起来,当时的中心口号是"反右倾、鼓干劲,掀起新的'大跃进'高潮"。

我院在这样形势下,于1959年暑假后,新学年一开学,党委就组织了全院师生员工学习和贯彻八届八中全会精神。要求通过学习,正确认识总路线、"大跃进"、人民公社等重大问题,与右倾机会主义划清思想界限。在学习提高认识基础上联系自己思想实际,检查和克服右倾保守思想。从10月份开始到本学期末,政治理论课暂停,全部改为学习会议文件。1959年11月4日《北京日报》题为《党的教育方针胜利万岁》社论,是针对高校开展"反右倾"的指导性文章,我院校刊转载了这篇社论。社论指出:一年来的实践,使我们懂得了轰轰烈烈的教育大革命和"大跃进"的重要意义,因为这个革命调动了学校里一切人的积极因素。"有人借口整顿教学秩序,想把生产劳动从教学中挤出去",指出这些"右倾观点"是要把我们学校"拉回到劳心同劳力分离路上去"。为了推动学校工作的继续跃进,社论指出:当前高校的主要任务就是"要把右倾反透,把干劲鼓足"。全院师生员工在学习提高认识基础上,联系学院实际和自己思想实际对右倾保守思想进行了揭发和批判,制定了1959到1960年跃进计划,提出克服右倾保守情绪,正确认识和拥护总路线、"大跃进"、人民公社,继续跃进,搞好工作。

1960年3月,学院传达和贯彻邮电部在2月间召开的第八次直属院校教育工作会议和科研工作会议精神。会议要求各院校,"要在巩固提高的基础上积极发展,尽可能地逐年扩大招生名额,迅速扩建,尽快达到最大可能的发展规模"。同时还要求现有院校支援新建院校(指长春、石家庄建院)并帮助各省市邮电学校培养师资。报告还要求各院校本着"立大志、下决心、鼓干劲、攀高峰"的精神作出更大的成绩。系和总务后勤部门都制定了继续跃进计划。

3月25日在我院召开的第三次党代会上,提出1960年继续跃进的工作任务。大会提出:要继续贯彻教育方针,大搞教育革命,大搞技术革新和技术革命,为早日把我院建成一个共产主义学院而奋斗。

学院党委在组织全院师生员工学习党的八届八中全会精神,开展群众性的"反右倾"教育的同时,根据中央指示,于1959年10月开始在党内17级以上的党员干部中开展了"反右倾整风运动"。在学习文件提高认识,检查和暴露自己在总路线、"大跃进"、人民公社和党的教育方针等重大问题上存在的错误看法和右倾思想基础上,进行自我和相互批判。对所谓问题暴露较多、右倾思想严重的人进行批判重点。被列为小组重点批判的16人,列为全院重点批判的10人,被批判的右倾思想和错误观点,都是大家在小组会上自我检查暴露思想时讲出来的。在17级以上党员干部整风告一段落后,1959年寒假又组织了17级以下党员干部,集中进行"反右倾"整风学习。不少党员干部暴露出对"三面红旗"的看法和对学校停课搞运动、炼钢的作法不满等思想,均受到批判。

学院的反右倾整风运动,在党内持续开展了4个月,严重打击了一批党员、党内干部和党内知识分子的积极性,破坏了党内民主,使党内生活很不正常。同时,在全院开展反右倾斗争中,普遍检查了右倾保守思想,提出要继续批判资产阶级教学思想,把为恢复正常教学秩序采用的一些方法和措施,说成是借"纠偏",企图重新回到资产阶级的老路上去。这就又极大地伤害了广大教师的感情。

二 "教育革命"的探索

1957年至1960年,全国处在政治运动和"大跃进"的年代。它的特点是全国性政治运动多,统一性活动安排多。高校工作和全国各项工作一样,都在这样形势下进行的。

我院的"教育革命"和教学改革等许多工作的开展,都属于探索性的。

(一) 贯彻党的教育方针

1958年4月,中共中央召开了教育工作会议,集中讨论教育方针,批判了教条主义、右倾保守思想和脱离生产、脱离实际以及在一定程度上忽视政治、忽视党的领导的错误。同年8月,毛泽东视察天津大学时指出:"高等学校应该抓住三个东西,一是党委领导;二是群众路线;三是把教育与生产劳动结合起来"。还指出:"学校是工厂,工厂也是学校"。9月,中共中央、国务院发布《关于教育工作的指示》,提出"党的教育工作方针是教育为无产阶级政治服务,教育与生产劳动相结合"。为了贯彻党的教育方针,组织广大师生员工进行学习讨论。大家针对学校中存在的脱离实际,脱离生产劳动,重理论轻实践的教学思想和教学方式,进行了多方面的揭发批判,并结合自己存在的理论脱离实际,"重专轻红"和轻视劳动的思想进行了检查,决心在教学和各项工作中贯彻教育方针,坚持教育为无产阶级政治服务,与生产劳动相结合,为国家培养出更多更好的社会主义事业接班人。

(二) 在生产劳动中改造思想做普通劳动者

在大力宣传总路线、人民公社、"大跃进三面红旗"的热潮中,毛泽东曾多次提出知识分子参加体力劳动和教育革命等方面的问题。1958年在一次谈话中,提出"教育必须为无产阶级政治服务,必须同生产劳动相结合。劳动人民要知识化,知识分子要劳动化"。广大师生在学习讨论时表示:决心加强实践观点,在积极参加各种生产劳动中,改造思想,立志做一个普通劳动者,实现知识分子劳动化。为了贯彻教育与生产劳动相结合,知识分子劳动化的教育方针,我院在上级统一安排下,积极组织了校内外的各种生产劳动,为广大师生提供了劳动锻炼的场所。在一系列生产劳动中,获得了劳动、思想双丰收。当时广大师生员工斗志昂扬,意气风发,涌现出许多可歌可泣的事迹。这种战天斗地,大无畏的精神,今天仍然是值得赞扬的。

1. 参加修建十三陵水库劳动

十三陵水库是北京市大搞水利,建设首都,计划修建的八大水库之一。北京市各行各业调动千军万马为支援修建十三陵水库感到光荣。我院作为高校大军中的一个团——"八一团",组织了1894名师生员工,在团长兼政委秦华礼书记率领下,于1958年5月17日满怀豪情地开赴工地,参加了这一光荣而有意义的工程修建劳动。被批准参加这次劳动的广大师生员工,感到十分荣幸,都鼓足了干劲愿意在劳动中锻炼自己,改造思想。劳动中,住的是帐篷,吃的是窝头白菜汤,领导和师生们同吃同住同劳动。大家个个精神振奋,干劲十足,在热火朝天的劳动工地上,展开了劳动竞赛。过去体质较弱,手不能提,肩不能挑,一顿饭只吃半碗的一些女同学,在劳动中也勇于锻炼自己,不怕苦、不怕累。在这样火热的劳动工地上,人们的精神面貌都为之一新,什么官气、暮气、摆阔气和骄娇二气都一扫而光。在劳动期间,正值党的八大二次会议召开之时,毛主席和中央领导以及大会代表参加了十三陵劳动,师生们受到很大鼓舞。我院还派出以文工团为主的40人队伍,在秦华礼书记带领下,去中央领导的劳动工地,同中央首长们一同劳动。同学们给中央领导和代表们铲土装筐,帮助把担子扶上肩,忙前忙后,他们对能同中央领导和代表们同劳动、同欢乐感到十分荣幸。我院的文工团,载歌载舞,给首长们演出,刘少奇、周总理、朱德和邓小平同志观看了我们的节目。这次劳动,历时13天,完成了400车次的装车任务,土方37 275方。在劳动中不少师生被评为先进,有300多人获得荣誉证。我院"方志敏连"和"保尔连"被评为修建十三陵水库先进单位,名列水库光荣榜。在劳动大军胜利归来之后,我院还派出50余位教职工继续参加十三陵水库劳动,编小报办广播,有的直到水库建成才返校。不少人被评为劳动模范和先进个人。在大坝东头纪念碑上记载着劳动大军的不朽功绩将流芳百世。

2. 勤工俭学大办工厂劳动

在"双反运动"初期,学院领导就提出反对浪费、勤俭办学的问题,全院师生员工对我院各方面存在的铺张浪费现象进行了揭发,并举办了各种反浪费展览。"双反运动"后,在整改中,党委又强调指出,把反浪费运动深入进行下去,把勤俭办学、勤工俭学、勤俭办一切事业为内容的"三勤"作为整改的重要内容。学院为了压缩编制解决人浮于事的问题,进行了压缩机构、下放干部工作。为了节省行政开支,组织校内义务劳动,进行基建、绿化、修建道路和运动场等劳动,如在建筑工人的指导下,以工经系为主全院师生轮流参加了工经楼(即教一楼)工程的全部修建任务。还组织全院师生员工从拆除的西直门城墙处,肩抬、车拉搬回城墙大砖,平均每人20块,自己修建游泳池,一直使用到70年代。部分师生还参加了修建四道口冷库的土建劳动。同时,还修订了各项工作制度,加强管理,提高工作效率,在总务后勤等方面为贯彻勤俭节约精神作了大量工作。

为了进一步开展勤工俭学,1958年7月4日,施光迪副院长向全院学生做关于培养目标的报告,提出要实现知识分子劳动化和加强实践的措施。会后,各系先后都组织师生进行了各种教学实践的探索,采用了走出去,请进来,下厂下乡,开门办学等多种形式,加强理论联系实际,贯彻教育与生产劳动相结合,知识分子劳动化的方针。除此之外,学院还提出加强校办工厂作用,扩大校办工厂规模。认识到学校办工厂是教育与生产劳动相结合的最好形式 c 要求工厂要自力更生为主,土洋结合。要从结合专业和培养人才需要出发,在满足学生实习需要的同时,承担部和国家的生产项目。要按教学计划接收学生实习。让学生学技术、学思想;使工厂出产品、出人才。校办工厂的干部和工人,为此制定了自力更生,扩大规模的跃进规划。这些作法都是符合教育方针的,也是切合学校实际的。所以,在教改中得到了不断的发展。

1958 年 7 月 14 日,康生来我院视察,鼓吹"学校大办工厂"。他看了校办工厂后,又参观了师生办的简易工厂。在参观中他对师生们说:"祝你们每个人办一个工厂,办不成工厂就不毕业"。"课堂、图书馆都可以节俭,省下钱来办工厂"。"清华一个系就有一个工厂,还不包括班的"。"将来有院厂、系厂、班厂……"当天,党委召开了常委扩大会,15 日召开全院大会,传达康生"指示",部署了大办工厂的工作,提出"大办工厂"的号召。并指出:办工厂不能向国家伸手,要就地取材,靠自己积累资金,白手起家。会后,全院掀起了"白手起家,人人办厂"的大办工厂高潮。同学们为了积累资金,就到处找勤工俭学的门路。在外边帮人家制图、排版、搞翻译、搞运输修马路,到建筑工地挖沟、平地、当小工,在街上卖冰棍、理发、捡破烂,有啥干啥,八仙过海,各显神通。各班把学生宿舍合并挤出房子来办工厂。设备是自制和借用,技术是请进来教,走出去学。经过一个多月的大办工厂,全院共办了 63 个。除少数厂由于紧密联系专业,在学校和教师的帮助下,发展较好,也出了产品,作出了成绩。但不少厂是挂了牌子,有名无实。学生办厂,受到很多条件限制,是不可能长期坚持和发展下去的。随着各项运动的开展,学生毕业下放劳动等许多因素的变化影响,除有少数厂由学校接管起来外,其余的都属于昙花一现。一场白手起家,人人办厂的热潮,即自熄自灭了。

学院党委和广大教师在康生来院前对有些院校学生办厂,就有些看法,感到和正常的教学有直接矛盾,持怀疑态度。当时党委总结办工厂问题时是这样说的:校办工厂是完全必要的,办两个大厂,让学生轮流到厂实习;学生办厂则没有十分必要,会打乱原有的教学秩序,影响正常的教学活动……直到康生来院提出学生每个人要办一个工厂后,才在学院展开了一个大办工厂的热潮,走上了康生的"大办"之道。

3. 植树造林,绿化首都劳动

北京市为绿化西山美化首都,掀起了群众性的植树造林运动。北京高校都分配了绿化任务。我院被分配在门头沟区的九龙山造林。面积为 9 500 亩,分布在大大小小的许多山头上,计划两年完成。

经过党委动员,大家都愿参加这一绿化首都造福后代的光荣任务。1958 和 1959 年,先后多批组织近三千师生上山造林,基本上完成了分配给我校的任务。除此之外,还组织师生在校内种植了大量花木果树,为美化校园打下了良好的基础。1960 年开始,我院在九龙山建立了劳动基地,经过不断建设,逐渐成为我院造林、副业、劳动锻炼的基地,继续组织师生轮流上山从事各种生产劳动。因此大家对九龙山劳动仍留下深刻的印象。当时,一批批参加造林的师生们,情绪都十分高涨,决心在艰苦的劳动中锻炼自己,为绿化山区,美化首都作贡献。这里山势险峻、土少石头多,给挖坑造林带来许多困难。在劳动中,往往要开石找土,从石头缝里取土培坑,居住条件也是比较艰苦的。但大家精神面貌很好,干劲十足,不断克服一个个困难。经过一批又一批造林大军的艰苦奋战,使一个个荒山秃岭呈现出千万个整整齐齐、排列有序的"鱼鳞坑""水平条"。并撒上了种子,种上了树苗。现在的九龙山是绿树成荫,果木成林。看到今日西山好风光,不忘当年师生造林忙。我们为绿化首都作出了贡献!前人栽树,后人乘凉。为民造福,其乐无穷。这种精神今天仍值得提倡发扬!

4. 参加全民大炼钢铁的劳动

为实现 15 年或更短的时间内超过英国,钢产量要翻番,因此在全国范围内掀起了全民大炼钢铁的群众运动。要求各行各业"以钢为纲",让"钢铁元帅"升帐。我院于 10 月 15 日晚上,由方刚副书记作关于向 1070 万吨钢奋战的动员报告。会后,全院师生员工连夜奋战,几天内就建成 83 个小土炉,提出在钢铁战线上把自己炼成钢。10 月 22 日党委召开了全院大会,再次布置了炼钢的战斗任务,提出"苦战 48 天完成产钢 600 吨的战斗任务"。在这同时还组织了部分师生去密云县参加炼钢劳动。当时的口号是教改炼钢两不误,实际上是炼钢冲击了教改,谈不上两不误。

通过上述各种生产劳动,对师生的世界观改造和思想进步,增强劳动观念,克服轻视劳动、轻视劳动人民,轻视实践,增强体质等方面都起着积极促进作用。但片面地强调、过多的安排体力劳动,减少理论教学甚至停课,不仅违背了教学规律,干扰了正常的教学秩序,同时也不符合教育方针。除了上述大型的劳动锻炼外,还有许多突击性的劳动,如麦收劳动,除四害,讲卫生,消灭蚊子,围剿麻雀等等,说是两不误,实际上是严重冲击着教学。

(三)教育革命辩论和新的教学方案实施

随着工农业的"大跃进",教育革命也进入高潮。为贯彻执行党的教育方针,批判和解决教育工作中的教条主义、右倾保守思想和脱离生产劳动、脱离实际,忽视政治和忽视党的领导的倾向,学院再次提出要深入开展教育革命。1958 年 10 月 28 日,周元亮助理在全院师生大会上对进一步开展教育革命作了动员。从国内外形势说明当时的办学情况已经不符合培养共产主义人才的需要。因此必须进行教学上的大革命,把旧的一套来个彻底大翻身,创立新的教学方案。11 月 2 日孟贵民院长向全院党员报告了教改情况,并提出在组织群众制定和讨论新的教学方案时,应对以下 4 个方面的问题有正确的认识:①三结合(指党委领导下的教师、学生三结合);②群众路线方式教学;③教育与生产劳动相结合;④理论和实践问题。11 月 3 日至 5 日连续召开全院师生大会,各系提出新方案的设想,进行交流,促进全院性大辩论的开展,把教育革命推向新阶段。

在辩论的基础上，于11月7日召开了全院大会，有线系、无线系介绍了新的教学方案，有线系一个大班(11—15班)作了典型发言，介绍以大班为单位进行教学的情况和新的教学计划。周元亮助理在会上就培养目标和教学计划安排作了指示，各系、各班根据指示精神安排生产、教学和修正新的教学计划。会后，不少系和大班党支部开始按照自己新的教学方案上课，教师下放到学生班级。上课的方式多种多样，有采取讲授的，有采取小组讨论的；讲课人有的是教师，有的是学生(称小先生)或请工人讲；教学场所，有的在课堂，有的在生产劳动现场，如无403—405班到电台进行现场教学，工经108—110班到密云边炼钢边学习数学、外语课，有线401—410班在院内生产12路载波机，有线311—315班在市话局边架设电缆边学习电话学。11月18日在全院大会上，交流新方案试行过程中的经验和问题。有线系一个大班介绍了他们以群众路线方式"突击"学习人工电话的教学情况；无线系一个大班介绍了他们党支部是怎样依靠群众、发动群众制定教学计划和进行教学的；下班教师代表发言讲了他们下班，实行三结合的收获体会。会上孟贵民院长讲话，肯定了教改成绩，指出：通过一段教改开展，证明党支部是能够领导教学的，说明结合生产劳动的教育方针是正确的。对党支部、教师、学生提出要求，希望大家结合好，安排好各项工作。各系也都检查和总结了开展教改和新方案执行的情况：认为新的教学方案，打破了旧框框，建立了新体系，教学质量提高了；群众路线三结合是正确的；教师下放班级，密切了师生关系。经过一个多月教学方案的大辩论和试行，我院新的教学方案开始实施。新教学方案的主要点是：①以大班为教学单位，教师下放到班级，实行党支部领导下的教师、学生三结合；②群众路线方式教学；③教育与生产劳动结合。理论与实践联系。其中以大班为教学单位，党支部领导教学是新方案中重大的改革内容，它是党的领导在高校教学领域里的具体体现，当时被称为"一竿子插到底"。它的特点是党支部领导一切，从制定教学计划，开展教学工作，组织生产劳动到贯彻群众路线，搞好师生结合以及全大班的行政、后勤等各项工作的安排由党支部决定，任务是繁重的。而党支部的成员，大多是大班辅导员和学生组成，有的后来把党员教师结合进来。在他们的积极努力下也组织了一系列的教学活动，有一些是成功的，教师学生都有一定的收获。但由于经验不足，对办学原则和教学规律缺乏研究，其热情虽然很高也很可贵，但有些作法是不适宜的。如有的班在开展群众性的教学活动中，提出敢想敢干，破除迷信，批判师道尊严，提倡并组织小先生讲课；有的还提出教师有"教研组"，学生为什么不可以组织"学研组"，自编教材自己讲课，并公开指名同×××教授唱对台戏；有的班还开展学习互助，把学生组成互助组，学习好差搭配，学习好的帮助学习差的，包教包学不拉队。上述这些作法影响了教师主导作用的发挥和学生独立思考、刻苦钻研学风的培养。

（四）贯彻中央关于调整教育的精神

1959年1—3月，中央和北京市先后召开了教育工作会议，讨论贯彻执行教育方针的主要经验和存在问题。会议认为,1958年的教育革命,使党的领导建立起来,师生对劳动的态度有了变化,学生的德育、道德品质有很大提高。下半年有部分学校没有很好上课,学术批判过多,打击面太广。明确指出1958年高校安排体力劳动过多,理论学习过少,要纠正这一偏向。要加强基础理论教学,提高教育质量,培养有社会主义觉悟有文化的劳动者。会议指出,1959年教育工作的方针主要是巩固、调整和提高。要贯彻教学为主的原则,发挥教师在教学工作中的主导作用,建立正常的师生关系。纠正学校中存在的宁"左"勿"右"的思想倾向和"资产阶级知识分子是革命对象"的说法。会议修订了《关于全日制学校的教学、劳动和生活安排的规定》。与此同时,团中央书记胡耀邦在石油学院对高校团干部和大学生作报告,提出大学生要克服轻视书本知识学习的倾向,要取得读书、劳动、思想三丰收,树立起良好的读书风气。

院党委和院务委员会,连续召开会议,传达和贯彻会议精神,并结合我院工作实际,检查存在问题,提出纠正意见。对在贯彻党的教育方针过程中关于结合形式问题,理论联系实际问题作了检查和总结,强调提出在师生结合中发挥教师主导作用,要求教师要教好,学生学好,提倡教学相长,尊师爱生,建立良好的师生关系。在理论教学中曾片面强调基础课为专业课服务,忽略了基础理论课本身具有的系统性和规律性,一度曾把物理等课程分散打乱并入专业课去讲。这种作法,削弱了基础课,是不妥当的。同时,对部分学生中存在的:以为理论来源于实践,所以实践就等于理论,把实践和生产劳动的作用绝对化,从而产生轻视理论和书本知识的倾向。经过引导和纠正,我院的教学改革逐步向健康方向发展。新的教学方案,进行了修订,一些不适宜的教学方式也得到了一些纠正。各系各班都提出要树立认真读书、刻苦钻研的良好学风,作有社会主义觉悟、有文化的劳动者。但对教学体制以及群众运动的教学方式等未得到明确纠正。

1959年7月8日,在第三次院务委员会扩大会议上,周元亮副院长传达了教育部在青岛召开的全国高等工业学校座谈会精神,座谈会对高校中存在的一些问题提出明确的纠正意见。

青岛会议的主要内容有三点:第一,对1958年教育革命的估价;第二,建立正常教学秩序,提高教学质量;第三,教学计划。7月11日召开了全院教师大会,周元亮副院长根据青岛会议精神,作了《建立正常教学秩序,提高教学质量》的报告,讲了认清形势、建立正常教学秩序等八个问题。明确指出"大规模的群众运动已告一段落",提高教学质量,在目前最重要的措施,应当是把正常的教学秩序建立起来,"使教师能有充分的时间备课和批改作业,使学生能有充分的时间读书"。为此,今后学院要把思想政治教育、政治理论学习和劳动教育等内容,统一安排教学计划中。今后业务学习每周安排54学时,使同学有充分时间读书学习。在课程设置方面,加强基础课,改变单科独进的做法。对学生要求不能千篇一律,要全面发展,因材施教。要安排选修课,为学得好的学生提供条件,充分发挥他们的特长。

会后,各系各教研组讨论,认为中央指示精神正确、及时,都修订了教学计划,教师回归教研组,恢复和加强了教研组领导教师和组织教师开展各项教学活动的职能。教务处制定了全院的教学计划,恢复和建立了有关教学制度和教学纪律的条例。

1960年上半年开始,学院为贯彻3月份召开的第三次党代会提出的"继续贯彻教育方针,大搞教育革命,大搞技术革新和技术革命"的精神,组织全院师生员工在"反右倾",鼓干劲,继续跃进的基础上,继续开展了教育革命、技术革新、技术革命。

这次继续开展的教育革命,重点是改革教学体系和教学内容。要破除旧体系,建立新体系,批判旧教材,编写新教材。方式是发动群众,有组织有针对性的大鸣大放大字报。全院在一周的揭发批判中,就贴出了大字报四万张,有的提出要把毛泽东思想贯穿到教材内容中去。之后,有线系以电磁场教学小组和长途教研组为重点,无线系以无线电基础、电子器件及放大两门课为重点,组织教师和学生对教材逐章进行解剖,批判教材中理论脱离实际等唯心主义倾向,编写出新教材。工经系在分析原有课程和旧教材存在问题的基础上,将原有的五门课改编为"电信组织管理"和"电信技术经济设计"两门课。这样既少而精,又避免了重复。基础部组织二年级6个班学生,分别参加数学、物理等7个教研组,开展教学革命。师生们对基础课内容陈旧,如何为专业服务提出许多方案。

全院先后组织了500位同学参加各教研组的教学革命。我院函授部、中技部也都根据自己的特点进行了教学改革。函授部贯彻了部属院校1960年5月召开的函授会议精神,在学制、内容、方法上进行教学改革,他们采用的广播教学和电话答疑等电化教学方法,深受学员欢迎。

与此同时,学院还组织了1 500位师生参加了校内外的各种技术革新和技术革命。其中400名学生参加了院内工厂、实验室、总务后勤和膳食等部门的技术革新和技术革命工作,对工具的革新、实验仪器的维修和改造,节能节电,环境卫生以及食堂机械化、自动化等方面,都作出了成绩。有1100人组成的各路大军,分别到本市长途局、电报大楼、北京发射台、有线电厂、无线电厂、首都汽车公司以及天津、常州等地有关单位进行技术革新和技术革命工作。完成了革新项目100多项,提高了工效,促进了科学技术的发展。

这次教学革命和技术革命的开展,比过去深入有序,大都是在全院统一安排下进行的。因而,不仅取得了不少的成果。同时还加强了学校与工厂、企业的联系,为教育与生产劳动相结合开拓了途径,使广大师生在思想上、理论联系实际上以及动手能力等方面都有很大收获。但是,由于受全国形势的影响,不少作法仍采用群众运动的方式进行,大鸣大放大字报大辩论大批判,加之大规模的下厂下企业进行生产劳动和参加全国性的技术革新运动,这样对刚刚恢复的正常教学秩序有所干扰。同时,在对资产阶级教学思想和旧教材分析批判时,提出反对资产阶级权威,要破旧立新,把旧教材批个够,批个透。这些极"左"的作法也涉及一些老教师,使他们思想紧张,情绪一度低沉。

我院正常教学秩序直至1961年贯彻"高教六十条"之后,才切实建立起来。

三 开展群众性的科学研究

在"大跃进"形势下,我院的科研工作和教学工作一样,也是采用群众运动的方式进行的。自1958年初向"五一"献礼开始,院内掀起了大搞科学研究的群众运动。全院师生发扬敢想敢干的革命精神,大胆地向科学堡垒进军,获得了显著成果。在"五一"献礼中,有线系的国产第一部半导体三路载波机和无线系的教学实验电视设备的试制,成功打响了大搞科研的第一炮。在此基础上,又掀起了"七一"和"十一"两次广泛的群众性大搞科研运动。各系都加强了对科研工作的领导,不少教研组和班级都成立了科研机构和科研小组,积极组织力量,承担科研项目。他们破除迷信,解放思想,经过日夜奋战,攻破了一个个难关,完成了承担的科研项目。一年来全院共完成科研项目324项。其中有的产品如电话录音、电子乐器、彩色传真电报机、半导体高频H参量测试器等不仅国内首创,而且有的产品还闯入了世界电讯尖端科学技术研究的领域。中央新闻电影制片厂曾将上述一些新产品拍摄为新闻影片进行放映。

1959年底到1960年初,在反右倾,鼓干劲,继续跃进的形势下,我院传达了中央和邮电部召开的科研工作会议精神,进一步发动群众,积极贯彻会议提出的"立大志、下决心、鼓干劲、攀高峰","把高等学校的科学研究工作推向新高峰"的精神。号召全院师生继续鼓起干劲,破除迷信,解放思想,向"高大精尖"科研领域和科研项目攀登。在广大师生的努力下,一年来又完成了科研项目256项。其中有301工程微波终端设备、600路微波中继机、飞点扫描彩色电视系统、传真磁记录接转设备、12路脉冲编码系统等尖端项目,而在毫米波的研究方面,开始进入国际先进的研究行列。几年来,我院的这些科研项目新产品,分别参加了"北京市工业跃进展览会""邮电部跃进展览会""全国交通展览会""全国教育与生产劳动相结合展览会""全国高校献礼产品展览会""世界学联勤工俭学展览会""全国科学技术新成就展览会"展出,博得了好评。当我院试制成功的教学电视台在展出中作播出和接收表演时,先后有朱德、李济深、黄炎培和郭沫若等领导人和知名人士前来参观。

当时我院科学研究工作的开展,是同群众性的技术革新和技术革命紧密相联的。既有"高精尖"项目,又有"短平快"项目。尖端项目的研制与生产,带动了许多具体项目的深入研究和技术革新。如有线系生产12路载波机时,就进行了对滤波器、放大器等理论研究和技术研究。工厂在对尖端项目的加工生产过程中,对生产设备的完善革新和工人技术水平的提高都起着促进作用。在师生结合攻尖端项目的同时,不少学生在教师指导下,成为技术革新的闯将。如无线系学生研究试制了国内少有的高达15兆周的扫频仪;工经系学生制成了"电报最佳派送时间计算尺";有线系学生在市话局提出22个革新方案,其中有9个方案被采用,得到市话局领导和技术人员的一致称赞。科研工作的开展,促进了群众性科技活动的开展,学生的科技小组和科技活动得到很大发展,当时,有两千多学生(占学生人数的48%)参加了各种科技活动,研究的项目有一百多项。

当时的科研工作,又是同教学结合的。随着教育革命深入发展,学院提出要树立"一主(教学)、二辅(生产、科研)、三结合"的教学思想。制定了包括教学、生产劳动和科学研究在内的指导性教学计划。其中在高年级中也安排了150学时的科研工作。整个科研工作均列入统一的教学计划中,解决了科研和教学的矛盾,为科研工作的开展提供了条件。科学研究工作是提高教师水平、提高教学质量的重要措施。科研项目紧密同专业,同教学内容结合,既是教学又是科研,互相促进。毕业设计,真枪真刀,有的很有价值,体现了教学、科研和生产劳动的紧密结合。几年来全院各系分别组织了13次科学报告会,交流科研成果。在科学研究的基础上编写了理论与实际相结合的教材,写出了大量的专题论文,丰富和充实了教学内容。科研工作不仅完成了许多尖端项目,还围绕教学需要自制了大量的教学设备。二年来共组织了1 420位师生,自制教学设备2 567件,既满足了教学需要,又提高了师生的科研能力和技术水平,还为学校节约了开支。

为庆祝我院五年校庆,学院安排了三天的庆祝活动,各系举办了教学、科研成果展览舍。同时,我院学报也应运诞生,并出版了创刊号,为学术研究的交流和科研成果的发表提供了园地。

四 两院合并和各项工作的大发展

(一) 并院工作

邮电部决定,1959年4月1日起北京邮电学院、北京电信学院合并,仍定名为北京邮电学院。原北京电信学院中技部改为北京邮电学院附设中技部,在原址办公(中技部于1960年8月15日正式撤销。我院基础部自8月起,开始迁中技部地址办公)。

邮电部4月10日通知,并院后为便于迅速展开工作,指定以下同志暂代如下的职务:院长孟贵民;党委第一书记兼副院长杨思九;党委副书记赵磊、方刚专作党委工作;副院长刘砚田……中技部主任梁石。

根据邮电部关于两院合并的指示,并经过本院1959年4月10日第三次院务委员会会议讨论通过,报部批准的组织机构如下:

最高领导机构为院务委员会。其下是院长、副院长,领导16个二级单位:①院部办公室;②人事处;③教育处下设教材科、图书馆;④总务处下设行政事务科、膳食科、校医室、幼儿园;⑤基建科;⑥会计科;⑦生产处下设办公室、器材厂、财务计划科、器材供应科;⑧科学研究处;⑨有线电通信工程系(电报电话通讯专业和有线电通讯设备制造专业)下设电话学教研组、电报学教研组、长途电信教研组、电信基础教研组、电信线路设备教研组;⑩无线电通讯工程系(无线通信与广播专业和无线通信设备制造专业)下设无线电基础教研组、无线发送教研组、无线接收教研组、广播电视教研组、电子管与放大教研组;⑪工程经济系(邮电经济与组织专业)下设邮电经济教研组、邮政组织与计划教研组、电信组织与计划教研组;⑫基础部下设外国语教研组、物理教研组、化学教研组、数学教研组、邮电机械教研组、体育教研组;⑬中技部下设教育科、有线科、无线科、办公室;⑭干部进修班;⑮函授部下设教务科、办公室、视导组;⑯马列主义教研室。另设直属干部研究班。

1959年5月,邮电部决定,西安邮电部函授学校筹备处与我院函授部合并,建立新的组织机构。函授部下设办公室、教务科、视导组、北京辅导站及教研组等单位。共有教师53人,职工50余人。统管全国邮电高、中等函授教育的教学、辅导、组织管理、视导检查和教材的编写印刷以及发行等工作。由于函授部工作成绩突出,1960年被评为学院先进单位并出席北京市的群英会。

邮电部决定,北京邮电科技大学从1960年11月1日起并入北京邮电学院。

经过上述多次合并,大大加强了我院的办学力量,同时也加大了教学和科研的任务。

(二) 全院各项工作的大干快上

在全国"大跃进"和"继续大跃进"的形势下,我院各项工作取得了不少成果。加之并院更促使各方面工作增添和扩大了任务,形成一个大干快上局面。从邮电部开始,对邮电教育事业就提出了快速发展的要求并制定了跃进规划。赵志刚副部长在并院会议上讲话时指出:全国邮电事业已有很大发展,但和工农业发展对通信工作的要求相差还很远,在发展中,我们特别感到技术力量、干部力量的缺乏。因此必须迅速大量地培养干部。原来只有一两个学院,1959年计划要建立西安、武汉、重庆3所学院,5个学院还是不够,计划一两年内将邮电院校扩建为8所。北京两院的合并,使教学力量集中,有很大优越性,合并后,学院的规模将发展到8 000人。北京邮电学院作为邮电部的重点院校来建设。希望合并后的新学院迅速成长壮大,完成邮电部交给的培养干部的任务。

学院根据邮电部指示精神和并院后的任务,提出和实施了1959—1961年3年跃进规划。规划提出要积极组织人力,充分发挥潜力,用多种方法多方面为国家培养人才:①增加招生人数。本科规模为8 000人;不断增加研究生人数;积极培训调干生和办好干部进修班以及培训留学生;扩大函授教育。②增设新专业。1959年暑假增设长途通讯设备制造专业、无线电通讯设备制造专业,并已于当年招生。1960年增设半导体器件、无线电物理、电真空技术、邮电通讯机械化自动化四个专业。并积极筹备自动控制、计算技术两个新专业。③大力培养和补充师资。一方面加强对现有教师的培养提高,充分发挥老教师作用,使青年教师尽快成长。另一方面积极争取国家调配、补充新师资。除此之外,办好师训班,为本院和邮电兄弟院校培养师资。从 1959 年开始从我院 3 年级学生中抽调多批学生,举办数学、物理、邮电机械等师训班,毕业后分配在全国各邮电院校任教。同时,还大量接收进修教师来院进修,为兄弟校培养和提高师资。④在进一步深入地搞好教学革命的同时,开展科学研究工作。要尖端和普及相结合,专家和群众相结合,紧紧抓住科学尖端的研究,在通信、广播科学的基本理论某些尖端方面,3 年内达到国际水平。

除教学和科研工作外,对全院各部门,各项工作都提出了要求。各单位都在为办好邮电部重点学院订出了跃进规划,并以继续跃进、大干快上的姿态积极开展工作,取得了许多成果。如器材厂,为了担负起校办工厂的繁重任务,必须增加设备,并立足于自己制造,他们苦战一个月,自制机床 17 台,完成了机床翻一番的任务。之后他们又开展了"三高、六比"的劳动竞赛,提出天天产品增,日日有革新,猛攻"高精尖",产值翻三番。他们不仅完成了每年教学计划安排的学生生产实习任务,还为各系科研项目的试制、加工以及大量教学设备的制造和维修作出了显著的成绩。除此之外,还承担了部分国家项目的生产任务。

为教学科研服务的图书资料工作,在图书馆工作人员的积极努力下,他们采用了开架借书,增加借书时间来便利读者。由原来 4 小时增加为 12 小时,星期日照常开馆。在大搞科研的情况下,曾一度 24 小时开馆,对在外办学的师生采用集体借书和邮寄的办法,来满足教学和科研的需要。

我院的宣传教育和文体工作,在党委宣传部、团委、工会、学生会以及体育教研组的积极组织下,得到了很大发展。

几年来我院的宣传教育工作,都能紧跟形势需要,做到有计划地进行。在印刷厂大力支持下,及时编印了学习资料发给大家,有的资料是人手一册,为积极配合中心工作的开展,不断提高全院教职工学生的马列主义、毛泽东思想水平,作出了贡献。我院院刊的定期出版和院广播电台的每天播音,对推动各项工作的开展,起着积极地舆论鼓动作用。群众性的宣传鼓动工作,在各系和各单位都得到积极开展。当时的"有线青年""无线生活"和工经系以及教工中的黑板报都办得有声有色,紧密地配合了各项中心工作的开展。

为贯彻中央关于"两条腿走路"的方针,积极开展职工业余教育。1959 年 3 月成立了职工业余红专大学。分不同层次组织职工参加业余学习,从扫盲、中学到大专,培养出大量人才。为提高我院教职工的政治理论水平和科学文化素质作出了贡献。曾几度受到海淀区教育局的表彰并授予"先进集体"称号。

我院的文化娱乐活动,几年来也有了很大的发展,特别是在"大跃进"的年代里更显得活跃。1958 年为了贯彻北京市委开展群众文艺创作运动的指示,在党委领导下,成立了文化创作委员会,制定了 1958—1959 年文化跃进规划,提出:"文艺内容政治化,政治宣传文艺化"。规划要求全院师生员工 100% 参加创作,全院一年要拿出万件文艺创作作品。同时开展了群众性的歌颂社会主义的诗歌运动,每人都要作诗作歌。

当时上至党委书记、院长、下至每一个学生教职工都写诗作歌。参加诗歌朗诵比赛,食堂教室到处是诗歌展览会。一时,学院被浸沉在诗歌的海洋中。当时的文娱社团也很活跃。全院有文工团、京剧社等文娱社团 11 个,加上各系的文工团和历次劳动中的文工队共有 65 个。参加人数为 862 人,共创作节目 3000 多个,不仅丰富了学校生活,而且宣传了党的政策。文工团排演的"秋收之歌"曾参加了北京市文艺汇演。还编排了大型歌剧"老共青团员",全剧演职人员 200 名,都由学生组成。京剧团结合运动和教学、劳动,自编自演了"烧五气""人定胜天""三星让位"和"智取威虎山"等现代京剧。以上节目曾在本院和北京市多次演出,受到观众欢迎。在党委和各级干部的关心支持下,在体育教研组老师们的努力下,我院积极开展了群众性的体育运动。党委领导和团委、学生干部组成了篮球队,叫"跃进队",经常同学生班级进行比赛,活跃在运动场上,各级干部也都很重视体育运动,积极参加历届运动会项目比赛,这都大大促进了群众性体育运动的开展。几年来,举办了第二、第三、第四、第五届全院运动会,不断创出新纪录,四届共打破院纪录 72 次;全院学生 100% 达到一级劳卫制,67% 达到二级。当时有一级运动员 6 人,二级运动员 32 人,各种代表队 24 个。对学生中的体育尖子积极培养并组织他们参加校内外各种比赛。长跑、低栏等田径项目,曾获高校、北京运动会第一名。乒乓女队在高校名列前茅,舢板男队曾破全国纪录。

为了加强国防教育,我院于 1958 年 9 月 8 日成立了北京邮电学院通讯兵预备师。除进行正规的军事训练外,还多次参加国庆游行和天安门受检活动。

我院的基本建设和总务后勤以及治安保卫等工作,都在为教学、科研服务中大干快上,作出了很大的成绩,保证学院的不断发展。随着学院的发展,基建任务繁重,1958—1960 年基建部门完成了 2 幢教学楼(无线楼、工经楼),2 幢学生宿舍楼,修建了教工俱乐部和托儿所等。在保证供暖,节约用煤等方面都作出了积极的努力。总务后勤部门在校园环境建设、膳食和医疗保健以及托儿所等各方面工作中,都以鼓干劲、争上游的姿态,为教学、科研和学院的各项工作服务。治安保卫工作,为建立和保持校园的良好秩序,保证学院各项工作的安全运行作了大量工作。几年中,我院食堂、卫生和保卫部门都曾多次受到区、市的表彰,并获得红旗单位称号。

五 学院被确定为全国重点院校

根据 1960 年 10 月 22 日中共中央《关于增加全国重点高等学校的决定》,我院被确定为全国 64 所重点院校之一。这对我院各项工作进一步提高和全面发展起着重大的推动作用。1954 年高教部发出《关于重点高等学校和专家工作范围的决议》中,指出了重点院校的任务是培养质量较高的各种高级建设及科研人才,为高等学校培养师资(包括研究生、进修生)。1960 年 2 月 9 日,教育部又提出"重点学校要在全国同类的高等学校中起带头提高教学质量和科学水平的作用"。

北京邮电学院是邮电部重点建设的第一所高等学校。自1955年建院至1960年，已经5年。在邮电部和北京市领导下，学院从无到有，得到了较快的发展。

5年来，经过北京两院的合并和后来北京邮电科技大学的并入，以及西安函授筹备处与我院函授部合并，使学院的办学力量得到加强，各项工作有很大发展。至1960年，已设置各类专业9个，计有：电话电报通讯、无线通讯与广播、有线制造、无线制造、邮电经济与组织、半导体器件、无线电物理、电真空技术、邮电通讯机械化自动化等。还设有数学、物理、邮电机械、政治等师资培训班，干部专修班，除此还设有函授、夜大学以及附设中技部。具有培养研究生、本科生、大专生、外国留学生和中专生等多层次人才的能力。

1959年在校生达5 336人，加上函授、夜大生，总计受业学生达10 437人，其中有外国留学生57人。教学质量不断提高，1958—1959学年优良学生达71.6%，不及格率为3.1%。1960年"五四"青年节，有57个先进班集体和142名优秀学生受到表彰。

5年来，已为国家培养各类专业毕业生1044人（1959年累计为477人，1960年为567人）。绝大多数毕业生被分配到全国各地邮电部门工作。师资班毕业生共340人，分配到各邮电院校任教。研究生毕业人数不断增加：继随天津大学调整来我院学习的4位研究生于1956年毕业后，我院又从本院和上海交大1956年本科毕业生中选拔研究生18人，其中15人按期于1958年毕业。这是我院建院以来培养的第二批研究生。同时，还为邮电兄弟院校培养了不少进修教师。

5年来，科学研究工作也有很大发展，完成了不少项目。1955—1959年共完成409项，参加人数达2507人次，其中不少是属于"高精尖"项目。由于紧密结合专业，结合群众性的技术革新活动，因此，促进了教学质量的提高和群众性科技活动的开展，做到了提高和普及，专业和群众相结合的要求。

教师队伍在不断扩大。1955年教师为138人，至1960年3月达513人，五年增长近四倍。其中教授、副教授16人，讲师49人，教员148人，助教300人。党政教辅和勤杂人员750人，工人397人。全院教职工达1660人。

5年来，教学、科研和实验等各种设备不断增加。1960年2月统计：全院有实验室76个，教学实验工厂一个，教学设备14837件，科研设备161件。图书资料1959年藏书达119 836册，电信专业和科技书刊占50.4%。订有中外报纸杂志444种。

校舍建筑面积，至1960年6月已完成139 768平方米（不包括小西天）。有教学大楼4幢、学生宿舍9幢、学生食堂2幢、职工宿舍9幢、实验工厂2幢，还建了教工俱乐部、托儿所和锅炉房、浴室等。为教学科研和师生员工的居住提供了基本条件。

1960年，全院开了群英会，对在各方面工作中涌现出来的先进集体和先进个人进行了表彰。共有45个先进集体和130位先进工作者受到表彰。在此基础上有21个单位、28个人出席了首都文教战线群英会。同时，我院被评为北京市先进单位，市委、市人委授予奖旗一面。这是对全院师生员工为教育事业作出辛勤劳动的肯定，也是全院的光荣。

上述基本情况表明,北京邮电学院无论从教学科研水平上,基础设施建设上,以及为全国各邮电院校培养师资等方面,都有相当发展。因而被教育部指定为全国重点院校。它鼓舞着全院师生员工为承担更重大的光荣使命而努力奋斗。

六 院第二、第三次党代会

(一) 第二次党代会

1959年4月4日至7日,我院召开了第二次党员代表大会。会议的主要议程是总结第一次党代会以来工作,确定今后任务,选举新的党委会。参加大会的正式代表86人,列席代表43人,还邀请了我院各民主党派人士共10人出席了会议。党委第一书记杨思九作了题为《中共北京邮电学院委员会两年工作总结》的报告。报告共分四个部分:两年的基本情况和收获;工作中的几点经验教训;关于加强党的领导问题;今后任务。报告对两年来全院师生员工在整风"反右"和"大跃进"所开展的各项群众运动中,意气风发,力争上游的革命精神和在政治思想上、世界观改造上,以及创造出三结合等许多群众性的新的教学方式等方面所取得的成绩,作了充分的肯定。同时,指出了在贯彻党的教育方针中,在党领导下师生三结合形式上和理论与实践的关系上存在的一些问题。报告强调指出在师生结合中,"教师起主导作用","这是一条真理"。在理论与实际结合问题上,报告指出:把基础课分散到专业课中,削弱了基础理论的教学。针对有部分学生轻视理论和书本知识的倾向,指出"学生在校多数时间还是学习理论知识",提出"认真读书"的要求。

总结报告对纠正一些不妥作法和更好地开展教学改革工作起到了正确的引导作用。会上,孟贵民同志作了题为《北京邮电学院1959年至1961年工作跃进规划纲要》的报告。纲要全文20条。指出:并院后我院要承担更为繁重的教学和科研等任务,要求全院师生员工"必须政治挂帅,鼓足干劲,苦干、实干、巧干",为把我院建成一所"红色先进学院"而奋斗。

会议讨论通过了上述两个报告和大会决议。决议提出充分发动群众,开展"教好、学好、思想好、劳动好、工作好、身体好"的六好活动,为实现我院1959年更大更好更全面的跃进任务而奋斗。

大会选举产生17名新的党委会委员,2名候补委员。经全体委员选举并报请上级党委批准,党委常委由10人组成。杨思九任党委书记,方刚任党委副书记;监委书记方刚。

随着两院合并,原两院党委委员也进行合并。党委委员会由26人组成。党委常委由15人组成。党委书记杨思九、副书记赵磊、方刚;监委书记方刚。

（二）第三次党代会

1960年3月25日至27日，我院召开了第三次党代表大会。大会主要议题是总结我院1959年的工作和反右倾整风运动，提出1960年工作任务和选举新的党的委员会。

出席会议的正式代表165人，列席代表31人。党委书记杨思九作了第二次党代会以来的工作总结。报告共分五部分：1959年的基本情况；关于党的领导问题；关于教学与生产劳动、科学研究三结合问题；关于坚持群众路线，大搞群众运动的问题；1960年工作任务。报告指出1959年工作，取得了比1958年更大、更好、更全面的跃进。根据中央关于整顿、巩固、提高的方针，建立了教学秩序，提高了教学质量。完成了并院、增设新专业、加强师资力量和扩大招生名额等任务。通过反右倾整风运动，彻底粉碎了右倾机会主义的观点，保卫了总路线和"大跃进"成果。报告把作为办好高校的3个法宝：党的领导、群众路线和群众运动、教育与生产劳动相结合3个问题，在我院贯彻执行的情况，进行了总结和肯定。同时，报告还对纠正工作中的缺点作了总结：先后调整了基础理论课和专业课的关系，加强了基础理论课和毕业设计；整顿了单科独进的作法，改变了大班党支部领导教学的作法；切实停止了学生中的学习互助组，树立了认真读书，刻苦钻研的新学风；巩固地树立了"一主（教学）、二辅（生产、科研）、三结合"的教学思想。

党委副书记赵磊作了《反右倾整风运动总结》的报告。

大会选举产生了27位党委委员，4位候补委员。经第一次委员会选出11人为党委常委，杨思九为党委书记，赵磊、方刚为副书记；为监委书记方刚。

第三次党代表大会还根据中央关于在高校实行党委领导下的院务委员会负责制的中央指示精神，提出要健全和发挥院务委员会的机构及其作用。院务委员会由过去的咨询机构转为党委领导下的学院最高行政机构，它决定全院教学、科研、生产等行政方面的重大问题。经党政工团各方代表会议选举，由孟贵民等27人组成院务委员会。

为贯彻党代会精神，在两届党代会之后，院工会于1959年4月23日和1969年5月29日先后召开了第三、第四届工代会；院团委于1959年4月25日和1960年4月8日，先后召开了第三、第四届团代会。院学生会也相应开了学代会。他们在贯彻历届党代会决议精神，宣传和组织群众完成全院各项工作中起到了积极作用。

七　师生员工共度暂时困难

由于全国"大跃进"，特别是"反右倾斗争"的连续开展，使"左"的错误继续发展，在政治上、经济上带来了严重的后果。我国农业生产更遭到极大的破坏。尤其是高估产、高征购，后果更为严重。加之，从1959年起，我国农田连续遭到大面积的自然灾害,农副产品产量急剧下降。天灾人祸使我国1959年的粮食产量只有3 400亿斤(1斤=500克),仅完成估计产量的63%,1960年粮食产量又下降为2 870亿斤,比1959年少了530亿斤。1960年的粮、棉、油产量都下降到1951年和建国时的水平。1960年城乡人民平均猪肉消费量比1957年减少了70%。许多地区因食物营养不足,相当普遍地发生浮肿病,不少省份农村人口非正常死亡增加。面对困难,引起全党和中央的清醒认识,决心认真调查研究,纠正错误,调整政策。党中央号召,全党全民同心同德,共同克服困难,同时,采取了多种措施,保证人民生活的基本需要。党中央特别关心师生的健康。1960年5月,中共中央、国务院发出《关于保证学生、教师身体健康和劳逸结合问题的指示》,同年12月又发出《关于保证学生、教师身体健康的紧急通知》。北京市委根据中央指示要求各校党委"大抓生活",充分认识"现在是吃饭第一,一切按热量办事"。要安排好师生的劳逸结合,保证师生的健康。

我院党委和行政召开各方面会议,积极贯彻和落实中央和市委指示精神,采取多方面措施安排好师生的生活和工作。院党委副书记赵磊在1960年5月28日召开的全院师生员工大会上指出:中央的劳逸结合指示,体现了党中央、毛主席对群众生活和青年一代的关怀。党委研究,作了一些具体规定,一定要把这一指示精神,贯彻在工作、学习、生活中,做好全面安排,做到劳逸结合,以便使大家保持精神饱满,更好地实现持续的"大跃进"。会后,各系都根据指示精神,及时地对在校内外大搞技术革新和技术革命的师生作了劳逸结合的安排。除此之外,学院还采取了下列具体措施,来保证师生劳逸结合的切实执行和生活上吃饱吃好:

(1) 在教学上,减少课时,减少作业,减少考试。控制学生活动量。从各方面减轻学生学习负担。

(2) 在生活上,加强食堂的领导和管理,搞好伙食,让师生们吃饱吃好。为加强对学生食堂的领导,把学生食堂划归各系领导,由各系派干部到食堂当管理员,加强对食堂职工的思想政治教育,并同炊事人员同吃同住同劳动,建立起各项管理制度和劳动纪律,团结一致把食堂办好,当时叫"政治到食堂"。同时,各系还分批组织教师、干部轮流下食堂帮厨和参加管理,各系把抓好食堂作为系的重要工作之一。在膳食部门的指导帮助下,在积极搞好伙食,保证学生吃饱的工作上作出了成绩。各食堂职工也千方百计地搞好伙食,让同学们吃饱吃好。他们不怕劳累,在主食上保证量足质好,作到粗粮细作。他们在主食加工如烤饼、蒸窝头,都个个过秤,保证同学吃到自己有限的定量。他们还想办法不断花样翻新,用干稀搭配,"瓜菜代"达到以副补主的目的;为了减少学生排队买饭花费时间,他们采用了按预登定量送饭上桌;还实行食堂民主管理制度,学生会生活组参与食堂的管理,不断召开座谈会征求同学意见;还安排同学轮流帮厨,以了解和交流食堂情况,增强同学与食堂炊事人员的感情,同心同德,搞好伙食。

(3) 在校内外建立农副业生产基地,大搞副业生产,改善师生生活。在九龙山、延庆等基地,参加劳动的师生,发扬艰苦奋斗精神,养猪、养羊、养鸡、种粮、种菜,为改善生活提供了条件。劳动中没有牲口,就自己拉犁进行耕地播种。在校内各食堂也进行养猪、种菜、做豆腐等副业生产。学院楼前屋后的空地,也分配由各单位种瓜种菜,全院师生都为改善生活,克服困难作出了艰苦的努力。对出现浮肿的病人,除校医室积极采取措施加强营养。帮助恢复外,大家还发扬互助精神,节约粮食,支援病人。在院党委和行政的领导下,全院师生员工勤俭节约、互相帮助、艰苦奋斗,同甘共苦地度过了困难时期。

在"大跃进"年代里,我院师生员工和全国人民一样,以高涨的政治热情,投入了"大跃进"洪流。在积极参加全国性各项中心工作的同时,认真贯彻党提出的"教育为无产阶级政治服务,教育与生产劳动相结合"的方针,开展了教育革命,在创办新专业,大办工厂,建立教学、科研、生产劳动三结合新体制和开辟生产劳动基地以及改进教学形式等方面,进行了大量的探索和尝试。这场教育大革命的目的是力图通过群众运动方法,把教育与生产劳动结合起来,使知识分子劳动化,以彻底克服旧教育制度"三脱离"的影响,并结合中国的实际情况,摸索出一条适合中国国情的办学道路来,以突破旧的教育体制和苏联教育模式的框框。从这个意义上说,这场教育革命有其积极的、进步的方面,对高校办学规律的认识和促进高校发展起了一些积极作用。我院在这期间所办的新专业,在教育与生产劳动相结合所采用的多种形式,以及全院各项工作大干快上所取得的成果,尽管还存在着这样那样的一些缺陷,但对学院建设是起着很大推动作用的。这些成就,都部为我院后来的发展奠定了基础。

同时,在"大跃进"和"教育革命"中,由于"左倾"错误的影响,在教育方针学习讨论中,在红专大辩论中,在"反右倾"等政治运动中,错误地批判一些坚持按教育规律办学的教师,伤害了知识分子的积极性;教师和学生参加生产劳动过多,忽视课堂教学作用和教师的主导作用;教改要求过高过急,削弱了基础理论教学;以政治运动推动教学改革,打乱了正常的教学秩序,降低了教学质量。所有这些,给高等教育事业和我院的发展造成了损失。直到1961年开始执行以调整为中心的八字方针和贯彻"高教六十条",才使我院的教学等各项工作逐步走向正轨。

第三章 学院在调整、充实中发展
（1961—1965）

1958年的"大跃进"和1959年至1960年的"反右倾"错误,使我国国民经济遭受严重挫折。加上自然灾害和苏联政府撕毁合同,加重了这种困难。党和政府认识到经济困难的严重性,决定进行调整,把注意力转移到国民经济问题上来。

1961年中共中央制定了"调整、巩固、充实、提高"的八字方针,并讨论通过了《中华人民共和国教育部直属高等学校暂行工作条例(草案)》(简称"高教六十条")和《关于轮训干部的决定》。1962年1月,中央在北京召开了扩大的工作会议(七千人大会),对新中国成立以来特别是1958年以来的经济工作作了系统地总结,肯定了成绩,批评了"左"的错误,总结了经验教训。

从1961年开始,在北京市委和邮电部党组的领导下,我院和全国其他重点院校一样,根据中央八字方针、高教六十条、科研十四条等文件精神,认真进行调查研究,进一步认识了1957年反右派斗争扩大化,1958年至1960年"大跃进"期间"左"的错误的严重性及其所造成的危害。根据我国国情和我院实际,总结了正反两方面的经验教训,制定了我院贯彻高教六十条的具体规划,对我院工作,进行了全面调整,使学校走上了正确轨道。教学、科研和其他各方面的工作得到协调、全面、稳定的发展,为建设和发展适合中国国情的高等邮电教育和全国重点邮电院校,奠定了牢固的基础。但是,"左"的错误并未得到彻底纠正,特别是在"念念不忘阶级斗争"和"以阶级斗争为纲"的错误政治口号导向下,从1964年下半年以后,"左"的思想重新抬头,又干扰和影响了学校的正常发展。

一 贯彻"八字方针"和"高教六十条"

（一）领会中央精神,统一思想认识

1961年1月,中共中央在北京召开的八届九中全会,制定了对国民经济实行"调整、巩固、充实、提高"的方针。国民经济是教育的基础,为适应经济变化的要求,高等教育也必须贯彻"八字"方针。1961年1月26日至2月4日,教育部在北京召开全国重点高等学校工作会议,会议着重研究贯彻执行"八字方针",对全国重点高校实行"四

定"(即定规模、定任务、定方向、定专业)的问题。会议强调通过调整建立完善的教学秩序,大力提高教学质量。9月15日,中共中央批准试行《教育部直属高等学校暂行工作条例(草案)》(即"高教六十条")。中央批示指出,目前在高等学校工作中应着重解决以下几个主要问题:①必须以教学为主,努力提高教学质量。科学研究、生产劳动、社会活动的时间应安排得当,以利教学。②正确执行党的知识分子政策,团结一切可以团结的知识分子,为社会主义高等教育服务。正确执行"双百"方针,提高学术水平。③实行党委领导下的以校长为首的校务委员会负责制,充分发挥校长、校务委员会和各级行政组织的作用。④做好总务工作,保证教学和生活的物质条件。⑤改进党的领导方法和领导作用,加强思想政治工作。9月23日至10月8日,教育部召开贯彻"高教六十条"会议。1962年3月,周恩来总理在二届人大三次会议上的报告中提出:这个条例可以在全国的高等学校中试行。从此,"高教六十条"在全国200多所院校试行。北京邮电学院是试行单位之一。

中央批示和条例草案下达之后,从1961年开始,按照中共北京市委和邮电部的统一部署,院党委首先组织院、系(部)领导,通过党委扩大会议的形式,认真学习了中央文件和有关条例,提高认识,统一思想。与此同时,组织全体党员和广大师生员工,普遍学习了工作条例和中央关于试行工作条例的指示。在此基础上,根据中央关于轮训干部的决定和市委的指示,在1962年,又着重对全院党支委、行政18级以及担任副科长以上的党员干部,分期分批普遍进行轮训。同时利用暑假组织了教学9级以上和教研室骨干的党员教师进行训练。在轮训中,结合个人思想,深入学习中央制定的"八字方针"和"高教六十条"及中央编印的《党的生活的几个问题》和《社会主义建设的几个问题》两本书,统一了对1958年的"大跃进"、1959年的"反右倾"及1960年的"三大革命一起抓"的认识。特别是对照学院工作和个人思想,逐条学习了"高教六十条",对学院工作的几个主要问题(领导体制、教育方针、知识分子政策、党的领导、政治思想工作)有了比较一致的认识。通过学习,为在我院贯彻落实"八字方针"和"高教六十条"打下了基础。

(二)学校教学秩序逐步恢复

1958年以来,由于"左"的错误,大搞群众运动,学校秩序混乱,正常的教学科研很难开展。"八字方针"和"高教六十条"下达以后,结合学习,检查和总结我院3年多来的工作,根据工作条例的原则,先行采取措施,认真贯彻执行,使学院的教学、科研和各项工作秩序逐步得到恢复。

1961年3月制定的学院年度工作安排,就是根据党的八届九中全会的精神,贯彻"调整、巩固、充实、提高"八字方针,在调查研究和充分发扬民主的基础上制定的。工作安排提出:必须贯彻党的教育方针,根据"八字方针"的精神,认真总结教育革命的经验,切实调整各个教学环节,全面提高教学质量。①巩固教育革命的成果,认真总结教育革命的经验。根据"一主(教学)二辅(生产劳动与科学研究)三结合"的精神,必须树立以教学为主的思想,全面处理教学、生产劳动和科学研究的主从关系,既要在以教学为主的前提下安排生产劳动和科学研究,又必须在教学中考虑生产劳动和科学研究,使教学、生产劳动与科学研究密切结合。②要大力加强教学第一线,积极培养提高和壮大师资队伍。师资安排必须首先满足教学需要,把有经验、水平较高的教师集中到教学第一线。对老教师的工作必须继续加强,要进一步贯彻党对知识分子团结教育改造的政策,根据他们的情况和特长,适当安排,使在教学经验、传授知识、培养青年教师等方面,充分发挥他们的积极作用。对青年教师,必须订出计划,加强检查,大力培养,积极提高。③加强教材建设,改进教学方法,健全管理制度。教材建设首先必须做到每门课都有书给学生念,切实保证教材的印刷质量。在教学环节上,必须抓紧基础课程和毕业设计两个主要环节。要大力提高基础课程和毕业设计的质量。④在实现教学为主的条件下,积极开展科学研究和组织生产劳动。科学研究应该缩短战线保证重点,根据人力物力情况,进一步落实研究项目。根据"百花齐放,百家争鸣"的精神,展开学术讨论,活跃学术空气,提高学科水平。⑤积极筹建新专业。对既定的有关专业,必该组织力量本着积极上马和实事求是的精神,从师资、设备、计划、教材等方面逐个检查落实,积极筹建。⑥函授教育必须在两年来飞速发展的基础上,根据"八字方针"的精神,总结经验,全面检查专业设置、师资、教材等情况,进一步提高质量,稳步发展。

工作安排提出,必须坚持劳逸结合的政策,贯彻中央"一手抓工作,一手抓生活"的指示,抓紧生活工作。工作安排还要求各级领导干部要大兴调查研究之风,一切从实际出发,改进领导作风和工作方法,以成功的思想工作和尽力安排好群众的生活以保证教学任务的完成。

经过一年的努力,由于学院在各项工作中贯彻了"八字方针"和"高教六十条",调整和改进了各个方面的工作,取得了不少成绩。在教学方面,妥善安排了生产劳动,调整科研项目,把教师充实教学第一线,加强对教学的领导,执行听课制度,努力提高课堂讲授质量,切实加强习题、实验等教学环节,严格对学生的要求;对青年教师制订了进修计划,指定专人指导,对研究生加强了管理;精简活动,健全各项教学管理制度。通过这些措施,初步稳定了教学秩序,保证了教师的业务时间和学生的学习时间,出现了教师认真备课,学生发奋读书的新风气,对提高教学质量起了一定的作用。在生活方面,建立了生活管理处,加强了对生活工作的领导。在政治思想方面,调整了师生、青、老年教师等各方面关系,并在党内、教师和学生中开始了甄别工作,因此,各类人员相互关系紧张的状况有所好转,部分老教师的积极性开始调动起来。在组织方面,院部机构作了适当调整,加强了总务生活部门;精简了生产基建部门,综合处改名为生产处,把器材厂归属生产处领导,把计划财务科与会计科合并,基建科改为修建科,将科研处与教务处合并,以及部分教研组适当划小。在各教研组和学生班,废止了核心小组的领导,纠正了党支部甚至党小组和党员个人领导行政的现象。在行政领导方面,整顿了考试、请假、器材设备管理等各项管理制度;院务委员会开始正常的活动,除了注意发挥院务委员会的作用外,并建立了每周的行政会议制度(由各系部处领导干部参加,讨论和布置日常工作),因而加强了集体领导,相互沟通了情况。通过一年的工作,为进一步在我院贯彻和试行高校工作条例,从思想上、组织上、工作上、制度上作了初步的准备。

(三) 制订贯彻执行"高教六十条"的《五年规划》

根据党的八届九中全会精神,为了贯彻执行"八字方针"和"高教六十条",认真总结三年来各项工作的经验,改进工作方法和工作作风,学院党委认为,必须在全院深入开展调查研究工作,使在全体人员和各项工作中树立起一切从实际出发,一切经过调查研究的优良作风。为了取得进行调查研究工作的经验,为了掌握第一手资料,指导全院调查研究工作的开展,1961年上半年,由党委书记杨思九和副院长周元亮直接领导,调集了各系、部、处领导干部和教师十余人,组成工作组,对无线系当年即将毕业的五三大班和一个教研室进行了全面调查。对五三大班的调查内容包括:①学生的基本情况;②政治思想情况;③学习质量情况;④健康与劳逸情况;⑤政治工作情况。对教研室包括:⑥教研室的基本情况;⑦教学情况;⑧教学、生产劳动和科学研究三结合情况;⑨教研组的组织领导;⑩各类教师对教改后的课程设置、教学计划、课程内容、教学环节、师生结合和教学质量的感受意见。调查方式,主要是采取开座谈会、个别访问谈话、听课、参加学生和教研室的活动等办法。这次调查历经一个多月,获得了丰富的第一手资料。调查组对这些资料进行了认真分析研究,最后分别写出了全面的调查报告。

通过调查研究,我院党政领导及业务管理部门干部,对学院教学质量情况和师生的内部关系状况有了比较全面、深入的了解,这就为进一步贯彻执行"八字方针"和"高教六十条"提供了良好的条件。

1961年底,邮电部决定我院于1962年开始贯彻执行"高教六十条",并要求制定一个比较长远的执行"条例"的具体规划。为此,在调查研究的基础上,总结以往正反两方面的经验教训,结合我院的实际,经过反复讨论修改和广泛征求意见,于1962年2月制定了我院《关于执行高教六十条的五年规划(1962—1966)》。

《五年规划》包括绪言、教学工作、生产劳动、培养研究生工作、科学研究、教师、学生、物资设备管理、总务、生活工作、思想政治工作、领导体制和行政组织、党的组织和党的工作、函授教育等十三章六十一条。

规划对我院的基本任务、发展规模、专业设置、学制及领导体制等做了明确规定。我院的基本任务,是贯彻执行教育为无产阶级的政治服务、教育与生产劳动相结合,培养为社会主义建设所需要的通信专门人才;我院的发展规模,确定为本科学生4000人,并决定1963年停办三年制专修科和干部进修班,集中力量办好五年制本科;在专业设置上定为10个专业,在积极办好电报电话通信、无线电通信和邮电通信经济与组织三个老专业的前提下,力求尽快将有线电设备设计与制造、无线电设备设计与制造、邮电通信机械化与自动化、通信自动控制、无线电通信技术、半导体器件、电真空技术等7个新专业建设起来。在招生数字上保证3个重点老专业占50%以上,7个新专业占50%左右。规划强调要以教学为主,对教学活动、生产劳动和科学研究进行妥善安排,坚决按照教学计划和教学大纲的规定执行,稳定教学秩序,使学生的基础理论、基本知识和基本技能的训练得到保证;规划提出要大力地培养和提高师资水平,采取措施,五年内使我院的师资队伍在质量上基本上符合教学和科研的要求。要切实保证教师的"六分之五"的专业时间。通过教学实践,使教师能精通本门学科的理论和积累教学经验,过好"教学关"。要正确执行党的知识分子政策,充分发挥教师,特别是老教师的作用,大力培养青年教师,尤其要重点培养骨干教师。规划明确规定,我院实行党委领导下的以院长为首的院务委员会负责制,各系成立系务委员会。院务委员会是学院行政工作的集体领导组织,系务委员会是系教学行政的集体领导组织。要充分发挥院长、院务委员会和各级行政组织及行政负责人的作用。

根据邮电部关于贯彻执行"高教六十条"要有一个比较长远的规划,也要有近期的具体安排的指示。在制定《五年规划》的同时,院党委还制定了1962年工作安排。工作安排提出:1962年是党的"八字方针"深入贯彻的一年,也是我院开始贯彻"高教六十条"的第一年。因此,我们必须在去年以来各项工作初步调整的基础上,根据今年贯彻"八字方针"以调整为中心的要求,全面做好调整工作,使我院各方面的工作在今年以内纳入正常轨道,为全面贯彻执行高校工作条例,进一步提高教学质量打下基础。

调整工作的主要内容是5个方面:①围绕着调整与建立教学计划,进一步稳定教学秩序;②认真地把学院的领导制度——党委领导下以院长为首的院务委员会负责制建立起来;③调整工作关系,充分调动师生员工的积极性;④组织干部轮训和师资进修;⑤加强党的建设,活跃党内民主生活。

根据上述精神,工作安排提出我院1962年的工作任务是:①坚决贯彻以教学为主的原则,稳定与巩固教学秩序,努力提高教学质量;②大力加强行政工作,充分发挥行政组织的作用;③积极轮训干部;④大力培养师资,努力建设一支又红又专的教师队伍;⑤关心群众生活,加强总务工作;⑥加强思想政治工作;⑦加强党的领导。

二 甄别、平反,调动师生员工的积极性

(一) 甄别、平反,纠正错误

1961年7月至9月,中共中央先后批复聂荣臻同志《关于自然科学若干政策问题的请示》及"高教六十条"这两个文件,并在批语中指出:"正确执行知识分子政策,团结一切可以团结的知识分子,为社会主义高等教育服务,正确执行'百花齐放,百家争鸣'的方针,提高学术水平,是目前高等学校中应着重解决的几个问题之一。"

1962年3月,周总理在广州召开的科学工作会议上,重新肯定了我国绝大多数知

识分子是属于劳动人民的知识分子。他指出：一定要信任他们，帮助他们，改善同他们的关系，解决问题，并且一定要承认过去有错误，"应该对过去批评错了的，多了的，过了的，向同志们道歉。"4月，中共中央发出《关于加速进行党员、干部甄别工作的通知》，指出"凡是在拔白旗，反右倾，整风整社，民主革命补课运动中批判和处分完全错了的和基本错了的党员、干部，应当采取简便的办法，认真地、迅速地加以平反。"北京市委针对各高校的情况，也作出了相应的部署，要求凡应甄别、平反的，一定要坚决、彻底地进行改正，做到不留辫子，不留尾巴。

学院党委根据中央的精神和北京市委的部署，从1961年10月开始，在党委的直接领导下，由一位副书记负责，抽调干部，先后成立了甄别工作办公室和甄别工作领导小组，认真地进行了甄别、平反工作。1961年11月党委制定了甄别工作计划，计划提出了甄别、平反的范围，甄别工作的步骤方法和要求。甄别工作主要是以1959年反右倾整风运动和1958年以来各种运动中受到批判和处分的党员、干部、学生为重点，本着先近后远，先易后难，先党员后党外，先领导骨干、老教师、高年级学生，后一般干部、青年教师、低年级学生的精神，有计划、有步骤地进行。在甄别中，必须从调查研究入手，采取和风细雨的方法，严格掌握政策界限，对过去的批评和斗争，实事求是地进行审查，全部错了的就全部纠正，部分错了的就纠正错了的那部分，总之，有错必纠。

4月，党委首先对1959年反右倾整风运动中作全院批判重点的10人和小组批判重点的16人进行甄别，并分别作出了甄别结论。在第四次党代会的工作报告中，党委总结了1959年反右倾整风运动的教训。报告指出：在反右倾整风运动中，不仅混淆了政策界限，把问题的性质搞错了，而且在方法上，错误地采用了人人过关的做法，在党内进行了过火的斗争，因而错误地批判了许多同志。报告还指出：在反右倾整风结束时，又召开了由17级以上党员干部和全体教职员党员、学生党支部书记参加的反右倾批判大会，印发了所谓"批判文集"，在我院第三次党代表大会的"反右倾整风运动总结"中，对10位同志的所谓院重点和对其他同志的所谓小组批判重点，在问题的性质上和批判的方法上都搞错了。现在对这些受到错误批判的同志虽然进行了甄别，在有关范围内正式地道了歉，并取消了对两位同志的错误的组织处分。但当时由于我们的这种做法，不仅使一部分同志受到委屈，心情不舒畅，影响了他们的积极性，而且严重地侵犯了党章所规定的党员权利，破坏了党的民主集中制原则，造成是非不分，并由此而使不少同志心存戒心，不敢讲真心话，不敢提不同意见，不敢反映真实情况，后果是严重的。现在正式指出，在第三次代表大会所作的工作报告中对很多没有指名的批评，以及"反右倾整风运动总结"中指名的那些批评，都是错误的，今天在党的代表大会上，再一次向这些同志道歉，以便我们从"团结——批评——团结"的原则出发，加强全党的团结。

从6月份开始，对1958年以来各次运动中受到批判和处分的党内外一般干部、教师和学生进行了甄别工作。在甄别对象中，教授、副教授、老教师和中层干部，由党委负责个别谈话，一般干部、教职工由系、部、处有关领导谈话。截至7月底，列入甄别的

1958年以来批判处分的总人数为280人(包括党员48人),在这280人中经甄别属于错批判错处分的有198人,其中错批判187人(包括党员26人),错处分11人(包括党员5人)。此外,对于一些虽不属于甄别的问题,也主动地做了一些"解思想疙瘩"的工作。下半年又对甄别工作进行了复查,并进行了对干部进修班及58、59、60年本科毕业生的甄别工作。

甄别工作很得人心,对于提高教师、干部、学生的积极性起了很大的作用。

(二) 广泛调动知识分子的积极性

1957年反右派斗争后,由于对团结知识分子和搞好合作共事关系的重要性认识不足,对知识分子缺乏全面的分析,在执行知识分子的政策问题上存在片面性,因而严重地挫伤了一部分知识分子的积极性。1961年后,在贯彻执行"八字方针"和"高教六十条"的过程中,特别是在甄别、平反的过程中,学院党委检查了在知识分子问题上的"左"的错误,为受到错误批判的知识分子平了反。党委领导亲自登门,向受到不公正对待的老教授赔礼道歉。党委书记杨思九同志还在全院教职工学习"高教六十条"总结会上,检讨了知识分子工作中的缺点和错误。学院主要领导同志在"神仙会"上具体检查了在执行知识分子政策、团结人的工作方面的缺点、毛病,检查了1960年教学改革中,把学术问题提到世界观高度批判是错误的,宣布"教学挂帅"的帽子一律摘掉。党委还强调要尊重党外知识分子干部,要保证他们有职有权,在他们职责范围内的事情,不要任意加以干涉,党员干部要善于和他们合作,系党总支和教研室党支部要当好行政领导的参谋,发挥保证作用,帮助非党领导干部树立威信,作出工作成绩。党员个人对本单位的非党行政负责人,必须下级服从上级,接受领导。对于那些没有行政领导职务的老年知识分子和民主党派负责人,党委则通过定期召开"神仙会"、学习会等方法,帮助他们学习马列主义和毛泽东著作,不断提高政治觉悟,同时鼓励他们畅所欲言、实行"三不政策",即不打棍子、不抓辫子、不扣帽子,认真听取他们对办学的意见。学院还根据党的"双百"方针,组织学术报告会,提倡学术讨论和学术争鸣,培养和提高知识分子的学术水平。学校还提出,在生活上,应根据可能条件,对知识分子加以适当的关怀照顾,使他们能以更充沛的精力为学院的建设作出贡献。党委还号召密切新老教师的关系,要求青年教师虚心向老教师学习,力戒骄傲和自满,也要求老教师爱护关怀青年教师的成长,努力向青年教师传授知识,争取进一步转变我院青、老年教师关系的状况。

随着"八字方针"和"高教六十条"的贯彻执行,党的知识分子政策的落实,积极为知识分子的工作和生活创造条件,使知识分子消了气,受到了鼓舞,从而消除了"大跃进"时期的那种紧张关系,提高了知识分子的积极性。

三 召开院第四次党代会总结办学经验

在根据中央"八字方针"和"高教六十条"进行初步调整取得成效的情况下,为了更好地贯彻"八字方针"和全面执行"高教六十条",进一步稳定教学秩序,提高教学质量,学院于1962年5月6日至7月1日召开了中国共产党北京邮电学院第四次代表大会。这次大会的议程:①选举出席北京市党代会代表;②总结工作;③改选党委会。这次大会的中心议题是总结经验,更好地贯彻党的教育方针,提高教学质量。党委书记杨思九同志在代表上届党委做的工作报告中,既肯定了1958年以来的教育工作和1960年底以来在贯彻中央"八字方针""高教六十条"、初步进行调整所取得的成绩,又检查了1958年"教育革命"、1959年"反右倾"和1960年三大革命运动中的"左"的错误,并分析了产生错误的原因。工作报告着重总结了1958年来办学中带有指导意义的经验教训。报告内容为:

(一) 学校工作必须贯彻以教学为主的原则

报告指出:1958年,我们在贯彻教育方针的过程中,对以教学为主的原则掌握不稳。在生产劳动、科学研究和学校工作的安排上,对保证贯彻教学计划、稳定教学秩序的重要性认识不足。在1960年下半年以前,社会活动安排过多,使教学计划经常受到冲击、教学秩序不能稳定下来,侵占了教师的工作时间和学生的时间,影响了教学质量。例如对无线五三大班的调查,该班1957年起至1960年为止,参加各项政治运动、教学改革和其他社会活动而停课的时间共达373天。这就不能不给教学秩序和教学质量带来不良影响。报告明确指出,学校各项工作必须贯彻以教学为主的原则,应该正确安排生产劳动和科学研究,使之有利于教学。

(二) 必须正确贯彻理论联系实际的原则

报告指出:从1958年以来,经过历次教学改革,师生理论联系实际的能力有了明显的提高。但另一方面,对理论却有所忽视,曾经把"实践——理论——实践"认识论的原理,机械地搬到教学方面来,过分强调实践,强调教学结合生产劳动,因而使不少教材在内容上偏重于实际应用。同时,在教学改革中,提出了"基础为专业服务""以任务带学科""一条龙"(要求各年级的课程都按毕业设计的要求来安排)等口号和要求,这就直接削弱了基础理论,使几门主要基础理论的课时、内容、环节等都被压缩,这就造成毕业生的基础理论知识不深、不广、不巩固,运算操作技能不熟练的缺点。报告指出:经验证明,我们必须正确贯彻理论联系实际的原则,既要反对轻视实际、脱离实际的倾向,又要克服轻视理论、轻视书本知识的错误观点,努力树立理论与实际相统一的学风。

（三）在教学工作中必须充分发挥教师的主导作用

报告指出：在过去几年中，我们在相当大的程度上忽视了教师的主导作用，尤其是忽视了老教师在传授教学经验和培养青年教师中的作用。1958年，我们曾经错误地实行学生大班党支部领导教学，把教师置于学生党支部的领导之下，在教学改革中错误地组织学生讲课，实际上是否定了教师的作用。在科学研究中，没有充分组织老教师参加科学研究；在编写教材中，不适当地采用了大兵团作战、短期突击的方法，错误地组织学生去编教材和批判教师，严重地挫伤了教师的积极性，造成师生关系紧张，以致教师不敢严格要求学生，从而影响了教学质量。报告指出：教师具有学生所需要的间接知识和直接知识，而学生的重要任务是学习。因此，必须肯定教师在教学上的主导作用，不能由学生去代替和领导教师。

（四）必须全面贯彻党的团结教育知识分子的政策

报告指出：过去几年，我们在贯彻执行党对知识分子团结教育改造的政策上有片面性。我们往往以改造者自居，把老教师看成是改造对象，过分强调了他们的缺点，强调了对他们进行改造，而忽视了他们的进步，忽视了对他们的团结；对他们政治思想上的进步要求过高过急，没有根据个人不同情况，实事求是地提出不同要求，分别对待。报告指出：党对知识分子团结、教育、改造的政策，是一个有机的整体，不能有所偏废。应该看到，知识分子经过十多年来党的教育和自我改造，绝大多数已是劳动人民的知识分子，我们不能笼统地把他们都看成是资产阶级知识分子，而且他们在业务上都有一定的专门知识和才能。因此，我们应该信任他们，在业务上充分发挥他们的作用，并照顾他们的生活。

（五）必须正确处理红和专的关系

报告指出：又红又专，是我国知识分子的努力奋斗目标。但过去几年，在这方面也出现了一些偏差，主要是对红专问题思想认识片面，在强调红的时候，忽视了专，对红的要求偏高偏急，更为错误的是把一些业务上比较钻研的人，批评为"白专"，"走白专道路"，以致出现了不敢认真读书，不敢看专业书，不敢进图书馆的不正常现象，把政治和业务互相对立，使在教和学两个方面都带来了不利的影响。报告指出：在红专关系上，必须红专结合，把政治和业务统一起来。只专不红，就会迷失政治方向，只红不专，便是空头的政治家。因此，师生的红，除了政治立场以外，应该透过教学和学习表现出来。我们应该要求教师认真教好学生，努力完成教学任务；要求学生认真读书，努力掌握专业知识，不能以政治家的标准去要求师生群众。

（六）认真贯彻执行党的"百花齐放、百家争鸣"的方针

报告指出：几年来，我们对贯彻"双百"方针的重要性认识不足，没有积极鼓励自由

争辩,影响了学术活动的开展。同时,由于我们政策不清,把教师的著书立说、个人写作与个人主义混淆起来,对有些教师的写作和翻译,扣上了资产阶级个人名利思想的帽子;尤其在教材改革等工作中,没有正确地划分学术问题和世界观问题、政治问题的界限,把一些学术问题和方法问题不适当地提到两种世界观,甚至两条道路斗争的高度,贴上了政治标签,这就影响了教师的积极性,影响了教学。报告指出:在学术问题上应该有自由讨论、自由争辩的风气。在自然科学问题上,要允许不同学派、不同见解自由探讨、自由辩论,允许保留个人意见,不能采用简单的方法,乱扣帽子,乱贴标签,强迫命令,多数压服少数,急于作出结论。只有这样,才能促进学术工作的开展,有利于提高学术水平和教学水平。

(七)加强党的领导,必须实行党委领导下的以院长为首的院务委员会负责制

报告指出:几年来,我院各级党组织做了大量工作,取得很大成绩。但缺点是形成了党委以下各级党组织,从总支到支部,甚至是党小组和党员个人,都在实际工作中进行了全面领导;党的组织包揽了行政工作。这样做的结果:第一,使党的领导权力分散;第二,削弱了行政组织和其他组织的作用,使院委会的领导流于形式,行政管理制度废弛,管理秩序混乱;第三,使党的组织忙于事务,不能腾出手来,进行调查研究,深入学习党的方针政策并检查其贯彻执行情况,有效地加强思想政治工作和党的建设工作。总之,这是削弱党的领导。报告指出,加强党的领导,必须健全行政领导,实行党委领导下的以院长为首的院务委员会负责制。除有关方针政策及学院的重大问题必须由党委决定,统一安置外,在学院日常行政工作方面,要充分发挥院长和院委会以及各级行政组织的作用。这样,才能使党的组织摆脱事务,集中精力,加强调查研究,抓党的方针政策和学院重大问题,抓思想政治工作、党的建设工作和团结人的工作,真正发挥党的领导作用。

(八)必须把群众运动和深入细致的思想政治工作密切地结合起来

报告指出:几年来,我们很多工作都是采用了群众运动的方式进行的,不适当地把大搞群众运动当成群众路线的最高形式,甚至是唯一形式,又把群众运动理解为形式上轰轰烈烈,因而在贯彻教育方针中,往往采用了"大办""大搞""大兵团作战"等方法,代替了经常的深入细致的思想政治工作和组织工作,使很多工作一哄而起,缺乏实效。报告指出,群众运动是群众路线的一种形式,群众运动必须以进行艰苦细致的工作为基础,必须把群众运动和深入细致的思想政治工作结合起来。我们今后必须结合教学、生产、劳动、科学研究和日常生活,针对师生群众实际思想,头脑要冷静,措施要切实,一点一滴地进行思想政治工作和组织工作,把师生的干劲切实引向努力提高教育质量和认真读书上面。

杨思九同志代表上届党委总结的这些经验,不仅在当时对于贯彻执行"高教六十

条"有重要的作用,而且对于现在搞好学校的教学、科研和其他工作,仍有重要的借鉴作用。

大会经过认真的讨论,对杨思九同志的报告作出了决议,一致同意这个报告。决议号召全党同志,更加紧密地团结起来,团结全院师生员工,战胜一切困难,为深入贯彻"八字方针",全面提高教学质量和工作效率,为争取我院各项工作的新胜利而奋勇前进。

大会选举19位同志组成院第四届党委会。经党委会全体会议选举,杨思九任党委书记,赵磊、方刚任副书记。杨思九等9位同志组成党委常委会。

党代会后,院党委根据党代会决议,制定了自己的工作计划。各级党组织向全体党员传达了党代会精神,讨论了贯彻党代会精神的具体办法。在上级党组织的领导下,院党委领导全体党员,团结全院师生员工,贯彻中央"八字方针"和"高教六十条",开展了积极有效的工作。

四 坚持教学为主,加强教学管理

(一) 贯彻以教学为主的原则,修订教学计划

学院在《五年规划》和党代会的报告中都明确规定:教学工作是学校工作的中心,学校的各项工作和社会活动都必须根据有利于教学计划贯彻执行的要求来安排。1962年根据"高教六十条"精神,总结了学院教育改革的经验,重新修订了各专业的教学计划。根据教学为主修改后的教学计划规定,五年时间的总安排是:理论教学141周,占55%;教学实习和生产实习16周,占6.2%;生产劳动20周,占8%;毕业设计10—16周,占6.2%;其他:假期39周、考试18周、毕业鉴定和机动6周,共256周。周学时一、二年级不超过24学时,高年级不超过21学时,主要课程保证课内外学时数的比例为1:1.5,各年级每周课内外学时数不超过52,各课程的教学日历要求按上述规定安排内容和作业,且由各系审查平衡每周的学习负担,以达到劳逸结合的目的。

(二) 加强教学管理,稳定教学秩序

学校明确规定:教学计划、教学大纲、教材内容以及教师承担的教学任务,务必保持稳定,不得随意变动。教学计划改由院长领导下具体负责管理全院教学业务的教务处直接掌握;教学计划、教学大纲等重要教学文件的修订,教学检查的报告等各项重大的教学措施,都要经过系(部)务委员会的讨论研究;同时整顿了学生班级组织,恢复和修订了行之有效的休退学、考试考查、升留级、课堂考勤等学生管理制度。

由于教研室工作条例的制定,各教研室普遍加强了对教学工作的领导,一般都能于学期开始前作好一切准备、制订全面的工作计划,妥善安排力量,每项工作落实到每

个人,在时间上和质量上都有具体要求,对开设课程的教学情况,每月进行一次总结和评析,对习题、实验、课程设计等各个教学环节,指定有经验的教师分工把关,经常分析研究,及时交流经验,不断改进教学,提高教学质量。

(三)发挥教师在教学中的主导作用,加强教学第一线

各系(部)都注意了充实师资力量,加强教学第一线,积极组织有经验的教师担任教学工作,如1962—1963学年第一学期,592名本科教师中安排了455名教师担任讲课、辅导、实验等教学工作。多数教师都能做到刻苦钻研,认真备课,努力向学生传授自己掌握的知识,并注意经常了解学生情况,改进教学方法,研究教学效果,对学生在学业知识,学习方法等方面认真进行指导。随着教学制度的逐步建立和健全,教师逐渐扭转了不敢严格要求学生的思想,如要求学生独立完成作业,字迹要整齐,数据、曲线等要合乎规格,不合乎要求的退回重做等。

(四)加强教材建设,修订教学大纲

教材是学校进行教学活动的基本工具之一,质量好的教材,是保证教学质量的重要前提。学校规定,每门课程,必须有教学大纲、教材或讲义。各系(部)、教研室必须组织教师制订、修订教学大纲和有计划地进行教材建设工作。建院初期,许多教材都是借鉴于国外用书,主要是苏联的教材。但在此同时,广大教师还编写了大量讲义。经过多年的教学实践,讲义逐渐成熟。1961年根据中央指示,在邮电部教材编审委员会的领导下,学院集中了一批有水平、有经验的教师和兄弟学院部分教师共同研究了各课程的教学大纲,共同编审了邮电高等院校的教材。到1966年由我院教师参与编著的教材和教学参考用书达55种。这一批立足于国内,结合我国实际,以独立自主精神编写的教材填补了我国邮电高等教育教材的空白,初步形成了我国通信类专业的教材序列,受到了各方面的欢迎,被邮电院校和非邮电院校的通信类专业广为采用。1961—1962学年内在制订三个重点专业教学计划的同时,组织修订完毕重点专业的基础课和专业课的教学大纲,出版了电报与电话、无线电通信与广播专业所使用的专业基础课和专业课教材22种。1962年全院大部分专业基本上做到了每门课程均有教本,保证了教学的需要。

(五)加强学生的"三基""三严"训练,提高实习实验课的质量

学校采取积极措施对学生加强了基础理论和基本技能的训练,特别是对于掌握运算、实验等技能的训练有了显著的改善。重新修订的各专业教学计划加强了基础理论,数、理、化等基础课程由1955年占总学时的17.4%上升为22.8%,还适当地增加了基本技能的训练时间,增加了20周生产劳动课程(其中10周为专业劳动),强调教学与生产劳动相结合,培养学生的劳动观点。1962—1963学年第一学期全院所开的64门课程中,有61门有习题,习题的数量也有了增加。这学期共开了187个实验,比

上年也有了增加。安排了1 112人分赴30多个单位参加生产实习,在各企业单位密切配合下,绝大多数学生基本上完成了生产实习大纲所规定的任务,对通信系统有了进一步了解,对机器的维护、运转等技术工作以及对通信系统的附属设备有了一定的认识。

改进习题课。许多教研室指定了专人准备习题课方案和资料,修订习题集。如数学教研室统一采用经过认真准备的习题方案,对每个题都进行了详细研究,注意做到引导和启发学生积极思考,灵活运用。多数课程的习题数量和质量都有所改进,注意贯彻"少而精"。

实验课也注意贯彻"少而精",删去次要内容,突出重点,克服超时现象。很多课的实验改进了过去重视理论,忽视操作技能的情况。在加强对学生基本功的训练方面,增加学生动手的机会,在现有设备条件下,尽可能减少实验编组的人数,由过去3~5人一组减为2~3人一组,物理电学部分实验改为1人一组。由于每组人数减少,克服了过去有些学生只作记录而没有动手机会的现象。如电子器件与放大器课程,由于实验每组人数减为2人,每个学生都有了操作训练的机会,而且还有50%学生能作实验中的选作部分。有不少实验室加强了实验的准备工作,如加强了仪器的调整和检修工作,稳定了数据,大大减少了实验时发生故障或产生怪现象。教师也加强了实验的预排,能较好地掌握仪器的性能及预计实验中可能发生的问题。

生产实习有所加强。制订了金工教学实习和专业生产劳动的大纲与指导书初稿,加强了实习工作的计划性。各专业教研室修订了生产实习大纲,培训了领导生产实习的教师队伍,加强实习基地的建设并开辟了新的实习场所。对实习学生也加强了纪律、保密、安全和政治思想教育,加以各生产单位的大力支持,使我院的生产实习得以顺利进行。学生通过实习除了按大纲要求受到专业知识和生产操作的基本训练以外,由于直接参加了生产实践,在企业工人师傅的影响教育下提高了思想觉悟,巩固了专业思想。在实习期间,不少师生在帮助企业改进生产技术,提高生产质量方面也作了一些贡献。向企业提出的许多合理化建议,大部分被企业采用,密切了学院和企业的联系,活跃了业务技术的交流。

(六)采取多种措施,保证正常教学和学生的全面发展

1959年至1961年,我国国民经济出现了严重困难,师生员工的生活受到很大影响。在全面贯彻"八字方针"和"高教六十条"的过程中,学院党委根据中央和北京市委的指示,采取多种措施,战胜严重困难,以保证正常教学和学生的全面发展。

党委负责同志多次强调:在当前,大抓生活是学校的重点工作,抓好生活,抓好劳逸结合,是当前全院的首要任务。第四次党代会提出:我们必须继续贯彻"一手抓工作,一手抓生活"的方针,尽可能地搞好群众生活。一方面,要加强对总务生活工作的领导,另方面,要根据集中统一领导和各系、部分工协助的原则,发扬各部门的积极性,进一步把伙食办好。对院内外的农副业生产,要努力搞好。同时,要继续贯彻劳逸结

合,并努力做好疾病防治工作。对文化娱乐活动,也必须注意适当开展,以丰富全院的文化生活。

为了使各系集中精力搞好教学,原先下放各系管理的食堂,集中由院管理。生活处和膳食科的干部,深入食堂蹲点,总结了几年以来伙食工作的经验,通过群众讨论,拟订了伙食工作条例,加强财粮管理和成本核算工作,努力提高伙食质量,坚持做到"足、热、快、净"四大指标。农副业生产方面,1962年利用空隙边缘地种了二万多棵蓖麻和16亩黄豆,九龙山造林区种了30多亩玉米、黄豆。1963年全年收获粮食18 824斤,蔬菜524 000斤,养猪172头,收获蓖麻子7 000多斤,换回油票1 750斤。上述这些措施使伙食成本有所降低,质量稳步提高。学生食堂做到天天有肉,冬季各食堂都保证师生吃到热菜热饭。

卫生保健工作,坚持贯彻以预防为主的方针。医疗部门加强了卫生防病措施,对师生员工进行定期的健康普查和防疫检疫治疗工作,防止了流行病的传染和蔓延。对新生和毕业生进行体格检查。室内、室外、食堂的卫生工作基本上保持经常化。医务人员配合教学随学生下乡参加劳动。因而师生员工的健康情况有了增进,全院患病率,1962年比1961年下降很多,患浮肿病的1961年12月曾达300余人,1962年12月只发现33人;妇女病、肠炎、痢疾均有下降。学院的清洁卫生防病工作保持海淀区卫生红旗。为了增强师生员工的体质,开展了群众性的体育活动,除积极开展早操、课间操、工间操、各类田径、球类活动以及组织以系为单位的秋季运动会以外,在学生中推行了"体育锻炼标准"。为了提高学生体育运动水平,进一步推动群众性的体育活动,1965年6月,学校把各年级的优秀运动员集中起来,成立了学生体育队,队员共计150余人,下分长跑、短跑、田径赛、男女篮、男女排、足球、乒乓、举重、体操、航海等十几个队,队员集中住宿,早晨集体出操,白天回班上课,课外活动时间各队活动。体育队在提高我院的体育运动水平和推动群众性的体育活动方面发挥了积极的作用。

通过以上各方面的工作,保证了全院正常教学的进行和学生的全面发展。1962年,北京市委大学部召开全市62所高校后勤领导干部会议,王希伦副院长在会上介绍我院战胜三年自然灾害的经验,受到到会同志们的一致好评和市委领导的表扬。

(七)学生学习风气的好转

1961年以来,由于贯彻了"八字方针"和"高教六十条",认真总结了1958年以来办学的经验教训,坚持以教学为主,加强教学管理,不仅稳定了教学秩序,提高了教学质量,而且学生的学习积极性也普遍提高,学习风气显著上升,认真读书,刻苦钻研,独立思考的风气较前有很大进步,基本上扭转了依赖教师,片面要求教师的情况,在遵守制度,尊敬教师方面也有好转。主要表现在:①绝大多数同学,一般都能独立地完成作业,解题能力普遍提高;②学习困难学生的比率大大下降,大批同学掉队的现象得到一定程度的防止;③各门课程学到手的程度均有一定提高;④学生在独立工作能力及灵活运用方面,较前有所提高;⑤学习纪律有了比较显著的转变,上课缺勤率大为降低,只有极个别学生无故旷课。

五 科研和其他各项工作全面、协调发展

(一) 科研工作

1961年7月,中共中央批转《关于自然科学研究机构当前工作的十四条意见(草案)》(即"科研十四条")。学院及时作了传达和贯彻。"科研十四条"指出,在科研工作中,政治要落实到业务上来,鼓励个人冒尖,实行物质奖励制度,尊重知识分子;科研机构要定方向、定任务、定人员、定设备、定制度,保证科研机构的相对稳定;要坚持科学研究的严肃性和严密性,不能搞大轰大嗡;贯彻执行"百花齐放、百家争鸣"的方针,不贴政治标签,不能以多压少。按照上述精神,学院采取具体措施,为加强科研室的实验装置和建设,挑选一批能力较强的教师减免其教学工作量以从事科研工作,给老教师配上科研助手、确保重点科研项目的顺利进行等等。学院《五年规划》提出,在促进教学质量和学术水平提高的前提下,科学研究要密切和各专业、学科结合,以通信为中心,积极开展科学研究工作。《五年规划》规定,从1962年开始,每年举行一次全院性的学术报告会,积极组织优秀的学术报告的刊印出版工作,并对在科研上作出优异成果的教师给予奖励。为了加强和全面开展我院的科研工作和学术活动,1962年5月第34次院务委员会讨论通过了我院学术委员会章程草案并讨论决定聘请47位同志为我院学术委员会委员,由叶培大(主任)、刘宜伦、蔡长年、施国钧(副主任)等9人组成学术委员会常委会。为了给科研论文提供发表园地,展示和交流我院科研成果和经验,1960年创办了《北京邮电学院学报》。至1963年,已出版6期。

从1962年开始,由于部分研究生升入高年级,在各主要的学科研究项目中,研究生逐渐成为核心力量,有部分研究专题被纳入研究生的培养计划,结合毕业论文进行,因而在理论和科学实验相结合的要求上有所提高,少数课题已经作出了较好的成绩。1962年下半年,我院参加了制定国家1963年至1972年科学技术发展规划的工作。根据国家科学技术发展规划的基本要求,明确了我院的科研工作重点将以通信方面的基本理论研究为中心。根据我院专业设置情况和科研基础,初步确定了我院承担的国家科学研究项目,并编制了相应的事业发展规划。同时,在教师中间,结合备课或利用课余时间自选题目进行科学研究的风气日益浓厚。

科学研究工作的进展情况。北邮是我国最早涉足信息论研究的单位,1962年蔡长年教授和汪润生老师出版了我国第一部信息论专著《信息论》。1963年进行的30项科研专题中,当年就有11项接近完成,7项在提高指标、研究改进电路等方面取得了很大进展,其余12项也都有较大进展。1964年,我院参加邮电部组织的"6401大会战",承担并成功地攻克了当时最先进的技术难关(连环码——卷积纠错码),为我国第

一个数据通信系统的研制成功作出了卓越贡献。同年,叶培大教授和吴彝尊老师在全国最早开展了大气光通信的研究。1964年11月,学院正式成立了微波、信息、电子电路、仪表、邮电工程经济等5个研究室,1965年3月成立了光通信研究室,建立了专职科研队伍约50人左右,在主要研究项目如微波技术、信息论、新的通信技术、彩色电视系统等方面均取得一定成果。彩色电视、晶体管化的快速传输、声图仪和"综合软水法"等项目的研制成功,在国内还是首创,而快速传输则达到60年代世界科学水平。声图仪的样机,在全国仪器仪表新产品展览会上占着重要位置。1963—1964年,学院在国内外发表的科学论文64篇,其中在国际性刊物上发表的2篇,在全国性刊物上发表的25篇。

在学术活动方面,学院接受上海编译馆委托我院主编每年一二期的电子学译丛的任务,由叶培大等10位同志组成编辑委员会。1963—1964学年第一学期部分教师出席了全国电子学会召开的7个专业学术会议,并向会议提交了论文多篇。为了检阅全院近年来开展学术研究的状况,活跃学术空气,并促进群众性科研活动的开展,1963年,组织了建校八周年校庆征文,举行了包括8个专业组在10个会场同时进行的学术报告会。这次校庆征文应征的科学论文和研究报告共有115篇,在学术报告会上宣读了64篇。全院千余人参加了这次大型学术活动。邮电部领导对于这一群众性的学术活动极为关怀,朱学范部长亲临指导,并听取了部分学术报告,使全院师生受到极大鼓舞。来自77个单位近300人的院外来宾出席了报告会。报告会获得了普遍好评。

(二) 研究生教育工作

研究生教育是我院教育结构中的重要组成部分和最高层次。建校之初,我院即开始培养研究生,但开始数量很少,由苏联专家和我院教授共同培养。1960年后招收的研究生开始由学院的教授自力更生地进行培养。但1961年前,由于政治运动的冲击,我院研究生教育,一度处于混乱的状态。

1962年,我院按中央"八字方针"和"高教六十条"对学校工作进行全面整顿。此时,教育部也颁发了《高等学校培养研究生工作暂行条例》,召开了全国研究生工作会议。我院进行了认真传达、贯彻。研究生培养工作开始逐步走上正轨。1962年,学院《五年规划》提出,根据我院导师力量、科研基础和设备条件,研究生培养方向的布局,以条件较好的12个学科为基础,即:①信息论;②微波技术;③网络理论;④脉冲技术;⑤邮电经济;⑥多路通信;⑦电报通信;⑧通信线路;⑨交换技术;⑩电波传播技术;⑪电视技术;⑫电声技术。研究生学制定为三年,研究生的培养规模,在调整、巩固的基础上适当发展;1963—65学年间,在校人数计划为30名左右;至1967年暑假后在校人数将稳定在40~50名左右。对于现有在校研究生,其中个别学习成绩过差,或健康状况长期不好,确不宜于继续培养的,经院长同意并报上级批准后,进行个别调整。

1962—1963学年,学院在校研究生共29名,根据全国研究生工作会议关于研究生培养工作的中心是提高培养质量的精神,为了保证和提高研究生的质量,1963年初,对29名在校研究生的学习情况,进行了一次普遍检查分析,对于学习成绩很差,确无培养前途的5名研究生,作了退学处理,并向全体研究生传达了关于严格要求研究生质量的指示。第二学期以来,各年级研究生的学习步入正轨,按照培养计划,进行紧张的学习或毕业论文工作。

1963年我院研究生新生的入学选拔考试,是在教育部直接领导下,采取面向全国、统一报考的办法。全国报考我院专业的共86名,计划招收5名,结果录取3名。由于考生来源面向全国,这对于提高录取质量起了重要的保证作用。

1963年2月底,组织了本学年寒假毕业的两名微波技术专业研究生的毕业论文答辩。这一工作得到了邮电部指导和院外有关单位和专家的支持。答辩委员会由我院聘请的北京邮电科学研究院院长卢宗澄主持。委员会对两名研究生的毕业论文听取了答辩,进行了审查讨论,并最后通过了答辩。委员会在通过答辩时,肯定了论文在理论分析和计算上的成绩,同时指出了基础课程学习不足,缺乏实验工作等方面的缺点。

为了加强培养研究生的计划性,1963年上半年,在教育部的指示下,我院编制了1963—1972年研究生培养规划。在编制规划的过程中,学习了有关研究生工作的文件,特别是学习了蒋南翔副部长在研究生工作会议上的讲话,明确了培养研究生工作的重大意义和对于研究生培养质量的要求。在总结过去工作经验,统一认识的基础上,具体研究了我院培养研究生的工作条件,据此制订培养研究生的专业设置和各年度招生的规模。

1964年,由于受到"以阶级斗争为纲"的错误思想影响,研究生教育受到干扰。1965年入学的研究生又按照中央规定,全部参加农村社会主义教育运动,研究生的学习计划被打乱。

这3年中,毕业研究生的人数虽不多,但由于有正确的政治方向和教育方针的指导,新生质量较高,接受了较严格的训练,基础知识扎实,有一定的科研和独立工作能力。毕业后多已成为本专业的技术骨干和科室以上的技术领导干部。这期间毕业后留校工作的研究生,有的后来担任了院、系的领导职务,有的成为硕士或博士生导师,他们又培养出了新一代研究生。还有的带着自己的研究成果,走上了国际讲台。这一时期我院研究生培养工作,积累了一定的经验,为以后的研究生教育工作打下了良好的基础。

(三) 师资队伍培养工作

大力培养师资,努力建设一支又红又专的教师队伍,是学校工作中一项具有战略意义的任务,也是学校提高教学质量的关键。我院从建院开始就十分注意师资的培养和提高工作,以它为最主要的基本建设。几年来学校一直处在发展规模和专业变动较大,招生任务不稳定,两次并院学生人数突然增加等变动状态下,由于邮电部、市委的正确领导,我院师资作了很大补充,师资数量比建院初期增加了几倍,师资水平也有一定的提高,完成了繁重的教学任务。为了完成师资队伍建设的任务,学校曾经采取了结合教学实际,开办训练班、进行科研工作,筹建新专业,边干边提高,以及到国外、外校和工厂进修等方式进行培养,这些方式都收到了相当的效果,解决了当时的急迫任务。但是,由于几年来的客观形势的发展,我院的教学工作始终处于"洪峰"状态。开始是基础课紧张,继之技术基础、专业课紧张,使我院的师资培养工作也随着处于"防洪"的被动状态,只是解决了当时的紧迫任务,没能考虑比较长远的需要。为了妥善安排师资队伍的培养和管理工作,做到心中有数,教育处在1963年3月对全院的师资队伍情况进行了一项全面的调查摸底工作。从摸底的情况来看,我院师资队伍在数量和质量上还不能满足需要。据计算,全院讲师以上职责范围内的教学任务,至少需要有55%左右讲师以上的教师来担任,也就是说全院师资队伍中至少需要有55%左右讲师以上水平的教师,才能保证教学的质量。可是当时全院教师624人中,教授、副教授占5.6%,讲师占22.7%,即讲师以上水平的教师仅占28.3%,助教的比例是72%,且其中不足三年教龄的占全院教师50%,这就是说应由讲师担任的教学任务中,几乎有一半是由助教,甚至是由不足一年教龄的助教担任。在摸底的基础上,进行了全面的综合分析,最后制订了学院关于师资培养的五年规划(草案)。规划提出了以后五年培养、提高师资的要求和措施:5年后(1967年)讲师以上水平的教师增加35%,达到55%。提出的措施是:①加强思想政治工作,鼓励教师又红又专;②建立检查和考核制度,关怀教师的教学工作和进修提高;③开展群众性的学术活动,每年定期举行学术报告会和讨论会,建立科研成果评奖制度;④有计划地实行副教授以上教师轮流休假制度,对部分老教师配备科研助手;⑤有计划地重点培养骨干教师,以便抓重点带一般,各教研室选择工作成绩优秀的青年教师,指定有经验的老教师培养,或送出国留学;⑥切实保证教师业务工作时间,不得少于六分之五;⑦各级必须都有专人负责师资培养工作,全面安排师资培养计划。考虑到当时大部分是青年教师,在师资培养工作中,学校重点抓了助教的培养提高工作,要求每个助教根据学院和教研室的要求,结合自己的实际情况,拟订个人3—5年的个人进修规划,教研室定期进行考核。考核的方式随进修的内容而异:如听课必须进行考试,评定成绩;排实验、作习题、作设计、参加生产实习等须交报告、作业或答辩,指导教师按其质量评定成绩,不合格须补考或补作;到院外听课的要交读书报告或在教研室内进行考试以评定成绩;在院外脱产进修的教师每学期须向教研室书面汇报两次,参加考试的成绩或鉴定,由教研室保存。所有考核的结果,均作为以后评定教师职务的根据。

为了搞好师资培养工作,党委组织全体党员教师对师资培养工作进行了一次专门讨论,并重点总结和推广了物理教研室师资培养工作的经验。

为了动员全体教师的力量,特别是发挥老年和中年教师的作用,各教研室都成立了由老教师参加的领导小组,负责领导本教研室的师资培养工作。

(四) 函授教育工作

邮电函授教育由于1960年的大发展,学生数量猛增,但程度不齐,水平很差,多数人跟不上班,在精减人员中亦有大量的变动,学籍管理及各项制度上不适应这种情况的要求,形成非常混乱的局面。1961年来,在贯彻党的"八字方针"的基础上,以稳定教学秩序、提高教学质量为中心,开展了函授教育工作。

经过近两年的调整工作,调整和充实了各地函授机构,整顿了函授生队伍,修订了教学计划,编印了38种教材,加强了组织管理,缩短了辅导站的战线,初步稳定了教学和工作秩序,并随着入学水平的提高,教学情况逐步好转。

1963年3月,在邮电部领导下召开了各函授部、华北、东北区各省及广东省函授科负责人座谈会。这次会议总结了1961年以来的工作情况,肯定了成绩,提出了当前函授教育工作任务,修订了《邮电函授教育工作条例(草案)》,同时对毕业班工作、招生工作、教学计划等问题进行了讨论。

为了提高教学质量,除在教学中开始贯彻"少而精"原则外,还实行了闭卷考试,并且加强了教学各个环节的检查和巡回辅导工作。有的教师主动深入到企业去辅导,反映很好。函授生的学习情绪比以往高涨,一般都能抓紧学习,平均面授出勤率达70%以上,测验作业送缴率在70%左右。

(五) 健全规章制度,加强行政工作

1961年以来,在贯彻以调整为中心的"八字方针"中,陆续进行了制度的整顿和建设工作。

根据高校工作条例的规定,学校开始实行党委领导下的以院长为首的院务委员会负责制,整顿了院委会的组织,建立了院委会的经常会议制度,初步加强了院行政的集体领导。在各系、部也相应成立了系、部务委员会,成为系、部教学行政工作的集体领导组织。同时还拟订了院、系领导制度,院、系职权分工,教研室工作条例等文件。

同时,采取总结几年来工作实践的经验与从当前实际情况、实际问题出发相结合的方法,制订和修订的主要规章制度共25件。这些制度都经过有关单位的反复研究以及院务委员会、行政会议、院长办公会议分别讨论通过,并汇编成册,印发院内各相关部门作为工作上的依循。除此之外,并编印了人事管理手册、文书档案处理办法、安全制度、工厂制度等油印单行本,供有关人员进行工作使用。

"精兵简政"是压缩城镇人口、支援农业、提高工作效率、减少国家开支的一项重大措施,是保证国民经济调整工作顺利进行的关键。根据中央精神和邮电部核定我院的规模和编制比例,经院党政领导在干部会议和全院教职工大会的反复动员、发动群众、组织讨论、个人报名等工作,自1961年开始进行精简工作,到1963年,3年中总共精减人员736人。在这一过程中,多数被精减的同志,谅解国家的困难,顾全大局,愉快地离开了工作岗位,返回了自己家乡。这几年的精简工作虽然取得了很大成绩,但学院编制数字仍然超过部定指标,人浮于事的现象仍然存在。1963年后,精简工作已转为经常工作继续进行。

六 党的建设和思想政治工作

(一) 重新登记党员试点工作

为了进一步提高党员的质量,巩固和纯洁党的组织,增强党的战斗力,1963年中央决定:对所有党员在重新教育的基础上,普遍地进行一次重新登记工作。中共北京市委决定,将我院列为重新登记党员的试点单位之一,要求我院在1963年上半年完成这项工作,取得经验。

根据市委的部署,我院重新登记党员的试点工作,在市委工作组协助下,从1963年3月开始,计划6月底结束,共4个月。试点工作大致分3个阶段进行:①1963年3月至4月15日,对党员进行教育训练和审查了解,进行做一个好的共产党员和党员标准的教育;②4月15日—6月10日,对党员进行审查鉴定和登记处理,并结合试建共产主义小组;③6月中旬到6月底,进行支部改选,建立和健全党的基层组织的经常工作。

在试点工作第一阶段,即对党员进行教育训练的阶段结束时,北京城乡已开展"五反"和"四清"社会主义教育运动。市委认为,这是一次从政治上、组织上对党的组织的全面整顿,对党员是一次深刻的教育和考验。因此,市委决定:凡是已经开展或即将开展"五反"或"四清"运动的单位,审查鉴定和登记处理工作一律在"五反"或"四清"之后进行。

党员登记的试点工作虽未进行完,1963年春的整党教育,在市委工作组的协助下,使全体党员受到了一次系统的深刻的党的基本知识教育,绝大多数党员检查了资产阶级个人主义的思想,进一步明确了先锋队的作用,坚定了建设社会主义、共产主义的方向,对执政党的作用和对党员高标准要求有了进一步的理解,思想觉悟普遍有所提高,也有力地推动了学院的各项工作。

(二) 加强思想政治工作

1. 坚持马列主义基本理论教育

从1955年建校后,学院就建立了对全院教职工和学生进行马列主义基本理论教育的制度。马列主义教研室为全院各专业学生先后开设了马列主义基础、中国革命史、政治经济学、哲学4门必修的马列主义公共课。1957—1958年,因整风"反右"而停课。1959—1965年,根据中央"八字方针"和"高校六十条"精神,学校恢复正常教学秩序,根据教育部对马列主义公共课的要求,成立了中共党史、马列主义基础、政治经济学、哲学4个教学组,分别对学生进行系统的马列主义基本理论的教育。几年中,各门政治理论课的教学,坚持了以毛主席著作为主要内容,把宣传毛泽东思想作为根本任务,在教学中基本贯彻了理论联系实际的原则。大多数政治教师按党委的要求定点深入一个班级,与政治辅导员密切配合,把系统的理论教学和抓好活思想结合起来,做到了有的放矢,发挥了政治理论课的战斗作用。

2. 开展"向雷锋同志学习"的活动

1963年3月,党中央、毛泽东发出"向雷锋同志学习"的号召。学院团委在团员和青年中,广泛地开展了向雷锋学习的活动,在广大青年学生中,普遍成立了"学雷锋小组",大多数同学都认真阅读了雷锋日记和有关文章,还听了雷锋生前战友的报告录音。团委还组织了1400多人参观了"雷锋同志模范事迹展览"。通过学雷锋活动,广大团员和青年,在学习、思想上都受到很大的启发和鼓舞,政治空气更浓了,班级工作好开展了,读书风气更浓了,进一步提高了读毛主席著作的积极性,好人好事处处涌现。

3. 开展"忆苦思甜"教育

1963年上半年,在市委统一安排下,组织全院本科和专科应届毕业生参加了中越人民公社的生产劳动。在劳动间隙时间,组织同学们访贫问苦,请老干部、老贫下中农、老游击队员讲村史、血泪史、革命斗争史。使同学们通过劳动的亲身体验,不仅认识了劳动锻炼的意义,对在院内参加劳动的同学,也通过请院外的以及本院的老工人作忆苦思甜、新旧社会对比的报告,以促进思想上、政治上的提高。

4. 抓好宿舍工作

推广先进宿舍经验。宿舍,是思想政治工作的一个重要阵地,为了抓好这个阵地,各系、部通过在一个宿舍内抓骨干带头,在院系范围内抓宣传典型,从搞好卫生入手逐步提高等方法,经过几个月的工作,各系、部先后出现了70多个先进宿舍。这些宿舍,坚持"三学"(学毛选、学雷锋、学时事)、"三做"(做集体的主人、做同志的朋友、做雷锋式的学生)、"三洁"(室内整洁、环境整洁、个人整洁)、"三按"(按时起床,按时出操,按时就寝)、"三节"(节约用水、节约用电、节约开支),成为政治空气好、团结互助好、清洁卫生好、艰苦朴素好、遵守制度好、体育锻炼好的"六好"宿舍。邮电部赵志刚副部长在学院进行调查研究中,亲自深入学生宿舍,进行了解、访问,对这些"六好"宿舍,给予了很高评价。先进宿舍经验的推广,使宿舍有了整洁安静的学习环境,健康活泼的政治空气,丰富有益的文化活动,这样既巩固了政治思想工作的一个重要阵地,又有力促进了学生红、专、健的全面发展。

5. 开展经常性的国内外形势教育和革命传统教育

学校经常邀请上级领导或负责同志到校作形势报告。学校还邀请革命老干部、老战士、著名英模人物来院作革命传统报告。组织参观访问,阅读红色革命小说和革命回忆录,观看爱国主义影片等。所有这些活动,对青年学生树立正确的人生观和世界观起了很好的作用,为全院师生员工在困难的条件下坚持完成教学和科研任务,提供了重要的思想保证。

七 贯彻中央精神和毛泽东主席的指示,进行教学改革

(一) 学习领会中央和毛泽东主席指示精神,为教改做准备

1964年2月,毛泽东主席在人民大会堂召开教育工作座谈会,发表了关于教育改革的谈话,即"春节谈话",提出了缩短学制,减少课程,改革教材和教学方法等问题。3月10日,以中央文件的形式,正式下达了毛泽东主席《关于学校课程和讲授、考试方法问题的批示》。批示指出:现在学校课程太多,对学生压力太大;讲授又不甚得法;考试方法为敌人,举行突然袭击。这三项都是不利于培养青年们在德智体诸方面得到发展的。继1964年"春节谈话"之后,毛泽东主席又继续发出了关于培养无产阶级革命接班人,关于工业学大庆,农业学大寨,全国人民学解放军,关于"学生要学工、学农、学军,也要批判资产阶级"等一系列指示。刘少奇同志发表了关于两种教育制度和两种劳动制度的讲话。1965年7月3日,毛泽东主席在《北京师范学院一个班学生生活过度紧张,健康状况下降》的材料上批示:"学生负担太重,影响健康,学了也无用。建议从一切活动总量中,砍掉三分之一(即'七三指示')。"在此同时,教育部召开了教育工作会议,指出教育工作要"大学毛泽东思想,大学人民解放军,正确贯彻党的教育方针,继续深入革命"。高教部也召开了高教理工会议,研究高等理工院校深入开展教育革命,进行教学改革等问题。会议提出:将学生参加"四清"和军训列入教学计划;在5年中,每个学生应有一二次比较集中的时间参加工农业生产劳动;积极进行学制、课程、教学方法和考试制度的改革;举办半工(农)半读试点班等。1964年5月,邮电部第13次全国邮电教育工作会议根据毛泽东主席的"春节谈话",确定1964—1965年的主要任务是:以毛泽东思想为指导,贯彻"少而精"原则,积极稳妥地进行教学改革,切实减轻学生负担,提高教学质量,使学生在德智体诸方面得到全面发展。

为了贯彻毛泽东主席"春节谈话"和高教部、邮电部会议精神,院党委和院行政作了研究和部署。党委按照先党内后党外,先干部后群众的惯例,组织全院师生员工学习毛泽东主席"春节谈话""七三指示"等一系列指示和高教理工会议、邮电部教育工作会议精神,进一步领会毛泽东教育思想,并结合学习,批判教学思想中的主观主义、教条主义、形式主义和烦琐哲学。根据毛泽东"春节谈话"精神和两部要求,确定我院当前工作的主要任务是:贯彻毛主席1964年关于教育工作的批示,深入地进行教育革命和教学改革,促进师生的革命化;反对教学中的主观主义,减轻学生过重的负担,提高教学质量,使学生能够在德智体诸方面生动活泼地得到发展。

深入实际,调查研究。在学习的基础上,学院党委和行政组织党政干部和广大教师深入实际,调查研究。除了学院组织调查之外,各系也普遍组织了调查。通过调查,不仅初步掌握了教师在课堂讲授、教学内容、方法和教师教书育人方面的情况,广大教

师还深入学生、农村、工厂企业,了解学生学习情况及用人单位对学校培养人的意见,获得大量的第一手资料。在调查中,贯彻了两分法的精神,既检查存在的问题,也发现了不少好的经验。

从调查的情况看,学校的教育质量总趋势是不断提高的,尤其是 1963 年和 1964 年毕业生的质量提高的比较明显:在思想政治上,绝大多数人服从组织需要,积极向上,艰苦朴素,有革命干劲,能和工人打成一片;业务上基本能独立承担本职范围内的一般技术工作。调查中也发现不少问题,主要是业务上有相当一部分毕业生对本专业所必需的"三基本"(基本理论、基本知识、基本技能)学的还不扎实,运用不灵活,突出的是外文水平较差,不能熟练地阅读外文技术资料;在教学工作中,存在严重的"三脱离"(脱离实际、脱离生产、脱离群众)现象,学生的学习负担很重,存在较严重的超学时现象。

在调查研究的基础上,学校先后召开了教学工作会议和教学人员大会,交流调查研究和学习毛泽东主席教育思想的体会,明确教学改革的中心任务是:贯彻少而精原则,正确精选教学内容,试行启发式教学,贯彻理论联系实际的原则,改革考试方法,减轻学生负担及劳逸结合,确保学生德智体的全面发展。

(二) 各项教学改革的开展

1964 年至 1966 年,根据毛泽东主席"春节谈话"和"七三指示"精神,学院进行了一系列的教学改革。

1. 贯彻"少而精"的原则,正确地精选教学内容,突出重点,提高教学质量

在讲课内容上,根据专业的培养目标和学生的实际水平,分清哪些是基本的,哪些是要重点讲授的,哪些是可以由学生自学的。遵照毛主席指示,把讲稿发给学生,有了讲稿,学生可以在预习的基础上带着问题听课,课堂上可以少记笔记,听课效果加强了,学习也主动了,教师在学生预习的基础上,有的放矢地讲授,而且能够注意突出"三基",做到"少而精"。

在时间安排上,每周学生用于业务学习时间,课内外总共不得超过 48 学时。各课堂严格按分配的时间安排讲课、实习、作业等项活动,并且留有余地,以减轻学生负担。

2. 对改进教学方法作了探讨性的试点

在这期间,学校组织教师和高年级学生参观了解放军军训器材展览会,教师们不仅在教改的具体方法上受到很大的启发,更重要的是学到了解放军的革命精神。多数教师在讲课方法上有了较大的改进,开始注意了学生的认识规律,结合适当地运用教具、示教板表演,来帮助学生理解和掌握。教师和实验员共同制作了数百件教具,在课堂上,采用边讲边演的方法,给学生增加了感性认识,使不易讲清的抽象概念形象化,在讲重点、难点时运用这种方法,很受学生欢迎。

学校还在基础部 2-1 大班进行了单元教学法的试点,号召教师试用单元教学方法。单元教学法的特点是以自学为主,讲得少,重点突出,针对性强,学生学习的注意力集中,遇到的问题能及时得到教师的帮助,时间利用率高,教学民主,能充分发挥学生的主观能动性,便于培养学生的阅读和分析能力。这种教学方法,也很受学生欢迎。

3. 开展"上好一堂课"的活动

在抓改进教学方法的同时,学校还请解放军来院进行示范讲课,号召教师大学解放军的讲课方法,努力上好一堂课,并先后在全院组织了30次试讲。每次课后,学生一致反映:目的明确,重点突出,听得懂,印象深。为了更好地向解放军学习,提高教学质量,学校还提出上好一堂课的标准,即:①能贯串毛主席思想,整个一堂课以毛主席实践论、矛盾论作指导,在方法上符合学生的认识规律,在讲解上做到了少而精,启发性强,重点突出,思路清楚;②联系实际,由实际问题引入概念,听者感到落实;③抽象问题形象化,复杂问题简明化,利用教具帮助讲解,使问题直观好懂;④有讲、有练、有演,课堂空气活跃,使学生的思维始终处于积极活动状态,促使内因起作用;⑤减轻了学生课后的负担。"上好一堂课"的活动在推动教学内容、教学方法的改进方面发挥了积极作用,尤其是帮助青年教师掌握课堂教学的基本功起了示范作用。但是也存在着一些形式主义的缺点。

4. 实践环节有了较大的改进

很多教研室改进了实验方法,注意让学生自己动手,亲自实践。不仅增加了实验的时数,并对一些同实验有密切联系的理论,采取了讲课与实验紧密结合的形式进行教学,实验时让学生自己组测电路,改变了过去把实验当做单纯验证理论的做法。另外,有的教研室采用了现场教学,或课前参观的方式,有的教研室自力更生,因陋就简使实验室机房化。所有这些,都大大加强了学生运用理论和实际动手的能力。

5. 改革毕业设计,实现"真刀真枪"

为了使师生受到扎扎实实的劳动锻炼和提高理论联系实际的能力,也为教学进一步结合生产实际打下基础,学校把应届毕业生的毕业设计尽量安排在院外工厂企业,解决生产中的实际问题,并把毕业班的生产劳动和毕业设计作为前后两个阶段结合在一起进行。在选题过程中,强调为生产服务,贯彻"少而精","小而真"的原则。1965年应届毕业生505人,除少数参加院内机房建设设计以外,绝大多数同学,连同100多位教师,分布在北京、上海、西安、天津、河北等地40多个单位,承担和参加了90多个设计项目,深受工厂企业和广大师生的欢迎和支持。如连云港港务局电台的全部设计任务,主要由我院师生承包。我院还响应中央关于支援农业的号召,学习巡医疗队的革命精神,使邮电技术下乡为农民服务,为农业生产服务。1966年初有线系、无线系毕业班56名师生,组成农村邮电工作队,分赴河北省的霸县、武清、安国以及山东省的东陵等县参加农村电话、广播的检修工作。工作队在县邮电局的协助下,采取驻点与巡回检修相结合,服务到队的方式,在两个月中,为公社和生产队检修和装配电话机、扩大器、广播喇叭、收音机及磁石电话交换机、会议电话机等一千多部,培训机线员、话务员200多名,受到广大农民的欢迎和热情称赞。

6. 改革考试方法

在毛主席教育思想的指导下,学校在1965年上半年决定改变过去"突然袭击"死记硬背的考试方法,首先对"电信网络"和"电磁场理论"两门课程试行开卷考试。在总结了上述课程开卷考试经验的基础上,1965年下半年,对数学等16门主要课程全面实行开卷考试。采取这种新的考试方法,在一定程度上减轻了学生的负担,促进了学生生动活泼地学习。

7. 提倡教师挑政治和业务两副担子,既教书又育人

教师和学生接触最多,他们的一言一行,都直接影响着广大学生。因此,实际上他们是自觉或不自觉在起既教书,又教人的作用。提倡教师挑两副担子,就是动员和教育教师自觉地做学生的思想工作,既管教书,又管教人。许多业务教师通过教学工作,结合教学的各个环节,或在课余以个别交谈等方式,帮助学生明确学习目的,端正学习态度,改进学习方法,提高学习的积极性,在教育学生上,起到了很好的作用。在教育学生的同时,也教育了自己,促进了教师进行思想改造的自觉性。

8. 减轻学生负担,使学生在德、智、体诸方面生动活泼地主动地得到发展

为了贯彻毛主席对于学生负担过重的批示和中央、北京市委关于劳逸结合的指示,结合我院的具体情况,院党委和院务委员会分别制订了学生和教职工劳逸结合的两个暂行规定。学校规定:①切实保证学生每周学习时间在46学时之内,最高不得超过48学时,如果有些周在48学时内安排不下的,则应该砍去相关课程的内容。禁止采用变相形式加重学生学习负担的一切做法。②切实保证学生的休息时间和自由支配时间。保证学生每天8小时睡眠;星期六晚上及星期日全天一律不准安排集体活动,星期日晚上亦作为自由支配时间。③控制学生社会活动。学生干部每周用于社会工作时间不得超过4小时;午间休息时间及熄灯以后,都不得进行社会工作;在学习时间内,不搞其他集体活动。学校对学生参加体育活动、文娱活动等,也提出了具体要求。

为了保证学生的身体健康,1964年5月,根据中央指示,决定学生伙食标准从每月12.5元,提高到15.5元。学生助学金标准也随之相应提高。

9. 积极进行半工半读的试点工作

根据中央关于试办半工半读的指示,我院于1965年9月开始在长途电信专业、邮电通信经济与组织专业及通用机械设备专业1965年入学新生中试点半工半读;同时将工经系1964年入学班级及通用机械设备专业1964年入学班级也改为半工半读。试点半工半读的学生共360人。为了加强领导,除工经系经济与组织专业4个教研室及通用机械设备教研室外,学院成立了半工半读办公室,并在有线系设立长途电信半工半读教研室。关于劳动基地,长途电信专业确定在院内实习工厂、仪表车间和上海邮电器材厂劳动;邮电通信经济与组织专业确定在天津、唐山邮电企业劳动;通用机械设备专业在北京第一通用机械厂劳动。工读方式基本上采取间周轮换制。各专业工读时间比例一般为4∶60。为了加强学生劳动期间的组织领导,各劳动基地均成立了有厂(企业)校双方干部参加的领导小组,负责下厂(企业)师生的政治思想教育、业务技术学习和生活管理等工作。学校配备了25名教师、干部参加试点工作。学生坚持半工半读,在工厂一边进行生产劳动,一边进行学习;教师坚持半工半教,随学生下厂,和学生同吃、同住、同劳动,并开展教学活动。为了培养半工半读的教师队伍,学校选派了教师8人到上海业余工业大学进修一年。半工半读的试点工作,取得了一定的成绩,摸索了一些经验教训。但由于"文化大革命"的爆发,试点工作没有进行到底。

八　推行"以阶级斗争为纲","左"的倾向继续发展

(一) 政治思想方面"左"的倾向继续发展

党在贯彻"八字方针"以后,国家形势好转。在高等院校,贯彻"高教六十条"后,形势也越来越好。但是,"左"的错误并未得到彻底纠正,在政治思想方面还有所发展。1962年9月党的八届十中全会上,毛泽东主席把社会主义社会中一定范围内存在的阶级斗争扩大化和绝对化,发展了他在1957年反右派斗争以后提出的无产阶级同资产阶级的矛盾仍然是我国社会的主要矛盾的观点,进一步断言在整个社会主义历史阶段资产阶级都将存在和企图复辟,并认为这是党内产生修正主义的根源。错误地提出了"念念不忘阶级斗争"和"以阶级斗争为纲"的口号。1964年,在国际上,开展反对帝国主义和修正主义的斗争。在国内,开展了城乡社会主义教育运动,普遍进行"反修防修"的教育。后又错误提出"整党内走资本主义道路的当权派"。在意识形态领域和学术界,错误地开展对所谓"资产阶级代表人物"的批判和斗争。在对待知识分子问题、教育科学文化问题上发生了愈来愈严重的"左"的偏差,后来发展为"文化大革命"的导火线。

正当学校全面贯彻执行"高教六十条",开始向着新的目标前进的时候,由于"左"倾错误在政治和思想文化方面的进一步发展,一个又一个政治运动接踵而来,使"高教六十条"在基层难以贯彻执行下去。从1963年下半年开始,根据中央《关于厉行增产节约和反对贪污盗窃,反对投机倒把,反对铺张浪费,反对分散主义,反对官僚主义运动的指示》以及北京市委关于"防修反修"的指示,大张旗鼓地在学校开展了"五反"运动和"防修反修"运动。1964年9月邮电部赵志刚副部长率领工作组来我院进行社会主义教育试点工作,抽调我院部分干部,与我院原"五反"办公室合并,共同成立社会主义教育工作队("四清"工作队),领导全院的"五反"与社会主义教育工作。运动经过领导干部"下楼洗澡"、群众性的反铺张浪费、师生进行"自我教育",职工中"反贪污盗窃和投机倒把",进行全面的"清政治、清经济、清组织、清思想"等阶段,直到1965年7月运动全部结束,历时一年多。在这一年多时间里,院、系领导干部的大部分精力花在搞"五反""四清"和"防修反修"上面。这场运动,虽然揭发出了一定的问题,打击了犯罪,对教育干部改进工作作风和管理有一定作用,但从总的效果看,由于政策界限不清,方法简单化,造成了许多消极的后果,影响了教学、科研工作的正常进行和"高校六十条"

的继续贯彻,伤害了一些不应该伤害的同志。

(二) 组织师生员工,参加三大革命斗争实践

由于受到"阶级斗争是一门主课"思想的影响,根据北京市委的安排,从1963年起,学院先后组织了135名教职工参加北京市郊区农村的"四清"运动,并在市委组织下,抽调两批干部22人参加市委的"四清"工作组。1964年上半年分两次组织了工经系和基础部师生1 700多人,短期到北京市郊区农村"四清"锻炼。1965年暑假后,学校又组织了学生893人,教职工219人,共1 112人,由党委书记杨思九、副院长王希伦率领,往陕西省三原县参加农村"四清"工作。参加这次四清运动的师生和干部,在陕西省委的领导下,历时6个月,基本上参加了"社教运动"的全过程,下去的师生和干部,实行了同贫下中农"同吃、同住、同劳动",参加了农村的各项农活。1965年上半年学校还先后组织了工经系师生128人往西安、沈阳邮电局参加"四清",94名教职工参加北京市农村"四清";下半年组织教职工30人参加邮电部北京邮电企业"四清"工作队。与此同时,学校结合农忙和假期等活动,先后多次组织了大批师生员工参加麦收等劳动,使广大师生员工受到了实际的阶级教育和劳动锻炼。

1964年,毛泽东主席号召全国人民学习解放军,学校除发动全院师生员工学习解放军的优良传统,在学生中开展"三好"学生、"五好"班级活动,在职工中开展"五好"职工、"五好"单位活动外,还积极组织学生下连当兵。为了加强党的领导和思想政治工作,1965年8月学院学习解放军的领导体制成立政治部,党委第一副书记张惠仁任政治部主任。政治部内设组织部、宣传部、武装部、青年工作部和办公室。政治部下,各系、部设政治教导员,各教研室、学生大班以及人员较多的处、科、厂、馆设政治指导员,并拟订了各级政治机构和政工人员的工作制度和工作条例试行草案。1966年年初,学院工作计划提出,1966年学院工作的主要任务是:更高地举起毛泽东思想伟大红旗,坚定地突出政治,坚持以阶级斗争、两条道路斗争为纲,把活学活用毛主席著作运动推向新的高潮;切实落实四个第一和三八作风,把政治思想工作渗透到一切领域,做到政治统帅业务技术。当时对学生的要求是:一、二年级要参加一些农业劳动,并当兵一个半月左右。二、三年级参加一个学期的城乡"四清"。五年级要参加半年左右的生产劳动。而当时实际用于非教学活动的时间,远比规定的多。加上当时林彪极力鼓吹的"突出政治""四个第一",冲击了教学、科研工作,破坏了学校的正常秩序。

(三) 院第五次党代会

1965年7月24日,我院第五次党代表大会召开。出席代表117人。本次党代表大会的任务,主要是总结第四次党代表大会以来的工作,决定我院今后的工作任务,选举新的党委会。大会听取和讨论了杨思九同志代表上届党委会向大会作的工作报告,并同意这个报告。大会在25日选举了19位同志组成第五届党委会后胜利闭幕。

第五届党委会于7月29日召开了全体会议,选举杨思九同志担任党委书记,张惠

仁同志担任第一副书记，赵磊同志担任第二副书记；并选举杨思九等9位同志组成党委常委会。1965年，正是我院建院十周年之际，因此，杨思九同志在工作报告中，回顾了我院的建设和发展："当此建院十周年之际，回顾学院建设，有了很大发展。现在情况与建院初期相比：专业设置由3个增为7个（1963年，根据邮电部的决定，撤销了电真空、半导体两个专业，缓办了邮政机械专业），在校学生人数由899人增为3 655名，教师由211名增为673名，职工由400名增为878名，图书资料由8 024种28 763册增为44 958种253948册，实验室由少数几个增为30个，教学设备由2708件，145万元增为11266件，808万多元，房屋建筑由2万余平方米增为14.8万平方米。这是我院在邮电部和北京市委的直接关怀和领导下，依靠全院干部和师生员工辛勤努力的结果"。

在这10年间，对外交流也随着学院的建设开展起来。1955年我院开始接受外国留学生。主要有越南、西班牙等国家学生，到1966年共有40名留学生毕业。1957年和莫斯科通信工程学院建立了教学业务上的联系，各国代表团也不断来院参观，其中有苏联邮电部部长、越南、摩洛哥、印尼、匈牙利、日本、民主德国、阿尔巴尼亚、巴基斯坦以及出席社会主义国家邮电合作组织成员国的经济专家。

上述发展说明，北京邮电学院在"文化大革命"前已是具有相当规模的一所全国重点高等学校。

第四章 "文化大革命"的十年
(1966—1976)

1966年至1976年发生在中国的"文化大革命",正如中共中央十一届六中全会《关于建国以来党的若干历史问题的决议》所指出的:"是一场由领导者错误发动,被反革命集团利用,给党、国家和各族人民带来严重灾难的内乱"。在这场内乱中高等学校首当其冲地受到破坏,北京邮电学院同样也遭受到严重的损失。

一 停课"闹革命",成立"革委会"

(一) 停课"闹革命",学校大乱

1965年冬,上海姚文元等发表"批判《海瑞罢官》"的文章,把矛头指向当时中共北京市委。文章得到毛泽东的支持,这是发动"文化大革命"的导火线。1966年5月16日中共中央召开政治局扩大会议通过《中共中央委员会通知》(即五·一六通知),通知提出:彻底揭露那批反党反社会主义的所谓"学术权威"的资产阶级反动思想,夺取这些文化领域中的领导权。而要做到这一点,必须同时批判混进党里、政府里、军队里和文化领域各界里的资产阶级代表人物,清洗这些人,有些则要调动他们的职务。会后全党逐级传达贯彻,并在报纸上批判《燕山夜话》和所谓"三家村"。这个通知和批判,迅速波及我院。5月24日,我院出现了所谓《批判"倚寒楼诗"》的大字报。

1966年6月1日,中央人民广播电台广播了由毛泽东批准播发的北京大学聂元梓等人攻击北大党委和北京市委的大字报,当天《人民日报》刊登了这张大字报,并发表了社论。当晚我院也贴出了攻击院党委的大字报,并张贴许多从北大转抄的大字报,形势开始紧张。6月2日,我院部分学生要求停课"闹革命",围绕"院党委能否领导"和"停课与否"发生激烈争论,马路、食堂、宿舍都出现争吵、辩论的场面,大字报也愈来愈多,教学工作难以进行,学院党政领导也难以控制局势。6月4日邮电部派教育司司长宋德仁为组长的工作组进院帮助学院领导,控制学院局势,安定学校秩序。当时《人民日报》连续刊登"横扫一切牛鬼蛇神""触及人们灵魂的大革命"等煽动造反的社论,学校秩序难以稳定,争论愈演愈烈。

6月8日,邮电部又派以政治部主任朱春和为组长的第二个工作组(称新工作组)

进院。当晚召开全院大会,宣布院党委和前工作组不能控制局势,领导有困难,前工作组撤回,院党委停止活动,并宣布新工作组六项指导思想:①放手发动群众,坚决支持群众革命行动。②横扫一切牛鬼蛇神。③凡是违背毛泽东思想的都批判。④贯彻政策,内外有别。⑤执行党中央和邮电部的政策。⑥欢迎大家积极参加"文化大革命"。新工作组在6月9日开始组织对院党委的揭发批判,并宣布经邮电部批准院党委及行政领导人中7人,系、部总支书记2人停职反省的决定。各种类型的揭发批判持续一周。6月14日国务院工交政治部主任陶鲁笳和邮电部党组书记、副部长王子纲来院看大字报,6月15日胡乔木来院看大字报,他们都对群众讲了话。6月20日学院出现攻击邮电部和新工作组的大字报,师生中间发生骚动。6月底新工作组组织反击,开展了所谓打"拦路虎"的活动。一周内召开揭发批判斗争会几十次,揪出所谓"拦路虎"65人,其中教工36人,学生29人。7月9日新工作组组织师生员工代表选举成立"文化革命委员会"。工作组和"文化革命委员会"实际上取代了院党委的领导。原有各级党政干部许多成为冲击对象。

1966年7月下旬,毛泽东从外地回到北京,提出"工作组"是镇压群众的工具,阻碍群众运动,要求派往高校的工作组、工作队撤出学校。同时公布毛泽东的《我的一张大字报》,把矛头指向当时主持中央日常工作,主张派工作组(队)的刘少奇,把刘少奇说成"资产阶级反动路线的代表人物"。7月31日新工作组撤出学校。

新工作组撤离后,学校处于极端混乱状态,各级"文化革命委员会"自动解散,院党委瘫痪,院行政勉强维持日常工作。批判、斗争成风,院、系党政领导干部,被称为"走资派";一些老教授、老教师,被称为"反动学术权威";一些在旧社会做过事的教职工,则被称为"国民党的残渣余孽"。为了批判资产阶级反动路线,学校一些基层干部受冲击,国务院工交政治部主任陶鲁笳和胡乔木都来学院对自己的讲话"承认错误"和"检讨",并将新工作组组长朱春和揪回学校批斗。学校到处是大字报,转抄的各种"首长讲话""最新消息";揪斗、呐喊的口号声不绝于耳,宁静的校园完全陷入无政府状态。与此同时,社会上出现的"红卫兵"运动,在毛泽东的支持下迅速蔓延。此时,我院学生中也先后成立了各种名称的"红卫兵"。他们都称自己是革命的,都打着"造反有理"的旗帜,以"四大"为武器开展"文化大革命"。他们各自为政,互相争斗,使内乱更为加剧,学校更加混乱。

1966年8月18日毛泽东在天安门检阅接见"红卫兵",错误地进一步发动"文化大革命"。会后林彪多次在接见全国各地"红卫兵"、学生和教师时,鼓动"打倒走资本主义道路当权派""打倒一切资产阶级保皇派""反对形形色色地压制革命的行为""打倒一切牛鬼蛇神"。毛泽东的发动和林彪的讲话,使"红卫兵"造反更加起劲,走向社会扫"四旧"。他们将被批斗者,有的关进"专政队",停发工资只给生活费,行动上限制自由;有的戴高帽"游街示众",进行人身污辱。全校被批斗者百余人,关进"专政队"的30余人。还有的以"查黑材料"和"扫四旧"为名,随意抄家搜查,使有的干部和教师个人财产受到很大损失,学校情况十分混乱。

1966年8、9月间,以一派群众组织"毛泽东主义红卫兵"为核心,酝酿成立了"北邮东方红公社",他们以批判资产阶级反动路线为名,将矛头指向学院党的基层组织,诬陷院党组织是修正主义的,党团员是刘少奇的徒子徒孙。此时,"东方红公社"实际上行使了部分学校的领导职权。

(二) 造反派夺权,学院成立"革命委员会"

1967年1月上海"造反派"头头王洪文等在中央"文化大革命"成员张春桥、姚文元的支持下夺了上海市党政大权,称之为"一月风暴"。我院的"造反派"也仿效校外"造反派"的做法,纠集北京邮局和长途电信局的造反派夺了邮电部的大权,他们在邮电部发号施令,并召开全国邮电部门电话会议、煽动邮电部门造反派夺权,国务院发现后立即对邮电部实行军管,他们才撤回学院。接着,夺权风吹到了院内。一月间,院内"造反派"组织"东方红公社"宣布夺取学院党委和院行政的权力。

1967年4月,江青以"二月逆流"的罪名,批斗中央一些老一辈无产阶级革命家。1967年3月北京街头出现"反击二月逆流"和打倒一批中央领导人的大标语、大字报。我院"东方红公社"很快卷进这场"反击二月逆流"的行列,他们联合院外的"造反派",组织冲击北京卫戍区,将彭真等老革命家押到我院大操场进行批斗。后来"东方红公社"还和北京地质学院"东方红公社"联合揪斗了彭德怀元帅和罗瑞卿将军。

1967年4月20日北京市革命委员会成立。我院"东方红公社"在篡夺了北京市党政大权的"造反派"和高校"造反"司令的支持下,于5月20日成立了北京邮电学院革命委员会。于5月20日召开了成立大会,市革委会负责人在会上宣布了我院革委会成员,共有委员33人(学生20人、教师6人、干部5人,工人2人)。学生孔祥山为主任。我院是北京市高校中成立革命委员会较早的学校之一。

革委会成立后,以学习抗大为由,撤销原学校系、部、教研室,把干部、教师、学生混合编为十个专业大队,机关实行三大部,干部绝大部分选用造反派担任。革委会组织批判斗争会,成为合法化。1967年7月,革委会召开"清理阶级队伍"动员会,当场揪斗所谓牛鬼蛇神百余人。会后挂牌在校内游行,全院震动。此后,学院全面开展了长达一年多的"清理阶级队伍"运动。1968年中央"两报一刊"元旦社论提出,要彻底清查混在革命队伍内部的一小撮叛徒、特务、党内一小撮走资本主义道路的当权派以及没有改造好的地、富、反、坏、右分子,要充分发动群众,彻底清查、坚决处理。后来"中央文革"又多次强调全国各地区、各单位要把清理队伍工作做好,并把它作为是认真搞好斗批改,将上层建筑领域的社会主义革命进行到底的所谓"战斗任务"之一。为此,学院各级都成立了专案组,人为地制造阶级斗争紧张空气。这次清理阶级队伍,在极"左"思想指导下,实行错误的指导方针,加上派性的干扰,造成了严重的后果。把干部、党员和群众过去经过组织审查早已查清,按照政策作出了正确结论和处理的政治历史、社会关系、家庭出身等问题都重新翻出来进行再"审查"。在审查中,滥用专政手段,搞逼、供、信,"上纲上线",制造了一批冤假错案。有的被戴上各种各样的政治帽子,有的被遣返原籍,还有的被迫害致死。

1967年7月,根据上级部署,革委会与进院军训团一起,将66届708名本科毕业生,12名毕业研究生,分配全国各地,分配中由于派性和政策不明确,留下不少后遗症。

1967年中央曾指示复课,北京市革委会布置学校复课和准备招生工作,1967年10月23日我院曾正式复课,也成立招生筹备小组,在极"左"思潮的干扰下,又处于停课状态,招生工作更是无法进行。当时北京市高校中出现砸经济管理系的歪风,我院革委会组织邮电工程经济系学生控诉对他们的毒害,要求砸烂工程经济系,后报邮电部、教育部批准撤销邮电工程经济系,我院十余年辛辛苦苦创建起来的邮电工程经济系,毁于一旦。

1967年6月,北京市派"军训团"来我院帮助院革委会工作。1968年初,军训团、革委会成立北邮党的核心组,并将非党的革委会主任塞进核心组,遭到广大师生员工,特别是广大党员的反对,但他们仍一意孤行,并发展所谓新党员,造成党组织的混乱。军训团于1968年7月撤离。

1967年夏,社会上派性恶性发展,开始出现武斗,波及我院。我院虽未发生武斗,但在此期间,经革委会常委决定动用了我院教学设备无线电收发讯机,企图为外地造反派武斗传送信息,虽未受到任何信号,但仍违反了国家电台管理法令。事后,相关人员受到追查。由于学校不能复课,广大师生员工对于极"左"思潮和无政府状态,感到十分厌倦,但他们对此又无能为力,只好纷纷离开学校,有的到全国各地串连,有的下乡下厂,如体育队自发联合一些同学组建"农话连"去山西昔阳县,帮助邮电局跑邮路、架电线,为农村邮电做些事情,在实际工作中学到本领,受到当地邮电职工的欢迎。直到军宣队、工宣队进院后,师生才陆续回到排、班编队,由解放军领导,实行军事化管理,劳动近两年,就地毕业分配。这两届学生,"文化大革命"开始时为三、四年级学生,专业课基本没学,分配工作后遇到很大困难,使国家和个人受到不可挽回的损失。

二 全院教职工下放"五·七"干校

(一) 筹办"五·七"干校

1969年5月邮电部根据中央通知,全国进行战备疏散,要求我院按照毛泽东的"五·七"指示筹办"五·七"干校,进行疏散人口和下放干部。在军、工宣队领导下,成立选点工作组,先后去山西、湖北、河南等省,在国家允许疏散的地区选点,历时三个月,最后确定在河南驻马店地区确山县疏散教职工及家属,办"五·七"干校。军宣队又确定在校的1964、1965年级学生1400余人,去河北正定疏散劳动,进行斗批改,等候分配工作。

中共九大后,国家机关体制调整,邮电部分为两个总局,邮政总局并入交通部,电信总局划归军事系列,归总参通信兵部领导,我院归电信总局领导。电信总局决定成立"电信总局确山'五·七'干校",由我院筹建,作为疏散我院教职工及家属场所。

1969年10月派去先遣队300余人,并运送大批家具等物资,着手购置各种农机具。11月第一批前往583人,后陆续去二三批,到年底已达千人,最多时干校有1500人。由于紧急疏散,致使学院校园设备和个人财产都受到很大的损失。

同时,1969年11月底在校学生疏散正定,由军、工宣队带领,在正定进行劳动和"斗、批、改",历时8个月,全部分配工作。这两届学生在校只学了一两年一般基础课,有的基础课尚未学完。他们失去了系统学习专业知识的机会,因而造成许多人不得不改行做别的工作。

(二) 全院教职工下放"五·七"干校

"五·七"干校由军宣队领导(工宣队全部撤回),完全是军事化管理,机关有办事组、生产组、政工组、后勤组和运动办公室;下有七个连队,即:基建连、农业连、副业连等,在确山县城设"五·七"中学,解决教职工子女就学问题,后又成立工业连。每个连队百余人,下为排、班。

干校开始是大量的基建劳动,烧砖、造房、架电力线、挖深泵井、安装发电机等,还进行为生活服务的种菜、养猪、做饭、烧水等劳动。通过几个月艰辛劳动,才初步改善了生活条件。干校虽然条件艰苦,但还是为地方办了些好事,从确山薄山水库到干校架设电力线8公里,解决了沿途生产队的用电问题,促进了农村的进步和发展。办"五·七"中学,从学院教师中调入教课,既解决教职工子女就学问题,同时对地方教育事业的发展和教学质量提高作出了贡献。

这段时间,教职工付出大量劳动,许多事从头学起,不怕困难和艰辛,连续作战。在架电力线中,正值炎热夏季,河南气温又高,他们顶着烈日干,每天衣服都能拧下汗水,有的教师说架这条线脱了一层皮。烧砖更是困难,从建窑到制胚烧砖,教职工虚心向师傅学习,不怕失败,多次试验,终于烧出合格的砖,后来烧出的砖比当地砖厂质量还好。1970年干校进行大规模农业劳动,从播种、耕耘、除草、施肥、收割、打场、晾晒等无不包含教职工的辛勤汗水,最多一年收获粮食十几万斤。1970年冬天,干校还办了电信元件厂和粮食加工厂,由农业向工业发展。

1970年5月,总参通信兵部又派以贺伯升为队长、政委的军宣队进驻我院,为北京邮电学院改为北京电信工程学院做准备工作。

(三) 军宣队继续斗、批、改,教职工遭到严重打击和迫害

1969年的下放办"五·七"干校,广大知识分子被强制赶向农村,名为"劳动锻炼",实际上是对知识分子和职工进行的一种摧残,也是对中国教育事业的破坏。

我院教职工及家属先后一千多人下放"五·七"干校,短者半年或一年,最长者达

三年多。开始到达确山县,无房无电无水,生活非常困难,几十个人挤在一个大棚里,男女分住。家属就更受苦难,老老小小有的还有病在身,住在用席搭的过去的猪圈房子里,不但寒冷潮湿,而且还不挡风,且有猪留下的臭气。刚到确山时,用水也很困难,吃水用白矾沉淀后才能饮用,洗脸用黄汤水,洗澡更是奢望。这批人大部分是战争年代参加革命的老干部和受过高等教育的新老知识分子,还有是从海外回国报效祖国的专家,国内外学术界的知名人士,他们当时正是年富力强,为国效力的年华,让他们离开多年热爱的讲堂和实验室,去做他们不熟悉的农业劳动,喂猪放羊和烧砖盖房。"五·七"干校并不是日出而作,日落而息的田园美好生活,劳动非常繁重,加上没完没了的政治运动,一个接着一个。特别是1970年5月开始,军宣队在于校大张旗鼓开展长达一年多的清查"五·一六反革命集团"和继续"清理阶级队伍"等运动。各类专案组也迁入干校。在运动中,军宣队一方面采取发动群众搞"四大",进行大批判、大揭发、大检举、大清查,另方面对重点清查对象集中办学习班,隔离起来审查批斗。当时军宣队在干校、正定和北京三地共办重点清查对象学习班28个,其中涉及教师、干部13人,学生13人,工人2人。在清查运动中,大搞逼、供、信和指供、诱供、抄家、打人、体罚等一系列错误做法,甚至多次组织群众性的批斗大会。清查"五·一六"运动,是林彪、江青一伙为篡党夺权,迫害广大干部群众而制造的一起重大的冤假错案。1971年"九·一三"事件发生,林彪反革命集团自取灭亡之后,清查"五·一六"运动才逐渐停止。

1971年春,干校学员开始分配工作,第一批分到电信总局所属的广西、山东、湖北、江西等邮电工厂工作,后又陆续分配到有关省市,这些教职工大部分是学校骨干力量,造成学校人员的流失。后由于北京电信工程学院的成立,教职工才停止分配,没有造成更大的流失。1971年7、8月,北京电信工程学院筹建,开始从干校分批调入回京。留在干校的人员思想波动很大,感到前途迷茫。当时教职工到干校的思想是"一年干、二年盼、三年怨"。干校的头一年,大家是拼命地干,当然困难很多,大家咬住牙挺住;第二年有人分配了,教职工困难愈来愈大,有的家在北京,孩子生病上学没人管,老人生病无人照顾;有的一家分为几处,互相不能照应;有的年轻教职工在干校找朋友难,已有朋友的因在干校要告吹;大量的教职工夫妇分居(都在干校也是分居)等实际困难。教职工盼望分配,盼望家人团聚,也是可以理解的。第三年由于盼望分配的信息没有,所以产生怨恨心理。

1972年7月,确山干校发生一场严重的自然灾害——龙卷风。几分钟时间大风突然刮起,飞沙走石,房倒屋塌,水泥电杆似刀切一般刮断,食堂锅炉刮出50米之外,造成死3人,伤30余人的惨状。当晚北京闻讯后,电信总局报请国务院派专机,通信兵部、电信总局及学校军宣队负责同志,乘专机飞干校慰问和处理善后事宜。当地驻军闻信第一批派部队前去救援,省、地、县也派人救援和慰问。龙卷风的灾害使干校受到巨大损失,同时也加速了干校回北京的搬迁工作。

三 学院更名为北京电信工程学院

(一) 学院更名

1970年8月,总参通信兵部向军委、国务院请示成立北京电信工程学院,请示内容为:"为适应电信事业的需要,拟将保留的'北京邮电学院'改名为'北京电信工程学院'。对办学方针、体制、学制、专业设置及招生对象做以下请示:①方针和任务:高举毛泽东思想伟大红旗,突出无产阶级政治,培养又红又专的通信工程技术人员;②体制和定额:由电信总局领导,实行军事化管理,设政治委员和政治机构,行使军一级权限。机构设三大部(训练部、政治部、院务部),三级管理(院、大队、中队)。学员定额1200人,教职工2500人,院办工厂500~800人;③专业设置和学制:暂设有线、无线、电子器件、通信电力等专业。学制暂为2~3年,并设半年至一年的进修班。④招生对象:招收工、农、兵学员,主要是有一定实践经验的电信职工和在职干部"。1970年9月中共中央军委批复:"周总理已批准你部(通信兵部)8月12日《关于北京电信工程学院几个问题的请示报告》,请遵照执行。"1971年初电信总局通知:根据中央(1970)56号文件,中共中央、国务院1970年9月14日通知,决定任命:施光迪为北京电信工程学院院长(未到任),贺伯升为政委,徐信为第二政委,郭奇、延立华、李怀珍为副院长,刘武林为副政委兼政治部主任(未到任),王锡祥为训练部部长,陈国材为院务部部长。

1971年10月根据上述通知和任命,北京邮电学院正式改名为北京电信工程学院。

(二) 北京电信工程学院的领导体制和机构设置

根据中央文件精神,学院是军事化管理,领导体制是院长、政治委员制;机构设置是三大部和院、大队、队的三级制,大队及工厂设队长、厂长、政委,当时有:有线大队、无线大队、电子器件大队、进修大队,后又增加外训大队,大队相当系、部,队相当学生大班,学员编为队不称班级。教学方法、学生管理和校风校纪也都是军事院校的模式。各种管理制度也都是军事院校搬过来的,如实行军务条例,教学大纲和计划为训练方案,学员有内务条例,总务处改为管理处,房屋家具称营房营具,学员每天出早操,连汽车牌照也换上军队的白牌照,使用通信兵部牌照号码等等。我院工厂也改为国家保密厂的代号,称"531厂",并使用邮政信箱代号,俨然是军事单位。

北京电信工程学院的成立,因中央规定是军一级的权限,配备建制、政治待遇等按军级对待。但由于当时没有向留在干校的学员传达中央将北京邮电学院改为北京电信工程学院的文件精神,留在干校的学员,听到北京电信工程学院成立的信息,一方面感到兴奋,学校又要招生了,看到了前途。另一方面疑虑很多,自己何时能分配回北京,能否回到教学岗位,干校学员算不算北京电信工程学院的教职工,北京电信工程学院是北京邮电学院改名还是新建等,在于校学员中议论纷纷,疑虑重重。

(三) 招收工农兵学员

1971年我院改名后当年就开始招生,是北京市高校中恢复招生比较早的院校(当时北京高校面向全国招生的只有六所,我院为其中之一)。招生对象按中央规定在有实践经验的工农兵中招收,采取由基层组织和群众推荐,县以上水平的高校招生机构审批,学校进行录取的办法。1971年招收321人,大部是军队和电信企业的军人和职工;1972年招收547人,其中电信部门职工135人,解放军135人,农村农垦知青96人,国家机关职工40人,其他企业职工151人,还有沈阳军区代培12人。1970年至1973年,学院还应电信总局的要求,举办了五期微波技术短训班,为全国15个省(市)自治区、9个大军区培训了700多名微波技术人员,他们已成为我国微波通信战线上的主要技术力量。

1971年4月15日至7月31日,全国教育工作会议在北京召开。此次会议是在张春桥、迟群一伙控制下召开的,会上抛出"两个估计"。一是对"文化革命"前17年教育阵线的估计,污蔑为资产阶级专政,是"黑线专政"。二是对知识分子的估计,胡说大多数知识分子世界观是资产阶级的,所以是资产阶级知识分子。同时会议纪要中批判所谓"全民教育""智育第一""知识私有""个人奋斗""洋奴哲学"等等,把这些称之为17年资产阶级统治学校的精神支柱。当时学校领导接到会议纪要文件后,错误地推行《纪要》精神,贯彻"两个估计",揭批过去北京邮电学院17年所谓资产阶级办学路线,否定17年学校取得的成就,对一些新老知识分子,统称为世界观未改造好的资产阶级知识分子。

四 恢复北京邮电学院建制

(一) 开展恢复北京邮电学院

1971年9月发生"九·一三"事件,林彪倒台,中央决定把"粉碎林彪、陈伯达反革命集团政变斗争"材料发到大学班级和广大教职工中,以便师生加深对粉碎林、陈反党集团重大意义的认识。学校根据上级部署,开展"批林整风"运动,举办各种类型学习班,培训干部,学习毛泽东南方讲话提出的"三要三不要",提高干部的思想认识,然后在全院师生员工中动员学习讨论。

"九·一三"事件后,周总理在毛主席支持下,主持中央日常工作,使各方面的工作有了转机。1972年10月1日,《人民日报》和《红旗》杂志及《解放军报》发表题为《夺取新的胜利》的社论,要求"加快社会主义建设的步伐,落实毛主席的干部政策,知识分子政策,经济政策",提倡"又红又专,在无产阶级政治统帅下,为革命学业务、文化和技术"。《光明日报》发表北京大学校长周培源根据周总理意见写的文章,强调重视自然科学基础理论的学习和研究。以后周总理又授意中央各报刊发表文章批判极"左"思潮和无政府主义,揭批林彪集团的"极左"实质。这些社论和文章在我院教职中产生很大影响,他们积极向学院领导提出落实政策,促进安定团结及恢复教学秩序的意见。通过"批林整风",批判极"左"思潮,学院对清查"516"的错误,作了部分纠正,解除了一些隔离审查人员,并陆续分配工作。全国和学院形势都有所好转。

1973年春中央决定恢复邮电部,归国务院直接领导。北京邮电学院相应恢复,实行邮电部、北京市双重领导,恢复过去的体制。并同时确定原院长孟贵民,党委书记杨思九回院主持工作。经邮电部批准学院恢复原组织机构,机关政治部保留,恢复教务处、科研处、器材处、图书馆、总务处、修建处、生活处等职能单位,撤销训练部和院务部,教学单位恢复三系二部,撤销大队和队,恢复教研室和学生班级,学生班仍沿用过去序列号。经北京市和邮电部共同决定,1973年12月26日,从北京邮电企业抽调干部、工人组成工宣队进驻我院,领导和协助学院工作,历时三年多。

(二) 学校工作的恢复和整顿

1975年1月,第四届人民代表大会第一次会议召开,周总理向全国人民提出全面实现农业、工业、国防和科学技术现代化的伟大任务,会议任命周恩来为总理、邓小平为副总理,并通过恢复教育部,任命周荣鑫为部长。四届人大闭幕后,周总理病重,经毛泽东主席批准由邓小平主持日常工作,提出各方面工作要全面整顿,明确指出:"现在相当多的学校学生不读书,这也不符合毛泽东思想,毛泽东同志反对的是教育脱离实际,脱离群众,脱离劳动,并不是不要读书,而是要读的更好"。教育部长周荣鑫,到有关学校视察,传达邓小平整顿教育的精神,院党委也组织师生去清华大学看大字报,了解恢复整顿的情况,回学院后立即行动,进行恢复整顿工作。由于"四人帮"的破坏和干扰,我院的恢复整顿工作和全国一样断断续续进行,从1973年到1976年3年中,在反反复复的艰难道路上做了以下恢复、整顿工作:

1. 教学恢复整顿

1971年开始恢复招生后,除改名为电信工程学院期间招进两届外,1973年招生600人,其中总政118人,中央各部43人,邮电企业188人,各省市知青251人。1974年招生602人,学生来源类型比例大体与1973年相同。1975年招生534人,其中工人335人,知青173人,解放军26人。1976年招生640人,其中工人510人,知青91人,解放军39人。我院广大师员工在开始招生后,心情无比愉快。教师们针对招进学生的特点,修订教学计划,做到缺什么补什么,使学生达到大部分能接受专业课的程度,使他们在学校多学些专业知识多读些书。在教学管理上恢复课堂教学秩序,恢复讲课、辅导、课程设计、实验报告、毕业设计等教学环节,虽然不实行考试和考核,采取评议办法,也促进了学生读书求知的风气。为了使学生多学些基础和专业理论知识,在开门办学时,教师随同下厂下企业、见缝插针利用一切可用的时间,给学生上课。教材编写印刷、金工实习、图书借阅、阅览室开放及体育课等也都相应恢复。

2. 科研工作的恢复和成效

科研工作,早在1970年开始恢复。1970年至1976年6年间,在师生积极努力下,战胜种种困难,顶着"四人帮"的干扰和破坏,在资金不足、实验室落后的不利条件下,取得很多科研成果。1971年研制24路增量调制话机样机成功,为电信部门长途通话,解决了难题。1972年刘泽民老师发表(《综合电抗二端对网络一般性理论》)科研论文,受到国内学术界的重视。1974年邮电部开始恢复向北邮下达科研项目和拨付科研经费,当年下达:自动转报、1800路载波设备、数字卫星通信系统、电视电话、微波通信基础、微波二型机、脉冲编码、电视测试技术及通信基本技术等9项任务,拨付经费45万元。1975年邮电部下达北邮科研项目有:信函分拣机、报纸点数机、数字电平表等7项,拨付经费38万元。以上项目经过几年努力,都分别研制成功。除以上国家任务外,还接受邮电工业系统要求的元器件长寿命晶体管、程序控制技术、自动化机械化生产线等科研项目,为邮电工业自动化做出贡献。还与沈阳邮电局、北京电信局及北京宣武电信设备厂等单位联合研制成功包裹细分机、承缆机、半自动选齿机、线路施工工程车、100门半电子交换机及多功能电子计算机等科研、技术革新项目。1975年8月,彭道儒老师研制成功BJ-2接点薄膜润滑剂,为我国通信及电子工业提供一种新型润滑剂,填补国家空白,具有世界先进水平。1975年开始研制信函分拣机和报纸点数机,1977年研制成功。1977年研制的4 800 bit/s回波调制数传机,用于中科院地球物理所传输地震信号。1977年完成。1976邮电部下达北邮科研项目其6大项11小项,拨科研经费61万元。1976—1977年研制成功的GAE微带微波机,采用全固体化集成技术,是当时国内领先的技术,在大庆油田使用,性能稳定,效果良好。

总之,1970年至1976年6年间,在恢复整顿中,我校师生克服种种阻力和困难,科研工作取得很大成绩,为国家通信事业和电子学科的进步和发展,做出了相应的贡献。

3. 其他行政工作的恢复与整顿

1972年学校开始恢复接受外国留学生,经国务院批准,电信总局转发(72)局国字257号通知,转外交部、外经部《关于帮助赞比亚建设外交电台总局请示报告》,我国为赞比亚培训22名技术人才,学习收、发讯技术和报务业务,学习期为6~8个月,由我院承担,北京长途局协助。1972年5月12日赞比亚留学生进院,学习一年多,1973年6月结业回国。当时学院为军队系列,成立外训队负责外国留学生工作(1973年改为外训办公室)。1972年11月又奉电信总局指示,接收越南人民军3名实习生,来院实习3个月。

1971年开始恢复全院清产工作,历时两年多,1974年结束。清产工作取得一定成绩,主要是:①通过清产加强党对经济工作领导,广大群众受到勤俭节约、爱护国家资财的教育。②比较彻底摸清家底,解决和处理一部分积压材料设备,对于报废设备进行鉴定上报,对盈亏进行调账和分析,分别情况予以处理。当时全院教学设备账面为865.83万元,实有856.78万元,亏损9.05万元。一般设备账面1073.2万元,实有1123.67万元,盈出50.47万元,分析情况是1962年清产不实之故。③报废设备:教学455件18.67万元;一般设备621件4.68万元;房屋17栋2058平方米,价值7.15万元;材料3.66万元。总计报损报废价值36.16万元,原因大部是年久自然损坏。有的仪表设备零部件损坏,无处购买,无法修理。④积压材料设备处理,仪表1680台,价值190.98万元;多余材料45.78万元。两年已处理调拨让售仪表1644台价值187.45万元,材料26.63万元。

1972年开始恢复学军。1972年至1975年先后去邢台、邯郸、山西夏县、侯马及河北保定等地部队学军,每期一个年级的学生加上教职工约600~700人,时间约一个月。通过学军,师生学到军事知识和部队优良作风,并且进行队列训练、实弹射击等课程,增强了学生爱国主义和集体主义意识,同时也加强了学生的组织性纪律性,锻炼了学生吃苦耐劳的精神。各项行政工作恢复也逐步进行,1972年根据上级布置,进行工资调整(8年未调整),全院共调资164人,调一级的117人,调二级的37人,因各种原因挂起来的9人,全院增加工资1274元。1973年对1966年至1970年大学毕业生进行转正定级,全院教职工定级转正52人,增加工资总额520元,平均每人10元。治安保卫各项规章制度、出入门制度、户口管理、大楼值班、夜间留宿登记、治安巡逻、消防管理等都先后恢复。学校医疗卫生,红十字会活动,师生保健,义务献血等工作也都相继恢复。

总务后勤工作,除恢复各项管理制度外,加强了服务工作。每年开学前维修教室,布置宿舍,迎接新生,寒暑假运送学生去车站等,受到学生欢迎。食堂除恢复各项经济核算制度外,大胆实行全校各食堂饭票通用办法,便利师生用餐,也促进各食堂伙食质量的提高。

财务工作恢复事业财务预决算制度,对各项费用进行核算,做到少花钱多办事,把有限资金用在教学和科研最需要的地方。基建工作也开始恢复,1972建工厂厂房702平方米,1976年建职工宿舍4905平方米,投资54.4万元。教学设备开始充实,1976年批准教学电视台建立,投资57.6万元,并购买教学设备价值16万元。

学院工厂早在北京电信工程学院时就开始恢复,而且有所发展。1972年完成自制教学设备一批,用了3700多工时,印刷电路200块制成,稳压电源100台。此外,还为人防工程试制煤渣制砖机,3个月制成投入生产。全产完成电信总局下达国家生产任务,产值为124万元,比原下达任务115万,超额11.2%,比上年增加40.60%。生产的电子元器件,在全国电信部门使用,反映良好。以后每年工厂从品种数量、质量和产值都有所提高。

(三)"开门办学"

1975年根据国家建设的需要,企业和工厂大量需要技术力量和技术帮助,同时也吸收兄弟院校开门办学的经验,我院大力开展开门办学的活动。1975年机电专业学生到北京市电信局修造厂开门办学,还去沈阳邮电局进行毕业实践,进行包裹细分机的革新项目,并研制成功。电子交换专业师生去北京市电信局和宣武电信设备厂开门办学,还去北京无线电一厂开门办学。1976年邮电部批准我院和邮电508厂合办721工人大学,和北京无线电仪器厂合办机械班,和761厂合办微波专业班,和北京广播器材厂合办微波通讯专业班。数传专业去京郊密云,为密云县解决农村磁石电话与县城自动电话接转设备。73届载波专业师生又去密云开门办学,以电信局为课堂,为密云电信局设计生产农村用的3路载波机等等。

(四)院第六次党代会的召开

1975年7月,我院召开了第六次党代表大会。这次党代表大会,是在邓小平同志主持中央日常工作,从多方面进行整顿,全国形势明显好转,我院的恢复整顿工作也取得明显成效的时候召开的。大会学习了毛泽东同志关于理论问题、安定团结和把国民经济搞上去的指示。讨论通过了杨思九同志的工作报告。大会最后选举25人为我院第六届党委会委员。经全体委员选举,北京市委批准,9人为党委常委,杨思九任党委书记。戴玉琢、赵磊、刘宗训为副书记。

五 "四人帮"破坏,学校再度陷入混乱

(一)"批林批孔"及"反复辟回潮"

1973年底至1974年初,江青一伙利用毛泽东的失误策划发动"批林批孔"运动,转移"批林整风"的方向,把矛头指向周恩来总理和一批中央领导同志。他们还借批"走后门"和利用"马振扶公社中学事件""黄帅的公开信"等,煽动学生在"批林批孔"运动中批所谓"修正主义教育路线复辟、回潮",以达到搞乱全国,乱中夺权的目的。

"批林批孔"使我院各方面的工作再度陷入了混乱。(驻院"工宣队"和"革委会")?在学生和工人中组织"大批判组",召开大批判会,把"克己复礼"与学校的所谓"复辟回潮"联系在一起进行批判,同时组织学生批判"17年",批判"智育第一""学而优则仕",批"老三段""三中心"等。经过一系列的批判和发动,学院"批林批孔"运动日益高涨,以至出现学生大量贴大字报,一些教职工被认为搞"回潮"受到批判。于是,学校又出现教师不敢教书、干部不敢管理的混乱局面。

(二)"四人帮"发动的"反击右倾翻案风"

1974年年底和1975年年初,邓小平同志主持中央工作,对全国各方面工作进行全面整顿,教育战线也是整顿的重点之一。"整顿"为全国,也为学院带来了转机和希望。但在1975年4月,张春桥发表《论对资产阶级的全面专政》,提出"全面专政"的极

"左"理论。8月,"四人帮"又利用毛泽东对古典小说《水浒》的评论,掀起了把矛头指向周恩来、邓小平等的评《水浒》运动。学院的整顿工作不可避免地受到这些"左"的干扰。

1975年11月,《红旗》杂志发表北大、清华大批判组的文章,把教育界的整顿工作诬为"右倾翻案风",进而在全国范围内掀起所谓反击"右倾翻案风"的运动,刚刚开始的恢复整顿工作,又遭到破坏,社会上又出现混乱。

我院刚刚起步的恢复整顿,又受到这股恶风的袭击,教学秩序也遭到严重冲击,一部分师生思想上产生迷惑,校园内又出现一些人写的大字报,而且点名批评一些干部和教师,诬陷恢复整顿是"右倾翻案",学校再度混乱。

由于当时中央总的精神是安定团结,人心思定,院党委和工宣队的领导对"反击右倾翻案风"运动迫于压力,虽然也进行一些传达动员,也召开一些批判会,写一些批判文章,但坚持不停课,有的恢复整顿工作仍在悄悄进行。

六 粉碎"四人帮",学院获新生

1976年是我国历史上发生巨变的一年。1976年1月周总理病逝,4月5日发生"天安门事件","四人帮"继续在全国范围开展"批邓、反击右倾翻案风",到处追查所谓"政治谣言"。在这期间,朱德、毛泽东相继逝世,"四人帮"加紧了篡党夺权的阴谋活动,全国人民忧心忡忡,关注着党和国家的命运。

1976年7月,唐山的强烈地震波及北京,师生员工住在地震棚内,尽管困难重重,但学校教学科研等各项工作坚持进行。学校还组织了四批师生去唐山抗震救灾,每批200人至400人。师生们冒着余震的危险,不怕苦与累,帮助灾区人民恢复生活、恢复通信线路,做了大量工作,为唐山震后的恢复工作做出了贡献。

9月9日,中国人民的伟大领袖毛泽东主席逝世。消息传来,全院师生员工无限悲痛。师生员工组织各种悼念活动,沉痛哀悼毛泽东同志。9月14日,学院举行隆重的追悼大会,参加大会的约3000人。

1976年10月6日,党中央采取果断措施,一举粉碎"四人帮",全国欢呼庆贺,热烈支持拥护党中央的英明决策,人们普遍有第二次解放的心情。听到粉碎"四人帮"的消息,学院上下一片欢腾,人人拍手称快,奔走相告,鞭炮锣鼓齐鸣,唱歌跳舞,欣喜若狂,师生主动写大标语,坚决拥护中央的果断决策。连续十几天,全院各级组织和广大师生员工纷纷集会游行,举行各种庆祝活动。1976年10月26日全院师生4000余人,步行参加天安门举行的盛大庆祝会,会后又参加了首都各界声势浩大的庆祝游行。

粉碎"四人帮"反革命集团,结束了10年内乱,从危难中挽救了党,挽救了国家,也挽救了祖国第一所邮电高等学府,使北京邮电学院进入了一个新的历史发展时期。

七 十年"文化大革命"对学院的破坏与师生的抗争

"文化大革命"所造成的十年浩劫,使北京邮电学院受到一场灾难性的破坏。教师、干部队伍遭到的严重摧残,教学实验设备受到严重破坏,教育事业遭到严重损失。但是,就是在林彪、江青反革命集团猖獗作乱时期,学院师生员工对极"左"路线是有不同程度的抵制的,许多同志顶着林彪、"四人帮"的压力,一直坚守自己的工作岗位,为搞好教学、科研、生产和其他工作而辛勤地劳动,有少数同志还做出了难能可贵的成绩。

(一)"文化大革命"对学院的破坏

1. 教师、干部队伍受到严重摧残

全院的教师和干部在"文化大革命"不同时期几乎都受到冲击。"文化大革命"一开始,学院的党政领导就被打成"走资派",或被打倒,或靠边站;清理阶级队伍,连续的"斗、批、改",许多教职工被打成"牛鬼蛇神""反动学术权威""历史或现行反革命",他们因种种莫须有的罪名而被揪斗、审查、关进"牛棚"、强迫劳动,不仅在政治上受迫害,生活上也受到折磨。"文化大革命"中,全院有300多人被揪斗、审查,有9位教职工受迫害致死,受株连的家属亲友更是不计其数。所有这些,都是林彪、江青反革命集团推行的极"左"路线在学院造成的严重恶果。

2. 教育事业受到严重损失

"文化大革命"前十多年的办学成就被诬为"黑线专政"而一笔抹杀,学校正常教学秩序被打乱,培养人才的数量和质量严重下降。学校连续5年停止招生,少为国家培养了数千名本科毕业生,培养研究生的工作全部停止。"文化大革命"中毕业的老五届共3 223名学生,在没有学完应学的课程的情况下走出了校门。

"文化大革命"期间,广大教师处于受批判、挨斗争、强迫劳动的境遇中,林彪、"四人帮"剥夺了他们教学、工作的权利。1969年全体教师和干部下放干校劳动,许多人虚度了最宝贵的年华。由于长期脱离教学和科研,致使业务荒疏。先后有近300名教师,150名干部调离学院,造成教师、干部队伍的严重流失。1971年虽然开始招收工农兵学员,恢复教学工作,然而"四人帮"抛出"两个估计",广大教师如同背着两座大山,积极性受到严重的压抑。而且在"批林批孔""反复辟回潮""反击右倾翻案风"等一个接一个的政治运动中,在开展对"智育第一""知识私有""个人奋斗"等一系列大批判中,不论老教师还是新中国成立后培养起来的教师,都成了政治运动和大批判的对象,使教师队伍继续受到摧残。

"文化大革命"中,基层教学组织被破坏,由于搞所谓的专业连队,致使基础课教研室有的被解散,有的只保留牌子,严重影响教学质量的提高。

3. 教学、科研实验设备受到严重破坏

"文化大革命"期间,我院小西天校舍3 000多平方米被占用,教学用房减少了20

000多平方米,教学设施也遭到破坏,仪器设备损失严重。1966年6月至1970年的4年间,学院的教学工作几乎全部停止,在无政府主义泛滥的情况下,很多教室、宿舍的门窗被打烂,桌椅、床、柜被损坏、丢失。特别是1969年全体教师、干部下放"五·七"干校时,学院家具一扫而空,损失近5万余件。"文化大革命"期间,由于有的科研室被取消,科研队伍被解体,作为科研的物质基础的实验仪器设备也遭到破坏,实验室无人负责,管理混乱、实验技术队伍散失,不少实验室多年失修或被改作他用。

4. 党的建设和思想政治工作受到严重破坏

"文化大革命"丑化了党的各级组织的形象,使党组织在群众中的威信受到严重损害,党的领导受到严重的削弱。"文化大革命"期间,学院政工机构被解散,领导被打倒,骨干被称为"黑干将""小特务"。系统的马列主义理论学习被取消,学生的党团组织陷入瘫痪状态,取而代之的是红卫兵等多种群众组织。急风暴雨式的群众运动和简单粗暴的批判斗争代替了传统的思想教育。"四人帮"在教育战线制造的一系列所谓"典型",给学生以极坏的影响。

(二)师生员工在逆境中的抗争

1. 师生员工对林彪、"四人帮"倒行逆施的抵制

"文化大革命"中,学校长期处于"停课闹革命"的极端混乱局面,不少师生对于院内无休止的批斗会,派性斗争感到十分厌恶,他们不愿虚度年华,于是自愿走出校门,下厂下乡,与工农结合,干点实事。1967年,江青提出"文攻武卫"的反动口号,全国和北京高校武斗急剧上升,我院广大师生对社会上的武斗,非常反感,拒绝参加。北邮在"文化大革命"期间,基本上没有发生武斗,这和我院广大师生的抵制是分不开的。当"四人帮"抛出"两个估计"时,许多教师和干部从一开始就表示对"两个估计"的不理解、想不通。相当多的教师和干部一直对"两个估计"表示强烈不满和采取了不同程度的抵制。

1975年年底,"四人帮"在全国范围内掀起的"批邓、反击右倾翻案风"运动,一开始就受到我院广大教师和干部的抵制,多数教师和干部表示不理解、思想转不过弯。在讨论会上的有的教师提出:不知道邓小平错在哪里,弄不懂何为右倾翻案风。许多教师、干部公开议论江青一伙,互相传递反对江青一伙的"小道消息"。人们对所谓"右倾翻案风"的批判,不论是大字报还是批判会上的发言稿,多是从报纸上抄来抄去,以应付运动。

1976年1月8日,周恩来总理逝世,全院师生员工和家属悲痛欲绝。全院群众不顾"四人帮"的种种禁令,自发地举行了不同形式的悼念活动、报告会,寄托对周恩来总理的哀思和怀念,也发泄对"四人帮"的仇恨。不少同志还自发地到天安门人民英雄纪念碑前送花圈。清明节,北京发生"天安门事件","四人帮"镇压群众的倒行逆施,更激起全院师生的愤怒。后来,在所谓的"追查政治谣言"运动中,全院师生更进行了各种巧妙有力的抵制。

2. 在逆境中坚持教学、科研和其他工作

"文化大革命"期间,我院广大教职工身处逆境,但他们始终没有忘记自己的职责,一直坚守工作岗位,做好本职工作,为搞好教学、科研和其他工作而辛勤地劳动。

1971年至1976年,根据中央关于招收有实践经验的工农兵入学的指示,我院连续6年招收了6届共3 244名工农兵学员。他们先后分别在载波通信、数字通信、电子交换、微波通信、无线电技术、半导体器件、电信机械、邮电机械与国际通信、通信电力等专业学习。与此同时,还办了一些短训班,学习结业的共有1 262人。工农兵学员入学时普遍存在文化基础较差、文化程度参差不齐,给教学工作带来很大困难,但大多数教师都以高度的责任心,深入了解学员情况,根据学员的实际程度,编写出适合学员特点的讲义、教材,以保证教学的需要。在教学过程中,为了让工农兵学员掌握文化科学知识,教师们课前认真备课,课堂上循循善诱,不厌其烦地耐心讲解,课后认真辅导。有的教师晚上还到学生宿舍给基础差的学员进行个别辅导。对学习特别困难的学员,学校采取了减免一些内容和课程的措施,使他们集中精力学好一些最基本、最必要的知识。

由于极"左"思潮的影响,部分工农兵学员中存在"读书无用"、组织纪律涣散、畏难情绪等不良现象。干部教师从关心下一代,教育下一代,为国家培养人才的愿望出发,对他们加强思想品德教育和行政管理。不少教师还和学员一起走出校门,学工、学农、学军,和学员同吃、同住、同劳动,与学员交朋友,在思想和业务上提高他们,从生活上关心他们,受到广大工农兵学员的欢迎。因此,在培养工农兵学员过程中,尽管不断受到"四人帮"的干扰破坏,但由于干部教师的工作和多数工农兵学员的政治素质较好,又有一定的生产实践经验,通过自己的刻苦努力,还是学到了一定的基础理论和专业知识。他们毕业后,经过社会工作的实践,尤其是改革开放的锻炼,许多人成了经济建设各行各业的骨干,还有不少成了优秀的党政领导干部。

"文化大革命"中,教师们顶着压力,在努力完成教学任务的同时,还在尽可能的范围内开展了科学研究工作。1970年至1976年的6年间,在师生的共同努力下,战胜种种困难,顶着"四人帮"的干扰破坏,在资金不足、实验室设备落后的不利条件下,取得了很多科研成果,为国家通信事业和电子科学的进步和发展,做出了大的贡献。

"文化大革命"期间,后勤部门和机关工作的干部职工,大多数人始终坚守工作岗位,为全院师生员工正常生活的供应作出了不懈的努力。学校几千人的生活、房屋维修、医疗卫生、治安保卫、吃饭供暖等,由于这些部门职工的辛勤劳动而得到保证。机关工作也尽力保持了正常运转。

第五章 拨乱反正恢复学校正常秩序 (1977—1982)

粉碎"四人帮",使我们党和国家进入了一个新的历史时期。1977年7月党的十届三中全会及党的第十一次全国代表大会,揭发批判了"四人帮"的严重罪行。1978年党的十一届三中全会以后,开始全面、彻底地纠正"文化大革命"及其以前的"左"倾错误,把全党工作的重点转移到社会主义现代化建设上来。

根据中央各项指示精神,我院在深入清算"四人帮"罪行的斗争中,进行了一系列拨乱反正工作。对教学思想、教学秩序、教学计划、教学大纲、师资队伍建设、科学研究、后勤工作、管理队伍等方面进行了整顿,恢复了被破坏正常秩序,为学校进入新的发展阶段,创造了条件,奠定了基础。

一 推翻"两个估计",解除精神枷锁

粉碎"四人帮"之后,全院师生员工欢欣鼓舞,精神振奋,紧跟党中央的部署,学习贯彻中央37号文件。党委带头,发动群众,联系实际,狠批"四人帮"炮制的"两个估计",学院从实际出发,针对不同情况,对干部、教师、学生和工人分别做出了具体安排和提出了不同的要求:由各总支集中支部书记以上的干部举办了四个半天的学习班;召开教师、学生和干部座谈会;查阅资料进行调查研究;在1977年12月8日召开全院师生员工大会,由院党委书记杨思九同志发言并对批判"两个估计"作了动员部署。在大会上有院党委副书记赵磊、戴玉琢同志,常委王锡祥、王蕴玮等同志带头深入揭批"四人帮"炮制的"两个估计"。大会开得严肃而有战斗性,激发了广大师生员工对"四人帮"炮制"两个估计"的义愤。

全院教职工通过学习党的"十一大"文件和邓小平同志的重要讲话,联系学院教育工作和自己的思想实际,对"四人帮"炮制的"两个估计"进行了深入的批判。"四人帮"全盘否定17年,把社会主义教育诬蔑为"黑线专政"。实际上,1949年全国解放,中国人民革命的胜利,就把各方面的领导权从敌人手里夺了过来,学校也不例外,对旧有的学校进行了改造,派进了党的干部。像我们学院这种新中国成立后新建的学校,从筹建开始就是置于党的领导之下。随着国家经济建设向前发展,人民民主专政更加巩固,党又派了一些优秀干部支援学校,加强对学校的领导。我院是1955年建校,1956

年即成立党委,党委成员都是参加过南征北战的老干部,在党的领导下经过了许多政治运动和理论学习,广大干部和群众的觉悟逐渐提高。学校各级领导干部和教师队伍中绝大多数同志,在"文化大革命"前,为贯彻党的教育方针,勤勤恳恳、兢兢业业、忘我工作,为国家培养了大批人才。这些事实证明:说在教育战线上"资产阶级专了无产阶级的政",是林彪、"四人帮"一伙反革命分子和别有用心与人民为敌的坏分子对我们的恶意攻击。在我院的教师中,绝大部分是党培养起来的,十多年来我院相继选拔了近千名优秀毕业生充实教师队伍。他们忠诚党的教育事业,一面教学一面努力学习马列主义和毛泽东思想、努力改造世界观;为教好学生,认真备课,在教学上勤勤恳恳、任劳任怨。为人师表,为国家培养了一批批有用人才。教师下厂实践,或下乡劳动,或教学,或科研,都是以一个普通劳动者的姿态出现。这些事实充分证明:17年培养的学生,绝大多数不是什么"资产阶级",什么"臭老九",而是受工农兵欢迎的知识分子。

"四人帮"炮制的"两个估计"是唯心主义形而上学的突出表现,它给我院带来的流毒和影响主要有:在教学组织上撤销基础部,取消教研室;在教学内容上严重地削弱了基础理论,造成基础理论课被"砍、减、改",拆散实验室,停开实验课;在教学方法和制度上片面地批判"三中心""老三段",一年级新生就出去"开门办学",认为"开门办学"越早、时间越长就越革命;片面地推广"典型任务"教学,严重削弱基础课教学,违背了教育规律和循序渐进的原则。结果是搞乱了思想,搞乱了教学秩序,降低了教学质量。

1977年5月邓小平同志明确提出"尊重知识,尊重人才"的问题。他说:"我们要实现现代化,关键是科学技术要能上去。发展科学技术,不抓教育不行。靠空讲不能实现现代化,必须有知识,有人才。""抓科技必须同时抓教育。从小学抓起,一直抓到中学、大学。……从现在开始做起,五年小见成效,十年中见成效,十五年到二十年大见成效。"邓小平同志强调:"一定要在党内造成一种空气,尊重知识,尊重人才。要反对不尊重知识分子的错误思想。不论脑力劳动,体力劳动,都是劳动,从事脑力劳动的人也是劳动者。"同年8月邓小平同志在科学和教育工作座谈会上发表重要讲话,明确指出全国教育战线17年的工作,主导方面是红线:"17年中,绝大多数知识分子,不管是科学工作者还是教育工作者,在毛泽东思想光辉照耀下,在党的正确领导下,辛勤劳动努力工作,取得了很大成绩","我国的知识分子绝大多数是自觉自愿地为社会主义服务的。反对社会主义的是极少数,对社会主义不那么热心的也只是一小部分"。他再一次强调"要特别注意调动教育工作者的积极性,要强调尊重教师","要尊重劳动,尊重人才"。他提出"科研部门、教育部门都有一个调整问题,希望这个调整要搞得快一些"。"科学院和大学可以多搞一些基础科学,但也要搞应用科学,特别是工科院校"。他特别强调要改革教育制度,提高教学质量,"要树立好的学风,最主要的是走群众路线和实事求是这两条"。1978年5月,邓小平同志在全国教育工作会议上做了重要讲话。要求提高教育质量,提高科学文化的教学水平;要求学校大力加强秩序和纪律,造就具有社会主义觉悟的一代新人,促进整个社会风气的好转;指出教育事业必须和国民经济发展相适应等。以上讲话对教育战线的拨乱反正问题作了明确指示,指明了教育工作的方向。1979年3月,中共中央做出决定,撤销1971年8月以中央名义转发的《全国教育工作会议纪要》,推翻"两个估计",解除了多年来加在广大教师和干部身上的精神枷锁,调动了他们搞好教育工作的积极性。

全院师生员工认真学习邓小平同志的一系列重要讲话和联系本院的实际,用"文化大革命"前我院所取得教学、科研丰硕成果,生动有力地批驳了"两个估计"的反动谬论;明确肯定了17年教育战线上的伟大成就,深刻认识了教育在国民经济中的重要地位和作用;澄清了一些思想、理论和路线方面的重大是非,粉碎了林彪、"四人帮"强加在广大干部和知识分子身上的精神枷锁,精神面貌发生了很大变化。大家决心在各自不同的岗位上,努力学习,加紧工作,采取措施,提高教育质量。为迅速恢复学校正常秩序,竭尽全力。

二　恢复和整顿学校管理机构

1977年,教育部再次确定我院为全国重点高等学校。根据1978年10月教育部颁发的《全国重点高等学校暂行工作条例(试行草案)》,我院领导体制为党委领导下的院(校)长负责制。

1979年12月,邮电部政治部(1979)政干字585号通知,任命孟贵民同志为北京邮电学院院长,叶培大、蔡长年、王希伦、王锡祥、戴玉琢、李根达同志任副院长。

宋德仁为中共北京邮电学院委员会书记,孟贵民、徐信、赵磊同志任党委副书记。

根据精减、效能和更好地实现工作重点转移的原则,以及高校暂行工作条例的有关规定,经院党委常委讨论,按1980年3月邮电部(1980)邮劳字277号文批复,我院党政机构设置如图5-1所示。其中,教务处下设教研科、教学科、师资科、教材供应科、印刷厂;总务处下设房产科、行政事务科、汽车班、幼儿园、门诊部;实验工厂下设教学生产科、计划供销科、技术工艺科、金工车间、仪表研制室。

院党、政机关恢复、修订了各项规章制度。与此同时,学院相继任命了各系(部)的领导班子;各系(部)也恢复和建立了相应的机构。

我院在"文化大革命"中被破坏的领导体制、党政机关和管理制度得到恢复,党政分工,职责明确,学校工作开始建立正常秩序。

三　恢复办学条件和教学秩序

(一) 恢复与改革招生制度

"文化大革命"使高等学校招生中断6年,我院从1971年起开始招收"具有两年以上实践经验的优秀工农兵"学员,不招收应届高中毕业生。没有文化考试,实行"自愿报名,群众推荐,领导批准,学校复审"的办法。这些学员入学时的文化水平参差不齐,大多数是所谓初中毕业生,少数是高中、中专生,甚至还有部分小学毕业生。这种文化基础给组织教学带来很大困难,教学质量难于保证,学生实际水平下降。

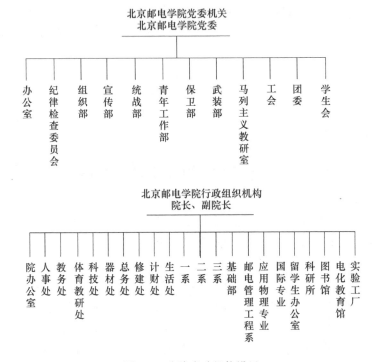

图 5-1　我院党政机构设置

1976 年,粉碎了"四人帮",迎来了教育的春天。1977 年 8 月,邓小平同志在科教工作座谈会上提出要改革招生制度,接着中共中央正式作出了改革招生制度的决定。废除了"推荐"制度,恢复了文化考试制度,实行德智体全面考核、择、优录取的原则;规定考生必须高中毕业或具有同等学力;恢复了从应届高中毕业生中招生;严格考试制度,抵制和反对营私舞弊、"走后门"等不正之风。我院经过克服困难和挖潜,连续招进了两届学生(77 级 671 名,78 级 721 名)共计 1 392 名。

为了提高教学质量,切实加强基础课教学,学院制订了 77 级和 78 级的教学计划。改革教学方法,提倡启发式,废除注入式,真正把精力集中到培养分析问题解决问题的能力上,使教学内容努力做到少而精。改进辅导方法,提高辅导质量。要求教学工作要面向学生,原则上每个教师每周至少 4 小时和学生在一起,了解情况,指导学习,引导学生培养自己学习和研究问题的能力。

对培养目标、课程设置、讲课、实验、实习、考试、考查、课程设计和毕业设计等教学环节都作出了相应的安排。明确要求各门课程应按照教学计划的要求制定教学大纲,选用或者编写教材;建立健全了考核制度,要求学生必须参加各门课程的考核,课程考试、考查的成绩要记入学生成绩登记表,毕业时归入学生本人档案。

(二) 调整专业设置

根据教育部、国家计委(78)教高字850号文件《关于进行高等学校专业调查和调整工作的通知》中提出的五条原则,参照邮电部人教局关于邮电学院专业设置问题的意见,我院对1965年所设电报电话通信、有线通信设备设计与制造、通信自动控制、无线电通信与广播、无线电技术、无线电物理、邮电通信经济与组织、邮电机械自动化等8个专业和1973年所设载波通信、数字通信、电子交换、微波通信、无线电技术、半导体器件、通信电力、国际通信等8个专业进行了调查。结合我院实际情况,提出了专业增设、调整、撤销的意见。

鉴于过去建院初期所设专业的培养目标是学苏联的,专业的设置是按当时现有的通信手段设的,主要培养各种现行通信设备的维护运转所需的技术人才。实践证明,在当时的历史情况下,对满足邮电部门的实际需要起了一定作用,毕业生大部分在邮电部门中发挥了技术骨干作用。

由于林彪、"四人帮"极"左"思想的干扰,破坏了基础理论教学,违背了教学质量提高的客观规律,使专业设置遭到很大破坏,弄得专业面很窄,搞成以机器带专业,大大削弱了基础理论,使教学质量严重下降,因此对专业设置需要进行再调整。70年代末,学院所设专业数量有限,对尽快实现邮电通信事业现代化的要求很不适应,必须进行较大的调整和改造,对保留的原有专业都要加宽专业面、内容加深,特别是要加强基础理论,力求按学科、按新技术或边缘学科改造或设置专业。使培养的学生知识面宽、基础厚、外语好、适应性强、后劲大,并增加理科专业使学院向理工兼容的方向发展。基于上述考虑,学院在原有基础上又陆续新建四个专业,即信息科学专业、应用数学专业、邮电管理专业和应用物理专业,并于1980年开始相继招生。同时,对原有的数字通信专业、载波通信专业、计算机与通信专业、微波通信专业、无线电技术专业、邮电机械专业,采取加宽专业面,去掉老内容,充实新内容,以旧翻新,进行改造、充实和提高,抓住打好基础这一关键。前两年基础课按一个共同教学计划执行,第三年专业基础课力求一个系基本上按一个共同计划执行,确实抓住打好厚实基础这个重要阶段。最后一年再根据国家现实需要上一些专业课程。这样做不致把专业框得太死,像当时一系的数字通信、载波通信和计算机3个专业,学生学完前3年,基础和专业基础内容大体相同,每个学生都能学习3个专业中的任何一个专业的专业课程,这样既能考虑国家急需又不会限制学生的发展。通信电力专业,从办专业的角度认为长期办下去必要性不大,主要是为满足当时的实际需要。此外,还把微波通信专业调整为微波与光波通信专业,把国际通信专业调整为邮电外语专业。

(三) 教师队伍的恢复和建设

党的十一届三中全会以后,学院党委大力抓了教师队伍的恢复和建设。在政治上平反了冤假错案,使长期受压抑的教师走上教学、科研第一线;恢复了基础部,重新组建了基础课教研室,使教师各得其所,发挥所长。

1978年3月7日,国务院批转教育部《关于高等学校恢复和提升职务问题的请示报告》。之后,我院对原有的教授、副教授、讲师和助教都恢复了职务。为了加强领导,搞好提升教师职称工作,建立了考核评审组织。提升教师职称工作,是粉碎"四人帮"后拨乱反正,落实知识分子政策,加强师资队伍建设的一项重要措施。院党委除了进行思想动员,组织教师学习上级文件,统一认识外,还指定一名院领导同志具体负责职称评定工作,建立考核评审组织,院系两级分别成立评审委员会,各教研室成立评审小组。学院明确由院学术委员会主持全院的评审职称工作,分别成立教授、副教授和讲师评审小组,各级评审组织的成员,由院系学术委员、专家和主管教学科研的领导干部组成。根据上级的部署,我院于1978年3月进行了晋升教师职称的试点工作,提升了副教授10名;又于1979年和1980年分别进行了两次教师职称评定工作,经北京市批准提升教授8名,经院批准确定与提升讲师419名,确定助教54名。评定职称试点工作前后历时3年。由于教师职称制度的恢复,大大调动了广大教师的积极性,对加强教师队伍建设,提高教师队伍的质量起到了很好作用。

1978年10月,我院制定了《关于教师进修问题的几点意见》,提出了对教师培养的几点要求:①教师必须又红又专,要求教师树立无产阶级世界观,坚持党的四项基本原则,努力完成组织交给的教学和科研任务。②要求工农兵学员要打好基础,加强基本训练,掌握本专业的基础理论,基本知识和技能,同时学好一门外语。对他们在5年内采取两步走的方针:第一步,用2至3年时间主要解决基础问题;第二步,以2至3年时间主要解决专业课的问题,逐步做到熟练地担任助教工作,独立讲授某门课程。③在当时300余人的助教队伍中,基础理论、外语、科研教学全部过关的不多。对这一部分同志要求学好外语,掌握扎实的基础理论,缺啥补啥,以便在3年的时间内,能够质量较高地胜任一门以上课程的教学工作,并且有相当的科学研究能力。④对当时110余名讲师的要求是:努力学习新理论,掌握新技术,在教学、科研以及培养青年教师方面发挥积极作用。对于他们的进修,应该在完成规定的工作量的前提下,采取每工作3年给予半年时间脱产进修,由自己情况决定进修方式,也可以参加科学研究或者编译教材。⑤对原有30余名教授、副教授提出的要求是:要在各自专业上向较高的方向发展。副教授应担负重于讲师的教学、生产、科研以及带研究生等任务。他们在完成任务的情况下,也可以采取每工作3年给予半年时间脱产进修,其进修方式可根据自己情况来决定,也可以参加科学研究,或者撰写论文;对于教授,则应在尽可能的条件下,为他们配好助手,使他们在培养教师、带研究生以及科学研究、著书立说方面发挥积极作用。

根据上述几点意见的要求,所有讲师、副教授、教授的进修安排,由系报院批准;其余教师由系自行安排掌握。自此,学院开始有计划有组织地安排教师进修。与此同时,为了加强国际学术交流,吸收外国先进经验,提高教师业务水平,我院又先后派遣了42人分赴美、英、法、瑞士、加拿大等5国学习进修和考察。同时请了10位国外学者、专家来院讲学和学术座谈。

（四）深入调查研究，改进教学工作

在1979—1980学年，为了解我院教学情况，及时解决问题，当时主管教学的叶培大副院长带领有关人员，亲自深入第一线听课，召开学生座谈会，检查教学质量。

从检查教学情况看，教学第一线的力量有所加强，教学情况有好转；同学的学习负担有所减轻，有的班每周必修课门数已减少；有经验的教师担任主讲的比以前多了，他们对教学工作认真负责，备课充分、重点突出、概念清楚、课堂教学效果较好。同学反映有的老师讲课精练、思路清楚，既注意知识传授又注意培养学生独立思考和独立工作的能力。

在教学中，各系教研室重视对中、青年教师的培养提高工作。如一系传输理论教研室对中年教师开设"电磁场"课，配备老教师指导帮助修改讲稿，坚持试讲，互相观摩听课，充分发挥集体备课的作用。三系为准备讲好本系新开的"脉冲数字电路"课，组织多次试讲和讨论，以保证教学质量的提高。有的教研室还规定了教学研究和学术活动日，如二系组织"电子电路"教学研究组，研究本课程如何进行改革。这些对提高教学质量是一个有力的推动。

教学检查表明，全院教学情况一般较好，学生反映比较满意，但也有一些问题亟待解决；同时，也提出了改进和提高教学质量的措施和建议。

1. 教学方面

（1）要加强基础教学，提高课堂讲授质量。当时全院能够精讲的教师不多，能用外语教学参考书的教师也少，还有的教师讲课质量不高。对此，要求各系、部、教研室认真研究，及时采取有力措施加以解决。譬如学术水平不够的，要加强进修，暂缓安排上课；有才学的教师而表达能力差的，则适当减少教学工作，多安排科研和编写教材方面的工作；对教学经验不足的教师，应加强试讲，老教师给予具体帮助，以提高教学效果。

（2）要重视外语教学。不少班级对英语教学不满意，讲课中没有重点，讲解水平不高。为了加强外语教学，外语教师亟待提高外语水平；要认真备课，改进教学方法，提高教学效果；还要改善教学环境，有的教室太大，周围噪声大，缺乏扩音设备；希望尽快建设好语言实验室，逐步做到外语课能在语言实验室上课。

（3）充分利用电教手段，使有经验、教学效果好的老师发挥更大作用；同时要适当调整教学计划，改革课程体系，更新教学内容。

（4）有轻视实践的倾向，表现在实践环节少，实验少。那几年实验室的建设比较薄弱，没有开设足够数量的实验，对实验课不够重视，实验能力较低，这些需要从思想上和具体问题上解决。要逐步恢复实验室的数量，增加实验室的开放时间，必须开出的实验要积极创造条件尽快开出。凡是理论性强、运算多的课程，要安排一定比例的习题课,尽可能做到多批改作业。

(5) 有些班级课堂秩序不好。有的学生不认真听讲,课堂上小声谈话,尤其是第四节课时,为了赶到食堂吃午饭不安心听课,有的还提前下课。对此,除要求认真教学外,还要求各班指导员应加强学生遵守课堂纪律和尊师爱生的品德教育;食堂要妥善安排学生吃午饭的问题。

2. 其他方面

(1) 图书馆要延长阅览和开放时间,并增添外语科技书刊、专业书刊和其他参考书籍。

(2) 应恢复教员休息室和答疑室。

(3) 要尽快健全各项教学管理规章制度,对教学好,任务重的老师应给予奖励。

院长办公会议专门听取了检查汇报,针对检查中提出的问题,责成各有关部门研究解决。

(五) 开始实行学年学分制

1980年12月22日上午,王锡祥副院长主持召开了院长办公会,会议的中心内容是讨论从81级学生开始实行学年学分制的有关问题。与会者一致认为,实行学年学分制是改革现行教学制度,贯彻因材施教,解决对学生"抱着走"、"一刀切"的一项重大措施,势在必行。它对开发智力资源,为"四化"多出人才,早出人才具有深远的意义。所以,会议决定从81级学生开始实行学年学分制。

学年学分制是以学分作为衡量学生学习分量的单位,根据学生在校期间所修各课程的轻重分量规定相应的学分。计算学分的方法很多,一种简便的办法就是按教学计划中规定的每门课的周学时数作为该课的学分数。如第一学期高等数学周学时为6课时,修完并考试及格即取得6个学分,其他环节如实验、实习、毕业设计则相应折合若干学分。一个学生累积修满规定的学分(按上述办法大约需修满160学分左右)准予毕业。

学生在校期间所修课程分两大类:一类是必修课,其中又分院定和系定两类。某一门必修课也可以开出内容、要求、进度不同的二挡或三挡;另一类是选修课,其中又分指定选修课和任意选修课两种。为了指导学生学习,实行导师制,每15~30名学生指定一名导师,由导师根据每个学生的基础、天赋和志趣指导其选修相关的课程。

通过讨论,与会者认为实行学年学分制的主要好处在于:

(1) 便于因材施教,避免"一刀切",有利于提高教学质量。承认学生之间学习上有差别,允许在一定范围内,在教师指导下,根据各个学生的基础、志趣和特长,选修不同的课程,使学习优秀的学生,可以多学一些,有可能缩短学习期限,早出人才;使学习有困难的学生,可以少选一些,以减轻负担。这样,分别不同情况,做到合理的严格要求,有利于提高教学质量,有利于人才的成长。

(2) 有利于教师提高。由于开课门数大增,每个教师都可以有机会开出更多的课或开新的选课，各显其能，大有用武之地，充分发挥各自的优势，在教学实践中，就会促使教师水平得到更快的提高，更好地发挥教师的作用。

（3）有利于教学和科研紧密结合。新的科研成果可以较快地反映到教学中去，或者及时开出相应的选修课，既使科研成果得到应用，又充实了教学内容。

（4）有利于密切师生关系。由于每个导师都担负着指导学生选课的任务，就迫使每位导师必须对所指导的每个学生的学习成绩、学习态度、学习方法以及政治思想等方面情况都必须有基本的了解，并给予必要的指导，促使教师在教学过程中既教书又育人。

会议还着重就实行学年学分制必须解决的问题进行了讨论，如思想政治工作、教学管理工作、总务后勤工作都会因实行学年学分制而带来许多亟待解决的问题，可能还会遇到许多困难。

当时，学年学分制对全院教职工来说都是一个新课题，必须予以重视。因此，为确保能从 81 级开始实行学年学分制，院长办公会要求各级领导和有关部门，必须本着"思想要积极，条件要创造，步子要稳妥"的精神，抓紧做好实行学年学分制的各项准备工作。

经过一段时间的酝酿，为贯彻因材施教原则，提高教学质量，加速培养社会主义现代化的建设人才，学院决定从 81 级开始试行学年学分制。根据实施学年学分制的要求，及时组织制定了电信工程、计算机与通信、无线电工程、邮电机械工程、邮电管理工程及应用物理等专业的教学计划和《北京邮电学院学分制暂行规定》《北京邮电学院实行学分制班级的学生有关学籍管理成绩考核选免课暂行补充规定》，并经 1981 年 5 月 8 日院长办公会议讨论通过，印发执行。

这一期间我校试行的学年学分制，是一种既规定了修业年限又以学分为计算学生学习分量单位的教学管理制度，它是在吸取了学年制和学分制二者优点的基础上，结合我国当时的国情制定出来的。它有两个特点：一是继承了学年制的计划性，在教学计划中把公共课、基础课和专业基础课列为必修课；二是体现了学分制的灵活性，在教学计划中安排了选修课，这是一种计划性和灵活性相结合，以计划性为主的教学管理制度。这种教学管理制度有利于学生德智体全面发展有利于学生形成合理的知识结构，保证了知识结构的系统性和完整性；既有宽厚扎实的基础，又能掌握某一专业的知识和技能。在教学计划上有较大的弹性，一般规定，必修课（它包括政治理论课、体育课、外语课和基础课）占总学分的 70%，从而保证培养学生的基本规格，体现计划管理的统一性要求；指定选修课约占总学分的 20%，主要是一些专业知识和专业技能的课程，对学生进行某一专业的定向培养；任选课，约占总学分的 10%，旨在照顾兴趣，扩大专业知识面和加深专业基础知识，对学有余力的学生，在他们提前修完规定的总学分后，允许提前毕业或报考研究生，或攻读第二学位；有的则动员学生多选一些课程，着眼于加深知识或扩大知识面而不在于提早毕业。对于学习基础差或身体不好的学生，允许利用延长学习年限的办法学完规定的总学分。为了防止学生在学习上只求量不求质,学校还采取加权计算学分的办法,保证教学的质量。

(六)对 77 级学生教育质量进行调研

我院 77 级本科生是在粉碎"四人帮",恢复高校统一招生制度后录取的第一届大学生。他们于 1978 年 3 月入学,经过在校四年的学习和培养,1982 年 1 月毕业。四年的教学工作基本经过了一个周期,总结这一段教学经验,对进一步提高教学质量十分必要。为此,1981 年在院党委的领导下,学校对 77 级本科生的教育质量作了认真调查研究,通过点面结合、抽样调查、统计分析,并将所得的材料加以综合整理。经过调研分析认为,77 级学生在政治思想和业务能力上都获得较大的提高,毕业生的质量是好的,基本上达到了原定培养目标的要求。

1. 德育方面

77 级本科生入学时共有 671 人,来自 27 个省、市、自治区,其中党员 86 人,团员 524 人,党团员占总人数的 78.09%。几年来,由于坚持把四项基本原则和十一届三中全会以来党的路线方针政策的教育,作为思想政治工作的中心内容。所以 77 级学生的思想政治素质比较好。他们热爱社会主义祖国,向往"四化",政治上要求进步,关心国家大事,有一定是非分辨能力,当社会上出现资产阶级自由化思潮时,除个别学生外,绝大多数学生政治观点明确、立场坚定,与党中央在政治上保持一致。几年来,共评出"三好"学生 56 名,北京市新长征突击手、三好学生共 18 名,"学雷锋创三好"积极分子 63 名,优秀学生干部 16 名,入党 13 名。

77 级学生在校期间,一般都能积极参加各项政治活动,组织纪律性较强,政治与业务的关系处理较好,"学雷锋创三好""五讲四美"活动比其他年级搞得好。在对待毕业分配的态度上,这届学生能摆正个人与国家需要的关系,这一届毕业生 668 人,除考上研究生和出国学习的学生以外,全部按照国家计划的要求,服从组织分配,奔赴祖国最需要的地方。

2. 智育方面

77 级学生入学以后,学院大力加强基础理论教育,在教学计划中明确要求学生以"基础扎实,知识面宽,适应性强"作为目标。本科学制四年,基础课和技术基础课的课时和内容比过去增加了,并采取有效措施,加强了基础理论的教学,包括讲课及其他环节,这对学生智力和能力的培养起了重要促进作用。以电信类两个专业为例,77 级载波通信专业四年制,上课总时数为 2579 学时,其中基础课和技术基础课 1438 学时,占总学时数的 55.76%,增加了 1.68%;无线电技术专业四年制上课总时数 2626 学时,其中基础课和技术基础课 1474 学时,占总学时的 56.13%,增加了 2.18%。

学生的数理基础比过去加强了。60 年代这两个五年制的专业"高等数学"课讲课不过 376 学时,而 77 级四年制除"高等数学"(数学分析)外,还增加了"工程数学",讲课总时数达 500 学时,主要是加强了"线性代数""复变函数""数理方程与特殊函数""概率论"等,这些课程对学生逻辑思维能力培养有积极作用。77 级"物理"课与 60 年代讲课时数差不多,但内容增加了"相对论"和"激光"等。此外"电路分析基础"在60年代是"电路基础"和"无线电基础"课,从新教材体系和内容上作了较大更新,虽然删去了"三相电路"等内容,精简了"谐振电路""影像参数滤波器"及"分布参数电路"等陈旧的内容,磁路知识有削弱,但增添了系统的"时域分析""复频域分析""状态变量分析"及"离散系统"等,对基本理论及基本分析方法在广度、深度上都有加强。"电子线路"实际上是60年代"电子器件与放大"和"接收和发送设备"等课程,它将围绕设备为主要内容的课程改变为技术基础课,把原来电子管线路分析改为晶体管与场效应管电路分析为主要内容,过去这些课程主要是针对通信与广播而设置,内容陈旧、知识面过窄。改变后从加强基础理论和广泛应用的角度,增加了原理性及分析方法的讨论,削减了繁琐的工程计算。"脉冲与数字电路"课在60年代是"脉冲技术"课,没有数字电路的内容,由于后来数字电路迅速发展,它的应用日益广泛,数字电路已成为无线电技术。必须具备的技术基础知识,将有关脉冲技术内容和时数适量压缩,保留基础理论较强。实用较多的内容。此外,77级各专业开设了"电子计算机原理"和"算法语言"课,学生还有机会上机训练,这是"文化大革命"前所没有的。

  由于全校教师的努力,学校在基础理论的深度和广度上、教学内容的更新上得到了不断的充实和改进。全院六个专业128门必修课程,除22门基础课和部分专业基础课采用统编的教材外,其余100余门专业课和专业基础课,都是使用自编教材。从1980年以来,还开出近100门加选课,这是60年代无法相比的。通过四年的学习,绝大多数学生基本上学会了本专业必须的运算、实验、绘图、操作等基本技能。

  77级学生毕业设计题目有484项(大的项目由几位同学共同担任,但每人做其中一个独立部分),除校外单位协助指导83项外,其余401项毕业设计由院内130名教师指导。学普遍反映收获较大。教师对这届同学的毕业设计普遍较为满意,认为多数同学善于思考、有钻研精神、能运用所学理论知识,具有一定的独立解决实际问题的能力。如无线电工程系有5位同学在上海邮电第一研究所担任70兆赫群时延均衡器试制设计,做出的样品都符合产品要求。在506厂搞微波同步解调设计的同学,对该厂原设计的电路作了改进,放大器进行简化,滤波器重做,使眼图的分辨率有所提高,受到好评。电信工程系有位同学在自动化研究所工程师的指导下,能够独立地用运算放大器和二极管提出构成地温增音机的新设想;又如传输理论实验室的17位同学在短短6周中制作光通信实验模型14件,充实了教学实验设备等等。

  在外语水平方面,77级学生进校时,外语起点低,入学时摸底测验结果,能掌握700个单词和简单构词法的约占12%,大多数从字母开始。针对这种情况,采取了一些措施:如许多老师结合课堂教学印发专业词汇、各课外文参考资料,另外举办提高课、会话课、专业外语阅读课等指导学生阅读、翻译外文资料,加上学校外语学习条件的逐步改善,推动了学生的外语学习积极性、自觉性。77级部分同学参加研究生英语统考,成绩中等偏上。在毕业设计过程中部分学生能查阅英文文献资料,一般地说这届学生外语掌握程度比"文化大革命"前学生好。

3. 体育方面

77级本科生在校期间，都能自觉锻炼身体，健康状况较好，因病休退学4人。学生对体育课比较重视，体育成绩全部及格。

学校重点抽查了电信工程系77级两班93人，其中达到国家体育锻炼标准的占40%，体重增加的占35.5%，体重不增不减的占30%，体重减少的占34.5%，配眼镜的占34.4%，只有少部分同学体质有所下降。因体育场地被基建占用等多种原因，曾一度开展课余群体活动不够。

总之，这次对77级本科生德、智、体状况的调查表明，我院77级本科生内有1/3的质量较好，少数学生成绩优异，其他一般。从77级本科生教学工作看，教学的弱点是课程内容和门数多，教学法单一，实验薄弱，上机和外语训练不够。因此，应根据历史经验和教学实践，进一步完善教学计划。认真研究合理的课程设置，研究各门课的教学内容和大纲，适当减少必修课，加选修课，尤其是三、四年级的周学时相对要少些；基础课和专业基础课的内容要精选，以利于学生有更多时间自学。在各个教学环节配合上，提倡精讲多练，切实加强实验、实习、设计等实践环节，创造条件做到实验室向学生开放。在外语训练方面，要求备专业每学年至少有一门技术业务课，继续采用外语教材，使学生获得阅读外文专业书刊的锻炼。

对77级教育质量的调研分析，是自党的十一届三中全会以来，对我院教学工作的一次全面自我检查，也为今后改进教学工作提供了依据。

四 科研工作逐步恢复

（一）派代表出席全国科学大会

1978年3月，党中央在北京召开了全国科学大会，这是粉碎"四人帮"后第一次大规模的科学盛会，是一次全党、全军、全国人民向科学进军总动员的大会。我院蔡长年教授、周炯槃教授、吴伟陵老师作为代表受院党委和全院师生员工的委托出席了大会。邓小平同志在大会讲话中指出："当代社会生产力的巨大发展主要靠科学技术，我国实现四个现代化关键是科学技术现代化"，"科学技术人才的培养，基础在教育"，从而把教育提到了实现四个现代化的重要战略地位。大会表彰了先进集体和先进个人。我院有21项优秀成果、1个先进集体（"散射通信系统研究"107科研组）和1位先进工作者（蔡长年）受到大会表彰。获1978年全国科学大会奖的21项科研项目是：①接点薄膜润滑剂（机电专业）；②多点参数显示仪（无线电技术专业）；③分离多径散射信道终端机（微波专业）；④回波调制4800比特秒数传机（数传专业）；⑤100兆赫脉冲与伪随机码两用信号发生器（实验工厂）；⑥2000兆赫微带微波机（微波专业）；⑦综合电抗二端对网络一般性理论（微波专业）；⑧CDP-1彩色影片电视配光机（无线电技术专业与人合作完成);⑨微波中继站自动控制系统(微波专业与人合作完成);⑩报纸自动分发机(机电专业和实验工厂与人合作完成);⑪信函分类机(机电专业和实验工厂与人合作完成);⑫QD3型数字电平表(实验工厂);⑬可视电话系统(载波专业);⑭超群以下标准化、系列化、通用化新型载波通信设备(载波专业和数传专业与人合作完成);⑮增量调制通信技术研究(数传专业与人合作完成);⑯4 800比特/秒数传机(数传专业与人合作完成);⑰有线600线秒数传机(701研究室)(数传专业与人合作完成);⑱无线600比特/秒数传机(701研究室)(数传专业与人合作完成);⑲24 GHZ准毫米波空间通信设备(北京邮电学院与人合作完成);⑳4 000兆赫960路微波通信系统(Ⅱ型机)(微波专业与人合作完成);㉑绕接工艺(实验工厂与人合作完成)。

以上②～⑩的9个项目曾列为1977年北京市科技重要成果,受到北京市表扬。

(二) 成立北京邮电学院科学研究所

我院根据全国科学大会和全国教育工作会议精神,经邮电部批准于1979年8月建立北京邮电学院科学研究所(以下简称科研所)。

高等学校是科学研究的一个重要方面军,既要出人才,又要出成果,既是教育中心,又是科研中心。从这个基本任务出发,为加速培养科技人才,更新教学内容,早出成果,学校应当积极开展科学研究,承担国家的科研任务和协作任务,促进邮电事业的发展,为实现四个现代化作出贡献。当时曾明确,由科研所主持和归口全院的科研任务,推广科研成果,组织学术交流活动,指导研究生工作,担任部分本科相关课程,编辑学报,管理科研情报和资料。

科研所是在院长领导下,实行所长负责制。研究所建立党总支负责研究所直属人员的政治思想工作。研究所实行直属研究室和兼管研究室两种体制,对系属研究室进行业务归口双重领导。专职科研队伍逐步达到教师总人数的25%。至1980年专职科研教师为260人(包括实验人员),直接从事科研的工人为90人;研究所机关人员28人,总编制378人。科研所直属研究室设有信息研究室、激光研究室、器件研究室、计算机研究室、情报研究室等5个。

建立科研所后,科研队伍得到了充实,经过各方面的努力取得一定成绩。建所几年来,共完成42个科研项目,其中20多项受到国家和北京市的奖励。有148篇学术论文在各种会议和学术刊物上发表。

(三) 重建院学术委员会

由于林彪、"四人帮"的干扰破坏,我院学术委员会一度停止活动十多年。根据当时学院教学和科研发展的实际情况,为了加强学术领导,发扬学术民主,有必要重新建立院学术委员会。同时结合国家形势,为了实现社会主义建设现代化的需要,进一步把我院办成既是教育中心,又是科研中心,努力提高教学和科研水平,活跃学术空气,于1979年9月10日我院重新成立了学术委员会,为考虑历史连续性,称为学院第二届学术委员会，同时召开了二届一次全体委员会。孟贵民院长出席了会议，会议由副院长、学术委员会主任叶培大教授主持。

学术委员会是在学院党政领导下的一个咨询和评议性的学术机构，在院长领导下开展活动。本届学术委员会由 61 人组成，由副院长叶培大教授任主任，副院长蔡长年教授、副院长王锡祥、周炯槃教授、陈德昭副教授、胡健栋副教授、王蕴玮副教授任副主任，副院长李根达任秘书长。

学术委员会下设 3 个专门工作组：①教学工作组，设委员 25 人，召集人胡健栋、朱平洋、唐人亨。②科研工作组，设委员 22 人，召集人周炯槃、陈德昭、徐大雄、高攸纲。③实验室工作组设委员 14 人，召集人陈德昭、汪雍、李国瑞。

各工作组负责对有关学院的发展规划、专业设置、教学计划、科研规划、提升教师职称、师资培养、学报、实验室建设规划等工作进行研究讨论提出意见，经院长同意后，由各有关职能单位组织实施，贯彻执行。针对学院教学、科研的实际需要，还按学科性质组成 7 个专业组，负责对院内有关某学科的专题进行咨询和研讨，并开展经常性的学术活动。

7 个专业组是：

微波光波组（召集人陈德昭、吴彝尊）。

通信理论组（召集人蔡长年、周炯槃）。

电路与系统组（召集人王德隽、全子一）。

邮电机械组（召集人高国安、王静宇）。

电子计算机组（召集人文瑜、沈树雍）。

邮电管理组（召集人王云枫、王文武）。

基础学科组（召集人杨诚明、蔡宗蔚）。

重建学术委员会后，组织开展了不少活动。有的教师积极参加了中国电子学会和中国通信学会组织。校内的学术交流活动逐步开展起来，1981 年 11 月 2 日至 20 日院学术委员会组织七个学术委员分会进行学术报告会，在会上交流了 83 篇论文。其中：一系 17 篇；二系 18 篇；三系 6 篇；基础部 18 篇；科研所、计算中心 12 篇；应用物理专业 6 篇；工程管理专业 5 篇；国际专业 1 篇。另有电教和马列主义教研室电视录像片 5 部和论文 1 篇。举行学术报告 15 场次，报告会的内容大体分为：①教学研究、科研成果总结；②科学方案探讨；③新学科方向综述；④应用技术；⑤技术管理。外单位参加的有北京工业学院、北京师范大学、北京航空学院、长春邮电学院、黑龙江大学、邮电部五所、714 厂、桂林激光通信研究所、一机部自动化所、大连海运学院、铁道部电化工程局、廊坊师专等 12 个单位。

这次学术交流活动的主要收获是：①交流了院学术动向；②总结了教学、科研、实验成果；③显示了研究生及新生科研力量的崛起；④引进了新学科；⑤阐述了科研、教学同时并举的重要性。通过学术报告会的活动，促进了我院科研和教学工作。

五 建立学位制度和恢复研究生招生

(一) 建立学位制度

为了促进我国科学专门人才的成长,促进各门学科学术水平的提高和教育科学事业的发展,以适应社会主义现代化建设的需要。1980年2月12日,第五届全国人民代表大会常务委员会第十三次会议通过了"中华人民共和国学位条例",并从1981年1月1日起施行。我院于1981年11月3日经国务院学位委员会第三次会议批准为我国首批博士、硕士学位授予单位之一。当时批准我院的博士专业点有两个:即工学门类"电子学与通信"学科的通信与电子系统、电磁场与微波技术两专业;硕士专业点有六个:即理学门类"数学"学科的应用数学专业;工学门类"机械工程"学科的机械制造专业,"电子学与通信"学科的通信与电子系统、信号电路与系统、电磁场与微波技术、半导体物理与器件专业。同年国务院学位委员会首批批准叶培大、蔡长年、周炯槃3位教授在电磁场与微波技术、通信与电子系统两个专业招收博士研究生,成为我校第一批博士生导师。

此后,我院根据国家颁发学位条例的规定,制定了我院《学位授予工作细则》(试行),明确了学位评定委员会的组织成员及其重要职责,明确学位申请人资格审查,及授予硕士、博士学位的条件等。同时还制定了我院《研究生培养方案》《研究生课程学习考核及管理暂行办法》《研究生课程选修试行办法》《研究生参加教学实践的暂行规定》《招收攻读博士学位研究生办法》《在职人员学位授予工作细则》(试行)及《关于接受非学位授予单位申请学位试行办法》等,使各类、各层次研究生教学按照一定规章程序进行教学,保证了教学质量。

(二) 恢复研究生招生

"文化大革命"十年中,由于林彪、"四人帮"的干扰破坏,我院研究生没有招生,直至1978年恢复招收研究生,当年招收研究生16名;继而从1981年起正式对毕业研究生授予学位。根据中华人民共和国学位条例规定,通过学位的课程考试和论文答辩,成绩合格并在本门学科上掌握坚实的基础理论和系统的专门知识;具有从事科学研究工作或独立担负专门技术工作的能力,授予相应的研究生学位。当年我院授予工学硕士13名。

1986年1月周炯槃教授指导的博士生雷振明同学以出色的学习成绩顺利地通过了博士学位论文答辩,成为我校培养的第一位博士学位毕业研究生。截至1994年年底,我校已累计授予博士学位62人,硕士学位1 104人。

六　落实党的政策，调动各方面积极性

（一）纠正冤假错案，落实党的政策

粉碎"四人帮"3年来，我院实事求是地逐年平反了林彪、"四人帮"所制造的大量冤假错案，对立案的388人逐个进行了复查，分别作了甄别并改正结论，落实了政策；对其中被迫害致死的魏宝瑜等9位同志，进行了平反昭雪，恢复了名誉，并作了善后处理。"文化大革命"前遗留下来的历史问题，学院也根据中共中央。[1978] 55号文件的有关精神，认真地进行了复查。在1957年"反右斗争"中，被错划为右派分子的有102名同志，已全部作了改正，并对他们的工作、生活作了适当安排。对在"反右派""反右倾"和"文化大革命"过程中受过错误处分的31名党员，279名团员都作了纠正；对受过错误批判和处分的174名学生也作了甄别。至1980年，平反冤、假、错案和落实政策的工作已基本结束。

（二）贯彻落实党的知识分子政策

经过对"四人帮"所炮制的"两个估计"的批判及党的知识分子政策的教育，推翻了强加在知识分子身上的一切诬蔑不实之词，明确了知识分子是工人阶级的一部分，是办好学校的主要依靠力量，我院教职工中广大知识分子同教育界的同仁一样心情舒畅。学院对于学术造诣较深的老专家、教授配备了助手，使其更好发挥特长。同时，对于中年知识分子，也按其专业进行了工作调整。几年中学院从专业水平比较高、事业心比较强、又有一定经验的老中年教师中选拔了33人担任院系两级领导工作，选拔了61人担任教研室的领导工作。还根据国务院、教育部和邮电部关于确定和晋升教师、实验技术人员职称的规定，进行了专业技术职务评定试点工作，在试点阶段先后确定和晋升教授5人、副教授62人、讲师442人、工程师77人，随后又进行了财务人员、医务人员的职称确定和晋升工作。这些工作，进一步调动了广大知识分子的积极性。

七　召开院第七次党代会

1980年10月7日至9日，我院召开了第七次党代表大会。这次大会是在我国国民经济贯彻执行调整、改革、整顿、提高的"八字方针"取得显著成效，安定团结的政治局面进一步巩固，社会主义现代化建设稳步前进的大好形势下及我院的拨乱反正工作取得很大成效的情况下召开的。粉碎"四人帮"后，我院按照中央的路线、方针、政策，

在北京市委和邮电部的领导下,认真地进行了整顿,经过全院同志的共同努力,学校秩序基本恢复。各项政策得到落实,教职工的积极性有明显提高,工作和教学逐步走向正轨。大会的任务,就是遵循党的十一届三中全会、四中全会和五中全会的精神,总结我院几年来贯彻党的路线、方针和政策等方面的经验教训,并从"四化"发展的需要和当时实际情况出发,提出了今后的任务,动员全体党员,团结全院师生员工,同心同德,鼓足干劲,为办好学院,培养又红又专的技术人才而努力奋斗。

当时全院75个党支部,选出代表224人,除因病因事请假25人外,实际出席大会的代表共199人;非代表的处以上干部列席了会议;大会还邀请了我院全国政协委员、北京市政协委员以及民盟、民革、九三学社等民主党派和归侨小组的负责人参加大会。

孟贵民同志致开幕词,宋德仁同志代表第六届党委作了题为"同心同德,鼓足干劲,为培养更多又红又专的通信人才而奋斗"的工作报告。报告共分4部分:①形势的根本变化;②加速学院建设,造就更多又红又专的人才;③一定要加强思想政治工作;④加强党的建设,提高党的战斗力。

报告首先回顾了我院5年多来,特别是粉碎"四人帮"以后,第六届党委率领全院共产党员和师生员工在恢复、整顿工作中的情况,总结了经验,找出了存在的主要问题,分析了存在问题的主要原因,以及今后应当吸取的教训。

报告强调指出,实现我国社会主义现代化,科技是关键,教育是基础。要认真贯彻中央书记处在讨论教育问题时提出的全党全国人民都要重视教育的指示精神,力争80年代使我国的教育事业有一个大的发展,下决心抓好重点,尤其是把重点大学办好。我院是全国重点院校之一,应该不辜负党和国家的期望,遵循教育规律,加速建设的步伐,为培养更多坚持"四项基本原则"的邮电通信高级工程技术和管理人才而奋斗,努力完成党赋予的光荣而重大的任务。在80年代,我院的主要任务是提高教学质量和学术水平;到90年代,力争办成国内第一流的大学,在某些学科领域赶上世界先进水平,逐步把我院建设成为教育中心和科研中心。我们一定要集中主要精力把教学搞上去,教学是完成培养人才的关键环节。加强和改进基础教学,要使我们培养的学生适应邮电通信现代化和科学技术日新月异发展的要求,必须在基础、外语和实验教学上下功夫。在安排教学计划、配备教师力量等方面要有利于加强基础,更重要的是要加强适应现代化需要的基础课程内容;努力搞好师资队伍建设。由于林彪、"四人帮"对教师队伍的严重摧残,使广大教师的业务荒疏了,难以适应教育事业发展和现代化的需要。因此,必须按照教育部关于加强高校师资培养工作的意见,采取有效措施和多种形式,抓紧教师的进修和提高;一定要搞好科学研究,要在坚持以教学为主的同时,积极开展科研,科研项目的选择,应以现代先进科学技术水平为起点,看准现代科学技术发展趋向,解决邮电通信和现代化建设中的某些重大科学技术问题,或者选择对"四化"有发展意义的重大课题,努力完成国家和邮电部下达的科研任务;同时,要注意研究和解决生产中迫切需要解决的关键问题,广开门路,大力协作,积极和有关单位联系，签订合同，把科研和生产紧密结合起来。我们应根据已有的基础和专业特点，统一规划和布局，发挥优势，突出重点，有所创新，形成特色，力避课题分散，各自为政，重复浪费等现象。

报告还就搞好行政、后勤管理和加强思想政治工作等问题，提出了要求。

大会按照民主集中制原则，通过无记名投票选举了我院出席北京市第五次党代会的代表；选举产生了由13人组成的第七届党委会。

经过全体委员选举和中共北京市委批准：宋德仁同志为党委书记，王锡祥、戴玉琢二同志为党委副书记。

王锡祥同志兼任院党委纪律检查委员会书记。

上一届党委副书记孟贵民、徐信、赵磊三位同志因年事已高，主动要求退居二线，经上级同意未再参加新党委。

这次党代会标志着我院拨乱反正的基本结束和为"四化"建设培养更多又红又专的邮电通信人才，进入全面恢复、健康发展的新时期的开始。

八　学校各项基本建设加快进行

粉碎"四人帮"后，我院在房屋、设备和后勤服务等方面，面临"百废待兴，百乱待理"的局面。十一届三中全会之后，为使学院多出人才，快出成果，在院党委的重视和领导下，全院各部门的广大干部和职工，一面肃清林彪、"四人帮"的流毒影响，一面积极工作，努力克服困难，做了大量的挖潜、整顿、调整工作，为保障教学、科研工作的顺利进行和改善全院师生员工的生活，付出了辛勤的劳动，做出了贡献。

（一）校舍建设及维修

抓紧抓好房屋基建、维修，重点解决房屋漏雨、取暖及教学楼的维修，对全院的教学楼和实验室门窗、桌椅、讲台、黑板、灯光、上下水及顶棚、墙皮等都进行了检修、油漆粉刷一遍，使教学环境，有较大的改变。

根据北京市建字[1977]01号关于"防震抗震工作当务之急，将现有建筑物进行抗震加固"的指示，我院对原有14万平方米的建筑物分期分批地完成了抗震加固任务，其中楼房35栋（12.1万平方米），平房73栋（2万多平方米）。

根据邮电部（1976）"邮人字224号"文的精神，要求我院在"六五"期间容纳100名留学生、实习生，随后下达我院外训楼用房3 700平方米建筑任务，并于1978年开始施工。为逐步解决我院教职工住房紧张状况，从"文化大革命"后，一直抓紧宿舍的基建工作，几年来相继建成了眷15—19楼等3万余平方米的家属宿舍及生活服务网点配套用房。

(二) 教学条件和设施逐年有所改善

我院在恢复时期,学院的教学条件和设施方面,逐年有所改善。重点建设基础实验室,成立了电化教育馆,重建了教学实验电视台,除原有计算机实验室外又新建了计算中心,装有从国外引进的FELIXC-512中型电子计算机。此外全院共有25个实验室,拥有价值1700余万元的教学仪器设备近万件,其中有日本进口成套彩色摄像设备有西德等进口的WM-50载波电平测试设备,ME617和ME417A微波测试设备,以及LP-1群时延和衰耗测试仪;拥有一般常用的质量较高的多用示波器400余台,计数器200余台,14寸以上的黑白、彩色电视接收机130余台;这些较新的教学仪器设备,为训练学生的动手能力,提高教学质量和科研水平提供了良好的条件。

(三) 图书资料建设

我院图书馆至1981年已有藏书31万余册。其中,中文书42900余种,计260000册;外文书18500多种,计58000余册。另有中文期刊800余种,计9000余册和英、日、法、德、俄等外文期刊900余种,计16000余册。

(四) 实习工厂得到恢复和加强

学院实习工厂设有金工车间和仪表车间。在安排本院学生学工、实习的同时,通过机械加工和生产一些组件、仪表,以保证教学和科研任务的完成,并担负一小部分国家生产任务。

九 筹建电化教育馆

我院于1978年初成立电化教育筹备组,当时为教育部召开全国教育工作会议筹办我国首届电教展览会,借此改装了"130大教室"为大教室,并用视频闭路电视系统及小微波传递电视节目,宣传、推广使用电教手段为教学服务。展览期间参观人员来自全国各地,对电化教育的开展起了一定的推动作用。建馆初期,在"电教工作坚持为教学服务的宗旨"指导下,为本科教学、高等函授教育、成人教育、邮电岗位培训等制作了大量的音像教材及教学幻灯片和投影片。同时积极完成了政治思想教育和新闻宣传等方面的节目制作。

为了给学院推广使用现代化教学手段创造一个良好的外部环境,学校设计安装了22个电化教室,可同时供2000多同学听课。继1978年10月完成130大教室设备彩色电视化的改建工作之后,又经逐年改造,使"130大教室"逐步成为较完善的多功能电化教室。1980年3月,经院领导批准,将电化教育筹备组命名为电化教育馆,至1987年10月正式改名为电化教育中心。

十 筹建北京、平谷、福州分院

（一）北京邮电学院北京分院

北京的大学分院（校）创办于 1978 年底。当时正是恢复高校招生考试制度的第二年，在十年动乱中被耽误了读书机会的大批青年人，踊跃报名参加考试，加上应届高中毕业生，北京地区报名人数达到 9.4 万人。但当年北京市的录取计划只有 1.1 万人。在这种情况下，为了给社会主义建设事业多培养一些人才，并满足广大青年求学的强烈要求，北京市委、市人民政府决定，挖掘地方财力、物力，自筹资金，充分利用和发挥北京地区高等学校、科研部门的潜力，建立大学分校，扩大招生规模。根据北京市委的要求，我院于 1978 年 11 月创办了分院，负责分院的教学工作、配备分院教学领导干部和教务处、团委主要负责人。分院初建时设立通信和无线电两个专业。第一届招生 825 人，共设 10 个教学班。我院负责 10 个教学班的基础课的教学任务。此后，我院先后派出王立江、朱平洋、孙文平、王文、赵宗英等 5 位同志出任分院的领导工作，并输送了两个专业的教学骨干教师担任系的主要负责人。为北京市办好分院做出了重要贡献。直到 1985 年 3 月北京市对大学分校做重大调整，将各大学分校（院）组建成北京联合大学。北京邮电学院分院改为北京联合大学电子工程学院。

（二）北京邮电学院平谷分院

我院平谷分院的建立是根据 1984 年北京市委在平谷县建立北京邮电学院平谷分院的决定及市人民政府 1984 年 97 号文件的精神进行筹建的。我院与平谷县政府联合办学，平谷县派专人负责行政、后勤及学生管理工作，我院负责全部的教学工作，包括教学计划和各课教学大纲的制订，派教师组织教学及学生的学籍管理等。从 1984 年开始招收大学专科学生，学制为三年，设有电子技术、计算机应用两个专业。为了解决郊区中学师资缺乏的困难，还招收过两届物理师资班。根据 1987 年北京市政府 22 号文件精神，决定将北京市各郊区分校领导关系理顺，归口市高教局领导，并得到国家教委的批准，将平谷分院改为北京邮电学院大专部。学制改为二年，专业不变；直至 1991 年北京市政府决定该校停办。平谷分院前后招生共五届，毕业学生 429 人，分配在北京市各郊区县工作，为各区县培养了一批专业人才。

（三）北京邮电学院福州分院

为了加快福建省邮电技术和管理人才的培养，促进福建邮电教育事业的发展，1985 年 1 月福建省邮电管理局与我院协商在福州联合开办北京邮电学院福州分院。1985 年 2 月，经福建省人民政府以闽政（1985）综 128 号文批复同意。同年 3 月 28 日福建省邮电管理局林金泉局长和我院胡健栋院长在北京。正式签订协议书,夏季首次向社会统一招生,9月16日举行北京邮电学院福州分院成立大会暨第一届开学典礼。

分院院长原为林金泉局长兼任,后因林金泉局长调任邮电部副部长,改由福建省邮电管理局局长上官启文兼任,副院长由我院黎荣龙同志和福建省邮电学校侯增贤校长兼任。学校规模为450人,设电信工程和邮电管理工程两个专业,学制分别为三年和两年半,每年面向全省择优招收高中毕业生150人,还为外省(区)招收少量委培生。教学大纲、教学计划、教材均由我院负责制订和选编;主要课程由我院派出教师任教。同时建有光纤通信、程控交换等实验机房和电工、电子电路、计算机等十多个实验室及语音室、电教室等,还建有固定的校外实习基地。教学设备齐全,从日本进口光通信机及配套的仪表、F-150和S-1240程控交换机等先进设备,100多台486、386、286微机联网运行,为学校的教学实验提供了较好的条件。

福州分院建校10年来已培养毕业生近800人,福建省的毕业生由省邮电管理局统一分配到各邮电单位工作。因为学生素质较好,受到用人单位的好评,许多毕业生已成为各单位技术和管理骨干,有的成了县邮电局的领导干部和先进模范。分院为福建省邮电事业的发展作出了贡献。

第六章 改革开放 加速发展
（1983—1988）

随着全党工作重点转移和"六五"期间的调整整顿，学校工作开始步入稳步发展和提高的阶段，教学秩序日趋稳定。我校在这一时期，加速了研究生教育的发展，进行国家重点学科和重点实验室的建设，增派出国访问、进修和留学人员，促进师资队伍的建设，初步缓解教师队伍的断层；积极推进本科教学改革，提高了本科教学质量；按照国家教委的指示，进行教学基本建设，为学校教育稳步发展打下了基础。乘科技体制改革的东风，科研工作加紧了转向为经济建设服务，与此同时，加紧学校内部的管理改革，进一步调动了教师教学的积极性，并进行改革开放，加速了学校的发展。

一 开展多种形式办学

1984年4月《中共中央关于经济体制改革的决定》指出：随着经济体制的改革，科技体制和教育体制的改革越来越成为迫切需要解决的战略性任务。1985年5月中共中央又公布了《中共中央关于教育体制改革的决定》。强调"教育必须为社会主义建设服务，社会主义建设必须依靠教育"，充分调动了广大师生员工和社会各方面的积极性，增强了学校主动适应经济建设和社会发展需要的动力和活力，使各级各类教育更好地为社会主义建设服务。从这个基点出发，学校第八次党代会上提出"力争在20世纪90年代把我校办成一所适应邮电通信现代化建设需要的，以工科为主，兼有文科、管理学科与应用理科相结合的多学科、多层次的具有中国特色社会主义的全国重点大学"这一总体奋斗目标。

随着改革开放形势的发展，特别是考虑到邮电通信事业在"四化"建设中必须超前发展"翻三番"的实际需要，和21世纪步入信息社会对邮电通信事业提出的新的挑战。我校第九次党代会进一步明确了"教育必须为社会主义建设服务"的办学方向，并按照社会需要，特别是邮电通信事业的实际需要，调整和增设了国民经济对通信方面的急需专业和部分新兴技术专业，使我校博士研究生专业点由原有2个专业增加到3个专业；硕士研究生专业点由原来6个专业增加到12个专业；本科专业从1984年的4个专业增加到9个专业（含夜大学的两个专科专业在内），使得文、管类的在校生人数占全校在校生中的比重由原来的10.3%上升到13.77%，这样形成多层次、多渠道培养人才的新格局,从而改变了我校单一培养大学工科本科生的模式。1985年7月又恢复夜大学招生,同时整顿提高高等函授教育的质量,学制由原来的4年延长为6年;并从1986年起,开始在本、专科中招收委培生和个别自费生,同年10月,组建了培训中心,扩大了高、中级师资的培训和邮电企业在职技术人员技术更新的短期培训。学院除接受教委委托举办45人的助教班,20人的研讨班,80人的进修班及10人的访问学者班外,还为邮电企业举办在职技术人员的短期培训班达到3700人/月,并相继开办了北邮平谷分院,北邮福州分院和北京军区夜大学合办大专班,这些教学点,平均每年招生约460人,为国民经济对邮电通信的需求和地方与国防培养了急用人才。

二 发展研究生教育,加强重点学科建设

我校是邮电部确定的"以发展本科教育和研究生教育为主"的院校,研究生教育获得了较快的发展,并在推进研究生教育改革方面,作了一系列的工作,取得了较好的成绩。

(一) 改革研究生招生工作

从"七五"后期开始,我国通信业务量每年以30%以上的速度递增,超过世界上任何一个国家发展的高速度。为了实现我国通信事业的大发展,需要培养大批高层次的通信人才。为此,我院在认真执行"保证质量,宁缺毋滥"的前提下,在国家教委招生政策允许的范围内,除计划内招收研究生外,还招收一定数量的委培生和自筹生。大学本科毕业后有四年以上工作经验的人员,在工作中确有成绩的优秀在职人员,可参加由我校自行命题的单独考试,从而逐年扩大了招收有实践经验的在职人员的比例。同时,经国家教委批准,我校已成为有权开展在职人员申请学位的单位之一。为了解决博士生的生源,采取每年进行两次招生的办法,并从1989年开始,按照国家教委的指示,实行50%定向招收研究生。

在招生管理工作上,从命题、考试、政审到录取,全面采用计算机管理,不仅提高工作的效率,节约开支70%,还大大增强各项工作的保密性。被北京市研究生招生办公室认为机要件可以免检,并评为市研究生招生的先进单位。

(二) 研究生培养方案的修订

为了贯彻执行党的教育方针,更好地完成国家培养研究生的任务,建立健全正常的教学秩序,根据国家教委和北京市高教局颁布的相关文件精神,从1982年开始,并经多年的修订补充,制订了《研究生培养计划方案》《研究生课程教学大纲》《研究生试行学分制办法》和《研究生培养和管理工作暂行规定》,从研究生入学、注册、选免修课程、学位考试科目、论文复审、答辩、转学和转专业、休学与复学、退学、奖励与处分、提

前毕业和延长学习年限、毕业分配、接受在职研究生委托代培研究生以及研究生在学习期间原则上不得结婚等各个方面,都作了明确的规定,使得研究生的管理有章可循。此外,为了加强对校内在职职工报考研究生的申请、选拔、审批的管理,1986年研究生部会同校内有关部门联合制定了《关于本院职工报考研究生的暂行规定》。

1987年,为了进一步提高研究生教学质量,学校又补充制定了研究生中期筛选制度,明确规定在第三学期对研究生的学习进行评选,成绩优秀的可提前攻读博士,成绩差的则提前结业分配,不授学位。经过一年实践,又补充增加在第四学期进行一次论文阶段报告,即"中期检查",以检查研究生论文进度,确保教育质量。同时还制订了论文评分标准,实行论文评分。提倡论文选题结合经济建设实际,促进了面向实际的转向工作,自此一般研究生的论文结合实际的课题已超过半数。

为造就出高质量受欢迎的高科技人才,需要不断完善研究生培养方案,使之日趋科学化、合理化。在1987年修订的方案基础上,综合几年来各方面的意见,参考兄弟院校的作法,我校从1989年起,对原方案又作了一些修订和补充。

这次修改培养方案,以课程设置为重点。为了使研究生通过课程学习,掌握坚实的基础理论和系统的专门知识,精减了一批内容陈旧和相互重复的课程,拓宽了专业面,以适应国民经济建设对高层次专门人才的需要。学位课程在相关的专业里有较宽的覆盖面,专业面过于狭窄的课程不再作为学位课设置。原方案规定研究生必须修满30学分方可参加论文答辩。后来根据国家教委1988年的通知("在培养方案中增设科学社会主义必修课2学分")。为保证研究生的专业课学习不受影响,将研究生的学位总学分改为33—36学分。

教学工作与教师工作量息息相关。为便于教师工作量的计算,同时为避免课程内容过于狭窄,新方案中规定开课条件为听课人数不得少于3人(实验课除外)。同时,为督促学生更深更扎实地掌握所需的知识,严格管理研究生学习考核工作,新方案规定硕士生的学位课考试一律采取闭卷方式,其他课程至少应有60%的以闭卷方式来进行(马列主义政治课除外)。

(三) 通信与电子系统专业接受教学质量检查评估

1985年国务院学位委员会第六次会议决定,委托学位委员会4个学科评议组,并选择政治经济学、物理化学、有机化学、通信与电子系统和化学工程五个专业组成专家组,对经过国家批准在上述五个二级学科中有权授予硕士学位的专业点学校,所授予学位的质量进行检查性的评估。我校是其中受检的单位之一。经专家实地在全国91个相关专业点上检查的结果,认为我校"通信与电子系统"专业培养研究生授予学位的质量符合条例规定的学术水平要求,课程设置结构合理、层次比较清楚,既注重扎实的基础理论、拓宽知识领域、能适应当前科技发展,又注意本学科的发展趋势和新知识、新成果,使其能够研究学科前沿的问题。在教学方法上,也注意采取措施培养研究生独立工作能力和自学能力。为此,专家组给我校"通信与电子系统"专业硕士研究生授予学位的质量评为 A 类。但专家组认为我校当时的实验条件较差,是在"用小米加步枪打现代化战争"。

(四) 探索研究生培养新模式

"六五"期间,我校为国家培养的一批研究生,主要输送到教育、科研部门,促进了这些部门的发展。而厂矿、企业、工程建设等单位高级专门人才数量不足、年龄老化的问题仍较严重。因此,为适应社会需要,在继续为教育、科研等部门输送合格人才的同时,调整了部分研究生的培养目标、知识结构和培养方式,使之面向厂矿、企业、工程建设单位,以培养工程类型工学硕士生(简称工程类型硕士生)。

从 1984 年以来,在原教育部总结全国十一所重点高校试点工作时提出"培养工程类型硕士生的建议"基础上,又经过几年在五个专业的实践和探索,初步取得一些经验。认为培养工程类型硕士生的指导思想,要适应改革开放的新形势,坚持为国民经济建设和社会发展服务的原则,促进科学技术的进步,增强我国参与国际竞争的能力;培养方式要贯彻"坚持标准、保证质量、突出特点、灵活多样"的方针,从高层次专门人才成长的规律出发,针对不同学科、不同生源和毕业后不同去向,采取不同培养方式和方法,尤其要注意培养具有较多生产实践经验的在职人员,使其经过研究生阶段的系统训练,再回到生产实践中去,为现代化建设做出更大的贡献。

为了使研究生在学习期间,能够得到更多的实际锻炼。1985—1986 年间,我校在管理工程专业的研究生中开展了到邮电企业"挂职实习"半年的试点工作。经过在河北、山东及厦门等地的"挂职实习"试点,效果良好,受到各方面的重视。

所谓"挂职实习"就是赋予研究生在实习的单位以一名实习领导职务,由上级主管部门任命,作为实习单位的一名领导成员,直接参与管理工作,且负有一定的职责。这是一种高层次实习方式。它的好处是:由于参加企业领导工作,能使研究生更好地深入实际,了解企业情况;能充分地发挥研究生具有理论知识的长处,为企业做一定的工作;同时也较好地解决了实习中的吃、住困难。这种结合研究生所学专业特点进行社会实践的办法,有利于企业与学校联合,有利于人才的培养成长。在总结"挂职实习"试点工作的基础上,管理工程专业研究生培养方案明确规定,研究生在校期间设有一个学期下基层邮电局挂职实习的培养环节,完成实习可记 6 学分,反之将不允许进行毕业论文答辩。

(五) 举办教师进修班

从 1984 年以来,原教育部批准部分全国重点高等学校试办研究生班,我校是试点单位之一。试办该班的目的,是为了尽快加强少数教学力量比较薄弱的院校中对经济和社会发展影响较大的学科专业及某些公共基础课的师资队伍建设。我校从 1984—1988 年间,除在国家批准博、硕士点完成招收研究生的任务外,还先后举办三期信息科学、电信工程、无线电工程、应用物理、数学等教师研讨班、进修班,参加人数近 200

人,为兄弟院校的师资培养,作出了应有的贡献。

(六) 重点学科建设

在重点学科的建设方面,根据国家教委、邮电部及院党代会决议的要求,在20世纪90年代我院的两个国家级重点学科要达到国内一流水平,并建成在国际上有一定影响的专业。

1. 通信与电子系统重点学科

经民主选举,选出由5人组成的重点学科组,成员有周炯槃、陈德昭、陈俊亮、倪维桢、乐光新、刘诚。周炯槃任组长,陈俊亮任副组长。在该学科组制订的发展规划中,当时确定的主要研究方向有:①通信网的研究;②通信理论和信息科学;③信号和信息处理;④程控交换技术。

2. 电磁场与微波技术重点学科

经民主选举,选出7人组成的重点学科组,成员有叶培大、李国瑞、高攸纲、吴彝尊、徐大雄、连汉雄、黎荣龙。叶培大任组长。该学科制订的发展规划中规定,以光通信和光波技术为主,兼顾光信息处理,微波与环境电磁学。当时确定的主要发展方向有两个:一个是相干光通信及高速率光纤通信系统,相应带动波分复用技术、单频可调半导体激光器、光放大器、光滤波器等;另一个方面是光交换机与光计算机,带动光开关技术、光双稳态、光感非门等。

三 选派教师出国进修,促进师资队伍建设

建设一支高质量、高水平的师资队伍是学校一项具有战略意义的任务。20世纪80年代初我校教师总人数为784人,其中:教授15人,占6.14%;副教授122人,占29.37%;讲师417人,占36.29%;助教和教员230人,占28.2%。各类教师平均年龄为44.03岁,其中:教授为63.15岁,副教授为57.14岁,讲师为44.95岁;而45岁以上的教师却占总人数的57.1%,30—45岁以下的青年教师仅占教师总人数的20.8%。教师队伍年龄结构不合理,形成中年教师断层,难以形成合理的学术梯队,与全国重点高校的地位不相适应;同时教师的学历层次低,研究生毕业学历的教师只占14.9%;而且"近亲繁殖"现象严重,本校毕业生留校的占95%以上。经几年的努力,以上问题在不同程度上有所缓和。到1984年,教师的平均年龄下降了两岁,其中副教授的平均年龄下降了2.7岁;教师的高职比例已由原来35.51%增至40.1%,教师中研究生所占比例已达27.1%,比原来上升12.2%;从1985年以后新调入的教师中外校毕业占35.2%;几年中先后评定教授58人,副教授207人,讲师158人(其中包含函授、退评及政工系列),使多数教师职、责相符,劳酬结合,教师队伍的结构逐渐向合理方向发展。

为提高我校中青年教师的素质,学校加强派遣中青年教师出国访问、进修或留学,

加速促进教师队伍的建设。从 1978 年以来,先后选派(含国家公派和单位公派)173人次教师出国访问、进修或留学,同时注意发挥回国教师的作用。1988 年他们中有 28人担任院、系、处的领导工作,在全校 18 个系(部)和主要职能处室的中层干部中,回国的教师占 76.5%;有 60 名提升为副教授或教授。在博士导师中回国教师占 53%;有突出贡献的中青年专家中,回国教师占 91.7%。根据 1987 年底对 40 名回国教师的跟踪调查,他们为本科生开出新课 30 门,为研究生开出新课 31 门,指导研究生 126人,参加了 94 个科研项目,发表论文 120 多篇。为稳定教师队伍,提高中青年教师的待遇,1988 年我校设立中青年教师奖励基金,各种资助科研专款,特殊津贴等。对学有所成、贡献突出的中青年教师进行补贴、奖励,破格提职提薪,并多方筹集资金,建造"青年教师公寓",努力解决中青年教师住房问题。

四 积极推进本科教学改革

为了贯彻《中共中央关于教育体制改革的决定》精神,我校积极进行包括学分制在内的各项教学改革。学校第八次党代会作出"全面实行学分制"的决定,并提出以全面实行学分制作为突破口,推动学校的教学改革,创造良好教学秩序的新局面。

(一) 全面实行学分制,加大力度推动教学改革

1985 年上半年,学院颁发了实施"完善学分制的几点意见(草案)提纲"。"提纲"的主要内容包括:

(1) 指导思想:根据国家经济体制改革的要求,科技和经济发展的需求,贯彻"三个面向"的原则,完善后的学分制,要有利于发挥学生各自的特长,有利于他们根据自己的素质去灵活组合他们的知识结构,最大限度地调动学生学习的主动性、积极性。

(2) 制订弹性的教学计划,模块化的知识结构,柔性要求的课程设置,体现重视能力培养的实践教学环节。本科生需要学习的课程,第一块公共基础课、技术基础课和专业课,约占总学时的 70%;第二块是形成一定专业方向的知识 1 块,约占总学时的 10%,第三块是近代科学技术知识模块占 10%。第四块是人文化、社会科学知识模块占 5%;第五块是经济、管理科学知识模块也占 5%。课程设置要体现"工科、理科""多学时、少学时""本专业、外专业"等柔性化的要求。

(3) 扩大选课的范围和自由度。选修课要列出"规范"进行整理,严格分清"研究生"与"本科生"的层次。教学计划要安排最低限度的必修课,最大限度地增加选修课的比例,允许学生跨系、跨年级选课(包括本科生选研究生的课)。

(4) 削减学时,搞活教学。四年制教学计划总的学时数,应控制在 2400 学时以内,总学分为 160 学分,每学期安排 20 学分左右。各类课程的课内学时原则上按原有学时削减 10%,同时,各课要努力以"柔性化课程的要求",实施"分级教学"。

(5) 实行自由听课,逐步放开。一、二年级学生实行班主任制,不开放"自由听课",按课程和学生实际情况,"分级教学";三、四年级学生实行导师制,基本上实行自由听课,逐步逐级放开。学生只要按时交作业,参加实验、课程和毕业设计等实践环节,参加规定的考试,取得该课程的合格成绩者,可以给学分。

(6) 全天三单元排课。

(7) 鼓励教师多开课,开新课,包括开有一定重复率的不同层次的课。

(8) 将传授知识为主转向以培养能力为主。

(9) 既要选优,又要淘劣。

(10) 实行"学分绩点制"。

(11) 毕业分配改"同步"为"异步"。允许学生读满学分即毕业。提前毕业,提前分配;对在规定期内未修满学分,需要延期修读,一般允许延长一年,超过允许期限者,一律以结业处理。

(二) 实行学分制教学管理制度

学分制是一种从集体教育管理向个别教育管理过渡的教育制度,这种制度承认学生的差异及发展的不平衡,打破了以往高等工程教育培养单一死板的模式,有利于人才特别是优秀人才的成长。

学分制的弹性原则和管理上的灵活性,增加了学生学习的自由度,能较好地鼓励学生的进取心。从1985年开始外语实行分级教学,86级新生经入学分级考试以后直接进入二、三级的学生有291人,占新生总人数的48.2%;学生在学习英语过程中允许跳级,86级学生跳级的共198人,约占86级学生总数的四分之一。以后各级也仍保持在这个水平之上。

学分制将开出的课程分为必修课、指选课和任选课,便于调整、更新,增加了教学计划的适应性和灵活性,给了学生更合理的知识结构。

实行学分制以后,由于三类课程的性质和任务比较明确,又采用了单元排课方法,加之电路中心实验室和计算中心的全天开放,约三分之一的实验,四分之一的上机操作能够安排在上午进行,解决了学生多、实验室及计算机少的矛盾,保证了学生计划上机时间,基本上实现了计算机不断线的要求。

由于选修课的设置及选课比例的加大,使教师的科研成果能及时反映到教学领域中来。如在光通信方面,就先后开出了光通信系统、光波导传输理论、光缆工程及光纤测量原理等许多门新课程。1988年我校开出的各类课程已达600多种。相当多的教师能讲1至2门课程,少数教师在3门以上。教师有了广阔的用武之地,促进了教师业务水平的提高。

为了推行学分制的教学计划,我校制订了配套的教学管理制度。如导师制、选修免修制、双学位制以及学分制的学籍管理制度等。在制订管理办法中,注意处理"放活"与"管严"的关系,争取做到"管而不死,活而不乱"。随后,学校根据国家教委的有关规定,引入竞争机制,实行选优汰劣,采取"一门进,五门出"的措施,即学生从全国统一招生录取(即一门进),入学后根据学生的学习及品德发展情况,有五种不同的出路(即五门出):升为研究生、提前毕业或获得双学位、本科毕业、转入大专、退学等。凡补考超过五门次的学生,不授予学士学位。1986—1988 级共有 661 名被评为优秀生、优异生,186 人推荐为免试研究生,获双学位有 31 人,有 4 人提前一年毕业。与此同时,严格学籍管理,因未能获得规定学分有 37 人编入下一年级学习或退学。在考试管理上,注意抓好命题、考试、阅卷 3 个环节。考试纪律总的较好,但个别作弊的现象仍时有发生,同期共处理作弊学生 45 人,其中 1 人勒令退学,2 人留校察看,凡受记过以上处分者都不授予学位。

(三) 努力提高学生的外语和计算机能力

外语和计算机能力对于我校绝大多数专业都十分重要,计算机广泛应用于科学与生产的各个领域,使加强外语和计算机能力的培养具有特殊的意义。学校在这方面给予了足够的重视。

英语积极进行了"分级、分科"教学的试验:①这项改革起步于 1983 年学校组建外语教学部,决定采用国外引进的教材。同时,要求教师基本上用英语组织课堂教学;对于入学水平较高的学生,一开始就让外籍教师上泛读课、听力课,这不仅加强了学生的语感,而且有利于他们了解英语国家的习俗和文化背景。②大幅度增加教学内容,把教材的单轨制改为多轨制,即分级分科教学。阅读使用精读、泛读和快读三套教材,再加上听力材料,教学内容成倍地增长,难度也加强。不同课型的课程对学生提出不同的要求,教师在教学中坚持大运动量,使学生处于满负荷运行状态,开始有的学生感到负担过重,不久,也就逐渐适应,而成绩提高了。③学院还加强了英语第二课堂,提高学生应用英语的能力。从 85 级到 88 级,四届学生参加全国四级英语统考,通过率依次为 60%、74.2%、61.5%、80.6%,优秀率 3%、10%,始终保持在全国重点院校的上游水平。同时,学校一直保持外教、外专队伍,增加外语智力投资,改善外语的实践教学。在日、俄、法等语种开出了第二外国语的课程。

在培养学生的计算机能力方面,坚持计算机不断线。从一年级起,就安排学生学习计算机概论和常用语言,以后各年级都结合不同类型的课程进行计算机辅助教学,如加强新语言的使用、程序设计、使用计算机接口做实验等,使各类学生在规定的上机操作时间内达到学会、巩固、掌握以至熟练运用计算机能力的效果。学生的计算机使用能力明显提高,在市的几次竞赛和各种教学评估中,计算机教学质量都保持"上游"水平。

(四) 加强实验教学,实行"实验一条龙"

为了提高实验教学质量,充分发挥实验技术人员和仪器设备的作用,对实验室的设置做了比较大的调整。首先,将分散的电路分析、信号与系统、电子电路等课的实验室合并成立电路中心实验室,负责全校本、专科学生的实验教学工作。中心实验室成立后,独立开设了电路测量、数字电路及模拟电路的实验课,并在开放式教学、实验考试、严格要求等方面进行了试点工作,提高了学生实验的能力。其次,各系也将一些实验室合并,成立系的中心实验室,如电信系将多路通信实验室、电信网络实验室、数据传输实验室合并成立电信系中心实验室;无线系将微波实验室、电磁场实验室、无线技术实验室合并成立无线系中心实验室。此外,为了加强物理实验教学还专门成立了实验物理教研室。这些实验室在开放式教学、实验考试、因材施教、严格要求等方面都做了大量的改革,提高了实验教学的质量。1987年5月在市高教局和北京市电子学会联合举办的,清华大学、北京师范大学等五院校参加的电子线路实验竞赛中,我校学生取得了良工科院校学生毕业后,要去生产第一线工作,因而我院在教学过程中重视对学生实践能力的培养。为此,学校主要抓了毕业设计和实验一条龙的改革。

毕业设计着重抓了选题、期中检查、论文答辩三个环节。面向通信企业,真刀真枪实干,从1987级起实行部分学生进行"3.5+1+0.5"的预分配模式,让学生在三年半内学完理论课程后到预分配的企业毕业实习一年,再回校做半年毕业设计或论文。为了严格毕业设计的考核,期中由教务处与系联合组织答辩小组,对各系毕业设计较差的学生进行抽样答辩;各系也对申报"优秀"的毕业设计组织系级答辩,严把及格和优秀关。

实行"实验一条龙",改革的基本思路是,为了克服过去实验教学的附属性、分散性,改变验证理论性实验过多,培养学生独立测试技能较少的缺点,根据专业"培养目标和基本规格",使学生达到工程师的基本训练,制订出专业"实验教学标准"。按"标准"要求遵循系统工程的优化原则,贯彻全面质量管理,并实施目标管理,充分调动师生积极性,把现代实验、测试技术引进实验教学之中。同时将实验教学分为两类,按这两类不同的要求进行。一类为验证理论性的实验与理论教学紧密配合,仍由原教研室负责,以表演实验为主。另一类为学生独立操作的测试技术实验,则由相关实验室负责。按照"标准"的要求订实验教学大纲,编写实验教材,单独开课,排定实验,不但按四年分阶段进行教学,不必完全依赖理论教学的进度。每个阶段都采取开放式教学,学生按教学要求选做实验,做一个记一个,做完后进行阶段考核,合格者给予学分,方能进入下一阶段的实验。

这样安排教学,学生可以自由地、随时到实验室去独立地做实验,不但有利于培养学生的独立工作能力、提高教学质量,同时还可以解决某些仪器不足或利用率不高。以及实验室忙闲不均、工作效率不高等问题。

(五)进行体育教学改革

经过办学思想的大讨论,提高了对体育教学工作重要意义的认识,学校的体育设施更新整修,运动场地建设一新,深化体育教学改革以及开展群体活动等都有明显的进步。

1. 深化体育教学改革

随着体育设施和场地条件的改善,同时经过体育教师的努力,体育教学改革不断发展。学校适时地修订了体育教学大纲,不断充实新的教学内容。新开出课程有女子艺术体操、韵律操、男子健美课、体弱同学保健课、武术课以及气功课等。这些课程充分体现因材施教的原则,很受同学欢迎,促进了学生身体素质的提高。1984年5月我校在北京市高校第三届田径运动会上,被评为北京市1983年高校群体乙级学校。为了吸引学生的兴趣和爱好,还结合学分制的改革,开出了"体育专项"选修课。1986年,我校在85级学生中试行"改革体育评分办法",将课内、课外(业余体育锻炼)两部分成绩作为体育课的总成绩,促使学生不但要上好体育课还必须积极参加课外体育锻炼,从而增强了学生的身体健康。同年第二学期在全校推广实行新的体育评分办法。自此全校学生不仅在体育课内积极学习,而且在课余也经常自觉地参加锻炼,学校呈现一片生机盎然的新气象。1986年5月在北京市高校田径邀请赛中,我校有8名运动员在10个项目中取得了名次。

1990年10月,国家教委颁发《大学生体育合格标准》及《大学生体育合格标准实施办法》后。我校又建立健全学生身体健康档案,由任课教师从每年新生入学开始,针对学生身体素质,指导学生进行体育锻炼。9093级学生参加国家体育锻炼标准达标率依次为95.8%、97.7%和98.1%。达到了国家规定的要求。

2. 提高体育师资水平,改善教学条件

青年体育教师已占全教研室教师的57%,成为我校体育教学的主力军。为了提高体育教师的业务理论水平,更新知识,除规定每周一次集体备课外,还请同行专家来校为教师讲课。同时,根据体育教学改革的需要,曾先后派出近三分之一的教师去北京体院、北京师范大学、锦州体育学院等院校学习新的体育教学内容和方法。

体育教学条件得到了改善,购置了电化教学设备,解决了多年没有解决的体育直观教学的问题;在改善设施后的条件下,开设了两个健身房,两个艺术体操房,购置了两台十功能健身器,促进了体育教学质量的提高。

(六) 设立教学基金,支持教学改革

教学改革需要物质基础,学校在教育经费相当紧张的情况下,从学校事业经费和计划外收入拨出一部分专款设立教学基金,保证教学改革的顺利进行。教学基金主要用以支持各种教学改革的试验、教学评估、学生的各种竞赛活动以及教学方面的各项奖励。在教学、科研仪器设备投资方面,采取了"集中力量保证重点"的原则,使有限的资金发挥较大的作用。

1987年至1988年间分配给电路中心验室30余万元,物理实验室9万元,支持两个面对全校本、专科的实验室开展实验教学改革。

五 进行教学基本建设

（一）加强德育教育

学校在党的八次代表大会后，组织全校干部和教师结合学校的根本任务，进行教育思想讨论，端正办学方向，根据"培养目标和基本规格"的要求，学校党政领导带头自检过去对本科教学计划的执行情况。长期以来，在智育教育方面，积累了比较丰富的经验，从内容、形式到方法都比较具体落实，而在德育教育方面则显得薄弱，政治理论课和思想品德课都偏重于理论知识教育，对于学生的政治素质和思想品质的培养、评价和考核，没有足够的重视。为此，除继续抓好日常的思想政治教育工作，如形势和政策教育、开展普法教育、加强精神文明建设、实行定期接待日制度，通过召开各种座谈会、对话会，加强师生的思想双向交流，提高学校改革思路的透明度外，着重抓了开设思想品德课的教学，并进行了马列主义理论课程的改革。1988年初将原德育教研室改名为思想政治教育教研室，专门负责学生的思想政治教育工作，开设了《十三大文件宣讲》《大学生人生观概论》《大学生思想品德修养》和《四项基本原则》的讲座等课程。学校决定从88级起将《形势与政策》《法律基础》两门课程作为学生必修课正式列入教学计划，同时将管理系管理专业的主干专业课的专题教学"社会调查与写作"和低年级的社会实践均纳入教学计划。

根据中央的要求，改革马列主义理论课的内容。《中国革命史》课已有初步成果，抽出了教师按教委要求编出《马列主义原理》课教材，并在89级的两个班中进行了试讲。为了贯彻理论联系实际的方针，从理论和实践的结合上让教师能够回答学生的提问，组织教师调研和学生参观、看录像片，结合课堂讨论，写考察报告等生动活泼的教学形式，增强了政治理论课的感染力。

（二）不断修订和优化学分制教学计划

教学计划是培养学生的蓝图和实施方案的结合，学校每年都要组织对修订和调整教学计划的研讨，尽可能使教学计划达到整体优化的目的。经过85、86和88、89级教学计划的连续修订和调整，我校学分制教学计划，逐步趋向完善，符合国家教委有关文件的要求。并形成了自己的特点：①对德、智、体诸方面，做了全面安排。把形势与政策课，法律基础课，军训及公益劳动等，都纳入教学计划，作为必修课；还安排一至二周的社会调查，增加学生的社会实践。②扩大横向知识，增加技术经济及管理学科知识，加强外语及计算机应用能力的培养，使学生更能适应社会主义商品经济发展的要求。③加强了毕业设计等实践性教学环节。除组织学生利用假期回家探亲就近在家乡省（市、区）邮电企业自行联系实习或社会实践外，对毕业设计一般规定为15～17周。全部实践教学时间大于40周。④进一步压缩专业课学时,使专业课从"窄而深"向"宽而浅"转化。同时,大量开设任选课,加强学生对新兴科学技术及学科前沿工作的了解。⑤对"两长一短"的二学期制作了进一步的规范比和标准化。

(三) 完善教学大纲的制订和修改

为了加强我校教学大纲和教材的基本建设,于1983年推荐几个校重点学科的4名骨干教师参加原教育部组织工科基础课教材编委会中的四个分教材编委会的委员(应用物理、电磁场理论、电子电路、管理工程)。1985年国家教委将原高校工科基础课教材编委会改为课程教学指导委员会,我校仍有4名委员。同年,国家教委委托邮电部组建了8个通信类的教学指导委员会,其中电信技术、计算机通信与应用、无线电技术、电磁场与微波技术、邮电管理、邮电机械、微电子学与电子学等7个委员会挂靠我校。我校又推荐十多位骨干教师为委员。同时,国家教委委托电子工业部组建电子类的教学指导委员会,我院又推荐一位骨干教师为该委员会委员。同年11月,我校成立了教材编委会开展工作。在国家教委和邮电部、电子工业部三方面教学指导委员会的共同指导和推动下,对我校组织编制教学大纲、教材建设规划,组织教材编写、出版、研究提高教材质量的措施及评选优秀教材等一系列的工作,起到了指导性的作用。我校从1985年以来,对各教研室开出的必修课及指选课221门教学大纲已基本完成。随后又经过几年的修订补充,和对十几门主要骨干课程的评估,大大地促进各教研室不断地修订和补充,提高教材的思想性、科学性、先进性和适应性"四性"要求,并逐步形成自己的特色。

同时,也对实验课和生产实习指导书、任务书,课程设计、毕业设计任务书的规格要求、评分标准、中期检查,都有具体而明确的办法和规定。

(四) 积极开展教材基本建设

校教材编委会在国家教委、邮电部和电子工业部的指导下,由我校组织编写在全国公开出版发行的教科书有:《数字程控交换原理》《数据通信原理》《纠错编码技术》《信号检测与估值》《电信生产组织》《邮电质量管理》《运筹学》《系统工程》《最优化导论》《彩色电视技术》《数字电视》《网络综合原理》《脉冲数字电路》《电视学原理》《电磁兼容结构设计》《电子设备可靠性》《电路分析基础》《信号与系统》等18种。不仅有力地促进了我校教学质量的提高,而且也提高了学校在社会上的声誉和影响。

为了鼓励教师,不仅在公开发行的教科书上下功夫,而且也能够在校内使用的油印讲义和铅印教材上下功夫。学校制订了相应的政策。从1986年以来我校先后共评出优秀的油印讲义七种。1987年11月学校出版社正式成立,为学校教材建设创造了良好的条件。截至1989年年底已出版我校教师编写的教材40余种。在国家教委和邮电部以及有关方面几次组织的各种优秀教材奖评选中,我校获国家级优秀教材的有4项,其中周炯槃教授编著的《信息论基础》获全国高等学校"优秀教材特等奖";黄庚年、熊秉群教授等编著的《载波通信原理》,顾畹仪、李国瑞教授编著的《光纤通信系统》,王明鉴教授编著的《电信传输原理》3种教材获全国高等学校"优秀教材一等奖";谢沅清教授编著的《模拟集成电路应用》获全国"优秀科技图书奖";另有获部市级"优秀教材奖"31项,其中获"邮电部优秀教材特等奖"的有:微波专业编的《微波技术基础》、王明鉴教授著的《电信传输理论》和顾畹仪、李国瑞教授编著的《光纤通信系统》3种。获邮电部"优秀教材一等奖"的有:管善群副教授的《电声技术基础》;函授部编的《高等数学》(上、中、下册);陈俊亮教授编的《数字电路逻辑设计》;仝子一、张家谋教授编的《电视学基础》;舒贤林教授、徐志才副教授编的《图论基础及其应用》;梁雄健教授、杨瑞桢副教授编的《电信组织管理》;宋俊德、辛德录教授编的《超大规模集成电路与系统设计导论》等7种。

为适应邮电高等教育和邮电通信事业发展的需要,部教育司和人民邮电出版社组织编写一批有邮电通信特色和有较高水平的教材,我校已有10种选题中选。

1985年,在邮电部教育司的直接领导下,建成我国唯一的联络全国各省市(区)的邮电函授教育网,以北邮电教中心为核心,联系各省(市)邮电函授总站(设在各省邮电学校),后又在各省邮电管理局的支持下,购置了电教设备,联通到各函授辅导站形成二级电教网络。多年来一直坚持为教学服务的宗旨,为本科教学、邮电高等函授教育、成人教育、邮电岗位培训等制作了大量的音像教材及教学幻灯片、投影片,其中15部获省部级以上奖;同时,积极完成了政治思想教育和电视新闻宣传等方面的节目制作。

(五) 开展课程评估,进行(I)类课程建设

课程建设是教学建设的基础、是提高教学质量的保证,而课程评估则是进行课程建设的措施和手段。我校除积极参加部教育局组织的邮电高校外语、毕业设计、电子技术实验技能的评估,及北京市高教局组织的"理论力学"和"材料力学"课程的评估外,还积极组织对重要骨干课程的校内评估,从1986—1989学年已先后进行了"大学物理""电路分析基础""高等数学""电子电路"和"中国革命史"的课程评估工作。通过评估,除反映了各课程建设的成绩之外,还反馈了许多改进教学的有用信息。例如有的课程教学大纲和教学内容还不能适应形势发展的要求,围绕提高教学质量的研究工作做得不够,科研工作比较薄弱。通过评估对于条件太差的课程,学校尽力给以支持。

由校组织课程建设和评估领导小组负责在课程评估的基础上,开展建设(I)类课程的工作。建设并选拔一批高质量的课程,促进教学质量的进一步提高。制订出(I)类课程的评选标准及办法,对于评选出来的(I)类课程,颁发合格证书,有效期3年。3年中领导小组可随时抽查,不合格者收回证书。

六　开创科研工作为经济建设服务的新局面

（一）科研工作新局面的初步形成

随着科技体制改革的深入发展,我校科研工作在上级主管部门的领导支持下,逐步转向。

为经济建设服务的主战场,转向为邮电通信现代化建设服务的轨道。瞄准科技体制改革深化发展的趋势,抓住科研转向的时机,充分依靠全校广大科研工作者和教师的辛勤努力,除积极主动地承担国家的"六五""七五"攻关项目、国家自然科学基金项目、博士生的基金项目、部委下达的重点项目外,还积极承接了大量的横向技术开发项目,逐步形成了以国家和部委科研项目为主,同时兼顾横向科研开发项目为辅的一个多层次、多渠道的科研新格局。涌现出一大批科研骨干和人才,基本形成了以光通信与通信网、通信理论和信息科学、信号与信息处理、通信与电子系统为主体的科研队伍和一支充满生气的技术开发队伍。在我校科研和学科发展工作中,以中科院院士叶培大、国务院学位委员会学科评议组成员蔡长年、周炯槃 3 位教授为代表的老一辈专家学者,一直发挥着学科带头人的作用。多年来,他们在教学、科研工作中精心耕耘,培养了一大批中、青年教师和科研工作者,其中很多成为电子学与通信学科及相关学科领域,在国内外颇有影响的教学和科研中的中坚力量,担负起新学科带头人的重任,使我校在通信与电子系统、电磁场与微波技术、信号与信息处理、电路与系统、机械学与制造、管理工程、应用数学、半导体物理与微电子学、光学等学科方面,居于国内领先地位或具有先进的学术水平。取得的科研成果中既有像"空间机构位移分析"一类被国际学术界同行誉为机构运动分析中的珠穆朗玛峰的学术成果(获 1987 年国家教委科技进步一等奖),也有像"DJB-823 电接触固体薄膜保护剂"一类年经济效益可超过 10 亿元的应用型新科技成果(获 1984 年国家发明二等奖、邮电部成果特等奖),还有像"150μm 外差 FSK 相干光纤通信实验系统及其关键部件"一类填补了国内空白,达到了国际 80 年代中期水平的"七五"国家重点科技攻关项目(1991 年获"七五"国家重点科技攻关项目奖和邮电部一等奖)。

由于多层次、多渠道科研工作的开展,科研成果不断涌现,大大提高了我校的学术水平。"六五"到"七五"期间,我校专家、学者、教授在国内公开发行的学术刊物或全国性学术会议上发表的论文 2310 篇,专著 23 本,在国际刊物或国际会议上发表的学术论文 522 篇。学术水平的提高,使我校的专家、学者、教授和科技工作者都能有更多的机会参与各类国际科技交流活动。我校曾多次主持召开国际学术会议,在许多的国际会议上我校的学者、教授宣读了他们的论文,其中较有影响的有:"对模式噪声的研究""空间机构位移分析""电接触故障机理分析、环境电磁学学科的研究""电抗二端对网络理论的研究""对于激光散斑理论的研究""信号的广义非正弦分析"的研究以及自成体系的"W变换理论"等,在国内外同行专家中,都很有影响。

(二) 加强校企间的协作与联合

实践证明,学校与工厂企业的协作与联合,可以使学校技术力量优势与工厂、企业的生产试验条件相结合,有力地推动科技开发任务的进展。

为了使我校科技成果尽快转化为生产力,建立了下列科研生产联合体,摸索经验,探索前进,如应用物理系与青岛经济开发区美国环球图像公司签订合同,成立了青岛琦美图像有限公司。

学校在面向邮电通信事业进行开发研究的科技工作中,迈出了新的步伐,完成了一批技术上居国内先进水平,经济效益明显的应用成果。这些成果已引起邮电部领导的关注和应用单位的重视。例如王德隽教授负责研制的"数字处理多频记发器信号收发系统"在电信部门具有广阔的应用前景,在鉴定后不到半年的时间里,已先后与三家通信设备制造厂家签订了技术转让合同。科研所研制的"单路数字报纸传真设备"上线路试用,收片质量达到要求,该项成果为解决边远地区的报纸传递问题,开辟了一条新途径,得到电信生产部门的赞许。管理系梁雄健教授负责研制的 Capltn 市话规划软件系统,应用于珠江三角洲、杭州、西安等地的市话网规划设计,效果显著。机械系李家樾教授关于继电器接点消火花电路的研究成果,对提高继电器寿命,效果甚佳,该项成果已引起继电器生产厂家的极大兴趣。无线系于英民教授负责研制的"机场气象信息计算机通信管理系统",在首都机场发挥了重大作用,荣获北京市 1987 年度科技进步二等奖。这些科技成果的取得,为增强我院科技工作的活力奠定了良好的基础。

推行技术合同制,加强科技管理,保证科研任务顺利进行。"六五"后期,由于在科技管理工作中措施不够有力,致使有些项目久拖不结,严重影响了科研经费的投资效益。从"六五"末期,所有立项均填写合同书、任务书,科技处按照合同的约定,每半年进行一次检查,一年进行一次总结,对按期完成任务者,准予按规定提取酬金,并且以《科技成果汇编》或《科技成果年报》的形式给予宣传、推广;对于不能按期完成任务者酌情扣发酬金,故影响他们以后科研经费的申请。这些措施激发了科技人员的事业心和责任心,形成了积极主动争项目、分秒必争搞科研项目的现象。如无线系全子一教授所领导的图像研究室编制仅 4~5 人,在几年里先后承担了六项国家级或部委级科研项目,总经费达 134 万元,他们在工作方法上注意分清主次,精心安排,充分发挥研究生的科研力量,做到了既出人才,又出成果;在管理方法上,采用了课题承包制,增强了课题每个成员的责任心。

(三) 充分发挥院学术委员会参谋咨询作用

院第三、四两届学术委员会,在这一时期对促进和引导学校教学科研的繁荣发展,发挥了积极的作用。除组织和主持全院性学术年会 6 次,学术报告会 32 次(其中院内专题报告会 19 次、院外专家报告会 4 次、外国专家座谈报告 2 次、科普讲座 7 次)、院内研讨会 3 次及参加国际会议报告会和出国人员汇报会 8 次。参加人数达 5000 余人次。审议院学报编辑出版的方针,并指导其工作,除促进院学报英文版于 1986 年 11 月获国家新闻出版署的批准在全国公开发行外,还受院长的委托,在教学科研、重点学科、专业设置、专业方向、教学计划、研究生培养、师资培养、实验室建设、学风校风建设、毕业生追踪调研等方面作为软科学研究课题进行业务上的调研、探讨、论证和评审工作,并提出许多较好的建设性建议,供学校决策参考。

七 学校内部管理体制改革

1985 年以来,在教学改革的同时,进行了学校内部管理体制改革。

(一) 提高领导决策的民主化、科学化程度

近几年来,学校对于凡是有关全局性大政方针的调整与确定,比较注重前期调查研究和方案论证工作;对于关系群众切身利益的事情,则注重按照一定程序在教职员工中进行充分酝酿和民主协商,变过去集权决策为分级决策。学院集中研究宏观决策,具体实施决策交给二级单位。在决策过程中注意发挥并尊重"两会"(党代会、教代会)、"四委"(院学位评定委员会、职称评审委员会、学术委员会、分房委员会)等各种党群组织的作用。

(1) 学校长远总体发展规划和奋斗目标,以及"七五"计划的制订,就是在相关职能部门广泛听取各方面意见,进行综合研究、分析论证后,形成初步的统一意见,提交"两会"代表进行充分的酝酿讨论,最后由院审核报部批准实施。

(2) 学校各个层次的学位授予工作,由校学位委员会按党政领导联席会审议通过的《学位授予工作实施细则》和上级统一规定的程序具体实施。

(3) 教职工的各个层次、种类的专业技术职务的评审工作,主要由校职务评审委员会负责。具体做法是:学校根据实际工作设岗的需要确定宏观限额分配后,对具体评聘工作,实行"评""聘"两权分离,即校评审委员会管职务评审,系部等二级行政单位管具体聘任,形成自我运行制约系统。

(4) 有关对外推荐申报各种科技奖、推荐申报各种基金项目的工作。以及校内评定科研奖和确定校科研基金项目的工作,都由校学术委员会负责推荐和评审。

(5) 教职工的住宅分配由民主选举产生的分房委员会负责。根据教代会通过的分房条例执行,按章办事。除校舍使用的宏观调控外,行政领导一般不予干预。

此外,还相继建立了接待日和对话制度,运用了领导与群众对话形式,增加了领导工作的透明度。

(二) 理顺职能机构,扩大系部权限

为适应形势的发展,在管理体制上学校在原有党政分工基础上,从理顺和转变职能入手,对现有职能机构做了局部调整,采取合并或精简的办法,减少了管理职能上的重叠和交叉,为实行党政分开进而实行校长负责制做准备。

(三) 稳步进行各项管理改革

教学管理上,从1985年开始,在原有学年学分制的基础上,开始实行更灵活的全面学分制,并进行了教学评估的试点工作。行政管理上,实行了系主任负责制,对党政干部实行任期制,三个校办工厂实行了厂长负责制,教师和各类专业技术人员实行了职务聘任制,人事方面逐步进行了定编、定岗、定责工作,实行分级分口负责制。各项管理制度基本建立,主要职能部门管理逐步采用微机,并与筹建中的校信息管理中心联网,向管理科学化、制度化、规范化跨进了一步。在学生管理方面,陆续理顺关系,制订和完善具体规定,使处理问题有章可循。

后勤管理上,在原有各个单位实行半企业化管理基础上,多数单位开始实行了各种形式的经济承包责任制,有的还在内部进行了劳动优化组合的试点。在校舍管理上除对教学楼(教室)实行统管外,在原有统管学生宿舍的基础上,从86级本科学生宿舍开始实行公寓化管理,已相继新建、改造了四栋学生公寓。后勤口还在管理方式上进行了探讨和改革,将过去单一的行政管理和"供给"型方式改为经济手段与行政管理相结合,有计划地在后勤口干部中逐步推行了目标管理和规范管理。

(四) 增强改革意识,更新传统观念

随着改革开放形势的发展,学校各级干部的改革意识普遍增强,许多传统观念得到了更新。其中较为明显的有3点:①竞争观念。这几年竞争机制开始逐步引入到教学、科研、人事管理及后勤承包等领域。诸如:在学生中试行奖学金和淘汰制,对毕业生进行综合考评排队,实行供需见面,择优分配;在人事管理上试行了公开考核招聘的用工合同制,成立了校人才交流中心,对党政干部进行了综合考核测评;科研上采取课题招标承包,科研经费按择优扶植的原则进行分配等等。②效益观念。讲求办学效益,严格控制人员编制,确立经济承包单位各项有偿服务项目成本核算概念,从经费投入、实际工作可能和可收到的办学效益等方面进行综合考虑。③法制观念。这几年在各级领导干部中都开始比较注重依法办事,许多管理法规得到了逐渐健全和完善。在处理日常工作中,"以言代法"和"以权压法"的现象有了明显的减少。

(五) 开展有偿服务

在国力有限、教育投资不足的情况下,挖掘潜力,积极开展有偿社会服务,是发挥高校智力优势,求得自我发展的有效途径之一。我校从1980年就开始建立学校基金,

实行奖励制度。但 1983 年以前学校基金收入一直徘徊在 50 万元左右。1984 年,校计财处等有关部门制订了校《预算外收入及基金管理办法》《科技服务项目结算和分配暂行办法》,规定了各项收入分配比例。当年学校基金收入达 104.7 万元,突破了 100 万元大关。近几年,学校每年都要根据国家有关政策对原有规定作适当调整和补充修改,基金收入也逐年有所增加:1985 年 121.2 万元,1986 年 176.4 万元,1987 年达到 193 万元,人均将近 1000 元,到 1988 年迈上第二个台阶,突破 200 万元大关。回顾这几年的工作,学校主要解决了以下几个方面的问题:

1. 确定了预算外收入管理的原则和方式

预算外收入作为学校的自有资金,从 1986 年开始实行"两级核算、分类管理、资金相对集中、纯收入按比例分成"的宏观管理办法,总的精神是:凡有条件创收的单位,在保证完成本职工作的前提下,鼓励创收。按照责、权、利统一的原则,承包奖金、福利的单位,纯收入多留、少交;反之则少留、多交。

2. 注意处理好创收和本职工作的关系

在制定收入分配办法时,着重考虑两个方面:①统一政策。各开户单位必须按学校统一制订的办法执行。②宏观调控。对学校统一组织的创收项目(如代培生收入,办分院收入等)由学校统一掌握,按规定提取的超工作量酬金,则根据学校下达的指令性任务计发,促使广大教职工能安心做好本职工作。

3. 确立了成本核算的概念

学校规定,所有创收项目必须按规定上交管理费,用于创收项目占用学校条件的补偿,冲回事业费支出;在直接费用中,凡属于创收项目的开支,不能挤在事业经费中列报。

4. 实行了奖、酬分离的原则

学校强调,除国家政策允许按规定支付的酬金、津贴和补贴可以计入创收项目成本外,奖金只能在奖励基金中列支,各单位超过标准多发的奖金须向学校交纳奖金税储备金。

5. 对教学、创收采取较为灵活的扶持政策

学校对教学、科研创收项目,除按规定收取一定比例的管理费外,其纯收入原则上不上交,鼓励各教学单位以教学、科研收入扶持教学、科研事业的发展。从 1986 年下半年开始,各系部自己负责本单位的奖金,促使他们把奖、酬金的分配与教师承担的课时,教学工作量挂钩,以利调动积极性,克服平均主义。

几年来,预算外收入已成为学校改善办学条件和职工生活的一种不可缺少的资金补充来源。根据 1985—1987 年 3 年的统计,在形成学校基金前,我校用科研经费购置的仪器设备共 414.55 万元,达三年中教学经费教学设备投资的 308%,无线系电视图像研究室 1984—1988 年共收入横向科研费 100 多万元,其中用于购买仪器设备达 60 多万元,相当于学校几年来给该系整个教学设备投资的 150%。

在学校基金的前期核算中,这几年每年作为自动增加经费拨款直接投入经费使用的都在几十万元以上,1987年达到120万元,其中代培生收入提供的经费就达80万元。

总之,从我校开展有偿社会服务的实践情况来看,不仅从经费上支持了教学、科研,在一定程度上改善了教学、科研条件和教职工的生活,而且也支援了横向协作单位,收到了一定的社会效益,同时培养、锻炼了师资力量,为学校"短、平、块"项目提供了用武之地。高校开展有偿服务势在必行,是社会主义初级阶段,促进高校竞争中求得自我发展的一条长远积极措施,关键是在具体组织实时把握好两条:一是统筹安排,二是合理分配。

八　十年基建的成就

高校的基本建设,是提高教学科研水平,改善师生员工生活条件,创造安定教学环境的物质基础。过去高校基建始终落后于教学和科研的发展,学校长期处在校舍不足,基础设施不配套的状态。党的十一届三中全会以后,党中央国务院把教育事业列为发展国民经济的战略重点之一。国家也随之较大幅度地增加了教育基建投资,全国高校基建投资的年增长率,年年都高于国家基建投资金额的年增长率,有力地推动了教育事业的发展。国家重视教育的政策,在我校这十年的基本建设中得到充分体现。

从1981—1990年的十年中,我校共完成基建投资6 282万元(含非土建设备费),是前24年(1954—1978年)完成基建投资2458万元(含非土建设备费)的2.55倍。十年建成各类房屋10.55万平方米。其中教学科研用房4.14万平方米,职工住宅4.24万平方米,学生宿舍1.02万平方米,生活福利用房1.14万平方米。和原有同类用房建筑面积相比,学生宿舍增加了5%,教学科研用房、职工住宅翻了一番,生活福利用房也将近翻了一番。同期,还建成了有排灌设备和体育场看台的标准运动场,进行了院内主干道路翻修、新建雨水排水干线、暖气干线、电力增容、高层楼房上水系统以及天然气管道供气系统等基础设施的建设等。特别是图书馆大楼的建成使用,不仅初步缓解了教室拥挤的矛盾,而且为加强图书情报管理,充分发挥"知识宝库"的作用,为向现代图书馆职能的转化创造了条件;主楼的建成使用,实现了全体师生员工35年来的一大心愿,为学生实验和高科技研究开辟了广阔场所,在学校今后的发展中将会起到越来越大的作用;眷23-26楼及青年教师公寓等住宅的建成使用,极大地缓解了职工住房紧张的状况,在一定程度上解除了职工的后顾之忧,提高了献身教学、科研工作的积极性。

这十年的建设成就是明显的,但由于历史的原因,仍不能适应教学、科研和职工生活的需要。按首都规划委员会批准的学校发展规划看,学校的建设任务仍很繁重。但学校的发展又必然受到国民经济发展的制约,这是一个矛盾。工作中既不能无所作为听其自然,也不能不顾条件急于求成,要在国家经济条件允许的范围内积极主动,力争早上和多上一些项目;同时要加强管理,让有限的投资发挥出更大的效益,让现有的校舍发挥更多的作用。

九 党的建设和思想政治工作

学校要坚持社会主义办学方向,必须加强党的领导,加强思想政治工作。我校历届党委都十分重视加强党的建设,努力改进思想政治工作,以保证培养合格的人才和各项工作的顺利进行。

(一) 关于党的建设

1. 开展整党工作

根据《中共中央关于整党的决定》和北京市委关于第二期整党的指示部署,我校于1985年2月至1985年10月,全面展开整党工作。全校13个总支、91个支部共1041名党员参加了整党。其中,正式党员928人,预备党员113人。在中共北京市委和邮电部党组的领导、帮助下,各级党组织和全体党员的共同努力,经过学习文件统一思想、对照检查和党员登记、组织处理和组织建设等阶段,较好地完成了中央整党决定提出的统一思想,整顿作风,加强纪律,纯洁组织的任务。

在整党过程中,深入进行了彻底否定"文化大革命"的教育,提高了认识,清理了"左"的影响,清除了"文化大革命"中遗留下来的某些消极因素,克服了派性、增强了团结;通过学习中央关于经济、科技、教育体制改革的三个决定和联系学校实际的讨论,进一步端正了业务工作的指导思想,明确了办学方向,推动了学校各方面的工作;认真进行党性、党风、党纪的教育,提高了党员的素质以及同中央在政治上保持一致的自觉性;认真进行党员登记和核查工作,查清了我校"文化大革命"期间十项重大事件和相关重点人的问题,并在此基础上,按照中央政策进了组织处理,纯洁了党的组织,增强了党的战斗力。

在整党过程中,党委贯彻执行了边整边改的方针。整党开始后,党委主要领导同志多次召开了各种类型的座谈会,征求党内外干部和群众的意见。对反映较大的有关领导作风、学院工作以及关系到教职工切身利益的问题,及时进行研究和改进。结合端正办学指导思想,进一步确定了学校坚持"三个面向"的办学方针,采取多层次、多种形式办学,为"四化"建设多出人才,出好人才。1985年招收了各种类型的新生1314名,是新生入学人数在学校历史上最高的一年。在专业设置上,确定对于一些邮电通信急需的专业,克服困难努力上马,当年新增设了五个专业并开始招生。教学改革在原设想的基础上,从85级学生起实行了全面学分制。为了进一步转变领导作风,建立了校领导和机关职能部门深入基层、了解情况的制度,并从常委做起:每人联系一个班级,深入学生了解他们的思想,倾听他们的意见。坚持校领导与学生每月一次座谈会制度,同时还对食堂伙食工作、冬季供暖工作、安装并开通煤气管道以及教室的统一管理等问题,进行了研究并着手加以解决。

由于这次整党始终坚持组织广大党员认真学习整党文件,明确整党指导思想、基本任务、基本方针和基本方法,坚持和发扬延安整风的优良传统,不搞"左"的一套,坚持实事求是、以自我教育为主,充分调动了各级党组织和广大党员的自觉性,因而使全校整党达到了预期的效果。党员的精神面貌发生了明显变化,政治素质进一步提高,党组织战斗力进一步增强,党风有了明显好转,在整党期间,有45名教职工、223名学生向党组织提出了入党要求,发展了200名新党员,党的队伍进一步扩大。

2. 加强党的经常性建设

在整党结束后,党委又制定了巩固和发展整党成果的具体措施,强调要在这次整党的基础上进一步从思想、作风、纪律、组织等方面继续抓紧党的经常性建设。

在常委班子的自身建设方面,重点抓了常委班子的思想建设。建立了正常的学习与会议制度,要求常委成员做到对中央的有关重要文件、指示精神首先学习领会,并结合实际提出我校如何学习和贯彻执行的意见。这对于提高领导班子成员的理论水平和政策水平,统一思想认识,推动工作起到了促进作用。几年来,由于注意执行了民主集中制,领导班子团结合作,较好地发挥了核心作用。

在基层党组织的建设方面:主要抓了党支部组织生活制度。要求各党支部要严格遵守党的组织生活制度,按规定过好组织生活,不断提高组织生活的质量;坚持"三会一课"制度,继承和发扬党的批评和自我批评的作风,使党的生活正常化;党委组织部门定期检查支部组织生活的情况,注意总结经验进行交流。与此同时、举办了新党员参加的党的基本知识训练班,共培训新党员460名;坚持开展了"评优创先"活动,评选出校级优秀共产党员26名和先进党支部6个,其中沈树雍同志被命名为北京市优秀共产党员,骆文海同志被命名为邮电部端正党风先进个人。在党的发展工作中,注意严格教育、考察要求入党的积极分子,坚持党员标准。4年来,共发展新党员511名,其中学生党员352名,教职工党员159名。这些新党员大多数能严格要求自己,在各自工作岗位上较好地发挥了先锋模范作用。

在党风建设方面:党委认真贯彻上级有关端正党风,严肃党纪方面的指示,深入调查研究,及时掌握学校党风党纪的情况,运用典型事例对党员进行党风党纪教育。1985年根据中共北京市委和中办(85)75号文件精神,党委及时部署了党风检查工作。同时按照有关规定对党员干部违纪问题,进行了检查纠正,对相关责任者根据错误事实和责任大小进行了处理,并及时通报全校,使广大党员、干部从中受到遵纪守法的教育。

在干部队伍建设方面:党委在抓紧对干部的培养和提高的同时,加强了干部的管理与考核。为了从理论和实践两方面提高干部的政策水平和工作能力,一方面强调干部要在实际工作中学习提高,另一方面注意对干部进行培训。除采取送出去进修的方式进行培训提高外,先后举办了多期系、处级以上领导干部参加的轮训班,对干部进行培训,收到了较好的效果。在干部管理上,从1984年开始,实行了系、处级干部任期制,每期任职3年,干部任职期满后,根据能上能下的原则和工作的需要重新任命。并开始实行干部考核制度,除注意平时考核外,1986年1987年先后对全校系处级干部进行了民主考评。实践证明,这些举措对促进干部当好人民公仆、改进工作作风、提高工作能力、做好本职工作起到重要作用。

(二) 关于思想政治工作

1984年以来,随着改革开放的深入,境外资产阶级的腐朽思想对人们的腐蚀也随之而入,加上资产阶级自由化思潮的影响,社会和学校都出现了一些令人担忧的现象和不安定的因素。在校园里,突出的表现是厌学情绪、纪律涣散。等不良风气有所发展,在一些资产阶级自由化思想严重的人的教唆下,学潮迭起。特别是1985年"九·一八"前后和1986年底在安徽、上海发生的学潮,引起了社会的震动。这就使加强和改善思想政治工作、反对资产阶级自由化成为高校工作的重要任务。1987年夏,在开展反对资产阶级自由化的斗争后,中共中央发出了《关于加强和改进高等学校思想政治工作的决定》。1988年夏,国家教委发出了《关于加强高等校思想政治工作的决定》,为贯彻以上决定,校党委在加强和改进学生工作和思想政治工作方面采取了一系列措施。

1. 采取措施加强精神文明建设

为改善学校思想政治工作,学校制定了《关于"七五"期间加强社会主义精神文明建设的规划措施》。明确学校加强精神文明建设的任务是:提高师生员工的思想道德素质和科学文化素质,为培养"有理想、有道德、有文化、有纪律"的人才和发展科学技术服务,为社会主义现代化建设和邮电通信现代化服务。提出了十条实施措施,主要内容是:深入学习《中共中央关于社会主义精神文明建设指导方针的决议》,统一思想、提高认识;用共同理想调动全校师生员工的积极性,齐心协力培养"四有人才";培养优良的学风、校风;开展教书育人,服务育人创优活动;加强与改革、开放相适应的新观念的教育;引导学生沿着正确的道路健康成长;加强校园管理,提高绿化、美化水平,创造一个优美的工作、学习环境;加强文化、体育、卫生保健工作,陶冶情操,增强体质,活跃生活;加强队伍建设,提高教职工的素质等。号召全校党务、行政、后勤各职能部门和工会、共青团、学生会、研究生会以及各民主党派等各群众组织,在精神文明建设中,发挥自己的有利条件,大力开展适合自己特点的活动,发挥各自的作用。通过全校师生员工的共同努力,促使我校精神文明建设不断向前发展。

2. 狠抓学风、校风建设

针对学风、校风方面存在的问题,从1985年起,党委集中力量抓了学风、校风建设。1986年将我校校风概括为"团结、勤奋、严谨、活泼"八个字,围绕八字校风,对学生进行了理想与纪律、形势与任务、知识分子成长道路等教育,重申了校规校纪,制定了《学生违纪处分条例》,并对个别学生考试作弊、损坏公物、打架等违纪现象进行了严肃处理。同时,整顿教风和工作纪律,纠正教职工工作中的不良风气。通过教师的言传身教、身体力行,造成良好的育人环境。通过这些工作,使学风、校风有了明显的转变。

3. 采取多种途径提高学生素质

学校在重视提高教学质量,培养学生智能的同时,注意坚持德、智、体全面发展的教育方针,结合当代大学生的思想实际和心理特点,采取多种途径、多种形式对学生进行教育。从1984年开始对一年级学生开设了思想品德课,进行树立远大理想和正确人生观的教育;对其他年级的学生进行了普及法律知识和形势政策教育。在全院学生中开展了"创三好"活动、"五讲四美三热爱"活动以及学习先进典型活动。马列主义理论课也进行了改革,将《中共党史》改为《中国革命史》,增开了人文社会科学的选修课和讲座,加强了坚持四项基本原则、爱国主义和社会主义教育的内容。同时,注意加强学生的社会实践活动。几年来,除电信工程系组织学生到县局实习,管理系组织研究生到县局挂职实习等外,学校每年组织五六百学生上山参加植树劳动,还利用假期多次组织学生参加社会调查、社会实践。增进了学生对社会的认识和了解,并在实践活动中受到教育。1986年首次组织85级800多名学生赴张家口军营参加军训。学生普遍反映收获很大,部队干部战士也反映很好。中央电视台在新闻联播节目中播放了我院学生军训的新闻,又在人民子弟兵专题栏目中播放了14分钟的我院学生军训的专题录像片。同时,还开展了适合青年学生特点的知识竞赛和专题演讲比赛等多种形式的教育活动;开辟第二课堂,大力支持学生社团开展多种健康有益的活动;在全校学生中试行了定性与定量结合的德育考评制度等。

4. 加强信息交流,沟通民主渠道

校党政领导在加强同学生直接对话的同时,还要求党政相关职能部门定期与研究生会、学生会的有关组织对口进行业务座谈、了解情况、商讨问题,并分别在教学区设立南北两个意见箱,由党办、校办定期开箱,协调处理和落实教职工和学生反映的意见。从1986年下半年开始建立并坚持了校领导周六接待群众日制度;按期召开各种类型的座谈会或对话会,直接听取教职工和学生对学校各方面工作的意见。

5. 加强学生政工队伍建设

由于各种原因,1985年前后,社会上出现了削弱甚至否定思想政治工作的思潮。我校政工队伍也人心不安,后继乏人。针对这一情况,校党政领导经过多次研究,于1986年制定了《加强学生政工队伍建设的暂行规定》,统筹考虑了学生政工队伍的来源、培养提高、发展方向及职务聘任等问题。选派了一批有一定思想水平和工作经验的中年教师和干部,担任学生班辅导员或导师,做到了大班有辅导员,一、二年级小班有导师;成立了思想政治教育教研室和思想政治工作研究会,鼓励大家积极探索思想政治工作的新路子,真正做到尊重人、关心人、爱护人,为群众排忧解难,与群众沟通思想。实践证明,我校学生政工队伍是有一定战斗力的,在1986年底的学潮中,绝大多数辅导员、导师和主管学生工作的干部,都能深入到学生班级、宿舍,了解学生思想动态,掌握情况,有针对性做好学生的思想工作,对稳定学校局势起到了重要作用。

学校党委十分重视工会、青年团、学生会等组织的建设,充分发挥它们的桥梁纽带作用,大力支持它们开展多种多样、生动活泼的活动,寓思想教育于各种活动之中,既活跃了师生员工的业余文化生活,又促进了学风、校风的健康发展。

十 院第八、第九次党代会的召开

(一) 院第八次党代会

在全校师生员工认真学习和贯彻《中共中央关于经济体制改革的决定》、积极推动全院工作向前发展的时候。1984年11月,我院召开了第八次党代表大会,出席这次大会的正式代表274人,列席代表94人。

大会由宋德仁同志致开幕词。这次代表大会的主要任务是:认真贯彻党的十二大和十二届三中全会精神,根据中共北京市委和邮电部的指示,在实事求是地总结我校第七届党委工作的基础上,确定我校今后的奋斗目标和第八届党委任期内的主要工作任务及其实施步骤和主要措施。

李根达同志代表第七届党委向大会作了题为《勇于改革、开拓前进,为全面开创我校工作的新局面而奋斗》的工作报告。李根达同志的工作报告,总结、回顾了4年来党的工作,肯定了党委在努力实现全校工作重点转移,不断加强教育、科研两个中心建设;认真贯彻党的十一届三中全会和十二大精神,逐步落实党的各项政策;加强和改善党的领导,不断提高党的战斗力;加强思想政治工作,建设社会主义精神文明;关心群众生活、改善职工生活、工作条件等5个方面所取得的成绩和进步,指出了存在的问题,提出了我校的奋斗目标和今后三年的工作任务。

报告提出的我校总体奋斗目标是:坚持"三个面向"的办学方针,努力培养德、智、体全面发展的既有现代化的经济、技术知识,又有革新精神、勇于创造,能够开创新局面的高质量人才。发挥优势,突出特色,力争在20世纪90年代把我校办成一所适应邮电通信现代化建设需要的,以工科为主,具有文科、管理学科与应用理科相结合的多学科、多层次的具有中国特色的社会主义的全国重点大学,并阐述了达到这个奋斗目标的八项基本要求。

报告按照上述总体奋斗目标,提出了认真搞好整党、进行教育改革、科研管理改革、干部和人事制度改革、后勤管理制度改革、简政放权、进一步落实政策以及改善和加强思想政治工作等方面的具体任务及应采取的措施。报告要求各级党组织和党员干部团结全院广大师生员工,努力发扬进取精神,克服安于现状,墨守成规的习惯势力,坚持不懈,为把我校办成具有中国特色的社会主义重点大学,为培养更多的又红又专的邮电通信高级人才而努力奋斗。

代表们还听取了姬廷欣同志代表上届纪律检查委员会作的工作报告。经过代表们充分讨论和认真审议,通过了李根达同志代表第七届党委、姬廷欣同志代表上届纪委所作的工作报告,并通过了第八次党代会的决议。大会期间,经过代表们充分酝酿和民主选举,产生了由21人组成的党的第八届委员会。

在八届党委第一次会议上,经全体委员的选举,并经中共北京市委批准,李根达、盛名环、边平楚、庄士钦、刘慕曾、胡健栋、郭才旺七人为常委,李根达为党委书记,盛名环为党委副书记。

大会选举产生了新一届党的纪律检查委员会,经纪委委员选举、市委批准,盛名环兼任纪委书记。

(二)院第九次党代会

在学校各方面改革工作正在全面展开的时候,1988年11月,我校召开了第九次党代表大会。

出席这次代表大会的正式代表190人,代表着全校1562名共产党员,列席代表85人。大会由李根达同志致开幕词,李鹏飞同志、郝维新同志分别代表上届党委和纪委作了工作报告。李鹏飞同志的工作报告,总结了自第八次党代会以来的工作,特别是关于党的建设和思想政治工作,肯定了学校狠抓办学指导思想,坚持改革、开放的方针,在教学、科研、师资培养、改善办学条件、进行国际学术交流活动及开展教学、科研、行政管理和后勤管理改革等方面的成绩,并就学校的发展、深化业务改革和从严治党等问题提出了意见。

在代表大会上,胡健栋院长就学校行政工作和今后改革任务作了讲话。指出:"在这三年多的时间里,由于邮电部的支持和关怀,由于校党委的领导和全校同志的共同努力,学校教育事业有了较大发展,各项工作开展得比较顺利,教学秩序稳定中有所改进,教育质量在某些方面有了比较明显的提高,科研、生产和后勤工作都做出了新的成绩,管理改革不断深化。在党政密切配合下,在近几年全国出现数次学潮中,我校保持了安定团结的大局。但也必须看到我们面临的困难和矛盾还很多,今后的任务更加艰巨。"接着提出了今后改革工作的设想,主要是:提高效益,进行工资改革试点;抓紧重点学科和重点实验室的建设,逐步推动其他学科和实验室的建设;进一步修改教学计划,增强培养优秀生的可能性,提高培养的灵活性;改革公寓的管理体系,建立一个培养学生健康成长的中心;后勤要进一步理顺关系,深化经济承包责任制,统一全校的后勤管理工作;进一步提高学校决策和管理的民主化和科学化等。

大会代表经过认真审议,一致通过了李鹏飞同志和郝维新同志代表上届党委和纪委所作的工作报告,并选举产生了由10人组成的我校第九届党委会和由7人组成的新一届纪委。

大会闭幕后,第九届党委和新的纪委分别召开了第一次会议,委员们以无记名投票方式进行了差额选举,并经中共北京市委批准,李鹏飞为党委书记,黄金满为党委副书记。黄金满兼任纪委书记。

第七章 整顿提高深化改革
(1989—1992)

1989年,北京发生的政治风波,给学校的教学、科研、生产等工作造成了一定的干扰。通过认真贯彻治理整顿、深化改革的方针,加强党的建设和思想政治工作,整顿校风校纪,建立、健全规章制度,到1990年下半年,学校各项工作又迅速走上了健康发展的轨道。在邮电通信事业飞速发展的形势鼓舞下,学校按照第八次党代会提出的"力争在20世纪90年代把我院办成一所适应邮电通信现代化需要的,以工科为主,具有文科、管理学科与应用理科相结合的多学科、多层次的具有中国特色的社会主义的全国重点大学"奋斗目标,加快了改革步伐,逐步开展全面综合改革。从此,学校的教学质量、科研能力、生产效益以及管理服务等工作水平,逐年稳步提高,开始向一个新台阶迈进。

一 深化教育改革,搞好本科生教育

(一)对我校本科教学改革的基本估计

1988年11月,邮电部教育局组织各邮电高校的领导、专家,按照《邮电高校教育质量检查评估指标体系》,对我校进行了全面检查评估。评估总结指出的"北邮近几年教学改革工作的主要成绩和存在问题"如下:

1. 办学方向基本是正确的,指导思想也是端正的、实事求是的

北邮在制定总体规划、奋斗目标和办学实践中,在专业设置、办学层次、招生规模以及科研方向等方面,是从邮电通信和社会主义经济建设的需要出发,体现了"教育必须为社会主义建设服务"的办学方向,办学效益逐年有所提高,在总体规划上提出了"力争在20世纪90年代把学校办成一所适应邮电通信现代化建设需要的,以工科为主,具有文科、管理学科和应用理科相结合的,多学科、多层次的重点大学",发展终期规模为5000人。作为邮电部唯一的一所国家重点大学来看,这一总体规模和奋斗目标方向是对的,也是符合实际的,体现了稳步发展的原则。

在专业建设上,按照社会需要,特别是邮电通信企业的需要,并考虑各学科的协调发展,调整和增设了邮电部门急需的专业,如从1984年以来,学校先后增设了"邮政通信管理""邮电经济管理""计算机及应用""信息工程""科技英语"等本科专业。在原有专业中增加了短线专业和控制了长线专业的招生人数，加强了学科建设，有比较明确的学科发展规划和奋斗目标。

在科研方向上，注意了"面向经济建设"，积极进行技术开发和应用技术的研究，在保留一定数量的基础理论和学科前沿的研究工作的同时，认真注意克服片面强调科研的学术、理论价值的倾向，重视了有实用价值和经济效益的选题。在教学和科研的关系上，注意到既抓好教学又抓好科研，并能以科研促进教学，尽管在局部上还有处理不够妥当之处，但从学校总体上看，基本上处理是得当的，坚持了以教学为主，努力建设教育和科研"两个中心"的方向。

在思想政治教育方面，学校采取了切实的措施，制定了相应的政策，保证了思想政治教育工作队伍基本稳定，从校、系到基层思想政治教育工作体制基本理顺，发挥了专、兼职政工队伍的作用。注意到在新形势下，多方面探索思想政治教育工作的格局、形式和方法，并取得了一定成效。开展了多种形式的形势政策教育，如认真抓好军训并注意巩固其成果，公寓化管理和思想教育相结合等；马列主义理论课的改革起步较早，并取得初步成效；开设思想品德课和提倡教师教书育人等等。由于各方面的努力，在各次大小学潮中，北邮学生的状况比较稳定。

2. 在教学建设、科学研究和教学改革方面，取得了长足的进步

在教学建设上，根据"加强基础、拓宽专业、注意实践、培养能力"的原则，不断修订和优化教学计划，注意培养和提高学生独立工作能力。在教学计划中，加强了基础课程的教学，对德、智、体诸方面做了统筹安排，把形势政策、法律基础、军训等都纳入教学计划，在计划中增加了选修课，扩大了学生的知识面，并体现了加强对学生外语水平和计算机能力的培养；增加了实践性教学环节，全部实践环节的时间大于 40 周。注意抓（Ⅰ）类课程的建设，制定了（Ⅱ）类课程的评选标准和办法；加强了实验室的建设和管理，确立了实践教学在计划中的地位和作用。

在教学管理制度、教学文件建设方面，制度和文件比较齐全，基本做到各项教学活动有章可循。有些制度，如学籍管理制度等，执行较严格。教学管理体系较健全，教学机制的运转正常。

师资队伍的建设也取得了一定的成绩。原来存在的"年龄结构偏大，职务和学历结构层次偏低，近亲繁殖现象比较突出"等问题，采取了一些行之有效的措施，经过多年的努力，有了一定的改善。

在科学研究方面，经过拨乱反正，在"六五"的基础上，北邮的科研工作有了较快的发展，承担的科研项目、科研经费以及参加科研的教师比例在逐年增加，科研工作进步较大。

在教学改革方面进行了不少有益的探索和实践，改进了学年学分制，实行了主辅修学位制和适度的淘汰制等，都已初见成效。已有学生用 3 年修完 4 年课程提前一年毕业，还有学生获得双学位。为了加强对学生能力的培养，改革了实验教学管理体制，学校成立了电路实验中心,有的系成立了系属实验中心,单独开设实验课并试行"实验一条龙"的方案。

由于教学建设的加强,科研工作的开展,改革的不断深化,使教学质量不断提高。用人单位对学生的评价从总体上给予了肯定,社会调查反馈的意见认为北邮学生政治素质、道德品质、工作态度好或较好的平均达到88.4%;认为学生基础理论水平、外语能力、计算机能力和工作能力好或较好的平均达到72.6%。

3. 存在的问题

评估小组在肯定北邮所取得成绩的同时,还指出了学校存在的问题。检查组认为即使是从取得的成绩看,与邮电通信的发展和社会主义建设事业对培养人才的要求,与北邮作为一个全国重点院校的要求来比,还有一定差距。从检查的二级指标看,十项指标中有二项得优,其余均为良。在科研方面纵向科研进步很大,但横向科研与其他一些重点院校比尚有不小的差距。

检查组还认为,北邮在搞活教学和加强教学管理方面采取了一些措施,取得一定成效。但在这两方面也都还存在一些问题:学风较以前有所下降,部分学生对一些课程的学习积极性不高,作业也很不认真;少数教师治学不够严谨,教学效果不太理想;教学管理制度执行得不够有力,有些还不落实,存在无纲上课和有纲不循的现象;师资队伍建设特别是青年教师的培养提高和学科梯队建设计划不够落实。

通过这次部检查组对我校教育质量的评估,学校为了加强教学质量的目标管理和宏观控制,使学校能够严谨治学,严格管理,严格考核,进一步整顿秩序,优化育人环境,经学校党政领导共同研究决定,在整治学校内部育人环境上采取了一定的政策和措施,大力深化教学改革,加强教学基本建设,以促进教师素质和教学质量的不断提高。

(二) 继续深化教学改革,加强教学基本建设

高等学校的根本任务是培养德、智、体全面发展的高级专门人才,始终把教学改革和教学基本建设摆在学校经常性的中心工作位置,这是提高教学质量的根本保证。从"七五"开始,我校即从进一步贯彻"加强基础、拓宽专业、重视实践、培养能力"的原则出发,开展了专业、课程、实践基地和教学管理等一系列教学改革和基本建设,并取得初步成效。

1. 优化学科结构,拓宽专业

根据国家教委修订的《普通高等学校本科基本专业目录》,把口径较窄又有共同学科基础的专业,调整归并为一个宽口径专业,设立多个"柔"性方向,加强专业基础,拓宽专业面向。本着这一思想,我校稳步进行了统一相近专业的基础课和专业基础课的工作。除了电信工程系和无线电工程系的许多专业课程早已互相渗透外,计算机系各专业和机械系各专业也随之将能统一的部分专业课程,在教学内容上做到逐步统一;全校各系之间的《电子电路》《通信系统原理》《微机原理》等专业基础课,最早在教材、

教学内容上逐步进行了统一;接着将广播电视工程、电视图像传输与处理、无线电技术调整归并为电子工程专业,无线电通信工程和通信工程合并为通信工程专业等。同时,学校还积极创造条件,开始陆续筹建一些适应社会主义市场经济形势需要的新专业。

2. 开展(I)类课程评估,加强课程建设

自 1985 年以来,学校先后开展了物理、电路分析基础、高等数学、电子电路及中国革命史等近 20 门课程的评估工作。在此基础上,建立了教育评估领导小组、课程评估专家组,制订了一系列课程建设与质量评估指标体系、配套文件,投入 40 多万元的课程建设基金,使课程建设规范化、经常化。已评选奖励的(I)类课程共 9 门,计划在"八五"期间把 1/2 的校级重点课程建成(I)类课。现在各重点课程已普遍制定了课程建设规划,按照规划进行建设。为了调动教师对课程建设的积极性,学校还规定(I)类课程负责人设正教授岗位,对于在教学中确有实绩的(I)类课程骨干教师晋升高一级技术职务时优先予以考虑;担任(I)类课程负责人的教授,退休年龄可延至 65 岁,与重点科研项目负责人一视同仁;凡评上(I)类课程,核发课程建设费 3 万元左右及人均 500 元的奖金。基础课的教学改革,主要是坚持将外语分级教学的成功经验(即按学生入学成绩编班,再根据入学后的学习成绩上下浮动,实施分级、分层次教学),推广到高等数学、大学物理等基础课教学上。经过几年的实践,取得了较好效果。

1992 年 6 月学校召开了教风与课程建设会议。会上学习讨论了教风与课程建设文件,表彰了(I)类课教学组,起草通过了关于加强教风建设方面的文件,落实措施。会议对于推动学校教风建设和课程建设起了积极推动作用。

在加强课程建设的同时,学校还十分注意抓好教材建设。1990 年制定了教材建设规划,以及鼓励教师积极进行教材建设的相关政策,如将编写教材从教师工作量改为教学工作量,并发给稿酬补贴。1992 年在原教材编审组的基础上成立了院教材建设委员会。在第一、二届优秀教材的评选中,我校获部级优秀教材奖 26 项,国家优秀教材奖 3 项,特等奖 1 项。1993 年在北京市高校教材评估中达到了优秀级。

3. 重视实践教学环节,培养学生能力

首先,在教学计划中加强了实践教学环节的比重。我校工科学生的认识实习、电装实习、金工实习、生产实习(含社会调查)、计算机上机实习、集中军训、公益劳动、毕业设计以及物理、电子电路实验课和专业实验课等实践教学环节总周数约为 40 周,占理论教学时间 120 周的 1/30 管理学科研究生挂职实习已列为 6 学分的必修课,先后有 70 余人参加了挂职实习。其次,从电信系 89 级学生开始进行了"实验一条龙"的改革试点。将实验内容和实验体系相结合,根据专业要求,按工程师水平,制订专业实验教学标准,将培养科学研究、工程技能的实验教学从一年级至四年级做全面安排,分三个阶段进行教学,只有前一阶段考核合格,才能进入下一阶段,即对实验教学进行目标管理和全面质量管理。第三,建立相对稳定的生产实习基地。从 1989 年开始,学校进行了生产实习改革,先后在 16 个省市 30 多个邮电局建立了相对稳定的生产实践基地。这项改革的指导思想是：产、学结合，突出学校和企业联合办学的原则，共同为培养人才作贡献。具体做法是：学生在假期结束后，就近在原籍大中城市邮电企业安排生产实习。学校聘请当地企业有实践经验的专业人员担任兼职教师，学校与企业共同制定实习大纲、日程安排及考核办法，由企业兼职教师负责实施。这项改革受到学校、企业和学生的欢迎。1992年中共北京市教育工委和市高教局授予北邮教务处"北京高校生产实习和社会实践工作先进集体"称号。第四，加强了院内实验室的实践教学。电路实验中心进行了卓有成效的开放实验教学，提高和深化了教学内容，为培养学生具有工程师素质，增强实际动手能力，创造了条件。1991年被国家教委评为全国先进单位，1992年又获国家优秀教学成果二等奖。计算中心有教学微机120台，1991年开始筹建网络下的UNIX环境，以开展和推动对UNIX系统的应用。加上各系实验室的百余台微机，保证了非计算机专业学生上机时数大于100小时，计算机专业学生大于150小时。外语系设立的院内无线调频教学广播台，可同时播出4套外语节目，为培养学生的外语听力创造了条件。

4. 严格教学管理

首先是严格执行学籍管理及学位条例的有关规定。从1988年至1991年的4年中，因学习不好的结业生共28人，因各种原因未获得学士学位的毕业生共146人，退学的学生共19人（其中因成绩不合格的9人，因病的2人，因道德品质问题勒令退学的5人，自动退学的3人），以考试作弊论处的学生共38人。其次是认真抓了课堂纪律与考试纪律，明确规定在现行学分制情况下学生仍然必须按时上课。据几学期考勤抽查统计，全院学生上课出勤率平均达98%。为保证考试质量，坚持执行A、B卷制度，高等数学、物理、电路分析等基础课程尽可能实行统考。同时注意组织好考前思想动员和考场的监督工作。第三，为使教学管理制度化、规范化，从每届新生入学教育开始，即将有关学籍与教学、行政管理方面的规章制度汇编，印发给学生人手一册，教育学生自觉遵守。

上述教学改革和教学基本建设的措施，对促进教学质量的提高起了重要作用，并取得明显成效。我校参加全国四级英语统考的及格率一直保持在全国重点院校的上游水平。在1991年由北京市数学学会、高校数学教学研究会举办的第三届北京高校非数学类专业数学竞赛和由北京市物理学会、高校物理教学研究会举办的第八届北京高校非物理类专业物理竞赛与1990年相比，我院在50余所参赛院校中的名次：数学由第9位上升到第4位，列清华、理工大、北航之后；物理由第5位上升到第3位，列清华、北航之后。另外1991年我校学生在有11所高等院校参加的北京市高校《绿杨杯》电子线路实验竞赛中夺魁；在有18所高等院校参加的首都大学生《惠普杯》计算机知识竞赛中获团体总分第2名。表明我校本科教育质量是在不断提高的。

1992年12月学校在密云召开了第五次教学工作会议，会议首先提出了"通过3-5年的努力使北邮在通信领域成为国际知名，国内领先的国家'211'重点大学"的目标设想；决定成立破格晋升青年教师教授职务评议组，起草破格晋升提名条件，破格晋升部分青年教师教授职务;提出了"六院一部"的机构改革方案设想及"3+1"教学改革方案。这次会议对学校的发展及教学改革产生了极影响。

二 科研管理改革与科研工作的新发展

(一)改革科研管理和经费分配制度

在党中央提出的"经济建设必须依靠科学技术,科学技术必须面向经济建设"的方针指引下,根据学院确立的扩大系(部)自主权和放宽科研经费的使用精神,鼓励各系(部)广大教师和科技工作者的科研参与意识,本着"稳定一头,放开一片"的原则,即稳定基础研究和应用技术研究,放开科技开发和科技企业的原则。学院对原有的科研管理和经费分配制度进行了必要的调整和改革。其要点为:

调整加强系属科研所(室):由所(室)负责科研工作,完善系办教学,所管科研的格局。

放宽科研项目经济政策:横向协作项目在适当提高学院、系(部)收取管理费提成的基础上,放开其余经费的使用分配权限,增加科研人员酬金。纵向项目管理费提成为横向项目的三分之二,科研人员酬金与横向项目相同水平列入项目成本。

科研编制按需有偿使用:横向项目年经费每 4.5 万元可向学院申请一个科研编制。每个科研编制的年经费为其本人工资+附加工资+管理费 2000 元。实际参加项目的人员少于编制数时,可按实际使用的名额交使用费。纵向项目为年经费 3.6 万元可申请一个科研编制,年使用费为其本人工资+附加工资。基础学科研究由学院分配编制,免交使用费。

大力发展科技开发和咨询服务:有组织地联合承接重大科研项目,寻求与加强同中央各部委和大中型企业,重点建设单位的协作。争取系统性开发项目。由分散承担小型项目,向集团规模攻关项目发展,充分组织研究生承担科研任务,带动学科建设。

调整学院科技产业管理机构:理顺科研、科技开发、科技公司、校办产业的关系,统一政策,健全制度。加强宏观规划与管理,搞好协调与服务,微观放开搞活。发挥学院专利事务所的作用,维护学院知识产权,鼓励科研成果商品化。

选择合适高科技产品(如数字电视、高清晰度电视、中小容量程控交换机、数字式移动通信等),寻求工厂、企业、研究院等合作伙伴,组织起来向国家申请成立产、学、研联合体。

(二)科研工作的新发展

学院通过开展对党中央关于"把经济建设转移到科技进步和提高劳动者素质的轨道上来"的战略思想的学习和宣传,"科学技术是第一生产力"的观点日益深入人心,促进了广大教职工思想观念的转变和对科技工作重要性的认识。加上院内科研管理制度的调整和改革,进一步调动了广大教职工的科研积极性,使得我院科研工作在"七五"期间取得了长足的进展。不仅在光纤、光电子、程控交换、ISDN 网、图像传输与处理、报纸传真、电接触可靠性等方面进行了较深入的理论探讨和实践,而且开展了决策软件科学系统、技术体制、预测、规划等方面的研究工作。"七五"期间,各系、部、中心、科研所、科研室积极争取承担国家重点科技攻关任务、自然科学基金项目、邮电部下达的科研任务和国家其他部与地方委托的科研任务。全院先后共立科研项目 316 项,其中"863"和"七五"攻关等国家级科研项目 37 项、部委级项目 36 项,国家自然科学基金、博士点基金、部青年教师基金等基金项目 77 项、横向科研(外协)项目 30 项。5 年中共完成科研项目 148 项,有 68 项获奖。其中国家级奖 5 项,部委和省市级奖 63 项。1991 年在受到国家表彰的 9 项邮电部"七五"攻关项目中,我院有 3 项,占 33%;在受到邮电部表彰鼓励的"七五"国家重点攻关项目中,我院承担和参加的有 9 项,占 27%;在受到邮电部表彰的 20 项部级重大科研项目中,我院有 1 项,占 5%。"七五"与"六五"相比,我院"七五"承接的科研项目、科研经费、完成科技成果和获奖成果数,依次是"六五"的 3.3 倍、4.4 倍、2.5 倍和 2.2 倍。在国内和国外发表的科技论文数,"七五"是"六五"的 2.2 倍和 4.1 倍。据美国科技情报所 1990 年统计结果:按美国科学引文索引(SCI)、科学评论(ISR)、科学技术学会索引(ISTP)统计,我院在国外发表论文数在全国高校排名,已由 1988 年第 52 名上升到 1989 年 29 名(33 篇);按美国工程索引(EI)统计,1989 年我院在全国高校排名已由 1988 年第 42 名上升到 24 名(19 篇)。

在"八五"计划的第一年,我院的科研继续保持了上升趋势。1991 年新立项目 136 项,学院科研当年入账经费和当年签订合同经费均创历史最高纪录,分别达到 1142.5 万元(首次突破千万元大关)和 847 万元;同年,我院又获准设立博士后流动站,并在全国学部委员遴选中,陈俊亮教授被增选为中科院学部委员。所有这些,从不同侧面反映出了我院的学术水平、科研能力和整体办学水平都在逐步提高。

在 1989—1990 学年里,院第五届学术委员会开展了一系列学术活动。围绕校庆 35 周年,特邀校友吴基传(当时为邮电部副部长)来院为全院师生作了关于"我国邮电通信事业发展中引进外资政策"的报告;邀请本市工作的 50 多位校友来院就教学、科研、生产体制,专业设置与社会需求,企业与学院的技术协作等方面问题,举行了两场座谈会;以系(部)为主办单位,召开学术交流报告会、学术讨论会 22 场,有 160 余人在会上宣读了论文,并编印了《1990 年校庆学术年会论文摘要汇编》;平时,还结合教学和科研工作,组织进修回国教师及院外专家作学术报告 8 场;另外,受院领导委托评审、评议及签署各种申请科研资助意见数十项,如中青年科研项目评审、优秀科技论文评审、推荐公派出国研究生"选派专业方向"的评议、提名推选"有突出贡献的中青年科学、技术、管理专家"的评议、霍英东青年奖提名讨论、"863"项目申请、国家自然科学基金申请等。这些活动不仅活跃了学院的学术空气,而且对全院师生开展学术研究,提高学术水平起了积极促进作用。

(三) 科技开发与校办产业出现了好势头

为了充分发挥学院人才济济的技术优势,推动科技成果商品化、产业化,为经济建设服务。"七五"后期我院实验四厂、鸿雁电器厂及科技开发公司、化防所等科技生产单位,以系、部为后盾,组织教师和工程技术人员积极参加各种技术推广、成果转化、科技咨询、设计与试制、中间试验等科技开发服务工作。相继研制开发出 224 门、512 门、640 门和 1000 门 4 种型号的程控交换机,还试制成功了多频互控、DID 计时计费、250-500 门的市农交换机等一批市场需要的产品。1990 年院内两厂在社会上市场疲软、资产短缺等困难情况下,积极调整产品结构,将开发拳头产品和短、平、快产品相结合,努力开拓国内市场,两厂工业总产值双双突破千万元大关,当年完成工业产值 2400 万元,实现利润 370 万元,上交学院纯利润 163 万元。特别是鸿雁电器厂严把产品质量关,生产的 B75. P86 系列等近百种产品,都深受用户信息和欢迎,产值、效益连年上升;1991 年生产继续保持了稳定上升的好势头,当年实现利润突破 200 万元大关,取得了全厂职工人均创利 3.6 万元的优异成绩。1991 年,北邮深圳通信设备厂以及实验四厂与澳门康迪企业有限公司合资兴办的北京星际通信有限公司相继正式开业,为我院初具规模的校办产业注入了新的活力。

三 对外开放与国际交流合作逐步扩大

改革开放以来,我校相继同英、美、法、德、日、波兰、俄罗斯、加拿大、丹麦、澳大利亚、泰、韩、印度、芬兰、意大利、挪威等国及中国香港、中国台湾等地区的近 20 所大学、团体有文化技术方面的校际或社团交流与协作关系。先后聘请英、美、日、丹麦、波兰等国的知名学者为我校名誉教授 21 人,顾问教授 2 人。自"六五"以来,我校公派出国人员 241 人,自费出国留学生 68 人,出国进修科研人员 341 人,出国参加国际会议的人员 527 人次,派出国外讲学的教师 123 人次,派出国外访问的 9 个教育团组 18 人次,分赴 6 个国家的 8 个部门考察和学术交流;接受来院学习的留学生、访问学者、高级进修生 200 余人。同期,在我校学成毕业的外国留学生共有 152 人,其中硕士学位毕业研究生 1 人;本科毕业生 70 人(其中获得学士学位的 58 人);学习结业的进修生 20 人;当时在校学习的博士研究生 2 人,硕士研究生 10 人,本科生 18 人,其他进修人员 5 人。1988 年与联合国亚太电信联盟合作,在我校设立了亚太电信培训中心,培训了来自亚太地区 20 个成员国(或地区)的 200 多名高级学者。

学校从"七五"开始,积极进行国际科技交流和举办国际性的学术会议共 20 余次,其中规模较大的有:与日本 Sony 公司联合研制的汉字 Rom 编制词汇软件、"法国电信展览会""中英、中日系列光纤学术会议""北京国际信息会议""国际通信网及流量会议""北京国际计算机通信会议""国际电磁兼容学术争议"以及"国际全息应用会议"

等,叶培大、蔡长年、周炯槃、陈德昭、徐大雄等教授分别担任相关会议的中方主席、程序委员会主席或大会秘书长。提高和扩大了我校在国际上的声誉。同时,发展了与国外通信产业著名公司的合作关系,已与加拿大北方电讯(NT)、贝尔北方研究所(BNR)、美国的贝尔实验室(BELLLAB)、贝尔通信研究所(BELLCORE)、摩托罗拉(MO-TOROLA)、电报电话公司(AT&T)、瑞典的爱立信(ERICS-SON)、韩国的三星(SAMSUNG)等近10家国际上在通信领域的著名公司签有合作协议(或合同)。其中我校与BNR在校内联合共建了"BUPT-BNR电信技术开发中心",加方投资7000万美元,并提供研究设备,计划在三五年内建成世界级的电信研究机构。

通过加强国际交流,促进了我校教学科研水平的提高和增加对世界先进科学技术的了解,也扩大了我校在国际上的知名度,为我校的发展创造了有利条件。

四 进行全面综合改革

为将几年来相继进行的各种单项改革有机地联系起来,更好地发挥整体效益,调动各方面的积极性,推动各项事业向前发展。从90年代初开始,在吸取各兄弟院校综合改革试点经验的基础上,学院逐步展开了全面综合改革。

(一) 综合改革的指导思想、目标和重点

1. 综合改革的指导思想

进行综合改革,必须坚持改革的社会主义方向,做到有利于坚持四项基本原则,加强党的领导,坚持社会主义办学方向;有利于全面贯彻教育方针,提高教育质量、科技水平和办学效益,培养德、智、体全面发展的建设者和接班人;有利于调动广大师生员工的积极性,造就一支又红又专的师生员工队伍,为社会主义经济建设这个中心服务。

2. 综合改革的目标

改革教育思想、教育体制、教育内容和教育方法,推进教育、科研两个中心的建设。按照未来对人才素质的要求,全面提高教育质量,培养既懂科学技术又有一定现代管理和经济知识、适应社会主义经济建设发展的高质量复合型人才;以学科建设为龙头,调整科研布局,形成有鲜明特色的研究群体,在通信基础研究和我院有优势的学科方面保持优势,跟踪学科前沿,成为我院未来发展的学科支柱;通过3~5年的努力,把北邮建成为通信领域国内领先、国际著名的国家"211工程"重点大学;以扩大社会服务为宗旨,实行科、工、贸相结合,建立科技服务实体,大力发展校办产业,促使科技尽快转化为生产力。多渠道筹集资金,支持学院教学、科研改革,提高教职员工生活水平。

3. 综合改革的重点

围绕教育、科研两个中心的建设和有利于校办产业的发展,改革管理体制和运行机制,运用"教育、法律、行政、经济"手段,建立起主动适应国家经济建设和社会发展的

新的管理体制和自我发展、自我约束的运行机制。

(二) 综合改革的基本思路

1. 管理体制改革

要遵循"按章办事,以法治校"和"小机关、大服务"的原则,加强科学管理,建立起科学的决策机制和监督机制。明确学院各管理部门的职能;职能单位中的非管理性单位要与之分离并入有关单位或成立科技服务实体;做到各单位职责明确,责、权、利相一致。

2. 学科建设

要适应当代世界科技、经济和社会发展的趋势,发展优势学科,瞄准学科前沿,迎接新技术革命的挑战。

3. 教学改革

要继续贯彻"加强基础、拓宽专业、重视实践、培养能力"的原则,全面提高教育质量。

4. 科学研究

改革的重点是面向国民经济建设主战场,沟通学校与社会的联系,使科技成果尽快转化为生产力,发展科学技术,增强实力和竞争力。

5. 发展校办产业

校办产业要逐步按《全民所有制工业企业转换经营机制条例》和《企业法》进行改革,独立核算,自主经营,自我发展,自我约束,迅速形成规模经济。

6. 劳动人事制度改革

要按照"人尽其才、扬长分流、优化队伍"的原则,形成"公开、平等、按需择优"的竞争机制和流动机制。

7. 分配制度改革

要贯彻"按劳分配"的原则,奖优罚劣,奖勤罚懒,建立激励机制。

8. 后勤改革

重点是逐步实行校内社会化,引入竞争机制,不断提高服务质量,提高效益。

9. 改革和加强思想政治工作

加强精神文明建设和民主管理,充分发挥教师作用,调动党、政、工、团各级组织的积极性,以培养"四有"人才为根本任务,建立教书育人的新体制。

(三) 综合改革的基本内容

1. 管理体制的改革

完善党委领导下的校长负责制,有关学院建设、发展与改革等重大问题的决策由党委决定,分别由书记、校长负责全面组织实施。校长为行政指挥中心,负责领导全面工作。副校长、校长助理协助校长分管各口工作,直接向校长负责,处理日常行政事务。

健全学校民主管理体制,教代会参与学院重大问题的决策,并对学校各方面的工作实施有效的监督。党、政、群三位一体,目标一致,各司其职,互相支持和补充。

党政机关在转变职能、理顺关系、提高效益的基础上,精简机构,压缩编制,确立为教育、科研两个中心建设和培养德、智、体全面发展的社会主义事业建设者和接班人这个根本任务服务的思想观念,转变工作作风,提高管理效能和服务水平。

2. 教育管理改革

大胆和积极行使学校的办学自主权,适应社会主义市场经济的需要,调整现有专业,在发展有自身特色和优势的通信类学科的同时筹办新兴边缘学科,优化学科结构,优化课程设置,优化教学内容,为邮电建设和社会经济发展服务。

加快国家和部级重点实验室建设,并使之充分发挥作用;创造条件,争取新增若干博士学位和硕士学位授权专业,增加国家重点学科和博士导师数。

下放系人、财、物管理权限,明确系办学自主权,发挥系积极性,建立系管教学的体制。

继续贯彻"加强基础、拓宽专业、重视实践、培养能力"的原则,全面提高教学质量。建立二部制教学管理形式,实行淘汰制。前三年加强对学生的基础、专业基础理论与实验的教学和思想品德的教育。后一年注意培养、提高学生的综合实践能力和勤奋献身精神。使学生具有坚定的政治方向和优秀的学业成绩。走上工作岗位后既能很快地胜任工作又有较扎实雄厚的基础知识,适应发展的需要。

多渠道筹措办学经费,设立各项教学、科研基金,促进课程、教材、实验室建设和师资培养、科学研究等工作。制定收取学生学杂费、"有偿补考、有偿重读及退学"等管理办法。改革"统招、统教、统分"的计划机制,推行"激励、竞争、有偿"的进化机制。组织好计划内外的委培生、自费生招生工作。密切与用人企业的联系,及时培养、输送人才,解企业燃眉之急。发展多种形式的与社会联合办学。

3. 劳动人事与分配制度的改革

强化编制意识,定编到二级单位,严格控制总编制,超编交费。逐步建立事业编制与企业编制、固定编制与流动编制相结合的管理形式。学院内部实行企业化、半企业化管理的单位与事业单位的编制分开,职能管理单位与院内社会化服务单位的编制分开,下放人事管理权限,分级负责,院人事部门做好管理服务工作。

引进激励机制与竞争机制,实行全员聘任合同制,建立各种奖罚、评估、考核制,充分发挥票子(工资待遇)、位子(职称、职务)、房子(住房条件)的激励作用。工作量、工作实绩与工资待遇挂钩。实行满负荷、多报酬,低负荷、少报酬,拉开分配档次。考核不合格的,严格按照规定处罚,聘余人员由院人才交流中心管理。实行院内提前退休和待业办法。

实行国家工资与院内工资的双轨运行。院内工资由职务工资、业绩工资、补贴工资和奖励工资组成。职务工资主要按所聘任的职务、任职岗位及上岗时间来确定,体现其业务水平、工作能力和担负责任的大小。业绩工资主要依据本人表现、完成任务的数量与质量以及对学院的贡献大小来确定。补贴工资是运用政策导向,鼓励某些岗位的工作给予一定补贴。奖励工资为学期终的工作奖。

4. 经营账务管理改革

为适应市场经济发展形势,树立经营观念,加强市场调查与分析,进行科学经营决策,提高办学效益。根据学校制定的发展规划,多渠道筹集办学资金。改革财务管理体制,下放财务管理权限,按照"宏观调控服务,微观放开搞活"的方针,管理运用经费和分配基金。

建立院内银行管理体制,成立结算中心,职能与计财处分离。发挥院内银行作用,开展金融业务,增加资金经营效果。大胆使用院内外贷款进行负债经营,开发三产。

加强经济核算,进行经济活动分析,制定财会统计报表制度,发挥财务监督和审计作用,对学院的重点创收单位定期稽查、审计。

校办产业实行利税分流,按承包经营责任书规定向学院上缴利润提成和税收。学院根据校产发展需要,给予适度贷款。

5. 后勤管理改革

进一步完善承包经营责任制。按照经费与创收两条线分别核算的原则(一是进一步确定合理、科学的承包定额,实行经费大包干;二是根据经费创收手段、能力和承担经济责任大小),确定科室与处、处与学院之间的利益分配关系。

改变后勤管理格局,实行"管、企分离",形成与学校建立经济合同关系,把自身发展为相对独立的经济实体,逐步向社会化过渡。依据此原则,新的管理体制必须建立在学院大后勤的前提下,设立管理中心。管理中心下面按照服务性质归类,建立若干个服务实体、经营实体。管理中心代表学院对各个实体进行管理。

开展对内有偿服务,对外经营服务,引入竞争机制,改变独家经营的局面,建立内部监控、自我约束、自我发展的运行机制。以服务为宗旨,加强人员素质的培训提高,制定岗位文明服务规范,扩大服务项目,使后勤职工以良好的职业道德、职业纪律和文明行为影响学生,发挥服务育人作用。

6. 住房、公用房和医疗制度改革

教职工住房制度改革执行中央在京党政机关房改方案。住房分配上既要照顾"解困"和适当改善,又要拿出相当比例住房,对优秀人才和有突出贡献的教职工实行住房奖励,逐步改变纯福利性分配住房的办法。

公用房采用有偿使用的办法,按公用房类别分别制定教职工和学生人均占用面积标准,按教职工定编数、教学科研任务和学生数,核定总面积。学院按单位面积租金计算总租金,在经费切块中带帽下达到各单位。各单位按实际用房面积向学院交纳租金,节余的房租可用于本单位职工奖金、福利,超过标准加价收取租金。

公费医疗要贯彻加强管理、合理负担、以防为主、防治结合、堵塞漏洞、减少浪费的原则,凭证就医,医药费以学院负担为主,个人适当负担。

1992年国家教委颁发《关于国家教委直属高校内部管理体制改革的若干意见》的通知后，对学校内部改革的指导思想、目的和基本思路更加明确，我院各项工作都加大了改革的力度。

五 大力发展成人教育

高等院校举办成人学历教育与工程技术人员的继续教育是社会经济发展的需要，也是提高高校的社会效益与经济效益的重要途径。早在50年代，我院就创办了邮电函授教育，成立了函授部（后改为北京邮电函授学院，北邮函授分院）。党的十一届三中全会以后，为适应改革开放和"四化"建设新形势的需要，我院又相继恢复了夜大学，成立了邮电培训中心和国际电信开发培训中心（即亚太培训中心），使成人教育得到了迅速发展，并成为我陆军整体教育的重要组成部分。

(一) 邮电函授教育

我院函授教育创办于1956年，是教育部最早批准举办高等函授教育院校之一。同年，成立了函授部，负责主办函授教学业务，并招收夜大生。1958年经教育部同意开始招收高等函授生。1966年因"文化大革命"而停办。1973年随着邮电学院校名的恢复，函授部也重新恢复。1979年，在原函授部的基础上，成立北京邮电函授学院，直属邮电部领导。1983年邮电部决定函授学院重归北京邮电学院领导，改名北京邮电学院函授分院。

在党的十一届三中全会路线、方针和政策的指引下，邮电函授教育不仅在办学规模、专业设置、师资队伍等方面有了很大发展，而且在教学质量上也不断得到提高。截至1992年年底，整个邮电函授教育网有1所分院，5个函授部，29个函授总站，276个函授站，专职干部422名，专职教师316名，在册高函生7987人。专业设置经不断调整后设有电信工程、管理工程、通信技术、通信线路、邮电企业管理等。教学方式除直接面授外，还利用微波电路进行广播教学、电视教学和电化教学等手段。办学层次有本科、专科、大专起点本科班、专科第二学历教育、委托代培大专班以及"通信信息管理"高等教育自学考试专业等。

北邮函授分院既是全国邮电函授教育的业务领导单位和管理部门，也是教学实体，直接担负中南、华北两大区12个函授总站、116个函授站的教学任务。1992年有教职工161人，其中干部54人，专职教师83人。从1956年至1992年共培养出高函毕业生专科1502人，本科3567人。由于办学正规，办学思想端正，教学质量可靠，深受用人单位和社会各界的好评。1992年荣获国家教委授予的"全国普通高校成人高教先进单位"的称号。

（二）北邮夜大学

我院 1956 年即在北京地区开办过夜大学，"文化大革命"后恢复于 1985 年。主要旨在为适应改革开放和蓬勃发展的社会主义建设对高级专门人才的需求，提高社会在职职工的文化素质和科学技术水平作贡献。设有以通信及电子学为特色的"无线电技术"专业，授课任务主要由无线电工程系承担。开设课程有高等数学、线性代数、工程数学、英语、算法语言、制图基础、电路分析基础、通信电子电路、通信原理、数字电路及逻辑设计、微机原理及应用、微机接口技术及单片机、数据库原理及应用、移动通信、光纤通信、卫星电视、程控交换、电视学基础等；相关课程的实验、上机操作和毕业设计等。

根据国家教委的规定，1987—1992 年入学的学生学制为三年，从 1994 年入学的开始，学制改为三年半。我院夜大学恢复后共招生 413 人，实际毕业人数为 391 人。通过几年的学习，绝大部分学生无论是理论基础还是实际动手能力都有很大的提高，达到了大专水平，受到了社会用人单位的欢迎。

（三）邮电培训中心

该中心是中日合作由我院承办于 1986 年建立，是面向全国的中、高级通信工程技术人员继续教育的重要基地。中心拥有先进的实验设备，有一个适用于教学的模拟通信网和数据交换网。学员可通过实习，增强感性知识，深化理论知识。培训中心师资力量雄厚，有一批专门从事继续教育的师资队伍，主要课程大部分由具有副教授以上职称的经验丰富的教师担任。他们注意跟踪世界新技术的进程，结合邮电企业引进国外先进设备和技术的吸收和消化，结合国家重点建设和应用以及开发新技术的需要，本着先进性、针对性和实用性原则，确定培训的内容和课程，讲求培训的质量和效果。培训的主要内容有程控交换、光纤通信、数字微波、卫星通信、移动通信、现代通信网、计算机应用、数据交换和数据通信等。同时还为领导干部及技术管理人员开办了通信新技术培训班。

在中日双方共同努力下，培训中心圆满完成了培训任务，共开办了 98 个培训班，培训学员 4521 人。由于实验设备好、内容新、培训质量较高，深受邮电企业和学员的欢迎。为了培养师资、丰富教学内容、提高教学水平，培训中心还与日方合作，互派专家、学者，进行学术交流，并自编教材 44 种，1468 万字；翻译资料 75 种，1337 万字。与此同时，还积极开展科学研究工作，承担了各种科研项目 20 多项，并取得了多项成果。在国内外发表学术论文 100 多篇，培养了硕士研究生 14 人。

（四）国际电信开发培训中心

国际电信开发培训中心，又称亚太培训中心，成立于 1988 年 7 月，是联合国开发总署援助、国际电联委托代表设在我院的区域性教育培训总部。主要承担亚洲太平洋地区21个国家(孟加拉国、不丹、中国、斐济、印度、印度尼西亚、伊朗、朝鲜、老挝、马来西亚、马尔代夫、蒙古、缅甸、尼泊尔、巴基斯坦、菲律宾、西萨摩亚、斯里兰卡、泰国、瓦努阿图及越南)在计算机应用及电信领域工作的中、高级技术或技术管理人员的培训任务。

亚太培训中心培训设施完备,不仅配备了设施完善的教室、计算机终端机房、网络服务器室、图书及复印室、会议室、接待室以及各类办公室和活动室等,而且配备了包括PC机、网络服务器、打印机、投影仪、复印机及数据显示仪等教学设备。学员的住宿是一幢拥有80套客房的公寓。培训课程有计算机电信应用软件(CTA)、应用软件的开发和维护(ADM)、计算机局域网和办公自动化(OA)、高级电信管理研讨班(TTM-SW)等。

授课教师由具有丰富的教学和实践经验的外国专家和中国专家、教授、讲师组成,教学方式采用讲课、实例研究、研讨、专业实习等,是一种以理论与实践相结合,强调实践能力的培训。

亚太培训中心自1990年9月开始对外招收学员,至1992年11月,共举办了7期不同类型的培训班,为来自亚太地区20个成员国的电信及管理部门,培训了228名技术人员和技术管理人员,促进了亚洲和太平洋地区在计算机应用及通信领域中的人才开发和技术合作,提高了我校的地区知名度,得到了国际上的承认和赞许,故ITU官员多次给予表扬。

学院在努力办好全日制本科生教育、研究生教育、福州分院和平谷分院的同时,在1991年还增开了边区少数民族班,当年招收新疆、西藏和青海地区的学员,开办了卫星通信和程控交换大专班。仅1991年各系部就开办英语、财会、法规、审计短训班和通信、光纤通信等大专班12个,学员647人。在一定程度上缓解了邮电企业人才的急需,为邮电通信事业的发展做出了积极的贡献。

六 坚持从严治党

从严治党,切实搞好党的自身建设,努力建设一支经得起执政和改革开放考验的党员队伍。是正确贯彻党的路线、方针和政策,胜利完成学校各项任务的根本保证。从这一指导思想出发,学院党委为加强党的建设,采取切实可行措施,做了许多卓有成效的工作。

(一) 实现了领导体制的转换,明确了党组织在学校的地位和作用

1988年11月,学院第九次党代会根据党的"十三"大关于"政治体制改革的关键首先是党政分开"的精神,决定我院领导体制由党委领导下的院长负责制向院长负责制过渡。党代会之后不久,党委的一部分职能已开始向行政方面转移,如:中层干部管

理工作已转由行政负责;思想政治教育工作开始逐渐向行政方面转移,各系主管学生工作的总支副书记改为行政副主任。为使工作不至于断档脱节,党委主管学生工作的副书记和已明确的主管学生工作的副院长共同负责日常工作并协调交接、转移过程中的工作等等。

1989年下半年中共中央下发了(89)4号文件,邮电部党组下发了(89)18号文件。18号文件明确规定"在今后相当长的时期,邮电高校一律实行党委领导下的院校长负责制"。党委会对这两个文件进行了认真的学习讨论,并组织中层干部和全院党员进行了学习讨论。在统一认识的基础上,重新明确了我院的领导体制仍然实行党委领导下的院长负责制,已交由行政负责的部分工作也归由党委领导。此后党委制定了《中共北京邮电学院委员会关于加强党的领导若干暂行规定》,明确提出党委、总支、支部三级党组织的地位、作用和职责以及党组织与相应行政单位的相互关系,加强了党委对思想政治工作的统一领导,明确了党政既密切配合,又各司其职,保证了学院各项工作得以顺利开展。

(二) 把党的思想建设放在首位,坚持不懈地抓党内思想教育

十一届三中全会和改革开放以来,党的组织有了很大发展,至1988年,我院已有党员1560多人。从党员队伍的现状看,多数同志在各自的岗位上发挥了党员的作用。但就党员的思想实际看,一些同志存在着共产主义信念比较淡漠,党的观念、党的基本知识比较薄弱,组织纪律比较松散等问题。这些问题的存在,不仅削弱了党在群众中的威信,而且影响了党的作用的发挥。因此,在党内经常进行形势政策教育及党员标准教育,使党员认清改革形势,坚定信念,在发展商品经济的条件下,保持党员的先进性,保证党的路线、方针和政策正确地贯彻执行,就显得特别迫切和重要。

为适应新时期对党员提出的新要求,从1989年起,党委决定采用开办业余党校的形式,对党员干部和积极分子分期分批的进行形势政策和马列主义基本理论的轮训。1993年党委又决定在业余党校的基础上正式建立党校;建立和健全院、系两级领导班子中心组学习制度;成立理论工作组。在党内分层次,有针对性地开展了社会主义理论的学习,并以此为主线,与国际国内形势教育和清除资产阶级自由化思潮的影响结合起来,重点抓中层以上党员干部的学习。相继组织中层以上党员干部在院内参加各类脱产集中政治理论培训2次,参加院外半年以上政治理论培训班的共7人。党校共开办了7期,培训学生党员和要求入党的积极分子1314人,教职工党员和要求入党的积极分子375人。通过学习和培训,都收到了较好的效果,广大干部和党员增强了社会主义信念和历史责任感,坚定了建设有中国特色的社会主义的决心。

(三) 认真进行党员重新登记工作

进行党员重新登记工作,是党中央在1989年春夏之交政治风波之后,为加强党的建设采取的一项重要措施,也是对广大党员普遍进行一次坚持四项基本原则、反对资

产阶级自由化和党的理想、信念、宗旨、纪律的教育。对于提高党员政治和思想素质，做合格的共产党员，对于保持党的纪律性，把党组织建设得更加坚强有力，团结和带领广大群众努力实现四个现代化，不仅具有重要现实意义，而且具有长远历史意义。

我院党委对这项工作极为重视，根据《中共中央转发〈中央组织部关于在部分单位进行党员重新登记工作的意见〉的通知》和中共北京市委的统一部署，在作了充分准备的基础上，我院决定于1990年8月开始进行党员重新登记工作。全院参加党员重新登记的正式党员1 136人，经过专题教育，个人总结和支部大会评议，1 131名符合重新登记条件的正式党员被批准予以重新登记，其余5人按规定作了组织处理，其中不予登记的1人，予以除名的2人，缓期登记的2人。112名预备党员中，取消预备期的1人。

这次党员重新登记工作，由于各级党组织高度重视，加强领导，组织得力，措施具体，进行得比较顺利，达到了预期的目的。许多党员在总结中都把参加这次党员重新登记看作一生难忘的大事，并概括地总结了党员登记工作的3个特点：①是一次系统的社会主义理论的学习和教育；②是对每个党员思想上的一次清理；③使广大党员受到了一次严格的组织生活的锻炼。1991年3月，市教育工委派验收组来我院进行了党员登记工作验收。教工委认为"邮电学院党委对重新登记工作十分重视，努力贯彻了中央、市委的有关政策和具体布置，各总支、支部结合本单位实际精心组织安排，严格要求，整个工作是健康的，达到了预期的目的和要求"。通过这次党员重新登记，广大党员不仅在一些理论问题上分清了是非，澄清了模糊认识，而且思想上受到触动，增强了走中国特色的社会主义道路的信心，增强了党员意识和党性观念，提高了全心全意为人民服务的自觉性。党支部战斗堡垒作用也得到加强。统一了思想、纯洁了组织、加强了纪律、增强了团结，提高了党组织的战斗力和凝聚力，使党的建设出现了一个好的转机，为后来继续抓党的建设奠定了一个良好的基础。

（四）加强各级领导班子建设，坚持实行考核制度

加强学校党的建设，坚持党对学校工作的领导，关键是要把各级领导班子建设好。党委除经常强调各级领导班子特别要在提高马克思主义理论水平，增强领导工作的预见性、创造性，坚持党的思想路线和群众路线，改进工作作风，深入调查研究，密切干群关系等方面下功夫外，坚持实行了干部考核工作。考核主要围绕干部任职以来的德、能、勤、绩等几个方面进行，以工作实绩为重点，采取定性考评与定量考评相结合，领导考评与群众考评相结合，个人总结与群众评议相结合的原则。在1987年和1988年上半年先后对院本部和函院在职的133名处级干部进行了民主考评。1990年又对全院124名中层干部进行了全面考核。并在此基础上，进行了必要调整和充实。从此，我院干部考核工作，已基本形成规范化和制度化。学院还认真总结了干部管理工作的经验教训，确定了选拔、任用干部的工作程序，并制定了《中共北京邮电学院委员会关于加强领导班子建设的意见》，对院系领导班子和中层干部的理论学习，转变作风，深入

基层密切联系群众等方面作出了具体规定,建立了院、系(处)级后备干部制度,不断加强了我院各级领导班子的建设。

(五) 加强基层党支部建设

党支部是党最基层的组织,党的路线方针政策最终要通过它去贯彻落实,学院的各项任务通过它去保证完成。因此,党支部的建设至关重要。1990年上半年,党委对全院133个党支部在1989年政治风波中的表现和平时发挥作用的情况,逐一进行了调查分析,对少数支部班子进行了调整。为巩固和发展党员重新登记成果,党委制定了《中共北京邮电学院委员会关于加强基层党支部建设的意见》,同时对党支部书记进行了培训,交流了工作经验,严格了党内组织生活制度,加强了对支部工作的指导。还召开了党建工作会议,专题研究了干部队伍建设、党支部建设和理论教育等问题。通过落实这些措施,基层党支部建设从整体上得到了加强,党支部的战斗力和凝聚力有了不同程度的提高。1991年,根据中共中央批转的中央组织部《关于建立民主评议党员制度》和中共北京市委组织部《关于做好1991年民主评议党员工作意见》的要求,在党委领导和部署下,对全体党员进行了民主评议工作。这次民主评议,对增强党员的党性意识,坚定社会主义、共产主义理想,坚持全心全意为人民服务的宗旨,发扬艰苦奋斗的传统等方面,起到了重要促进作用。此外,在组织发展工作中,由于各级党组织严格执行"坚持标准、保证质量、改善结构、慎重发展"的方针,把重点放在对入党积极分子的培养和教育上,取得了较好的效果。

为坚持从严治党的方针,党委坚决贯彻上级党组织有关端正党风、严肃党纪、廉政建设等方面的精神,制定了《北京邮电学院党员领导干部廉政建设七条措施》。利用多种形式进行党性、党风、党纪教育。同时,对有违纪问题的党员进行了查处。

(六) 加强民主建设,改进管理工作

党委十分重视对工会、共青团、学生会、研究生会的领导,支持他们按照各自的章程独立负责地开展工作,拓宽了师生员工直接参与学院管理的渠道。我院教代会自成立以来,在民主管理、民主监督方面发挥了积极作用。1991年召开的第二届教代会和第八届工代会,制定了教代会实施细则,经过几年的努力,教代会已形成制度。凡涉及教职工切身利益的问题,都要听取教代会代表团长意见,同时通过收集提案反映教职工的意见要求,形成了上情下达、下情上达的民主渠道。院工会在向职工进行思想教育、弘扬先进,开展"三育人",推动校园文明建设和开展各类健康有益的文体活动等方面,做了大量的工作,取得了较好的效果。

党委十分重视和院内各民主党派的密切合作,学院的重要工作及时向他们通报,听取意见,大力支持他们加强自身建设和开展工作。我院的6个民主党派(83人)和侨联(成员47人)对学院各方面的工作给予了广泛的支持,发挥了积极的作用。

七 加强精神文明建设

建设社会主义精神文明是社会主义现代化建设的目的之一,也是社会主义高等教育的一个重要组成部分。我院在1986年制定了《关于"七五"期间加强社会主义精神文明建设的规划措施》,1987年又制定了《精神文明建设的具体措施》,明确提出要对教职工、学生的政治学习和形势政策教育进行改革;进行职业道德教育;开展教书育人活动;加强学生教学过程中的实践环节和社会实践活动以及修订学生手册、完善学籍管理等项工作。但是,由于资产阶级自由化的干扰,使这些工作受到了影响。1989年春夏之交的政治风波,给院党委以深刻的教训,看到了削弱政治思想工作和精神文明建设的危害,进一步明确了学校思想政治工作和精神文明建设的任务,采取了一些行之有效的措施。

(一) 认真落实德育首位

学校既是科学育人的园地,又是国内外敌对势力与我们争夺接班人的阵地,把德育放在首位,培养"能够经受住"两个挑战考验"的社会主义事业的建设者和接班人",是形势的要求,也是我们的根本任务。院党委多次强调落实德育首位,必须做到"四到位":①思想到位。学院各级领导,要抓住当前有利时机,真正解决对德育在全院工作中的地位、作用和认识问题,树立全员德育意识,形成全方位德育格局;②制度到位。对学生的德育目标、内容、途径、方法及考评奖惩办法等一系列问题,要逐步规范化、制度化。对德育工作,各级组织要形成定期研究和汇报检查制度;③措施到位。要理顺各部门在德育工作中的关系,减少扯皮和空档。针对德育工作的薄弱环节,采取有效措施予以加强。积极创造条件,解决德育工作实际困难和问题;④行动到位。动员全院党员、干部和教职工自觉地在各自岗位上,以不同方式和途径,加强对学生的德育工作。各级领导要注意政策导向,适当增加投入,带头落实德育首位。

1990年4月,党委制定了《关于加强我院德育工作的意见》,提出了具体实施办法,并增设一名党委副书记主管学生思想政治工作,对学生工作机构进行了统筹考虑和调整,院系成立了学生工作小组,扩大了学生部(处)的职能,形成了从学生入学到毕业分配各环节的统一教育和管理。同时,从人、财两方面增加对德育的投入,如对马列主义理论课教师的编制,不仅按教委文件要求以1:100的比例来核定,并在此基础上再放宽10%,以利教师轮流从事社会调查和进修提高。在经费上,除保证马列主义理论课的教学、科研活动所需费用外,每学期还拨一定的专款作为教师参加社会实践和社会调查的费用。

(二) 开展形势教育和社会主义理论教育

为了使全院师生员工认清国际国内形势的发展变化,理解党的方针政策。1988

年以来,学院根据师生员工不同时期思想上存在的不同认识和问题,重点进行了十年改革成就的专题教育和治理整顿中经济形势的教育。邀请专家、学者和邮电部领导来院作国际国内形势和邮电建设的发展以及改革等方面的报告,这些报告,不仅使师生员工受到教育和启发,澄清了一些模糊认识,而且增强了坚持改革和开放的信心。

从1990年起,学院又以《关于社会主义若干问题的学习纲要》为教材,在师生员工中分层次进行系统的社会主义理论教育。通过对资产阶级自由化思潮的揭露和批判,对东欧剧变、苏联解体原因的分析和探讨,使广大师生员工进一步认识到坚持四项基本原则、反对资产阶级自由化的必要性和重要性,认识到维护安定团结的政治局面的重要性。

(三)加强马列主义理论课和德育课的教学

马克思主义理论课和德育课,它对帮助学生树立坚定正确的政治方向、坚持四项基本原则、反对资产阶级自由化、识别和抵制各种错误思潮,树立革命的世界观和人生观,具有十分重要的作用。我院按照国家教委的要求,继将《中共党史》改为《中国革命史》后,又将《政治经济学》和《哲学》改为《中国社会主义建设》和《马克思主义原理》,将该3门马列主义理论课分别计入4学分,列为院级重点课程。3门课的总学时由原210增加到280学时,上课由100多人的大课堂改为60人左右的中小课堂。为了提高教学效果,教师们在革新课程内容的同时,不断研究改进教学方法,除努力进行启发式教学,理论联系实际,有针对性地进行课堂讲授外,还采用多种形式进行教学,如组织学生专题讨论,放映有关电影、录像和幻灯片,组织参观革命纪念馆、纪念地,到市场进行采访调查等,以提高学生的学习积极性,使其扩大视野,从理论和实践的结合上加深对所学知识的理解。实践表明,这样做不仅收效明显,而且深受学生欢迎。同时,从1988年开始,学院先后将《形势与政策》《法律基础》《军事训练》等讲座课列入必修课,还开设了《大学生人生观》《大学生思想品德修养》等选修课,确保了马列主义理论课及德育课在教学计划中的位置。

(四)组织学生参加社会实践和军事训练

社会实践是德育的重要组成部分,一直受到学院领导的重视。学院有计划地组织学生利用课余时间到工厂、农村、市场去调查访问;利用暑期组织勤工助学,到学生家乡所在地开展社会调查活动。在开展这些活动中,学院加强了组织与指导力量,提出了具体内容和要求,收到了较好的效果。仅1990年暑假全院就有千余名学生参加了社会实践活动,不少同学写出了总结和调查报告。学生的暑期社会活动已经形成制度,每年秋季学期开学后,都要进行收集汇报和总结表彰。通过社会实践活动,使学生加深了对国情的了解和对党的路线、方针、政策的理解,增强了振兴祖国的使命感和责任感。

同时,学院根据《中华人民共和国兵役法》关于"高等院校的学生在就学期间必须接受基本军事训练"的规定和国家教委、解放军三总部关于对学生军训工作的指示精神,在85、86级学军试点的基础上,已形成制度,并建立了稳定的军训基地,取得了可喜的军训成果,多次受到国家教委、北京市高教局和总参、总政、北京军区、承训部队等各方面领导的肯定和表扬。在1989年全国优秀教学成果评选中,我院"学生军事训练"被评为北京市高教局级优秀教学成果奖。1991年12月北京市高校学生军训工作检查领导小组对我院学生军训工作进行了全面检查评估。评估结果我院在首都22所试点高校中名列第五。1992年3月,国家教委组织的全国高校学生军训试点工作检查团,再次对我院学生军训工作进行了检查评估,又给予了充分的肯定,认为"总体工作抓得很好",并授予我院"全国高校学生军训工作优秀学校"铜匾。通过军训提高了学生的思想政治觉悟,增强了国防观念,激发了爱国主义热情,加强了组织纪律性,培养了艰苦奋斗的作风和集体主义精神,有力地促进了学院"两个文明"的建设。

(五)开展教书育人、管理育人、服务育人活动

在培养学生中,教师起着十分重要的作用,教师的一言一行对学生都有直接的影响,起着潜移默化的作用。基于这种认识,学院党委始终坚持教书育人的要求,不断提高广大教师对教书育人的认识和自觉性,要求教师在各科教学中贯彻和渗透马克思主义的立场、观点和方法,把教书和育人结合起来;要求广大职工把管理和服务工作同思想政治教育结合起来,做到以身作则、提高工作效率、树立良好的职业道德,以自己模范行为教育和影响学生。

为了推动教书育人、管理育人和服务育人的工作的持续开展,学院曾大力宣传了沈树雍、骆文海等同志教书育人、服务育人的先进事迹,动员广大教职工在自己的本职岗位上做好对学生的思想教育和引导工作,并且提出了明确的要求。院思想政治工作研讨会每届年会都安排教书育人、管理育人和服务育人专题。不少系部不仅对教研室有具体要求,而且组织经验交流会;不少教师除在课堂上结合教学内容对学生进行思想教育外,还利用业余时间到学生宿舍与学生谈心,交流思想。学院每年教师节都要评选教书育人、管理育人、服务育人先进工作者和先进单位。

这些先进个人和先进集体,在教书育人、管理育人和服务育人工作中做出了突出的成绩和贡献,学院对他们进行表彰和宣传,既教育了全院师生员工,又有力地推动了"三育人"工作的深入开展。

(六)开展"文明校园"建设

搞好文明校园建设,是育人的必备条件。根据北京市教育工委和高教局关于在高校开展"文明校园"建设的统一部署和要求,学院成立了由院党政领导和相关职能部门负责人组成的领导小组和5个专门小组及办公室,制定了《文明校园建设计划》。计划用3年的时间,切实开展"文明校园"建设,使北邮校园内形成教书育人、管理育人、服务育人的浓厚气氛,真正成为培养社会主义事业接班人的摇篮。为此,提出了改进机

关工作作风,树立良好的教风,优化教育环境;加强学生学风、班风建设;加强校园综合治理;搞好校园的环境建设与管理等近期实施目标。并要求各单位狠抓落实,经常开展自检自评,找出差距,改进不足。学院不定期对5个专门小组在实施计划中组织互检互评,提出改进意见。为落实"文明校园"建设,总务处修缮科、行政科、节能办和膳食处等单位,与学生班级广泛开展了师生联谊共建活动,全院开展了服务窗口单位优质服务月竞赛活动。这些活动不仅促进了校园文明,优化了育人环境,而且有力地推动了学院"文明校园"建设。

在此期间,学院先后制定了一系列学生德育考评及管理规章制度,坚持从严要求。同时采用评选文明宿舍、优秀班集体、优秀学生干部以及设置各类单项奖等多项措施,促进学生自我教育,促进学风、校风的好转。院团委、学生会为配合"文明校园"建设,成立了集邮协会、科技协会、益友读书协会、书画社、爱乐乐团等十多个学生社团,开展了大量有益于校园文化建设的一系列活动。还先后组织了"百科知识竞赛""法律知识竞赛""中华大家唱"歌手大奖赛、专题演讲、音乐欣赏以及美学讲座等活动,既丰富了学生业余文化生活,又为校园文明建设增添了生机活力。

八 "八五"计划的制定和院第十次党代会

(一)"七五"计划的完成情况

在党的改革开放政策的推动下,经我院党政领导和广大师生员工齐心协力、共同努力,我院"七五"计划所规定的各项指标,除个别指标由于各方面的原因未能如期实现外,绝大部得到完成或超额完成。

1. 教育事业计划执行情况

"七五"期间,我院累计毕业研究生624人(其中博士生30人),为部下达计划数540人的115.6%,比"六五"期间增长395.2%。累计招收研究生628人(其中博士生38人),为部下达计划数875人的70.9%,比"六五"期间增长45.2%。"七五"期间,年均在校研究生为405人。

"七五"期间,我院累计毕业本、专科学生3 456人,为部下达计划数3 460人的99.9%,比"六五"期间增加21.7%;累计招收本专科学生4 108人,为部下达计划数4 300人的95.5%,比"六五"期间增加24.3%;年均在校生为3 189人;函授分院累计毕业本专科高函生5 748人;高函累计招生8 375人,年均在学高函生7 411人;院本部累计毕业外国留学生35人,招收外国留学生66人;累计培训局长及师资等661人;累计培养夜大毕业生85人,招收夜大学生400人;邮电培训中心累计培训中高级邮电在职人员4 608人,年均培训1 240人。

在专业设置方面,为了适应社会主义经济建设及邮电通信事业发展的需要,学院在"七五"期间进行了积极的努力,除充实完善有关通信电子类专业外,增设了邮电部急需的邮政通信管理、邮电经济管理、科技英语等专业和面向邮电工业企业的应用电子技术专业,以及加强政治思想教育的思想政治教育专业。使本科专业由 1985 年的 10 个增加到 1990 年的 19 个;硕士专业由 1985 年的 8 个增加到 1990 年的 12 个;博士专业"七五"期间没有增加,到 1990 年底仍为 3 个。

2. 基本建设计划执行情况

"七五"期间,邮电部直接安排的 300 万元以上基本建设项目我院有教学实验楼(22 310 平方米)、职工宿舍(14 000 平方米)、联片供暖(3 750 平方米)及函授分院教学楼(5 500 平方米)4 项,总建筑面积为 45 560 平方米,原计划"七五"投资 2 574 万元。计划中函授分院教学楼一项未能开工,实际竣工建筑面积 39 025 平方米,完成投资额 4 397.7 万元。

3. 办学效益的实际情况

从人员效益看,按校本部"七五"期间年均在册教职工人数与折合本科学生数(按教委规定的博士生、外国留学生 1∶3,硕士生 1∶2,研究生班 1∶1.5 计算)之比,已由 1985 年的 1∶1.48,提高到 1990 年的 1∶1.96;师生比例由 1985 年的 1∶3.85 提高到 1990 年的 1∶5.22。以上两项人员效益比均未考虑代培生、在职培训生及夜大班学生。

从经费效益看,"七五"期间,国家核拨我院的教育事业经费年拨款(按邮电部年初一次性核准数计)已由 1986 年的 825 万元,增至 1990 年的 987 万元,5 年累计拨款 4 494 万元,较"六五"累计拨款 3 201 万元增加了 40.4%;按国家计划内(即不含委托代培)折合本科在校学生数计算,我院学生年均占有教育事业经费在"七五"期间为 2 341.4 元/人,基本维持在"六五"期间年均 2 381.5 元/人的水准上。如扣除物价上涨因素,则实际水平在下降。

4. 教学与科研情况

"七五"期间,在教学方面,我们从德、智、体全面提高学生素质的思想出发,注重贯彻"加强基础、拓宽专业、重视实践、培养能力"的教学原则,努力探讨教学改革,实行了较为灵活的学分制及主辅修学位制,开展了不同层次的教学评估,进行了生产实习及社会实践等改革尝试。在提高学生外语水平及计算机能力方面的教学改革,已经初见成效。

在科研方面,我院承担了国家光纤通信应用基础的研究、程控交换技术的支援系统及测试诊断软件的开发应用研究以及信号处理技术等方面的研究课题。与此同时,还承担了邮电通信急需的部分部级重大科研项目,初步形成了以光通信、ISDN 和程控交换技术为龙头的相关科技领域的优势,带动了其他学科科研的发展,促进了重点学科建设和教师业务水平的提高。"七五"期间,我院共完成大小科研项目 120 项,其中通过国家级鉴定的项目 7 项,省、部级鉴定的项目 54 项。

(二)"八五"计划的制定

根据北京市高教局(89)京高教研字 003 号文《北京普通高校关于制订"八五"规划

工作的意见》的精神,我院于 1990 年 3 月成立了以副院长庄士钦为组长的"八五"规划领导小组,全面负责学院"八五"规划的制订工作。规划领导小组在对学院建设和改革情况进行调查分析及对人才需求进行预测的基础上,提出了规划初稿,经广泛征求各方意见,反复研究、修改,正式制定了学院"八五"计划,同年 6 月上报北京市高教局和邮电部教育司。计划的主要内容是:

1. 编制"八五"计划的指导思想

根据邮电部教育司的部署和要求,我院编制"八五"规划的总体指导思想是:必须把坚定正确的政治方向放在首位,切实贯彻"治理整顿,深化改革"的方针,坚持邮电教育为邮电通信服务的思想,从学院现有条件和规模出发,实事求是地安排好学院的"八五"计划。具体要求如下:

(1) 进一步坚定"教育必须为社会主义建设服务"的办学方向。教育改革、专业设置和调整,首先必须面向经济建设,紧密结合邮电通信的生产、建设和科技进步,为邮电部门培养更多懂引进、善消化、能开发通信新技术的专门人才和业务骨干,充分发挥教育的骨干支撑作用;同时还要从教育自身具有超前性和周期长的特点出发,考虑到邮电通信事业在"四化"建设中必须优先发展的实际需要和 21 世纪步入信息社会对邮电通信事业提出的挑战,重视必要的基础研究和技术储备。

(2) 认真贯彻"教学科研并重"的方针,着眼于提高教育质量,坚持教学与科研、生产劳动与社会实践相结合,真正做到"既是教育中心,又是科研中心"。

(3) 坚持走以改革和扩大内涵为主的持续稳步的发展道路,相对稳定招生规模。同时也要抓住时机,创造条件,搞好基本建设,充实和更新教学实验设备,逐步完善教学设施,相应改善教师和学生的住房条件,为今后的长远发展和尽快达到学院既定的办学规模奠定基础。

2. "八五"期间的主要任务和指标

(1) 招生规模。根据邮电部教育司关于在"八五"期间普通邮电高等院校原则上不再扩大招生规模的总体部署和要求,我院"八五"期间每年招生规模大体按 1990 年水平安排,并力争尽早向港、台招生,即 5 年累计招收研究生 666 人(其中博士生 104 人),毕业研究生 589 人(其中博士生 60 人);招收本专科学生 4350 人,毕业本专科学生 4200 人;招收外国留学生 80 人,高函生 4000 人,进修及在职培训生 13200 人/月,夜大生 900 人。

(2) 专业设置。要在巩固、提高原有本科专业的同时,争取扩大招收博士生和硕士生的学科(专业)点。力争在 1995 年我院的博士学位授予学科、专业点将由现在的 3 个增加到 4 个;硕士学位授予的学科、专业将由现在的 9 个增加到 12 个;大学本科专业将按国家教委普通高校新的专业设置目录进行统一调整,并根据部教育司的安排,首先搞好通信大类的专业调整工作。"八五"期间,除要花大力气把"通信与电子系统""电磁场与微波技术"两个已列为国家重点学科建设好外,还要争取和创造条件建立博士后流动工作站。

(3) 科学研究。"八五"期间。我院科学研究的重点仍要放在光纤通信、ISDN网、程控交换技术及数字式移动通信等方面。

(4) 实验室建设。截至1989年底止，全院10279台件教学科研仪器设备中，70年代以前的有5914台件，占总数的57%，即半数以上的仪器设备都急需更新换代。为此，"八五"期间要把充实和更新教学科研仪器设备（包括教学通信设备）列入重要议事日程，拟购置教学科研仪器设备2700余台件，约需设备费3100余万元。与此同时，随着教学实验楼的交付使用，要对全院教学实验室进一步作统筹规划。特别要在下功夫搞好"程控交换与通信网"国家重点实验室建设的同时，争取和创造条件将两个国家重点学科的部定重点实验室升为国家重点实验室。

(5) 队伍建设。"八五"期间要在进一步核定人员编制的同时，继续严格控制和压缩进人速度。除教师和自己不能培训的专业人员外，一般工作人员应从内部调剂解决。与此同时，要努力造就一批学术造诣较深的能覆盖全院各个学科的学术带头人的骨干队伍，重点要配齐两个重点学科的学术梯队。还要特别重视对青年教师的培养工作，加强对他们进行马克思主义基本理论的教育，引导他们参加社会实践，注意教学基本功的训练，逐步成为教书育人的骨干，对其中脱颖而出的要加强培养，使之尽快成为学术带头人。同时还要从政策导向上，关心政工及机关队伍的成长和稳定，既要严格要求，又要重视对他们的培养和提高。

(6) 校舍建设。根据邮电部教育司关于在"八五"期间，教育投资除完成在建项目和偿还院校贷款外，只能解决一些配套教学设施（包括高等函授）和相应的教师、学生住房问题这一总体部署要求，我院将本着过几年紧日子的精神，按照学院实际情况分清轻重缓急，拟在"八五"期间连同续建及新上基建项目共13项。总建筑面积为62051平方米，总投资为5093万元。

3. 实施"八五"计划的几项主要措施

为使我院"八五"计划得以稳步实施，"八五"期间，学校工作的着眼点主要放在"深化改革，提高质量"上。

(1) 加强思想政治工作，调动全院师生员工的办学积极性。要把坚定正确的政治方向放在首位，具体贯彻、落实到学院每个工作部门和各个工作环节。要通过对1989年春夏之交在北京发生的政治风波的反思，记取历史的经验，坚持党对教育工作的领导，认真贯彻党的教育方针。在院党委的统一领导下，恢复和发扬党的"三大作风"，广泛开展创优评优活动，切实加强思想政治教育工作，调动全院师生员工的社会主义积极性。依靠他们，充分发挥他们的聪明才智和创造性，同心同德，共同努力办好北京邮电学院。

(2) 不断深化改革，逐步完善学院内部管理体制和运行机制。"七五"期间，院内的各个部门和各项工作，都进行了一系列的改革尝试，对此，我们要在认真总结的基础上，兴利除弊。对于一些经过一段实践证明行之有效的改革方案或单项改革措施，要尽快完善，大力推广，并使之规范化、制度化。进而以科学、精简、高效为目标，逐步完善学院内部管理体制和运行机制。

（3）认真贯彻"治理整顿"的方针,大力倡导勤政廉洁,艰苦奋斗的作风。"八五"期间,要始终本着"过几年紧日子"的精神,深入持久地开展"双增双节"活动,精打细算,把有限的财力用在刀刃上,制定切实可行的措施,杜绝各种浪费和"跑、冒、滴、漏"现象。

（4）加强组织领导,实行群众监督。对于本计划提出的任务、指标,要由各主管院领导分口研究部署,以指令性任务指标具体纳入每学期工作计划日程,督促所属职能部门和单位提出具体落实措施,并在每个学期末全面对照检查一次,检查结果要以工作总结形式向全院科室以上干部报告工作。

学校"八五"计划的制定,对学校的建设和发展起到了积极促进作用。

（三）院第十次党代会

在全国社会政治稳定,加快步伐深化改革的大好形势下,我院于1992年4月召开了第十次党代表大会。194名正式代表、14名特邀代表和34名列席代表出席了大会。

大会由昂秀芬同志致开幕词。党委书记李鹏飞、纪委书记黄金满分别代表第九届党委和上届纪委向大会作了工作报告。李鹏飞同志的工作报告,在回顾党委3年来的工作及学院各方面工作的进步和发展后,明确提出了学院在"八五"期间的奋斗目标。报告指出,"八五"期间,我院要认真贯彻中发(1992)2号文件精神,进一步解放思想,加快改革步伐,以提高教育质量和办学效益、加强科学研究和校办产业、进一步改善办学条件为重点,把我院办成在国际上有一定声誉,在国内具有一流水平、以工为主、工管文理相结合的多学科的全国重点大学。按照多层次、多渠道的办学模式,既要充分发挥我院在电子学与通信、计算机通信与应用、电子机械等学科的潜力和优势,办出自己的特色,力争在这些学科领域的教学质量科研能力与学术水平上,不断创出国内工科院校的新水平;同时又要审慎稳妥地调整好通信类学科结构和文理方面的新专业,注意发挥函授分院和培训中心等部门的优势,进一步搞好成人教育,把学院办成"既是教育中心,又是科研中心",具有教学、科研、生产及高函、夜大和继续工程教育等多种功能的邮电高等院校。围绕着上述目标,根据形势和任务的要求,报告进一步提出:要着重做好加强党的建设,发挥党组织的政治核心作用;继续落实德育首位,切实加强思想政治工作;加快改革步伐,增强办学活力;加强队伍建设,充分调动广大教职工的积极性等项工作。要求全体共产党员充分发挥先锋模范作用,团结全院师生员工,立足本职,努力进取,勇于改革,艰苦奋斗,积极推进北邮朝着一流水平的社会主义大学迈进!

在代表大会上,朱祥华院长作了题为"团结奋进、大胆改革,为实现我院'八五'计划而奋斗"的讲话。首先,他对几年来的学院行政工作进行了实事求是的总结,肯定了成绩,指出了存在的困难与问题;接着,他对学院"八五"计划中的几项主要任务指标作了简要的说明;最后,他又对深化学院内部管理体制改革问题,提出了几点设想,重点阐述了学院进行结构工资改革问题。

大会代表经过充分讨论和审议,通过了李鹏飞同志代表第九届党委和黄金满同志代表上届纪委所作的工作报告。并选举产生了21人组成的中共北邮第十届委员会和新的一届纪律检查委员会。

大会闭幕后,在第十届党委和新的纪委第一次全体会议上,经委员们选举和中共北京市委的批准,产生了由7人组成的党委常委,李鹏飞为党委书记,黄金满、昂秀芬为党委副书记;黄金满兼任纪委书记。

第八章 跻身"211工程"建设高水平大学（1993—1995）

1991年全国七届人大四次会议批准的《国民经济和社会发展十年规划和第八个五年计划纲要》中提出："有重点地办好一批大学。加强一批重点学科的建设，使其在科学技术和水平上达到和接近发达国家同类学科的水平。"为落实《规划》精神，1993年2月，中共中央、国务院发布《中国教育改革和发展纲要》，提出："为了迎接世界新技术革命的挑战，要集中中央和地方各方面的力量办好100所左右重点大学和一批重点学科专业。"根据这一精神，国家教委制定了《关于重点建设一批高等学校和重点学科点的若干意见》，对90年代和21世纪初高等教育的改革和发展做出全面部署，简称"211工程"。

在全国教育战线认真深入地贯彻《纲要》的大好形势下，我校以"学院"改"大学"为标志，跨入了以进军"211"为旗帜，以瞄准："通信领域国内领先、国际著名"为目标，以提高教育质量、科研水平、管理水平和办学效益为宗旨，以立足邮电、面向全国、走向世界为己任，建设高水平大学的全新发展时期。

一 把握有利时机，进军"211工程"

1992年11月中旬，国家教委在京召开的全国普通高等教育工作会议的主文件《关于加快改革和积极发展普通高等教育的意见》（此后，该意见由国务院以国发［1993］4号文转发）中提出设置"211工程"后，随即在11月下旬我校召开的二届二次教代会上，党委书记李鹏飞同志所作的题为《把握有利时机，加快我院改革和发展》的报告中，即以党的十四大和全国普通高等教育会议精神为指导，分析了我校改革的指导思想和任务，提出到1995年力争使学院在教学质量、科研水平、办学规模、学科结构以及办学效益等方面上一个新台阶，争取成为我国"211工程"中的一所重点大学。随后于12月底学校即向邮电部教育司递交了《关于北邮进军"211工程"构想的汇报提纲》。继而，于1993年4月上旬，国家教委"211工程"办公室主任王忠烈一行6人，到我校了解进行申报"211工程"进展情况。邮电部教育司司长葛镭、副司长王明芳、陈启祥和学校处的负责同志等出席了汇报会。会上钟义信副院长代表学院领导发表了《北邮进军"211"纲要》，向与会领导汇报了学院教学、科研及学科建设等方面的情况，从宏观上分析了北邮进军"211"的优势和差距,受到了与会领导的肯定和重视。

(一) 积极行动,按照程序申报

1993年7月,国家教委以教重[1993]3号向各省、自治区、直辖市教委、高教(教育)厅(局),国务院有关部委教育司(局),中国科学院,国家教委直属高等学校下发了《关于印发〈关于重点建设一批高等学校和重点学科点的若干意见〉的通知》,要求"各部门和地区要全面贯彻落实《纲要》和1992年全国普通高等教育工作会议精神,对本部门、本地区高等教育的改革和发展做出统筹规划,提出具体落实措施。在此基础上,有条件的部门、地区应着力办好一二所高等学校和一批重点学科点"。该《通知》还明确了当年"此项工作的重点是,少数具备条件的中央部委和省市,在全面贯彻《纲要》和普通高等教育工作会议精神的同时,可以先走一步,做好重点建设高等学校及重点学科点的可行性论证和主管部门的预审工作"。7月底,国家教委又下发了教重办[1993]1号《关于做好重点建设一批高等学校和重点学科点主管部门预审工作的通知》,从此使高校申报"211工程"的工作,由开始自发性的甚至带有一定盲目性的初始阶段,走上了有组织有指导的规范化、程序化、科学化的轨道。

国家教委制定并印发的《关于重点建设一批高等学校和重点学科点的若干意见》中明文规定:"211工程"建设项目的立项,采取专家咨询和行政部门决策相结合的方式进行,"立项程序分为预审、预备立项、评审和批准立项等四个主要步骤,按照国家教委的统一部署进行。首先由有关高等学校进行项目可行性论证,完成后向主管部门申请预审;预审通过后由主管部门向国家教委申请预备立项,经审核同意后即可预备立项;在预备立项后,视重点建设的进度及效果,由主管部门向国家教委正式推荐申报,国家教委将视条件,分批组织专家评审,通过后由国家教委会同有关主管部门批准,即正式立项,下达项目建设任务书。"

我校于1993年5月向邮电部教育司报送了《攀登"211工程"实施计划(送审稿)》,该实施计划从我校进行"211工程"建设的重要性、可行性、奋斗目标、存在问题和攀登措施与实施计划等五个方面作了初步分析和较系统的陈述。同时,为加强对学院申报."211工程"工作的组织领导,便于对国家教委"211工程"办公室部署的各项工作进行及时的研究和决策,更好地取得上级主管部门的指导和支持,对学院原有的"211工程"委员会作了进一步调整和充实,增加了上级领导机关的有关领导同志。调整后的"北京邮电学院'211工程'委员会"主要由五部分人员组成:①邮电部教育司领导及其相关处的负责同志;②学院的主要党政领导;③学院主要相关职能部门的负责人;④院各主要重点学科委员会主任及院学术委员会主任;⑤各系系主任。委员会共由29人组成,部教育司葛镭司长出任委员会主任,副主任由陈启祥副司长(后改由周继鑫副司长接任)、朱祥华院长、李鹏飞书记和钟义信副院长四位担任,院领导在分工中明确由钟义信副院长具体分管主抓此项工作。委员会下设北邮"211工程"办公室,作为具体办事机构,挂靠在研究生部。5月中旬,学院以(93)院研发字第89号《关于成立"北京邮电学院'211工程'委员会"及其办公室的报告》向邮电部教育司报告备案,并抄报国家教委"211工程"办公室。

我校在积极申报"211工程"过程中,始终得到了邮电部的大力支持。其间,部领导及教育司、人事司、计划司、财务司、科技司等相关司局的主要领导同志,先后多次亲临北邮听取汇报,检查工作,对学校申报工作进行具体指导和交换意见,支持北邮进入"211工程"计划,并明确表示"八五"后期要在原计划投入的基础上经费有较大幅度的增加。吴基传部长上任后不久即抽出时间,听取了学校主要党政领导关于北邮积极争取进入"211工程"计划的专题汇报,并对学校的改革发展、校园建设、人才培养给予了具体指示。吴部长表示:要切实集中力量把北邮办好,争取进入"211"重点大学,除邮电部重点投入外,也要采取深化改革的办法来解决一些长期困扰学校发展的问题。

1993年12月,邮电部教育司以教校[1993]175号文,向国家教委"211工程"办公室正式提交了《关于开展重点建设北京邮电大学("211工程")预审工作的申请》,从邮电通信的大发展要求并促进邮电高等教育的大发展和北邮实施"211工程"计划具备一定的基础条件,以及建设目标和保证措施等方面表明了积极支持的态度。同时,对预审工作程序及进度做出了具体安排:①1993年下半年由北邮向部里提出预审申请;②同年底部教育司相关处对北邮实施"211工程"的必要性与可行性进行研究,审核北邮的申请,并行文国家教委申请开展预审工作;③1994年上半年根据国家教委对预审工作的批复,布置北邮进行可行性论证,并制订实施方案报部教育司;④1994年下半年,部教育司组织部内相关司局、邮电企业专家针对北邮的论证报告和实施方案进行审查,并形成指导性文件;⑤1994年底根据上述指导性文件,修订北邮的实施方案,并向国家教委申请预备立项。

(二)群策群力,做好预审准备

1994年1月,国家教委"211工程"办公室以教重办[1994]1号文,向邮电部教育司发出了《关于同意邮电部开展"211工程"部门预审工作的通知》。该通知明确提出:在预审中,应进一步明确北京邮电大学在部门所属高校中的重要地位。结合学校的总体规划和有关项目,落实部门提出的重点建设经费。同时,根据重点建设的实际需要,加大对北京邮电大学的资金投入。重点建设北京邮电大学,除有必要的经费保证外,在发展学校研究生教育等方面,也要采取积极措施,使其达到一定规模和水平,以实现邮电教育事业规划中提出的,将学校办成邮电事业教育、科研两个中心的目标。3月下旬,学校收到邮电部教育司下发的教校[1994]41号文《关于做好你校"211工程"建设立项工作的通知》后,在学校党政领导联席会上就《通知》要求的各项申报准备工作进行了专题研究,明确了学校整体建设论证报告、申报表格、重点学科点建设论证报告、录像材料和展览等各项准备工作的分工及完成时限要求。至暑假前,学校整体建设论证报告,重点学科点建设论证报告,录像片解说词及全套申报表格等文字材料均已完成初稿。暑假开学后,学校党政领导及相关职能部门、各重点学科和各民主党派的负责人,对两个报告稿分别进行了多次的研究、论证和修改,邮电部相关司局的领导曾几次应邀到校听取汇报和交换意见。其中学校整体建设子项目论证报告在主管校领导亲自修改的基础上,又进行了广泛征求意见,集思广益,反复斟酌,七易其稿,较好地体现了民主、科学、求是的精神。重点学科点建设子项目论证报告和录像片解说词,也都经过了反复多次的讨论和修改。"211工程"展览从暑假前夕成立3人筹备组开始,白手起家,利用暑假进行调研和考察提出了展览的总体方案,至8月底完成了全部的前期准备工作;从9月初到专家组进校预审的50多天里,全组(后期增加到7人)同志加班加点,挑灯夜战,他们以出色的成绩实现了"实干苦干完成'211工程'展览"的口号。共拍摄照片200多幅,编辑图片说明3万余字,完成书写和制作大、中、小号不同材料的美术字1 200余个,电脑刻字5 000余个,大幅面图案5个,共制作吹塑纸3层彩色图表88幅、各种美术图案29幅。录像组的同志也是整个暑假加班拍摄整理素材,30多分钟的录像片大部分内容都是新拍摄的,同时对学校保存的历史录像资料进行了回溯剪辑。经过他们的精心制作,6次修改,终于在短短的3个月时间里按时出色完成了录像片的制作任务。

为了让全校教职工了解学校"211工程"的申报情况,从而关心、支持并积极参与"211工程"的申报工作,9月下旬学校召开了"211工程"动员部署大会。会上,钟义信副校长首先就"211工程"的背景和国家教委关于重点建设一批高等学校和重点学科点的文件精神向全校教职工作了介绍。在介绍本校申报工作时,除介绍了学校申报"211工程"的总体目标和规划外,还着重分析了学校在学科建设和人才培养方面的情况,阐述了学校在通信相关学科领域所拥有的整体优势。同时,也明确指出了学校在科研条件、基础建设和管理等方面存在的差距。接着朱祥华校长在动员讲话中指出:北邮力争进入"211工程",是历史赋予我们大家的责任,也是通信事业大发展对我们提出的要求;同时,北邮也有进入"211工程"的可能。如果能顺利进入"211工程",学校将在科研经费等方面获得国家的更大支持,促进学校的迅速发展。同时,申报"211工程"也是一个系统工程,它需要学校各部门相互配合,共同努力,更需要全体教职工齐心协力,为之奋斗。为了争取上级主管部门对我校申报规划的认可,我们必须加强学校教学、科研、后勤等各方面的管理,找准差距,练好内功,为申报工作打下坚实的基础。李鹏飞书记在讲话中主要强调了三点:一是对于"211工程",全校教职工都要有历史责任感,大家要齐心协力,志在必得;二是要明确我们的优势,找出不足,进一步加强管理,提高教学科研水平;三是要有团结拼搏的精神,每个教职工都要从我做起,积极参与。最后,大会主持人黄金满副书记要求全体党员在"211工程"申报工作中,积极发挥党员的骨干作用;要求各级工会、共青团组织,积极开展工作,群策群力,争取"211工程"申报成功。动员大会激发了广大教职工争取进入"211工程"的责任感和紧迫感。会后,从学校整体建设规划到校园环境卫生,从录像制作、展室布置到各学科的演示汇报,从机关科室、系部教研室、实验(科研)室到学生班级,一时间在北邮校园里形成了一个空前的全方位的进军"211工程"的热潮。10月上旬,学校再次召开中层干部会,宣布学校进入迎接"211工程"部门预审倒计时的关键时刻,校党政领导进一步部署了工作,提出了具体要求,强调领导干部要站在历史的高度并以战略眼光来认识"211工程",要把实施"211工程"看成是学校发展的重要契机,看成是学校进步的里程碑,要求全校师生员工要把进军"211工程"的热情化为做好本职工作,努力搞好学习的具体行动。在全校上下共同努力下,各项准备工作卓有成效,受到了各方面的好评。经过预审考察,部门预审专家组认为北邮"整个论证工作发动广泛、准备充分,体现了认真负责、实事求是的精神"。

(三)实事求是,接受专家评审

1994年10月21日至23日,由邮电部邀请的15位通信科技专家(含7位著名中科院院士)和通信管理专家组成的北京邮电大学"211工程"建设项目部门预审专家组,对北邮进行了为期三天的部门预审。21日上午预审会开幕式由邮电部办公厅徐善衍主任主持,邮电部副部长林金泉,北京市政协副主席、市委教育工委书记陈大白,中共中央调研室局长梅兴保,国家教委"211工程"办公室副主任吴镇柔,北京市高教局副局长耿学超,北邮"211工程"建设项目部门预审专家组全体成员及我校党政领导出席了开幕式。我校各重点学科带头人、相关职能部门及各系部负责人列席了会议。

林金泉副部长在开幕式的讲话中充分肯定了我校近40年的建设成就后说:"北邮是我部唯一的国家重点高等学校,是培养高层次通信专门人才的重要基地。'211工程'的设置,为我们重点建设北邮,适应邮电通信高速发展对高层次、高质量人才的需要,提供了一个很好的外部环境。通过'211工程'建设,将会有力地促进北邮教育质量、科研水平和办学效益的全面提高,同时也会带动其他邮电院校的改革和发展,为我国邮电通信事业进入21世纪培养更多高水平的合格人才。所以,实施'211工程'是一项为迎接21世纪的挑战,适应邮电通信现代化建设事业的需要,加快邮电高等教育改革和发展的重大战略决策,部里坚决支持"。陈大白同志在讲话中对学校的改革不断深化给予了肯定;同时认为"校领导班子素质较高,事业心责任感强,是有战斗力的领导核心。在教育教学、科学研究、科技成果转化、学校与企业联合办学、国际交流与合作以及提高人才培养质量和加强党的建设、加强德育工作方面,都取得了很大成绩,这些都为学校进一步上水平、上台阶和参加'211工程'建设奠定了坚实的基础。北京市委、市政府赞成并支持北京邮电大学参加国家'211工程'建设,并愿意继续协助邮电部解决学校今后建设和发展过程中遇到的困难和问题,支持学校,把学校建设好。"

预审工作由专家组组长保铮院士(信号处理专家)、副组长熊秉群院士(通信与电子系统专家)主持,专家组成员有中科院院士王大珩(光学专家)、陈芳允(电子学专家)、林为干(光通信与微波技术专家)、王启明(光电子器件专家)、周炳琨(光电子技术专家)、叶培大(光通信与微波技术专家)和国家教委聘请的专家柯友安教授(信号与信息处理专家),邮电部领导和专家宋直元、周继鑫、熊庆模、戴爽、刘旺金、王树昌也作为专家组成员参加了整个预审工作。预审期间,按照国家教委关于做好重点建设一批高等学校和重点学科点主管部门预审工作的程序和要求,专家组听取了朱祥华校长等校领导所作的《北京邮电大学"211工程"整体建设规划工作汇报》和7个拟重点建设的学科点的工作汇报,观看了北邮"211工程"录像片和展览,并在对学校"211工程"整体建设和重点学科点建设两个子项目论证报告进行认真审议的基础上,实地考察了部分学科点、科研室、实验室,以及学生宿舍、学生食堂等教学、科研环境和基本设施情况。

23日下午,举行了预审工作总结会,专家组组长保铮院士代表预审专家组宣布了邮电部预审专家组对北京邮电大学"211工程"建设项目的评审意见。专家组认为:"北京邮电大学已经具备'211工程'重点建设预备立项的基础和条件,同意通过部门预审。建议邮电部尽快向国家教委提出预备立项申请,并进一步支持北邮按已列'211工程'建设目标予以重点建设"。同时,专家组对学校的建设与发展提出了四点建议:①在学科建设上,北邮应进一步发挥自己的特色,从高等教育的规律和信息科学的整体出发,进一步拓宽学科面,特别注意拓宽计算机科学、卫星通信和现代企业管理学科。加强内部的调整和联合,减少重复或交叉,充分发挥整体学术优势,使各学科的方向更加明确、集中,特色更加鲜明、突出。②要从进一步适应社会主义市场经济需要,培养跨世纪全面发展的优秀人才和加强学校管理、提高办学效益出发,进一步解放思想、加大力度、深化学校的教育教学领域和内部管理体制方面的改革。要在搞好开放办学的基础上,进一步面向社会,走向世界。③学校要利用邮电部加大投入的资金,更新设备,进一步全面改善教学、科研条件,有计划有步骤地把教学、科研实验室建设再提高一个档次。④加强研究生教育(特别是博士生的培养),提高办学层次。对中青年教师的培养要在现有基础上采取措施,进一步创造良好的成长环境,使之尽快成为跨世纪的学科带头人。

林金泉副部长代表党组讲话,他感谢专家组的辛勤劳动和认真审议,并表示今后要加大对北邮的投入,加快北邮的建设,同时要求学校领导要按照专家组提出的意见全面分析研究,对学校"211工程"建设规划进行修改充实,尽快报邮电部,部党组将正式开会研究,按"211工程"规定的程序做好下一步工作,早日向教委申请立项。林副部长还指示学校领导对这次专家预审工作要分层次向全校传达,并作进一步动员,依靠全体师生员工,上下齐努力,团结一致,朝着宏伟目标努力奋斗。

国家教委"211工程"办公室副主任吴镇柔对我校预审工作顺利完成表示祝贺。她说:专家组的评审工作只是第一步,在专家组工作的基础上,要进一步核实"211工程"的资金项目,分年度进行落实。希望学校加大改革开放力度,重在建设,真抓实干,为实现既定目标努力奋斗。

总结会上,邮电部财务司、科技司、计划司、人事司、教育司的领导也都作了发言,表示一定尽其所能,积极支持北邮进入"211工程"。

校党委书记李鹏飞代表校党政领导和全校师生员工表示:学校党政领导班子将根据专家组的意见,再接再厉,动员发动全校师生员工,重点从提高教育质量、科研水平、办学效益等方面加大改革力度,开拓创新,挖掘潜力,苦练内功,认真落实专家组对北邮建设与发展提出的建议,落实邮电部的指示精神,促进学校工作上水平,培养更多的优秀人才,为邮电通信事业服务。

预审后,学校党政领导及有关职能部门,遵照邮电部主管领导的要求,针对部门预审专家组在评审意见中提出的四条建议,在进行认真分析研究的基础上,对我校"211工程"整体建设子项目论证报告,从立项的总体思路与原则上作了进一步的补充修订。并于11月中旬,召开了全校教职员工大会,对学校申报"211工程"预审工作进行了全面总结和再动员。会上首先由庄士钦副校长传达了邮电部林金泉副部长,北京市政协副主席、市委教育工委书记陈大白,国家教委"211工程"办公室副主任吴镇柔等上级领导在预审工作开幕、闭幕式上的讲话,宣读了部门预审专家组的评审意见。接着,朱祥华校长作了题为《抓住机遇,埋头苦干,奋进211》的总结报告,全面总结了"211工程"部门预审前后情况,并就后续工作进行了部署和再动员。最后,李鹏飞书记在讲话中向大家提出要发扬四种精神:一是要有团结协作的精神;二是要有敢于创新的精神;三是要有艰苦奋斗的精神;四是要有乐于奉献的精神。嗣后,邮电部按照国家教委的有关要求,对专家组预审情况和学校关于申报"211工程"论证报告的补充修订意见进行讨论研究后,同意预审专家组的评审意见,对预审专家组提出的主要问题进一步明确了解决办法,对北邮"211工程"建设规划的实施,提出了保证措施,批准北邮申请预备立项,并于1995年2月下旬向国家教委发出了《关于申请北京邮电大学"211工程"预备立项的函》,从而使北邮成为跻身于首批接受国家教委审核"211工程"预备立项的重点院校之一。

二 深化学校综合改革,教学科研成果斐然

进入90年代,学校工作的目标主要是按照学院党代会提出的"以提高教育质量,改善办学效益和加强科研工作"为重点,促进学校的全面发展。特别是1993年党中央、国务院颁布的《中国教育改革和发展纲要》,既有重大战略方针,又求实务实,有具体政策和措施,是指导90年代乃至21世纪初教育的改革和发展,使教育更好地为社会主义现代化建设服务的纲领性文件。《纲要》不仅从教育面临的形势和任务,教育事业发展的目标、战略和指导方针,教育体制改革,全面提高教育质量,教师队伍建设以及教育经费等方面,为学校的教育改革和发展指明了方向,而且通过对《纲要》的贯彻实施,对学校的整体建设和全面发展,都是进一步推动。通过认真学习和以推进"211工程"为重点深入贯彻《纲要》精神,促使学校方方面面的工作在原有基础上出现了更加蒸蒸日上、欣欣向荣的新气象。

(一) 深化改革的思路

从1993年开始,学校围绕着"规模有较大发展,结构更加合理,质量上一个台阶,

效益有明显提高"这一高教改革和发展的主要任务,本着"立足邮电,面向全国,跟踪世界"的精神,采取"加快改革,积极发展,重在提高"的方针,在校内全面推行综合改革,加大教育改革的力度,注重扎扎实实练内功,努力促进教育质量上台阶,学校办学在规模、人才培养、科学研究、校办产业、管理体制、经费渠道、办学条件、保证机制等方面工作做出了积极的努力,并取得了进展,为今后的工作打下了坚实的基础。

改革的总体思路是:根据企事业分开的原则及学校行政管理、教学科研、校办产业、后勤服务各个方面的不同职能,建立不同的管理办法。教学科研是学校的主要任务,要进一步完善事业化的管理体制;校办产业应成为相对独立的经济实体,实行企业化管理;后勤保障要逐步转为经营性服务,进一步在承包制基础上推行事业单位企业化管理,并创造条件逐步实现社会化。党政机关本着"小机关、大服务"原则,逐步理顺校、系、所的关系,分清职责,精兵简政,采取治事用工相结合,职责权利相统一的原则,积极推进教学、科研、人才培养、教材、招生、毕业生就业、学制、学位等在内的改革。

为此在总结、完善信息工程系、基础部及图书馆改革试点工作的基础上,进而在全校推开。党政机关改革,本着精简、统一、效能的原则,遵循"按章办事,以法治校"和"小机关、大服务"的精神,将党委宣传部和统战部、监察室与纪委合署办公;思想政治教育教研室并入社科系;总务处与膳食处合并成为后勤处。通过调整合并和合署办公,进一步精简了校内机构,转变了行政职能,减少了管理层次,加强了归口管理,提高了工作效率。

在人事制度上,着重抓了强化定编意识,调整人员结构,解决骨干队伍的新老交替。校内落实了系部等单位(除机关和后勤处外)的人事定编,推行了流动编制和企业编制,实行校内人才流动。制定了《北京邮电大学人事制度改革实施方案》。实行以公开招考、平等竞争、择优录用为原则的调入人员制度。

在分配上,开始实行国家工资为主,校内津贴为辅,双轨运行,统筹管理的校内分配制度,初步打破了"大锅饭",出现了教师争着上课的现象。与此同时,启动了医疗和房租改革。

在经济财政管理方面,在开办校内银行积累经验的过程中,又成立了学校结算中心,为了治理经济秩序,加强统一管理,学校基本收回了在外的账号,克服了经济管理工作中过于分散的混乱现象,以集中财政能力,发挥银行和结算中心机制的作用,吸收了各种闲散资金,充分利用沉淀资金和资金运转时间差,为学校产生了经济效益,努力提高了资金的使用率。

(二)教学改革和教学发展

近两年来,学校把培养人才作为根本任务,全面贯彻党的教育方针,把深化教育教学改革、提高教学质量作为学校教育改革的核心,本着"加强基础,拓宽专业,重视实践,培养能力"的原则,积极而又稳妥地开展了以课程建设、教材建设、调整课程结构、严格教学管理和师资队伍建设等一系列教学改革,有力地推动了教育的发展,促进了教育质量的提高。

1. 深化教育教学改革,大力加强教学基本建设

(1) 学科专业建设方面,对于传统的专业,增设了新的专业方向,更新教学内容,拓宽专业面向。例如通信工程和无线通信合并成通信工程专业后,设立了4个专业方向,统一了教学计划,并准备按电子信息类专业招生培养。应用数学专业改造调整为信息科学专业,探索加强应用理科建设的新思路。计算机系的3个专业今年拟按教委引导性专业目录计算机科学与技术专业招生培养。适应邮电通信和科学技术的发展,"八五"期间增设了自动控制(网管网控专业方向)、管理信息系统以及信息科学3个专业,部批准筹建货币银行学专业(邮政金融专业方向)。

(2) "八五"期间,北邮进行了系统的课程建设,投入课程建设费总计82万元,先后组织由近百名校内外教授、副教授组成的评估专家队伍,本着"以评促进,重在建设"的原则,对大量自评优秀的课程进行检查评估,共评选出校级一类课程21门次,我校电子与信息类专业80%以上的主要基础、技术基础课达到校级一类课的标准,为提高人才培养质量,打下了良好的基础。

(3) 在邮电部的大力支持下,我校"八五"实验室建设取得明显的成绩。校园网的建成,将为北邮开拓新的信息源。在本专科招生规模增加百分之五十的情况下,由于大量更新和增加了教学实验设备,仍然保证了基础课和主要技术基础课实验人均一组,百分之百的开出率。电路中心被国家教委授予"全国普通高校实验室工作先进单位",并荣获国家优秀教学成果二等奖。北邮学生在北京高校绿杨杯电子电路技能竞赛中夺魁,在1995年第二届全国大学生电子设计竞赛中获全国一等奖一个、二等奖一个。

2. 拓宽专业加强基础

(1) 整体优化教学计划

改五天工作制以后,我校及时按国家教委五天工作的要求,重新修订了95级教学计划,按比例压缩了课内总学时,由93级2941学时压缩为2567学时。按比例压缩学时,但确保公共基础课专业基础课的比例仍然占总学时的80%左右。从93年起每年组织校级系列课程研讨会,专门研究课程内容体系改革。在此基础上重新修订95级教学计划及课程教学大纲。95级教学计划中突出特点是加强基础,相近学科专业基础课打通,指选课按专业方向分组,学生必选一个方向组课程,并兼学其他方向组课,在不膨胀学时的条件下,展宽专业知识面。

(2) 进行面向21世纪教学内容课程体系改革与实践活动

我校申请被批准的国家级软课题项目有两项,其中"电子信息类人才培养方案及教学内容体系改革的研究与实践"我校为主持单位,"电工、电子系列课程教学内容与课程体系的改革与实践"我校为参加单位。我校被批准的邮电部项目有"面向21世纪邮电高教改革的研究"。目前我校正在进行校内课题立项遴选工作,已被列为校级教改课题项目的有6个:

- 电子与信息类专业数学系列课程教学内容与课程体系改革的研究与实践；
- 物理课程教学内容体系改革的研究与实践；
- 电路系列课程教学内容体系改革研究与实践；
- 计算机系列课程教学内容体系改革研究与实践；
- "两课"教学内容体系改革的研究与实践；
- 电子信息专业工程实践系列课程内容体系改革的研究与实践。

我校是以电子学与通信学科占优势的学校，我校申报并被批准了国家教委面向21世纪课程内容体系改革与实践的项目。进行电子学与信息技术专业人才培养模式的研究试点。

① 非计算机专业计算机课程改革从93级开始分三个层次教学：

第一层次，计算机的初步知识和计算机操作开设《微型计算机操作》课程。

第二层次，具备用一种高级语言编写程序的能力，开设《高级语言程序设计》课。

第三层次：进一步学习计算机软、硬件知识，使学生具有开发计算机应用软件的初步能力。

② 经济管理课程：我校在1993年按教委新专业目录调整邮电经济管理专业为经济学专业，并增设了管理信息系统专业。在管理系各专业中削减了工程管理的课程，增开课经济管理及金融方面的课程。全校开设了五门经济管理指选课，每个学生必选2学分。任选课中有11门经济管理课程。

③ 在复合型人才培养方面，我们实行了双学位制和辅修专业制。

④ 在拔尖人才培养方面，我们在数学、物理、英语等全校公共基础课方面实施分级教学、鼓励优秀学生脱颖而出。具体措施是数学、物理采取 A、B 班分级教学，英语基础课采取跨班分四级教学。为了转变教育思想使学生有自我完善、自我设计能力，学校教学管理方面将进一步加大教学计划的弹性力度，不断完善学分制。

由于我校大力加强课程建设，因材施教，在高数、物理、英语课中实施分级分层次教学，北邮学生在国家教委组织的数学、物理和四级英语考试中的成绩在北京高校中属于一流水平。"八五"期间在高校数学、物理、数学建模及电子设计竞赛中，获北京地区一等奖30人次，二等奖36人次，三等奖59人次，全国一等奖9人次，二等奖12人次，三等奖9人次。北邮获全国优秀教学成果奖1项，北京市优秀教学成果奖6项，国家级优秀教材2本，省部级优秀教材20本。

3. 抓教学基本建设，提高教学质量

为提高整体办学效益，扩大招生规模，翻建了两幢学生宿舍，同时为调动研究生导师的积极性，采取自筹经费扩招研究生等措施，使我校1993年本专科生和研究生招生规模跃上了一个新台阶，分别达到了1 225人和241人，分别比上一年增加了27%和48%。1994年本专科生和研究生招生规模在1993年的基础上又有了新增加，达到了1 242人和260人。接近达到预期在校生5 000人的规模，并且使研究生首次突破500人，达到600人的在校生规模。同时认真组织贯彻落实国家教委《关于学位与研究生教育改革和发展的若干意见》,积极做好增设博士、硕士学位授权点和增列"博士生导师"工作。经国务院学位办第四批审核批准,我校新增博士点1个(管理专业),硕士点1个(密码学)和博士生导师6名。

为了适应国家建设特别是邮电通信事业的迅猛发展,我校本着"按学科办院系,按院系办专业"的原则,对原有部分本科专业进行了压缩改造。1993年将原有的19个本科专业调整压缩为16个。增设了"管理信息系统""信息科学""劳动经济"专业。1994年又申报增设了"自动控制"本科专业,"货币银行学"(邮政金融专业方向)本科专业正在筹办中。

在进行教学内容和体系改革,优化学生知识结构方面我校主要抓了两项基本建设:一是教材建设;二是(I)类课程和系列课的建设。

在课程建设上遵循"以建设为主,评建接合,以评促建"的原则,在近几年先后对全校20多门主干课进行评估,其中11门达到(I)类课水平,使我校的课程建设与评估工作从原来的单科独建,各自为战,进入到纵横有序的系列课程建设的新阶段。并对"电路系列课程""信号与系统系列课程"以及"非计算机专业计算机系列课程"的课程结构,分工接口进行了优化研讨,为探索系列课程建设的新路子迈出了可喜的一步,在此基础上,1994年又成立并启动了"非计算机专业计算机课程""电路课程"和"经营管理课程"等三个系列课程教学指导小组,调整了教学计划和教学大纲,优化了骨干课程的内容体系。

在教材建设上积极组织广大教师参加《邮电高校八五教材建设规划》《北邮八五后三年教材出版计划》及《北邮211工程教材及专著出版规划》投标。学校为搞好教材建设,制定鼓励政策,调动教师编写教材的积极性,教师编写教材、讲义,记入教学工作量和考核积分,同时发放稿酬补贴。近两年共编写教材、讲义128种。在此基础上,定期进行优秀教材、讲义评选,教师评定职称时以教学为主的教师,正式出版的教材和科研成果一样对待。

学校每年设立10万元的教材建设基金,支持教材出版。近两届优秀教材评选中我校获国家级特等奖1本、优秀教材5本、部市级优秀教材26本。

加强校内外实践教学基地建设。根据教学大纲要求,学校成立了校教学实验室建设委员会;确立了"分层管理、专家把关、系(部、中心)为基础、教务牵头、三处(教务处、物资处、人事处)配合"的校内实验室管理体制。建立健全了《实验教学工作量考核办法》《实验室工作评估指标体系》及《实验室评优工作暂行规定》等一系列规章制度,对部分实验室进行了学术装修。同时本着"重视实践、培养能力"的原则,加强了实践教学环节,大学本科教学实践环节总周数约为40周,占理论教学时间120周的三分之一。管理学科研究生挂职实习已列为6学分的必修课;实行了基础课、专业基础课和专业课"实验一条龙"。

在建立相对稳定的生产实习基地方面,学生回原籍生产实习的试点工作,已扩展到12个省市,并在16个省市30多个邮电企业建立了正常的生产实习基地。我们还聘请了当地邮电企业有实践经验的专业技术人员担任教师,学校和企业共同制定生产实习大纲、日程安排及考核办法,增强了邮电企业在人才培养过程中的参与意识,取得了满意效果。我校教务处被市教工委、市高教局授予"北京市高校生产实习和社会实践先进集体"称号。

"八五"期间邮电部投资 3 500 万元,支持我校实验室及其他实践教学基地的建设。按照"加强领导,全面规划,分批建设,集中投入,保证重点,成龙配套"的原则,重新制定了"八五"实验建设规划。目前,我校基础课及主要专业基础课实验,达到一人一组及百分之百开出率。教学用微机 1300 多台,平均 6 人占有一台微机,在校生均占有微机率 26‰。专业实验室建设投资 848 万元正在按规划分步实施。校内 3 个电子工艺实习基地,金工实习基地以及"北京邮电培训中心"为学生校内实习提供了保证。

加强教学手段改革方面,1993 年 6 月,学校成立了"教学手段现代化指导委员会",制定了 CAI 教学及其现代化手段的建设规划,成立了 CAI 中心实验室,使我校的 CAI 教学从自发、分散走上了有计划、有组织健康发展的轨道。同时确立了"加大投入、确保中心、择优支持、挖掘潜力、分步推进、成果共享"的工作方针,当年由学校拨款 90 万元和一定数量的微机,建立了教师课件生成环境及教学多媒体使用环境,以及部分 CAI 演示教室,并于 1993 年底举行了首届 CAI 教学软件显示、评比活动,评选出优秀 CAI 课件 12 项,同时将采用现代化教学手段列入课程建设质量检查和评估的指标体系,调动了教师利用 CAI 进行教学的积极性,促进了 CAI 教学的开展。我校被国家教委吸收为全国普及工业学校计算机辅助教学(工科 CAI)第一批学校。

在教师队伍建设上,注意加强了青年教师队伍的建设。目前我校共有专任教师 877 名,35 岁以下青年教师 409 人,占教师总数的 46.8%。稳定这支队伍对北邮的建设与发展至关重要。因此,校、系党政领导都很重视青年教师工作,关心青年教师成长。本时期内的学校相继采取了一些措施和出台了一些鼓励青年教师脱颖成才的政策规定:一是兴建了一栋 5 000 平方米的青年教师公寓,集中解决了 140 多名青年教师的住房问题。二是设立了青年教师基金,支持青年教师开题立项,独立进行科学研究工作。三是认真做好各项评优推荐工作,近年来相继有 30 多名青年教师被评为北京市高校(青年)学科带头人和优秀青年骨干教师,有 23 名青年教师被评为邮电院校(青年)学科带头人和优秀青年骨干教师。四是对青年教师进行教师职业培训。五是将青年教师作为跨世纪人才培养的主要力量。

在学风建设上,严格了教育管理和教学纪律,认真抓了考风、学风,严肃了考纪,坚持考教分离,建试题库,使用了双(A、B)卷;严格了考勤,使到课率达到 98%,体育达标率 98.2%,我校教务处被国家教委评为"全国先进教务处"。

上述措施,对教学质量的不断提高起到了积极的作用。在近年我校学生参加国家英语四级考试,北京市高校数、理竞赛中取得优秀成绩的基础上,1993 年继续取得好成绩。在 1993 年北京市第五届大学生数学竞赛中,本科甲组(重点院校组)获得一等奖 1 人,二等奖 3 人,三等奖 2 人,纪念奖 4 人;专科组一等奖 1 人,二等奖 1 人,本、专科在参赛院校中双双名列前茅;同时,在全国大学生物理竞赛中,获一等奖1人,二等奖1人,三等奖7人。1994年在第六届北京市大学生(非数学专业)数学竞赛中,本科甲组获得一等奖1人,二等奖6人,三等奖5人;专科组三等奖1人,获奖名次仅次于清华,排在第二位。此外,我校外语系学生在1993年参加国家教委外语教学部组织的全国英语专类学生四级统考中,通过率达93.46%。既高于综合大学平均54%的通过率,也高于外语类院校平均57%的通过率。在此基础上,1994年我校学生参加全国大学英语四级统考中,通过率上升为95.9%。

4. 加强校企合作,开展多种形式的联合办学

党的十四大提出:要"积极发展"高等教育,"鼓励多渠道、多形式社会集资办学","促进教育同经济、科技的密切结合"。《纲要》明确提出:要"改变政府包揽办学的格局,逐步建立以政府办学为主体、社会各界共同办学的体制"。"高等教育要逐步形成以中央、省(自治区、直辖市)两级政府办学为主、社会各界参与办学的新格局;职业技术教育和成人教育主要依靠行业、企业、事业单位办学和社会各方面联合办学"。学校在总结创办平谷和福州分院联合办学经验的基础上,从1992年下半年开始,在校内推行以学科建设为龙头的综合改革的同时,积极探索通过与国内外企事业单位联合办学的新路子,并提出了实行"一校两制",加强校企合作的构想。

(1) 校企合作,联合办学的基本思路

一方面,北邮作为一所以培养研究生和本科生为主的部属全国重点大学,被邮电部确定为由部门办学为主的学校,学校的办学方向、人才培养规格、办学经费投入主要由邮电部负责。在这一前提下,提出"一校两制"正是为了适应"国家统筹规划、宏观管理、学校面向社会自主办学"这一高教体制改革的总趋势,增强学校主动适应经济建设和社会发展的办学活力及灵活性,探索双向参与,产学结合的运行机制。另一方面,我国邮电通信事业持续超常规的发展速度,大量新技术、新设备的引入,使通信企业对各类专门人才的需求急剧增加,对现有管理干部和技术骨干进行现代企业管理和高新技术培训的呼声日益高涨。这种客观形势,为学校依靠自己雄厚的科研力量和师资优势,调动企业参与办学的积极性提供了良好条件;有利于按照"一校两制"的构想,在完成国家计划内办学的同时,在国家和邮电部的政策指导下,按照日校教育和在职教育"两个轮子一起转"的方针,以继续教育为重点积极开展在职教育,统筹规划学校计划外办学活动,最大限度地满足邮电通信事业对各类专门人才的需求,为推动行业技术进步做出贡献,同时利用企业和社会的支持改善办学条件,利用行业优势,巩固和发展学校科研实验场所和生产实习基地。

(2) 校企合作,联合办学的主要形式

我校与邮电企业联合办学的形式,在原有合办分校的基础上,又增加了董事会办学及联合建立科学研究与科技开发实体等形式。其一,董事会办学。在原北京邮电学院教育合作指导委员会的基础上,我校与部分邮电企事业单位磋商,于1993年12月成立了北京邮电大学董事会。首任董事长由朱祥华校长担任,副董事长由海南管局孙甫局长担任。董事会由校企双方共同组成的董事会秘书处(设在我校)沟通与董事单位的联系,负责具体落实董事会议议定的事项。董事会的基本任务是:在董事会章程规定的"平等协商、互利互惠、权利义务对等"的原则基础上,对北邮计划外办学(包括委托培养、高等函授、继续教育等)的办学方向、专业设置、培养规格、招生及毕业生就业进行统筹决策,参与管理;校企双方充分利用各自的优势,在科研、开发、生产、技术咨询等方面广泛合作。学校优先向企业提供技术成果,接受委托的研究任务、技术引进消化任务和重大工程项目,帮助解决技术难题,优先优惠提供对外开放的教学、科研设备。企业优先优惠向学校提供科研和实习场所,筹集资金和设备,支持北邮的建设和发展,宣传北邮的教学、科研成果和发展状况,推广应用北邮的科技成果等等。首批董事单位17家通信企业对董事会办学形式表示满意。他们认为,对国家计划内办学任务按现有体制实行事业管理,对计划外的办学活动在国家和邮电部的政策指导下,纳入董事会实行企业管理,这种"一校两制"的管理体制,不仅最大限度地满足了邮电企业对各类专门人才需求的灵活性,而且还可利用企业和社会的支持改善北邮的办学条件,是高教体制改革的新尝试。董事单位还提出要学习借鉴邮电事业发展依靠中央、地方、集体、个人"四个一齐上"的经验发展邮电高等教育,并表示全力支持北邮进行"211工程"项目建设。1994年,学校根据企业和董事单位的要求,除在校开办培训班之外,还派出教师在海南、四川等省、市开办培训班,培训对象主要有两类:一类是业务技术骨干的高新技术培训,一类是对各省管局及地市局领导和总工进行高新技术与现代企业管理培训;其二,加强国际合作,联合建立科学研究和科技开发实体。

从校企长期联合办学考虑,我校除积极与有关董事单位协商筹建研究开发实体外,还先后与加拿大贝尔北方研究所(BNR)、美国摩托罗拉(MOTOROLA)、瑞典爱立信(ERICSSON)、韩国三星(SAMSUNG)等10余家著名的通信产业公司建立了合作关系,特别是与加拿大北方贝尔研究所合作在我校建立的"BUPT/BNR电信研究开发中心"已于1994年7月23日落成运行。贝尔研究所是世界上最大的电信研究与发展组织之一,在设计和开发先进的电信系统方面占世界主导地位。该研究所在6个国家建有实验室,与我校建立的"研究开发中心"是我国唯一的一个实验室,也是全球第11个实验室。"研究开发中心"的宗旨是为我国的通信高科技产业服务,提高双方在通信高科技领域的领先地位,提高北邮掌握先进通信技术开发能力和高新通信技术的研究发展能力,使之成为世界电信领域著名的研究和教育机构。1994年开始,"研究开发中心"逐步开展轮换选拔我校青年教师到中心工作,两年后回原单位;向本科高年级学生开设选修课并吸收部分学生进行临时性项目研究;吸收部分研究生进行项目研究;在校内举办通信新技术研讨班等活动。"研究开发中心"的建立对于我校科研上水平、上档次,提高师资队伍水平,提高教育质量均有积极的促进作用。

(三) 开创科技工作新局面

"八五"期间的科技工作在一系列宽松政策的激励下,广大教学科研人员积极投身科研实践。学校在管理上采用"大管小放",一方面,加强对部委级以上级别纵向项目和跨系部大型对外合作项目的管理,为确保按期高质完成任务,在资金、人力等方面予以协调;另一方面,各系部独立承担的合作项目,由系部直接管理。这种管理模式,既提高了我校教师科研参与的普遍性,又推进了我校科研工作由无序到有序,由"游击战"向"大兵团"联合群体攻坚战的转化。"863"通信主题的联合申报,使我校中标率大为提高,充分体现了群体化优势,光孤子通信、CDMA 研究中心的建立、多媒体技术与图像通信协调组的相继建立,说明我校科研整体实力已得到社会认可。

我校的科研工作一直坚持面向经济建设,坚持科技是第一生产力的思想,调动了全校科技工作人员的积极性,已形成了以国家级、部委级和横向技术开发项目为主体的多层次,多渠道的科研格局。

在科研项目上,我们将目标搜索的视线不仅注意积极争取经济实惠的外协横向项目上,而且开始转向更加注重组织科研力量、加强校内联合,克服以往自立门户、单兵作战、导致力量分散,影响群体效益的弱点,发挥整体优势,全力以赴,一致对外,联手争取高水平的大型系统科研项目,使得我校 1993 年在纵向科研上有了重要突破,仅国家科技攻关、国家"863"计划、国家自然科学基金,以及博士点科研基金等高层次科研项目的合同经费,已上升到占全校科研项目合同总经费的 60% 以上,加上部级重大科研项目的合同经费则上升为 80% 以上。特别是在国家通信"863"计划项目中获得大面积中标,在 58 项"863"课题中,许多项目都有我校教师参加,其中仅由我校独立承担的就有 12 项。与此同时,1993 年我校共完成 60 项科研项目,共有 42 项高科技成果通过鉴定或评审其中多数达到国内外先进水平;有 5 项科技产品被列为国家级新产品,其数量名列北京市高校前茅,加上前两年,我校已有 11 项科技产品被列为国家级重点新产品。目前我校承担的 19 项"863"高科技课题和 24 项"八五"国家重点攻关项目进展顺利,已经取得一批阶段性成果,参加科研的专职及兼职人数共计 1 300 多人。

我校科研工作在邮电部、国家科委、外部委的支持下,特别是在"863"通信主题的执行、在科研水平全面提高的基础上,完成了以智能网、ATM、多媒体与图像通信、光孤子通信、光纤用户接入网、PCN 智能化研究以及 ISDN 网实用化设备等一批国内领先,接近国际水平的研究成果。我校科技力量在整个邮电科技大军中的重要方面军的地位,得到上级分管部门的确认,在 1995 年全国邮电科技工作会议中以文件形式确定了邮电高校科技队伍的地位,这就是"有为才有位"。

"八五"期间,我校科研经费总额达到 6 800 万人民币外加 40 万美元,为"七五"期间的 3.5 倍,完成项目数 512 项,其中部级以上占 42%,鉴定项目数 152 项,国内领先以上占 49%,论文发表数 2172 篇,其中那个国外发表数达 496 篇,占 23%。我校科研水平的迅速提升,成为邮电科技领域的重要方面军。

我校化学防护研究所(简称化防所)以彭道儒教授为首,有教授、副教授、高级工程师、工程师等 16 名科技人员,专门从事化学新物质合成与金属防腐蚀及电接触保护等科学领域的研究。除担负科研任务以外,化防所还生产彭道儒教授研制的获得国家发明二等奖的"DJB-823固体薄膜保护剂"和"BY-2电接触薄膜润滑剂",并担负着这两项列为国家"六五"至"八五"期间重点新技术的推广任务。其中"DJB-823固体薄膜保护剂"具有优良的抗腐、润滑和电气性能,有着广泛的应用前景。此外,化防所还生产研制"钢铁保护剂""电接触清洗剂"等,并对上述产品提供咨询服务。在有关上级部门的领导与大力支持下,通过全所科研人员的共同努力,化防所的一些研究成果为我国火箭发射、战略战术导弹、飞机、舰艇、雷达、通信、电子以及机械工业的发展做出了突出贡献,解决了许多长期难以攻克的技术难关。

(四)进一步开展科技产业与学术交流活动

在国家"经济建设必须依靠科学技术,科学技术工作必须面向经济建设"的发展科技基本方针以及党中央提出的"把经济建设转移到依靠科技进步和提高劳动者素质的轨道上来"的战略思想指引下,特别是1985年中共中央作出了关于科技体制、教育体制改革的决定以后,学院开始打破传统的封闭式的教学体制,利用和发挥学校的科技、人才优势,在保留和恢复了原有的以传统的实习为特点的校办工厂外,又兴办了以高新技术为主要特征的校办产业,使学院的主要科研项目和科技开发力量从"七五"开始,即已基本转移到为国民经济建设服务的主战场,进一步促进了学院校办产业的兴起。尤其是进入90年代,在改革开放大潮的推动下,学院在加强教育、科研两个中心建设的同时,凭借中央给予的北京市新技术产业开发实验区的优惠政策,以技术市场为导向,以科技产品为龙头,学院的校办产业(特别是高新技术产业)异军突起,发展迅猛。至1994年底,学校的校办产业已拥有三厂三公司,即北京邮电第四实验工厂、北京鸿雁电器厂、深圳北邮通信设备厂、北邮科技开发公司、北京星际通信有限公司和中山市泰康通信设备有限公司。共有职工559人,其中工程技术人员242人(占43.3%),投资总额1 100余万元,用房建筑面积2.1万平方米。1993年总产值8 140万元,销售总额7879万元,税后利润1146万元,上交学校265万元。另外还有印刷厂及各公司、工厂、系部先后成立的分公司、子公司。

为加强对校办产业的组织领导和宏观管理,1991年4月,根据国家教委部署,经院党委常委会和院长办公会研究决定,成立了"北京邮电学院校办产业管理委员会",作为学院宏观管理校办产业的最高机构。管委会下有常设办事机构——校办产业管理处,对全院校办产业实行统一归口管理。1992年7月,经院党政领导研究决定,对院校产管委会成员作了调整和充实,由黎荣龙副院长任主任。为进一步加强学校对校办产业的领导,1994年7月又成立了以校党委书记和校长为核心的校产领导小组,校产处仍为常设办事机构。

在产品结构方面,各企业以市场为导向,以科技为龙头,以系(部)为依托,先后研制、开发和生产了以高科技为主的20多种通信产品,其中获准的国家级新产品13个,北京市认定的高新技术产品13个。在国家科委和北京市组织实施的火炬计划中,我校有4个项目被列入国家级或市级火炬计划。HJD-21数字程控交换机连续两年被北京市新技术开发试验区评为"拳头产品"。在历届北京国际博览会上,我校参展的有两个产品获金奖,两个产品获银奖。在国家科委组织的第二届全国技术市场金桥奖评比中,我校信息工程系、计费技术中心荣获集体奖,华飞光纤光缆设备研究所(即布来得通信技术开发公司)受到表扬。在北京市新技术开发试验区组织的各种评比中,我校科技开发公司、星际公司被评为优秀新技术企业。通过参与上述评比活动,推动和促进了产业和企业的发展,提高了产品和企业的知名度,增强了企业参与竞争的意识。

由于我校在通信领域的学术地位和拥有一批功底厚、造诣深、有声望的中老年专家、学者,从20世纪开始陆续有越来越多的教师以专家学者的身份作为国家智囊成员参加高级科技咨询活动。这些活动不仅直接面向社会主义现代化经济建设的主战场,为国家高层领导提供了科学决策依据,而且培养和锻炼了一批中青年专家,提高了学校的知名度。1991年初,经叶培大与马大猷等七位中科院学部委员联名给党中央和国务院的最高领导者上书,呼吁设立"863"通信高技术研究主题。随后又就此向全国政协七届四次会议再度递交了大会提案。由于受到了中央和有关部委的重视和支持,很快经国家科委批准由叶培大教授领衔组成了"863"通信高技术战略研究组,叶培大任专家组组长。经过专家组半年多时间的多方调研和反复论证,"863"通信高技术主题的立项工作终于在1992年初获得国家终审批准。正式立项后,由当时参加立项论证专家组成员钟义信教授担任国家"863"计划通信技术首届专家组首席专家,并于1992年7月16日成立了"国家863计划通信技术"专家领导小组办公室(简称"863"办公室),我校是该室的依托单位。同年10月,叶培大教授还发起并组织有关专家、学者,就国家"八五"基础性研究重大关键项目完成了"通信网大系统理论及相关基础理论与技术研究"的课题研究咨询报告,由邮电部转报国家科委。1993年4月,为深入研究如何在我国发展高清晰度电视(HDTV)系统所涉及的战略问题,从国家的高度,结合国内外的政治、经济、技术形势,提出我国对HDTV这一全球性关键技术的发展所应采取的策略,国家科委基础高技术司成立了"高清晰度电视战略研究组",聘请了含5位中科院院士在内共43位相关领域的科技专家和管理专家组成研究组,由叶培大教授出任组长,专家组成员中还有我院全子一和张家谋2位教授。专家组于1994年1月如期圆满地完成了研究课题咨询报告,同年8月国务院批准正式立项。中科院为组织院士、专家就我国国民经济建设和科技发展中的一些重要问题,向党中央和国务院提出咨询建议,供领导参考,1993年12月12日在京召开了中科院技术科学部第32次常委(扩大)会议,会议确定从1994年起用一年至一年半时间完成"发展我国高速信息网的对策研究"咨询课题,请叶培大教授任组长,陈俊亮教授任副组长,成立了包括2名顾问在内,含14名中科院院士共37人组成的跨部门跨行业的专家研究组,实施该项目的研究。研究组成员中还有我校钟义信、梁雄健、舒华英3位教授和孟洛明、忻展红、吕延杰3位副教授。在全体研究组成员的共同努力下,就我国国家信息基础结构建设的重要性和紧迫性、现实性和可行性以及目标和措施,进行了认真的调研和论证。历时10个月,提前于1994年11月底圆满完成了咨询课题研究报告,并以中国科学院技术科学部的名义形成了《建设我国国家信息基础结构的紧急建议》,经中科院技术科学部常委扩大会议进一步讨论定稿后以中国科学院的名义于1995年2月上报中央。

三 学院更名为大学,提高办学效益

(一) 学院更名为大学

为发展我国邮电教育事业,适应国家经济建设和社会发展的新形势,尤其是适应邮电通信事业蓬勃发展的实际需要,国家教委于1993年12月6日正式批准北京邮电学院更名为北京邮电大学;继而,于次年1月17日,江泽民同志又亲笔为北京邮电大学题写了校名,成为北邮发展史上的一个新的里程碑,也是邮电高等教育发展史上的一件大事。特别是江泽民同志的亲笔题名,既是对邮电通信事业和教育事业重要战略地位的肯定,也是对我校建设和发展的最大关怀和支持。

1. 历史背景

为规范高校设置规格,1986年国务院以国发[1986]108号文发布了《普通高等学校设置暂行条例》,明确了称为"大学"的四条规定,即"主要培养本科及本科以上专门人才"、设有"三个以上不同学科"、具有"两个中心"的教育科研实力和水平,以及"全日制在校学生计划规模"在5 000人以上,继而于1992年年国家教委又公布了《普通高等学校申请更改名称问题的规定》。鉴于我校当时的实际情况已基本具备《条例》和《规定》中的有关条件和规定,为此,1992年12月学院即以(92)院办字第360号文向邮电部教育司递交了《关于将"北京邮电学院"校名改为"北京邮电大学"的申请报告》,并得到了邮电部的理解和支持,1993年邮电部教育司向国家教委转报了我校的申请报告,国家教委于同年12月6日即向邮电部发出《关于同意北京邮电学院更名为北京邮电大学的通知》,该通知指出:"为发展我国的通信教育事业,适应经济建设和社会发展的需要,鉴于北京邮电学院已基本符合《普通高等学校设置暂行条例》和《普通高等学校申请更改名称问题的规定》的要求,在全国高等学校设置评议委员会评议的基础上,经研究,同意北京邮电学院更名为北京邮电大学"。

2. 举行更名庆典

"学院"改"大学"是北邮历任领导及广大校友和在校师生员工翘首以待并为之不懈努力奋斗的建校目标之一,是北邮发展史上的一件大事。为此,1994年3月2日下午,学校隆重举行更名庆典。出席庆典的有邮电部部长吴基传、北京市副市长胡昭广、邮电部副部长林金泉、国家教委高教司司长周远清、副司长朱传礼、"211工程"办公室主任王忠烈、北京市委教育工委副书记朱全俊、北京市高教局局长助理张国义及海淀区委、区政府的领导、邮电部相关司局的领导、兄弟院校领导和首都14家新闻单位的朋友们。参加大会的还有孟贵民等学校历任在京老领导及现职党政领导,会议由校党委书记李鹏飞同志主持。会上,周远清司长宣布了国家教委《关于同意北京邮电学院更名为北京邮电大学的通知》;吴基传部长为江泽民同志亲笔题写的校牌揭彩并作了即席讲话;部人事司盛名环司长宣布了北京邮电大学党政领导任职名单:党委书记李鹏飞、副书记黄金满、王德宠,校长朱祥华、副校长黎荣龙、庄士钦、钟义信、昂秀芬、赵青山;林金泉副部长代表邮电部党组作了题为《为邮电事业大发展再展宏图》的重要讲话;朱祥华校长作了题为《抓住机遇,深化改革,开创北邮新局面》的主题报告。为庆贺我校更名,全国各地100多个单位发来了恭贺函电,有的还专程送来了花篮、牌匾等贺礼。庆典当晚,北京市邮政管理局、北京市电信管理局艺术团联袂为师生员工们进行了精彩的演出。

(二) 研究生教育步入新台阶

1993年邮电部教育司批准我校筹备研究生院,1994年9月开始我校实行研究生工作校、系两级管理。"八五"期间,研究生教育从邮电通信飞速发展对高层次人才的需求和学校的实际情况出发,采取多项措施提高研究生培养质量,研究生教育取得长足进步。

1. 加强学科建设,搞好研究生培养基地的建设

为搞好研究生培养基地的建设,学校始终把学科建设当作研究生教育的主线来抓,围绕这一主线做好研究生培养、课程建设、科学研究、导师队伍建设等方面的工作,并于1992年成立了校重点学科领导小组,由研究生院牵头,科技、物资、人事、外事、计财共同配合,协调组织全校学科建设工作。

为了能把学科建设工作进一步落到实处,每个系确定一个系主任分管学科建设工作。我校还按学科成立学科委员会,确定学科挂靠单位,并落实了各学科梯队和学科建设目标,对各学科的建设提出切实可行的论证报告。

我校为研究生所设的专业已覆盖了通信的主要领域。八五以来,随着教育改革的深入,专业面进一步拓宽,为面向世界、面向未来、面向新科技增加了一些新学科、边缘学科和交叉学科。现在已有国家级重点学科2个,博士学位专业(部级重点学科)5个,硕士学位专业(校级重点学科)13个。

我校在1991年获国家批准设立"电子学与通信"博士后流动站(含4个专业),1989年并被批准为在职人员申请硕士学位免检和在职人员申请博士学位试点单位,我校还是国家教委批准的招收在职人员硕士生进行单独考试的单位之一。

学校当时共有教师805名,其中教授136人,占15.5%;副教授269人,占30.7%;在博士、硕士指导教师中有中科院院士2名,中国工程院院士1名(兼),国家级有突出贡献的中青年专家12名,IEEE院士1名,国家首批跨世纪人才1名,并有一批跨世纪的优秀中青年研究生指导教师。1990年以来,我校向全国输送研究生(博士、硕士)共500余名。

"八五"以来我校建成国家重点实验室一个,1994年还建成了 BUPT/BNR 合作实验室,建设了研究生专用实验室 4 个。现代化的图书馆和校园信息网络已开始建设。这些都为研究生教育创造了具有发展优势的良好条件。

2. 提高办学规模效益,稳步发展研究生教育规模

多年来,我校注意通过多种途径扩大了与社会的广泛联系,积极开拓优秀生源,使研究生招生生源由原来相对单一,发展成为不仅有统考入学的应届生、在职生,还有推荐免试的直硕生、直博生、保留资格返校生等多渠道生源。

经费来源除原来单一的计划内招生外,每年还招收一定数量的委培、定向、单独考试入学的研究生,并在1993年开始招收计划外自筹经费研究生,自筹经费研究生包括导师和学校自筹两类。并在1993年建立了校研究生教育基金,进一步扩大了校自筹经费研究生招生规模,使我校的年招生数在1996年达到近400人。

3. 建立了一套较为科学的、可操作的培养管理制度

随着在校研究生的不断增加,我校今年开始实行校、系两级管理,在调查研究和总结我校十余年研究生管理工作的基础上,初步建立并正在逐步完善适合我校特点的校、系两级管理体制。由原来缺乏管理经验到制定比较配套的研究生招生、教务、培养、学位、思想教育等一系列管理规定,并汇编了《研究生培养方案》,《研究生学生手册》等管理文件,做到管理工作有章可循,其中,《北京邮电大学博士生培养方案》在全国重点院校中受到普遍好评;同时,运用先进的管理手段,建立了研究生管理数据库,初步开展了研究生院范围内的计算机联网,并将研究生管理信息系统接入校园网。

(三) 集中力量搞好国家重点实验室建设

我校的"程控交换技术与通信网"国家重点实验室,开始筹建于1991年初,是当时全国仅有的74个国家重点实验室之一。该实验室作为国家计委和国家教委领导的"世界银行贷款重点学科发展项目"中的一个子项目曾得到世行贷款110万美元的资助,邮电部投入配套资金412万元。项目要求该实验室要在1995年底之前通过国家验收,成为一个开放研究实验室。该实验室筹建初期是以计算机系通信软件研究室为基础,吸收校内其他系部分从事程控交换和通信网研究人员参加组建起来的。1992年3月邮电部人事司以邮部编(1992)7号文,批复同意我院"程控交换技术与通信网"国家重点实验室按院内系(部)机构管理,享受相应待遇。核增我院事业编制15人,重点实验室的编制在院内2 380人的编制总数中调剂解决。该室发展到1994年已有专职研究队伍包括正教授3人、副教授2人、高工1人,以及讲师、工程师等29人,还有7名客座研究人员,32名兼职研究人员。该实验室覆盖了我校通信与电子系统博士和硕士点以及计算机应用硕士点,包括兼职研究人员所指导的研究生在内,在实验室工作的有在站博士后1人,在学博士研究生19人,在学硕士研究生90余人。

为按国家教委要求建成开放研究实验室,做到研究课题和设备仪器都对外开放,以良好的研究条件和学术环境,吸引和聚集国内外学者和博士、硕士研究生在本领域内开展高水平的研究工作。实验室设立了开放基金,公开发布基金指南,由国内外学者自由申请,实验室择优支持。实验室的研究方向、研究课题和学术上的重大事宜由室学术委员会决定。室学术委员会主任由我校两院院士陈俊亮教授担任,副主任由清华大学朱雪龙教授担任。

为了创造一个良好的实验及研究环境,实验室购置了一批先进的仪器设备。其主要设备有 22 台工作站/服务器以及 25 台终端组成的计算机局域网,还有约 50 台 386/286 微机,其中部分接入计算机局域网。计算机内配有系统软件及程控和通信网方面的应用软件以及电子 CAD 软件。此外实验室有一台 S1240 程控数字电话交换模型机,作为程控交换和通信网的科研与教学之用。实验室的仪器有微机开发系统、单片机开发系统、规程分析仪、协议分析仪、网络分析仪、传输分析仪、逻辑分析仪、高档数字示波器、数模信号发生器、可编程脉冲信号发生器等高档仪表和通用测量仪表。

根据国外程控交换技术与通信网的发展趋势及国内通信行业发展的需要,该实验室确定的研究方向是:①程控交换软件:以 CITT 推荐的 SDLo 语言为基础,建立程控交换软件设计和测试的支撑环境。②窄带综合业务数字网(N-ISDN)的研究:主要包括 N-ISDN 在 S1240 程控数字交换机上的实现研究、N-IS-DN 的组网及实用化技术研究以及通信协议测试及验证系统的研究。③宽带综合业务数字网(B-ISDN)的研究:包括以 ATM 为基础的理论与技术研究以及 B-ISDN 的基本理论研究。④智能网的研究:包括智能网的基础理论及其实现技术的研究。⑤程控交换硬件测试与诊断:主要包括交换机系统测试与诊断软件设计,以及印刷电路板自动测试诊断系统的研究。⑥个人通信网(PCN)与数字移动通信网:包括移动通信网的理论与实现技术及 PCN 的信息与信号问题的研究。⑦通信网的基础理论与技术:包括网的优化理论与算法、网的互联理论与技术、网的有效性与安全性,以及一点对多点网络的构成与实现等方面的研究。

该实验室自 1991 年筹建开始后短短的两三年中,在基础理论及应用技术研究方面都取得了较为突出的成绩,共取得 6 项科研成果,其中 1 项获邮电部科技进步二等奖,3 项获邮电部科技攻关奖。1994 年该室人均科研项目经费达 20 万元。

此外,该室自筹建以来,通过多种渠道积极开展与境内外有关单位的学术交流与科技合作,相继与美国华盛顿大学、美国电话电报公司、贝尔实验室、加拿大北方电讯、贝尔北方研究所、瑞典爱立信、比利时阿尔卡特贝尔、德国西门子、中国台湾电脑与通信研究所、莫斯科电信学院、中国香港中文大学、意大利 Itetel、新加坡 Telecom、美国耐能公司等单位进行了学术交流或科技合作。与此同时,还与国内深圳华为公司、上海中比合资贝尔公司等产业部门建立了横向协作关系或开展科技合作。1994 年 11 月中旬,国家教委和世界银行联合组成专家组对该室的建设工作进行了中期检查。通过检查,专家组对两年多来在邮电部和学校各部门的支持下,经过实验室全体人员的共同努力所做出的成绩表示满意。下一个目标就是争取 1995 年首批通过国家教委和世界银行组织的验收,使国家重点实验室早日建成,对外开放。

四 函授教育荣获全国先进

(一) 不断前进的函授教育

学校函授教育开办于1956年,函授机构的名称在1979年以前为函授部,1987年以后称为函授分院、函授学院。在原邮电部教育司的领导下,北京、南京、武汉、西安、重庆5个邮电学院及部属长春邮电学校成立函授部,各省、市、自治区邮电学校成立函授科,开办函授的单位组成函授站,实行"统一领导,分级负责"的体制。其中,北邮函授部是全国邮电函授教育业务的牵头单位。截至1995年的统计数字,全国邮电系统有6个函授部,30个函授总站(函授科),333个函授站,为邮电企业培养了大批技术人才和业务骨干,仅据1995年的统计,邮电高、中等函授已向企业输送了33 000多名毕业生,其中高函生17 000多人。该年在学的高函生10 900多人,中函生11 600多人。

1976年以来,为改变当时63万邮电职工中技术人员只占3.7%的比例情况,函授部分批开办了载波、微波、长话、市话、农话、电源等方面的9门单科函授教育,受到广大邮电职工,特别是青年职工的欢迎。参加单科学习的函授生共42 000多人,经考试成绩合格的学院13 186人领到了结业证书。

1979年邮电高等函授学历教育正式恢复招生,首先开办的是微波通信、载波通信、电话交换和邮政自动化四个专业,当年在23个省、市、自治区入学的人数就达1 743人,1979年5月28日在长话大楼通过微波信道召开电视大会举行隆重的开学典礼。原邮电部李一清、赵志刚、成安玉3位副部长亲临大会,并由李一清副部长讲话。

全国邮电函授的牵头单位——北京邮电大学函授学院自创办以来,历经40年经久不衰,不断发展壮大,取得了令人瞩目的成就,归功于:

(1) 形成一个健全而又严密的邮电函授教育网,它由北京邮电大学函授学院——各邮电学院(含石家庄邮电高等专科学校)函授部——各省、自治区、直辖市函授总站——各地、市函授站四级组成,其中,北邮函院为全国函授教学业务领导单位。

(2) 在长期的办学实践中,邮电函授教育形成并贯彻了统一教学计划和大纲、统一教材、统一规章制度、统一教学进度、统一考试的"五统一"制度,还形成了有计划地召开网上各种会议的例会制度,从而保证了函授教育的培养规格和质量。

(3) 函院在部教育司的直接领导下,多年来形成了一系列完整的规章制度,从教学组织管理、过程实施、学籍管理到考务组织管理等都有章可循,使得全国300多个函授点从未发生过失控现象。

(4) 与企业有着极为密切的联系,并且面向企业,不断地调整专业设置和教学计划。各地的函授站,就设在各地市邮电局的教育科,邮电函授教育始终将自己的办学与邮电发展与企业需求相结合,努力为企业服务,因而也得到了企业全力的支持。

在办学层次和专业上，邮电高函已有本科、专科、专升本、专科第二学历四个教育层次，共开办了理工和文科两大类17个专业。函院还开办了"通信信息管理"专业的成人自学考试教育和工程师继续教育，新技术单科函授教育等非学历教育。邮电中函也开办了电信和邮政两大类11个专业。

函授教育近40年，培养和造就了一支过硬的教师队伍和一支富有效率的管理队伍。函院和各函授部共有专职教师166人，其中讲师以上141人，占85%；副高职以上教师70人，占42.2%，就是这支队伍培养了一大批为我国邮电通信事业发展做出重大贡献的高、中函毕业生。有相当数量的毕业生成了企业业务骨干、技术革新能手，有不少毕业生已担任各级邮电企业的领导职务。在全国成人教育界，函授学院取得了很高的声誉。1992年，函授学院获"全国普通高校成人教育先进单位"的光荣称号。

（二）"两个轮子一起转"

几年来我校的成人在职教育有了长足发展，为确保成人教育质量，对于教学过程严格管理，建立了一系列规章制度，使得成人教育教学各个环节都能很好地组织实施。我校成人在职教育稳步发展。

邮电培训中心克服办学中各种实际困难，近两年举办各类新技术短训班120余期，培训学院4500多人，为培训班开设了一系列跟踪电信新技术发展的课程。此外应邮电企业的要求，按照教委授予我校的权限，在京外与邮电企业合办了工程类在职硕士研究生培养基地，受到邮电企业、院校的欢迎。外语系、原管理工程系、社科系等单位接受部相关司局临时交办的各种短期培训班，都按期保质完成了任务。

为了加强在职教育力度，我校在总结近几年在职教育工作经验的基础上，与进行北邮"211工程"可行性论证的同时，又提出了北邮成人教育"121工程"规划。从提高121万邮电职工队伍素质的实际需要出发，为广大工程技术业务管理骨干提高学历层次和进行知识更新服务，真正做到日校教育与在职教育"两个轮子一起转"，实行多层次、多渠道、多形式挖潜办学。为此，学校成立了邮电职工教育处，加强对在职教育的归口管理。在认真分析了我国邮电行业职工队伍文化的结构层次，学校有针对性地抓了以下三方面的工作：

首先，抓好在职职工的学历教育，主要形式有：一是面向邮电企事业单位试招在职工程类型硕士研究生，联合邮电企业创办校外在职硕士研究生培养基地的试点。二是举办了"通信信息管理"专业自考班，脱产培训两年，使之达到本科水平。三是在继续办好现有各类函授班的同时，新辟"专升本"高函教育渠道。四是继续办好夜大学，进行成人专科学历教育。

其次，在邮电职工在职培训方面，主要做法是充分利用学校条件，稳定培训规模，保证培训质量；培训目标是以知识更新为目的的继续教育，主要进行高层次、超前性、战略性、理论性较强的培训；侧重电信，兼顾邮政、管理和外语。我校在发展在职教育方面办学条件还比较差,以后要设法加大投入,并尽量做到与日校教育资源共享,今年在邮电部的支持下将启动培训楼的建设工作。

此外,为解决因需求面过大,而现有师资力量不足的矛盾,目前我校正积极创造条件,逐步开展多媒体远程教育的研究和规划,力争采用各种现代化的教学手段和方式,制作多媒体教学课件,以最大限度地满足邮电职工"就近不离岗"进行业余深造的需求,进而逐步实现实时、交互式远程教育。

与此同时,我校作为邮电部认定的涉外培训基地,承担了亚太地区在职高级技术人员的培训,据最近统计,自1990年以来承担了涉外培训占邮电部涉外在职培训总量的88.2%。

五 德育工作与思想政治教育

(一) 坚持社会主义办学方向,落实德育首位

首先认真落实国家教委、市委教育工委、邮电部教育司和学校党委有关加强德育的各项部署和要求,切实加强马列主义理论课和德育课的教学,确保了马列主义理论课及德育课在教学计划中的位置。为落实德育首位,增加德育投入,每年拨款一万五千元,组织史学教研室教师到革命圣地(延安、西柏坡)、政治经济学教研室教师到沿海开放城市和经济特区(珠江、深圳、福建、山东等)参加社会实践和调查研究。拨款一万元,支持"政治理论课教育内容体系改革"研究课题。近二年,先后有72人次参加了各种形式的社会实践和社会调查(师生),写出调查报告72篇。同时加强实践性教学环节,多次组织学生参观抗日战争纪念馆、圆明园遗址,进行爱国主义教育。组织学生到河北白沟进行社会调查、市场考察,进行政治思想教育。通过考察市场,写调查报告,组织课堂讨论,实行专题讲课等生动活泼的教学形式,增强了全校师生员工的德育意识。

与此同时,我校学生军训取得可喜成果,1992年,被国家教委评为"高等学校学生军训工作先进单位"。

进行毕业生教育质量跟踪调查。1992年暑假,由党政领导带队分南北两路对8个省的邮电企业近五届毕业生的教育质量进行跟踪调查之后,近两年,又组织人员对3个省邮电企业毕业生的教育质量进行了跟踪调查。总的看,用人单位对我校毕业生的评价较好,认为北邮学生的政治素质和业务素质都比较高,大多数的学生能服从分配,积极工作;业务基础扎实,新知识较广泛,外语及计算机能力较强,具有一定分析问题和独立工作的能力,特别是在改革、开放、搞活的新形势下,在引进先进技术和先进设备中发挥了重要的作用。

开展"文明校园"建设,优化育人环境。根据北京市教工委、高教局关于在高校开

展"文明校园"建设的指示精神,学校成立了由党政领导和相关职能处负责人组成的领导小组和五个专门小组及办公室,指定了我校"文明校园"建设计划。两年来,认真贯彻落实市教育工委和市高教局制定的《北京地区高等学校文明校园建设检查评估标准》,投入了人力、财力,狠抓了我校"文明校园"建设计划的落实,整治了校园环境,建立了各项规章制度,加强了学校管理运行机制和校风校纪建设,使校园内的政治环境、教学环境和生活环境都有较大的改变,为今年上半年文明校园建设达标打下了坚实的思想基础和物质基础。

为了推进德育工作改革进程,1994年学校成立了德育工作指导委员会,委员会下设办公室和"三育人"工作小组、校园文化建设工作小组及学生工作小组。相应在各院系成立德育工作领导小组。明确校党委是德育工作的领导核心。此举加强了德育教育的领导,学校全员、全方位、全过程德育教育工作出现了蓬勃向上的可喜局面:

(1) 改革"两课"教学,学校每年拨款安排政治课教师参加社会实践、社会调查,安排学生到抗日战争纪念馆等地参观。积极参加社会实践活动,将德育与理论教学及其他实践活动有机结合,形成了以生产实习、军事训练、公益劳动、勤工助学等多种实践性质的与其他教学活动相结合的德育教学模式。

(2) 开展"爱国、爱校、爱邮电"的主题教育活动。在开展爱国主义、集体主义和社会主义主旋律教育过程中,根据我校特点,93年底提出主题教育活动,把德育教育主旋律具体化。

(3) 健全5个中心,创教育、管理、服务一体化格局。1994年8月,我校成立了心理咨询、勤工助学、就业指导、科技活动、文体活动5个中心,拓宽德育教育思路,转换方式,在规范化管理的同时,强化服务功能,以服务促教育,以服务促管理,创德育教育、管理、服务一体化格局。

(4) 开展多种形式的社会实践活动。我校从1987年开始组织学生参加社会实践活动,把德育与理论教学及其他实践活动有机地结合起来,形成了以生产实习、军事训练、公益劳动、勤工助学等多种实践性质地与其他教学活动相结合的德育教学模式。

(5) 开展三育人活动,创良好的校园德育教育氛围。提高学生德智体综合素质,特别是体育素质,必须以"教书育人、管理育人、服务育人"为基础,创造良好的德育教育氛围,给学生创造健康成长的客观环境,近几年学校抓三育人工作取得了良好的效果。1995年通过了北京市文明校园的验收。

(二) 努力做好文化素质教育的试点工作

我校是教委五十个加强文化素质教育的试点单位,落实《加强文化素质教育方案》,明确指导思想,使各级领导和广大教师认识到,重视人文素质教育是一个端正教育思想、更新教育观念、优化教育目标的过程,是转变人才培养模式的重要内容。

落实加强文化素质教育的途径和方法:

(1) 思想发动:校领导召开有关部门参加的人文素质教育工作会议,传达国家教委有关会议文件精神,交流外校先进经验,对照找我校这方面工作的差距。

(2) 落实我校加强大学生文化素质教育试点工作的组织机构,和经费支持。

(3) 增开人文选课,提高人文课程在教学计划中的地位。继续丰富和完善人文选课的门类。除必修课外任选人文社科及文化艺术类课,不低于 6 学分,指选经济管理类课程 2 学分。准备从 96 级开始,艺术类选课另占 2 学分。成立文化艺术教研室,负责组织文化艺术课的教学,聘请外校兼课教师。由校团委归口管理,指导学生的课外文化活动,利用"双休日"开设艺术与体育选修课。这些举措深受大学生的欢迎。对于牺牲休息时间开选修课的教师,在课时费上给予优惠,以鼓励其超工作量完成教学任务。

(4) 规定"北邮学生应读书目"和"北邮学生应知应会艺术作品",从宣传倡导开始,逐渐过渡到通过考核记学分。

(5) 大力支持以文化素质培养为中心的校园文化活动。办好社团,文化活动周。有组织地举办各种类型人文讲座与沙龙活动,开展与文化素质有关的征文比赛,讲演比赛,举办各种高质量的艺术演出、展览等。

(三) 加强党建工作,实施 3 年规划

为贯彻落实党的十四届四中全会作出的《中共中央关于加强党的建设几个重大问题的决定》和北京市委教育工作委员会制定的《北京高等学校党的建设三年(1995—1997)规划》,校党委结合学校党建工作实际情况,制定并实施北邮党建三年规划。党建工作被纳入学校总体发展规划,重点放在党支部建设,使党支部切实参与本单位重大问题的讨论、决策,党政密切配合,围绕本单位的教学、科研等工作发挥作用。

校级领导干部和校长助理坚持两周一次的中心组学习制度,处级干部以总支为单位坚持中心组学习制度;坚持党管干部的原则,积极推进干部管理制度改革,建立符合学校特点的干部分类管理办法,现职处级干部每届任期 3 年,在同一岗位连任不得超过两届,届满应进行岗位交流。按照高起点、高素质、双职务、双肩挑的目标,不断提高党务、政工干部的政治业务素质,建立一支精干的党务和思想政治工作队伍。

3 月 6 日至 9 日,教育发展战略研讨会上,朱祥华校长介绍的情况:招生 5 500 人,扩大研究生招生,稳定本科生规模,停止专科生招生〔时值 1996 年,在校学生人数(校本部)是 5 336 人,其中专科 1 037 人,本科生 3 366 人,硕士生 706 人,博士生 110 人,留学生 117 人〕。

教师状况是:总人数 768 人,其中教授 136 人,副教授 226 人,讲师 268 人,助教 122 人,年龄结构平均为 41.21 岁,教师中博士 57 人,占 7.4%,硕士 267 人,占 34.5%。现有教师水平如何提高,学科带头人如何形成,人才如何引进,这些问题引起共鸣。

从学校的长远考虑,抓青年教师队伍建设工作使一项战略性工作。为了加强我校教师队伍建设工作,培养跨世纪人才,从 1992 年开始,到 1996 年已评出(青年)学科带

头人12人,优秀青年骨干教师52人。为了促进青年教师尽快成长,学校制定了以下六条培养考核措施:

(1) 为"青年学科带头人和优秀青年骨干教师"配备了指导教师,并由指导教师、系、室领导共同制定近三年的培养规划。

(2) 在思想政治培训、实践锻炼、业务进修提高、国外进修、参加学术活动和重大科研项目等方面,予以优先安排,为他们创造良好的成才环境及便利条件。

(3) 给(青年)学科带头人和优秀青年骨干教师"定位置""压担子",并根据他们的实际能力和水平提升到相应的领导岗位,承担一定的科研项目和教学任务,让他们在实践中成长。

(4) 邮电部及学校为青年教师设立了基金,有限支持"(青年)学科带头人和优秀青年骨干教师"开展教学研究、科学研究。

(5) 对(青年)学科带头人和优秀青年骨干教师制定了考核办法,对考核不合格者,取消其相应的津贴。

(6) 在晋升职称方面,学校对青年教师制定了倾斜性政策,对教学效果好或科研成果突出的,破格晋升教授、副教授。

学科带头人和骨干教师评选工作对青年教师队伍建设工作促进很大。通过评选稳定了一批教学科研骨干,带动了一批青年教师积极进取。到目前为止已有6名青年教师担任博士导师,31人担任硕士导师,9人享受正副特殊津贴,2人获国家突出贡献中青年专家称号,1人获霍英东青年教师奖。

六 后勤基建与公共服务体系建设

(一) 后勤保障日臻完善

我校的后勤保障同全国其他高校一样,长期以来实行的是单纯行政管理体制下自办后勤模式,搞的是福利型供给制。服务门类包括膳食、水电、供暖、基建、交通、通信、医疗、环境卫生、托幼、文具、家具、劳保用品、招待、维修大修、房地产、校园管理、绿化美化和一般设备等,担负着为教学、科研和师生员工生活服务的后勤保障任务,成为搞好学校各项工作的基础之一。1984年和1985年中共中央相继发布了经济体制改革和教育体制改革的决定,提出了政企分开,两权分离的理论原则和高校后勤服务工作社会化的改革方向。为适应国家改革开放的大形势,增强办学活力,学院的各项改革工作最先起步于后勤部门,首先在总务处试行以收养支的经济管理办法。继而对生活处实行管理费定额承包,改革分配制度,使职工奖金与工作实绩挂钩。这种单项改革的办法很快又推广到车队、修缮部门、招待所、宿舍管理(公寓化)、校园环境管理、能源管理等部门。

1984年学院从实际情况出发,明确提出了后勤工作"四保、一建、两服务"的指导思想,即保教学、保科研、保生活、保基建,抓好后勤队伍建设,为教学科研服务,为师生员工生活服务,贯彻这一指导思想,不仅提高了服务质量、管理水平,改善了服务态度,而且使后勤队伍素质有了较大提高。经过多年不懈努力,通过送出去学习,开展工人技术培训、练兵、考核,至1994年后勤处在编人员中达到有大专以上学历者37人,中专学历者37人,其中25人通过考评获得中级以上专业技术职称。工人中有58人通过了中级技工的考核,5人获高级工资格,5人获工人技师资格。为进一步提高管理水平,促进后勤改革的理论研讨,1988年正式成立了北邮后勤管理研究会,由当时主管后勤工作的庄士钦副院长任会长,后勤各处处级领导为理事。通过对不断深化的后勤改革实践的总结和再认识,在高校界对后勤改革的宗旨逐步形成共识,即按照教育一致性的原则,高校后勤在学校工作中应始终坚持为教学、科研和师生员工服务,通过优质服务和科学管理育人,这就是从此至今普遍坚持的"三服务、两育人"的宗旨。与此同时,我院后勤部门在坚持原有年初进行动员布置,年终进行工作检查总结的基础上,又推行了目标管理,健全了规章制度,并对后勤机构进行了同步改革尝试,于1987年将原总务处的科室按管理职能、服务创收职能的分工,参照"两权分离"的原则一分为二,分别成立了后勤管理处和后勤服务公司(后更名为后勤服务处)。在日常经济活动中,前者为甲方,后者为乙方,甲方对乙方履行监督、检查的职责,实行甲乙方分离的管理模式,以期强化后勤口内部的制约与监控职能。但由于在实际工作中,甲乙方同为院属二级单位,都由同一位主管院长负责,且甲方又是多头的(另有计财处和人事处),造成工作环节复杂,办事程序重复,请示解决问题最终要多方协商,主管院长拍板。经过一段实践和进行认真总结分析后,于1990年4月又重新合并为总务处。

随着学校内部管理体制改革的不断深入,在精简机构时于1994年1月将总务处、膳食处合并,成立后勤处,使学校后勤保障从吃、住、行、用上真正实现了"一条龙"服务。后勤处下设三科(财务科、房产科、校园行政科)、两室(处办公室、监察室)、四中心(膳食服务中心、动修中心、运输中心、幼教中心)和两部(工程服务部、劳动服务部)。其中三科两室为管理型科室,四中心为服务型实体,两部为经营性实体。

随着后勤改革的不断深化,学校的后勤保障日臻完善,校园面貌为之一新。校园的绿化美化工作,在邮电部先进工作者、北京市优秀共产党员、当年校园管理科科长骆文海同志的带领下,实现了三季有花、四季常青的目标要求,教学区还相继营建了喷泉、花廊、亭台及工艺景点,从1987年起,先后被评为北京市绿化美化先进单位、红旗单位、海淀区文明大院、花园式单位。随着留学生楼、计算中心、图书馆、专家公寓、集中供热站、学生宿舍、教主楼、科学会堂、学生食堂等相继建成,校舍建筑面积从"文化大革命"前的12万平方米,迅速发展到27万平方米。

此外,我校车队从1984年开始曾连续多年被评为交通安全先进单位;集中供热站从1990年建成并于当年投入使用后,相继被评为北京市安全合格锅炉房、二级锅炉房、一级锅炉房,1994年4月又被评为北京市先进锅炉房;幼儿园新楼自1986年建成后入托规模从原有140名扩大到360名,解决了职工子女入托难的问题,并于1988年被评为北京市二类幼儿园;膳食中心在1994年北京市高教局举办的北京高校百日优质服务竞赛中被高教局评为先进单位,三食堂被评为先进食堂;我校的义务献血、计划生育工作早已形成优良传统,连年受到有关部门的表彰。

几年来后勤部门为认真贯彻"三服务,两育人"方针,进行了多方面的改革和实行经济责任承包,广大后勤职工为学校建设、发展及学校基础设施的配套在后勤保障工作方面做了大量工作;在学校迎接"211工程"建设部门评估、"文明校园建设"评估、40周年校庆及"首都文明单位标兵"建设、为职工住宅楼接通天然气等过程中,维护校园整洁、绿化、美化,方便师生员工生活方面,后勤职工起到了突击队的作用,使我校多次被评为"花园式单位""绿化先进单位"。学生食堂在1995年全国城市卫生大检查中被评为"北京市卫生优异单位"。

(二)加强基础设施建设,改善公共服务体系

为改善办学条件,创造良好育人环境,在邮电部的大力支持下,我校基础设施和公共服务体系建设得到了较大改善。

基础设施方面,"八五"期间是建校以来基建任务较重的时期,基建竣工有10个主要项目,总建筑面积为56 771平方米,基建完成计划投资(不含购买住房)合计1.15亿元,学校基建自筹资金212万元,这样"八五"基建完成投资总计1.17亿元;外购房建筑面积40 971平方米,投资额为1.95亿元,其中学校自筹230万元。校本部集中供暖站多年被北京市评为"先进锅炉房"。新扩建的校医院被北京市卫生局检查评估定为一级甲等医院。1995年我校建成有5000门的主线容量的远端模块电话支局,校内教职工住宅已实现户均1部电话,彻底改善了我校打电话难的局面。本校宿舍建成、开通17个频道,二里庄宿舍开通20个频道的电视闭路系统。这些基础设施的建成,为我校今后发展都打下了良好的基础。

公共服务体系方面,我校校园网第一期工程已建成主干网和实验网,是中国教育和科研计算网(CERNET)示范工程华北地区网络中心之一。学校图书馆拥有藏书70余万册,在通信与电子学方面的藏书已达到研究级水平,总平均收藏率为82%,通信与电子学图书的满足率达到84%。图书馆自行研制的"图书情报集成化信息管理和网络系统"通过技术鉴定后,已接入校园网投入运行,并于1996年获国家优秀科技信息成果奖。我校"程控交换技术与通信网"国家重点实验室,已于1995年9月提前达到建设要求并通过国家教委验收,成为具有先进设备的国内一流的开放实验室之一。"八五"期间设备费投入5799万元。

计算中心的创建与发展。北邮计算中心始建于1979年,它从成立以后就担负着全院大部分学生的计算机上机任务。并承担多项计算机硬件和软件的科研项目,以及计算机应用等多项课程的教学工作。十多年来,计算中心紧紧把握为院计算机教学提供优质上机服务,推动全院计算机应用的发展这一宗旨,不断努力,不断进取,为提高

全院计算机的应用水平做出了自己的贡献。

1980年9月至1986年6月,计算中心安装运行的是罗马尼亚产的FELXC-512中型计算机。FELXC机在6年里,共接待本院教师及本科生、研究生30 047人次,完成教学机时8 000小时,运行作业152 518个。计算中心的教师为全院共开了20门计算机及语言课程,培养出5名研究生,共完成科研项目33个,研制出跨部门应用软件16个。在市级以上刊物上发表论文27篇,并有3项研制软件获北京市、邮电部科技成果奖。此外,计算中心在完成教学任务外还开办了计算机语言培训班。1985—1986年随着日本援建培训中心设备的引进,计算中心设备更新,使用了NEC/AOSC450计算机。该机与60台PC9801微机一起组成一个计算机网。广大老、中、青教工团结合作,在院领导的支持下,全力投入对新机的学习、摸索、开发应用上,以最快的速度做到独立开机运行,保证了广大师生的上机需求。以邮电部全国劳动模范沈树雍教授为中心积极开办了PC9801机的普及、提高讲座,移植新版本,开发新资源。连年来共开出论文编程基础、微机原理、JCL语言、COBOL语言程序设计、数据库原理及设计、计算机图形学、计算机绘图库、计算机辅助逻辑设计等课程。培养研究生4人,编写有关ACOS450的开发资料48种。在市级以上刊物发表论文5篇,接待本科生、研究生上机约15万人次,完成教学机时66万多小时。从1991年开始,计算中心由中型机集中式处理上机环境转为以局域网分布式处理的上机环境,建立了4个局域网,能同时容纳近百人同时上机,并建立了DOS、UNX、WINDOW等系统的网络环境,网上备有各种最新的实用软件。1994年底计算中心又扩充50台486微机用以建立一个高性能的网络系统提供给学生上机使用。在管理上研制开发出微机自保护系统及病毒防治系统,整个上机环境实现了无交叉感染、无病毒侵害,使用户上机放心,管理方便。节省了大量维护工作,提高了机器的使用效率。同时,每天三单元从早8点到晚10点连续开放,周六、周日不休息,为学生提供了大量机时,对提高学生的计算机能力作出了重要贡献。与此同时,中心还积极开展对留学生、研究生、本科生的教学,几年来,计算中心相继为留学生开出了计算机接口技术、计算机网络和计算机病毒的防治等课,为研究生开出了论文编程基础A、B班及非线性光学等课,为本科生开出了计算机操作基础课。

计算中心在积极为全校教学服务的同时,还积极开展科研工作。除承担有"七五"项目"网间互联技术的研究"外,还利用自己的特长广泛开展外协项目。先后完成的项目有:机电式市话交换机和长途直拨终端设备;人工长途交换台的计算机管理控制(新型64型无绳台);ACOS350计算机程控计费系统输出汉化处理;智能电报接口软件;智能化计算机逻辑设计等。

校园的建设,为了更好使用校园内外科学领域的各种资源,提高我校教学科研水平,创造通信高科技的教学实验环境,为提高我校的科研和管理水平提供信息服务。进入20世纪90年代以来,随着计算机和计算机网络的发展,人们逐渐认识到校园网是提高教学科研和管理水平不可或缺的支撑环境,也是衡量学校学术水平和管理水平的重要标志之一。在这种形势下,校内有关专家提出建设全校范围内的校园网的建议。1994年3月初校领导研究决定责成计算中心承办校园网的论证工作。同时成立了由校领导参加的校园网领导小组,校园网方案技术论证组及顾问组。经过酝酿和大量调查研究,6月初由计算中心提出校园网方案讨论稿,经过方案技术组的专家论证、修改,7月份确定校园网的基本方案,并由校党政联席会决定用自筹资金投入300余万元建立校园主干网,实施校园网第一期工程计划。校园网的第一期工程计划,是用光纤连接全校8栋教学办公楼,在主楼、图书馆楼和小教学楼建立100 Mbps FDDI光纤分布式数据接口主干环网,主环上采用路由器方式,其他各教学楼的局域网采用光纤收发器分别挂三个主路由器进主干网。网上提供文件传输、远程登录、电子邮件、图书信息检索、光盘信息检索、国际联网等基本功能,实现计算机软硬件资源共享和信息资源共享。同时具有本科生教学,研究生教学管理功能和国家教委"高等学校重点学科信息中心"的信息检索。第二期工程再逐步完善扩大网络资源和网络服务,如增加设备物资管理服务系统、财务管理系统、校长办公系统、学生管理系统、人事管理系统、后勤管理系统、科研管理信息系统、校产管理信息系统、计算机辅助教学CAI管理系统,以及ATM、多媒体、个人通信的应用实验环境,高新通信技术在校园上的综合应用实验环境等等。同年10月中旬,校园网主干网连通,并完成FDDS的开通和图书、校办、教务、研究生院(筹)及计算中心子网的接入。10月21日,成功地为接待北邮"211工程"建设项目部门预审专家组作了校园网功能的演示。

与此同时,计算中心在推行CAI教学上也起了积极的促进作用。1993年6月,学院成立了教学手段现代化指导委员会,制定了CAI教学及其他现代化手段的建设规划。此后又在计算中心设立了CAI中心实验室,使我校的CAI教学从自发、分散走上了有计划、有组织健康发展的轨道;并确立了"加大投入、确保中心、择优支持、挖掘潜力、分步推进、成果共享"的工作方针;当年由学校投资55万元和一定数量的微机,在计算中心建立了教师课件生成环境及教学多媒体使用环境,大大地促进了我校CAI教学的开展。

第九章 开拓进取 开始第二次创业
(1996—2000)

在本阶段,北京邮电大学办学环境发生了巨大的变化。一方面,由于国家机构改革的影响,学校脱离信息产业部划转为教育部直属院校;另一方面,国家通信行业管理体制也发生了深刻的变化,邮电分营,电信拆分。这些都对北京邮电大学的发展产生了深刻的影响,使学校开始了从面向通信行业办学到面向社会办学的历史性转变,学校面临着改革和发展的巨大挑战。同时,由于"211工程"的正式立项和开工建设,又使学校得到了前所未有的发展机遇。在严峻的形势面前,学校上下团结一致,开拓进取,深化改革,开始第二次创业,保持了学校持续、稳定发展的良好势头。

一 全面启动"211工程"建设

(一)"211工程"建设项目正式立项

1995年2月,邮电部党组正式向国家教育委员会递交了《关于申请北京邮电大学"211工程"预备立项的函》;同时批准北京邮电大学"211工程"进入国家预备立项阶段。

1997年8月29至30日,邮电部组织"211工程"建设立项专家组对我校的"211工程"建设项目可行性研究报告进行了可行性论证和立项审核,获得顺利通过。由中科院院士保铮任组长的10人专家组及国家发展计划委员会、国家教育委员会、邮电部有关负责人参加论证和审核。专家组认为:我校"211工程"建设项目可行性研究报告的编制是成功的,目标定位可行,建设经费落实,一致同意通过对可行性研究报告的立项审核。接着,立项报告由邮电部、国家教育委员会联衔报送国家发展计划委员会申请批准正式立项。

1998年5月22日,国家发展计划委员会正式复函信息产业部,对我校"211工程"建设项目可行性研究报告下达批复,正式同意北京邮电大学作为"211工程"项目院校在"九五"期间进行重点建设。

按照国家发展计划委员会的批复,北邮"211工程"建设的总体目标是:到20世纪末,在教育质量、学科建设和科学研究等方面得到明显的提高,总体办学水平达到国内同类高校先进水平,成为国内高等教育领域(特别是通信领域)培养高层次人才、解决国民经济建设和科技进步重大问题的基地之一,为到下个世纪初叶把北邮建成具有一定国际影响和具有中国特色社会主义大学奠定基础。北邮"211工程"建设的主要内容包括重点学科建设、公共服务体系建设和必要的基础设施建设。主要是:

1. 重点学科建设项目

重点建设信息工程学、光波与无线通信、多媒体通信理论与技术、通信网的智能化与管理技术、信息管理科学与信息经济学等五个重点学科建设项目,使其成为我国高水平博士、硕士人才培养和承担国家重大科研任务的重要基地。

2. 公共服务体系建设项目

建设校园网、图书馆、教学实验室、机械学科实验室等项目,以此推进教学内容、方法和手段的更新及现代化,改善教学公共服务体系的基础条件,为教学、科研和管理提供现代化的网络支持环境。

由此,我校成为国家首批正式立项在"九五"期间进行重点建设的61所"211工程"院校之一。

(二)"211工程"建设项目全面开工

"211工程"建设项目获得正式批复后,学校又根据上级的有关指示,对5个重点学科建设任务、目标进行全面规划。

1998年11月25日,学校召开了隆重的"211工程"建设项目开工动员大会,并以合同的方式由校长与各子项目负责人签订项目建设任务书,使我校的"211工程"项目建设进入了一个全新阶段。

1999年4月—5月,按照国家"211工程"部际协调办公室下发的《"211工程"建设实施管理暂行办法》的要求和有关文件的精神,学校组织了"211工程"中期检查自查专家组对立项的各子项目进行了认真的自查。检查结果表明:我校"211工程"建设进展顺利,已经取得喜人的成绩,大部分项目如期完成了中期建设规划,部分项目接近了终期建设目标。在检查的基础上,学校对前期建设中作出成绩的六个项目给予了奖励。同时,在对检查发现的问题进行认真分析研究的基础上,召开了各个项目建设委员会的全体会议,及时反馈了发现的问题,提出了改进的要求,并对一些共性的问题提出了解决办法。

同年,学校又根据"211工程"的进展情况及国务院学位委员会《关于制订学科建设与发展规划的意见》等文件的精神,为适应通信与信息产业的迅速发展,提出了我校要建设支撑信息网络、信息基础结构、信息化所需的最起码的学科结构,争取到2004年建设含主体功能系统学科群、实现手段技术学科群、基础学科群、社会学科群的覆盖工、管、文、理、经济类的学科建设规划。

"211工程"开工后,邮电部相继投入"211工程"专项建设经费15 150万元;学校自筹经费6 223万元,超额107%完成自筹经费计划。经教育部及"一委两部'211工程'办公室"核准,我校"211工程"建设资金的整体使用、调整和完成的实际情况如表9.1所示。

表9.1 "九五"建设项目投资与完成情况(单位:万元)

项目名称	合计		部委投入		学校自筹	
	投资	完成	投资	完成	投资	完成
总计	21373	21211	15150	14988	6223	6223
一、学科建设	8749	8663	5390	5304	3359	3359
1. 信息工程学	2140	2133	1775	1768	365	365
2. 光波与无线通信	1635	1635	1150	1150	485	485
3. 多媒体通信理论与技术	2327	2307	677	657	1650	1650
4. 通信网智能化与管理技术	1644	1644	850	850	794	794
5. 信息管理科学与信息经济学	525	516	460	451	65	65
6. 不可预见费及管理费	478	428	478	428	0	0
二、公共服务体系	8874	8798	6010	5934	2864	2864
1. 现代邮电机械系统自动化与智能化	1285	1285	650	650	635	635
2. 邮电文献服务体系	280	280	280	280	0	0
3. 校园网	1631	1555	894	818	737	737
4. 教学实验室	5678	5678	4186	4186	1492	1492
三、其他	3750	3750	3750	37500	0	0

(三)"211工程"的组织和领导

1993年夏,在"211工程"申报的初期,学校为加强领导,正式成立了"211工程"委员会,由原邮电部教育司司长任主任,一位副司长和学校的书记、校长、主管副校长担任副主任,相关职能处室领导为委员,共29人组成;日常重要工作以"211联合办公会议"的形式及时进行专题研究,联合办公会议的成员包括校长和主管副校长以及综合部门和相关职能处室负责人;委员会下设"211工程"办公室作为具体办事机构,挂靠在当时的研究生部(即今研究生院)。1998年秋,国家批准北邮"211工程"正式立项进行建设,学校及时将原有的北邮"211工程"委员会调整成北邮"211工程"建设委员会,同时保留"211联合办公会议"和"211工程"办公室。

"211工程"组织系统如图9.1所示。

校"211工程"建设委员会由校党政领导、相关职能处室领导和主要院系领导组成,设有院士及知名教授组成的顾问委员会。"211工程"建设委员会是学校"211工程"建设的最高决策机构。

校"211联合办公会议"是由学校主管校领导及相关职能处室领导组成的"211工程"日常研讨工作的机构。

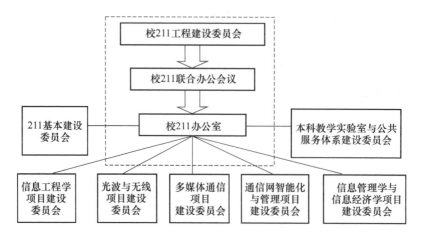

图 9.1 "211 工程"组织系统

各项目建设委员会设主任和首席科学家,从行政和学术上对各子项目的建设规划和年度建设计划及建设任务负责。

为了确保"211 工程"按期保质保量完成,从组织管理上一开始就强调要按照工程管理的程序和办法,引入工程管理的运行机制;按照工程项目进行认真的方案设计和可行性论证;建设经费实行预决算管理,保证专款专用;建立项目法人组织,实行项目负责人责任制,由校长作为项目法人组织的法人代表与各个子项目的项目负责人签订项目任务书;项目管理实行季度通报、年度总结、中期检查和项目验收的办法。

与此同时,按照工程管理的要求制定了一整套相应的管理制度。这些管理制度具体分工及其关系如图 9.2 所示。

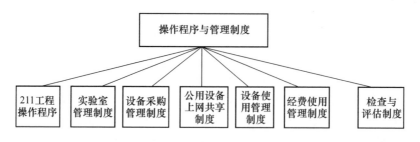

图 9.2 "211 工程"管理制度的分工及其关系

由于我校各个重点学科建设项目大都是跨院系的,因此要保证学校"211 工程"建设项目健康、持续地良性运转,处理好重点学科建设项目学术梯队与院系行政组织的关系是关键环节。为此,在组建各重点学科项目建设委员会时,从组织结构上做了周密的考虑和安排。所有重点学科项目建设委员会都由五个层次构成。

(1) 主要承建单位:根据项目建设的需要,明确相关院系作为挂靠单位,并按承担建设任务的轻重排序指定组长单位。

(2) 首席专家:承建项目的学术带头人,把握学术水平和方向。

(3) 主任：承建项目负责人，一般由项目承建组长单位的主要负责人担任，具有较大的人、财、物的调配权。

(4) 副主任：通常是项目的一线组织者和主研人。

(5) 委员：由各个承建单位推荐的学术骨干作为参加项目的科研人员组成。

实践证明，这样组织的项目建设委员会既突出了学术带头人的把关定向作用，保证了项目的学术水平；又得到了行政的理解和支持，保证了项目的顺利运转；也发挥了学术骨干的积极性。

为保证学校"211工程"建设项目有条不紊地进行，学校还按照工程管理的要求制定了一整套管理制度。

（四）"211工程"一期建设项目成果

重点学科是"211工程"建设的核心，为此，学校确立了以重点学科建设为核心的指导思想和学科建设在学校发展中的核心地位。根据科技发展走向、信息产业建设与发展的急需以及学校自身的特色和优势，确定重点建设信息工程学、光波与无线通信、多媒体通信理论与技术、通信网的智能化与管理技术、信息管理科学与信息经济学等五个重点学科建设项目，使其成为我国高水平博士、硕士人才培养和承担国家重大科研任务的重要基地。通过"211工程"一期项目的建设，显著提高了学校的教育质量、学科建设、科学研究、行政管理和办学效益的水平，学校的整体办学能力和办学质量达到了国内同类高校的先进水平，使我校成为我国在信息（特别是通信）领域培养高层次人才、解决国家建设和科技进步重大问题的重要基地之一。

"211工程"一期建设项目成果具体表现在以下几个主要方面。

1. 全面超额完成人才培养计划

"九五"期间，累计为国家培养输送各类毕业生11 330人（其中全日制在校生6 740人）。研究生教育发展尤其迅速，5年中毕业的博士研究生和硕士研究生分别是"八五"期间的4.3倍和2.3倍。在培养质量上，博士生学位授予率为91%，硕士生为99%，本科生为94%；毕业生一次就业率博士生和硕士生均为100%，本科生为97%以上，在全国重点高校中名列前茅。

"九五"期间本科生累计在全国参加各种竞赛中获一等奖31人次、二等奖29人次、三等奖21人次；在北京地区参加各种竞赛中获特等奖3人次、一等奖67人次、二等奖105人次、三等奖133人次；美国数学建模竞赛中获一等奖9人次、二等奖3人次、三等奖9人次。这些成绩始终保持在北京高校乃至全国重点高校的一流水平。

2. 学科建设实现突破标志性成果突出

"九五"期间，我校博士后流动站、博士学位授予专业和硕士学位授予专业已经分别增加到"八五"末的3倍、1.8倍和2倍（其中有国家重点学科4个，信息产业部重点学科17个）；超额完成了"211工程"规划规定的博士学位和硕士学位专业授权学科点数，使学校基本覆盖了信息领域主要的博士点和硕士点实现了"从通信领域向信息领域扩展"的突破,在 4 个门类 11 个一级学科获得硕士学位授予点的自行审批权。同时,学校在管理学、机械学、物理学、数学、经济学、哲学等领域也拥有了一批博士和硕士学位授权点。学校的 4 个主干学科(通信与信息系统、电磁场与微波技术、信号与信息处理和电路与系统)在 2001 年教育部评定中,分别以全国第一、第二、第四和第五名的优秀成绩,被列为全国重点学科。

在"211 工程"建设过程中,通过承担大量国家和部门的科学研究课题,取得了一大批突出的标志性成果。"九五"期间,世界通信领域出现的主要新技术(ATM 交换技术、MPLS 技术、智能网技术、TMN 网络管理技术、多媒体通信技术、CDMA 移动通信技术、移动智能网技术、全光通信网技术、OTDM 超高速光通信技术、彩色电视信号编码压缩技术、基于内容的信息安全监控技术、远程网络多媒体教育技术等),几乎都在北邮首先实现突破,并首先转化为网上大量应用的产品,为我国通信技术的发展和国家通信网络的现代化建设做出了令人瞩目的突出贡献。

与此同时,在信息领域基础理论研究方面,也取得了一批首创性和原创性的重要成果。其中通信网理论、全信息理论、知识理论、综合智能理论、信息—知识—智能转化理论、信息论—知识论—智能论的统一理论,以及信息科学—信息技术—信息经济—信息社会一体化理论(即"信息化"理论),都是我校在国内外独树一帜的重要基础理论贡献。

"211 工程"的主要标志性成果如下:

(1) 10 Gbps ATM 交换机(BTC-9500)

ATM 是现代通信网的核心设备。我校的 10 Gbps ATM 交换机(BTC-9500)是我国第一台完全自主研制成功的 ATM 交换设备,系宽带网上的主型机,是我国宽带电信网中急需的重大技术装务。专家鉴定评价达到了目前世界先进国家同类产品的同等水平。

以 BTC-9500 为核心的网络还被选做建立国家重大自然基金项目——"高速通信网基础技术研究"的实验平台和"211 工程"项目——"国家信息基础设施研究"的实验平台。同时,BTC-9500 已经作为核心节点设备成功装备了国家宽带骨干网,并由上海贝尔电话设备制造公司进行规模化生产。1998 年本项目获邮电部科技进步一等奖,列为 1998 年国家重点新产品。1999 年荣获国家科技进步二等奖。

BTC-9500 自研制成功后曾和各种 ATM 设备进行多项通信实验并取得令人满意的效果。自 1996 年以来,先后以 BTC-9500 为核心进行了中国邮电 ATM 科学实验网首期工程、北京高校宽带试验网工程、京津沪粤宽带多媒体试验网联网工程以及天津本地 ATM 试验网第一期工程等,BTC-9500 很好地满足了工程应用的需要,稳定可靠,表现出优越的性能,在国内及国外都形成了很大的影响。作为宽带通信网络核心设备的 ATM 交换机,10 Gbps ATM 交换机(BTC-9500)是我国完全自主研制的、具有完全自主知识产权的第一台 ATM 交换设备,其社会效益和经济效益巨大。

(2) 全国移动汇接网网管系统

网管是网络运行的神经系统和司令部。由我校率先研制成功并实施应用的全国移动汇接网网管系统到目前为止,已完成了3期工程;即实验网工程、一期工程和二期工程,其中实验网工程直接管理8个交换节点、一期工程直接管理30个交换节点和二期工程直接管理56个交换节点。目前正在进行三期工程,三期工程要将目前的56个交换节点的容量扩大1倍,并新增8个交换节点。

该网管系统首次实现了多厂商环境下网管和被管系统同期割接,它采用的分布处理技术实现了网管系统的多次大容量平滑扩容,采用的管理接口动态定义技术大大提高了网络管理质量,系统的总体水平已达到国际先进水平。该系统是同类型系统中的全世界第三大、全国第二大,如果折合为单平面控制容量,则为全世界第二大、全国第一大,而且该项目的实验网工程、一期工程、二期工程的全部实施时间仅为两年,创造了工程实施速度的纪录。从网络安全的角度,在交换节点都是从国外进口的情况下,采用我国研制的网管系统,为网络安全提供了技术支持。

本项成果的应用成果1999年获信息产业部科技进步一等奖,2000年获国家科技进步二等奖,在技术上处于国际先进水平。我校提出的网管技术标准建议被国际电信联盟(ITU)接受为国际标准,打破了我国在国际电信技术标准领域"零"的记录,表明我国科技人员完全有能力登上世界通信科技的最高峰。该网管系统的使用还取得了很好的经济效益。

(3) CIN系列智能网系统

我校智能网CIN也是我国首家研制成功的该领域重大高技术成果。自1996年以来,我校承担了国家科技部863计划,自然科学基金重大项目和原邮电部几乎所有与智能网技术有关的重大科研项目,两次获863验收最高分Aa,一次获信息产业部科技进步二等奖,一次获全军科技进步二等奖。1998年曾被原邮电部列入邮电行业10个重大科技成果推广项目(行业内称10朵金花)和入选第二届全国工业企业技术进步成就展。1999年获国家科技进步三等奖。2001年入选国家"863计划"15周年成就展。

通过向华为公司技术转让和与上海贝尔、东方通信等公司成立合资实体大规模实施成果转化进程。目前基于北邮CIN技术的智能网系统占国内智能网市场的95%。1997年进入市场参与竞争,1998年至今仅中国电信集团省级智能网上投入的50多套智能网系统全部采用北邮的技术。信息产业部曾高度评价:这是我国信息产业首次在一个专门的领域用自主知识产权的产品通过市场的竞争成功地将国外众多著名电信厂商的产品网完全挡在国门之外。2001年北邮CIN智能网系统又成功中标泰国和香港智能网工程,开始进入国际市场。

(4) 宽带综合多媒体信息系统

通过"211工程"投入,建成了"宽带综合多媒体信息系统",本系统支持信息时代的网络平台应该支持的各种多媒体业务,能够完成各种信息(包括声像信息)的数字化编辑、处理、压缩、存储以及多种存储格式与码流格式的转换,并能以交互操作的方式完成信息的实时传输与调用,整体上在国内处于领先水平。

宽带综合业务多媒体系统可以应用于电信部门、广电部门以及电子商务、远程教育等信息提供商的宽带多媒体信息中心。宽带综合业务多媒体系统平台的研究成功将产生我国自主知识产权的系统,系统价格比国外同类产品低很多,具有较强的竞争力,可以获得巨大的经济效益和社会效益。

在上述系统的建设过程中,项目完成了自动指纹识别系统及 34 Mbps、8Mbps、2Mbps 数字电视系统的研究,其中自动指纹识别系统为公安部鉴定的自动指纹识别系统在国内处于领先地位,获得 1999 年北京市科技进步二等奖。

(5) 全光通信网络

通过"211 工程"建设项目的投资,光纤通信实验室的建设已粗具规模,基本具备了进行全光通信研究所需的仪表,支持了全光通信研究项目。自 1996 年以来,在全光通信领域承担了大量国家级和部级科研项目,取得丰硕研究成果,科研经费达到 2132 万元,已完成 27 项科研项目,其中有 13 项获得省部级科技进步奖或其他奖励,申请专利 6 项,出版教材和专著 14 本(其中有一本是国家教育部面向 21 世纪教材),发表论文 400 余篇。利用科研项目所取得的成果,已形成从事全光通信研究的实验平台,建成全光通信试验模型,成为我国全光通信研究领域的主要基地之一。

项目组几乎参加了国家"863"和自然基金设立的所有全光领域的重大项目,研究领域包括 WDM 全光网、光时分复用、光码分复用、光因特网、全光传输中的色散补偿技术和啁啾光纤光栅、可调谐光器件等,并圆满完成所承担的项目;通过科研项目中获得的成果,在光通信中心已开发出多条 WDM 链路、OTDM 实验系统、多个 OXC、OADM 节点、光交换试验床、IP/WDM 试验平台、波长变换器、可调谐光源和可调谐检测器等,提供进行全光网研究的实验平台;与此同时,对全光通信网进行了大量的理论研究,发表大量论文和著作,在全光通信领域有重要影响;此外还对全光通信中的关键器件进行了研制,例如可调谐光检测器和啁啾光栅色散补偿装置的研制等。

(6) 大区域同步码分多址技术(LAS-CDMA)

这是一项新型的码分多址无线接入技术,其最大特点是运用一种新的编码理论,通过建立"零干扰窗口"将传统 CDMA 系统中的干扰降至最小限度,使系统容量、频谱效率与传信率大大提高。据国家知识产权局公布其原创性的评审结果认为:"LAS-CDMA 通信系统是不同于美国高通公司的 CD-MA2000、欧洲和日本公司的 WCD-MA 和中国大唐公司的 TD-SCDMA 的一种新的技术方案"。"LAS-CDMA 一系列专利申请所构成的发明在移动通信领域中取得了重大技术突破与创新"。目前已申请的国际专利总数达 51 项,另有 20 余项申请正在办理之中。以 LAS-CDMA 核心技术为基础经过三轮融资,目前已取得超过 3000 万美金的风险基金投入,成立了"连宇通信公司",专事研究开发 LAS-CDMA 技术与系统;从 2000 年元月起,又先后在北京、美国硅谷、上海成立了分公司。

2000年9月，LAS-CDMA的第一代概念原型系统已在河北省石家庄市成功地进行了实验，并通过了信息产业部的评审；2001年9月，LAS-CDMA的准商用实验网在上海市区建成一个三基站四扇区的满负荷运行的全IP联接的试验系统。该系统在扇区容量与谱效率、在同一载波上同时传送高速数据与低速语音以及支持高速移动的能力等方面位居世界最高水平。LSD-CDMA一经亮相立即引起了世界同行的关注：①国际电信联盟（ITU）联合邀请主研李道本教授赴欧洲报告LAS-CDMA技术；②作为3G的增强标准已经成为ITU标准化组织3GPP2中三个备选标准之一；③国际无线通信权威媒体《无线周刊》2000年在评选全球最值得关注的三家无线通信公司和全球3G 20强时，开发LAS-CDMA的连宇公司都位列其中；④《亚洲无线》（双月刊）认为在ITU的5个标准技术之外，LAS-CDMA是风险最小的最有前途的最佳选择。

（7）现代电子化图书馆信息网络系统

我校完全自主研究成功的现代电子化图书馆信息网络系统（MELINETS）共分为三部分，即图书馆业务应用系统、区域资源合作共享应用系统和行政业务管理系统，分别满足Intranet/Internet两种网络环境下的运行需求。系统采用目前流行的Client/Server二层或三层体系结构。采访、编目、流通、典藏、期刊、公共检索子系统均在Intranet环境下开发与运行，并实时将数据在公共检索系统中反应。网上公共检索、馆际互借、编目中心等子系统主要用于Internet、CERNET网上馆与馆之间的信息传递与服务。各子系统与其他子系统均有多种方式的数据接口，既可独立工作，也可集成为一个系统运行。

本系统的主要特点为：①依托INTERNET，实现资源共享；②广泛使用国内、外各种应用协议、通信协议及数据交换标准；③采用高性能的关系数据库管理系统、分布式数据访问和连接数据库产品、开放式应用开发与设计工具；④高起点、高标准、国际化的技术路线；⑤支持规范控制与多种语言应用；⑥充分吸收国内外优秀图书馆集成化系统及相关技术的优点与经验，使系统的先进性与实用性达到较完美的结合；⑦立足于与国外同类系统的比较，重视系统在中大型馆的应用，但也考虑到中小型馆的需求。经1999年北京市科委对该系统的技术鉴定认为，系统功能齐全；界面友好；系统包括采访、编目、流通、期刊、公共检索（包括CGI、239.50、Client/Server三种实现方式）、编目中心、馆际互借等10个子系统，不仅满足了图书馆局域网环境下的需求，而且考虑了Internet网上的联机检索、联机编目、馆际互借等网上服务的要求，并为它们提供了良好的数据接口及联通性。在国内首先采用ISO10160/10161，ANSI/NISO Z39.50等国际通用协议标准，实现馆际互借、联机检索和联机编目，所采用的技术具有一定的创新，其研究成果达到国际先进水平。系统设计了中文规范的编目与链接功能模块，建有标准的汉字主题和名称规范库，率先实现了汉字主题和名称规范控制的应用，体现了国情的特点，填补了国内外在这一应用上的空白。鉴定委员会一致认为：系统整体达到国内领先、国际先进水平，在汉字主题和名称规范处理及控制方面达到国际领先水平。

1999年4月"现代电子化图书馆信息网络系统"被评为北京市科学技术进步二等奖,并被北京市教委确定为北京市市属高校图书馆的使用统一软件,取得了一定的经济效益和社会效益。

(8) 远程教育

我校是教育部批准的第一批可以开展远程教育的四所学校之一。依托校园网、CERNET网及中国电信的支持,经过三年来的建设,北邮的网上教育取得了突出的成绩,技术上在国内处于领先水平。它的特色包括:①远程传输的手段是使用卫星、ATM、Internet网络,真正实现三网合一,传输方式是实时、交互式的,是目前开展远程教育高校中技术最先进的学校。②开发和完成46个网络版的多媒体课件,在招收的计算机科学与技术、信息管理与信息技术专业两届学生中主要课程均实现了先进的远程教育技术手段。③开发并已正式在网上运行了作业提交系统、教务教学管理系统、适时多媒体教学系统,经过一年多的使用效果较佳。④参加了多项远程教育方面的研究,并如期完成了国家"863"项目"基于高速IP跨城域的远程教育体系"的研究。

(9) 自动化物流配送系统

建成了计算机集成控制智能化物流传输存储系统。该系统利用国内外高科技成果展示现代物流传输、存储(以现代邮政包裹收寄、传输、存储过程为例)中的几个典型设备(自动取包机械手及自动化立体仓库、自动引导智能车、多关节机械手)和计算机集成控制系统技术,同时展示自动取包机械手及自动化立体仓库、自动引导智能车、多关节机械手和计算机集成控制系统的控制原理和过程,并将它们有机地构成一个整体,展示现代物流传输、存储过程和邮政生产知识与科学技术。同时,结合邮政综合业务网模拟实验系统,可以为我校开展现代物流传输、存储及邮政柔性运输技术研究提供一个科研平台,可以满足电子商务中物流系统类科研项目的需求。

(10) 电子商务平台

电子商务实验室选用两台DELL 4400(1G CPU,R-1G,D-96M)服务器和几十台DELL GX150(1G CPU,R-256K,D-20M)客户终端作为硬件平台,选用包括微软的.NET软件平台和IBM的电子商务开发平台在内的多种平台作为软件开发平台,为教师和学生提供了设备优良、平台先进的电子商务的教学、开发与实践环境。电子商务实验室并安装有一套德意电子商务交付式教学软件,为学生提供电子商务各种模式、电子支付、物流管理、CA认证、企业内部管理、电子商务法规、网站信息、案例分析、教学园地等前后台管理模拟实践。电子商务实验室构建了一个集网络技术与企业管理技术于一身的多功能模拟环境,又能进行电子商务网站和应用系统开发的电子商务平台。

(11) 信息领域基础理论研究成果

我校在信息学的核心领域展开了深入的基础研究,获得了一批首创性和原创性的成果。其中包括:面向知识与智能理论的"全信息理论",联接信息论与智能论的"知识理论",沟通人工智能与神经网络的"综合智能理论",以及直接面向核心定律的"信息—知识—智能转化理论":这些工作包含在 1996 年出版的学术专著《信息科学原理》、2000 年在《中国工程科学》杂志发表的"知识论框架",2000 年 World Conference on Systemics, Cybernetics and Informatics 作为特邀报告发表的"Preliminary Study on Knowledge Theory",2000 年《电子学报》发表的"知识论:基础研究"与"知识论:核心研究"等论著中。这些理论研究成果在我国处于明显领先地位。

3. 拔尖人才脱颖而出,师资队伍结构明显改善

截止到"九五"末,我校教师队伍中,博士生导师由"八五"末的 15 人增加到 51 人;具有研究生学历的教师比例由"八五"末的 34.7% 提高到 70.8%,具有博士学位的教师由 8.6% 提高到 20.3%;在校外完成某一级学历(学位)教育或在校内完成其他学科学历(学位)教育的教师比例,已由 40% 提高到 70%;教师队伍中教授/副教授/助教的比例,已由 1995 年的 1.6/3.1/3.8/1.5 逐步达到 2000 年的 2.1./3.3/3.5/1.1,越来越接近目标比例 2.0/3.5/3.5/1.0。在中青年教师中已拥有像杨义先、孟洛明、雷振明、杨放春、任晓敏、纪越峰、张平、孙汉旭、吕廷杰等一批脱颖而出的拔尖人才。我校的"211 工程"为国家培养了 2 名长江学者、3 名"863"专家组组长和 2 名跨世纪优秀人才。

4. 取得了一大批科研成果

"211 工程"重点学科建设为开展高水平科学研究提供了前所未有的设备能力和研究环境与条件,形成了一批高水平的研究中心,先后立项 796 项(其中国家级 254 项,省部级 307 项,横向项目 235 项),已经按期结题 451 项,通过鉴定、验收、评审 353 项;截至 2000 年 10 月底,近 5 年实际到账科研经费总额 4.25 亿元(其中直接由"211 工程"效益产生的达 2.75 亿元,占科研经费总额的 71%),合年均科研经费 8 500 余万元,是"八五"的 5 倍;5 年中共有 72 项成果获奖,其中国家级 4 项(二等奖 2 项、三等奖 2 项),省部级 68 项(一等奖 11 项,二等奖 30 项,三等奖 27 项),全部都与"211 工程"效益带来的科研项目直接相关;至少有 27 项成果申请专利。

在"211 工程"建设过程中,参研人员相继发表论文 3817 篇,其中在国际著名刊物上发表被 SCI、EI、ISTP 三大检索系统检索的论文达 567 篇(SCI60 篇、EI275 篇、ISTP232 篇,在全国高校中的排名逐年提前),出版专著 253 部、译著 20 部。"211 工程"的建设,使北邮扎扎实实地成为解决国家建设和科技重大问题的一个基地。

5. 发展学术交流,弘扬学术声望

"211 工程建设"推动了学术进步,活跃了学术交流。我校学者以会议主席或程序委员会主席身份主办了一系列的国际国内学术会议,其中亚太地区通信会议(APCC)、光电子学与通信会议(OECC)、信息基础结构国际大会(ICII)、ICONIP、国际通信技术会议(ICCT)、国际电信流量及网络研讨会(ISTN)、中日光纤科学及电磁场理论会议(OFSET)、亚太地区环境电磁学学术会议等已经具有很大的国际影响。有许多教授在国内外学术团体担任主要领导职务,其中有重要影响的包括亚太神经网络联合会(APNNA)、中国人工智能学会、IEEE 电磁兼容学会中国分会、北京通信信息协会等。他们在学术交流中提高了学校的学术声望,树立了中国学者良好的国际形象。

6. 项目投资带来了办学条件的明显改善

"九五"期间全校经费总投入为9.95亿元,其中"211工程"建设直接经费1.82亿元,由"211工程"效益带来的科研经费2.75亿元,两项经费之和占全校经费总投入的45.9%。"211工程"建设项目经费投入及其效益带来的科研经费,不仅大大改善了学科建设环境,增强了培养研究生和科研能力;而且通过公共服务体系和基础设施项目的建设,使校园网、图书馆和本科教学实验室的条件都得到了改善,装备了一批教学实验室,建设了语言实验室和联网多媒体教室以及高水平的研究生宿舍;校园网二期工程,采用千兆以太网和ATM技术,目前已联通100个子网、2000年底达到3 200个信息点。校园网出口带宽已从64.kbps提高到400 Mbps。使用先进的虚拟网络管理技术,长年提供全天候多种网络服务,光纤通达14个教学科研楼,9个学生宿舍和生活楼,改善了办公自动化和教学科研条件。

总之,在国家和学校各项改革配合下,在上级主管部门领导下,在兄弟单位特别是邮电企业关心和支持下,经过全校各级领导和广大师生员工的共同努力,截止到2000年底,学校全面超额完成了"211工程"整体建设计划指标,取得了令世人瞩目的成绩,使"九五"成为我校历史上发展最快、变革最大、成绩最显著、最令人难忘的历史时期。

"211工程"建设,也对我校各方面的工作起了巨大的推动作用。其中特别突出的是:大大促进了学科建设,大大提高了人才培养和科学研究的能力和水平,使我校的学科优势完成了"由通信领域向整个信息领域扩展"的历史性转变;学科结构完成了"由工科性学校向工管文理多科性学校"的转变;办学层次基本完成了"由本科为主向研究生与本科并重"的转变;教育方式正在经历"由传统教育方式向网上教育方式"的转变;办学规模正在"由万人规模向4万人规模"转变。这样,就使我校在国家高等教育和科学研究的整体格局中处于十分有利的地位,为申报"211工程"二期建设项目创造了优越的条件,为把我校办成信息领域国内一流,国际著名的多科性、研究型、开放式的全国重点大学奠定了坚实的基础。

二　深化学校管理体制改革

(一)学校后勤社会化改革进一步推进

随着我校办学规模的扩大,对后勤工作的要求日益提高。同时,随着学校改革的深入,也要求学校改变原来那种学校办后勤的方式,强化后勤为学校教学科研服务的意识,后勤社会化成为大势所趋。后勤改革的深入,提高了学校的后勤保障能力,改善了学校的师生的生活和学习环境。1997年,学校陆续对学生食堂、职工食堂进行了改造、扩建;更换了微机售饭收费系统,提高了结算的透明度。改建了职工食堂,改善了教职工的就餐环境,提高了社会效益和经济效益。在完善制度、强调优质服务、强化质量意识及注重效益的基础上,校医院圆满完成了医疗、保健、计划免疫、卫生防疫、公费医疗改革等项工作,公费医疗改革开始实施。

1997年7月8日,经过半年的筹备,北京邮电大学实习邮电支局在试营业一个月后正式开业。该局是第一家由企业和社会单位合办的邮电支局,是一所集教学、科研、实习、经营为一体的现代化实习邮局,具有国际国内邮政、报刊零售、市话长话、集邮等业务,为邮政发展延伸服务提供了新的尝试。实习邮局的设立,改变了邮电大学没有邮局的历史。

1998年9月,我校研究生宿舍楼(学8楼)竣工,并已交付使用,研究生宿舍楼带有室内卫生间,并配备了电视、电话及校园网,其设施之先进开创全国高校先河。

1997年11月,学校学生食堂、宿舍闭路电视系统正式开通。同时,学校还为公共场所、学生宿舍分别安装了IC卡、201卡电话。这些都极大地改善了学生的学习生活环境。为此,学校在前几年后勤改革取得的经验基础上,按照"小机关、大实体"的要求,加大了学校后勤改革的力度,加速推进学校后勤社会化。

首先,学校迅速调整后勤管理机构,将原来后勤机关的服务职能分离出来。1997年3月19日,校党委常委会决定将膳食服务中心和热力服务中心从后勤处划出,改为服务实体。同年9月9日,校党委常委会又决定撤销后勤处,成立后勤办公室。11月17日,校党委常委会又决定把教学、科研器材设备的采购和供应从物资处的职能管理中分离出来,成立"教学科研器材服务中心";把学生公寓从学生处分离出来,更名为"学生公寓服务中心",由后勤办公室归口管理。1998年3月2日,朱祥华校长主持校长办公会,审定《〈后勤改革总体方案〉实施办法》,通过了后勤相关职能部门和服务中心的机构调整和岗位职责等。按照学校《后勤改革总体方案》,学校原来的后勤机构将变为一个行政机构——后勤办公室,其余的则为经营实体,把管理、经营、服务分开,各实体实行独立核算。

其次,组建后勤服务产业集团。1999年初,学校根据《中国教育改革和发展纲要》等党中央、国务院文件提出的"学校的后勤工作通过改革逐步实现社会化",后勤要逐步从学校剥离出来,转为经营性服务,推行事业单位企业化管理,并创造条件实现社会化等精神。在前几年改革尝试的基础上,加快了后勤改革力度。目的是通过改革建立适应社会主义市场经济体制和高等教育发展的合理配置资源、技术含量高、专业化、科学化的集团式的社会化服务体系,解决制约办学的"瓶颈"问题,改善办学条件,减轻学校负担,满足学校发展的需要。改革首先按企业化目标组建后勤服务产业集团,将当时涉及后勤服务工作范围的各部门,逐步重新规划组合,并入后勤产业集团。具体步骤分为:

第一步,已具备条件的服务实体先并入集团,如三产公司、经营餐厅、学生公寓中心、校园物业中心、幼儿教育中心、工程服务中心、大修工程部、接待服务中心和运输服务中心等。

第二步,待条件成熟时,将学生餐厅、动力维修中心、勤工助学中心、外事餐厅等并入集团。

第三步,根据集约化、集团化和社会化的要求,将可移交给社会承担的后勤服务项目逐步过渡给社会,如水电燃气等;将校园内属后勤服务的其他部门,如仍属于职能部门或教学部门直接管理的食宿服务等统一归后勤服务产业集团。

学校设立精干的后勤行政管理"小机关"——后勤办——代表学校行使后勤行政职能,与后勤服务产业集团及其他社会后勤服务企业建立甲乙方关系。即后勤办公室代表学校以合同形式规范后勤服务产业的行为,并检查、监督、协调后勤方面的工作,同时管理不具备进入集团条件的现有几个服务实体。

1999年3月24日,校党委常委会研究决定成立后勤服务产业集团董事会、监事会。4月7日,校党委常委会研究同意了服务产业集团董事会提名的后勤集团总经理人选,决定王明辰任总经理。5月17日,学校党委常委会研究决定后勤服务产业集团的董事会、监事会分别由集团构成单位的负责人组成。5月24日,校党委常委会批准了后勤服务产业集团提交的关于下属机构的设置方案,决定后勤服务产业集团下设以下机构:办公室、经营部、财务部、三产开发公司(本年5月11日新划归后勤集团)、学生公寓部、物业部、工程部、宾馆经营部、商贸部和幼儿教育部等。7月20日,我校举行"后勤服务产业集团"成立大会,宣告正式成立后勤服务产业集团。教育部、信息产业部、北京市教工委、市教委的领导及在京20余所兄弟高校代表出席了成立大会。

后勤服务产业集团的成立,实现了后勤服务与学校管理体制的规范分离,向学校后勤服务社会化迈出了坚实的一步。集团成立后,转换运行机制,实行竞聘上岗和全员聘用的干部人事制度,实行以效益和业绩相结合的分配制度,统一校内市场,实施规模经营。同时,后勤集团配合学校内部管理体制的改革,大幅度压缩事业编制,将编制从原24人减到4人。1999年10月起,学校开始停拨后勤集团人员工资,集团开始进入企业化运行。后勤改革第二阶段目标实现。学校为扶植集团起步,将集团三产公司1999年上缴款返80万元归集团统一支配使用。

1999年12月27日,学校与后勤服务产业集团就2000年后勤保障工作举行签约仪式。校长林金桐与后勤集团签订了《后勤管理与服务协议书》,资产管理处、后勤办公室、校园管理与保卫处分别代表学校与后勤集团签订了《房屋占用协议书》《学生公寓管理与服务协议书》《公房物业管理服务协议书》和《校园绿化美化及环境卫生服务协议书》。各项协议中明确规定了双方的责任、权力、义务,同时对学校现有后勤资产采取委托管理和授权经营两种形式,明晰了产权关系;后勤集团则通过科学化管理,加强成本核算,提供优质服务,以低于社会同类服务收费标准的40%向学校收取服务费。这标志着学校后勤从"拨款制"向"收费制"的重大转轨,朝着企业化管理、市场化运作、自主经营、自负盈亏的社会化方向发展。

到2000年上半年,后勤集团已按市场经济规律试运行一年,取得了明显的社会效益和经济效益,已初步形成具有一定实力和适度积累的经济实体。这样,我校后勤改革第二阶段目标基本实现:通过学校与集团签订甲、乙方委托经营关系,完成从"拨款制"向"收费制"转变;集团通过资产重组,实现资源的优化配置,形成若干具有一定实力的经营实体,逐步占领校内服务市场;吸收了学校其他部门分流人员50人,提供80多个勤工助学岗位,校内工作与生活环境有了明显改善。根据当年北京市教委随机问卷调查,我校师生员工对后勤集团服务的满意率达到了85%,居北京高校前列。2000年后勤也开始走向社会参与竞争,物业中心为校外一栋15 000平方米住宅进行物业管理;餐饮中心开始进军营和国家机关,为总参防化兵部和信息产业部机关提供饮食服务等。当年后勤集团向学校上交纯收入400万元。

我校后勤改革得到上级部门的肯定。2000年5月24日,北京市市长刘淇及其他市委领导到我校调研高校后勤社会化改革情况。刘淇市长一行参观了我校学生公寓、洗衣房、快餐厅、学生食堂等后勤服务设施,听取了校领导关于学校后勤社会化改革情况的汇报,指出走后勤服务社会化这个方向是正确的,肯定北邮的后勤社会化改革确实走在了全国高校前列,北京市教委将大力推广北邮后勤改革的经验。希望北邮在后勤改革方面要做得更好,特别是在新建大学生公寓方面,要动员全社会的力量来共同参与,大力发展教育事业。

同年6月28日,北京市高校后勤社会化改革工作现场会在我校召开,市长刘淇、副市长林文漪、汪光焘以及市委、市政府有关部门领导和兄弟院校的党政领导出席大会。刘淇市长首先作重要讲话,强调各高校要进一步提高对高校后勤社会化改革意义的认识,进一步加大后勤社会化改革步伐。他指出,北邮的后勤社会化改革思路正确,各高校要认真学习北邮的成功经验。在现场会上,我校从后勤改革过程、深化后勤改革的体会以及后勤社会化改革的效果三个方面介绍了后勤改革的经验。

据不完全统计,到2000年底,先后有200多所大学的领导到我校参观、交流。

(二) 学校党政机关改革全面展开

党中央、国务院非常重视高校内部管理体制改革,多次指示要进一步深化改革,努力挖掘学校内部潜力,科学合理地配置教育资源,建立激励竞争的新机制。根据中央的指示精神以及《高等教育法》的有关规定,学校从1999年起加快了行政机关改革的步伐。年初,校长办公室主持召开各院系党政负责人及各职能部门主要负责人会议,林金桐校长在部署1999年行政工作的讲话中,就强调要加大行政改革力度,积极稳妥推进院系结构调整,校行政要集中精力探索并解决"人往哪里去,钱从哪里来"的途径,用政策导向调整人员结构,加大聘任制力度。

4月6日,校长办公会深入研究并基本确定了《校机关行政机构改革方案》。4月13日,校党委常委会听取了校行政机关机构设置改革思路的汇报。4月20日,校党委常委会审定了学校机关行政机构设置方案。之后,在4月底5月初,校党委常委会又多次就学校机关机构改革中的职能划分、机构设置、干部职数、人员编制和干部聘任等细节问题进行了多次认真的研究和调整。

5月17日，校党委常委会确定了首批公布的双向选择岗位及相关部门的职责。同日，学校召开校党政机关处级干部聘任工作会议，对新调整后的党政机关处级机构干部的聘任工作进行动员。校党委书记孙鸿志作了题为《认清形势，把握机遇，认真落实校党委工作要点，做好今年学校教育教学和管理的各项工作》的讲话。林金桐校长就机构改革和人员编制的调整工作提出了11项具体措施。在会上，宣布了学校党政机关调整的方案，即党委机关机构7个、行政机关机构12个，公布了双向选择的干部岗位包括处级干部职数25人。校机关归口管理的服务实体干部职数7人。5月31日，校党委常委会确定了参加党政机关正职岗位答辩的人员名单。同日，校党委组织部、校人事处共同主持召开了第二批干部岗位聘任动员会。再次公布了校产集团和后勤产业集团的岗位职数和聘任条件。

6月2、3、5日，由学校27名相关领导和专家组成的答辩委员会分别对申报13个正处级岗位的干部进行公开选拔，同时，校长办公会通过了我校《机关科级及一般管理干部聘任办法》；7日，校党委常委会在答辩和组织考察的基础上，确定了机构调整后的18个党政机关的正职干部，并在10日正式任命；14日，学校召开中层干部会议，由组织部宣布了学校首批聘任的党政机关正职干部名单；次日，校党委常委会审议批准了《北京邮电大学全员聘任实施办法》《校党政机关科级干部和一般管理干部岗位聘任实施细则》，研究确定了校党政机关各单位的定编方案。月12日，学校批准了校党政机关改革后校办公室、教学办公室、人事处等8个处室的科级机构设置；16日，校党委批准，校长聘任了各处室的科长。8月24日，在学校机关在职处级干部会议上，学校向党政18个处室的新任处级干部颁发聘书。之后，又陆续聘任了各处室的工作人员。在此期间，还对一些机构设置进行了调整。到9月底，本次党政机关机构改革基本结束。

这次学校对党政机关大幅度的调整，主要是为了改革原有机构设置和用人机制，达到"简化行政，改善管理，加强服务"的目的，提高用人效益和办学水平。这次机构改革，大力精简学校党政职能部门，努力克服校机关政府化的倾向，不对口设置机构，通过采取"合署、合并、撤销和剥离"等多种形式，使党政机构由改革前的29个，缩减为改革后的19个，达到了教育部按学校的规模核定的机构数的要求。本次改革的突出特点是将机构改革和人事制度改革相结合。在机构改革中，人员聘任采取"双向选择，竞聘上岗，择优录取"的原则，机关处级领导干部公开招聘、竞争上岗，并实行机关工作人员全员聘任。通过岗位答辩、专家考核等竞聘过程，处级干部由改革前的50人，减少到改革后的27人，减幅为41.3%，低于国家规定的按机构设定的职位数；科级干部由47人减少到23人，减幅为51%；机关人员编制由219人减少到130人，减幅为40.6%。处级干部的平均年龄由46.2岁降到43.4岁，其中经过双向选择岗位交流，有10名处级干部到新岗位任职。改革实现了"相对稳定和合理流动"的用人机制，促进了机关、院系部、校产、后勤等部门的人员交流。

由于组织得力、后续工作得当,机关在整个聘任过程中做到了秩序不乱、队伍不散、工作不断,并且原未聘人员均落实岗位。通过改革,确实达到了转变机制、转变观念、改善作风、提高效率的目的,新的机构无论在工作效率、工作态度、人员素质和能力等方面都有了非常明显的变化。

(三) 改善管理,加强服务

在推进党政机构改革的同时,学校着力改善行政管理。学校行政管理工作的改善有两个重点,一是"简化行政、改善管理、加强服务";二是"校务公开"。

改善管理首先要求学校各职能部门根据学校改革发展的需要,按照统一部署修订有关规章制度,努力推进依法治校和行政工作科学化、规范化和程序化的工作。

首先,规范了学校财务管理。1997年以来,学校关于计财工作认真贯彻"量入为出,收支平衡,包干使用,分级管理"的方针,实行经费包干使用、超支不补、节余留用的办法,严格控制行政经费支出,当年行政费比1996年减少支出24%,节约资金86万元,遏制了公用经费连年上升的势头,为学校节约了资金。同时针对存在的问题,强化财务管理制度,发布并实施了财务规定,按国家财政有关政策,根据新的《高等院校财务制度》的要求,变更我校财务管理体制,由分散管理向集中管理转化。从1997年起逐步撤销、合并了二级单位共20余个账号,除校产集团和后勤产业集团外,实行一级核算,这样既便于集中财力,又保证了学校的资金安全。为规范财务管理,提高服务质量和水平。从1999年4月开始,财务处推行准柜员制,实行通岗报账,改善了管理,加强了服务,提高了工作效率和服务水平,受到了全校师生的普遍称赞。审计署对我校的规范管理给予高度的评价。

其次,学校加强了监察和审计工作。1997年4月至1998年9月共完成审计项目18个,在完成的项目中,共查出违纪违规金额计911.61万元,在纠正违纪违规金额中,上交校财务133万元,增加净利润76.4万元,按规定调整账目和做其他处理696.42万元,审减了工程费用105.71万元;1999年,共完成审计项目15个,查出违规资金125万元,审减工程费计342万元;同时,校监察部门还参与了培训楼基建装修、大型设备的引进、学8楼改建、冬季采暖供煤、公务费的收支、处级干部的收入等专项监察,共收来信来访举报材料25件,已调查结案16件,正在调查的6件,未查3件。2000年,学校监察和审计部门共完成处级干部任经济责任审计10项、任期经济责任审计2项,完成财务收支审计1项,基建工程结算审签项目11项。共增加上交学校收入133.73万元,增加校办企业及中心收入17.59万元,做调账及其他处理金额1622.46万元,审减工程结算额87.72万元;同时还积极进行对基建工程招投标、本科生招生和学生收费情况的专项监察,并结合对干部经济责任审计中发现的问题认真调查核实。

通过监察和审计,增加了学校收入,减少了损失,加强和促进了财、物管理及会计核算的基础工作,为保证学校行政工作依法有序运行,维护财经纪律,促进廉政建设起了重要作用。

第三,加强行政工作规范化和信息化。从 1997 年起,配合党政机关机构改革,学校进一步规范了机关行政工作,树立机关工作人员的新形象。1998 年 3 月 1 日,机关党委率先在全体机关工作人员中正式实行佩戴胸卡、文明上岗制度。以规范机关工作人员行为,接受群众监督。

为提高工作效率,加强校内信息沟通,学校加强了校园网的建设和办公自动化平台的建设。1999 年 12 月 7 日,我校校办主持办公自动化系统第一版本平台发布会,学校各院(系)处(室、部)、教辅单位、学术办、产业集团办公室及网络管理员参加了会议。这个办公平台是我校信息网络中心基于 IBM-Lotus Notes(莲花办公系统)软件自行开发的。2000 年初学校已全面启动办公自动化系统(OA),使全校实现了在网上传递办公信息。2000 年 1 月份在学校"BBS 真情流露"网站开通"校长信箱",加强了学校领导同学生、教职工的沟通和联系,取得了较好的效果。学校并提出"办公自动化,校园信息化"是学校 2000 年积极推进校务公开、转变和改进校行政管理思想和工作方式的一项重要举措。

为了督促和检查各二级单位办公自动化建设,2000 年 3 月 27 日,林金桐校长率领学校相关领导抽查了人事处、资产管理处、后勤服务产业集团、校园管理与保卫处、信息网络中心办公自动化工作情况。校长在检查中详细询问了人事处、资产管理处、后勤服务产业集团、校园管理与保卫处办公自动化情况,逐个查看了人事处人事数据库、师资数据库,资产管理处房产信息库,浏览了后勤服务产业集团和校园管理与保卫处正在制作的主页,并听取了校办和信息网络中心对办公自动化工作的汇报。林校长在检查之后指出:实现"办公自动化,校园信息化"一定要加快校园全面信息化建设,不能只局限在本单位的范围内搞信息化建设,要与全校整体信息化工作统一协调;其次,技术支持和网络维护必须到位,必须提高网络运转的稳定性和可靠性;第三,要处理好经费与工作创新的关系,要统筹安排办公经费的使用,在做好日常工作的同时,要在工作创新上多投入人力、物力和财力。

我校办公自动化工作取得了良好的开端,引起兄弟院校的关注,部分院校专程来校进行调研工作。

(四)进行院系调整,启动院系改革

为适应高等教育改革和发展的需要,为我校学科发展提供更广阔的平台,有必要对原来单一校、系二级管理模式进行改革调整,逐渐从校、系二级管理向校、院二级管理过渡。

从 1997 年起,为适应国家对高等教育学科调整和教育改革的趋势,学校从我校学科发展的实际出发,逐渐调整了一些系的名称,并推进了成立二级学院的工作。1997 年 2 月 25 日,校长办公会决定,将原应用科技系改为电子工程系,将原计算机工程系更名为计算机科学与技术系。3 月 10 日,校党委常委会研究决定将管理工程系与社会科学系合并,组建管理与人文学院。12 日,管理工程系与社会科学系合并暨管理与

人文学院(筹)成立大会在校图书馆报告厅举行。4月20日,在原电信工程系和无线电工程系的基础上,成立电信工程学院。1998年5月4日,校党委常委会研究决定:在函授学院和邮电培训中心基础上,成立继续教育学院(保留函授学院、邮电培训中心的名称)。在计算机科学与技术系、国家重点实验室基础上,成立计算机科学与技术学院,原亚太培训中心划归计算机科学与技术学院管理。6月3日,我校计算机科学与技术学院成立大会召开,宣告该学院正式成立。

1999年后,随着学校党政机关改革的加速,学校明确将积极稳妥推进院系结构调整提上议事日程。在学校党政机关改革告一段落后,当年10月18日,校长办公会原则通过了院系等办学实体机构调整方案,如表9.2所示。

表9.2 院系等办教实体机构调整方案

原单位名称	调整后的单位名称
电信工程学院	电信工程学院
计算机科学与技术学院	计算机科学与技术学院
管理与人文学院	经济管理学院
	文法经济学院
外语系	语言学院
体育部	体育部
信息工程系	信息工程学院
机械电子工程系	自动化学院
电子工程系	电子工程学院
基础部	理学院
研究生院(等)	研究生院(等)
高等职业教育学院	职业技术学院
远程教育学院	函授(远程)教育学院
继续教育学院	继续教育学院

11月1日,校长办公会原则通过对院、系、部下一步的定编、定岗的初步构想。11月10日,我校第三届教代会第三次会议召开,在会议上,林金桐校长作了题为《完善功能,深化改革,加快发展,争创一流》的工作报告。在报告中,林校长比较详细地阐述了下一步院系改革的基本思路,他指出:对于现有院系,根据学科、专业建设及学校的发展规划正在酝酿重新调整框架。现已有一个初步方案,该方案已征求过学术委员会和部分院系教职工的意见,这次一并提交大会审议。与此同时明确院、系的管理职能,降低管理重心,调整管理跨度,规范管理行为,调整后的院系将采取新的运行机制:

第一,学校下放办学的更多责、权、利,如院系发展规划、人事财务、奖酬分配、合作交流、资产管理、招生等。

第二,院系自设学术委员会。

第三，学校将按院系学科专业建设、招生规模和科研情况定岗位定经费。

第四，院系设专职科研编制，并全权管理。

本着"按需设岗、公开招聘、平等竞争、择优聘任、严格考核、合约管理"的总原则，积极推行教师聘任制和全员聘任制，形成能进能出、能上能下、能高能低的激励竞争机制。通过优化教师队伍和扩大办学规模使我校的生师比由现在的9∶1，两年后达到15∶1，最终达到20∶1，与发达国家高校生师比相仿。

按照"十五大"提出的"效率优先，兼顾公平"的原则，改革分配制度，试行岗位津贴制度，实现"多劳多得，优劳优酬"的目标。

通过林校长的报告，使教职工对学校进行院系改革和调整的指导思想和原则有了更深入的了解。学校三届三次教代会审议通过了校行政提交的院系改革的方案。

1999年12月13日，校长办公会进一步深入讨论了下一步学校改革主体的设想，认为为了实现学校下一步改革目标，首先必须做好以下工作：严格界定五类工作人员，即教师、教育职员、教辅人员、管理人员、专职科研编制人员；根据教育部规定，做好学校的三年定编定岗计划等。次日，林金桐校长、张英海副校长向机关各职能处室领导通报了学校下一部改革和发展的思路，该思路的核心是"分级管理，院系为基础"，即将学校的管理重心下移到个院系。

2000年3月22日，校党委常委会进一步研究确定了部分教学、教辅机构调整实施方案。之后，经过3月28日、30日校党委常委会反复研究、讨论了教学和教辅单位改革的总体思路，审议了教学和教辅机构设置、定编、经费分配方案、人员分流途径的原则构想，通过了教学、教辅单位调整实施方案。

4月3日，校党委常委会批准通过了《北京邮电大学教学、教辅机构调整设置方案》和《北京邮电大学院（系）党组织的设置》，决定设立以下14个教学单位：即电信工程学院、计算机科学与技术学院、信息科学与工程学院、自动化学院、电子工程学院、管理学院、人文学院、语言学院、理学院、函授学院、高等职业技术学院、继续教育学院、体育部和研究生院；设立以下3个教辅单位：电路中心、信息网络中心和图书馆。院（系）党组织设置如下：电信工程学院党委、计算机科学与技术学院党委、信息科学与工程学院党委、自动化学院党总支、电子工程学院党总支、管理学院党委、人文学院党总支、语言学院党总支、理学院党总支、函授学院党委、继续教育学院党总支。

经过长期的酝酿和准备，2000年4月5日，我校在科学会堂隆重召开院系改革动员大会，就院系各项改革措施的实施进行动员。党委书记王德宠代表学校作了动员报告，在报告中回顾了自1997年以来学校进行新一轮改革的不同阶段和取得的成果，主要集中强调了4个方面的问题：

(1) 教师要正确认识和把握高等教育当前面临的形势；

(2) 我校内部管理体制的指导思想、基本思路和主要内容；

(3) 实行干部聘任制，激活干部任用机制；

(4) 就搞好院系改革提出具体要求：有关改革的原则性问题和思路不再讨论，具体操作过程中的问题可提出来,经研究后再实施;广大干部和教师要转变观念,正确理解并积极支持、参与改革;改革过程中要做到工作不断,秩序不乱,队伍不散,确保各项工作正常进行;要加大思想政治工作力度,做好教育引导工作;强调在院系调整和聘任过程中,广大干部和教职工要认真执行学校纪检、监察、审计方面的有关规定,坚决杜绝不正之风。

校长林金桐就学校的发展前景和思路作了讲话,他指出:①要适应我校独立建制划转教育部管理的需要,做好与教育部有关部门的接口工作,保证划转工作和其他工作顺利进行。②推进素质教育,深化教育和教学改革。③推进人事、财务、分配制度改革。④通过实施院系调整方案,提高教学质量、科研水平和管理效益。⑤鼓励科技创新,加快科技成果转化。⑥抓紧基本建设,做好新世纪发展准备。

副校长张英海在动员会上宣布了《北京邮电大学教学、教辅机构调整设置方案》和《北京邮电大学院(系)党组织的设置方案》。本次院系机构改革共设立14个教学单位,3个教辅单位,设置12个院(系)党委(总支),公布了53个党政领导岗位,实行公开招聘、公平竞争、择优聘任。会上印发了《关于院系级领导干部聘任的规定》等文件,从4月6日起,机构调整和人员聘任工作全部启动,预计到5月中旬所有新聘领导干部到位。这次动员会统一了学校上下对院系改革的思想,实现了学校和教师之间的沟通,为下一步的院系改革打下了基础。

调整后的教学、教辅机构共有14个单位的正职干部职位实行竞聘上岗。2000年4月15-16日,学校举行教学、教辅单位正职负责人竞聘上岗答辩会,这是继1999年6月机关岗位竞聘上岗后的又一次大规模的干部竞聘答辩大会。通过群众举荐、组织推荐和个人自荐,经初审合格的25人参加了本次岗位竞聘答辩会,其中有4人来自校外。答辩会吸引了北大、人大、北师大等著名大学的教授参与。本次领导干部招聘答辩会通过《光明日报》、校园网主页等进行宣传,引起了社会的较大关注。此次答辩会除专家委员会成员外,校党政领导及相关单位、部门的教职工代表共200余人次参加。

4月24日,学校召开2000年第8、9、10次党委常委会,讨论确定了教学和教辅党委党政正职领导干部的人选。4月26日,校党委常委会决定,任命李剑峰、林秀琴、姜兰香、唐守廉、相俊英、赵荣华、高维钫、张树林、杜惠勋、温向明、李秀峰分别担任电信工程学院党委、计算机科学与技术学院党委、信息科学与工程学院党委、经济管理学院党委、自动化学院党总支、电子工程学院党总支、文法经济学院党总支、语言学院党总支、理学院党总支、继续教育学院党总支、教务党委书记。同日,校党委常委会审议批准,校长聘任:顾畹仪任电信工程学院院长、杨放春任计算机科学与技术学院院长、郭军任信息科学与工程学院院长、阚凯力任经济管理学院院长、孙汉旭任自动化学院院长、刘杰任电子工程学院院长、应娅舒任语言学院院长、孙洪祥任理学院常务副院长、李钢任文法经济学院常务副院长、温玫任高等职业技术学院常务副院长、曾志民任继续教育学院常务副院长、史桂兰任体育部主任、张俊任信息网络中心常务副主任、张咏梅任电路中心常务副主任。5月16日,经党委常委会研究决定,任命了一批学院及教辅单位的党委、总支副书记,同时常委会审议批准,由校长聘任一批学院及教辅单位的副职,聘请北京师范大学经济学院教授唐任伍兼任我校文法经济学院院长。5月23日,我校召开各院及中心新任领导干部宣布大会及颁发聘书大会。由任晓敏副校长主持、王德宠书记和林金桐校长分别向新上任的教学和教辅单位党政领导颁发了聘书。

11月9日和13日,校党委常委会决定撤销教学办公室处级建制,恢复研究生院、教务处,并研究确定了研究生院、教务处的机构设置、人员定编和干部职数等事宜。11月21日,党委常委会审议了院(部、中心)改革的相关文件,审议了《中共北京邮电大学委员会、北京邮电大学关于对院(部、中心)改革工作的意见(征求意见稿)》等文件。在此基础上,12月12日,校党委常委会又进一步讨论批准了院(部、中心)改革的相关事宜,通过了《北京邮电大学2001年、2002年院(部、中心)教师、教辅、教育职员定编方案》《北京邮电大学教学单位内部科级机构设置方案》《北京邮电大学教学单位经费分配方案》等文件,基本完成了学校教学和教辅单位的机构改革工作。

(五) 人事分配制度等改革全面铺开

随着学校各项改革的深入,深化人事制度改革,加强考核和管理的工作也得到不断加强。为推进人事改革,1997年5月16—17日召开了学校人事工作会议,校党政领导、各二级单位主要负责人参加了会议,邮电部人事司副司长熊庆模、教育司副司长周继鑫出席并讲话。会议就《深化人事制度改革的意见》等管理办法进行了充分的研讨。会议决定依据教学、科研、校产、后勤与机关职能部门所承担的任务,本着管理与服务经营分离的原则,调整学校人员结构,实行合理分流和多种形式的用人制度,推进事业编制与企业编制相结合的用人形式。7月2日,学校党委常委会审定通过了《北京邮电大学深化人事制度改革的意见》。之后,学校陆续完成了各院(系)、部、中心的定编。1998年上半年完成机关定编工作,继续推行并完善了对二级单位领导干部考评制度,较好保证了各项任务的完成,并明确规定3年内不进教学外人员。此外,学校还注意做好临时工管理(1996年临时工477人;1997年临时工411人;1998年临时工263人),清理外来人口(1997年清走临时工66人,1998年清走临时工148人),安排富余转岗人员工作,受到有关部门的表扬。

1999年初,学校决定加大行政改革力度,用政策导向调整人员结构,加大聘任力度。5月,在学校党政机构改革过程中,学校明确学校机关改革推行公开选拔、竞争上岗和交流轮岗工作,实行领导干部聘任制、任期制和试用制。同年6月15日,学校党委常委会审议批准《北京邮电大学全员聘任实施办法》《校党政机关科级干部和一般干部岗位聘任实施细则》,确定了学校人事聘任的基本原则和办法。11月、12月间,校长办公会经过研究决定,将调整行政运行框架、深化人事制度的改革作为学校下一步的主要工作之一。为此,学校提出:按照《高等教育法》的要求,学校已经确定将根据教学、科研、校办产业、后勤服务等各方面的不同职能,对教职工岗位进行重新界定,实行不同的管理办法,共分为教师、教辅人员、教育职员、专职科研人员和企业编制人员五种类型。人员编制进行分类,为定岗、定编,确定学生数与教师、教辅和教育职员的合理比例提供了依据,同时为构建相对稳定的、出入有序的、开放式的人力资源开发机制奠定了基础。

学校用人坚持"按需设岗、公开招聘、平等竞争、择优聘用、严格考核、合约管理"的原则。学校分配方案确定了"以岗定薪、按劳取酬,优劳优酬、以岗位工资为主"的主导思想,同时在国家政策指导下,根据"效率优先,兼顾公平,生产要素参与分配"的原则,将工资收入同岗位职责、工作业绩、实际贡献以及知识、技术、成果转化中产生的社会效益和经济效益等直接挂钩,向优秀人才和关键岗位倾斜,充分发挥工资的激励功能,努力实现一流人才、一流业绩、一流报酬。根据以上原则,2000年3月6日,校长办公会通过了《北京邮电大学关于实行机关岗位津贴的实施细则》。4月下旬,校党委常委会又审议批准了北京邮电大学校内岗位工资改革实施方案、校机关岗位工资实施细则及校机关所属中心实体分配管理办法;2000年5月按照新的合约管理办法兑现了机关工作人员的岗位工资,机关工作人员全部按岗取酬;之后,各教学教辅单位也推行全员聘任合同制,根据不同的工作岗位,制定了各自的人事工资改革方案。这些方案都体现了按需设岗、优劳优酬的人事分配原则,采取"平等竞争,公开招聘,择优录用,严格管理"的办法,调动了教师和教辅人员的工作积极性,使学校的人事分配制度发生了根本性的变化。

2000年初,学校又筹划、推行了企业特聘教授办法,设立企业特聘教授岗位。当年10月15日,学校隆重举行了首批企业特聘教授受聘仪式。教育部及学校党政领导、企业界代表、受教授等出席受聘仪式。校长林金桐与企业法人签订了设置企业聘教授协议书,爱立信(中国)有限公司、亿阳集团、东方信、北电网络等11个企业向北京邮电大学提供了32个特聘教授岗位,年薪10万元。在大会上,学校向17名首批受聘企业特聘教授颁发了聘书。副校长张英海在讲话中分析了中外高等教育的现状,肯定了设置企业特聘教授的这种学校和企业双赢的合作新模式,并向有远见、有胆识的企业家对北邮教育事业的热心支持表示最真诚的感谢。"长江学者"奖励计划办公室雷朝滋、企业代表邓伟、李维和特聘教授代表张惠民分别作了发言。到2000年底,有29名校内教师被聘为"企业特聘教授",并享受年薪10万元的企业资助。"企业特聘教授"岗位的设立,成为学校广泛吸纳国内外高级人才的一条新途径。

(六) 校办产业改革

校办产业是实现学校科研成果转化、开拓学校办学资源的重要途径。1997年学校遵循"加强管理,事企分开,清理资产、提高效益"的工作思路开展校产改革工作。7月21日,林金桐校长主持召开校长办公会议,讨论了组建校产集团和董事会问题。11月25日,校党委常委会决定了校办产业机构设置问题,决定成立"北邮通信发展公司"。同时对邮电部第四实验工厂进行调整,保留部分人员进行产品开发、生产、从事经营工作外,一部分人负责完成学校金工实习教学任务,其余人员分流到后勤部门从事学校物业管理工作。12月3日,校党委常委会批准林金桐任北邮通信技术公司董事长,王新波任校产党委书记兼监事会主席。12月12日,北京邮电大学校产总公司暨北邮通信技术公司召开第一次董事会,讨论了北邮通信技术公司(北邮校产集团公司)董事会章程、监事会章程等重要文件,董事会并讨论决定了北邮通信技术公司的总经理和副总经理的推荐人选。1998年2月26日,校党委常委会研究决定,任命张立华为北邮通信技术公司总经理兼校产集团党委副书记,谢德全、王乃向为副总经理。从而基本完成了北邮校办产业的集团化改革。改革后的校产集团公司按市场经济规律实行企业化运作。集团成立后,通过完善各项规章制度,加强对校办产业的集中管理。以经营性资产为注册资本,同时从"总公司宏观调控,子公司微观搞活"出发,通过资产清理并以资产为纽带,理顺了与学校各公司的责权利关系,盘活了现有资产存量,扩大了经营规模。总公司与下属公司形成母子公司体制,理顺投资关系,做到"产权清晰,责权明确,事企分开,科学管理"。通过抓重点产品、强化内部管理,评估各企业资产达到了了解企业现状、产业资本等目的,同时制订了一系列管理规定,使校产工作开始初见成效。校产集团公司董事会提出了集团的三个奋斗目标:

(1) 公司除自负工资外,完成实有资产的同期银行利息的上缴利润指标。

(2) 上缴利润为银行存款利息加上二个百分点,同时返回北邮事业编制职工的全部福利款项。

(3) 自我发展,自我导向,保证上缴利润逐年增长,保证北邮通信技术公司(校产集团)的资产增值。

北邮校产集团总注册资金1 634万元,先后对16家企业资产进行了评估,评估资产值为7 000万元。1995年是校产一个低谷,仅能上交学校300万元利润;经过二年整顿、管理,刹住滑坡势头,1996年底上交388.06万元利润;1997年上交指标400万,实际上交学校达504.5万元,超额上交104.5万元;1998年校产集团成立当年,集团除负担所有人员的工资福利、占用学校资源费用及水电费用等外,集团董事会订立上缴学校利润指标504万元,经营班子计划上缴达到650万元,超额上交146万元。经过几年的发展,截止到1999年9月底,"北邮通信"向亿阳集团、中山泰康等企业新增投资119万元,还积极开展与国内外公司的广泛合作,如与华辰集团、香港德实公司、东方通信、海南国科兆信、亿阳集团、汇能集团等就ATM网管、接入网光缆在线检测、教育软件、接入网等项目开展的合作。同时,校产集团为增加竞争优势,积极开拓市场,包括代理银邮公司销售价值约300万元的无线IC电话;与云南楚雄及哈尔滨签订光缆检测项目销售合同;签订7份图书馆管理系统销售合同等等。截止到1999年9月,校产集团拥有独资公司12个、合资公司13个、院系办校管企业12个。公司拥有净资产5000万元,无形资产注册为资本已有几千万元。产品41项,正在开发研制的产品16项,其中90%为通信电子类产品,北京市认定的高新科技产品17项,先后有多家企业(公司)的13项产品荣获各类奖励或荣誉称号。集团公司1998年经批准可直接经营进、出口业务,部分产品已打入国际市场。

2000年,学校为进一步整合学校产业资源,提高学校产业的市场竞争能力,决定在北邮通信集团公司下,组建北邮电信科技股份有限公司。经过半年多的筹备,2000年8月28日,经过北京市人民政府批准,北邮科技股份有限公司正式创立。该公司是由北京邮电大学控股的高新技术公司,拥有北京市天元网络技术有限公司、珠海银邮电子开发公司、北京科瑞先科技发展有限公司三个控股公司,设有接入网、信息安全、信息数字化、计算机网络四个事业部,主要从事通信网络、通信软件、光通信、信息安全和电子终端设备的研发和生产。

10月24日至28日,北邮电信及所属控股公司以"名牌大学创名牌企业,通信专家造IT精品"为主题,参加了由信息产业部、中国国际贸易促进会主办的2000年中国国际通信设备技术展览会。11月3日至4日,北邮电信科技股份有限公司成功地举办了2000年东方科技论坛——通信及网络技术国际研讨会,信息产业部、国家科技部、广东省、中国电信、中国移动等部门的著名学者、专家及英国、爱尔兰、新加坡、中国香港等国内外知名人士200余人出席了本次论坛,与会人员就"电子商务及通信发展趋势""现代通信网络技术""电信网维护管理技术的发展与应用"等国际通信前沿课题进行了研讨,引起了较大的反响。

三 拓展学校发展空间

20世纪90年代中期后,我校的办学环境面临着两个历史性的巨大挑战:一是随着我国的经济体制改革不断深入,邮电通信行业的改革提上日程,邮电部的管理职能发生了根本性变革,由原来政企合一的部门变为单纯的政府行业管理部门,这使我校面临着由行业办学向社会办学转变;二是这一时期我国的高等教育改革和发展迅速,如何挖掘学校资源、抓住机遇、开拓进取、促进学校的发展、满足社会对人才的需求迫在眉睫。为此,学校在有限的条件下,努力拓展学校办学模式,开拓发展空间,提升学校办学层次和水平。

(一) 发展远程教育

学校非常重视远程教育这一全新的教学模式。早在1997年9月29日,我校就与湖南省邮电管理局签署了关于远程教学、80/160GATM交换系统的合作协议。当年,我校并建成远程教学演播室,利用ATM实验网开通了北邮与湖南、北邮与北京市话局的远程实时交互性的远程教学试验。1998年1月19-23日,北邮—湖南省邮电管理局远程教学实验成功,实现了全国第一个跨省的宽带、实时、交互式的远程教学。之后,我校和湖南省邮电管理局之间还在湖南全省 15 个教室进行大规模、高质量远程教学实用化实验,并投入使用。9 月,教育部宣布同意北京邮电大学为教育部首批开展远程教育的 4 所试点大学之一(其余 3 所是清华大学、浙江大学、湖南大学),并将 1999 年全国 3000 名远程教育的招生指标中的 1000 名分配给北邮。1999 年 5 月学校成立远程学院。6 月 22 日,远程学院举行开学典礼,我校首届 1000 名"计算机科学与技术"专业的网上大学本科生正式入学。生源主要来自北京、天津、广东、福建、辽宁五个试点省市的邮电系统内职工。教育部、信息产业部、中国电信总局、国家邮政总局的领导出席开学典礼。校长林金桐作了题为《人类文明的里程碑》的讲话,20 余家新闻单位的记者到会采录。

为保证远程教育的教学质量,我校与中国电信总局合作,中国电信作为网络提供者,保证远程教育所需带宽和传输质量,负责网络设备配置和软硬件支撑;北京邮电大学负责课件制作、网上教学软件开发、课件库建设和招生等工作。学校运用 ATM 系统和高技术的多媒体远程教育网络,在北京建成 5 个主演播室,在各地先后建成 30 多个远端多媒体视听教室。在 1999 年,远程学院还启动开发 CAI(计算机辅助教学)课件 33 门次。完成远程学院主站点建设,被访问 14 000 人次。1999 年 11 月 9 日,由北京大学及我校 5 名教授组成的 CAI 教学软件鉴定组,通过了对我校电信工程学院开发的《网上作业管理系统》网络教学软件的鉴定。该系统是实现网络(远程)教学的重要基础,包括提交和批阅作业、作业管理、教师留言、学生留言、参考答案管理、讲义管理、自由论坛、系统管理等主要功能。该系统设计先进、运行效率高,与目前流行的基于 E-mail 的作业管理系统相比,在性能上和功能上具有明显优点,达到了国内先进水平。我校开展现代远程教育以来,在教育界、信息产业界和新闻界引起广泛关注,共接待国内外来访宾客约 300 人次。

我校并探索远程教育的多种教学模式。2000 年 10 月 28 日,北邮远程学院(网上大学)宁夏教学站举行了开学典礼。宁夏电大校长、书记,北邮的教师代表、技术人员及北邮远程学院远程教育(网上大学)宁夏教学站招收的首届企业管理专业(专升本) 270 名新生也参加开学典礼,并采用 COD(课程点播)方式上了第一堂课。北邮远程学院(网上大学)宁夏教学站的开学,是我校从智力上支持西部开发战略的重大举措,也是远程教育采取新的教学形式(COD)的技术创新。由于宁夏网络条件的限制,此次未能利用网络进行实时、交互式的教学,而是采取 COD 的教学方式。这就大大扩展了我校远程教育教学方式的适应面。此举受到各位领导、教师和同学们的好评。

我校的远程教育依托校园网、CERNET 网及中国电信的支持,技术上在国内处于领先水平。它的远程传输的手段使用卫星、ATM、Internet 网络,真正实现三网合一,传输方式是实时、交互式的,是目前开展远程教育高校中技术最先进的学校。开发并已正式在网上运行了作业提交系统、教务教学管理系统、适时多媒体教学系统,并参加了多项远程教育方面的研究,其中包括国家"863"项目《基于高速 IP 跨城域的远程教育体系》。

（二）高等职业技术学院成立并招生

根据教育部和北京市的批示，我校1999年举办高等职业技术教育。1999年6月，高等职业教育学院成立。9月，北邮高等职业教育学院正式开学。高等职业教育是我校根据学校学科和人才优势及社会需求，按照新的管理模式和运行机制创办的教育模式，首批开办计算机网络实用技术、移动通信实用技术、有线电视实用技术3个专业，共招生308人。发展高等职业教育，是国家高等教育改革的重要举措，主要是为了培养高级实用人才。

我校的高等职业教育学院，与北京邮电学校合作办学，充分利用北京电信学校的设备及北京电信局的生产车间，满足学生实习和实践的需要，走出了一条校企合作办学的新道路。

（三）成人教育发展迅速

为扩大学校的办学规模，开拓办学渠道，我校除办好正规本科和研究生教育外，还加强了高等函授教育、自学考试教育、短期培训等几种人才培养及培训模式，为社会输出和培养了大量的专业技能人才。

我校本着为广大邮电技术业务、管理骨干提高学历层次和知识更新服务，做到日校与在职教育"两个轮子一起转"。1997年3月成立邮电职工教育处，之后又成立了继续教育学院，校长办公会议多次研究继续教育问题，采取对内统一管理，对外归口联络方式，加强继续教育工作。在继续教育教学方面注重高新技术的传授，充分利用学校资源，加强管理，办好在职教育。1997年度举办各种培训班170期，培训人数为7 886人次，1998年上半年完成教育部教育司下达的短训班80个，培训人数3 364人次；1998年招收夜大学、自费班、学历班27个，有2 500学生，学费收入1 000万元，较好地发挥了北邮应有的作用，受到部教育司的肯定和邮电企业的欢迎，同时也提高了我校总体的办学效益。1999年短期培训一度因邮电分营、机制转换而大受影响，但截至当年10月仍举办53期短训班，共培训约1 200人次。合作单位除了信息产业部所属单位外，还包括了青岛朗讯公司、北京爱立信公司、WWG公司、天津NEC公司、惠普公司、北京诺基亚公司、国家地震局等国内外知名企事业单位。

函授教育作为我校成人教育的主要形式，一直受到学校的高度重视。为适应邮电通信事业新技术、新业务的快速发展，学校注意调整专业设置和教学计划，提高教学质量，强化内部管理等方面的工作，使函授教育稳步健康发展。1997年函大（包括夜大）毕业生1 103人，招生1547人，当年在校生5537人，所开专业13个。另外，各类自考助学班共有在校学生2300人，培训班在学学生216人，还承担国家自考委下达的自考专业和相关省的自考助学工作。1997年我校荣获原国家教委授予的"全国成人高等教育评估优秀学校"的光荣称号。1997年积极筹备召开了全国邮电函授教育工作会议,为认真落实函授教育工作会议精神,创造条件,开办职工成人教育学历班,努力为邮电通信建设服务。1998年,我校成人教育(函大、夜大)在读生5 920人,其中本科生1 005人,专科生4 915人,毕业生600人(其中本科生125人,专科生4 915人);当年招生1 585人,其中本科生172人,专科生1 413人。1999年,成人教育(函授、夜大)在读生6 998人,其中本科生1 255人,专科生5 743人;毕业生971人,其中本科生108人,专科生"863"人。当年招生2 243人;另外,邮电高等教育自学考试在学人数为2 795人,其中专科为1 061人,本科为1 734人。2000年,自学考试本科招生1 007人,专科招生190人;在成人教育方面,充分利用网络学院、函授学院和继续教育学院的技术、师资优势和在国内的重大影响积极扩大招生,当年招收网上本科生1 800人,函授本专科生3 100人,与1999年相比均有大幅度增加。无论是招生人数和在校生规模,都逐年稳步增加。

(四) 加强基础设施建设,改善办学条件

1. 加快校园网建设

校园网是"211工程"重点建设内容之一,其目标是建成高性能的网络环境,覆盖全校教学、科研和管理部门,使之成为配合我校重点学科建设,为教学、科研和管理提供良好支持的公共网络通信平台。1997年,校园网已接入Internet、Cernet、国家公用网及中国邮电科研实验网,是当时国内高校中规模、技术、带宽较先进的校园网之一。我校校园网与中国教育和科研计算机网实现高速连接,速度指标曾在《亚洲周刊》1999年的评比中位于亚洲工科院校第二。截止到1999年已完成9个教学和科研楼、学生宿舍和部分教工宿舍楼的光缆施工工程,电源保障系统的架设,高性能服务器的安装与配置工作。

经过二期工程建设,校园网具有开通8 000个电子邮箱的能力,网络总端口数达4 000个;校园网的总带宽达到8 Gbps;主干网速率达到1 Gbps;文件服务器为网络用户提供10 GB以上的共享软件和资料;使用先进的虚拟网络管理技术;能支持多种网络服务等。尤其是学校的办公自动化和管理信息系统的建设,1999年已完成平台的选择,办公系统基础功能已在10月底首先开通使用。2000年初,学校办公自动化系统全面使用。

2. 图书馆网络化建设取得进展

1997年以来,校图书馆加强了信息服务的自动化和网络化建设。在采访、编目、典藏、期刊、流通、公共检索等主要环节实现自动化;同时,还完成网上联机编目、公共检索和馆际互借等网上功能。图书馆通过校园网接入Cernet,在网上提供书目、文献、学位论文等资源服务,馆内自动化程度在国内高校领先。

1998年11月24日,我校图书馆通过北京高校图书馆自动化、网络化建设评估。

评估专家组从自动化工作条件、自动化系统、机读数据库建设、信息服务方面进行实地考察,认为图书馆各系统技术先进,设计合理,有较强的前瞻性,经费支持有力,自动化建设队伍强大,同意通过北京市高校自动化、网络化图书馆评估。我校图书馆是北京高校图书馆评估工作 A 类院校中的第一家。为迎接评估,图书馆重建馆内布线系统,购进 SUNE3000 服务器、光盘塔等大型计算机设备,自行研制开发新一代图书馆自动化、网络化管理系统,完成全部中文图书和中外文期刊书目信息的机读化,率先在国内实现规范控制,并于 1998 年 7 月投入实际运行。

3. 生活基础设施有所改善

1997 年以来,我校克服建设资金紧张,多方筹集资金,改扩建了部分教学和生活设施,大大改善了学校的办学条件。这一时期,我校在建工程主要包括教三楼改造、学四楼改建、培训楼工程等。1999 年已完成的生活设施项目有:为供暖增容 20 吨锅炉一台;新装燃气开水炉 3 台;主配电室增容 500 千伏安变压器一台并为南家属区增加 300 千伏安配电容器;在西交换站设立单独低网供暖系统。

1999 年 5 月至 7 月,我校完成西三旗二期工程和筒子楼改造的住房分配工作,基本解决了已婚教职工的住房问题。

四 稳步推进本科教育

20 世纪 90 年代中期以后,随着国家经济建设的迅速发展,社会对人才的需求无论从数量和质量方面都发生了巨大的变化。同时,高等教育为了适应社会发展的需要,也在不断深化改革,探索高等教育人才培养的新途径、新观念。在十分困难的情况下,我校针对办学资源不足、专业面窄、学生规模较小等局限,开拓进取,革新挖潜,使学校的办学规模有较大发展,质量进一步提高。

(一) 增设新的专业,扩大招生规模

根据教育发展的形势,我校对原有专业进行调整,本科生招生规模逐年扩大,学科专业逐渐增加。

1998 年,学校为提高办学层次,决定停止招收专科生。同时,为加强基础、拓宽专业,本科实行按专业大类招生,原通信工程(电信)、通信工程(无线)不再区分,加上图像传输与处理、电磁场与微波技术专业以及适合现代通信的高新技术,组成通信工程专业;将原计算机通信、计算机及应用、计算机科学与技术专业合而为一,组成计算机科学与技术专业。此外,学校新增加市场营销、自动控制(邮政)2 个新专业。

1999 年 3 月,邮电部人事司转发了教育部同意我校设置电子科学与技术专业的通知,自 1999 年 7 月开始招生。该专业的培养目标为物理电子、光电子与微电子领域

的高级工程技术人才,毕业生主要服务于电子信息通信领域的生产、开发、研究及教学部门。1999年12月,我校又获准设置工业设计专业,于2000年7月开始招生。该专业的培养目标为信息产品设计及机械、电子和计算机领域相关工业设计方面高级专业技术人才。

在专业增加的同时,我校的本科生招生规模逐年增加。1997年招生999人,本科生招生专业13个,专科5个,在校生4100人(其中专科426人)。1998年开始停招专科,当年招收本科学生1000人,本科专业15个。1999年,学校招收本科生1213人,高等职业专科学生308人,本科招生规模明显扩大,本科学位专业增加到17个。进入2000年后,学校扩招的步伐更大,当年共招收新生2600余人,其中博士生122人,硕士生654人,本科生1640人,另外还招收180余人高等职业专科学生,使得在校生总数达到6500人。

(二)修订本科专业培养计划

培养计划是实现高等学校专门人才培养目标和基本规格要求的总体方案,是学校组织教学过程、安排教学任务、对教育教学质量进行监控和评价的基本依据。为了保证我校人才培养的质量,学校教务处多年来根据教育教学改革的形势和国家对人才需求的变化,跟踪学科发展前沿,及时组织各院系修订各本科专业培养计划。

我校积极参与教育部组织的修订专业目录工作,而且根据新颁布的本科专业目录,按照"拓宽专业口径"的原则,将原有21个本科专业调整为17个专业。1998年,学校决定开展对1999年招生的15个专业的培养计划的修订工作。1998年12月,教务处公布了《北京邮电大学制订1999本科专业培养计划的实施意见》,就这次培养计划修订的指导思想、基本原则、基本要求、重点难点、出台政策、组织实施等做了详尽的规定,主要内容如下:

1. 培养计划的指导思想

(1)培养计划要以邓小平理论和党的"十五大"精神为指导,依据《高等教育法》等有关法律法规,全面体现"教育要面向现代化,面向世界,面向未来"的时代精神,主动适应现代化建设对人才培养的要求。

(2)培养计划要遵循教育教学的基本规律,全面贯彻党和国家教育方针,使受教育者在德、智、体等方面得到全面发展。

(3)培养计划要充分体现北京邮电大学"加强基础,拓宽专业,重视实践,培养能力,激励创新,发展个性,讲究综合,提高素质"的教育思想。

(4)培养计划要反映和吸取国内外高等教育在教育思想与教育观念、培养模式、课程体系、教学内容、教学方法与教学手段等方面的改革成果,大胆借鉴国外成功经验,力争有所突破。

(5)培养计划要有利于引导和推动学校的教育教学改革,有利于提高人才培养质量和办学效益。

2. 制订培养计划的基本原则

（1）符合专业培养目标。深入研究所办专业在 21 世纪经济建设、社会发展、学校学科布局中的地位和作用，根据社会需求、自身条件及优势、教育部制定的宽口径专业的业务培养目标，科学地确定各专业培养目标。培养计划要符合专业培养目标，体现办学优势和特色。

（2）注重知识、能力、素质协调发展和综合提高，突出创新能力的培养。在课内与课外整个教育教学过程中，在传授知识的同时，充分重视创新能力的提高和素质的培养，特别要重视营造氛围，采取多种形式加强思想道德素质、专业素质、科学文化素质和身体心理素质教育，使学生构建起可适应终身教育及社会发展变化需要的知识、能力和素质。

（3）优化体系，更新内容。根据培养目标，优化课程体系，更新课程内容，注意课程衔接，避免脱节和不必要的重复，改变课程内容陈旧、分割过细的状况，适当减少课内学时，提高课程的综合化程度。注意加强基础，并对同类专业间的共同基础课加强内容和体系上的统筹和协调。

（4）理论联系实际，重视实践训练。加强教学、科研和实践的有机结合，丰富实践教学内容、方式和途径。各院系主动结合自身条件和专业特点，合理安排实践环节及内容，切实提高实践环节的质量和效率。加强综合性和设计性实验，鼓励学生参加课外科技活动、社会实践和各类竞赛，培养学生的工程实践能力。

（5）注重因材施教，促进个性发展。培养计划要体现统一性与多样性相结合，合理安排课内外学时、课外培养计划和辅修专业计划，构建不同层次的知识平台，鼓励分级教学，鼓励学有余力的学生跨专业选课或选修研究生课程，允许免修和修完规定学分的学生提前毕业，改变单一的人才培养模式，为学生发现、发展自己的志趣、潜力和特长创造条件，促使学生个性得到发展。

《实施意见》特别强调：培养计划是一个完整的、不可分割的整体，制订培养计划要立足教育教学和人才培养的全过程，科学地处理好专科、本科和研究生教育，理论教学与实践教学，课内教学与课外指导等各环节之间的关系，整体优化，力求达到人才培养的最佳效果。

3. 培养计划制订的基本要求

《实施意见》对培养计划的总学时和学分作了原则的规定：课内（包括必修课和选修课）教学 2380 学时/140 学分，周学时控制在 20 学时左右；实践教学环节（主要包括夏季学期和毕业设计）32～34 学分；课外学分 16 学分；毕业总学分为 188～190 学分。学有余力的学生完成毕业规定的总学分可自愿选修课程，所选课程记入毕业成绩；辅修专业一般为 22～28 学分。

按照北京邮电大学"加强基础，拓宽专业，重视实践，培养能力，激励创新，发展个性,讲究综合,提高素质"的教育思想的要求,《实施意见》根据各学科和专业的特点,强调自然科学基础学科和人文社会科学基础类学科的重要性。对理工类专业,规定了人文、艺术、经济和管理类课程的必选最低学分限制;而对文科专业,也规定了高等数学和计算机等自然科学的最低学分要求,其课内课程模块学分分配及比例如表 9.3 所示。

表 9.3 课内课程模块学分分配及比例

课程模块		学分 专业类别	理工类专业			经管类专业			文法类专业		
			必修	选修		必修	选修		必修	选修	
人文社科基础	两课		13			15			15		
	外语		18			18			18		
	军事理论		2			2			2		
	人文类			2	80 57.1%			73 52%			65 46.4%
	艺术类			2			2			2	
	经济类			2			2			2	
	管理类			2					8	2	
自然科学基础			27	2		20	4		8	4	
体育			8			8					
公共选修				2			4		7	4	
计算机基础			9	2	48 34.3%	7	2	73 52%	24	2	59 41.4%
学科基础			20	2		22	8		16	9	
专业基础			15			14					
专业课				12	12 8.6%		14	14 10%		17	17 12.2%
总计			112 80%	28 20%	140 100%	106 75.7%	34 24.3%	140 100%	98 70%	42 30%	140 100%

对于有关课内课程的设置,《实施计划》也提出了指导性意见:

(1)自然科学基础。高等数学、线性代数、复变函数、概率论与随机过程、大学物理、物理实验等。高等数学和大学物理可设不同层次的平台课。鼓励分级教育。

(2)外语基础。大学英语进行分级教学,二年级达到四级水平,毕业前通过英语听力、口语测试。三年级开设情景英语、科普英语,鼓励学生通过英语六级。各专业四年级上学期开出专业英语,确保英语教学四年不断线。鼓励有条件的课程用英语讲授、使用英语教材。英语教学要重视听、说、读、写、译等应用能力训练,加强观念教育。

其他语种参照执行。

(3)计算机基础。按理工、文科分类设置,按计算机文化基础、技术基础和应用基础三个层次安排理论教学,计算机基础教学四年不断线。理工科学生在校期间平均上机时数(包括课内外上机)不少于300机时(不含毕业设计用机),文科类学生不少于200机时。

(4)"两课"。"两课"以课堂教学为主,同时辅助观看影视资料片、参观调查、小组讨论、专题报告等多种教学形式,课内与课外、校内与校外相结合,加强课外指导和社会实践,提高"两课"教学效果与教学质量。

一年级开设思想道德修养、法律基础:

思想道德修养　课内17学时

法律基础　　　课内34学时

二年级开设马克思主义政治经济学原理、马克思主义哲学原理:

马克思主义政治经济学原理　课内34学时

马克思主义哲学原理　　课内51学时

三年级开设毛泽东思想概论、邓小平理论概论:

毛泽东思想概论　课内34学时

邓小平理论概论　课内51学时

四年级文科专业加开当代世界经济与政治,课内34学时。

(5)军事理论:课内2学分。

(6)体育:贯彻《大学生体育合格标准》,体育基础和体育专项课课内各为4学分,安排在一、二年级;三、四年级安排体育类选修课。鼓励学生采取多种形式积极参加课外体育锻炼。

(7)学科基础课:按二级学科设学科基础课。

(8)专业课:可设专业方向。

对于实践教学环节,《实施意见》也十分重视,要求各种实践教学环节应不少于32周。要求毕业设计(论文)选题要符合培养目标的要求,能达到综合训练的目的,工科专业选题尽可能结合工程实际。鼓励各院、系拓展思路,发挥积极主动性,结合自身条件和专业特点,合理安排实践教学环节,丰富实践教学内容、方式和途径,切实提高实践教学环节的质量和效率。

在培养计划中体现课外安排,是这次修订培养计划的一个特点之一,为了提高同学的思想道德和人文素质,鼓励学生参与各种文化素质教育活动,学校在培养计划中规定了所有本科同学必须完成的一定课外学分,具体要求如表9.4所示。

表 9.4 课外教学安排

序号	名称或内容	学分		形式或要求
1	思想道德修养	2	必修	结合课内教学安排专题报告、观看影视资料、小组讨论等，考核合格
2	邓小平理论	1		
3	形势与政策	3		专题报告，考核合格
4	大学语文	3		通过大学语文水平测试
5	英语听力口语测试	2		通过英语听力、口语测试
6	选读书目	6	选修	提交读书报告，通过验收
7	社会实践			提交调查报告，通过验收
8	文化科技活动			参与科研或自选实验，取行成绩
9	讲座			参加，每次记学分

4. 计划制订的特点、重点和难点

（1）制订培养计划的特点

① 培养计划。由教学计划增加课外计划，构成培养计划，使课内与课外、校内与校外的教育教学形成有机整体。

② 减少学时。培养计划课内总学时由 2 618 学时减少到 2380 学时，为学生自主学习和独立思考留出时间和空间。

③ 改进模式。培养计划对部分基础课安排不同层次的平台课，鼓励分级教学，选修课采取分类选修形式，既为学生构建较为合理的知识、能力和素质结构，又适当扩大学生选课力度。

④ 体现成果。培养计划反映和吸取了我校试点班的经验及兄弟院校的教学改革实践成果。

（2）制订培养计划重点和难点

优化体系，更新内容，注意课程衔接，避免脱节和不必要的重复，适当减少课内学时。

5. 出台政策和组织实施

培养计划的制订要与教学管理制度的改革结合起来，积极探索和推进学籍管理、教务管理、教师聘任等制度改革。变封闭为开放，充分利用学校及各院、系、部、中心的教学资源，做到资源共享、优势互补，提高办学效益，特别是解决好跨单位开课问题。要组织制定与培养计划相配套的教学大纲。教务处组织制定有关教学管理规章制度，其他相关部门要给予积极支持，以保证培养计划的实施。

培养计划由各院、系主持制订，相关单位配合，经院、系学术委员会讨论初审，相关学科组审议，教务处审查，校学术委员会审定，主管校长审批后执行。培养计划要保持相对稳定，不得随意改动，确需调整，由院、系提出调整理由和方案，报教务处审核，并经主管校长审批同意。

根据《实施意见》,各学院认真组织人员对各院所有招生的本科专业的教学计划进行了修订,到1999年7月,所有当年招生的本科专业教学计划都圆满修订完成。新修订的本科专业培养计划立足于教育教学的全过程,克服传统教学计划的缺点,科学合理地安排课内与课外教育教学活动,使课内与课外、校内与校外的教育教学形成有机的整体,全面落实了素质教育的内容。对部分基础课安排不同层次的平台课,如对高等数学的教学进行了重大改革,开设理科的数学分析、工科的高等数学和文管类的高等数学三个层次的课程,鼓励学生选修理科数学分析,这一改革进一步加强了学校基础课教学。适当扩大选修课力度,为学生构建较为合理的知识能力和素质结构,全面整理学校选修课设置,有利于学生综合能力的提高和个性的发展。体现了"加强基础,拓宽专业,重视实践,培养能力;激励创新,发展个性,讲究综合,提高素质"的教育教学改革设想和我校办学优势与特色。

2000年3月,我校本科生转专业制度从99级学生开始实行,允许10%的学生重新选择专业,这是我校教学改革的一项重要举措,以适应社会对人才培养的需求,此项工作得到各院系的大力支持,深受同学的欢迎。99级共有39名同学转入新专业学习。3月11日,我校首次在99级1200名学生中进行"大学语文水平测试"。这是我校99本科培养计划为推进素质教育采取的重要举措,要求学生四年内必须通过此项考试方可毕业。

(三) 加强本科教育教学改革和研究

教育改革,观念更新先行,为了及时掌握全国高等教育发展的形势及改革的成功经验,我校十分重视先进的教学理念的宣传和介绍工作。1997年5月7日,我校邀请国家教委副主任周远清来校作了题为《中国高等教育的改革与发展》的报告;6月24、27日,我校又邀请中国工程院院士、中国工程院常务副院长朱高峰同志两次来我校作了关于"中国工程教育"的报告。这些报告极大地开阔了我校教师的视野,提高了教师参与教学改革的热情。

1996年4月25日至28日,由邮电部等四部委主办,北京邮电大学承办的"信息基础结构(信息高速公路)国际学术研讨会"成功举办,来自五大洲近500名专家学者、业界英才和官方要员相聚北京,研讨举世关注的"信息基础结构"问题,会议通过了《信息时代宣言》。大学执行主席叶培大院士主持开幕式。大会主席王大珩院士致开幕词。国务委员、国家科委主任宋健同志在大会上致辞,邮电部吴基传部长向大会作了报告,介绍了我国通信发展的"九五"规划和2010年远景规划。大会组委会主席、电子工业部吕新奎副部长致辞。

会议围绕着信息基础结构的规划、政策与合作,以及信息基础结构的技术与应用展开丰富研讨,由于会议内容本身的重要性,信息基础结构国际学术研讨会ICII成为一个高规格的系列性国际会议。

学术交流活动,从"七五"开始,特别是在"八五"期间得到了广泛开展。其中由北邮教师主持或参与组织并在其中任职的国内国际大型学术会议有：中英、中日系列光纤学术会议（中方主席），通信网及流量系列国际会议（中方主席），国际通信技术会议（中方主席之一），北京国际信息论会议（会议主席），国际 IEEE 与 INNS 神经网络联合学术会议（大会程序委员会主席），国际电磁兼容学术会议（会议主席），首届中国青年通信学术会议（会议主席）等。

1996 年申报 1997 年原邮电部批准立项的部级教改项目 16 项，其中北邮牵头的项目 8 个，项目经费 30.5 万元；学校组织立项的项目 30 个。从 1996 年开始组织 96、97 两届教改试点班，根据项目要求拟定了两届试点班的教学大纲和教学计划，从 1997 年开始，40 多个教改项目全面进入实施研究阶段。

学校注重教学方法和手段的改革，1997 年制定了《北京邮电大学推进 CAI 教学三年总体规划》，成立了 CAI 中心实验室，先后投入 100 万元建设 CAI 课程生成环境和 2 个演示教室及多媒体网络教学系统。同年 4 月 9 日，我校在 130 大教室举行"第二届校优秀 CAI 课件颁奖、演示大会"。1998 年又投资 100 余万元，建成 6 个多媒体教室投入使用；同时运用校级科研立项方式投入课题费，推动 CAI 软件的研究开发，共有 26 项 CAI 软件开发项目已初步完成，其中 2 项分别获得教育部及全国高校 CAI 协作组的奖励。

1998 年 1 月，我校组织设立校级 14 个软课题研究项目和 17 个 CAI 课件研究项目，首批立项经费投入 10 余万元。同年暑期由校领导带队，进行了一次大规模的毕业生质量调查，为探索新的人才培养模式，提供重要依据。

为使我校 24 门次的一类课程达到国家教委《重点高等专业学校本科教学工作评价指标体系》的 A 级标准，1997 年重点对一类课程工作进行了总结，制定了校级一类课复评指标体系和院系教学工作评估指标体系，有力地推动了系列课程建设和院系教学评估工作，进而推动了我校学科和专业建设。

1998 年上半年在总结 96、97 两届教改试点班经验的基础上，又重新制订了《98 级教改试点班教学计划》。1998 年教育部颁发了新的专业目录，并定于从 1999 年开始执行新的专业目录。我校积极参与原国家教委《面向 21 世纪教学内容和课程体系改革》课题立项研究，对教学组织机构和专业学科设置进行了大幅度的调整，使我校新设专业与教育部的目录口径大体相符。

学校通过教学方法和教学手段的改革，提高了教学质量。1997 年 11 月下旬，学校举行了第四届教学观摩评比活动，近 30 名教师参加了评比。在范围上，由青年教师参加扩大到全体教师；在形式上，由示范教学观摩改为现场教学观摩。经过评委会评审，评选出校级教学观摩一等奖 3 名，二等奖 11 名。通过录像、专家讲评，推广了好的教学方法，在学校形成了教学方法改革的热潮。1998 年 3 月 6 日，校教学工作领导小组副组长主持召开教学观摩讲评专家组会议，重点分析了在观摩评比中获一等奖的 3 位教师的教学方法及特色。1998 年 12 月 23 日，学校召开"98 教学观摩评比表彰大会暨讲评录像片首映式"，组织了对教学观摩评比获奖教师的讲评工作，并录制录像带在院系播放。为提高学校的教学管理水平,1998年1月学校聘请了教学工作特别顾问。同年9月23日,学校成立"课堂教学质量调研专家组",专家组成员持《专家听课证》每周进入课堂听课两次,每学期期中、期末分别向教务处提交听课综合报告,指出存在的问题,提出改进建议。首届专家组共聘请12名教授组成。对本科教学质量进行分析和诊断,及时反馈有关信息,供领导决策。鉴于课堂教学质量调研专家组的成效明显,1999年10月14日,我校召开第二届课堂教学质量调研专家组成立会,继续推行该项措施。

同时,学校出台了外语教学改革方案,使学生外语学习4年不断线;外语教学方面,从1998年开始建立本科生英语听力、口语测试制度,并纳入99培养计划的课外部分。压缩基础英语学时,增设情景英语,形成基础、情景、专业为主线的课程体系,确保英语4年不断线。1998年北京市教委组织专家组来检查外语教学改革时,认为我校有力"指导有力,思路明确,措施得力"。1999年3月27日,我校举行本科95级学生英语听力、口语考试。这标志着我校外语教学改革方案从95级开始实施。

在计算机基础教育改革方面,为适应计算机和通信技术发展迅速的特点,学校组织专家、学者对计算机基础教学进行了调研,成立了非计算机专业计算机基础教学委员会,加强指导非计算机专业计算机基础教学工作。我校1998年成立了非计算机专业计算机基础教学指导委员会,调整计算机基础教学计划,确保学生平均上机不少于300小时,学生在校期间计算机学习不断线。

学校还通过开展分级教学,组织校、系、教研室领导听课,狠抓教学纪律,办试点班、建立教学信息反馈,取消主干课补考及推荐优秀学生进入高一层次学习等措施,均收到良好效果。我校学生英语四级通过率多年保持名列北京高校前列;我校学生参加全国及北京市组织的全国电子设计竞赛、数学建模竞赛、高等数学竞赛、大学物理竞赛、体育比赛各种竞争中都取得优异成绩,并多次在国际比赛中获得大奖。同时,取得一批教改和课件建设成果。

2000年,我校的教学改革项目捷报频传,当年8月,我校任晓敏教授主持的21世纪初高等教育教学改革项目"电子与电气信息类专业理工融合教育模式及课程体系的研究与实践"获世行贷款10万元资助,学校筹措资金按1:1给予配套研究经费。这是当时我校获得资助金额最大的国家级教改项目。

2000年9月29日,我校钟义信教授主持的"电子信息类专业人才培养方案及教学内容体系改革的研究与实践"课题,通过了教育部高教司委托全国高等学校教学研究中心专家组的成果鉴定。该课题是原国家教委1996年批准的"高等教育面向21世纪教学内容和课程体系改革计划"项目中"电子信息类专业人才培养方案及教学内容体系改革的研究与实践"(北邮为该项目的3个主持单位之一)的一个子课题。通过4年的研究与实践,该课题完成了原定研究任务,其主要成果为:①对信息类专业改革的理论进行了系统研究,为人才培养方案的研究与实践奠定了理论基础;②从现实条件出发,研究、制定和不断改进《电子信息类专业人才培养方案》(即"现实方案"),并根据试点班的显著成效,提出了具有前瞻性的"目标方案";③从 96 级招收的教改试点班完整采用新培养方案的结果看,毕业生在德智体诸方面达到的水平表明,试点成果突出;④本课题的研究与实践,使各系列课程结构和内容改革取得较大进展,并组织编写了相应教材,已正式出版 17 种,其中 3 种已列入教育部"面向 21 世纪课程教材"。此后,该项成果荣获北京市教学成果一等奖。

同年 9 月 18 日,我校公布 2000 年校级教学成果评选结果。评出校级一等奖 11 项(推荐申报北京高等教育教学成果奖)、二等奖 17 项。获奖类型包括软课题、教材、CAI 课件及实验。

(四)积极启动本科教学优秀学校评建工作

我校坚持规模、结构、质量、效益统一协调发展的原则,树立为邮电通信及国民经济建设服务的思想,坚持走以内涵发展为主的发展之路。为此,1997 年 10 月,我校向国家教育委员会提出第一次申请:1999 年接受教学优秀学校评价。

之后,学校开始全面启动创建本科教学优秀学校的工作。1997 年 12 月 10 日,我校邀请国家教委工科院校教学工作评价课题组副组长李纪安研究员来校作了工科院校教学工作评价报告。1998 年 3 月 4 日,我校邀请北方交通大学副校长谈振辉教授来校作"教学工作优秀学校建设与评价"报告,受到与会 150 多名干部教师的好评。1998 年 3 月 16 日,朱祥华校长主持召开了校长办公会,会议决定:原教学工作自评领导小组改称"教学工作优秀学校自评与建设领导小组",简称"评建领导小组"。原教学工作自评办公室改称"教学工作优秀学校自评与建设办公室",简称"评建办公室"。5 月 20 日,学校召开了部署教学优秀学校评价院(系)、中心主任、书记会议。会议对国家教委新旧评价方案区别做了说明,部署各单位评建工作任务,并向各院(系)、中心负责人发放《评建任务书》及以原国家教委颁发的《高等工业学校本科教学工作评价方案(Ⅲ)》为蓝本制定的《北邮系级本科教学工作优秀学校评价方案(试行)》。5 月 27 日,学校召开全校性的本科教学优秀学校评建动员大会,任晓敏副校长介绍了我校评建工作情况,提出"评建一体,实质在建"的评建工作指导方针和"思想要更新,重心要下移"的工作要点。会议强调:教学工作是核心,一切人力、财力、物力、时间要尽全力保障教学工作的开展,要强化面对面的管理。会议号召全校齐心协力,加强教学工作,迎接 99 评估,把一个教学工作优秀的北邮带入 21 世纪。会后,各院系按照学校的部署,紧锣密鼓地开展实质性的教学优秀学校评价工作。

从 1998 年 9 月新学期开始,学校陆续组织自评专家组对各院系本科教学工作评建情况进行评估和检查。1998 年 11 月 18 日,学校召开本科教学优秀评价的自评专家组会议。27 日,又召开本科教学优秀评价的自评专家培训会。到 1999 年 3 月,学校专家组自评工作告一段落。同年 3 月 17 日,学校召开本科教学优秀学校自评与建设工作领导小组会议,对前一段的评建工作进行了总结,客观地总结了教学工作的成绩和不足,对其中存在的一些问题提出整改的建议和措施,为下一步的评价工作奠定了基础。

我校对本科教学的高度重视,提高了教育教学质量,保证了我校学生规模和人才质量,也吸收了大量的优秀学生报考我校。1998年根据雅虎信息网对中国千余所大学的排名统计,我校新生质量排名第7。1999年4月亚洲国际英文期刊《ASIAN WEEK》杂志,评定35所亚太地区优秀科技类大学,北邮名列第16,位于中国第3,在上述"新生质量"的单项评定中,北邮名列亚太第8,中国第1。

1997年我校50名96级学生参加北京市第14届非物理专业大学生物理竞赛,11人获奖,名列北京市各大院校第二。1998—1999年我校学生参加的数学建模、高等数学、大学物理、电子设计及英语竞赛,获全国一等奖5人次,二等奖3人次;获北京市特等奖1人次,一等奖20人次,二等奖17人次,三等奖23人次。值得一提的是我校学生还获得美国组织的国际数学建模竞赛一等奖3人次,二等奖3人次,成功奖6人次,在北京地区重点大学中名列前茅。2000年5月,我校派出4个队参加美国大学生数学建模竞赛,其中2个队获得一等奖,一个队获得成功参赛奖。

1998年国家全面实行"双向选择,自主择业"政策后,在当年参加统分的822人中,158人考上硕士研究生,9人出国,就业率高达99.7%。研究生286人全部一次落实就业单位。我校毕业生就业率连续多年在北京高校排名首位。

五 向研究型大学目标逐步迈进

1999年前后,随着我校由行业办学向社会办学的转轨,重新审视和研究我校的办学理念、办学定位等问题提上议事日程,1999年3月2日,学校党委常委会审议确定了我校的"工作指导方针"(办学方针)、校风(校训)的修订方案。4月7日,党委常委会决定将我校的"办学指导思想"确定为"坚持学校的办学方针,面向社会,建设信息领域国内一流,国际著名的多科性大学,培养具有创新精神和实践能力的高级专门人才"。同年9月10日,在全校教职员工隆重庆祝第15个教师节大会上,林金桐校长在题为《北邮跨世纪的发展》的报告中明确指出:我校今后学科和专业发展的方向定位为"信息科技为特色,工学门类为主体,工管文理相结合"。一个突出特色、面向社会、多科发展的研究型大学的理念逐步形成。

(一)努力扩大研究生教育

在1997年国家对前4批获权的博士、硕士学位授予专业进行的合格评估中,我校原有的4个博士点及10个硕士点被评估,经国家和北京市教委组织的专家评审,被评学科全部合格,达到A级。

1997年,我校有博士学位专业5个,硕士学位专业14个。1998年经国务院学位委员会批准,我校又新增3个博士学位授予点,使我校博士学位授予点达到8个,同时新增加模式识别与智能系统、物理电子学两个硕士专业授予点和工商管理硕士、电子信息工程领域工程硕士2个硕士专业学位授予点,使我校的硕士学位授予点达到18个。1998年,我校正式招收MBA研究生24人。1999年,学校又增加了计算机科学与技术工程硕士授予点。

1999年,教育部批准我校试办研究生院后,已有11个一级学科自行审批硕士学科点的权限,为学校加大学科建设的力度,努力拓宽学科范围,推进学校整体发展提供了良好的前提和保障。

2000年我校计算机应用技术博士点和光学工程硕士点获得通过,使学校的博士点达到9个,硕士点达到19个。检测技术与自动化装置、控制理论与控制工程、马克思主义哲学3个学科已获得硕士学位授予权。

我校作为全国第一批,也是邮电院校唯一有资格培养工程硕士的大学,自1997年起在北京、天津、河南、辽宁等地为邮电企业培养工程硕士,受到全邮电行业普遍欢迎。

学校还在北京、海南、广东、天津、江西等地开办了通信与电子系统、管理工程、信号与信息处理等专业的在职人员研究生课程班,满足社会对高层次人才的需求。

为保证人才培养质量,跟踪学术发展,学校坚持每2—3年修改一次培养方案,1999年7月完成了新一版博士、硕士研究生培养方案,在对培养研究生实际能力、拓宽知识面、掌握前沿性科学技术的要求上加大了力度,以使我校培养的研究生适应信息化时代高速发展的形势。

通过几年的努力,我校研究生教育模式已从单一的日校生发展到具有MBA、EMBA、工程硕士、同等学力申请博士、硕士学位及统考中的单考、自筹生等8种形式。研究生的招生规模和在校生规模逐年增加。1997年学校研究生毕业328人,招生363人,在校生1014人。1998年,毕业硕士研究生260人,博士生42人,招收研究生402人(其中硕士344人,博士58人),在校研究生人数达到1088人。1999年招收研究生460人(其中硕士391人,博士77人),毕业研究生307人(其中硕士266人,博士41人),在校研究生总数达到1471人,其中硕士1291人,博士180人。

2000年10月15日,我校举行研究生院成立大会,信息产业部原副部长谢高觉、宋直元,教育部、科技部、信息产业部的领导出席了成立大会,王德宠书记宣布北京邮电大学研究生院成立,国务院学位办副主任王亚杰和林金桐校长为研究生院成立揭牌。研究生院的成立,既是对我校研究生教育工作的肯定,也为研究生教育的进一步发展创造了条件。

(二)科研经费不断增加

1997年12月学校召开科技工作会议,就新形势下我校科研方向、经费分配、科技成果产业化、项目管理、知识产权保护、技术股份等重大问题进行了讨论研究,对原有科研管理办法进行了修订,制定了《北京邮电大学'98科研管理规定》。新的科研管理规定提高了广大教师进行科研的积极性,促进了科研的发展。

20世纪90年代以后,我校科研工作持续高速发展,以纵向科研经费为例:1991年为234.9万元,1992年为517.37万元,1993年为596万元,1994年为1143.04万元,1995年为2769.58万元,1996年为4280.86万元,1997年为6304.6万元。1998年1—9月纵向科研合同数107项,合同金额8001.8万元(其中3500万元以我校为主,另有其他单位参与),到账金额为8928.03万元。从1997年3月至1998年10月横向科研项目为60项,合同金额7821.874万元,到账金额2 285.1万元。已提前超额完成8万元/人·年的"211工程"中期指标。1998年在全国1000多所高校中,共有20所大学科研经费超过亿元,我校达到12426万元,名列第15,教师科研经费人均15.26万元/年,比1997年人均7.38万元/年增长107%。1999年度邮电部撤并成立信息产业部,职能发生变化,原邮电部每年提供约70%的科研经费,不再划拨,直接导致学校科研经费有所下降。全年实际到账款8237.7万元,其中含科技部488.2万元,国家自然科学基金124.4万元,国务院其他部委1054.8万元,企事业单位委托4446万元,国际合作1470.1万元,北京市87.7万元。本年科研工作的特点是合作的范围有所扩大,签署的合作单位横向有上海贝尔公司、西藏邮电管理局、高通公司(美国)、华为公司、东方通信股份有限公司、联迪方有限公司、阿尔卡特公司(法国)、创智集团、爱立信公司(瑞典)。纵向科研项目或单位主要有国家"863"计划、"九五"攻关、自然科学基金、国防科工委、国家邮政局、教育部及信息产业部等。2000年科研经费继续有所回升,截至10月底,科研经费到账款7 744.72万元,其中科技部1259.8万元,为头年的2.6倍,教育部187.29万元,国家自然科学基金497.55万元,是1999年的4倍,国务院其他部门2 602万元,是1999年的2.4倍,北京市47.3万元,企事业单位委托3 150.64万元。在信息产业部当年尚未有科研经费拨入的情况下,学校的人均科研经费已经回升到高校前列,说明学校已经走出了以往主要依靠行业支持的科学研究模式,走向企业,走向市场,走向社会。

近几年,为发挥高校与高技术企业各自的优势,学校与国内外一批重要的企业,如大唐、联通、摩托罗拉、爱立信、国泰君安等,建立了联合研究基地,为我校拓宽科研领域、寻求新的项目来源奠定了基础。

(三) 科研成果不断涌现

1997年完成国家、部委级科研项目35项的鉴定、验收、结题,其中包括中国邮电ATM科学实验网一期工程。同年我校自行开发研制的BTC-9500 ATM交换机,通过邮电部鉴定,并与上海贝尔合作生产。智能网CIN-02系统参加全国性的商务投标,树立了良好的产品形象。

1997年我校教师发表论文635篇,其中国外刊物、会议发表156篇。全年获部委级科技成果奖16项,获国家级优秀教学成果二等奖2项;1998年发表论文815篇,比上年增长了28.3%。当年获部委级科技成果奖9项。1997年出版科技专著、译著12部;1998年出版40部,后者比前者增长了233%。《SCI》数据统计1997年发表论文8

篇，居全国高校 108 位，被征引论文 6 篇 9 次，居全国 123 位。而 1998 年发表论文 16 篇，居全国高校 84 位，被征引论文 10 篇，22 次，居全国高校 93 位。据 EI 数据统计，1997 我校发表论文 35 篇，居全国 42 位。1998 年发表论文 43 篇，居全国 37 位。据 ISTP 统计，1997 年我校教师发表论文 53 篇，居全国第 20 位；1998 年发表论文 42 篇，居全国第 16 位。据 1 286 种我国国内科技期刊统计，1997 年我校在国内发表论文 178 篇，居全国 120 位，被引用 89 次，居全国 157 位，1998 年国内发表论文 244 篇，居全国 95 位，被引用 92 次，居全国第 187 位。1998 发表的论文按教师人均排名，列北京高校中第 9 位。

1999 年学校科研成果有三分之一以上达到国内领先或国际先进水平；获国家科技进步二等奖 1 项，国务院各部门科技进步奖 29 项，省、直辖市级科技进步奖 3 项；专利申请 13 件，授权 2 件。2000 年截止到 10 月底，鉴定、结题、验收成果 90 余项；专利申请 8 件，授权 4 件；有 1 项国家科技进步奖、4 项北京市科技进步奖正在公告期。1999 年发表论文 898 篇，比 1998 年增长 10%；1999 年出版科技专著 68 部，比上年增长 70%。据教育网站统计，1999 年我校被 SCI 检索的论文 16 篇，与 1998 年持平，EI 收录的论文 98 篇，增幅超过一倍。

1997 年到 2000 年，先后完成的科研项目如下：

- 1997 年 3 月，我校应用科技系和北京泰康信通技术有限公司联合研究开发的"电信网综合管理和集中监控系统"项目通过技术鉴定。
- 1998 年 1 月，我校研制的 10GBIT/S ATM 交换机，通过由邮电部组织的技术鉴定。
- 1999 年 1 月，我校机械工程系邓中亮教授负责的原邮电部资助重点项目"智能邮戳 CAD/CAM 系统"通过技术鉴定。
- 1 月，由我校与清华大学、北方交通大学和天津大学承担的"OTDM 光孤子通信关键技术研究项目"通过国家 863 通信主题专家组验收。
- 1 月 29 日，我校网络管理中心孟洛明教授负责研制的"电信管理网基础软件测试系统"通过部重点科技发展计划项目鉴定。
- 4 月 17 日，"863"计划通信技术主题"计算机网提供智能业务关键技术研究"课题通过科技成果鉴定验收。
- 6 月 2 日，我校"863"项目"基于 CS-2 的智能网设备结点的研制"通过专家组验收。
- 7 月，我校"863"项目"脱机手写汉字数据库的建立及高精度识别方法的研究"通过国家"863"计划智能计算机主题组的验收。同时，我校与中山市泰康通信设备有限公司等共同研制的"OTMS-98 光缆自动监测及管理系统"通过信息产业部的鉴定。
- 2000 年 4 月，朱祥华教授主持的原邮电部科技发展计划项目"基于 ATM/IP 网的宽带多媒体信息系统"通过信息产业部鉴定。

- 6月,我校与清华大学及大唐电信共同承担的国家863重点项目"WCDMA实验系统"通过验收。

(四) 广泛开展学术交流

我校一贯注重做好外事工作,积极扩大对外交流。在智力输出和派出工作方面,自1995年至1998年平均每年增长近30%,1995年我校选派65人出国(境)学习、进修、讲学、访问和参加国际学术会议等,1997年我校选派120人出国(境)。在聘请外国专家方面,坚持"按我所需,以我为主,为我所用"的方向,做到"三个围绕"聘请专家,即围绕重点科研项目聘请专家;围绕学科建设聘请专家;围绕实验室建设聘请专家。1995年至1998年,平均每年增长20%。

学校并积极组织专家、学者参加国内外高水平的学术交流,并有多名任教授任学术会议主席,如叶培大教授曾多次担任国际双边光纤科学和电磁场理论等学术委员会主席,1999年10月在北京召开的第五届亚太地区通信会议暨第四届光电子会议,他又任大会联合会主席。高攸刚教授曾任跨国电气电子工程师学会电磁兼容协会北京分会主席、亚太环境电磁学学术会议大会主席、国际电磁兼容学术会议主席。林金桐教授任第五届亚太地区通信会议暨第四届光电子会议程序委员会主席。钟义信教授任ICII'98、BSMT'99程序委员会主席。任晓敏教授1999年任第五届国际材料研究学会联盟先进材料会议光通信材料、器件及应用专题学术会议联合主席等等。

1998—1999年间,我校出席国际会议、进修培训、讲学、科研合作近300人次。学校并积极寻求国外学术合作,当时已经有意向或正在商谈的有:同日本电子与通信大学联合举办学术研讨会;与德国电信帝堡邮电高等学院联合举办学术会议、双方互派教授等协议;中韩ATM学术交流;与爱立信、摩托罗拉、诺基亚公司的学术交流等等。

2000年,来校开展学术交流、科研合作和考察访问的国(境)外专家学者和其他各类人员达516人次,较1999年持平。我校选派出国开展学术交流和科研合作的人员达231人次,较上年度增长11%。教授主持、参加国际会议、应邀做主题发言、作为国际组织专家等人数增多。在校学生出访或做联合科研32人次,较上年增加310%。我校与国(境)外大学、研究机构以及企业在奖学金、特聘教授、科研合作等方面新签、重新签订协议35项。通过"政府奖学金"来校学习的外国留学生达40人,较上年增加6人,增长16.7%。自费专业留学生增加1人,增长20%。汉语语言学生招人数较去年有所减少,为88人。

(五) 产学研合作不断推进

推进产学研结合,政策先行,学校坚持依法治校,制定了加快科技成果转化政策。在1998年推出的《北京邮电大学科研管理办法》基础上,我校1999年又出台了《北京邮电大学加快成果转化的若干规定》。该规定鼓励教职工、学生停职或保留学籍创办高新技术企业,鼓励资深教授和科研人员继续开展科学研究和成果转化工作;规定在成功的科技成果转化为生产力的过程中,发明者可以拥有知识产权股份的 34%—45% 等。这些改革措施,将完善大学的四项功能,理顺学校的用人、分配机制,提高办学效益,调动广大师生员工的劳动积极性,同时提高教职工收入。

学校积极开拓社会资源,运用学科和专业优势,开拓市场,以通信信息产业的持续改革和发展为契机,积极参与解决通信信息领域的重大技术问题,增进与企业的合作,赢得企业的对科学研究的支持和合作。在 20 世纪 90 年代后期,尽管由于通信管理体制发生了变化,但我校与通信企业的科学研究、产品开发、实验室建设、奖学金等方面的合作一直保持发展的势头。举其大者如下:

1997 年 1 月 20 日,我校与中国电信签订全国移动电话网网管系统软件开发与集成合同。中国电信全国移动电话网网管系统是"九五"期间重点建设的全国通信网管系统之一,它的建设有助于保证网络的统一性、完整性和先进性,达到提高全国移动电话网的集中维护和管理水平、网络运行和服务质量的目的。6 月 17 日,GET 基金会向我校捐款仪式在京举行,该基金会捐款 4 万美元用于支持我校开展教学科研和资助品学兼优的贫困学生。7 月 8 日正式营业的北邮实习邮电支局,是全国第一家由企业和社会单位合办的邮电支局。11 月 20 日,深圳华为技术有限公司在我校设立华为科学教育发展基金,用于奖励我校优秀教师和在读学生。

1998 年 3 月 23 日,我校与美国高通公司合作建立研究中心,协议签字仪式暨与该公司合作奖学金项目颁奖仪式举行。4 月 2 日,中国电信、北邮、朗讯公司联合举行 SDH 实验室合作协议签字仪式,三方代表在合作协议上签字。6 月 1 日,我校与美国代罗杰克公司签署第二期合作协议。根据协议,该公司赞助我校"CTI 技术原理与应用"课程全套实验设备。8 月 29 日,我校与香港联迪东方有限公司签订联合建立"北邮—联迪研究开发中心"的协议书。10 月 29 日,"北邮—诺基亚科技项目合作协议"签字仪式在我校举行。12 月 1 日,"北邮-爱立信奖学金"奖在我校颁发,该奖是爱立信公司首次在中国高校设立的奖学金项目,每年向北邮捐款 20 余万元,为期 4 年,每年奖励 100 名学生和 50 名教师。

1999 年 3 月 9 日,学校与诺基亚公司在 TCP/IP 网络工程方面签署第三期合作协议。随后举行了第三届"北邮—诺基亚科技日"活动。近年来我校与诺基亚公司一直保持着良好的合作关系,并共同开展了富有成效的科学研究和学术交流活动。3 月 10 日,北邮与首都信息发展有限公司签署了战略合作协议。双方在推进首都和国家信息化事业(包括基础设施和应用信息服务)以及发展我国信息技术和信息产业等方面达成协议。合作的总目标是"促进首都和国家信息化实施进程,推动信息技术和信息产业的发展,培养信息技术与信息产业领域的高层次人才"。同年 11 月 13 日,我校与深圳中兴通讯股份有限公司共同组建的"北邮—中兴通讯光通信联合实验室"成立。同时宣布联合实验室首届学术委员会成立,并聘请我校名誉校长、中国科学院院士叶培大教授任名誉主任委员,揭牌仪式上,中兴通讯公司向我校赠送了 3 套先进的 SDH155 设备以支持我校学科建设和教学工作。中兴通讯公司是国内以通信产品为主业的高科技企业中的首家上市公司,是国内为数不多的能够提供电信网络全面解决方案的企业之一。我校与中兴公司的合作在高新技术的研究、产品开发和市场竞赛等方面具有强大的优势和互补性。

2000年5月9日,我校与威盛电子集团(台湾)就企业支持高校开展科研合作和校企合作等有关问题达成协议。双方同意联合建立"北邮—威盛通信技术开发中心",威盛电子集团将每年为中心的运作提供65万美元的经费,包括日常运行费、设备费和奖学金。威盛电子集团王雪红董事长和林金桐校长分别代表双方在协议上签字。该协议是我校第一次与我国台湾的公司签署合作协议。同日,我校与加拿大新桥网络公司联合建立的"北邮—新桥数据通信实验室"揭牌。

5月10日,北京邮电大学—爱立信公司合作框架协议签约仪式在我校隆重举行。爱立信公司总裁柯德川(Kurt Hellstrom)先生率领的包括爱立信亚太区总裁、爱立信中国总裁、多位中国副总裁在内的爱立信公司高层代表团访问我校,并应邀出席签字仪式。双方在共同回顾了彼此合作的历史,展望崭新未来的气氛中由爱立信公司柯德川总裁和林金桐校长分别代表双方签署了《合作框架协议》《设立爱立信特聘教授协议》和《设立爱立信奖学金协议》。爱立信公司向我校周炯槃教授、宋俊德教授颁发"爱立信特聘教授荣誉称号证书"并向获得爱立信奖学金的学生代表颁发"爱立信奖学金证书"。林金桐校长代表我校致辞。林校长高度评价和赞扬了爱立信公司与我校的友好合作,认为这是一种"极富成效的强强联合";这次签署新的合作协议,标志着双方的合作由提供奖学金、奖教金向着共同举办国际会议、设立特聘教授岗位的更高层次的合作发展。爱立信公司柯德川总裁也即兴作了"移动互联网革命"的主题报告,为我校的教师、学生全面介绍了该公司在移动互联网方面的最新成就。

9月7日,我校无线新技术研究室与大唐电信科技股份有限公司联合成立"北邮—大唐通信技术开发中心",大唐公司将向该中心提供2000万元实验室建设经费并另行提供项目研究经费,中心能通过联合开发为大唐提供技术支持和人员培训等。

11月2日,我校与山东潍坊新立克集团北京世维通科技发展有限公司举行了"北邮—世维通光通信器件联合实验室"协议签字仪式,副校长张英海教授、任晓敏教授、电信工程学院院长顾畹仪教授、副院长纪越峰教授、科技处处长刘元安教授,山东潍坊新立克集团董事长尹军、北京世维通科技发展有限公司董事长季晓芳以及我校光通信中心的教授、研究生、世维通公司的部门主管参加了签字仪式。张英海副校长在签字仪式上致辞,他高度赞扬了这次合作,并指出高校要与企业进行广泛的合作,以取得企业的支持,进一步加快高校科研成果转化,同时促进企业的高科技发展。任晓敏副校长在讲话中说:江泽民同志在2000年世界首脑大会上强调发展中国家必须尽快缩小与发达国家之间的"数字鸿沟",否则差距会越来越大。所以我们必须增强使命感,为国家的信息事业努力,为继续保持北邮在通信信息领域和光通信器件上的优势努力,希望合作圆满、顺利。山东潍坊新立克集团董事长尹军、北京世维通科技发展有限公司董事长季晓芳先后做了发言,他们一致认为与北邮合作是公司的光荣,希望这次合作能使双方优势互补,促进北邮科研的发展,使企业插上高科技的翅膀。张英海副校长和世维通科技发展有限公司季晓芳董事长在协议上签字,双方共同祝愿联合实验室合作成功。签字仪式之后,举行了"光纤通信发展的现状和趋势"的学术报告。

我校广泛开展与国内外企业的合作,不仅使我校教师能够紧紧抓住通信科技前沿,了解市场需求,为国家通信发展解决重大关键问题。同时也吸纳了社会资金,增加了科研经费来源,为学生实践和实习开拓了渠道。总之,校企合作是实现我校教师科研成果转化,促进科研成果,提高人才培养质量的有效途径。

六 加强学校党建和思想政治工作

(一)加强党的建设,促进学校的改革发展

党的建设是坚持学校的社会主义办学方向,落实党的教育方针的重要措施。在本阶段,我校党委紧紧围绕学校改革发展的大局,抓党的方针政策的贯彻、抓改革发展的方向的把握、抓新时期基层组织的建设、抓党员的发展和教育,保证了学校的稳定和改革的秩序,促进了学校的发展。

1997年以我校第十一次党代会召开和学习贯彻党的十五大精神为契机,我校党的建设进入新的阶段。1997年1月初,学校开始筹备第十一次党代会。1月20日,学校党委常委会决定:校第十一次党代会筹备工作由王德宠副书记负责牵头。2月24日,学校党委常委决定了学校第十一次党代会的主要议程、代表名额分配、委员酝酿办法等问题。3月13日,党委常委会讨论了第十届党委工作报告。4月15日,学校党委常委会审议了第十一次党代会的有关文件。5月21日,我校第十一次党代会隆重开幕。大会有正式代表194人出席,列席代表13人。北京市教工委副书记朱全俊、邮电部刘阳生司长、北京市教工委联络员李联科等出席了会议。学校的全国人大代表、各民主党派代表应邀出席大会。大会选举产生由21名委员组成的中共北邮第十一届委员会、由9名委员组成的新一届纪检委。大会要求学校全体党员在新的形势下增强党员意识,发挥先锋模范作用,要求各级党组织、全体党员进一步解放思想,大胆创新,团结带领广大师生努力完成培养全面发展的社会主义事业建设者和接班人的任务。同年9月23日,我校召开全校中层以上党员领导干部会,传达了时任中共中央总书记的江泽民同志在十五大主席团第一次会议上的讲话和在十五届一中全会上的讲话的精神,号召党员干部要认真学习邓小平理论,维护社会主义建设的良好局面。

此后,学校采取多种措施加强党的建设和党员的教育:

首先,加强制度建设和党的规章制度的学习,规范党员行为。

1997年5月20日校党委常委会通过了《北京邮电大学党员行为规范》。7月2日,校党委常委会批准了中共北京邮电大学委员会、北京邮电大学制定的《关于北京邮

电大学厉行节约、制止奢侈浪费行为的实施细则》,并印发执行。10月29~31日我校召开"北京邮电大学党的工作会议",目的是学习和贯彻落实《高校基层组织工作条例》,讨论改善和加强我校党的建设工作。12月23日,校党委常委会研究并通过纪委提交的《党风廉政建设责任制》。1998年3月24日,校党委常委会通过《北京邮电大学领导干部行为规范》。为了增强党员干部为人民服务的自觉性,1999年,经过1月25日校长办公会审议,3月2日党委常委会审议并原则通过了《关于全心全意依靠教职工办好学校的意见》。

第二,通过阶段性的学习教育活动,提高党员履行党员义务和职责的自觉性。

1998年2月13—15日,我校利用开学前三天,集中对处级以上干部进行党性教育。5月6日,校党委主持召开我校开展民主评议党员、党支部评建动员会,根据上级党组织部署,我校在今年上半年进行民主评议党员的工作。

2000年根据中央和北京市的有关部署,我校从上半年开始对党员干部进行"三讲"教育活动。同年5月18日,王德宠书记、林金桐校长主持召开了"三讲"教育动员会。5月29日,学校举办院处级"三讲"教育培训班。6月28日,学校又召开"三讲"教育评与测评会。7月10日,校领导班子认真研究"三讲"整改措施。通过"三讲"教育,广大党员干部认清了不足,改进了工作,促进了发展。

第三,制订党员发展规划,加强组织建设。

1998年6月19日,校党委在图书馆报告厅召开了"发展党员工作会议",会议主题是总结《1995—1997年发展党员工作规划》。7月14日,校党委常委会审议通过了《中共北京邮电大学委员会1998—2000年发展党员工作规划》。

第四,坚持依靠全体教职工民主办校的方向。

20世纪末是我国改革的关键时期,也是各种利益和矛盾的交织时期,我校处在国家教育大环境发生剧烈变动和学校改革深化的关键时期,各种矛盾也十分突出。在这种情况下,学校党委十分注意引导正确舆论,听取群众呼声,坚持依靠全体教职工民主办学的方向,以化解矛盾、促进发展。为此,1999年3月,校行政提出、校党委常委会审议并原则通过了《关于全心全意依靠教职工办好学校的意见》。2000年底,学校又制定了《院级民主管理办法》。同时,在学校改革的重大问题上,学校党委坚持事先让教师明白,反复宣传动员,采取既重视思想政治工作,又考虑教职工实际困难的做法,稳步推进改革。学校坚持召开教代会,在教代会上通报学校的有关决策,以争取教师的理解和支持。因此,尽管1998年以来,学校在住房改革、聘任制度改革、劳动工资改革等方面采取了重大的步骤,使一些教师的利益受到损失,但学校的改革仍然能够得到稳步推进。

此外,学校纪委和监察部门还认真落实了对校内基建等项目和领导干部离任的审计工作,发现问题,及时处理,这对于党风廉政建设起到促进作用。

(二) 加强"两课"教学改革和建设

马克思主义理论课和思想道德修养课(简称"两课")是高等学校思想政治工作的

主渠道和主阵地,对大学生思想政治教育有着特殊的作用和影响。我校一向注重"两课"教学的建设工作,在本阶段,围绕贯彻中宣部、教育部1998年4号文件和北京市教委1998年20号文件关于实施"两课"教学新方案的精神,我校掀起了"两课"教学改革和研究的新一轮高潮。

1. 认真学习文件精神,积极做好开课准备

中宣部、教育部和北京市关于实施"两课"教学新方案、推进"两课"教学改革的文件下发后,学校党政领导认真学习文件精神,并召集相关部门听取意见,讨论落实措施和方案,于1998年7月初党委召开常委会,专门研究我校贯彻执行上级文件精神和深化"两课"改革问题,会后,学校党委和行政联合签发了《关于"两课"改革实施意见的通知》的文件。文件指出,我校坚决贯彻中宣部、教育部和北京市教委文件精神。结合我校情况,对"两课"新的课程设置、时间安排、师资队伍建设、教学方法和经费投入等问题提出了具体实施意见。文件决定我校1998年秋季在98级部分课堂中开出邓小平理论概论课。

新的"两课"教学方案的重要内容是将邓小平理论概论课列为"两课"的重要内容进行开设。中共十五大将"邓小平理论"确定党的指导思想后,我校就积极推进邓小平理论的"三进"工作,将邓小平理论的有关内容分别放在其他几门政治课中进行贯彻落实。这次为了确保1998年秋季邓小平理论概论课的按时开出,我校首先对教师进行思想动员,认真学习和领会上级文件精神,同时结合我校具体情况研究落实方案:①组织保证。管理与人文学院组建了邓小平理论概论课教学研究组,研究组由12位老、中、青教师组成,其中教授2人,副教授5人,教师主要来自从事哲学、史学和经济学教学的教师。②业务准备。为了保证开课质量,学校加强了对师资的培训、进修和学习,从事此课教学的教师全部参加了北京市举办的邓小平理论概论课培训班,并利用期末和暑假组织教师进行4次集体备课,研讨教学的重点和难点,以提高教学水平。③资料准备。为了给教师创造更好的备课条件,管理与人文学院资料室集中购置了一批图书、音像资料,并不断充实更新资料。④经费支持。学校拨出一部分资金专门作为该课的启动经费。

2. 全面落实文件精神,调整课程设置和学时

根据上级文件精神和我校"两课"教学改革的具体情况,1999年5月,校党委常委会研究"两课"课程设置和课时安排的调整问题,决定在1999年秋季入学的新生(包括本科生和研究生)中全面实施中宣部、教育部关于"两课"教学新方案。具体课程设置和学时安排如下:

(1) 本科生

一年级开设:

思想道德修养　51学时(其中34学时为课外学时)

法律基础　　　34学时

二年级开设:

马克思主义政治经济学原理　　34学时
马克思主义哲学原理　　　　51学时
三年级开设：
邓小平理论概论　68学时（其中17学时为课外学时）
毛泽东思想概论　34学时
文科生开设：
当代世界经济与政治　　　　34学时
（2）硕士研究生
科学技术哲学　　　　　　　54学时（其中20学时为课外学时）
科学社会主义理论与实践　　36学时（其中16学时为课外学时）
（3）博士研究生
现代科技革命与马克思主义　　36学时（其中16学时为课外学时）

3. 在教学实践中全面深化"两课"改革

根据调整后的教学计划，自1998年秋季开设《邓小平理论概论》课以后，陆续开出"两课"的其他课程，管理与人文学院的有关教师在落实新的教学方案的过程中，积极探索，不断改革。

（1）制定备课计划，做好全面开课准备

为了贯彻中央文件精神，使改革后的马克思主义理论课和德育课顺利开出，承担各门课的相关教研室详细制定备课计划。例如，哲学教研室的备课计划分为四个阶段：第一阶段为学习文件，拟定专题与纲目阶段。组织教研室全体教师认真学习教育部的马克思主义哲学原理教学基本要求，结合自己教学的实践经验，深刻领会课程改革的基本精神。同时，调查、了解大学生对哲学课的意见、建议，学习和借鉴兄弟院校的改革经验。在此基础上，确定哲学课授课专题，以及每个专题的基本要点。第二阶段为集体备课阶段。将已经确定的专题分工到每个教师，制定出比较详细的教学大纲及基本内容，在会上公开讨论，由大家共同审议、修改。到1999年5月中旬将所有专题大纲讨论完毕，对每一专题中的重点、难点及热点问题，形成较统一的意见，并对采取的教学形式做出大体安排；第三阶段为教师独立备课及交流阶段。由教师自备讲义，并召开会议交流备课体会与经验，形成一个相对完整的、稳定的教案；第四阶段为最后检查落实阶段。又如，毛泽东思想概论课是新设课程，承担此课的文史教研室非常重视开课前的准备工作。他们把备课分为三个阶段：①讨论教学要点。同时结合我校学生的实际情况，参考有关院校的教学大纲，列出我校"毛泽东思想概论"课的教学重点和课程大纲，为进一步深入备课作好准备；②教师备课时间。在这段时间内，教研室采取个人备课和集体备课相结合的方法，进行合理分工，各负其责，各尽其能，共同合作，将课程准备好。③教研室集体讨论时间。这段时间主要按照分工情况将已经准备好的教案在教研室内进行集体讨论修改，为上课作好最后准备。

(2) 积极组织教师参加进修和培训,提高业务水平

为了保证课程质量,提高教师自身的业务水平是重要条件。根据我校"两课"教师队伍的具体情况和不同课程的要求,有计划地安排教师分期分批地参加北京市组织的各门课程的培训,同时也积极支持教师参加"两课"各专业教学研究会组织的暑期和寒假备课会或学术研讨会。

(3) 认真研究教学基本要求,在教学实践中不断进行内容的改革

从1998年以来,学校的"两课"教师在认真执行新教学计划的同时,根据教育部颁发的新教学基本要求,重点抓了教学内容的更新和改革。在课程内容改革中坚持了马克思主义的科学性、革命性和批判性相结合、坚持传授科学理论和培养人文精神相结合、吸收科学研究新成果和解决学生关心的新问题相结合等原则。例如,马克思主义哲学原理课中教师做了较大幅度的调整和充实。主要是:①吸收了80年代中后期以来哲学原理研究的新成果、新精神,在许多具体问题上讲解了新思想、新进展。②对课程体系的逻辑结构作了明显的调整,压缩了传统教科书中学生较为熟知、甚至中学阶段已学过的内容。③对课程的学科定位、逻辑关系的衔接给予了强调,在何为哲学、哲学与科学在研究对象、方法、视野上的区别;马克思主义哲学的地位;哲学与人类文明的创造与演进的历史关系等问题,使学生更好地理解所学课程的性质、特点和价值。④注重理论与实际相结合,注意运用哲学理论分析改革开放现实中的问题。

思想道德修养课的任课教师则根据本课程教学目的的需要,把课程内容划分为几个单元。第一单元是如何迈好大学生的第一步,主要从进入大学后如何适应大学生活入手进行一次"学做人,学做事"的主题报告;第二单元为学习篇,目的在于激发学生的求知欲,帮助他们增强学习毅力,克服学习困难,重树学习的自信心;第三单元为人际关系篇,通过案例分析和社会实践,使同学们逐步认识到学会与人交往、与人合作在当今社会的重要性和必要性以及如何处理人际关系等问题;第四单元为心理篇,主要教育学生如何克服不良心理,树立健康的心理素质;第五单元为理想篇,教育学生在新的学习环境中,如何结合自己专业,树立远大理想,增强学习动力;第六单元为爱国篇,对学生进行爱国主义教育;第七单元为人生篇,结合大学生活中遇到的实际问题对学生进行人生观教育;第八单元为道德修养篇,属于综述篇,指出本课程的目的是帮助学生提高思想道德修养。

(4) 重视教学方法改革

为了提高教学质量,保证马克思主义理论真正进入学生的头脑,必须改进教学方法,这也是教学改革的一项重要任务。"两课"教师普遍的做法是,除教师课堂讲授外,采取了多种形式活跃课堂教学,如课堂提问、讨论、辩论、观看影视录像片等等;同时还采取多种方式组织学生走向社会、认识社会、了解社会。

不同课程针对本学科的不同特点运用了不同的教学方法。例如:中国革命史课,为了加强对学生的素质教育,在课堂讲授基础上,还注意在课外对学生进行素质训练,他们制定了"三个一"基本素质训练方法,要求每个学生除上课外,必须"看一本书,写

一篇小论文,做一篇读书笔记"。书必须是历史书籍(除历史教材外),让同学们对教材之外的历史资料有一个直观的认识,写作是训练学生对历史问题的分析和文字表达能力,读书笔记则可以对学生进行收集资料、提出问题、归纳总结等方面能力的训练。这种方法受到了学生们的欢迎,有的学生因开学期间时间不够用,就利用寒暑假抽时间读书写文,积极性很高。马克思主义哲学原理课,则采用对比教学法。将相互对立的观点、思想、路线放到一起,让学生评论孰是孰非,提高辨别和分析问题的能力。

除课堂教学外,教师还积极组织实践教学。如为配合邓小平理论和历史唯物主义教学,任课教师多次组织学生去大营村、留民营、韩村河等农村中的改革开放典型参观调查,通过活生生的实例,亲身感受改革开放的丰收成果,运用课堂上学习的理论分析现实社会,从而锻炼学生分析问题的能力,进一步加深对马克思主义基本理论的理解和对党的路线方针政策的正确认识,取得了良好效果。思想道德修养课基本形成了一整套与课堂教学相配套的教学实践课,主要有:①"学做人,学做事"的新生入学教育。采取请校长、专家、学者就北邮的专业发展方向,"北邮人"的精神以及未来21世纪人才应具备的素质等做报告,使刚入学的新生耳目一新,受到很大鼓舞,培养了学生的独立意识和进取意识。②研讨式的教学。教师根据教学内容提出若干问题,并给出多种观点或多种答案,在教师的指导下,学生自己组织讨论或辩论,从而打开了学生的思路,锻炼了学生的表达能力和组织能力。③开展"大学生志愿者活动",组织学生进行"义工"活动。

(三) 加强学生的思想政治教育

我校多年来一直把培养人才作为根本任务,以培养学生的创新精神和实践能力为重点,全面贯彻国家的教育方针,积极推进素质教育,培养德、智、体全面发展的社会主义建设者和接班人。

学生思想政治工作队伍的建设,是做好学生思想政治工作的前提和保证。我校十分重视学生工作队伍的建设,针对新形势和新情况,不断调整和充实学生工作队伍。1997年10月28日。党委常委会根据前几年学生工作的情况和问题,专门讨论研究了学生工作队伍建设和机构建制的问题,决定院系要分别设学生工作干事。党务工作系统建立专职为主的政治辅导员队伍,每180名学生配备1名专职辅导员;行政工作系统建立兼职班主任队伍,每60名学生配备1名班主任。撤销原来的研究生指导主任岗位,由系级单位党委(总支)的一名负责人分管研究生学生工作,以解决我校学生工作存在的本专科班主任队伍流动快、稳定性差、院、系学生工作机构人员配备不够健全,研究生指导主任与院、系衔接不畅等问题。同时通过组织每年一次的学生工作人员总结表彰和新辅导员、班主任培训,交流经验,促进工作。学校还拿出经费,推动学生思想政治工作的研究,出版学生思想政治工作论文集。

教师的言行举止,对学生的思想道德建设有很大的示范作用,为此,学校十分注意加强师德建设,1999年6月25日,我校召开师德先进群体表彰大会,11个二级单位获

"师德先进群体"称号。2000年,校党委和行政又共同制定了《关于加强师德建设工作的意见》,进一步加强了师德建设。

多年来我校以文明校园建设为契机,努力落实完善在党委的领导下,以行政为主实施的德育工作运行机制。学校成立了党委领导下的德育工作指导委员会,1999年德育工作指导委员会向学校提交了《关于进一步加强德育工作的意见》。在校党委和行政的领导下,学校各部门利用多种手段和途径,推进学校的思想政治工作:坚持不懈地抓好班风、学风、校风和基础文明教育,营造健康向上的校园文化环境,为学生的全面成长创造良好的外部条件。紧密配合"两课"教育,把学生对邓小平理论的学习引向深入。通过强化课外素质教育以及完善综合考评方法,鼓励学生个性发展。组织学生参观革命历史景点,进行爱国主义和革命传统教育。通过优化教学计划,组织系列讲座和文艺演出,营造浓郁的校文化氛围。通过开展心理咨询、勤工助学、文体等活动,为学生构造健康向上、自立自强的身心健康机制。

随着德育工作的深入,我校学生的思想政治素质有了明显的提高。他们能冷静地分析形势,理智地看待社会问题,热情地参与有益的活动,自觉地维护集体的、社会的、国家的利益。1997年为庆祝香港回归祖国,我校学生组织了"庆祝香港回归"主题征文活动,举行全校教职工"迎回归、颂祖国"歌咏比赛,共14个单位1000余人参加。6月30日,是我国恢复对香港行使主权倒计时最后一天,我校150名师生在校团委的组织下参加了当天晚上在天安门广场举行的北京市各界群众"庆回归"盛大联欢活动。7月1日,"庆祝香港回归祖国大会"在工人体育场举行,我校百余名师生代表与各界群众一同汇成欢腾的海洋。

1999年5月,以美国为首的北约悍然轰炸我驻南大使馆后,我校学生抨击他们的霸权行径,并在校学生会和研究生会的组织下,2000余名学生前往美国驻华大使馆进行抗议游行活动,显示了强烈的爱国主义意识。以李洪志为首的法轮功练习者聚众围攻中南海的非法事件发生后,我校主动做好宣传工作,挽救练功受害者,表现出坚定的马克思主义、社会主义信念。1999年是新中国50年华诞和澳门回归,我校学生积极参与和组织了系列庆祝活动,反映出殷殷爱国之情。

我校教育教学改革工作,近年来一直探索以加强思想政治教育,提高学生文化素质为切入点,全面推进学校素质教育工作,把素质教育和思想教育融入学校的专业教育之中,加强学生创新精神、创业能力和社会实践能力的培养。通过多种形式的艺术节、科技节、创新大赛、征文比赛、学术讲座、形势报告、社会实践等活动,促进学生素质的养成和能力的提高。按照江泽民同志"思想政治素质是最大的素质"的讲话精神,学校积极开展多种形式的活动,如迎国庆参加大阅兵和天安门广场大联欢、迎澳门回归、中华世纪坛揭幕、迎接新千年新世纪庆祝活动,举办"四个如何认识"讲座,举办征文竞赛、座谈会,进一步加强学生思想政治素质教育,培养爱国主义、集体主义、社会主义意识。同时,学校进一步发挥校园文化的育人功能,大力加强校园文化建设,如开展"华为科技杯"创新活动、诺基亚阳光计划、"创时代先锋、做文明北邮人""新世纪、新青年"

活动,净化育人环境。

在新世纪,为加强和改进我校的思想政治工作,为深化改革创造良好的思想政治基础,总结我校思想政治工作的经验,2000年12月13日至15日,我校召开思想政治工作会议。校党政领导及基层思想政治教育工作者出席会议。校党委书记王德宠在题为《振奋精神,积极进取,努力开创新世纪学校思想政治工作的新局面》的报告中,全面总结了近几年来学校思想政治工作的基本情况,指出存在的突出问题和薄弱环节,如青年教师中入党积极分子的培养及发展工作急需加强,思想政治工作缺乏创新和活力。在思想政治工作的保障机制和评估体系上有待完善。提出开展思想政治工作的意见。林金桐校长作了《做好思想政治工作,推进学校改革发展》的讲话,他在讲话中指出做好思想政治工作,要建立和形成一种好的机制,即必须建立符合党的要求和市场经济需要的科学合理的领导体制和用人、分配、激励保障机制。建立符合党的要求和市场经济需要的思想政治工作运行机制。会上,我校体育部、电信工程学院教师分别对学生思想政治工作的认识和方法做了发言。与会者深受教育和感染,反应强烈。大会还审议了《中共北京邮电大学关于加强和改进思想政治工作的意见》《北京邮电大学委员会、北京邮电大学关于加强师德建设工作的意见》《学生思想政治工作队伍建设的意见》三个文件,并就文件提出了建议和意见。

思想政治工作会议的召开和一系列文件的制定和颁布,为新世纪我校的学生思想政治工作提供了政治和思想的保障。

(四) 创建文明校园,推进学校的精神文明建设

根据北京市关于文明校园建设的统一部署,从1997年初开始,我校以文明校园建设为契机,加强校园综合治理,推进学校的精神文明建设。

我校对创建文明校园工作十分重视,1997年1月6日,北京市精神文明建设委员会创建处、北京市教委德育处的领导来校检查、指导我校创建首都文明标兵单位工作情况,党委书记孙鸿志、校长朱祥华等校党政领导及相关二级单位负责人参加了汇报会。之后,学校紧锣密鼓,采取系列措施积极推进学校文明单位创建活动,促进校园文明建设。1月22日,王德宠副书记召集学校精神文明建设委员会会议,研究布置有关工作。接着在1月27日,校党委又召开"北京邮电大学精神文明建设研讨会",讨论了《北京邮电大学精神文明建设三年规划》《北京邮电大学文明单位达标考核办法》《北京邮电大学文明单位考核指标》等文件。1月28日,学校邀请邮电部纪检组常延组长来校为研讨会作精神文明报告。3月6日,校党委常委会批准了《北京邮电大学精神文明建设三年规划》和《北京邮电大学文明单位达标考核指标及考核办法》。为保障学校各项工作开展,我校加大了校园综合治理力度。在校园环境上,我校根据上级的要求,对食堂、宿舍、校园卫生、绿化美化等工作进行全面部署。

根据学校精神文明建设的规划,校内各二级单位采取多种措施,加强本单位精神文明建设工作,学校则采取多种方式,加强督促检查。1997年6月为,认真贯彻落实

校精神文明建设三年规划,作为我校窗口行业的图书馆结合自己的实际情况,积极开展"服务第一、读者至上"的优质文明服务月活动。同年 10 月 17、21、22 日,校党委副书记王德宠、赵青山、副校长张英海、秘建虎分别带领文明单位达标考核小组对 26 个单位的精神文明创建情况进行了日常检查。1998 年 3 月 9 日,校机关党委在外事处召开精神文明建设现场会,会后大家参观了外事处集体办公现场,查阅有关规章制度、办事程序等资料。王德宠副书记对外事处所取得的成绩给予充分肯定。3 月 20 日,我校创建文明单位考核领导小组,在王德宠副书记和张英海、秘建虎副校长的带领下,分两组对第一批申请精神文明建设达标单位进行集中考核。4 月 23 日,我校召开精神文明建设工作总结表彰暨迎接文明校园复查动员大会。党政领导向荣获 1997 年"文明单位标兵"称号的 23 个单位颁授了牌匾。这次考核表明,经过文明单位创建活动,我校各单位的工作面貌和作风有了很大的改变。

1998 年 10 月 23 日,我校顺利通过了北京高校文明校园建设专家组对我校校园治安、宣传阵地、伙食工作、校舍维护、校园卫生进行实地复查,并再次被授予"文明校园"牌匾。

文明校园复查通过后,我校为进一步保持良好的校园环境继续作出了努力。在治安方面,1998 年制定规章制度,落实责任制。1999 年初与校内 47 个单位签订了《治安综合治理责任书》,明确了"谁主管,谁负责"的原则,同时对防盗防火部位及商业网点签订责任书。根据学校教代会三届二次会议提出的"整治校园秩序实施方案",对我校主教学楼进行封闭式管理:机动车一律绕行教学区,实行家属区和教学区分开等。同时继续加强基层文明单位建设的检查工作,1999 年 5 月 17 日,学校召开 1998 年度"文明单位标兵"和"文明单位"命名授牌仪式,通过校考核领导小组对 14 个单位的综合考核,有 11 个单位达到了"文明单位"的创建标准,其中一个单位为"文明单位标兵"。

七 圆满完成学校"九五"计划

"九五"是我校历史上发展较快、变革最多、政绩明显的重要时期。在原邮电部和信息产业部、北京市委、原国家教委和教育部的领导下,在兄弟单位特别是邮电企业的关心支持下,在全校各级领导和广大师生员工的共同努力下,全面完成或超额完成"九五"计划指标,各方面的工作都取得了可喜的进步。

(一)提前完成学校发展架构设置

提前实现完善学校架构成立 7 个院(即研究生院、通信工程学院、信息技术学院、邮政技术学院、人文与管理学院、应用数理学院和成人教育学院)的设想。根据新的形势和学校长远发展的需要,成立了电信工程学院、经济管理学院、计算机科学与技术学院、自动化学院、信息工程学院、语言学院、电子工程学院、文法经济学院、高等职业技术学院、继续教育学院、理学院、网络教育学院(原函授学院)和研究生院(筹),为北邮的学科发展乃至"第二次创业"和新的腾飞提供了广阔的发展空间。

(二) 全面超额完成人才培养计划

"九五"期间学校累计招收各类学生19 200人(其中日校生8 680人,包括博士生340人、硕士生1 880人、本专科生6 370人、外国留学生90人);累计为国家培养输送各类毕业生11 330人(其中日校生6 740人,包括博士生180人、硕士生1 190人、本专科生5 330人、外国留学生50人);年均在校(学)生12 000余人(其中日校年均在校生5 580人,较"八五"日校年均在校生增加30.4%)。实际招生数和年均在校生数比"八五"计划分别超额52.4%和27.1%,特别是研究生教育发展迅速,5年中毕业的博士研究生和硕士研究生分别是"八五"的4.3倍和2.3倍。在人才培养质量上,授予学位率博士生为91%,硕士生为99%,本科生为94%;毕业生一次就业率博士生和硕士生均为100%,本科生为97%以上,在全国重点高校中名列前茅;应届本科生考研率1999年达到31.4%;本科生累计在全国参加各种竞赛中获一等奖31人次、二等奖29人次、三等奖21人次,在北京地区参加各种竞赛中获特等奖3人次、一等奖67人次、二等奖105人次、三等奖133人次,美国数学建模竞赛一等奖9人次、二等奖3人次、三等奖9人次;本科生在参加全国英语四六级统考中96级四级累计通过率和优秀率分别为98.0%和16.7%,98级六级首次通过率和优秀率分别为82.8%和10.6%;日语统考成绩更好。这些成绩始终保持在北京高校乃至全国重点高校的一流水平。

(三) "211工程"取得一批标志性成果,学科建设有了新发展

1998年5月,通过国家立项评审后,我校成为列入"九五"期间进行重点建设的61所"211工程"院校之一。在建设过程中,通过承担大量国家和部门的科学研究课题,取得了一批突出的标志性成果。包括:①10 Gbps ATM交换机(BTC-9500);②全国移动汇接网管系统;③CIN系列智能网系统;④宽带综合多媒体信息系统;⑤现代电子化图书馆信息网络系统;⑥远程教育;⑦全光通信网络;⑧密码学与信息安全;⑨自动化物流配送系统;⑩电子商务平台等,为我国通信技术的发展和国家通信网络的现代化建设做出了令人瞩目的贡献。与此同时,在信息领域基础理论研究方面,也取得了一批首创性和源创性的重要成果。在"211工程"建设的推动下,我校博士后流动站、博士学位授予专业和硕士学位授予专业已经由"八五"末的1个、5个和13个增加到3个、9个和22个,增设了工商管理硕士(MBA)和工程硕士(包括电子与信息工程、计算机技术、机械工程三个领域)两种专业学位硕士点;设有本科专业18个(覆盖了当年小口径专业近40个),均已完成或超额完成既定的计划指标。

(四) 师资队伍结构有所改善

教师队伍结构建设实现了较大改进,博士生导师由"八五"末的15人增加到51

人;具有研究生学历的教师和具有博士学位的教师,以及在校外完成某一级学历(学位)教育或在校内完成其他学科学历(学位)教育的教师比例,已分别由"八五"末的34.65%、8.63%和40%提高到46.82%、16.52%和50%;教师队伍中教授/副教授/讲师/助教的比例,已经由"八五"末的1.6/3.1/3.8/1.5逐步达到2000年的2.1/3.3/3.5/1.1,已经接近或基本达到了"九五"计划提出的目标比例2.0/3.5/3.5/1.0;与此同时,在青年教师中还涌现出一批脱颖而出的拔尖人才。专任教师年人均科研经费16.4万元,是"八五"的5倍。教职工个人收入逐年有所增加,1998年我校教职工上缴个人所得税117万余元;1999年上缴个人所得税189万余元,年增长61%;2000年上缴个人所得税311万余元,年增长64%,被北京市评为个人所得税纳税先进单位。

(五)科学研究形成新机制

我校科研实行了知识产权保护、调整了利益分配关系,这进一步调动了教师科研积极性,先后立项796项(其中国家级254项,省部级307项,横向项目235项),已经按期结题451项,通过鉴定、验收、评审353项;截至2000年12月底,实际到账科研经费总额4.25亿元(其中纵向2.79亿元,横向1.46亿元),合年均科研经费8 500余万元,是"八五"的5.04倍;5年中共有72项成果获奖(其中国家级4项/二等奖2项,三等奖2项,省部级68项/一等奖11项,二等奖30项,三等奖27项);至少有27项成果申请专利。5年累计发表论文3794篇(其中在国外刊物974篇,在国内刊物2 802篇,在国际著名刊物上发表并被检索的论文433篇/SCI47篇、EI204篇、ISTP182篇,在全国高校中的排名逐年提前),出版科技专著270部。

(六)校办产业开创新格局

我校高科技产业以组建校产企业集团为契机,按现代化企业管理进行了资产重组和评估,使校产集团迅速壮大,拥有各类公司30余家,总资产由0.06亿元增加到1.16亿元;产品开发达41项,仅被部级以上认定的高新技术产品就达30项。5年累计总产值达8.17亿元,较"八五"期间增长了160余倍;累计上缴利润2 796万元,比"八五"增加20倍,年均增长率为40.2%。在此基础上,创建了北邮电信科技股份有限公司,顺利地完成了股份制改造,开创了学校高科技产业的新局面。

(七)学术交流更加广泛

"九五"期间公派教职工出国(境)访问、考察、进修,参加学术会议与合作交流共645人次,比"八五"增加约23%;据不完全统计,在各种国内外学术会议中有我校教师主持与任职的达20人次。与此同时,学校聘用外籍长期语言教师11人次、长期外籍专家30人次,聘请名誉教授、顾问教授26人。

（八）投资力度明显加大，办学条件大有改善

"九五"期间全校经费总投入为9.95亿元，其中财政拨款1.96亿元，上级补助收入1.45亿元，"211工程"建设经费（基建除外）1.82亿元，各种专项拨款0.84亿元，学校自筹经费1.87亿元，科研经费3.32亿元（其中纵向2.43亿元、横向0.89亿元），基建投资1.54亿元（不含购房资金2.53亿元），先后开/竣工项目9项/项，总开/竣工建筑面积5.65万平方米/3.95万平方米（不含购成房6.7万平方米），尚有在建项目1.69万平方米。"九五"期间进行的校园网二期工程，采用千兆以太网和ATM技术，目前已联通100个子网、2000年底达3200个信息点。校园网出口带宽已从64 kbps提高到100 Mbps。使用先进的虚拟网络管理技术，长年提供全天候多种网络服务，光纤通达8个教学楼、4个学生宿舍楼，改善了办公自动化和教学科研条件。5年中累计增加固定资产5.35亿元（其中购买教学实验设备1.30亿元），全校固定资产总值（原值）已增加到2000年的7.00亿元。教职工个人收入逐年有所增加，近三年学校上缴职工个人所得税年均递增率超过50%。

（九）办学效益逐年提高

我校各类学生招生数逐年增加，年均在校（学）生12000余人（其中日校年均在校生5580人），较"八五"日校年均在校生增加30.4%；与此同时，教职工总数却在逐年递减，年均约合2140人，较"八五"减少7.8个百分点；当量生职比与当量生师比已分别由"八五"末的3.0∶1和8.3∶1提高到4.8∶1和16.6∶10后勤社会化迈出了实质性的步伐，3年上了3个台阶。顺利地完成了"小机关、多实体"的改革，把管理、经营、服务分开，组建了后勤服务产业集团并完成了结构调整，对后勤服务实体进行了重组，建立健全了企业化管理体制和服务经营机制，实现了与学校行政管理体制的分离。按市场经济规律试运行一年，取得了明显的社会效益和经济效益，已初步形成具有一定实力和适度积累的经济实体，向社会化迈出坚实的一步。除此之外，校企联系更加密切，成立了教育基金会，校际合作迈出新步伐。

第十章 与时俱进实现跨越式发展 (2001—2005)

我校始终不渝地坚持教育为社会主义现代化建设服务,教育为人民服务,教育与生产劳动和社会实践相结合,致力于培养、德、智、体美全面发展的社会主义建设者和接班人。"面向现代化,面向世界,面向未来"是指引我校应对当代政治多极化、经济全球化、文化多元化和高等教育国际化趋势,创建世界高水平大学的指南。我校的人才培养、学科布局、师资建设等各个方面都以"三个面向"为指导,不仅立足于国家的现实,着眼于祖国的未来,教育培养学生努力学好真实本领,求真务实,面向现代化;同时,放眼世界,主动参与到国际社会的建设与竞争中去。我校的人才培养质量明显提高,逐步达到与国民经济和社会信息化对人才需求相适应的办学规模,形成学科领域覆盖面宽,结构更加合理的以信息科技为特色,工管文理多学科协调发展的学科体系,迈向一所信息科技特色突出、工管文理协调发展的世界高水平大学。

这一时期,我校师生锐意进取,开拓创新,各项工作得到了长足的进步和发展,在国内外的知名度和影响力不断提高。全校师生集中力量,以"三个代表"重要思想为指导,重点搞好"质量工程""人才工程""校园工程",依法治校,加强教学管理。努力提高人才培养、科学研究、学科建设和综合管理水平,全面实行学分制,国际合作办学取得实质进展,教育创新和服务社会的能力得到明显增强。基础设施更加完善、教学手段更加先进、科研条件更加齐备、教育资源更加充裕、校园环境更加优美,实现建成"信息领域国内一流、国际著名的多科性、研究型、开放式的全国重点大学"的发展目标,北京邮电大学走向跨越式发展道路。

一 审时度势谋划未来

新世纪伊始,我国即将进入全面建设小康社会,整个社会处于加快和推进社会主义现代化的全新发展阶段。这也是我国高等教育改革与发展的重要战略机遇期,也是高等学校可以大有作为的关键时期。紧紧抓住和切实用好这一发展机遇期,实现高等学校的可持续发展,为经济社会和人的全面发展做出更大的贡献,必须以科学发展观为指导,辩证地认识和正确地处理高等学校规模、质量、结构、效益之间的关系,遵循经济社会发展规律和高等教育规律,把握发展的速度和节奏,实现近期发展和长远发展的有机统一,实现规模发展和质量发展的协调一致。能否抓住机遇以全新的姿态迈进21世纪,在新时期开好局,为我校新的腾飞奠定基础,关系到我校能否坚持独立生存与发展的大局。

因此,我校党委及领导班子集体用科学的发展观思考、评价、研讨、指导学校的改革和发展,提高认识,统一思想。从"十五"计划的制定和实施,到我校中长期发展战略规划的制定,凝结着我校党政领导集体的智慧和结晶。

(一)"十五"计划　开启世纪新局面

"十五"期间是我校建设和发展的关键时期,必须紧紧抓住这个重要战略机遇期,确定今后的工作思路和工作基调,紧紧围绕"加快发展"做文章。学校党委对学校的建设和发展加强了战略性思考和反复研讨,认识到发展高等教育,没有数量的增长是空话,但如果只有数量扩张却无质量提高,也不是真正意义上的发展,必须全面地科学地理解发展的内涵。积极创造条件,努力实现学校的发展目标,通过发展来解决学校面临的困难和问题。

为此,我校制定了"十五"发展计划。"十五"计划是在历史和现实的基础上制定的,密切结合我校的现实情况,符合我校发展的现实规律。经过校党委和领导班子集体反复磋商,经过了教代会以及学校代表大会的审议。

"十五"计划定稿后的主要内容包括"十五"期间学校总体工作的基本指导思想、学校建设与发展的总体目标,以及改革与保障措施。

1. 基本指导思想

"十五"期间学校总体工作的基本指导思想是"以马列主义、毛泽东思想和邓小平理论为指导,着眼于两个文明建设一起抓,坚持解放思想、实事求是的思想路线,认真贯彻落实科教兴国战略,以及《高等教育法》和全国第三次教育工作会议精神,切实转变思想、更新观念,把加快发展作为主题,把全面推进素质教育作为主线,把继续深化改革作为动力,把不断提高教育质量培养具有创新精神和实践能力的高级专门人才作为根本出发点,寻求一条注重质量、加快发展、提高效益的适合北邮校情和具有自我办学特色的建设与发展思路,努力开创北邮办学的新局面"。具体来说,首先是坚持社会主义办学方向;其次,要抓住机遇,加快发展;第三,坚持解放思想、实事求是的思想路线;第四,追求"秩序、质量、效益";第五,以改革为动力,以改革促发展。

2. 总体目标

学校建设与发展的总体目标是"在现有基础上,进一步提高人才培养质量,扩大办学规模,拓展学科领域,优化学科结构,提高办学层次,形成以信息科技为特色,以工学门类为主体,工管文理相结合的学科体系,把北邮建成信息领域国内一流、国际著名的多科性、研究型、开放式的全国重点大学"。在"十五"计划执行期内,要以优秀的建设成绩通过"全国本科教学工作优秀学校"评价和研究生院的试办验收,努力搞好"211工程"(第二期)建设,为实现学校的总体目标奠定坚实的基础。

(1) 人才培养

继续扩大招生规模。日校扩招的重点在研究生,逐步达到年招收博士生400人、硕士生1700人(未含专业学位硕士,下同),本科生3500人,外国留学生210人(含语言生,下同);使"十五"末在校生达到20000人左右的规模,其中:博士生1100人、硕士生5000人、本科生13500人、外国留学生230人。

成人教育也要进行积极扩招,大力发展现代远程教育,提高本专科比例,逐步达到年招收远程本科4500人,函授本科2000人,函授专科1500人;使"十五"末在册学生达到21 900人的规模。

在职培训从年招收2000人次开始,以后每年增招1000人次,增至"十五"末达到当年招收6000人次,5年累计招收(培训)20000人次。

在人才培养质量上,科技创新能力,社会适应能力有明显提高。我校毕业生一次就业率、应届本科生考研率、本科生在全国和北京地区参加各种竞赛获奖名次等,始终保持在全国重点高校的前列;学生科技创新活动在全国科技评比中取得较好成绩,学生思想素质、身心素质等方面得到明显提高。

(2) 教师队伍建设

以人为本,认真贯彻教育部《关于新时期加强高等学校教师队伍建设的意见》和实施"高层次创造性人才工程"的精神,以全面提高教师队伍整体素质为目标,以提高教师思想政治素质和师德水平为前提,以提高教师学历层次为基础,以培养中青年学科带头人和骨干教师为重点,坚持"思想、业务、待遇"一起抓的原则,通过培养与招聘进一步优化教师队伍结构,形成相对稳定的骨干层和出入有序的流动层相结合的教学科研梯队,使专职科研人员有较大的发展,努力建设一支胜任全面推进素质教育的结构合理、素质良好、富有活力的高水平教师队伍。力争"十五"末达到百名博士生导师、500名专职科研人员和新增500名具有研究生学位青年教师的目标;使学校生师比达到20∶1,教授、副教授岗位占专任教师编制总数的55%,具有研究生学历教师比例达到80%(其中具有博士学位教师比例达到30%左右),在校外完成某一级学历(学位)教育或在校内完成其他学科学历(学位)教育的教师占70%。

(3) 学科建设

构筑以信息科技为特色、以工学门类为主体、工管文理相结合的学科体系。重点在信息领域,形成能够覆盖信息科学技术内部有关获取信息的感测、传递信息的通信、处理和再生信息的计算与智能、施用信息的控制等四个日益紧密交融的学科分支,扶持相关新兴学科和边缘学科如生物电子学的发展,继续加强管理学科,拓展人文学科基础,创设能够自主培养基础扎实、知识面宽、能力强、素质高的具有创新精神和实践能力的高级信息人才所需要的学科环境。进一步扩充研究生学科(专业)点,力争"十五"期间再新建国家重点学科5个,增加博士后流动站2个、博士点5个、硕士点(含专业学位)14个。

(4) 科学研究

建立良好的基础科学研究基地,提高信息技术研究的深度和广度。在宽带个人通信系统技术、新一代信息网络与交换技术、全光通信技术与器件、多媒体技术、智能信息网络与示范应用研究,以及管理与电子商务等方面力求有所突破。"十五"期间争取3~5项国家重点基础研究发展计划项目(即简称"973"计划项目),每年有6—10项国家自然基金项目,包括重点杰出青年等项目;每年有6—10项国家软科学项目、"863"项目等其他国家项目;每年有15—20项包括21世纪教育振兴行动计划的各种项目(5种左右)、跨世纪人才项目、博士点项目、博士后项目、教育部重点项目等教育部项目;每年有30—50项包括北京市科委各类项目、北京市自然基金项目、国家邮政局项目、其他类计划项目、军口项目等其他部委项目。在理论研究方面,每年被国际检索机构收录论文力争达到120篇(其中SCI20篇、EI60篇、ISTP40篇),争取年均科研经费达到2亿元左右。拟在"十五"期间建成以教育部"智能信息网络工程研究中心"为核心的北京邮电大学科技园,积极推进科技成果向现实生产力的转化。

(5) 成果转化

坚持以高科技为依托,以人才优势为后盾,建立以市场需求为导向、以资产为纽带的规范的法人治理结构的企业运行模式;建立优化的集团资本结构,实现学校资产的保值增值,"十五"期间,资产总规模要在2000年1.16亿元的基础上翻两番;建立风险投资机制,积极推进学校的科研成果转化,成为学校科研成果转化的"孵化器"。通过资金募集、资本运作、风险投资等多种形式,不断扩大科研资金来源和融资渠道,扶持学校重点基础研究、可转化项目,年成果转化二三项以上。力争"十五"末达到当年科技成果转化实现价值5000万元,支持学校的教学、科研和人才培养。

(6) 基本建设

完成学校基本建设总体规划,按照新老校区统筹规划设计的构想重点规划建好新校区,形成"一网两区"("一网"——网上大学,"两区"——新、老校区)的发展格局。计划总建筑面积47.41万平方米(其中新校区30余万平方米),预计总投资22.07亿元,其中"十五"计划投资20.80亿元。

(7) 公共服务体系

在校园网二期工程的基础上,建成高速、顺畅、可靠的先进网络平台,提供多种网络信息服务,光纤通达老校区本部各教学(办公)楼、学生公寓和职工住宅,为网上教学和办公信息化提供全方位的快速便捷的优质服务,满足师生上网需要,达到15 000人的邮箱能力,8 000个信息点,网络总带宽12 Gbps,骨干网带宽1Gbps,共享软件50GB以上,提供所有多媒体教室高速入网。

3. 改革与保障措施

(1) 继续深化教育教学改革,提高人才培养质量

重新修订各类研究生《培养方案》和本科生《培养计划》,以及课外培养计划,实施大学生体育合格标准。制定激励措施,调动广大教师教学工作积极性。教授必须上讲

台讲课,尤其鼓励教授给本科生授课,提高本科生培养质量。大力提高教育技术手段的现代化水平,鼓励开发、应用网络教学多媒体课件,改善现代化教学条件。改革考试方法,增加考题类型设计的灵活性,鼓励学生大胆创新。改革研究生招生、培养体系,探索和完善导师组形式的研究生培养指导模式。实行弹性学制,允许学生中途休学从事创业或出国学习等活动。完善个性化专业培养、辅修专业、转专业、双专业、双学位制度,为学生发展提供更多选择的机会。建立教学质量评估制度,建立健全研究生和本科生教育质量评估机制和体系。

(2) 实现建设规划,加强资产管理

抓紧校园总体规划的论证和修订工作,抓紧新校区的选址、规划、筹建工作,扩建学生公寓,实施教学区、家属区的配电线路和供水系统的改造,调整校园内的绿化格局,引进现代化的园林风格。完善我校无形资产管理,建立科学的资产评估体系,加速科研成果的转化。制定学校校办产业、后勤产业占用学校资产条件收费标准,提高学校固定资产的使用率和完好率。

(3) 坚持依法治校,提高管理水平

完善校院两级管理管理体制,建立两级管理的模式。出台政策激励各院办学的积极性,提高办学的质量和效益。不断完善干部人事制度的改革、校院系管理体制的改革、后勤改革、调整校内经济政策和分配制度的改革。

(4) 深化人事制度改革,建好教职工队伍

创造公开、公平、竞争、择优的用人环境,建立干部能上能下、人员能进能出、有效激励、严格监督、竞争择优、充满活力的用人机制。坚持按需设岗、公开招聘、平等竞争、择优聘任、合约管理的原则,严格定编、定岗、定职责,强化岗位聘任。实现从封闭式挑选人才到开放式的招聘,逐步向人才资源配置的社会化过渡。积极创造优惠条件,吸引更多海外留学人员回校工作。加强骨干教师队伍建设,进一步完善和规范学校企业特聘教授制度。逐步推行以提高业务素质和创新能力为主要目的的专业技术人才继续教育制度和教师学术休假制度。

(5) 改进德育与思想政治工作,优化育人环境

全面提高教师队伍思想政治素质和业务素质,促进教师教书育人工作。全面贯彻大德育观,并结合学生实际具体化,完善思想工作新机制,不断增强德育工作的科学性、针对性和有效性。强化网络宣传教育,推进并开展思想政治教育进网络工程。加强校园文化建设,优化育人环境,树立健康向上的校风学风,培养学生良好的思想道德素质、文化素质、专业素质和身体素质、心理素质,推进学生综合素质提高。

(6) 大力推进后勤改革,实现后勤服务社会化

积极推进后勤服务与社会市场接轨,成立独立法人实体,形成自主经营、自负盈亏、自我约束、自我发展的企业经营机制,建立规范和完善的现代企业制度和有效制衡的法人治理结构。推进学校内全方位的物业管理,逐步将学校建成智能化物业社区。引进社会力量为学校提供后勤服务,形成学校择优选择和服务部门的有序竞争的机

制,使学校和全体师生员工以最低的投入,享受到最优质的后勤服务。

(7) 加强学术交流与校企合作,提高办学水平

外事处、科技处会同校学术委员会和各学院、学生会、研究生会,适时组织举办各种类型的学术报告、学术沙龙、创新奖竞赛等活动。积极推动我校与国外大学的合作办学工作,扩大我校与世界著名大学的学术交流和教师交流,争取和创造条件逐年增加派出教师进修的比例。积极、稳妥地推进学生交流。组建学术交流服务中心,积极承办或参与承办国际、国内学术会议。加强校企合作,建立产学研基地。

(8) 多渠道筹措办学资金

优化原有的资金筹措结构,积极探索多渠道筹措办学资金,努力开辟新的资金来源。充分发挥校友会和教育基金会的作用,积极主动地为学校广泛筹集办学资金。筹资过程中,严格地执行财务制度。

(9) 加强领导,落实责任

实行主管领导归口负责制,校领导对所分管工作全面负责,并督促各部门、各单位将本计划所列目标逐年分解落实到年度工作计划。实行年度工作检查报告制度,校长要代表学校向一年一度的教代会报告本计划执行情况,提出下一年度的工作重点和落实措施。

"十五"计划为我校在新世纪的发展开启了新局面。在校党委和行政领导集体的带领下,迎来了新世纪的曙光。在全校师生的努力下,北京邮电大学焕发出新的光彩。响应教育部和北京市教委的指示和精神,我校积极推进校务公开制度。调动全校师生的积极性,加大力度解决扩大招生规模之后的各种困难。继续保持高的教学水平,进一步提高教学质量,加强教学评估工作,以评促建。积极开展学术交流活动,扩大国际交流范围,互派师生,加快了"211"二期工程的建设步伐。2001年4月,我校首次开启"个性化专业"培养计划,开拓了教育教学的新途径。11月,举办"北京高校首次高校信息安全论坛"等等。这些初步展现了北京邮电大学的新世纪新局面。

(二) 制定中长期战略发展规划

2001年实施"十五"计划以来,我校在各个方面取得长足的进步。随着新形势的发展,时代发展对高等教育提出了更高的要求。在我国进入全面建设小康社会、加快推进社会主义现代化的全新发展阶段的形势下,紧紧抓住国家优先"推进国民经济和社会信息化""大力发展教育和科学事业"的重要战略机遇期,依据国家实现现代化建设"三步走"的战略部署和可持续发展的战略要求。我校党委和领导集体根据教育部的统一部署,经过充分酝酿,制定了北京邮电大学中长期发展战略规划纲要。中长期发展战略规划旨在为北邮的"二次创业"和长远发展提供战略构想与行动方案。2004年1月出台了北京邮电大学的中长期战略发展规划。

北京邮电大学中长期发展战略规划纲要主要部分包括我校的长远建设与发展总体指导原则和学校办学指导思想,学校发展的总体目标和主要目标等等。

1. 指导原则与指导思想

学校的长远建设与发展总体指导原则是以马列主义、毛泽东思想、邓小平理论和"三个代表"重要思想为指导，解放思想，实事求是，与时俱进；认真贯彻党和国家的教育方针，面向现代化、面向世界、面向未来，服务科教兴国战略，树立教育创新理念；以加快发展为主题，以全面推进素质教育为主线，以提高教育质量和科研能力为重点，以继续深化教育改革为动力，以培养具有创新精神和实践能力的高级专门人才为根本任务，寻求一条追求质量、加快发展、注重效益的适合我校校情和具有自我办学特色的建设与发展思路，努力提高办学水平，增强办学综合实力，不断开创办学的新局面。在办学实践中需要遵循的基本指导原则是坚持社会主义办学方向；抓住机遇，加快发展；坚持教育创新，深化教育改革；坚持解放思想、实事求是、与时俱进的思想路线；追求"秩序、质量、效益"，注重研究和解决学校重大的战略性、宏观性和政策性问题，以质量求生存，以特色谋发展。

学校办学指导思想是贯彻党的教育方针，坚持"三个面向"，服务科教兴国，培养一流人才。基于我国加入世贸组织和高等教育迅猛发展、竞争日趋激烈的态势，为落实办学指导思想，在发展战略上必须坚持：学校定位上，要占据信息通信的行业优势，突出电子与信息的学科特色，成为信息领域的"国家队"，培养IT业的领军人物；服务面向上，要以推进国民经济和社会信息化为使命，为国家现代化建设服务，为信息通信事业服务，为首都经济建设服务；学科布局上，要"有所为，有所不为"，以信息科技为特色，工学门类为主体，工管文理相结合，实现多学科协调发展；办学层次上，日校要以本科教育为基础，重点发展研究生教育；成人教育保持函授教育、远程（网络）教育和继续教育协调发展，以适应高等教育"大众化"和"学习型社会"新形势的需要；在教育观念上，注重人的全面发展，全面推进素质教育；改革人才培养模式，注重个性化培养和"理工互动与理工融合"，实行"全面学分制"。注重贯彻"规模、结构、质量、效益"协调发展的方针，把提高质量和优化结构摆在突出位置。按照"两级管理，院为基础"的思路，进一步深化内部管理改革，实现制度创新。坚持依法治校、科学决策，实行民主监督、校务公开。

2. 学校发展的总体目标

学校发展的总体目标是：到21世纪中叶建校100周年，人才培养质量明显提高，逐步达到与国民经济和社会信息化对人才需求相适应的办学规模，形成学科领域覆盖面宽，结构更加合理的以信息科技为特色，工管文理多学科协调发展的学科体系，建成"信息科技特色突出，工管文理协调发展的世界高水平大学"。

为实现总体目标，在经济全球化、文化多元化和高等教育国际化趋势日益明显的宏观背景下，学校必须适应国家实现现代化建设"三步走"的战略部署要求，按照总体发展思路，建设进程分三个阶段：

第一阶段（2001—2010年，建校55周年），全日制学生达到年招生规模5 500人左右。本阶段，要集中力量，在全面完成新校区一期建设的同时，完成老校区改造；努力提高人才培养、科学研究、学科建设和综合管理水平,全面实行学分制,国际合作办学取得实质进展,教育创新和服务社会的能力得到明显增强;要使基础设施更加完善、教学手段更加先进、科研条件更加齐备、教育资源更加充裕、校园环境更加优美,实现建成"信息领域国内一流、国际著名的多科性、研究型、开放式的全国重点大学"的阶段目标。

第二阶段(2011—2020年,建校65周年),办学规模继续有所扩大,新校区全部建成。在信息学科继续保持领先的同时,将在理工融合上办出特色;成为国家解决信息通信重大技术问题及原创技术的研发基地和国家解决通信管理理论及政策理论问题的重要基地,成为亚太地区培养信息通信国际人才的主要基地,为最终建成"信息科技特色突出,工管文理协调发展的世界高水平大学"的总体目标奠定坚实的基础。

第三阶段(2021—2055年,建校100周年),达到全日制在校生30 000人的办学规模。学校综合实力得到大幅度提高,实现由信息领域国内一流到国内领先的全面提升,达到"信息科技特色突出,工管文理协调发展的世界高水平大学"的总体建设目标。

3. 发展战略规划的主要目标

(1) 实施"三大工程"

人才工程。实施以师资队伍建设为重点的"人才工程",落实"人才强国"战略,坚持以人为本,人才强校,切实加强队伍建设。围绕学校建设与发展的总体目标,建设一支适应学校发展需要的数量足、素质好、结构优、水平高的教学、科研与管理队伍。

质量工程。实施以提高教育教学水平为重点的"质量工程",坚持"精品"战略,创建"世界高水平大学"。实施"质量工程"的近期三项标志性的目标成果是:①以优秀成绩通过研究生院试办验收;②出色完成"十五"(二期)"211工程"建设项目;③以优秀成绩通过教育部本科教学工作水平评估。

校园工程。实施以新校区建设为重点的"校园工程",是关系北邮"二次创业"、实现跨越式发展的瓶颈工程,必须抓住机遇努力争取和创造条件,如期按照远景规划,整体设计,分段实施,三步到位建成新校区。

(2) 发展战略规划的具体目标

① 人才培养。我校教育要适应国家高等教育进入"大众化"教育阶段的宏观形势,继续稳步扩大招生规模。第一阶段末(2010年),日校全日制教育达到年招生6 000人,其中博士生500人,硕士生2 000人(未含专业学位硕士,下同),本科生3500人,使在校生中研究生与本科生之比达到1:20 第二阶段年均招生与在校生规模继续得到稳步增加,达到年均在校生20 000人的规模。第三阶段后期逐步达到在校生30 000人的办学规模。成人教育要稳步发展现代远程教育,继续处在全国高校的前列。成人在职培训要形成优质规范、规模适度的培训能力,要适应"全民学习、终身学习的学习型社会"的需要,逐步构建和完善"终身教育"体系,充分发挥电子、信息的学科优势,面向社会扩大招生规模,办好"网上大学",并使之成为学校办学的主要特

色和亮点之一。

② 队伍建设。以人为本,继续贯彻以全面提高教师队伍整体素质为目标,以提高教师思想政治素质和师德水平为前提,以提高教师学历层次为基础,以培养中青年学科带头人和骨干教师为重点,坚持"思想、业务、待遇"一起抓的原则,通过培养与引进,从学科、学历、年龄、职称和学缘等方面进一步优化教师队伍结构,形成相对稳定的骨干层和出入有序的流动层相结合的教学科研梯队,使教学骨干队伍和专职科研人员有较大的增加,努力建设一支胜任全面推进素质教育的结构合理、素质良好、富有活力的高水平教师队伍。力争第一阶段末博士生导师、科研骨干和学术带头人以及两院院士在现有基础上有较大增加;专任教师全部具有研究生学历,并在校外完成某一级学历(学位)教育或在校内完成其他学科学历(学位)教育;当量生师比逐步趋于合理。完善干部选拔任用制度,深化干部管理制度改革,建立健全干部竞争、约束、激励、培训和保障机制,努力建设形成一支充满生机和活力的结构合理、素质优良、工作高效的干部队伍。

③ 学科建设。学科建设总体原则是:发挥已有重点学科优势,覆盖整个信息领域,拓展工学和理学门类,发展管理和人文学科,重视社会急需的新学科和交叉学科的建设,使得学校的学科布局更趋合理、充满活力。构筑以信息科技为特色,工学门类为主体,工管文理相结合的学科体系,实现多学科协调发展;按照具有交叉渗透性和复合集成性的要求,逐步形成由能够覆盖并支撑信息科学技术所需知识结构的主体功能学科群(通信科学技术、计算机科学技术、自动控制技术、感测科学技术、信息系统工程)、实现技术学科群(机械及微机械工程、电子及微电子工程、光电子工程、生物电子工程、机电光声综合工程)、基础学科群(数学、物理、化学、外语、体育)和社会科学学科群(信息经济学、管理科学、哲学、法学、政治学、道德与美学、人文科学)所组成的更为完善的学科体系。通过学科调整与重组,使工学门类综合实力步入全国先进行列,电子科学与技术、信息与通信工程两个一级学科继续保持国内领先,同时加速发展社会急需的、新兴的交叉学科和本科专业。完善用以培养基础扎实、知识面宽、能力强、素质高的有创新精神和实践能力的人才所需要的学科环境,积极创造条件进一步扩充研究生学科(专业)点。

④ 科学研究。坚持面向经济建设主战场,以推进国民经济和社会信息化为使命,为国家现代化建设服务,为信息通信事业服务,为军队装备现代化建设服务,为首都经济发展服务。在保持和加强信息科技研究优势的基础上,大力推进相关学科的发展,如管理、人文和生物信息等,同时积极促进各学科之间的交叉与融合,发展新兴边缘科技的研究。在保持应用研究和开发研究优势的基础上,大力推动基础研究的开展,建设基础研究队伍,全面提高基础研究水平和整体学术研究水平。发挥民用信息科学技术研究的优势,大力拓展军事科学、特别是军事信息科学技术的研究。战略上要以重大科学和技术研究为纽带,在基础研究和科学创新方面取得关键突破。推进的重点是应用基础研究、基础研究和军事科学研究。在下一代互联网技术、宽带个人通信系统

技术、新一代信息网络与交换技术、全光通信技术、多媒体
技术、管理与电子商务、电磁环境、微波技术和集成电路领域等重点学科方向要有所侧重、保持优势;在智能信息网络、生命信息、人文和哲学、文学和艺术等新兴和边缘学科领域要加强研究和投入的力度。

⑤ 校办产业。进一步按现代企业制度要求规范校办科技企业的生产经营,完善法人治理结构,增强企业的自我发展和自我完善能力,提升综合实力,实现国有资产的保值增值。按照国家大学科技园建设标准,尽快完善基础设施,增强孵化能力,高标准、高质量建设专业精品科技园。进一步完善后勤服务产业集团的企业化管理体制和社会化服务、经营机制,实现与学校行政管理体制的分离,形成具有较强实力和一定积累的经济实体。逐步做到全方位地为教学、科研和师生员工提供后勤保障服务,取得明显的社会效益和经济效益。

⑥ 基本建设。基本建设实行远景规划,整体设计,分段实施,三步到位。

第一阶段(2003—2005年),新老校区应统筹规划,积极推进,确保质量,尽快建成,完成新校区的一期和校本部的部分改造。

第二阶段(2006—2010年),集中力量全面建成昌平沙河新校区。

第三阶段(2011以后),瞄准总体发展目标,积极争取和创造条件进一步扩展校区。

⑦ 公共服务体系。在校园网现有基础上,建成高速、灵活、安全、可靠的先进网络平台,提供丰富多样的网络信息服务;加快以数字图书馆、数字校园和虚拟大型实验中心为重点的公共服务体系平台建设,实现公共服务体系的数字化、信息化,在通信与计算机领域全方位提供全国一流的信息资源服务,逐步实现所有资源和服务手段的数字化。

二　探索北邮特色的办学理念

为总结历史经验,弘扬优良传统,突出办学特色,以便展望未来,进一步明确学校发展战略的思路与规划,为实现创建信息科技特色突出、工管文理协调发展的世界高水平大学的总体发展战略目标奠定坚实的思想基础,在借鉴一些兄弟院校经验的基础上,作为20世纪90年代在全国高校悄然兴起的那场教育思想观念大讨论的继续、延伸和发展,结合我校发展战略规划纲要的制定,相继在校学术委员会、全体中层干部、各民主党派、教代会以及全校师生员工中进行酝酿、研讨和征求意见,终于形成了我校自己的办学理念。2003年12月,我校规划工作小组经过一系列认真细致的工作,经过全校师生的热烈讨论和深入调研,最终形成了我校的办学理念。

我校的办学理念主要包括两个方面:一是学校办学的战略发展思路,即北邮的办学指导思想、发展目标、培养目标和学科布局等;二是学校育人的治学文化,即校风、校

训和北邮精神等。以此为起点,在校园内逐步形成一种具有教育熏陶和凝聚功能的文化底蕴,充分体现北邮人的内在品质和精神风貌,并逐步充实完善,成为推动学校长远建设和发展的精神财富。

(一)北邮办学的战略发展思路

1. 办学指导思想

贯彻教育方针,坚持"三个面向",服务科教兴国,培养一流人才。

(1)贯彻教育方针。严肃认真地全面贯彻执行教育方针是学校践行"三个代表"重要思想的本质体现。我们要始终不渝地坚持教育为社会主义现代化建设服务,为人民服务,与生产劳动和社会实践相结合,致力于培养德智体美全面发展的社会主义建设者和接班人。

(2)坚持"三个面向"。"面向现代化,面向世界,面向未来"是指引我们应对政治多极化、经济全球化、文化多元化和高等教育国际化趋势,创建世界高水平大学的指南。我们的人才培养、学科布局、师资建设等各个方面都要以"三个面向"为指导,不仅要立足于国家的现实,着眼于祖国的未来,教育培养学生努力学好真实本领,求真务实,面向现代化,办好中国自己的事;同时,还要放眼世界,主动参与到国际社会的建设与竞争中去。

(3)服务科教兴国。科教兴国是党和国家基于我国尚处于社会主义初级阶段的国情,为中华民族的伟大复兴制定的一项重要战略国策。学校必须担当起时代赋予高校的培养人才、创造知识、转化成果、交流学术等各项职能,尤其是研究型大学更应当发挥科学研究的优势,以科教兴国为己任,争当科教兴国的排头兵。

(4)培养一流人才。培养具有创新精神和实践能力的高级专门人才是高等学校的根本任务。作为一所目标定位为世界高水平大学,学校教育应当使学生的思想道德素质、专业业务素质、科学文化素质和身体心理素质,以及科技创新能力和社会适应能力明显优于一般高校;培养的学生必须是爱岗敬业、基础扎实、知识面宽、善于学习,并且受到社会所公认的具有竞争力的一流人才。北邮应当从自身办学的优势和特色出发,努力培养IT业内具有创新精神的领军人物。

2. 发展目标

(1)在21世纪初叶,把北京邮电大学建成信息领域国内一流、国际著名的多科性、研究型、开放式的全国重点大学。

——信息领域国内一流、国际著名。在20世纪的初叶,仍然把北邮的办学目标定位锁定在信息领域,继续努力打造我校在该领域跻身国内一流、国际著名的品牌,在衡量办学水平的主要方面位居国内高校前五十名以内,办学条件逐步得到明显改善,把北邮真正建成信息领域国内一流、国际著名的多科性、研究型、开放式的全国重点大学,为实现世界高水平大学的总体发展目标奠定坚实基础。

——多科性。作为一所目标定位为世界高水平大学,无论是人才培养,还是科学研究,都需要多学科的综合与交叉。只有形成这种"学科生态环境"才可能促进新兴学科、交叉学科和边缘学科的成长,才可以促进学生创新思维的训练和综合素质的培养。我校从建校初的单科性学院,逐步迈进了多科性的门槛,学科面有了较大程度的拓展,已形成涵盖工、管、文、理、经、法、军、哲、教9个学科门类,以及拥有18个一级学科和31个二级学科的格局,但目前仍然只有工学门类中覆盖了多数二级学科。因此,在保持信息领域国内领先的学科优势与办学特色的同时,必须追求工管文理多学科协调发展。

——研究型。"研究型"是世界高水平大学的一道标志性门槛,其主要特点是高层次人才的培养和高水平的科学研究。大量高水平的科研活动及浓厚的学术氛围是营造培养高素质、高层次专门人才育人环境的必须,也是研究型大学区别于一般大学的主要特征之一。这里不仅要求要有相当规模的博士、硕士研究生,要有相当规模的博士后专职科研人员,而且需要强调科学研究的地位,要跻身前沿高科技国家队的行列,要有一批作为高科技国家队种子选手的学术带头人,能承担起国家重点科研课题的研究,要有充足的科研经费,并且有丰硕出色的论文、专利、著作和核心技术发明一类的科研成果。

——开放式。在国家法定"高等学校应当面向社会,依法自主办学"的形势下,学校必须实行开放式办学,进一步增强办学的开放性、灵活性和适应性,这也是致力增强学校办学活力之所在。需要我们在人才培养模式、科学研究模式、成果转化模式、师资队伍建设,以至教学语言等诸多方面都要按照"开放式"要求,进行大胆的探索和改革。要扩大服务面向,加强同各行业的联系,建立广泛的联合、合作、共建关系,主动与国际接轨,积极参与国际高等教育竞争,不断加强国际交流与合作,努力创办世界高水平大学。

(2)在21世纪中叶(建校100周年),把北京邮电大学建成信息科技特色突出,工管文理协调发展的世界高水平大学。

在21世纪中叶建校100周年前,通过在前一阶段不断努力和卓有成效的改革与建设,使学校综合实力得到显著增强,实现由信息领域国内一流到国内领先的全面提升,可持续发展能力明显提高,按照既定的学科布局,建成信息科技特色突出,工管文理协调发展的世界高水平大学。

3. 培养目标

品学兼优全面发展

——品学兼优。既要品行端正,爱国明义,为人正直,敬业乐群,笃行诚信,言行一致,具有高尚的思想道德情操;又要基础扎实、知识面宽、善于学习,具有丰富的文化知识和良好的科学素养。

——全面发展。身心健康,思维敏捷,爱好广泛,视野宽阔,善于思考,勤于实践,勇于创新,懂礼貌,善交际,多才多艺,努力成为德智体美全面发展的社会主义建设者和接班人。

4. 学科布局

信息科技为特色,工学门类为主体,工管文理相结合,逐步实现多学科协调发展。

信息科技是我校的传统优势与办学特色,是学校进一步发展和形成核心竞争力的实力所在。信息科技又是当代综合性的高新技术,是信息社会的宠儿。我们必须继续坚持以信息科技为特色,占据信息科技制高点,为推进国民经济和社会信息化做出新贡献。工学门类的专门人才仍然是发展中国家建设的旺盛需求,同时我校的管理学科也有同样悠久的历史,我们必须在此基础上通过工管文理相结合进一步营造培养具有较高综合素质人才的"多科性"育人环境,并且逐步实现多学科协调发展。

(二) 北邮育人的治学文化

1. 校风

团结 勤奋 严谨 创新

团结——发展和成才的前提。团结协作,团结就是力量。个人的力量是渺小的,无序的力量是散乱的,只有团结的力量才能产生如铁似钢、百折不挠、战胜一切困难的巨大力量。在当前我国高等教育正在发生深刻变化的过程中,全校师生员工需要通力合作,集思广益,紧紧围绕培养有理想,有道德,有文化,有纪律的高质量人才的根本任务,以建设信息领域国内一流、国际著名的多科性、研究型、开放式的全国重点大学的办学发展目标,发扬集体主义精神,增强团队意识,牢固树立全局观念,同心同德,携手并进,共同进步。

勤奋——发展和成才的桥梁。勤,就是要劳心劳力、锲而不舍;奋,就是要有所作为、奋进不止。勤奋,就是要求人们不懈地努力,锲而不舍,奋发图强。作为高等学校的教师,就是要掌握本专业以及相关专业的前沿知识,搞科学研究,传道授业;作为高等学校的学生,就是要通过学习,不断地增强自己的本领,提高自己的素质,成为对社会有用的人。我们处在一个新知识日新月异,层出不穷的时代,知识的更新速度加快,各种交叉学科、新兴学科不断出现,即使一个学科内部,理论的创新和发展也是突飞猛进的,这就要求我们的教师要不断地勤奋学习、紧跟知识发展的速度、了解新情况、解决新问题,争取以最新的知识武装头脑;学生们更要勤奋学习,在打好学科基础的同时,多读书、多思考,争取掌握最前沿的知识。

严谨——发展和成才的基石。严格缜密,是一种治学、办事的态度,也是事业发展和学生成才的基石。严谨既是对做事的要求,也是对做人的要求。大学阶段是一个科研人员养成自己良好的学习和研究习惯的重要阶段,只有在一种严谨的氛围里,人们才容易养成严谨的求知习惯和科学的研究态度。在科学研究上的大胆假设,小心求证,就是创新和严谨的有机结合。大胆假设,就是要求我们有创新的精神和思维;小心求证,就是要求我们以严谨的科学态度进行科学研究。

创新——发展和成才的动力。创新是一个国家和民族永葆青春活力的重要保证。对于学校而言,创新是教育的灵魂,是学校发展的不竭动力。现在,我校正处在改革发展的关键时刻,我们应力求以新的体制和机制,培养造就新型的创新创业人才;以新的体制和机制激励教师们进行科技创新和教学创新。广大干部、教师,都要着力这些管理和机制上的创新改革,以创新的观念、创新的思维开展科学研究和教育,发展创新成果和培养创新人才,促进学校的快速发展。

2. 校训

厚德博学　敬业乐群

厚德博学。教育不仅仅是教授学生知识,更重要的则是教育学生做人的道理。这是中国自古以来的教育宗旨。"厚德"位列校训之首是期望我校全体师生员工不论在任何时候都要想到自己应怎样做人:要做"有道德"的人。在知识方面,作为工科院校,其专业知识可谓是一流的,但现代社会需要的不仅是"专"的人,更需要其知识的"全",就是要"专外有博,博中有专"。这也符合我校建成多学科性大学的目标,也对我校师生员工提出了更高的要求。

敬业乐群。热爱本职岗位,精通本职业务,忠于职守,干一行,爱一行,具有强烈的事业心和工作责任感。在工作、学习和生活中,善于与人合作,取人之长,补己之短,具有团队精神,怀有强烈的集体荣誉感。唯有如此,才能在激烈的社会竞争中,游刃有余。

3. 北邮精神

崇尚奉献　追求卓越

崇尚奉献。奉献是中华民族的传统美德,是社会进步追求的人类文明,也是人生价值的最高境界。以强国富民为己任,先天下之忧而忧,后天下之乐而乐,把有限的生命投入到无限的为人民服务之中去,毫不利己,专门利人,先人后己,甘为人梯。为了追求真理和正义事业义无反顾、在所不辞,为了祖国的强盛和中华民族的伟大复兴生命不息、奋斗不止。

追求卓越。激励北邮人要志存高远,敢为人先,勇于探索,不断攀登,与时俱进,精益求精。时时处处高标准、严要求,把各项工作做得最好,努力建设世界高水平大学。

三　学科建设和科研水平持续攀高

科技进步正将当今世界引入信息时代,信息化正在从整体上引导着世界经济和社会发展的进程。信息通信业作为国民经济的基础设施和先导产业,对保证国民经济持续、快速、健康发展,加快国民经济信息化进程至关重要,国家把通信和信息业列为国民经济发展的战略重点。

我校最近几年的"211工程"建设,确立了在信息领域的学科优势。为适应世界信息技术迅猛发展的新形势,迎接21世纪的激烈竞争与挑战,抓住机遇,加快发展,使我校学科优势更加突出、学科结构更加合理,制定学科发展规划,加强学科建设,提高科研水平,是我校建设的主要任务。

学科是一面旗帜,是学校组织结构中的基本骨架。我校学术梯队、学术研究基地以学科为中心而组建,教学科研单位的划分、专业的设置围绕学科来规划,科研成果以及为社会服务以学科为主要载体,我校部分优秀的学科已经成为一流大学的主要标志。学科建设的基本任务是凝练学科方向、汇聚创新队伍、构筑学科基地,其中的关键是凝练学科方向。

(一) 学科建设总体原则和目标

我校依据自身学科发展的历史基础和现实需要,确定了学科建设总体原则是根据国家经济发展的需求,发挥已有重点学科优势,覆盖整个信息领域,拓展工学和理学门类,发展管理和人文学科,重视社会急需的新兴学科和交叉学科的建设,使学校的学科布局更趋合理、充满活力。我校重点学科建设总的指导思想是瞄准信息时代,围绕通信方面的各个学科发展前沿,主动、积极、全面的适应我国邮电通信建设与国际竞争的要求,面向 21 世纪新技术革命的挑战,不仅要培养一批数量上基本能满足通信发展需要,而且在质量上能适应高新技术发展需要的博士生、硕士生,并且创造一切条件花大力气将重点学科建设好。

目前,在学科建设上集中人力、物力建设好现有的两个国家重点学科,5 个部级重点学科,13 个校级重点学科和 1 个国家重点实验室,同时努力争取新增 3~5 个国家重家重点学科,5~7 个博士学位专业,6—10 个硕士学位专业,新建一个工程研究中心和 1—2 个国家重点实验室。这些目标,保障我国通信和信息领域高层次人才的培养立足与国内,也保障我国自主掌握日新月异的通信高新技术,在激烈的国际竞争中占有一席之地。

结合近几年学科建设发展的进程,确定了到 2010 年的学科建设目标:①工学门类综合实力要步入全国先进行列;②"电子科学与技术"和"信息与通信工程"两个一级学科要继续保持国内领先;③加强计算机和管理学科的建设,使之达到国内先进水平;④建设若干个新兴学科和交叉学科;⑤扩充若干个社会急需的本科专业。

(二) 持续提高学科建设水平

依据通信信息领域的既有优势,充分发挥我校自身的特点,积极推进学科点的建设。我校两个国家重点学科电子科学与技术和信息与通信工程,这两个一级学科继续保持国内领先水平。2001 年,我校 4 个主干学科被评为全国重点学科,即通信与信息系统(排名第一)、电磁场与微波技术(排名第二)、信号与信息处理(排名第四)和电路与系统(排名第五)。在 2002 年首次全国 12 个一级学科整体水平评估排名中,我校的电子科学与技术学科被评为第二名信息与通信工程学科被评为第三名。

2001 年 3 月 2 日,经教育部备案或批准,我校 2000 年度新增电子商务、电子信息科学与技术、公共事业管理和日语 4 个本科专业,自 2001 年开始招生。我校成为教育部批准的首批试办电子商务专业的 13 所高校之一。同年,我校数学与应用数学和应用物理学 2 个专业恢复招生。2001 年 9 月 17 日,我校通过了全国 MBA 学位教学合格评估,专家组对我校 MBA 教学情况进行的评估。专家组听取 MI3A 教学的汇报,随后实地考察了我校 MBA 教学环境,包括 MBA 学生公寓、MBA 远程网络教室、实验室、多媒体教室教学设施等。并分别与 MBA 任课教师和学生座谈。专家组认为我校 MBA 学位教学工作无论是在硬件设施还是在教学、管理上都取得了很大的进步，具有鲜明的办学特点。

2003 年 10 月，我校新增了 3 个博士点和 13 个硕士点，在总共 12 个学科门类、88 个一级学科和 388 个二级学科中，我校已有 9 个学科门类、18 个一级学科和 31 个二级学科，另有 4 个工程硕士类专业学位和 1 个管理类专业学位即工商管理硕士（MBA），如表 10.1 所示。

表 10.1 学科门类及一、二级学科

学科门类	一级学科	二级学科
哲学	哲学	马克思主义哲学
经济学	应用经济学	产业经济学
		国际贸易学
法学	法学	民商法学
教育学	教育学	教育技术学
文学	外国语言文学	外国语言学与应用语言学
理学	数学	应用数学
	物理学	理论物理
		光学
工学	机械工程	机械制造及其自动化
		机械电子工程
		机械设计及理论
	光学工程	
	电子科学与技术	物理电子学
		电路与系统
		微电子学与固体电子学
		电磁场与微波技术
	信息与通信工程	通信与信息系统
		信号与信息处理
	控制科学与工程	控制理论与控制工程
		检测技术与自动化装置
		模式识别与智能系统
	计算机科学与技术	计算机体系结构
		计算机软件与理论
		计算机应用技术
	生物医学工程	

续表

学科门类	一级学科	二级学科
军事学	军队指挥学	密码学
管理学	管理科学与工程	管理科学与工程
	工商管理	企业管理
		技术经济及管理
	公共管理	行政管理

2003年10月，我校新增本科专业12个，我校现设有工、管、文、理、经、法六个学科门类中13个二级专业类内的28个本科专业，如表10.2所示。

表10.2 学科门类及二级专业

学科门类	二级学科	专业名称	所在学院
经济学	经济学	经济学	经济管理学院
		国际经济与贸易	文法经济学院
法学	法学	法学	文法经济学院
	政治学	思想政治教育	文法经济学院
文学	外国语言文学	英语	语言学院
		日语	语言学院
理工	数学	数学与应用数学	理学院
		信息与计算科学	信息工程学院
	物理学	应用物理学	理学院
	电子信息科学	光信息科学与技术	电子工程学院
		电子信息科学与技术	电子工程学院
		信息安全	信息工程学院
工学	机械	工业设计	自动化学院
		机械工程及自动化	自动化学院
	仪器仪表	测控技术与仪器	自动化学院
	电气信息	自动化	信息工程学院
		电子信息工程	电信工程学院
		通信工程	电信工程学院
		计算机科学与技术	计算机学院
		电子科学与技术	电子工程学院
		信息工程	信息工程学院
		软件工程	软件学院

续表

学科门类	二级学科	专业名称	所在学院
管理学	管理科学与工程	信息管理与信息系统	经济管理学院
		工程管理	经济管理学院
	工商管理	工商管理	经济管理学院
		市场营销	文法经济学院
		电子商务	经济管理学院
	公共管理	公共事业管理	文法经济学院

2004年3月3日,经教育部批准(教高函[2004]3号文件),我校新增数字媒体艺术、网络工程、物流工程、会计学等4个本科专业,自2004年开始招生,修业年限均为四年。2004、2005年新增本科专业建设情况,如表10.3所示。

表10.3　2004、2005年新增本科专业建设

年份	专业名称	挂靠学院
2004年	数字媒体艺术	信息工程学院
2004年	网络工程	计算机科学与计算机学院
2004年	会计学	经济管理学院
2004年	物流工程	自动化学院
2005年	物流管理、项目管理	经济管理学院
2005年	电气工程及自动化	自动化学院
2005年	生物信息技术	待定
2005年	教育技术学	待定

在学科建设的过程中,我校目前通信与信息系统、电磁场与微波技术、信号与信息处理以及电路与系统继续保持现有发展水平,力争在以后的进程中继续保持国内领先,达到与国际同行并驾齐驱。现有的各学科点,及一步加强建设、加快发展,现有博、硕士点和重点学科及近中期发展规划如表10.4所示。

表10.4　现有博、硕士点和重点学科及近期发展规划

学院名称	现状	发展目标
通信与信息系统	国家重点学科/博士点	国家排名前列
电磁场与微波技术	国家重点学科/博士点	国家排名前列
信号与信息处理	国家重点学科/博士点	国家排名前列
电路与系统	国家重点学科/博士点	国家排名前列
微电子学与固体电子学	博士点	国家重点学科
物理电子学	北京重点学科/博士点	国家重点学科

续表

学院名称	现状	发展目标
密码学	博士点	国家重点学科
管理科学与工程	北京重点学科/博士点	国家重点学科
计算机应用技术	北京重点学科/博士点	国家重点学科
计算机软件与理论	博士点	北京市重点学科
机械电子工程	博士点	北京市重点学科
产业经济学	硕士点	北京市重点学科/博士点
模式识别与智能系统	硕士点	北京市重点学科/博士点
光学	硕士点	博士点
企业管理	硕士点	博士点
机械设计及理论	硕士点	博士点
应用数学	硕士点	博士点
生物医学工程	硕士点	博士点
控制理论与控制工程	硕士点	博士点
光学工程	硕士点	博士点
检测理论与自动化装置	硕士点	博士点
马克思主义哲学	硕士点	博士点
国际贸易学	硕士点	博士点
民商法学	硕士点	博士点
教育技术学	硕士点	博士点
外国语言学及应用语言学	硕士点	博士点
理论物理	硕士点	博士点
机械制造及自动化	硕士点	博士点
计算机系统结构	硕士点	博士点
技术经济与管理	硕士点	博士点
行政管理	硕士点	博士点
电子与信息工程硕士	专业学位硕士点	
计算机技术工程硕士	专业学位硕士点	
计算机软件工程硕士	专业学位硕士点	
机械工程硕士	专业学位硕士点	
工商管理硕士	专业学位硕士点	

为了提高学科点建设水平，我校加大学科建设的投资力度。围绕着国家重点学科建设、部级重点学科建设，同时加快校级重点学科建设的步伐。通过"211工程"建设，我校主体学科发展在通信领域保持优势的同时继续向信息领域其他方面扩展。通信

与信息系统、电磁场与微波技术、信号与信息处理和电路与系统等 4 个主干学科,在 2001 年教育部审核并批准的全国重点学科评定中,分别取得了全国第一、第二、第四和第五名的优秀成绩。在 2002 年全国 12 个一级学科整体水平评估中,电子科学与技术和信息与通信工程都列入全国前三名。同时,新建了军队指挥学博士后流动站,新增了机械电子工程博士学位授予点以及 13 个硕士学位授权点。

至 2005 年,学校设有电信工程学院、计算机科学与技术学院、信息工程学院、自动化学院、电子工程学院、经济管理学院、文法经济学院、语言学院、理学院、软件学院、国际学院、民族学院、世纪学院、继续教育学院、信息网络中心、通信网络综合技术研究所和网络教育学院;现有 4 个国家重点学科、28 个本科专业、34 个硕士专业,两类专业学位硕士点(MBA 工商管理硕士和工程硕士),11 个博士专业和 4 个一级学科博士后流动站以及 5 个工程与管理类专业硕士学位授权点;是全国率先进行试点的 4 所远程教育、35 所示范性软件学院和 13 所示范性本科电子商务专业院校中的 4 所重点之一,也是全国率先设有信息安全本科专业的少数高校之一。

在完善学科建设的措施方面,我校积极采取以下措施:①完善管理体制。调整和组建相关学科建设委员会,学科建设委员会主任由兼有行政职务的专家担任。理顺管理体制,落实组织机构,制定建设规划,实现有序建设。明确挂靠学院或组建新学院,负责建设和管理。校、院两级主要领导共同主抓学科建设,调动学科建设必需的人力、物力和财力,实现建设目标。②建设学科基地内容。③加强队伍建设。我校在现有基础上,设立更多特聘教授岗位,并在工作环境、科研条件等方面给予优惠待遇,引进人才,壮大队伍。④分层次建设。按"国家重点建设学科""省(部)级重点建设学科""学校重点建设学科"和"学院重点建设学科"四个级别分层次建设。⑤推进校际联合,提高办学效益;推动校企合作,实现强强联合、优势互补;加强学术交流,营造学术氛围。⑥改革办学模式,注重体制创新。

(三) 研究生院的建立

教育部于 2004 年 5 月正式批准我校建立研究生院。研究生院的正式成立,使我校跨进全国 53 所拥有研究生院的大学行列,这是我校朝着建设"研究型"大学方向迈出的坚实的一步,标志着我校整体建设水平迈向新高。

研究生教育方面,我校已经形成哲学、经济学、法学、教育学、文学、理学、工学、军事学、管理学等多学科综合性研究生培养格局。截至 2005 年 7 月,已有一级学科博士后流动站 4 个,分别是电子科学与技术,信息与通信工程,管理科学与工程和军队指挥学。学校现有 34 个硕士专业,两类专业学位硕士点(MBA 工商管理硕士和工程硕士),11 个博士专业。我校有 4 个国家级重点学科,1 个国家级重点实验室。博士授权点 11 个,硕士授权点 34 个以及 4 个工程领域工程硕士类专业学位和工商管理硕士(MBA)专业学位。

我校培养研究生工作近几年快速发展。从招生人数来看,2001 年招收硕博研究生1 221人,2002年招收1 508人,2003年招收1 820人,2004年招收2 073人,2005年招收硕博研究生2 216人,此外,每年还招收一批在职研究生,积极开拓培养高层次人才的渠道。研究生教育已经成为我校工作的重点。目前在校研究生已经达到并超过"十五"计划目标。

我校研究生培养稳步发展,为把我校建设成"研究型"大学打下了良好的基础。在培养信息领域的高精尖人才方面,我校为国家通信事业和邮政事业的发展作出了积极的贡献。

(四)校企合作实现科技创新

随着社会经济的发展和知识经济的来临,高等学校的地位和作用越来越重要,高校的职能也有了较大的扩展。即高等学校不仅是培养高级专门人才和发展科学文化的基地,而且应该成为知识型企业的哺育场所、高科技产业的孵化器、高新技术改造传统产业的辐射源,甚至还应是知识经济的策源地。高校能否把科学研究与生产实践结合起来,能否把提高学术水平与创造经济效益结合起来,是衡量一所大学办得如何的重要标志之一。

依靠自身学科优势,结合当今时代发展的趋势,我校强调提高科研水平的同时,有选择、有重点地自办、合作办科技企业和高技术企业。我校与国内外多家企业合作,其校企合作的基本形式有设立企业特聘教授岗位、合作共建专业实验室、专项课题研究(核心技术研究、项目孵化、企业技术改造)、风险投资、区域工程规划、技术劳务输出(软件编程)等。合作方式有企业出资、选题,组织生产、市场营销;学校提供场地、研究人员,提供技术支持;研究成果双方共同享有,知识产权一般各占50%(多方协约时按协议约定的各成员方比例分割);非签约方使用研究成果需经签约方多数成员同意;签约方利用共同研究成果兴办股份公司、实体、上市交易时,各方需就责任义务利益份额等另行签署协议,等等。

高校和企业进行科研合作是社会发展的客观需要,我校紧紧抓住机遇,积极开展校企合作项目,推进我校科研水平的快速发展。为了加快科技成果的转化,我校规定,职务发明的所有权属于学校,当知识产权转化产生经济效益时,学校、院系、教授按33%:33%:34%的比例分配。还规定,当教授和科技人员参与科技企业的创办和发展,教授和科技人员在科技企业中拥有的股权可占学校知识产权的45%。北邮教授的企业,如宽广电信、布莱得、正方兴、天元、东信北邮等以低投资获得高收益。经过几年的努力,我校校企合作科研成果硕果累累,从下面介绍的部分成果可见一斑。

2001年2月13日,我校与加拿大北电网络(中国)有限公司签订第二期合作意向书。从2001年4月起,研发中心的重要功能侧重于研究,重点研究领域为光通信和通信软件。

2001年3月16日,我校与美国Molex公司签署了《科技培训合同》及《技术支持合同》。为加强技术人员的设计和生产能力,及时解决设计和生产中的疑难问题,

Molex公司与北邮自动化学院开展科研合作,经双方友好协商,达成技术支持和合作培训协议。

2001年3月20日,北邮网络教育学院与美国系统技术公司举行"推动远程教育、共享全球资源"合作新闻发布会。北邮网络教育学院及其控股子公司北邮在线网络科技有限责任公司与美国系统技术公司(中国),根据双方签署的网上培训项目合作意向书,经酝酿协商,计划于2001年合作发布网上培训平台和课程,并签署协议。新闻发布会上同时展示了北邮远程课程以及通信行业职工网上培训课程和美国系统公司最新技术网络课程和网上教学平台。

2001年5月18日,我校与山西伟达通信建设有限公司签订了合作协议。山西伟达通信建设有限公司多年致力于通信工程的建设和相关技术、配套设备的研制开发,具有跻身通信光电子产业领域的良好基础。该公司将依托北邮在通信光电子领域中的人才与智力优势,不断增强自身在日趋激烈的市场竞争中的高科技含量和综合实力,大力推进相关高科技研究成果的产业化。我校任晓敏教授领导的通信光电子学实验室在波分复用光纤通信关键器件与系统设备等方面取得了一系列具有良好产业化前景的高水平创新性研究成果。我校与山西伟达通信建设有限公司携手,走校企合作之路,共谋通信光电子产业发展的大计,进一步加强学校学科建设,提高人才培养质量,加速相关科研成果产业化进程。

2001年7月3日,我校与松下通信签署合作研究协议。为加强我校与外企在IT领域,特别是通信领域的交流、合作,我校与日本松下公司签订了关于在第三代移动通信及其应用等领域合作的协议。双方决定将在时分同步码分多址(TD-SCDMA由我国无线通信标准组向国际电联提出的标准,是第三代移动通信的一种)上的各类仿真等作为合作的第一项内容,以推动第三代移动通信领域的技术及市场发展,合作项目总经费224.8325万元人民币。为推动我校与国际企业的合作交流,加强我校学科建设,同时扩大松下通信在中国的影响,经友好协商,我校和松下通信于2002年10月24日再次签署了合作研究协议,双方在前期开展的年度合作的基础上,重新确定新的合作项目,并就如何进行长期合作交流达成共识。

2001年7月6日,我校纪越峰教授主持的国家"863"计划跨主题重大项目——光分插复用设备(OADM),在北京圆满通过验收。验收专家组一致认为:该设备的所有技术指标已全部达到合同要求,并超额完成任务,同意通过验收。该项目由我校与深圳市中兴通讯股份有限公司联合承担,项目负责人为我校纪越峰教授,在近两年的时间里,项目组所有成员精诚合作,共同努力,攻克了许多关键理论与技术问题,取得了具有自主知识产权的创新性成果,达到了国内领先和国际先进水平,参加了国家863计划15周年成就展,获得高度评价。

2001年9月6日,北邮、日本安立共建成立光电检测技术研究中心。日本安立公司(ANRITSU)是以生产通信测量仪表为主的著名跨国公司,历史百年之久,产品世界一流。经过友好协商,决定与我校共建"北邮—安立光电检测技术研究中心",共同推动光电检测技术的进步,同时促进北邮相关学科和专业的发展,并扩大安立在中国的影响。3年之后,"北京邮电大学—日本安立公司继续合作协议签字仪式"在我校举行。双方一致认为应当继续保持和发展这种合作关系,继续进行为期三年的第二期合作。在第二期合作中,双方加强了IP光网和移动通信领域检测技术的研究与开发,加强了平台建设,深入设立研究项目,并加强了学术交流。

2002年9月27日,我校与山东省科学技术厅签署了《山东省科技厅与北京邮电大学关于电子信息技术合作协议》。协议议定我校将在加强信息技术交流、共建科研开发基地、联合申报国家重大项目、促进技术成果产业化、加强电子信息人才培训等五个方面与山东省开展全面合作。

2004年9月23日,北京邮电大学与德国罗德与施瓦茨公司举行合作项目签字仪式。合作项目涉及双方联合研究项目、R&S公司提供我校研究生奖学金和联合培训等方面内容,其中研究生奖学金项目于10月份开始实施。

2002年10月19日,我校与北京昌平宏福集团就成立中国首个"信息谷——北京邮电大学国家大学科技园",教育部、信息产业部、市教工委等领导在人民大会堂出席签字仪式暨发布会。北邮国家大学科技园于2002年5月经国家科技部和教育部批准成立,这是中国迄今43家国家大学科技园中唯一的一个以"信息"为特色的高新技术科技园,并已向国家工商管理总局申请了"信息谷"商标。北邮国家大学科技园规划面积600亩,首期开发的100亩土地,位于昌平区北七镇郑各庄,由宏福集团无偿提供。

按照规划,在未来几年里,北邮国家大学科技园将重点关注包括光电子和软件产品、通信设备、微电子技术、网络及计算机产品、广播电视技术产品及电子元器件在内的科技项目,几乎涵盖整个信息技术领域,同时重点孵化具有竞争力的高科技企业。北邮"信息谷"将充分发挥整合与辐射功能,一方面依托与发挥北京邮电大学的人才优势和技术潜力,集中学校现有的58个研究中心及社会优势资源,在园区内提供各种必要的硬件设施、资金支持及软件环境,吸引归国留学人员、在职教师和在校学生等各类创业者创办科技企业,推动学校科技成果的转化,培养创新创业人才;另一方面要使企业经过几年的精心培育,顺利出"谷"走向社会,促使更多的信息科技成果转化为产品及产业,服务社会,带动和推进国民经济和社会信息化,促进经济发展和社会进步。

北邮科技园将力争通过不懈努力,将园区建设成为全国信息行业的示范基地,成为中国一流、世界驰名的"信息谷",争取通过3-5年的建设,实现企业技工贸总收入10亿元以上。

2003年9月16日,科技部、教育部授牌北京邮电大学科技园为"国家大学科技园"。北邮科技园整体规划上一园三区。一园即北邮国家大学科技园,三区即为:①校本部区,即以现邮电实验四厂的厂区为科技园中心,占地面积约20亩,规划建筑面积3万平方米。经过2~3年的建设发展,最终形成一条"育人-科研-孵化"为一体的以信息为特色的科技园区。②宏福园区,位于昌平区北七家镇郑各庄,南临新建奥运村,北依温榆河,占地900亩。整体规划分为三大功能区,即科技园的研发生产区、教育培训区和办公区,建筑总面积为25万平方米。其中第一期开发建设4万平方米,主要包括研发大楼、办公楼和培训及展示楼。③沙河园区,以学校沙河新校区为依托,占地300~500亩作为第三科技园和产业基地,形成第三个以北京邮电大学为依托的科技园区,规划建筑面积为10万平方米。

2005年3月4日,我校副校长张英海与中国电子工程设计院院长胡萍签署了《中国电子工程设计院—北京邮电大学战略合作协议书》。双方在充分发挥各自优势、在通信信息领域的开发研究等方面进行友好合作,建立长期紧密的战略合作伙伴关系等问题上达成共识。

(五) 科学研究再创佳绩

2001年到2005年校庆之际,我校在科研方面取得了丰硕的成果。其中获得国家级、省部级科研成果奖6项,211工程取得了第二期阶段性成果,国家自然科学基金重大项目"高速信息网中关键基础问题"通过验收等等。同时,涌现出一大批优秀的科技工作者。

国家自然科学基金重大项目"高速信息网中关键基础问题"由我校院士周炯槃为项目总负责人,其子课题分别由清华大学冯重熙教授、北京邮电大学的雷振明教授、林金桐教授、吴伟陵教授、廖建新教授等。2002年2月28日,通过国家自然科学基金委员会信息学科部组织专家的验收。该重大项目是建立在国内首先实现的ATM/IP平台基础上,侧重研究了高速信息网、光纤接入(有源、无源)、无线接入(固定、移动)以及新业务开发(智能网)等关键技术。在基础研究及应用方面均取得多项创新性成果。

我校纪越峰、王柏义、徐国鑫、詹舒波、林金桐5位教师在国家"863"十五周年先进集体、先进个人表彰大会上获先进个人称号。

2001年6月,我校雷振明教授主持完成的科研项目"交换设备——骨干型应用研究"被科技部、财政部、国家计委、国家经贸委评为"九五"国家重点科技攻关计划优秀科技成果。雷振明教授本人被评为"九五"国家重点科技攻关先进个人。同年6月,我校部级重点学科电路与系统的学科负责人、中国第三代移动通信总体专家组委员、IEEE会员张平教授由于近年来科研成果丰硕,在成果转化中创造了可观的经济效益,他主持的多项科研工作促进了北京市的科技发展,因此荣获北京市经济技术创新奖。

2003年7月14日,在全国人民抗击"非典"取得重大阶段性成果之际,"北京邮电大学科学技术协会成立大会"在北邮科技大厦隆重召开。北邮科协在校党委、校长领导下,结合学校的中心工作,团结广大师生开展丰富多彩的科技活动,发挥高校人才、知识、信息、科技、网络等优势,服务于社会。

2003年我校11项科研成果获奖,是近几年科技成果丰硕的一年。其中国家科技进步奖3项,教育部提名国家科学技术进步奖2项,北京市科学技术奖1项。

教育部科学技术委员会组织评选的2004年度"中国高等学校十大科技进展"揭

晓,我校参与建设的"中国下一代互联网示范工程CNGI核心网CERNET2主干网"入选。CERNET2主干网采用纯IPv6协议,为基于IPv6的下一代互联网技术提供了广阔的试验环境。CERNET2还有规模地采用了我国自主研制具有自主知识产权的世界上先进的IPv6核心路由器,并成为我国研究下一代互联网技术、开发基于下一代互联网的重大应用、推动下一代互联网产业发展的关键性基础设施。

我校科技工作者进入国家"973"首席科学家行列。"973"计划是"国家重点基础研究发展计划"的简称,是一个为世人所瞩目、在科技界具有重大影响的国家级科学研究计划。在经历了若干回合异常激烈的竞争之后,以我校副校长任晓敏教授为首席科学家的"973"计划项目——新一代通信光电子集成器件及光纤的重要结构工艺创新与基础研究——正式获得国家科技部批准,从而实现了我校在牵头申请、主持实施国家"973"计划项目方面零的突破。加盟该项目的合作单位包括清华大学、天津大学、南开大学、中山大学、燕山大学、中国科学院半导体研究所、中国科学院上海微系统与信息技术研究所和武汉邮电科学研究院等单位。这表明我校在国家重大科学研究计划决策过程中已具有较强的影响,并表明我校通信光电子学科在叶培大院士等前辈的大力倡导和亲切关怀下得到了长足的发展,已在国内处于优势地位。2003年国家"973"计划信息领域只有3个项目正式立项,我校就有2个相关项目榜上有名。

2004年8月23日,国家科技部在北京隆重召开了"十五""863"计划第二届领域专家委员会和主题专家组成立大会。在这次大会上,我校副校长任晓敏教授再次被科技部聘任为新材料领域光电子材料及器件主题专家组副组长;电信院副院长纪越峰教授再次应聘为信息技术领域通信技术主题专家组成员。任晓敏教授从1998年开始,已连任三届主题专家组副组长;纪越峰教授从2001年开始连任两届主题专家组成员。他们为我国"863"计划的推进和实施作出了积极的贡献。

四 坚持教育创新提高教学质量

坚持教育创新,深化教育改革,提高教学质量,始终保持与时俱进的精神状态。实现"十五"计划和中长期发展战略规划,归根到底要靠改革,增强办学的责任感、自觉性和自主意识。勤于思考,大胆探索,勇于创新,敢于实践,突破影响学校改革与发展的机制性和体制性障碍,以改革为动力,以改革促建设,以改革谋发展。"十五"发展规划,关键要落到实处,努力将理想化为现实。为此,我校实施"质量工程"、"人才工程"和"校园工程"三大工程,以此作为主要建设内容推动学校的全面建设和发展。

(一)全面实施"三大工程"

1. 扎实推进"质量工程"建设

教育质量是学校生存发展的根本问题,提高教学质量是高校永恒的主题。我校办学规模不断扩大,2001—2002学年在校学生总数9 210人,2002—2003学年在校学生总数11 858人,2003—2004学年在校学生总数达到14 183人,2004—2005学年在校学生总数达到38 372人,同年教职工总数2 169人。如何在规模扩大的同时,保证教学质量不下滑并不断提高,引起我校的高度关注。因此,当前工作重点已由重视规模发展转移到更注重提高质量方面,强调牢固树立教学质量是高校生命线的观念,辩证认识和正确处理规模与质量的关系,把强化质量意识作为学校贯彻落实科学发展观的关键。

2001年7月14日至16日,我校召开教学工作会议。高擎"质量至上"的旗帜,动员全体北邮人发扬倾情、求是、为先的精神,为创建本科教学工作优秀学校和一流研究生院而奋斗!会议全面总结了"九五"期间教学工作成绩,分析了目前所面临的问题和困难,对今后人才培养目标、教育教学改革的思路和举措进行了全面系统的阐述。会议就"质量至上"的理念、教学工作地位、师资队伍建设、人才引进、学分制改革、本科教学优秀学校评估等重大问题达成共识。

提高教育质量是学校的第一要务,是我们的立校之本。为抓好"质量工程",我校明确提出把本科教学优秀学校评建工作和以优异的成绩通过研究生院试办验收作为主要突破口。切实做好本科教学评估工作。学校成立评估专家组,评估专家常务小组定期对各个教学单位进行评估检查。

2004年11月15日至12月17日,张英海副校长与校评估专家组常务小组对电信工程学院等十个学院进行了本科教学工作检查。专家们认真检查各学院对于《北京邮电大学本科教学工作材料规范与要求》的执行情况,查阅了各方面材料。全面贯彻落实"以评促建、以评促改、以评促管、评建结合、重在建设"的评建工作精神,党委专题研究本科教学工作,审议通过了《北京邮电大学本科教学工作评建规划(草案)》,确立了本科教学水平评估应达到优秀的目标。同时,学校组织专家组对全校承担本科教学任务的教学单位及有关重要职能部门进行了自评检查,重在夯实基础,找出差距,分析问题,以评促建,不断提高本科教学质量。

为了提高本科教学工作质量和教学管理水平,健全教学质量监控体系,学校制订了各主要教学环节的质量标准和评估指标体系,并组织研发教学质量监控网站和教学质量监控软件系统,该系统已开始试运行。成立了本科教学督导组,聘请15位教师为督导组成员,针对各教学环节开展督导检查工作。坚持进行本科毕业设计(论文)答辩抽查工作,并不断加大对本科毕业设计(论文)工作的质量监控和答辩抽查力度。

为进一步提高研究生培养质量,组织专家完成了培养方案的制定和完善工作,为提高研究生的培养质量奠定了基础。组织修改了《研究生指导教师职责》并调整了博士学位论文评审方式,逐步规范和改进了我校研究生指导教师的管理和学位论文评审方式。为了鼓励博士生进行创新性研究,多出高水平的论文,我校组织了校内优秀博士论文评选活动,2004年评出7篇,并推荐其中3篇参加了"全国百篇优秀博士学位论文"的评选活动。

我校非常重视教学质量,学生综合素质得到明显提高。《北京高等教育指南报告》最近三年的跟踪质量报告显示,北邮本科生的就业率是北京市第一名,研究生就业率也是北京市第一名。我校的四级英语考试在同类大学中有非常高的通过率。在高等院校大学生竞赛中,电子类的竞赛我校是第一,在数学建模和计算机应用领域也是第一,有的是北京市的第一,有的是全国的第一。在人才培养质量上,科技创新能力和社会适应能力有明显提高。

2. 积极落实"人才工程"建设

高等教育进入了由精英型向大众型的转变时期,确保高等教育事业持续、稳定、协调发展,关键是高校的师资队伍建设问题。随着我校教育事业的发展,师资问题日益突出为制约学校发展的因素之一。加快师资队伍建设,培养适应学校发展需求的高素质师资队伍是学校发展的重中之重。为此,提出实施"人才工程",即以人力资源开发、利用与优化配置为目标,以造就"大师"和培养青年骨干为核心,以培养与引进相结合,事业发展与个人进步相结合,提高学术水平与加强师德建设相结合,加强师资、管理队伍建设。围绕我校建设和发展的总目标,建设一支适应学校发展需要的数量足、素质好、结构优、水平高的教师和管理队伍。

2004年年初,召开了"师资队伍建设工作会议",再次明确落实"人才工程",并正式启动建设。为推进"人才工程",学校成立了专门的领导机构,设立专项基金用于人才培养与引进,并参考教育部的做法,为"长江学者和创新团队发展计划""新世纪优秀人才支持计划""青年骨干教师培养计划"的实施给予设备和资金支持,鼓励优秀教师脱颖而出。

此外,学校党委高度重视和关心教师的实际问题。在解决我校教职工住房问题上,校党委责成住房改革领导小组全力推进住房制度改革,一方面加强宣传和引导,努力转变教职工思想观念,积极推进教职工住房的商品化、社会化和住房分配货币化;另一方面在住房政策上大手笔、大力度,除国家补贴外,重点加大学校补贴力度,同时积极联系校外房源,满足教职工的购房需求。这些实际举措,对于稳定和吸引人才起到了关键作用。

3. 努力推进"校园工程"建设

校园是学校的精神、学术和文化的载体,是培养高素质创新性人才的重要基地。加强校园环境建设是改善办学条件、提高办学水平的内在需要,也是必须解决的迫在眉睫的问题。一方面抓住当前高等教育蓬勃发展的大好历史机遇,采取积极的态度,努力拓展更大的办学空间。为缓解学校事业发展与办学空间严重不足的突出矛盾,积极走出校园,与政府和有关企业广泛接触,并最终决定建设昌平沙河校区,并采取各种措施积极推进新校区建设。目前,学校方面已完成各项准备工作,努力按照远景规划,整体设计,分段实施,逐步建成新校区。另一方面是按照"完善设施、调整布局、满足需求、优化环境"的指导思想,对校本部、沙河新校区、小西天校区和宏福园校区进行合理规划,经过分阶段建设,力争把学校校园建成布局合理、环境幽雅、服务便捷、文明舒适的高质量生活与工作园区。

目前,学校本部的完善和改造正在进行中,力争在2005年金秋建校50周年之际,展现出全新面貌,不断改善工作和学习环境。

(二) 转变教育思想,更新教育观念

我校党政领导班子注重研究和解决学校重大的战略性、宏观性和政策性问题,加强大局意识,以质量求生存,以特色谋发展,不断提高领导艺术和管理水平。在履行学校"培养人才、创造知识、转化成果、交流学术"四项职能的全过程中,始终追求办学过程中"秩序、质量、效益"三大目标,坚持"三个面向",服务科教兴国,培养一流人才。基于我国加入世贸组织和高等教育迅猛发展、竞争日趋激烈的态势,积极落实"十五"办学指导思想,在深化教育改革中坚持下列几点:

(1) 学校定位上,要占据信息通信的行业优势,突出电子与信息的学科特色,成为信息领域的"国家队",培养IT业的领军人物。

(2) 服务面向上,要以推进国民经济和社会信息化为使命,为国家现代化建设服务,为信息通信事业服务,为首都经济建设服务。

(3) 学科布局上,要"有所为,有所不为",以信息科技为特色,工学门类为主体,工管文理相结合,实现多学科协调发展。

(4) 办学层次上,日校要以本科教育为基础,重点发展研究生教育;成人教育保持函授教育、远程(网络)教育和继续教育协调发展,以适应高等教育"大众化"和"学习型社会"新形势的需要。

(5) 教育观念上,注重人的全面发展,全面推进素质教育;改革人才培养模式,注重个性化培养和"理工互动与理工融合",实行"全面学分制"。

(6) 注重贯彻"规模、结构、质量、效益"协调发展的方针,把提高质量和优化结构摆在突出位置。

(7) 按照"两级管理,院为基础"的思路,进一步深化内部管理改革,实现制度创新。

(8) 坚持依法治校、科学决策,实行民主监督、校务公开。

(三) "理工融合"教学改革

推进教学改革的主要措施包括:继续实施本科生转专业制度;进行大学语文水平测试;推进"理工融合"模式教学改革等内容。

从2000年3月,99级学生开始,允许10%的学生重新选择专业。到2005年5月,全校已经累计实现250余人转到新专业,充分体现学生的兴趣和爱好,促进学生的个性健康发展。

首次在99级1 200名学生中进行的"大学语文水平测试",经过近5年的不断改进,使我校大学生的整体素质得到了巩固和提高。有关教师并出版了自编的教材,改

进了教学方法和考试方法。

2001年开始,学校试点推行个性化专业培养。同年4月6日,我校组织召开了个性化专业培养遴选面试会,经严格选拔,首批5名学生获准自2001年秋季学期进行"个性化专业"人才培养模式试点。这是我校为进一步推进教学改革,培养学生的创新能力,充分发展学生的个性,实施因材施教。进行个性化专业培养模式试点工作,是人才培养模式的一项重大改革措施。到2005年6月,全校"个性化专业"人才培养模式进展顺利,根据学生个性特征,结合个人学习兴趣和爱好,在指导老师的帮助下,18位同学接受了"个性化专业"教育。

2002年2月26日,任晓敏教授主持的世行贷款21世纪初高等教育教学改革项目——"电子与电气信息类专业理工融合教育模式及课程体系的研究与实践"课题,正式启动课题研究工作。我校把此项目作为学校教学改革的龙头项目,高度重视本项目的研究工作。项目组提出了理工融合教育模式的改革重点和途径,制定了体现理工融合教育思想的专业培养计划,初步探索工程方法论教育方式。校级教改立项中设立了部分子课题项目,并进一步落实电子与电气信息类理工科专业人才培养方案及试点工作、电子与电气信息类理工科工程方法论教育改革方案、理工科高等学校学科布局优化方案,把"理工融合"教育模式作为一种教育思想,贯彻到我校的教育教学改革中去。

2003年1月14日,电信工程学院主办首次教育教学改革论坛,会议做了"教学改革与建设方略"主题报告,论坛对我校教育教学改革起到积极的促进作用,是教育教学改革论坛的良好开端。经过几年的努力,涌现出一批优秀的教学成果。2004年我校校级教学成果奖获奖项目有36项,其中一等奖18项,二等奖18项。理学院牛少彰教授介绍了教学成果一等奖获奖项目"数学系列课程教学内容和课程体系的改革方案及其实践"的情况,指出了工科数学教学在培养学生的数学素养、创新意识、创新精神和能力方面具有的独特作用。2004年取得的教学成果内容体现近几年学校教学改革的各个侧面,理工融合的教育模式激发了教师们的教改热情,全体教师积极参与我校的教育教学改革与研究,不断取得新成果。

(四) 精品课程建设和教学评估

1. 抓好精品课程建设,提高教学质量

"高等学校教学质量和教学改革工程"是教育部正在制订的《2003—2007年教育振兴行动计划》的重要组成部分,精品课程建设是"质量工程"的重要内容之一,教育部计划用5年时间(2003—2007年)建设1 500门国家级精品课程,利用现代化的教育信息技术手段将精品课程的相关内容上网并免费开放,以实现优质教学资源共享,提高高等学校教学质量和人才培养质量。我校积极响应教育部的号召,组织人力、物力、财力抓好教学质量建设。

2001年11月29日,我校召开了校级教育教学改革项目启动会,24个校级教育教学改革项目研究工作正式启动。这批教改项目以我校人才培养模式、教学内容和课程体系、教学方法与教学手段、实验教学、教学管理等为研究重点,是我校根据高等教育教学研究与改革发展形势,结合教育教学改革与建设的实际,为推动本科教学工作优秀学校评估工作,通过确定指南,自由申报,公平竞争,统一评审的办法确定的新世纪教育教学改革与研究项目。这批教改项目为2003年教学成果评奖活动打好了良好的基础。

2004年7月底,北京市教育委员会公布了北京地区高等学校市级精品课程,我校申报的七项中,白中英教授主讲的计算机组成原理、杨放春教授主讲的现代交换原理以及俞重远教授主讲的大学物理三门课程被评为北京市级精品课程,其中计算机组成原理在教育部公布的2004年国家级精品课程名单中榜上有名。我校有4门课程获得市级精品课程称号,其中田宝玉教授负责的信息论是2003年市级精品课程。

2004年9月21日,我校召开精品课程建设工作交流会。校级领导、市精品课程及校级规划建设立项的精品课程负责人30余人参加了会议。市精品课程的负责人介绍了他们在课程建设和申报过程中的经验和体会,特别强调实践环节在课程建设中的重要性,认为精品课程在建设和申报过程中都要瞄准北京市和国家级精品课程的标准,以评价标准作为努力的方向。会议明确了我校2004年下半年精品课程建设的计划和安排,强调人才、教材、器材建设是学校的三材建设,而课程建设正是这三材建设的综合体现,要通过课程建设来促进教学质量的提高,要通过申报市级、国家级精品课程来反映我校的教学水平。

为了加强精品课程建设,我校有组织地进行阶段检查。2005年1月5日,教务处在新办公楼502会议室组织召开了校精品课程建设项目阶段检查会。张英海副校长、校课程建设指导委员会委员、校级规划建设的15门精品课程负责人等约30人出席了会议,校课程建设指导委员会副主任顾畹仪教授主持会议。张英海副校长指出,精品课程建设是一项重要的教学基本建设,是提高教学质量的重要组成部分。他充分肯定了2004年我校精品课程建设工作所取得的成绩,并对2005年的工作提出了更高的要求。会上各门课程提交了课程建设报告,课程负责人分别汇报了相应课程的建设进展情况,并演示了各门课程按照《北京市精品课程网上技术规范》要求,提供在学校网络教学平台上的课程教学大纲、授课教案、习题库、实验指导、参考文献目录等教学资源。

教务处专门组织召开了精品课程建设工作会。会议总结精品课程建设的工作和成果,并对全校精品课程的建设工作提出了新的要求,提出要通过申报市级、国家级精品课程来反映我校的教学水平,希望广大教师积极参与精品课程的建设,争取我校有更多的课程跨入市级、国家级精品课程的行列。具体要求为①各门课程要将"一流教师队伍、一流教学内容、一流教学方法、一流教材、一流教学管理"等作为精品课程建设的目标,互相交流,取长补短。②建设报告应按北京市精品课程的评价标准总结平时课程建设工作和取得的成果,尤其注意课程建设指导思想以及特色方面的总结。③上网材料应符合"北京市精品课程网上技术规范"要求。④学校今年仍将重点保证精品课程建设经费足额到位。

2. 抓教学评估，促教学管理建设

教学管理人员的素质和水平直接影响着教学质量的提高。为了落实我校的"三大工程"，学校就教学管理体制进行了一系列的调整和变革。

2001年11月24日，召开本科教学工作优秀学校评估研讨会，聘请评估专家作报告，落实学院自评工作。为全面提高本科教学质量和水平，重新启动了本科教学优秀学校评建工作，成立了校、院两级自评专家组，制定了《北京邮电大学院级本科教学工作优秀评估方案》，此次评建工作在9个学院内分两个阶段进行。第一阶段，学院要按评估方案的10项一级指标和28项二级指标全面展开自评和建设，主要任务是重在摸清"家底"，找出薄弱环节，并确定重点建设和改进措施。第二阶段，学院要完成所有的评估指标体系要求，做自评报告上交校评建办公室。在此期间，校自评专家组除将检查并指导各学院的自评工作外，有重点地对影响教学质量的关键环节进行抽查评估。12月，我校教务处被北京市教委和教育部评为"北京市普通高等学校先进教务处"和"全国普通高等学校优秀教务处"。我校教务处5年来在深化教育教学改革、加强教学基本建设和自身队伍建设、提高教学管理水平等方面，取得明显成效。

2002年4月3日，召开本科教学评估工作会议。会议介绍了本科教学全国评估工作情况，明确了迎接教育部评估的任务，并对学校第一阶段自评工作做了小结。针对今后的评估工作，会议要求各相关职能部门要与各学院通力协作，在个性化教育、理工融合、人才培养模式、网上教学、鼓励教师投入教学的机制和政策，以及体育教学和思想品德培养等方面下功夫，总结经验，充实内容，使之成为北邮的办学特色。9月19日，召开教学观摩评比、教学实验工作、教育管理工作表彰会，70余人出席了会议。教学观摩评比共评选出一等奖3名、二等奖7名、鼓励奖6名、单位组织奖2个。在教学管理、教学实验室工作先进集体与先进个人评选中，评委会结合"211工程"教学实验室建设与验收工作、院级本科教学优秀评估工作和日常工作业绩，共评选出教学管理工作先进集体2个，教学实验室工作先进集体3个，教学管理、教学实验室工作先进个人各6名。会上先进个人和先进集体代表介绍了他们教学、改革和管理经验。11月，召开校评估专家组全体会议，审议《北京邮电大学院级本科教学工作优秀评估结果》《北京邮电大学院级本科教学工作优秀评估反馈意见》和《北京邮电大学院级本科教学工作优秀评估总结报告》，并提出修改意见。会议还介绍了院级本科教学工作优秀评估工作的进展情况，并对下一阶段的评估工作做出安排。

2004年12月29日，公布《北京邮电大学实行课程重修的暂行规定》。计划从2002级开始实施重修，取消补考。在2004年4月、9月、11月，我校先后召开有学校职能部门、学院教学院长和教务员参加的有关学分制改革的专题研究会。并于6月底组织到香港地区部分高校进行调研，在调研和研讨的基础上，初步确定了学分制改革框架思想，制订出学分制改革工作规划及实施方案（草案），按照"稳步推进，分步实施，逐步完善"的方针，推进学分制改革，计划从2005级本科生逐步推进实施学分制，对现有学年学分制进行改革。学分制是一种以学分为计量单位衡量学生学业完成状况的教学管理制度。其特点在于学习时限的灵活性、学习内容的选择性、课程考察的变通性、培养过程的指导性。

2004年,北京邮电大学建立了本科毕业设计(论文)答辩抽查新机制,即从各学院随机抽取部分学生参加学校组织的毕业设计(论文)答辩,答辩委员会专家由学校聘请。7月初,学校从8个学院共抽取14名同学参加学校组织的答辩。该机制的建立对督促各学院加强毕业设计(论文)管理工作起到很好的作用。12月23日,校本科教学工作评估常务专家组莅临教务处进行2004年本科教学评估检查。评估专家对本科教学工作中存在的一些问题与教务处进行了沟通交流。

根据教育部要求,开展本科生"双语"教学,提高我校教师的英语水平和学生的综合水平,我校举办"双语"培训班。依据学科建设需要,33位教师报名加第一期培训。经过语音纠正、口语听力训练、综合集训三个阶段的培训,大部分学员具备了运用双语授课的基本能力,基本可以自由地运用英语进行简单知识结构的授课。最后经专家小组评估,在33名接受培训的学员中,有3位教师的测试成绩为优秀,17人取得合格的成绩,另有13位教师没有完成培训任务或未通过考试。按照要求,凡参加学习、通过考试取得合格证的教师,今后每年须给本科生开一门(含)以上"双语"教学课,并同时出台了鼓励措施。

(五) 积极推进网络教育

我校的网络教育是通过中外网络教育合作、远程教育、网络教育认证、信息网络工程研究中心等展开的。

2001年9月13日,我校举行"中英电子网络教育工作组会议"。中方由来自北邮和清华大学、北京大学等高校的校长、副校长以及教授组成,英方则由英国英格兰高等教育拨款委员会首席执行官Brian Fender爵士率领的大型代表团组成。中英双方就本国开展远程教育方面的情况和经验,进行了详细介绍和深入交流,并对共同感兴趣的技术和教学问题进行了讨论。来宾参观了我校网络教育学院主演播室和北邮—北电电信研究开发中心。

2001年10月17日,受教育部的委托,我校主持召开了我国"网络教育认证"项目研究工作的第一次研讨会。教育部相关负责人和清华大学、中国人民大学等高校领导、专家出席会议。这标志着由教育部批准的我国"网络教育认证"项目研究工作,我校副校长、远程教育专家张筱华教授担任该项目组的组长。

2001年10月28日,北邮远程学院(网上大学)宁夏教学站举行了开学典礼。宁夏电大校长、书记,北邮的教师代表、技术人员及北邮函授学院远程教育(网上大学)首届企业管理专业(专升本)270名新生也参加开学典礼,并采用COD(课程点播)方式上了第一堂课。北邮网上大学宁夏教学站的开学,是我校从智力上支持西部开发战略的重大举措;是远程教育采取新的教学形式(COD)的技术创新。开学典礼结束后,北邮函授学院常务副院长针对学生提出的问题进行了现场解答,这是远程教育教学方式的新尝试,受到各位领导、教师和同学们的好评。10月24日,我校召开2001年度函授、远程教育工作会议。"加速网络教育发展、加强网络教育的质量"是我校网络教育的主题。网络教育学院院长做了"大力发展成人教育,迎接21世纪的机遇与挑战"的主题报告,共有来自全国 18 个省、市、自治区设立的 25 个函授、远程教学站(点)的 52 名代表参加会议。与会代表就新时期的成人教育进行了交流和研讨,并针对函授、远程教学融合的具体问题,提出建设性意见。

2003 年 5 月 31 日,我校网络教育学院召开北京地区高等院校网络教育管理研讨会。我校网络教育学院院长介绍了我校远程教育的工作,各主办院校交流了开展远程教育的情况,并就存在的如何提高生源质量、加强远程教学的交互性、加强考试环节的质量监控等方面的问题进行了研讨。市教委高教处领导总结了北京地区开展远程教育工作的情况,指出要重视管理体制方面的改革和教育资源的整合。

2004 年 9 月 21 日,教育部科技司组织专家对依托我校建设的教育部信息网络工程研究中心进行了验收,我校王德宠书记、林金桐校长、牟文杰副校长和科技处、科产办负责人参加了会议。会议由教育部科技司高新处邰中智副处长主持,我校林金桐校长代表我校致辞。专家组听取了教育部信息网络工程研究中心主任钟义信教授做的建设总结报告、审查了有关材料、进行了现场考察和质询。专家组肯定了依托我校建设的教育部信息网络工程研究中心所作出的成绩,一致认为教育部信息网络工程研究中心出色地完成了《建设可行性研究报告》中所提出的各项建设任务,并提出了明确的发展目标,成绩显著。

(六) 完善课程教材、实验室和图书馆建设

1. 课程和教材建设走向新台阶

课程和教材建设反映我校专业建设的主要成果。课程和教材建设也是我校强校的重要环节之一。抓好教材建设,促进学科建设,搞好课程教学。

2001 年 9 月 29 日,钟义信教授主持的"电子信息类专业人才培养方案及教学内容体系改革的研究与实践"课题通过了教育部高教司委托全国高等学校教学研究中心专家组的成果鉴定。通过 4 年的研究与实践,该课题完成了原定研究任务,主要成果有①对信息类专业改革的理论进行了系统研究,为人才培养方案的研究与实践奠定了理论基础;②从现实条件出发,研究、制定和不断改进《电子信息类专业人才培养方案》(即"现实方案"),并根据试点班的显著成效,提出了具有前瞻性的"目标方案";③从 96 级招收的教改试点班完整采用新培养方案的结果看,毕业生在德、智、体诸方面达到的水平表明,试点成果突出;④此课题的研究与实践,使各系列课程结构和内容改革取得较大进展,并组织编写了相应教材,已正式出版 17 种,其中 3 种已列入教育部"面向 21 世纪课程教材"。

针对目前信息社会的特点和高等教育发展趋势,组织成立"21 世纪信息科学与技术系列专著编委会"。2001 年 11 月 12 日,《21 世纪信息科学与技术系列专著》编委会成立暨第一次会议召开,丛书由我校学术委员会和出版社联手组织出版,叶培大教授担任该套专著的编委会主任。本套系列专著立足于原创性、标志性、理论性、系统性,充分和真实地体现我校的学术特点和学术创新的特色,从 2001 年到 2005 年的 5 年期间,陆续推出并完成 10—15 本。此套系列专著获得国家新闻出版署批准,并被列为"十五"国家重点图书规划项目。

我校在北京市举行2001年北京市高等教育教学成果奖颁奖大会上有6个项目获奖，其中钟义信教授负责的国家级教改项目"面向21世纪电子信息类专业人才培养方案及教学内容体系改革的研究与实践"和蔡安妮教授、孙景鳌教授编写的《多媒体通信技术基础》教材获一等奖。谢沅清教授、解月珍教授编写的《电子电路基础》教材；梁于升主持的"高校教学方法和手段改革的研究与实践"；白中英主持的"数字逻辑与数字系统综合改革和配套建设"；周晓光主持的"重视实践教学，优化课程设计内容，培养学生综合设计能力研究和实践"获得了二等奖。

2002年12月31日，我校召开教材建设工作会议，讨论通过《北京邮电大学"十五"教材建设规划》，该规划包括国家级"十五"规划建设教材、北京市精品建设教材、校级建设教材，其中已获得批准北京市精品建设教材13项。"十五"规划建设教材将采取动态调整、立项管理的办法组织编写。

在北京市精品建设教材资助项目中，我校获得教材建设资助项目13项，其中有3项为重点资助项目。

在教学内容和课程体系改革中，学校确定了"小范围、大步子"的教改原则，整体优化了教学内容和课程体系，取得了实质性的改革成果，被许多兄弟院校借鉴。同时在计算机基础教学和外语教学以及在教学方法与手段上都进行了新的改革。注重对学生获取知识能力、创新精神的培养和思维方法的训练，5年中，我校学生参加全国大学生"数学建模""电子设计竞赛"和北京市高等数学、大学物理竞赛，共获得全国一等奖15人、二等奖18人，北京市特等奖1人、一等奖48人、二等奖71人、三等奖100人。外语四、六级统考通过率和优秀率在市高校中名列前茅。

2. 实验室建设再创佳绩

实验室建设一直是我校的建设重点。211学科实验室、国家重点实验室、部级重点实验室和校级实验室分别得到了不同程度的支持，同时积极创造条件，合作共建实验室，近几年实验室建设再创辉煌佳绩。

"十五"计划实施以来，我校加大了对实验室建设的力度。国家重点实验室、部级实验室和校级实验室，"十五"期间实验室建设规划如表10.5所示。

国家重点实验室程控交换技术与通信网实验室2002年5月通过科技部的评估。程控交换技术与通信网实验室1988年初开始筹建，1992年3月正式运行并对外开放，1995年通过国家验收，2002年5月通过科技部的评估。实验室设智能网研究中心、网络管理研究中心和宽带网研究中心三个研究中心和一个培训中心。孟洛明教授任实验室主任，李晓峰研究员任副主任。中国科学院院士及工程院院士陈俊亮教授担任学术委员会主任，工程院院士李乐民教授（成都电子科技大学）任副主任。目前有固定人员33人，其中两院院士1人、博士生导师6人、教授和研究员10人、副教授和副研究员12人，此外还有若干名兼职研究人员。实验室的主要学术方向和研究内容：①智能网研究结合智能网与宽带IP网、移动网的互联与融合，研究新一代通信网的业务支撑网络体系、结构及协议，将研究领域由电信增值业务的提供逐步扩展、深入到全方位电信支撑服务的关键技术的研究和体系结构的建立；②网络管理研究网络管理体系结构及模型化方法、网络管理测试理论及技术、综合网络管理方法及技术、多厂商设备环境下网络管理方法、网络管理系统实现技术及接入方法、网络管理接口技术等；③宽带网研究宽带网的体系结构、通信协议、性能和服务质量、业务源的数学模型、业务流量的控制和路由算法、网络可靠性和生存性、网络安全、多媒体应用方法和技术、宽带网设备的实现技术等。

表10.5　北京邮电大学"十五"实验室建设规划

实验室类别		实验室名称	投资规划（万元）					
			2001年	2002年	2003年	2004年	2005年	合计
国家重点实验室		程控交换技术与通信网	100	100	100	100	100	500
		光通信（新建）	200	150	150	150	150	800
部门实验室		电子电路中心实验室	150	50	50	50	50	350
		物理实验室	50	200	50	50	550	900
		通信原理实验室	50	200	50	80	170	550
		计算机软件实验室	100	100	50	100	350	700
校级实验室	公共	语言室	80	50	50	100	100	380
		CAI及媒体教室	100	100	50	1000	250	1500
		校园网	200	200	500	50	150	1100
		科技情报消息资源与服务体系（图书馆）	50	100	100	250	100	600
		教学计算机房（全校）	100	300	600	50	50	1100
	基础	计算机系统结构	50	50	50	50	50	250
		机械基础	100	100	100	50	50	400
		物理演示	10	20	20	20	30	100
		化学	20				20	60
	专业基础及专业实验室	通信系统			100	500	1000	1600
		计算机网络			100	200	200	500
		通信网络		100	100	100		300
		工业设计	150	30	20			200
		电子精密机械			50	30	20	100
		EDA实验室	100		100		100	300
		电磁场与微波技术			200			200
		远程教育	200					200
		自动化原理与自动控制		100	100	100		300
总计			1810	1950	2740	3000	3240	12640

注：不包括"211"学科实验室。

实验室通过多种渠道,积极开展国内外学术交流与合作。与加拿大北方电讯、贝尔北方研究所、比利时阿尔卡特,芬兰诺基亚等研究机构及公司进行技术交流和建立密切的合作关系。与此同时,实验室和国内产业部门也进行广泛联系,并成立了研究所以及公司。实验室多次对外发布开放课题、通过教育部高校访问学者基金支持资助了一批研究课题,对于吸引国内外优秀学者开展稳定合作研究起到了积极作用。实验室目前已成为国家解决智能网、网络管理、宽带网方面重大问题的研究基地。

计算机科学与技术学院智能通信软件与多媒体实验室于2001年6月4日经过专家评议,被认定为北京地区普通高等学校的50个重点实验室之一。这批实验室既是高等学校科学研究和技术创新的重要基地,又是首都区域创新体系特别是实施"首都二四八重大创新工程"的重要组成部分,具有明确的建设目标和规划,具备优良的实验装备条件,拥有优秀的学术队伍和良好的学术风气,具备坚实的工作基础和突出的科研成果。

2002年1月,无限商机通信技术有限公司(UBO)与我校"联合建立BUPT-UBO通信技术实验室",双方在语音数据融合应用、无线宽频、软交换等领域展开全方位、深层次的技术与项目合作,我校学位委员会主席宋俊德教授出任联合实验室主任。此举预示着UBO作为专业通信设备和解决方案提供商,将在原有Voicexml浏览器、语音互联网等自有核心技术及产品的基础上,进一步借助我校在通信领域内的技术与人才优势,在通信行业取得更大的发展,提升UBO的核心竞争力,同时也有助于产学结合,加快技术成果的产业化,开创双赢的合作局面。

2002年10月,我校与德州科海电子有限公司成立"北邮科海联合实验室"。德州科海电子有限公司是山东省高新技术企业,主要从事卫星通信及网络电子产品的研制、生产、销售,并已通过ISO9002以及长城安全质量认证。北邮科海联合实验室旨在共同研究开发卫星通信及无线网络等高新技术产品。我校周正教授出任该实验室主任,全面负责实验室的技术研究项目。同年11月25日,北京邮电大学与台湾通达国际有限公司联合实验室成立。

2004年4月,我校与CA公司合作建立教学联合实验室。CA作为全球领先的电子商务软件公司,自1976年成立以来,一贯坚持"回报社会,支持中国软件事业"的宗旨,所服务的客户遍及世界100多个国家。CA公司尹婉智总监希望通过此次合作将CA在软件开发管理方面的先进经验与国内同行分享。鲁刚教授出任联合实验室主任。

2004年5月14日上午,计算机学院NCIE信息安全实验室揭牌仪式在新办公楼501室隆重举行。国务院研究发展中心邓寿鹏局长、信息产业部国家信息化工程师认证考试管理中心(NCIE)副主任吴剑锋、阿姆瑞特(亚洲)网络有限公司全球董事长Hannu Heinonen,绿盟科技公司总裁沈继业、冠群中国公司技术总监赵大平、IS-ONE公司副总裁徐鹏程,以及计算机科学与技术学院杨放春院长、邝坚副院长等嘉宾亲临现场。《中国电脑报》《计算机报》、网易等近30家新闻媒体给予全程报道。NCIE,即信息产业部国家信息化工程师认证考试管理中心,经过与计算机学院的多次接触协商,本着重视操作、学以致用的教学宗旨,将在计算机学院实验中心建立信息安全联合实验室,为高校提供真实的实验环境,帮助学生和信息安全技术人才了解先进的信息安全技术,同时信息安全厂商无偿提供相关技术内容并定期指派技术专家为学生提供教学指导。建立信息安全实验室,有利于国内 IT 培训认证机构培养专业化人才的创新,更好地促进厂商和高校交流,更为积极的意义在于有助于我校在此领域教学和科研水平的较快提升,为学院人才培养体系注入新的活力。

2004 年 10 月 11 日,教育部科技司在北邮组织召开了"光通信与光波技术教育部重点实验室"建设计划专家论证会。论证专家组组长由中国科学院技术科学部主任、清华大学教授周炳琨院士担任,专家组成员包括中国工程院副院长邬贺铨院士,中国科学院半导体研究所王启明院士、陈良惠院士、副所长杨辉研究员,清华大学谢世钟教授,北京大学徐安士教授,北京工业大学沈光地教授。教育部科技司基础处李渝红处长首先阐明了专家论证会的意义、原则和要求。专家组认真听取了实验室主任任晓敏教授和实验室常务副主任顾畹仪教授关于实验室建设计划的报告,听取了牟文杰副校长代表学校所作的依托单位对实验室建设支持的说明;教育部领导和专家们还对实验室进行了现场考察。经过认真讨论,专家组对该实验室的建设工作给予了充分的肯定,认为该实验室建设计划符合教育部要求,一致同意通过论证。

我校"光通信与光波技术教育部重点实验室"是在相关实验室的基础上、依托电磁场与微波技术(国家重点学科)、物理电子学(北京市重点学科)和光学学科组建而成的,2003 年 11 月获得教育部批准立项建设。该实验室依据国家需求和技术发展趋势,确立了先进光通信系统与网络、信息通信光电子器件及材料和光信息基础科学 3 个主要研究方向,拥有一支跨学科、结构合理、创新精神强、以中青年为主的科研队伍,取得了一批国际先进、国内领先的研究成果,形成了"执着出奇,团结制胜"的实验室文化,在我国光通信和光波技术领域中占有重要的地位。

2004 年 12 月 27 日,北邮—世维通光通信器件联合实验室揭牌暨首批科研合作项目签字仪式在北京邮电大学光通信中心举行。校长林金桐教授,联合实验室主任、我校副校长任晓敏教授,科技处处长刘元安教授,联合实验室学术委员会主任、电信工程学院院长顾畹仪教授,电信工程学院副院长纪越峰教授,电子工程学院副院长赵荣华教授,博士生导师余重秀教授,光通信中心主任陈雪教授,北京世维通科技发展有限公司总经理季晓芳女士和公司主要领导等参加了揭牌仪式。联合实验室名誉主任、联合实验室学术委员会名誉主任叶培大院士发来贺信。北邮—世维通光通信器件联合实验室是副校长任晓敏领导的通信光电子学实验室为依托筹建的,主要致力于对通信光电子器件和系统应用方面的研究,既有利于我校科研工作的发展,又能迅速将科研成果转化为现实生产力,无疑将为我国的光电子技术的发展作出贡献。

2005 年 4 月 8 日,我校光通信与光波技术(教育部重点实验室)第一次学术委员会在教三楼 712(会议室)隆重召开。出席会议的学术委员会成员共 14 人,其中包括专程从美国和新加坡飞来的余建军研究员和沈平博士,特邀徐大雄院士和电信工程学院的王文博院长参加会议,校领导、科技处,以及实验室的负责人和工作人员参加了会议。叶培大院士作为学术委员会的名誉主任参加了会议,并热情发言。林金桐校长和任晓敏副校长向本实验室第一届学术委员会的各位成员颁发了聘书。

3. 图书馆建设取得新进展

学校图书馆是全国最大的邮电通信专业性图书馆。图书馆实现了信息化,开发了拥有自主知识产权的软件,该软件北京评比为96.5分,获北京市科技进步二等奖,已经具备了现代图书馆的功能。现有馆藏书刊15.2万种,95万册件。在通信与电子学、计算机科学等方面藏书齐全,并具有一流的现代化数据检索和信息查询服务水平。馆藏具有鲜明的邮电通信和电子学专业特色,尤其是世界上一些享有盛誉的电信专业书刊收藏较全,在全国堪称第一,其中期刊3000多种。除印刷型书刊文献外,还收藏有大量电子文献数据库,其中包括IEL、EI village、ITU、INSPEC、万方数据库、中文期刊数据库、中国学术期刊等全文、文摘数据库。目前,我馆藏以每年约3万册件的速度在递增。图书馆要在现有馆内自动化和与互联网接轨的网络基础上,在通信与计算机领域全方位提供全国一流的信息资源服务,逐步实现所有资源和服务手段的数字化。到2005年图书馆实现公共服务体系的数字化、信息化,学校有200 GB信息可供查阅浏览。北邮图书馆已全面实现计算机管理与服务。

2002年11月22日,我校主持召开成立"北三环—学院路高校图书馆联合体"会议。北邮向会议提交了《联合体馆际互借实施意见(讨论稿)》,其内容涉及馆际互借的内涵及目的、原则和益处、范围及内容、组织与管理模式、管理人员职责、操作规则等。与会代表就是否收费、是否押证、借阅权限等等问题进行了讨论,并就名称、权限、具体事项等问题达成一致意见。各成员校图书馆本着"资源共享、优势互补、互惠互利、自愿参加、平等协作"的原则加入北京市北三环—学院路地区高校图书馆联合体,并开展图书馆之间的馆际互借服务,充分利用各馆各具特色的馆藏资源,真正实现信息资源共享。

图书馆自主研制开发的现代电子图书馆信息网络系统MELINETS不仅实现了采、编、流通、公共检索、期刊管理等图书馆集成化管理,而且提供了联机编目、馆际互借、远程检索以及人事、设备等办公管理自动化,其研究水平经专家鉴定为:国内领先、国际先进,并获得北京市科技进步二等奖,研究成果已转化为高新科技商品,为其他各类图书馆所广泛使用。北邮图书馆与其他大学图书馆有着广泛的合作关系。全国邮电高校图书情报工作委员会秘书处、北京高校图书馆自动化研究会秘书处等均设在这里。

五　加强党的建设,依靠广大教职工办学

党的十三届四中全会特别是"十五大"以来,校党委带领全校党员干部及师生员

工,高举邓小平理论伟大旗帜,全面贯彻江泽民同志"三个代表"重要思想,认真贯彻执行党的教育方针,坚持中国特色社会主义理论,武装全校师生员工的头脑。统一思想、凝聚力量、振奋精神、促进发展。

(一) 加强党的建设和思想政治工作

为保证学校改革、发展的顺利进行,加快改革步伐,校党委高度重视党的建设和思想政治工作,坚持从严治党的要求,全面加强党的建设。

2002年1月18日,北京邮电大学召开党政联席扩大会议,会议重点围绕扩大招生规模后,新校区筹建和"过渡期"方案、落实"三讲"整改措施以及实施"两级管理,院为基础"的管理模式等3个问题进行了研讨。根据校"十五发展计划"方案,会议认为,从长远看,应建设面积大、环境好、设施先进的新校区。但在此之前必须解决好"过渡期"中的诸多问题,要从便于管理、节省经费等多方面考虑,充分挖掘校内潜力,加快校内教学急需设施的建设,并利用"大运村"的住宿条件解决好扩招中有关问题。

2003年,我校团委在校党委和上级团组织的领导下,以"三个代表"重要思想为指导,认真学习贯彻党的"十六大"、十六届三中全会、团的"十五大"精神,坚持"建设、服务、创新、发展"的工作理念,积极推进我校青年工作,被共青团北京市委员会授予2003年度"北京市五四红旗团委"光荣称号,我校电信工程学院0111107团支部被评为2003年度"北京市五四红旗团支部"。我校团委围绕学校的中心工作,积极进取,再接再厉,争取取得更好的成绩。

首先,紧抓思想建设,坚持以马克思列宁主义、毛泽东思想、邓小平理论和江泽民同志"三个代表"重要思想武装全校党员领导干部和师生员工的头脑。始终坚持校、院两级中心组理论学习制度和教职工政治学习制度,通过学习,大大提高了党政领导干部和教职工的理论水平和政治素质,统一了思想、认清了形势、坚定了信心,为学校的改革和发展凝聚了力量。校党委以"三讲"教育活动为契机,按照教工委的统一部署和要求,在全校处级以上领导干部中开展了"讲学习、讲政治、讲正气"为主要内容的党性党风教育。通过"三讲"教育,全校领导干部普遍在坚定理想信念、全面贯彻党的教育方针、执行党委领导下的校长负责制和民主集中制、密切联系群众等方面收到了显著成效,思想上有明显提高、政治上有明显进步、纪律上有明显增强。同时,校党委又以党建先进校的评审为契机,本着"以评促建,重在建设"的目的,认真找差距、定措施、练内功,使党的各项工作及学校的全面建设有了显著的进步,经专家组的评审,最终荣获北京市党建和思想政治工作先进校提名奖。

其次,狠抓组织建设,充分发挥二级党委(总支)和基层党支部的作用。在学校内部管理体制改革中,根据机构调整的实际情况,重新调整组建了教学、后勤、校产等17个党委(总支),制定并完善了《关于加强院(系)级领导班子建设的暂行规定》。校党委始终坚持把教育教学改革和教学、科研等工作的实际成效作为考察基层党组织工作的主要标准,贯彻"一级抓一级,一级带一级,重心下移,重点抓好基层党支部建设"的工作思路。在院系改革过程中,校党委明确提出了要把党务及思想政治工作队伍和院系机构设置统筹考虑、同步推进,与教学、行政、科研组织建设相结合的原则,从而奠定了党务及思想政治工作的组织基础。同时,还进一步健全、完善了民主集中制和党委领导下的校长负责制,重视干部队伍建设和作风建设,提高干部素质,增强党员和领导干部的党性修养。

为了进一步加强和改进学校的思想政治工作,积极探索新形势下学校思想政治工作的新方法、新思路,校党委每年召开全校思想政治工作专题会议,认真总结交流了学校思想政治工作的经验,研究部署了学校后一个时期学校的思想政治工作,制定了《中共北京邮电大学委员会关于加强和改进思想政治工作的意见》《关于加强学生思想政治工作队伍建设的意见》等文件,为学校的思想政治工作指明了方向。在工作中,结合学校内部管理体制改革举措,深入细致地做好教职工的思想政治工作,为学校的全面改革奠定了坚实的思想基础并以事业发展凝聚人心,做好事业发展过程中教职工的思想政治工作。校、院党委定期分析研究教职工的思想状况,有针对性地做好解惑释疑工作,并用学校发展的大计来统一思想,凝聚人心,充分调动广大教师的积极性和创造性。

为认真贯彻江泽民同志"三个代表"的重要思想,全面落实全心全意依靠广大教职工办学的方针,更好地维护广大教职工参与民主决策、民主管理和民主监督的权力,提高干部和教职工依法治教和依法治校的自觉性,进一步密切党群关系、干群关系,齐心协力尽快实现办学质量和办学效益两个提高,校党委、校行政就加强和推进学校决策民主化、科学化问题提出建议,并进一步得到落实。

第一,制定涉及学校改革发展和群众利益的重大问题的政策措施,在方案出台前充分听取广大教职工意见和建议。决策是管理的中心环节,影响管理的全过程。加强民主管理和民主监督,首先要做到民主决策,这是推进民主的重要标志。学校的发展规划、改革方案等除了有法律法规依据之外,还要紧密结合学校实际情况,集中教职工的智慧,取得教职工的拥护和支持,才能更好地在实际工作中得到落实。

第二,建立科学民主的决策程序和健全的决策机制。进一步规范校党委常委会、校长办公会、校党政领导联席会以及教代会、学术委员会议事规则,明确工作职责和权限,规范决策所应遵循的民主程序,行使好党委和校长的领导权力和教职工的民主管理、民主监督权力,更好地加强制度化建设。

(二) 胜利召开北京邮电大学第十二次党员代表大会

2001年12月18日,中国共产党北京邮电大学第十二次代表大会召开,会议由北京邮电大学校长林金桐主持,参加大会的代表共168人。党委副书记赵纪宁同志致开幕词,教育部人事司领导、北京市委教育领导亲临大会并发表了重要讲话,党委书记王德宠代表第十一届党委作了题为《按照"三个代表"重要思想加强党的建设,为把北邮建设成为信息领域国内一流、国际著名的全国重点大学而奋斗》的工作报告,王书记指出,中国共产党北京邮电大学第十二次代表大会是一次承前启后、继往开来、确保我校的教育事业在新世纪的征途中胜利前进的大会,此次大会的主题是:高举邓小平理论伟大旗帜,深入学习贯彻江泽民同志在建党80周年纪念大会上的重要讲话精神,按照"三个代表"重要思想的要求,全面总结学校党委四年来的工作经验和不足,着重研究和部署"十五"期间学校的主要工作,动员和组织全校共产党员及广大师生员工,进一步解放思想,抓住机遇,开拓进取,为把我校建设成为信息领域国内一流、国际著名的多科性、研究型、开放式的全国重点大学而奋斗。

第十二次党代会报告分为三部分:第一部分是对第十一届党委主要工作的回顾;第二部分论述了"十五"期间学校的发展思路与目标;第三部分对开拓进取,努力实现学校的奋斗目标进行了阐述。接着,党委副书记赵青山同志代表纪律检查委员会作了题为《以"三个代表"重要思想为指导,努力做好新形势下的纪检监察工作》的工作报告,报告包括本届纪委会工作的回顾和今后工作的意见两部分,他指出,纪检监察工作对学校各项事业的改革和发展起到了保驾护航的作用。本次大会选举王德宠同志为任书记,赵青山同志、赵纪宁同志任副书记,赵青山同志任纪委书记(兼)。

校党政领导要牢固树立和全面落实全心全意依靠广大教职工办学的方针,提高思想认识,密切联系群众,认真倾听群众意见,努力使学校各项重大决策从群众中来,到群众中去,出台的方案争取能让大多数人满意,得到广大教职工的理解和拥护,顺利地推进学校事业的发展。要不断完善领导接待日、校长信箱等联系群众的制度和方式,积极拓宽交流渠道,坚持深入基层、深入群众的工作作风,形成良好的凝聚力,进一步提高学校的管理水平和办学水平。

2002年1月18日,北京邮电大学召开党政联席扩大会议,会议重点围绕扩大招生规模后,新校区筹建和"过渡期"方案、落实"三讲"整改措施以及实施"两级管理,院为基础"的管理模式等三个问题进行了研讨。根据校"十五发展计划"方案,会议认为,从长远看,应建设面积大、环境好、设施先进的新校区。但在此之前必须解决好"过渡期"中的诸多问题,要从便于管理、节省经费等多方面考虑,充分挖掘校内潜力,加快校内教学急需设施的建设,并利用"大运村"的住宿条件解决好扩招中有关问题。

2003年度,我校团委在校党委和上级团组织的领导下,以"三个代表"重要思想为指导,认真学习贯彻党的"十六大"、十六届三中全会、团的"十五大"精神,坚持"建设、服务、创新、发展"的工作理念,积极推进我校青年工作,被共青团北京市委员会授予2003年度"北京市五四红旗团委"光荣称号,我校电信工程学院0111107团支部被评为2003年度"北京市五四红旗团支部"。我校团委围绕学校的中心工作,积极进取,再接再厉,争取取得更好的成绩。

(三)"管理年"抓管理学习

2004年是我校的"管理年"。"向管理要效益",使得我校连续多年获得了教育部先进教务处、科技处、北京市先进保卫处、市文明校园和市纳税先进单位的多项荣誉。

3月10日，召开学校党政联席(扩大)会议，有关各职能部门和学术办、后勤集团、校产集团、校友会主要负责人也参加了会议，会议分别由赵青山和张英海主持。与会各单位负责人根据学校战略发展规划并结合2004年校党委及行政工作要点，阐述了本部门落实发展规划的工作安排，并对如何加强管理，提高管理水平提出了改进的意见。

王德宽书记发表了重要讲话，强调各部门要真正理解学校提出"管理年"的重要意义在于：①落实"三个代表"重要思想的需要；②实现学校总体发展目标的需要；③依法治校的需要；④尊重知识的需要。通过深入理解提出"管理年"的重要意义，结合本单位实际情况，切实落实"管理年"的各项要求，真正提高各部门的管理水平。同时，明确要求各机关处室增强六个意识：服务意识、发展意识、协调意识、大局意识、法治意识、创新意识。

会议还进行了交流和座谈。与会人员结合本部门的工作，对学校在行政、教学、科研、外事、后勤、校产、保卫、老干部管理、财务、资产管理、学术、学生工作、纪检监察工作、干部队伍建设等方面存在的问题提出了中肯的意见。林金桐校长最后对各单位的工作提出要求：①必须深入领会学校"三个规划""三个工程"的重要决策，注意学校发展中的新方向、新任务，跟上学校的发展形势，提前做好相关准备；②要编制好学校的"白皮书"；③要围绕学校发展重点，修订本部门年度工作计划；④加强网络、主页建设；⑤要以"求真务实"的态度，狠抓各项计划的落实；⑥要加深对"管理年"的认识，提高本部门的管理水平，从而使学校的管理能更上一层楼。

2004年11月24日下午，举办了校、院两级中心组学习贯彻"十六届四中全会精神"专题讲座。讲座重点归纳了十六届四中全会的基本精神；如何加强党的执政能力建设以及加强党的执政能力建设重大理论的实践意义。总结了党55年执政的成功经验，简述"六个必须坚持"：必须坚持党的指导思想与时俱进，用发展的马克思主义来指导实践；必须坚持推进社会主义的自我完善，增强社会主义的生机和活力；必须坚持抓好"发展"这个党的执政兴国的第一要务，把发展作为解决一切问题的关键；必须坚持立党为公，执政为民，保持党与人民的血肉联系；必须坚持科学执政、民主执政、依法执政，不断完善党的领导方式；必须坚持以改革的精神来加强的党的建设；提出了今后执政能力建设的指导思想——"五个以"，即坚持以马克思列宁主义、毛泽东思想、邓小平理论和"三个代表"重要思想为指导，全面贯彻党的基本路线、基本纲领、基本经验；以保持党和人民的血肉联系为核心；以建设高素质的干部队伍为关键；以改革和完善党的领导体制和工作机制为重点、以加强党的基层组织和党员队伍建设为基础。

最后，赵青山副书记还就学校各级中心组学习作了具体安排：校级中心组本月25、26、27三日集中学习，各二级单位中心组在本月29、30至下月2日之前集中两天学习，并强调指出，这次学习要结合十六届四中全会精神、第十三次全国党建工作会议和16号文件等内容，紧紧围绕"进一步推进学校的改革与发展、三个工程和三个规划"等中心工作开展，在学习过程中要时刻思考如何把会议精神落到实处，如何用中央精神卓有成效地指导实际工作。

（四）重视干部队伍建设

从总体上看，我校干部队伍发展趋势良好，年轻化、知识化程度逐步提高；干部队伍富有朝气、充满活力，老中青相结合，年龄结构、知识结构较为合理。中层干部在我校改革、创新和教育事业的发展中起到了至关重要的作用。事业要发展，干部是关键，抓好干部教育、干部培训是重要途径。我校党委积极展开干部培训工作，在校党委领导下党校工作也积极稳妥地深入展开。

2002年3月14日，我校召开全校中层以上干部会。校领导王德宠、林金桐、赵青山、薛忠文出席了会议，全校中层以上干部参加了会议。会上，党委副书记赵青山首先传达了全国高校第十次党建会议的文件精神。党委书记王德宠在会上布置了2002年党委主要工作并提出了要求，王书记对2001年底教学、院、中心各单位领导干部届中考核的情况进行了通报，并对评出的8位优秀干部进行了表彰。7月16日至17日举办了中层干部培训班。

为了深入贯彻十六大精神，认真学习"三个代表"重要思想和胡锦涛同志"七一"讲话精神，进一步加强干部队伍建设，不断提高干部的领导水平和业务能力，更好地实现学校教育改革和发展目标，进一步推进我校早日建成"信息领域国内一流、国际著名的大学"的奋斗目标，校党委2003年7月在我校科技大厦举办了中层干部培训班。参加培训的有正、副处级干部100多人。培训班上，教育部、市教工委领导和中央党校专家做了精彩的辅导报告，学校部分单位结合实际对本单位的工作经验做了大会交流。校党委书记王德宠作了《努力实践"三个代表"，做一名合格的领导干部》的报告，并结合实际对我校干部队伍建设提出了五点意见和要求。此次培训适时、适势，内容丰富，干部普遍反映受益匪浅，达到了培训的预期目的。为促使干部继续深入学习、不断思考，保证正确的政治方向，努力提高自己的理论水平和业务能力，培训结束后，组织部要求各中层干部结合培训内容和自己学习、工作实际写一篇心得文章。

为了加强学校领导班子和领导干部队伍建设，提高校级领导干部的整体素质，根据《党政领导干部选拔任用工作条例》精神和教育部《关于进一步做好直属高校领导班子和领导干部年度考核工作的通知》（教人司[2002]367号）的要求，经校党委常委会研究决定，2003年12月24日下午在图书馆报告厅举行了校领导班子和校级领导干部述职报告会。我校领导干部考核主要内容是：思想政治素质、组织领导能力、工作作风、工作实绩、廉洁自律等，重点考核工作实绩。述职会上，王德宠书记和林金桐校长分别代表党委政领导班子和行政领导班子进行了述职，并分别作个人述职报告。班子其他成员随后也依次针对德、能、勤、绩、廉五个方面进行了注重实绩的个人述职。我校两委委员、中层以上干部、教代会主席团全体成员、校学术委员会常委、民主党派负责人和离退休老同志代表等听取了述职大会。在听取了校领导的述职报告之后，根据学校领导班子和领导干部的述职，在场听取述职人员当场填写了了民主测评表。

2004年3月11日，我校召开了党员发展工作研讨会。出席会议的有学校领导、各职能部门主要负责人、各党委(总支)书记、副书记和负责党员发展工作的相关人员。党委书记王德宠做了题为《提高认识,加强领导,积极做好我校党员发展工作》的报告,报告分析了我校目前党员发展的现状、取得的主要成绩和存在的主要问题,阐述了我校党员发展工作的重要意义。党员发展工作力度和效果如何,重在领导。各级党组织要以求真务实,开拓创新的精神,围绕学校的中心工作,结合本部门的实际,以积极而慎重的态度抓好在高校中发展党员工作。结合我校实际,王书记提出了"五项要求":统一思想,高度重视;明确任务,狠抓落实;坚持标准,严格程序;研究规律,积极主动;健全制度,完善机制。同时正确认识和处理的"五种关系","五种关系"是指正确认识和处理党员发展和党员流动的关系、党员发展与党员教育的关系、党员发展中质和量的关系、发展党员与发展青年教师党员的关系、党员发展工作与学校中心工作。这次党员发展研讨会采用论坛的形式,取得了良好效果。

2004年11月16日,教务党委对所属8个党支部(教务处支部、研究生院支部、体育部支部、学术办支部、图书馆支部、出版社支部、信息网络中心支部、信息网络中心学生支部)支委以上干部进行了培训。培训会上党委还向各支部下发了《新编基层党的组织工作实务指南》《党员发展工作流程》《党支部书记工作职责》《党支部组织委员工作职责》《党支部宣传委员工作职责》等资料。

2005年以来,我校党委以开展保持共产党员先进性教育活动为契机,全面加强党的建设。按照上级有关部署和要求,认真组织和开展好保持共产党员先进性教育活动。(1)在前期学校开展有关保持先进性教育活动调研准备工作的基础上,深入分析存在的问题和原因,研究制定实施教育活动方案,提高保持先进性教育活动的针对性和实效性。(2)下半年,启动开展保持先进性教育活动,通过学习动员、分析评议、整改提高三个阶段,努力实现"提高党员素质、加强基层组织、服务人民群众、促进各项工作"的目标。(3)切实抓好支部书记的培训工作,不断提高其综合素质和业务能力;创新思维和形式,努力提高支部组织生活质量;推进基层组织建设创新,努力开创党员教育管理的新机制,在学校改革和发展过程中促进发挥党委(总支)的政治核心作用、党支部的战斗堡垒作用和党员的先锋模范作用。坚持正确的舆论导向,加强对报刊、电视、广播、网站、宣传栏等多种媒体的统筹领导及管理,突出宣传和报道学校贯彻落实中央16号文件的措施和效果、开展保持先进性教育活动中的成功经验和先进典型、学校建校50年来的辉煌成就以及在学校建设进程中涌现出的新人新事,积极营造奋发向上的良好氛围,大力塑造北邮良好的社会形象。

北京邮电大学党校是在党委直接领导下,以入党积极分子、党员和干部培训为主要任务的部门,学习和宣传马列主义、毛泽东思想、邓小平理论和"三个代表"重要思想。根据学校培训规划,对党员、干部、入党积极分子和其他先进分子培训;根据形势发展和学校工作需要,举办不同层次、不同类型的培训班、轮训班、研讨班以及专题讲座、系列讲座等。结合学校和高等教育发展实际,深入开展学校党建和思想政治工作的研究。制定学校党员、干部培训规划,有计划培训处级、科级领导干部、党支部书记、高级知识分子、教职工入党积极分子和其他需要培训的人员;采取多种形式,围绕学校中心工作,定期研讨积极分子培养、党员教育和干部培训工作,不断提高教育质量和工作实效。分党校的主要任务是制定分党校的培训计划,对学生党员、学生预备党员、学生入党积极分子、支部书记、优秀学生干部等进行培训;组织开展本部门的党建和思想政治工作。

(五) 加强师德建设

在加强和改进学校思想政治工作中,校党委坚持以德育为首位,不断完善党委统一领导,校长及行政系统为主实施的德育管理体制,积极推进教书育人、管理与人、服务育人和党政工团齐抓共管的全员德育格局的形成,不断拓宽德育渠道,提高德育实效。首先,动员和组织教职工认真学习马列主义、毛泽东思想和邓小平理论。通过多种方式,广泛开展思想教育工作。其次,加强青年教师工作,使青年教师的思想教育和社会实践活动有明显的成效。第三,广泛开展以教书育人、为人师表为中心内容的师德教育活动和师德建设理论与实践的研究活动,积极开展以青年教师为重点的师德教育活动。

在德育建设过程中,校党委大力推进师德建设工作,开展了以"树师表形象,做师德标兵"为主题的"师德先进群体"和"师德先进个人"评选活动,总结、宣传和推广师德建设中的先进典型和先进事迹并制定了《北京邮电大学关于进一步加强师德建设工作的意见》,规定教师在专业技术职称评聘、岗位工资晋升及年终履职考核时,实行"师德一票否决制",从而为我校加强师德建设起到了积极的推动作用。与此同时,还不断加大对"两课"教育的改革力度,努力提高"两课"教学的质量和效果,切实做好学生的德育教育工作。正是由于校党委长期坚持深入细致地多种形式的思想政治工作,广大干部和师生员工的思想觉悟得到了普遍提高,他们工作学习的积极性得到了充分调动,均能以饱满的政治热情积极投入学校的改革建设之中,使学校各方面工作取得丰硕的成果。

教师节前,我校隆重表彰师德先进典型。2001年是我校第二次评比表彰师德先进典型,共有10个集体和22名个人受到了表彰。受表彰的师德先进群体有计算机科学与技术学院、电信工程学院、自动化学院、网络教育学院教学部、计算机科学与技术学院网络管理研究中心、信息工程学院信息科学教研中心、自动化学院机械理论与机器人研究中心、电信工程学院光通信中心、体育部体育教研室和理学院数学部。受表彰的师德先进个人有纪越峰、刘之英、罗群、马华东、张秦艳、郝仰梅、罗雨青、牛少彰、张小光、方志新、黄传武、殷益群、忻展红、李文海、唐宇红、赵鸣明、吴婉舫、秦伟、傅德全、党传生、吕廷杰、康玉珍。我校研究生院的吕廷杰教授被评为全国师德先进个人,我校电信工程学院的纪越峰教授被评为北京市师德先进标兵。

加强师德建设。以热爱学生、教书育人为核心,以"崇尚奉献、追求卓越"为准则,在制度建设、宣传教育、考核管理等方面不断改进,不断提高教师的思想政治素质和职业道德水平。

（六）做好学生思想政治工作

学生工作水平不断提高。我校积极贯彻落实《中共中央国务院关于进一步加强和改进大学生思想政治教育的意见》，树立以学生为本的育人理念，切实把德育放在各项教育工作的首位，认真规划、科学确定德育目标和内容，把德育工作提高到新的水平。我校学生工作中注重学生工作干部队伍的建设，注重提高学生素质，重视培养学生的创新精神。在2002年学生工作研讨会上，党委赵纪宁副书记从宏观上构建了我校学生工作开展的框架，要求学生工作干部在要以党的"十六大"为背景，认真贯彻"十六大"精神，推动各项学生工作的深入开展，以德育工作为首位、以素质教育为重点，抓好学生党建工作，加强学生的学风建设和对学生的日常管理，做好扶困助学工作，增强政治意识和大局意识，保证校内的稳定。并对所有的学生工作者提出了三点要求：第一，要增强时代感，保持先进性，一切为学生；第二，要做到全校一盘棋，工作多层次，找准切入点；第三，思路要务实，工作要落实，作风要扎实。学生工作队伍不断长大，在学校的大力支持下，总结学生工作经验，出版年度《学生工作论文集》。

校团委积极组织学生会以及各种学生社团活动，开展五月鲜花、北邮"校长杯"足球赛、"一二·九"以及迎春晚会以及进行公益活动等大型活动。历年的"创新奖"吸引着全校师生的目光，鼓励学生发明制作、学术创新的精神，创新的态度和创新的思维也成为"创新奖"一脉相承的瑰宝，在北邮的校园里熠熠生辉。它为同学们提供了一个展示自己，锻炼能力的机会，鼓励了以后在学习和工作中创新精神的发扬。在全国乃至国际水平的大学生竞赛中，我校学生获得多项大奖，充分展示了我校学生的高素质水平。

在进行学生德育建设和思想政治工作教育的同时，我校积极加强学生心理健康教育，开张大学生心理咨询和调查工作。在每年的新生中，进行问卷调查，整理数据资料，分析大学生中出现的突出的心理疾病，及时采取措施，防患于未然。为进一步加强新生的心理素质的培养和教育，提高大学生的心理健康水平，部分学院分别邀请心理咨询专家为新生举办新生心理适应专题讲座。讲座对新生从高中到大学不同人生阶段过渡的特点作了详细的讲解，剖析了郁闷、自卑、焦虑、迷茫等种种新生经常出现的心理问题，并提出了许多积极有效的建议来帮助同学们摆脱心理不适应，及时进行心理调适，尽快度过困难期，尽快完成角色的转换，融入正常的大学生活之中去，适应新的大学阶段的学习与生活。经过几年的努力工作，心理咨询和健康教育却得了初步的成效。

组织全校师生员工进一步学习《中共中央国务院关于进一步加强和改进大学生思想政治教育的意见》（中央16号文件）和时任中共中央总书记的胡锦涛同志在全国加强和改进大学生思想政治教育工作会议上的重要讲话精神，牢固树立"学校教育、育人为本，德智体美、德育为先"的观念，把大学生思想政治教育摆在学校各项工作的首位，贯穿于教育教学的全过程。

六 开拓创新以改革求发展

在多年的教育教学实践中,我校贯彻"四三二一"的原则。"四"是指大学要完善四项功能,即培养人才、创造知识、转化成果、交流学术,依靠教授和学校的学术团队来实现大学的四项功能,学校给教授掌握研究组人、财、物的权利;"三"是指管理的秩序、质量、效益三个目标;"二"是指处理好日常运行与开拓创新两类工作的关系;"一"是指做好事情的一个前提,即筹集资金。

在校党委的领导下,我校对学校传统的治校模式进行了改革,各方面取得了显著的成果。按照"精简机构,转变职能,理顺关系"原则,我校进行了校办科技产业改革、后勤社会化改革、机关改革、人事分配制度改革和院系调整与改革。

(一)精简机构实施校务公开

体制改革是前提,机制改革是基础。因此,深化高校管理体制改革,建立一套适应社会主义市场经济规律的大学运行机制是学校持续发展的关键。不断深化学校内部管理体制改革,以改革求发展,在改革中创一流,使学校的各项事业都取得了飞速的发展,带来了可观的人才培养效益和办学的社会效益、经济效益,也使学校的发展跃上了一个新台阶。通过深化学校内部管理体制改革,我校完成了学校内部运行机制的改革。

通过行政体制改革使学校的行政机构由原来的 25 个精简为 17 个。校机关由原来的 219 人精减为 130 人。精减人员通过学校内部向产业、后勤、学院分流,全部消化完成。在机构改革和人员精简基础上,学校大力进行分配制度改革,建立职务津贴,按校长和副校长、处长、副处长、科长、一般科员分别担任的职务分为五等,同一职务级别按任职年限长短又分 4～5 档。在改革中做到了队伍不散,收入不减。

通过改革基本实现了五大目标,即五类工种,界面清楚;分级管理,院为基础;四项功能,教授负责;岗位工资,货币年薪;全员聘任,合约管理。改革调动了广大教职员工的工作积极性,使全校的运行效益大幅度提高。

改革建立了秩序,改革也带来了优质和高效。学生数量在增加,质量也在提高。师资队伍建设,博士后研究员、博士生人数的增加,有效地提高了学校创造知识的能力。论文、专利、著作数逐年提高,水平和层次稳步提升。教授负责的新机制、与企业合作的新格局使北邮的科研经费重新回到人均科研经费高校排名前列的地位。

继院系改革动员大会以来,我校积极落实"两级管理,院为基础,教授负责"的具体目标。针对我校院、系改革的现状和发展前景以及改革思路,林金桐校长指出:①要适当我校独立建制划转教育部管理的需要,做好与教育部有关部门的接口工作,保证划转工作和其他工作顺利进行。②推进素质教育，深化教育和教学改革。③推进人事、财务、分配制度改革。④通过实施院系调整方案，提高教学质量、科研水平和管理效益。⑤鼓励科技创新，加快科技成果转化。⑥抓紧基本建设，做好新世纪发展准备。

实行政务公开和校务公开是促进依法行政、依法治教，实现依法治国基本方略的需要，是全面落实"三个代表"重要思想的必然要求。根据市教委工委、市教委、市教育工会下发的《关于进一步推进高校校务公开工作的意见》精神，全面开展了校务公开工作。实行校务公开是教职工参与民主决策、民主管理和民主监督的重要手段和渠道。按照公开办事制度的原则和要求，我校抓紧制定推行公开工作具体实施方案和相关配套措施，依据国家法律法规和有关政策科学地确定公开项目和内容，既要维护干部、教职工参与民主管理和监督的权力，又要维护学校依法行政、依法治校的权力。

校务公开工作中要首先做到办事结果的公开化，通过努力逐步做到决策程序过程的公开化，不断增强决策透明度，使广大师生员工更加了解有关政策和学校情况，更好地发挥为学校献计献策的积极性。校务公开突出表现在以下几个方面：①学校改革和发展重要规划、决策和实施方案公开；②教师、干部聘任、职称评定、晋级晋职事宜公开；③学校事业费预决算、财务收支公开；④大宗物资、设备采购情况公开；⑤收费项目、标准公开；⑥招生情况公开；⑦学校基建承发包事宜公开；⑧涉及学生切身利益的有关情况公开；⑨涉及教职工切身利益的有关情况公开。

制定《北京邮电大学关于进一步推进校务公开的实施办法》和《北京邮电大学校务公开中的几个重要问题的决定》，成立领导小组。校务公开领导小组：由校党委副书记赵青山任组长，副校长张筱华任副组长，成员包括：校工会主席王新波、审计检查处长刘存安、校办主任孟晓敏、党委组织部长李杰。落实四中全会精神，本着立党为公、执政为民思想，高度重视校务公开工作。建立健全校务公开机制，进一步落实财务、基建公开工作，加强二级部门院务公开。

我校将企业的人、财、物与行政、事业分离，企业人员的所有工资及补贴交由企业承担，企业占用学校房子要交房租、水电费。对企业实行目标管理，即企业必须以学校投入为基数，按高于同期银行利息两个百分点确定最低利润目标；企业超额利润的30％上交学校，70％留在企业用于发展。企业成立董事会、监事会，将企业的决策、经营、监督分开，保证企业的健康发展。引入资金，进行股份制改造，建立现代企业制度。鼓励教授和科技人员持股，允许管理人员拥有股权和期权，逐步实现所有权与经营权分离，让校办科技产业在市场经济的大环境中自我发展。目前，校办科技产业集团"北邮通信"现拥有独资企业13家，合资企业20家，股份制企业1家，参股上市公司两家，孵化出像北邮电信、天元网络、正方兴、布莱德、东信北邮、北邮国安等一批在全国颇有影响和实力的中小型科技企业。

（二）积极进行院、系改革

院系改革以体现"两级管理，院为基础，教授负责"为目标，进一步深化内部管理改革,建设校园两级民主管理体制,实现制度创新。

2001年4月,我校就院系各项改革措施的实施召开动员大会。党委书记王德宠回顾了自1997年以来学校进行新一轮改革的不同阶段和取得的成果。校长林金桐就学校的发展前景和思路作了讲话,指出:①要适应我校独立建制划转教育部管理的需要,做好与教育部有关部门的接口工作,保证划转工作和其他工作顺利进行。②推进素质教育,深化教育和教学改革。③推进人事、财务、分配制度改革。④通过实施院系调整方案,提高教学质量、科研水平和管理效益。⑤鼓励科技创新,加快科技成果转化。⑥抓紧基本建设,做好新世纪发展准备。

学校给学院以充分的财务、人事自主权和重要物资管理权。学校将学生学费的80%拨给学院,由院长支配;学院教授转让科技成果,其中学校拥有的知识产权的50%由院长支配;学校收取的科研管理费50%由学院支配。在学院可支配经费中,规定不少于35%用于教学、行政和学院建设,其余可用作提高教职工的岗位工资。学校规定,学校拨给学院经费的40%用于基础课,60%用于专业课。在人事制度改革方面,学校将全校教职工分为教师、专职科研人员、行政人员、教学辅助人员、企业人员5类,根据今后3~5年的招生计划,确定学生数,再根据1:20的师生比确定教师数,根据教师数再定行政人员和教辅人员数。对专职科研人员和企业人员数,学校不作限制,完全由市场需求按合同控制。

我校在多年的院系管理体制改革实践中响亮地提出"大学想办好,教授要负责"。在学校管理体制改革中,最核心的部分是教授负责制。传统的"官本位"思想把教授理解为一种身份、牌子;理解为劳动分配的依据;理解为这种牌子和身份带来的工资、房子、医疗待遇等。近年来,我校在学校管理体制改革中强调教授是岗位,强调教授领导的基层学术组织是完成大学4项职能的基本单元。因此,教授作为基层学术组织的领导者应当在履行大学的4项职能方面全面负责。在学校内部管理体制改革中,充分发挥教授在学校管理中的核心和重要作用,赋予了教授在学校管理中新的任务。在人才培养上,教授负责研究生的培养,负责课程讲授、课程内容的安排与更新,讲课形式、方法与手段,直到教学效果质量的保证。在知识创造上,负责组织搞好科研,负责组织论文、著作出版。在成果转化上,负责专利申请、科技成果转让与知识产权保证。在学术交流上,负责组织组内、组际、校际、国际学术交流。在明确教授责任的同时,按照责权利相一致的原则,学校同时赋予教授权力,使教授具有科研组或教学组的人事权,合法的知识产权和对组内知识产权的协调分配处置权,组内财务权以及科研室和设备的购置、使用、维修和管理权,并确立教授劳有所值的岗位工资。

根据我校发展现状和社会发展趋势,我校在做好既有工作的前提下,积极创造条件,创办新学院。在校党委的领导下,经过全校师生的共同努力,至2005年先后创办了网络教育学院、示范性软件学院、世纪学院、民族教育学院和国际学院。

2001年10月24日,我校在函授、远程教育工作会议上宣布北邮函授学院更名为北京邮电大学网络教育学院。次年,网络教育学院召开2002年远程教育专题研讨会,来自全国20个省、直辖市、自治区的23个教学站点主管成人教育的校长及网络技术人员出席了会议。会议主题报告为《网络教育总体方案论证报告》，并介绍了使用卫星方式进行远程实时教学的具体技术方案。

为适应我国经济结构战略性调整的要求和软件产业发展对人才的迫切需要，实现我国软件人才培养的跨越式发展，教育部和国家发展计划委员会共同决定选择部分高等学校，采取多项扶持政策，支持其试办示范性软件学院。我校常委会研究决定成立北京邮电大学软件学院（筹）。2001年12月3日，教育部、国家发展计划委员印发教高［2001］6号文，正式批准北京邮电大学等高等学校试办示范性软件学院。该学院为二级教学单位，从2002年起招收培养计算机软件方向的本科生。2003年3月3日，软件学院校区奠基仪式在昌平区北七家镇宏福区举行。"只给政策不给钱"，依靠银行贷款和企业投资，软件学院作为一种新办学模式的尝试对我校未来的发展意义深远。

在学校党政领导的直接领导下，经过一年多的筹建准备工作，2005年4月18日北京邮电大学世纪学院获得教育部正式批准。世纪学院是由北京邮电大学与北京锡华未来教育股份有限公司合作，按照新机制和新模式举办的学院，具有独立法人资格、实施本科层次学历教育的全日制普通高等学校，面向应用型人才培养为目标。2005年招生专业为通信工程、计算机科学与技术、信息工程、电子科学与技术、机械工程与自动化、信息管理与信息系统、市场营销等7个专业，计划在京招生800名。

（三）开拓办学新渠道

更新教育观念，改革传统办学模式，深化学校内部管理体制和运行机制改革，使我校的面貌发生了前所未有的巨大变化。我校积极开展各种形式的合作办学、中外合作办学等新途径，加强学术交流，发展教育基金等等。合作办学的主要成果如下：我校与北方交通大学昌平职业技术学院合作办学、我校与英国伦敦大学玛丽女王学院合作、新校区建设等等。

1. 开辟办学新途径

2002年1月14日，我校与北方交通大学昌平职业技术学院签署了合作办学协议。协议规定，我校2002年和2003年的本科新生将在昌平校区学习和生活。经过几年的合作办学，我校2002级、2003级、2004级、2005级本科生大一学年均在昌平校区学习和生活。

2004年，经教育部批准，开设北京邮电大学与伦敦大学玛丽女王学院学士学位联合培养项目。联合培养项目于7月1日得到教育部正式批准，旨在培养复合型国际化优秀人才，是北京邮电大学和伦敦大学玛丽女王学院继成功开展研究生培养后的又一次重要合作，也是伦敦大学在中国开设的第一个学士学位联合培养项目。两校的联合充分发挥了各自的强势，用双方的优质教育资源培养国际一流的复合型人才。此项目目前开设了两个交叉学科专业电信工程及商务管理、电子商务及管理与法律，授课语言为英文，由北京邮电大学和伦敦大学玛丽女王学院共同投入师资力量教学，教学计划、课程设置、质量控制等方面也均引入英方的内容和标准。学生毕业后颁发北京邮电大学学士学位证书和毕业证书以及伦敦大学学士学位证书。此项目的授课地点在北京,9月份第一批学生进入此项目学习。2005年招生200多人,2006年计划增加到500多人。与国外开展合作办学是我校在高等教育领域办学活动的一次跃进,有利于我校借鉴和引进国外先进的教学模式、课程体系、教学方法和管理经验,加强学科建设和师资培养,提高人才培养质量和办学的综合效益,推动教育教学的深层次改革,不断提高我校的办学水平。

2005年,北京邮电大学与英国伦敦大学玛丽女王学院联合培养硕士研究生。北京邮电大学与英国伦敦大学玛丽女王学院签订两校合作协议,在通信工程、数字信号处理及多媒体、无线网络工程、信息检索、计算机影像、信息交互媒体及通信、决策及风险分析等专业联合培养硕士研究生。该项目学制2~2.5年:第一年为课程学习阶段,在北京邮电大学完成。第二年为科学研究和论文写作阶段,在玛丽女王学院进行。通过论文答辩者,可获得伦敦大学玛丽女王学院颁发的相关专业Msc学位和北京邮电大学颁发的相关专业(工学/工程/管理学)硕士学位。

2003年11月,我校新校区启用。宏福校区坐落在北京昌平区北七家镇郑各庄村,占地300亩。新校区建有通信软件与网络应用实验室、系统软件与信息安全实验室、软件工程与体系结构实验室、新一代运营系统及软件实验室等专业实验室;有12间能够同时容纳2000人上课的多媒体教室;有充足配套的学生自习教室;有设备先进的语言教学设备;有配套的同时支持400人上机的计算机公众实验机房。学校校园网络建设起点高、可扩展性强,为校园教学提供有力支持。宏福校区目前已有北邮软件学院、国际学院和民族教育学院三个学院入驻,现有学生1000多人。

2. 国际水准的学术交流

我校"211工程建设"推动了学术进步,活跃了学术交流。我校学者曾担任国际会议主席10人次,程序委员会主席6人次,顾问委员2人次,程序委员3人次,主办了一系列的国际国内学术会议,其中亚太地区通信会议(APCC)、光电子学与通信会议(OECC)、信息基础结构国际大会(ICII)、ICONIP、国际通信技术会议(ICCT)、国际电信流量及网络研讨会(ISTN)、中日光纤科学及电磁场理论会议(OFSET)、亚太地区环境电磁学学术会议等,已经具有很大的国际影响。我校学者已向ITU提供标准5条,已被采纳得标准4条,后备标准1条。有许多在国际学术团体担任主要领导职务,其中有重要影响的包括ITU第四组副主席1人,IEEE Communication Magazine主编1人、编委1人,IEEE CPMT学会中国分会主席1人,中英论坛教育组组长1人、IFTOMM中国委员会委员1人,ITC顾问委员会委员1人,亚太神经网络联合会(APNNA)、IEEE电磁兼容学会中国分会等。此外,我校学者在美国NOYA出版社出版专著1册,获得尤里卡发明金奖1项。在与美国、英国、荷兰、加拿大、澳大利亚、德国、法国等国家的学术交流中,我校学者提高了学校的学术声望,树立了中国学者良好的国际形象。转变教育观念,改革传统办学模式,深化学校内部管理体制和运行机制改革,对外学术交流开放式办学使我校的面貌发生了前所未有的巨大变化。

3. 成立教育基金会

为支持学校教育事业的可持续发展,适应高校投资体制改革的新形势,随着市场经济和改革开放的逐步深入,我校于1999年9月开始,遵照《高等教育法》的有关精神,在借鉴国内外大学成立教育基金会筹措办学资金成功经验的基础上,酝酿筹划成立"北京邮电大学教育基金会"。经过近三年的酝酿和筹备,2002年12月,获北京市民政局批准,成为经北京市社会团体登记管理机关核准正式注册登记的非营利性社会团体法人。成立以来,实行理事会领导下的理事长负责制。理事会遵循"取之合法、用之有道"的原则,自觉遵守法律,严格接受业务主管部门的监督和指导,接受社会团体行政主管机关的监督、检查和管理;努力使内部管理做到公平、公正、规范、透明。

几年来,从筹备启动期间开始,为了北邮自己的教育基金会,学校名誉校长叶培大院士和林金桐校长从我做起,每人带头捐款一万元。在他们的带领和号召下,学校的党政领导和部分中层干部及教职工,纷纷慷慨解囊,预期100位发起人(每人捐款一万元)的计划指标顺利完成。不仅如此,几年来已得到了在校师生、校友及其所在企业,以及其他社会各界的热情关心与支持,先后得到了中国电信、中国移动、中国邮政、抚顺电信、深圳中兴、亿阳集团、日本东芝、中京邮电通信设计院、杭州富通、京信通信公司、九鼎集团、UT斯达康(中国)有限公司、通鼎集团、日立(中国)有限公司等中外企业/公司的慷慨捐赠。

与此同时,基金会相继设立了"北京邮电大学学生创新奖""资助博士生/青年教师出席国际学术会议基金项目""资助出席国际组织专家会议基金项目"、奖助学金和专项奖教金,以及资助学生参加各种"学科竞赛"活动、资助"博士生论坛"活动和资助"学报评优"活动,成为支持学校教育事业发展的一种不可或缺的新生补充力量。

(四) 提高后勤服务能力

一流大学需要一流后勤的观念,高水平的知名大学需要一流的教学、科研,也需要一流的后勤服务,后勤服务水平同样反映着我校的综合办学实力,后勤发展了,才能为学校更有效地提供物力和财力保证,实现我校的发展目标离不开后勤服务。为了适应学校的发展,后勤保障系统在巩固和发展社会化改革成果的同时,进一步解放思想,提高服务能力,扩大服务范围,为教学科研和师生员工的生活提供有力保障。

1. 加速校园建设,优化育人环境

"十五"期间是学校建设和发展的重要阶段,后勤办公室根据学校的统一规划,与校园管理与保卫处、资产管理处配合,对校园总体规划进行分阶段调整,主要内容包括:①实施学三、五、七楼的改造,扩建学生公寓,校本部在校生住宿条件达到4∶2∶1标准,建设新操场。②实施教学区和家属区的配电线路改造,实现一室一表、一户一表后,逐步将家属住宅供电线路与教学区分离,交社会供电部门管理;同时根据学校用电设备的需要,加快进行配电室电力增容,以满足学校发展的电力要求。③强化节水意

识,积极论证并实施中水工程,改造现有供水系统,将浴室用水净化处理,用于校内卫生间;绿化等非饮用性用水,实现自来水的二次利用,力争年节水10万吨。④调整校园内的绿化格局,对现有劣质树种进行更新换代,逐步增加绿地面积,引进现代化的园林风格,美化育人环境。⑤抓紧新校区的选址、规划、筹建工作。2003年完成主教学区的建设,2005年完成配套设施建设,确保了学校扩大招生规模和发展的需要。

2. 深化后勤改革,实现后勤服务社会化

后勤集团为学校提供的物业管理,一律收取费用;后勤集团利用学校资产开展业务经营,一律向学校交纳委托经营费。后勤集团的人、财、物与学校行政分离,独立核算,自主经营。经营增值部分的30%上交学校,70%留在后勤集团用于集团发展。后勤社会化迈出了实质性的步伐,成为北京高校后勤社会化的典型。

根据学校"深化后勤改革方案",后勤社会化改革从2001年开始进入第三阶段,完成与社会市场接轨,成立独立法人实体,形成自主经营、自负盈亏、自我约束的运行机制。建立规范和完善的现代企业制度和有效制衡的法人治理结构,把学校校园建成环境优雅,服务便捷,文明舒适的高质量生活与工作园区。

在学校原供热站的基础上,成立高校联合的股份制供热公司,改造现有设备,扩大供热面积承接相关高校及社会单位的供热服务。推进学校内全方位的物业管理,包括教学区和住宅区,提高物业管理水平,更新物业管理手段,逐步将学校建成智能化物业社区。同时寻求与社会物业公司的合作,走向社会,增加服务项目,减少学校投入;积极利用社会资源,引进社会力量为学校提供后勤服务,形成学校择优选择和服务部门的有序竞争的机制。建立健全后勤服务的监督检查体系,畅通后勤服务的投诉渠道,完善后勤服务信息系统,满足师生员工对后勤服务的要求。

后勤集团在运行一段时间后将校内后勤服务资源进行了有效整合,初步实现了"学苑超市""学苑水果超市""学苑图片社""学苑鲜花礼品店"等集约化经营,提高了工作效率,降低了运行成本,为后勤实现专业化生产和适度的规模经营创造了条件。后勤集团利用已投入的配套基础设施建设专用经费,新建研究生宿舍楼的硬件设施和管理均达到国内学生宿舍的先进水平。为了鼓励后勤集团投资机制的形成,学校明确规定,凡是后勤集团自己投资形成的资产,均由后勤集团财务部门建账建卡管理,学校不再收占用费,实现了财务自主管理。通过努力,2003年,后勤集团所属各中心通过了ISO9000质量体系认证。

高校后勤虽然已从学校行政系列剥离出来,但它仍旧脱胎于高校、依附于高校、服务于高校。后勤集团大力推进后勤改革,实现后勤服务社会化,为学校教职工的工作、学习、生活提供优质服务。高校后勤也是为高等教育服务的,坚定地为高校的教学、科研、师生提供坚实可靠的服务保障是其最根本的宗旨。后勤服务社会化必须把遵循市场经济规律和遵循教育规律结合起来,既要始终坚持为学校教学、科研、师生服务的方向,又要按市场经济规律办事,处理好经济效益与社会效益的关系。

3. 校医院

校医院在近五年的发展中取得了很大的进步,为全校师生员工的健康作出巨大的

贡献,保证了教职员工顺利地进行工作、学习和生活。2004年4月14日,北京市医院评审团来校医院进行一级甲等医院评审验收,海淀区卫生局潘副局长、医管中心主任刘颖及专家组成员张建铎等3位专家,分别对医院管理、医疗质量管理、院内感染控制、药剂科等方面进行了全面、细致的检查、验收。学校领导、后勤集团领导都非常重视此项工作,给予了大力支持。医院管理到位,规章制度健全、职工精神面貌好、团队精神强,全体医务人员积极参加各种培训、演练,做了大量的准备工作,患者满意度调查及职工满意度调查满意率都达90%以上,评审团对我校医院的工作给予了很高的评价。

(五) 进一步完善教代会制度

坚持和完善教代会制度,进一步丰富和强化教代会的工作内容,全面落实教代会的各项职权,加强学校民主管理和民主监督。教代会一直坚持实行党委领导下的教职工代表大会制度,教代会在学校的民主管理作用日益得到加强,坚持每年召开一次教代会,目前已召开了四届教代会。

我校对以下事项的规划或方案应按程序提交教代会审议,听取教职工代表的意见:①涉及学校改革发展的重大事项;②涉及教职工队伍建设的重大问题;③关系到教职工切身利益的重大问题。

教代会和工会会员代表大会采取民主产生代表、会期统一、换届选举同时进行会议制度。教代会设主席团、常务主席团及各职能委员会,包括青年工作委员会、提案工作委员会;工会委员会设常委会,经费审查委员会和组织工作委员会、宣传工作委员会、财务福利工作委员会、文体工作委员会、女工工作委员会,校工会是工会代表大会的日常工作机构。工会委员会制定有《北京邮电大学工会委员会职责》《北京邮电大学各工作委员会职责》《北京邮电大学工会经费审查委员会工作职责》。根据学校规定,每个月末最后一个星期三下午为工会活动日;《工会简报》(电子版)每月出版一期;工会所属的为教职工服务的职工消费合作社和教工活动中心,本着方便职工生活、活跃职工生活的宗旨,以教职工为本,竭诚为教职工服务。

2002年1月17—19日,我校第四届教代会、第十届工代会召开。共有"双代会"正式代表212人、列席代表18人、特邀代表18人参加,代表们投票选出了第十届工会委员会,选举王新波任工会主席,李文生任工会副主席,党委副书记赵青山当选为教代会常务委员会主席团主席。大会向全校教职工发出了"树师德形象、创文明校风"的倡议书,号召全校师生积极行动起来,抓住这千载难逢的大好时机,以高度的历史责任感和无私的奉献精神参与学校的发展与建设,努力营造一个团结友善、相互尊重、明礼诚心的精神风貌,创造一个学高为师、身正为范、德润人心的良好教学氛围,为贯彻我校十二次党代会精神、实现学校的十五发展规划目标贡献我们的全部力量。

2004年11月3日,我第四届教代会第四次代表大会在教三楼136教室召开。大会由校工会主席王新波主持,出席会议正式代表214人、特邀代表19人、列席代表18

人。校党委书记王德宠同志在开幕式上致开幕词,着重从加强高校领导班子能力建设方面,并结合我校的实际,对校院两级领导班子着重提出以下五个方面要求:①要不断提高用马克思主义统领校院教育教学工作的能力和水平;②要不断提高科学判断形势的能力和水平;③要不断提高推进校院改革发展的能力和水平;④要不断提高管理校院的能力和水平;⑤要不断提高应对复杂局面、处理突发事件的能力和水平。教代会的主题是:以"三个代表"重要思想为指导,推进校务公开和民主管理。林金桐校长从11个方面报告学校工作,并提出2005年行政工作思路;同时全体代表还认真听取校党委副书记、教代会主席团主席赵青山关于教代会工作的报告,会议期间各代表团将组织代表围绕报告进行讨论,听取了财务处、基建处、资产处、校产集团等部门向大会所作的校务公开报告。

2005年1月19日,我校女教授联谊会在科学会堂举行新年联欢会。校党委书记王德宠、统战部副部长冯思刚等参加了会议。校党委书记王德宠是我校女教授联谊会的名誉会长,一直对我校女教授联谊会的工作给予具体的、实质性的关心和帮助。统战部副部长冯思刚从学校统战工作的角度,谈了如何团结广大教职工,其中包括女教授,发挥参政议政作用,把统战部办成团结之家。我校女教授联谊会会长应娅舒、副会长何育军分别传达了首都女教授联谊会第三次代表大会暨换届大会的精神,对我校上届工作进行了回顾,并就新一年和新一届的工作听取了与会女教授的意见。我校女教授联谊会在校党委的领导下,在校工会的大力支持下,参与了由首都女教授联谊会组织的工作,也开展了结合我校特色的活动,其中特别值得一提的是联谊会下的女教授合唱团。合唱团由一批热心联谊会工作,热爱合唱事业的会员组成。她们常年坚持活动,排演了一些合唱曲目,并参加了学校的"一二·九"等文艺演出,还和台湾邮政合唱团进行了一次联合演出。她们的这些活动增加了校园的人文气氛,充分展示了我校女教授们在教学科研之外的别样风采。

(六)喜迎50周年校庆

2005年,北京邮电大学迎来50周年华诞!50年的征程岁月,50年的改革发展;50年的开拓奋进,50年的无私奉献,谱写了新中国信息通信的光荣历史,铸就了"北邮人"拼搏创新的成功纪录。为了支撑伟大祖国的和平崛起,"北邮人"和同行的朋友们一起在绘制新中国的信息化蓝图;为了实现中华民族的全面振兴,"北邮人"和全国的同胞们一起在构筑新中国的信息网络社会。

1. 向海内外校友发公开信

2004年元月,北京邮电大学名誉校长、校友总会(筹)名誉会长叶培大,党委书记、校友总会(筹)会长王德宠和校长林金桐,发出《致海内外校友的公开信》,拉开北京邮电大学50周年校庆的序幕。公开信向工作生活在世界各地的海内外校友致以亲切的问候和美好的祝愿!

公开信表明:作为新中国建立的第一所邮电高等学府,北京邮电大学培养了一批又一批国家建设的栋梁之材,现已成为国内信息领域培养高层次人才、解决信息领域科技进步关键问题的重要基地之一,被同行誉为"邮电黄埔"。面对信息社会带来的机遇与挑战,为在21世纪初叶,把北京邮电大学建成信息领域国内一流、国际著名的多科性、研究型、开放式的全国重点大学,学校已经成立校友总会(筹),旨在广泛联络海内外各界校友,进一步增进校友与校友、校友与母校之间的情谊,努力促进各方面的交流与合作,也为广大校友对母校捐资助学牵线搭桥。校友总会的成立首先离不开各地校友会的支持与协助,学校计划借校庆的东风在庆典之前把北邮全国各省(区)、直辖市的校友会都逐一组织健全起来。

为了展示50年北邮的各项成就,学校安排在2005年10月金秋收获的季节,举行建校50周年校庆系列庆典活动。公开信热忱欢迎海内外关心和支持北京邮电大学发展的各级领导、校友、社会各界人士与朋友,届时前来参加这一盛典。

2. 成立校庆筹备工作的组织机构

筹划并认真组织好50周年校庆活动,对总结我校半个世纪以来开基创业、发展壮大的成就和经验,巩固和扩大已取得的改革与建设成果,提升知名度,增强凝聚力,具有深远的历史意义和重大的现实意义。校庆系列活动按照校、院两级分别组织实施,要求校庆工作隆重、热烈、简朴、有序。力求以50周年庆典为契机,大力推进学校的各项改革与建设,树立我校作为国家重点大学的形象。进一步宣传和弘扬"崇尚奉献追求卓越"的北邮精神与"厚德博学敬业乐群"的校训,以及"团结勤奋严谨创新"的八字校风,真正达到展示成就、继承传统、凝聚力量的预期目的。

为加强筹备工作的组织领导和责任制,提高工作效率,学校于2004年6月16日发布了《北京邮电大学50周年校庆筹备工作意见》,宣布成立"北京邮电大学50周年校庆筹备工作委员会"(简称"校庆筹委会"),负责校庆总体工作,作为校庆筹划与推进工作的领导与决策机构;校庆筹委会主任、副主任组成的主任办公会作为处理校庆筹备工作的日常议事机构。主任:林金桐、王德宠;常务副主任:张筱华、赵青山;副主任:赵纪宁,张英海,任晓敏,薛忠文,牟文杰,李杰,钟义信,江执中。校庆筹委会主任、副主任分别负责检查、督促和落实校庆筹备方案的实施。校庆筹委会下设校庆办公室(简称"校庆办")作为日常办事机构,负责校庆统筹、协调工作;按校庆筹备工作的性质、类别成立若干个相应的专门工作组,由有关党政机关职能部门牵头,负责筹划并组织落实校庆总体方案的专项筹备工作。各学院党政一把手为学校50周年筹委会成员,在学校的统一领导下,负责落实学校的校庆部署、本学院校庆系列活动和校友接待。

经过一年的筹备,学校计划统一组织的大型活动方案已经确定并取得重要阶段成果。为了进一步统一协调各个方面的力量,科学严谨地做好各项校庆活动的组织工作,经学校研究决定,在筹委会组织的基础上作必要的充实和调整,组成北京邮电大学50周年校庆组织委员会,取代原有的北京邮电大学50周年校庆筹备委员会。筹委会已经确定的各项工作任务,纳入组委会所属的相关机构,继续组织进行落实。

2005年7月8日下午,我校50周年校庆倒计时100天启动仪式暨校庆组委会第一次全体会议在行政办公楼501会议室隆重召开。校庆组委会主任王德宠,常务副主任张筱华、赵青山,副主任赵纪宁、任晓敏、薛忠文及校庆组委会全体成员出席了大会。大会由校庆办主任温向明主持。会上,校庆21项主要活动/项目的负责人分别报告了该项目的基本构想、当前进度及完成时限,并提出当前面临的相关问题。

组委会常务副主任张筱华副校长在会上要求各项目组加快工作进度,拟定详尽的策划方案,做好协调组织工作,确保项目的完成时限。

组委会主任王德宠书记在会上的讲话中指出随着时间的逼近,校庆各项任务也愈加紧迫,各单位应加大工作力度,抓紧筹备工作,做到"思想到位""角色到位""策划到位""落实到位"。

最后,校庆50周年个人捐款启动仪式在502会议室举行,与会的校庆组委会成员自愿捐款及签名留念。捐款总额为9 500元,捐赠者有王德宠、赵青山、张筱华、任晓敏、温向明、勾学荣、王新波等39人。

3. 校庆启动仪式及校庆网站

2004年12月19日上午,"北京邮电大学50周年校庆300天倒计时启动仪式"在科学会堂隆重举行。全国人大常委会委员、教科文卫委员会副主任吴基传,全国政协常委、教科文卫委员会副主任、中国科学技术协会副主席、党组副书记徐善衍,中国网络通信集团公司总经理张春江,中组部老干部局局长毛子炎,科学技术部新技术发展及产业化司司长冯记春,信息产业部办公厅副主任杨裕华,信息产业部人事司司长刘阳生,信息产业部邮电离退休干部局局长、机关第一服务局局长秘建虎,人民邮电报社、中国电信、中国网通、中国移动、中国联通等领导同志,北京市校友会理事以及学校党政领导出席了大会。会议由校庆筹委会常务副主任张筱华副校长主持。广大返校校友、全校中层干部及在校学生参加了本次大会。

全国人大常委会委员、教科文卫委员会副主任吴基传,北京邮电大学校长林金桐分别发表了重要讲话。吴基传副主任对我校50周年校庆300天倒计时活动表示热烈祝贺。林校长在讲话中介绍了50周年校庆活动,并倡议广大校友关注母校建设。信息产业部人事司司长刘阳生宣读了北京校友会倡议书。吴基传副主任和徐善衍副书记共同为50周年校庆标志揭幕。校党委副书记赵青山宣布了校庆标志设计大赛的获奖者名单,校党委书记王德宠为获奖者颁奖;校党委副书记赵纪宁还为北京邮电大学50周年校庆志愿团授旗,标志着校庆志愿团的正式成立。中国网络通信集团公司总经理张春江、中国电信集团公司副总经理张继平共同为"北京邮电大学50周年校庆300天倒计时牌"揭幕。

2005年3月30日,在北京邮电大学校庆50周年倒计时200天启动仪式上,校庆筹委会主任王德宠书记亲手开通我校校庆网站。筹委会主任林金桐校长在开通仪式上发表了热情洋溢的讲话,宣告北京邮电大学迎接50周年校庆工作已进入中长跑阶段,希望大家一鼓作气,共铸北邮辉煌!仪式由筹委会常务副主任张筱华副校长主持,校领导及全校中层干部出席。在学校领导和各部门的支持下,宣传部携手自动化学院工业设计中心师生,本着"弘扬传统、展示风采、凝聚人心、再铸辉煌"的建站宗旨,倾力打造校庆网站。网站下设"校庆动态""大师讲坛""邮子情深""校园新貌""辉煌历程""捐资助校""领导关怀""媒体视角"等八个版块。除传统内容之外,校庆网站新增了360度校园全景以及三维虚拟校园等内容,极大地增加了网站的技术含量,显示了我校的科技水平,进一步提高了我校的对外形象。

4. 发布北京邮电大学 50 周年校庆公告

2005 年 7 月 6 日,北京邮电大学五十周年校庆组织委员会发布校庆一号公告。向全社会公开告示:为了展示北邮 50 年的光辉历程和"北邮人"的精神风貌,学校将举行建校 50 周年校庆系列庆祝活动,这些活动主要有:10 月 16 日在人民大会堂隆重举行建校 50 周年庆典;邀请英、美、日、韩、法、德、俄等 30 余所国外名校和更多国内优秀大学参加的中外校长论坛;举办 50 场包括两院院士等顶级科学家参加的"北京邮电大学 50 年校庆系列学术报告";"同一首歌走进北邮"等系列庆祝活动。为此,学校成立了以校长林金桐和党委书记王德宠为主任的"北京邮电大学 50 周年校庆组织委员会",下设校庆办公室作为日常工作机构。公告至诚相约并热忱欢迎海内外关心和支持北京邮电大学发展的各级领导、校友、社会各界人士与朋友,届时前来参加校庆盛典!

9 月 5 日,校庆组委会再次就校庆期间的接待工作、向社会各界诚征同贺单位、有关接受校庆捐赠工作,以及北京邮电大学校庆网站新域名开通等问题,发布了校庆二号公告。

5. 借校庆东风,纷纷成立地方校友会

根据学校校友总会领导在《致海内外校友的公开信》中的要求,计划借校庆的东风在庆典之前把北邮全国各省(区)、直辖市的校友会都逐一组织健全起来。一年来,在母校和各省校友的积极努力、协调配合和认真筹备下,纷纷成立北邮地方校友会,达到了预期计划目标。

实践证明:地方校友会的成立,极大地激发了广大校友的爱校热情,促进了各地校友之间的沟通,加强了校友与母校之间的联系,从多方面进一步推动了母校 50 周年校庆大典。同时,母校通过校友会的联系和沟通,也进一步了解和认识到,积极推进教学改革,加强理论联系实践,培养高素质的具备创新精神和实践能力的人才,地方校友会将会发挥不可替代的积极作用。

此外,学校以筹备庆典为契机,本着以庆促改、以庆促建的原则,大力推进学校的各项改革与建设,着力提升我校作为国家重点大学的品牌形象。两年多来,在认真总结办学经验、更新办学理念的同时,有计划、有步骤地对学校的校舍建筑、基础设施和校园环境进行修葺整治、绿化美化,争取以更加整洁优美的全新面貌迎接校庆,迎接各界嘉宾和广大校友!校团委组织的北京邮电大学五十周年校庆志愿服务团认真展开培训活动,积极做好迎接校庆准备。校庆办编辑的校庆工作简报及时、迅速地宣传校庆活动消息。全校上上下下、方方面面都投身于既轰轰烈烈,又扎扎实实的迎接 50 周年校庆的各项准备工作之中。

等闲识得东风面,万紫千红总是春。北邮正乘着改革开放的春风,沐浴着信息科技的雨露,英姿焕发,昂首阔步,一往无前地朝着既定的目标——建成世界高水平大学迈进!

第十一章　凝心聚力，提升学校核心竞争力（2006—2010）

在北京邮电大学走过她半个世纪的辉煌岁月之际，随着经济全球化、社会信息化速度的加快，国家社会经济发展和改革的进一步深入，中国高等教育也面临着新一轮的发展机遇和挑战。由于种种历史原因，北京邮电大学与其他同层次高校相比，在办学方面面临着诸多难题，改革发展之路十分艰难。在巨大的挑战面前，学校党政领导班子认真贯彻落实党的十七大精神，以科学发展观统揽学校工作全局，以人为本，按照"制定战略，谋划发展，开阔思路，推进改革"的指导思想，放眼于建设世界高水平特色型大学的远景目标，立足于以培养一流人才、提高办学质量为第一要务，以改革促发展，进一步明确学校改革发展的方向。以加强党的建设为先导，以教育思想大讨论为基础，以本科教学评估等主要工作为抓手，凝心聚力，全面推进学校各项工作，持续不断地提高学校的核心竞争力和影响力。

一　解放思想，凝聚力量

2006年11月29日，教育部党组任命王亚杰担任北京邮电大学党委书记，同时任命了校党委副书记，完成了校党委领导班子的换届。2007年12月19日下午，北京邮电大学行政领导班子换届宣布大会在北邮科技大厦多功能厅隆重召开，教育部李卫红副部长宣布教育部的任免决定，任命方滨兴为北京邮电大学校长，张英海、任晓敏、薛忠文、杨放春、温向明为北京邮电大学副校长。同时宣布根据中共教育部党组的任免决定，任命方滨兴同志为北京邮电大学党委委员、常委。至此，完成校级领导班子的新老交替，为学校的进一步发展提供了新的动力。

新的领导班子结合学校实际，着眼学校办学的主要困难，解放思想，努力营造学校改革和发展的良好环境。学校把迎接北京市党建、思想政治工作达标检查和迎接教育部本科教学工作水平评估、迎接保密资格认证现场检查等作为重点工作，深化学校的各项改革和建设工作，极大地促进了学校各项工作的开展。

（一）加强党的建设，提高领导力和执行力

学校党委坚持"围绕中心抓党建，抓好党建促中心"的原则，坚持党的建设和思想

政治工作必须紧紧围绕学校的中心工作、坚持服务大局的方针，紧紧抓住学校改革和发展这个主题开展工作。始终坚持按照围绕中心、推动发展、服务大局、强化功能的要求，充分发挥基层党组织的领导核心、政治核心和战斗堡垒作用。进一步明确学校的发展战略和中心工作，努力提升战略执行力，坚持服务群众的基本宗旨，努力建设高素质党务工作队伍。

1. 迎接北京市党建和思想政治工作达标检查验收

2003年1月，中共北京市委教育工委印发了《北京普通高等学校党建和思想政治工作基本标准（试行）》（以下简称《基本标准》）。在试行几年的基础上，根据中央、教育部和北京市对高校党建和思想政治工作新的要求，教育工委对《基本标准》进行了修订，于2006年10月正式印发至各高校。要求高校将《基本标准》作为高校党建和思想政治工作的基本工作规范，开展自查自评，找出差距，加强建设。我校校党委经研究决定在2007年迎接北京市教工委的检查验收。

从2004年起，学校制定了"以评促建，以评促改，评建结合，重在建设"的指导思想，认真落实了《北京普通高等学校党建和思想政治工作基本标准》，一年一个主题，一年一个台阶，确定2004年为"学习调研年"，2005年为"主题教育年"，2006年为"重点建设年"，2007年为"总结迎评年"，扎实推进我校的党建和思想政治工作。

2007年9月20—21日，由市委教育工委副书记王民忠率队的党建与思想政治工作检查组莅临我校进行为期两天的党建和思想政治工作检查评估。9月20日上午，学校在北邮科技大厦召开我校党建和思想政治工作汇报会，校党委王亚杰书记作了以"注重过程、全面建设、突出特色、促进发展"为主题的党建和思想政治工作汇报，回顾学校迎接评估的建设过程，重点介绍了我校"以评促建，重在建设，重视评建工作""发动基层，明确主题，丰富教育载体""依托网络，创新手段，提高工作实效""与时俱进，开拓创新，部门工作亮点纷呈"等党建特色。林金桐校长作了补充报告，向专家组介绍了学校概况、办学指导思想与教育理念、办学特色、质量报告以及今后努力的方向等内容。检查组通过查看资料、召开座谈会、个别访谈、实地考察、走访基层等形式，对我校的党建和思想政治工作的建设效果给予了高度的评价。

2. 召开校"十三届"党代会

在全党隆重纪念改革开放30周年，深入实践科学发展观的重要时刻，学校决定召开第十三次党员代表大会。2008年10月16日，校党委召开第十三次党员代表大会筹备工作启动大会，传达了《关于召开中国共产党北京邮电大学第十三次代表大会的通知》的精神，确定了大会的指导思想、主要议程、组织领导等问题。

2009年1月16—17日，中国共产党北京邮电大学第十三次代表大会在科技大厦隆重举行。1月16日，大会举行开幕式，教育部、北京市等上级领导，北京邮电大学全体党代表，原任校级党政领导、两院院士，现任非领导职务院长，全国及北京市人大、政协委员，民主党派、侨联负责人以及列席代表等240余人参加了此次会议。会议由党委副书记赵纪宁主持，校长方滨兴（院士）致开幕词。大会听取了上一届校党委和纪委的工作报告,认真总结了过去 7 年所取得的成绩和体会,提出了未来 5 年的发展思路和任务。大会选举产生了新一届党委会和纪律检查委员会。新一届党委和纪委在保持连续性和稳定性的同时,补充了一批新生力量,形成了一个年龄搭配合理、知识结构互补的领导集体,为建设高水平研究型大学的目标提供了重要的政治和组织保证。

3. 开展深入学习实践科学发展观活动

(1) 开展深入学习实践科学发展观活动的总体部署

按照党的十七大的部署,党中央决定从 2008 年 9 月开始,用一年半左右的时间,在全党分批开展深入学习实践科学发展观活动。其中,高等学校的学习实践活动被放在第二批次进行。2009 年 2 月 28 日,部属高校学习实践科学发展观动员大会在京西宾馆举行,启动了第二批次的学习实践活动。

2009 年 3 月 16 日下午,北京邮电大学深入学习实践科学发展观活动动员大会在科学会堂召开。活动领导小组组长王亚杰、方滨兴及领导小组全体成员,部属高校深入学习实践科学发展观活动指导检查第二组组长卢铁城同志,副组长陶文沂、黄百炼同志,指导检查小组联络员王家勤同志及常建勇、邓益同志,学校院士,人大、政协代表,党员教师代表,党员中层干部,党支部书记及部分学生党员代表 600 余人参加了大会。大会由组长方滨兴主持。组长王亚杰作了北京邮电大学深入学习实践科学发展观活动的动员报告,就贯彻落实部属高校深入学习实践科学发展观活动动员大会精神,结合学校的实施方案和工作实际,对学校深入开展学习实践活动进行动员和部署。重点对学习实践科学发展观活动的载体、指导思想、活动的目标、重点解决的问题、活动的原则等做了详细说明。

王亚杰书记指出:鉴于 2009 年学校的改革将由 2008 年的宏观调整转移到微观优化上来,学校的工作将由 2008 年的以全面改革为重点转移到以内涵建设为重点上来。以这"两个转移"为基础,在起草学校深入学习实践科学发展观实施方案的过程中,经过校党委的认真研究,最终确定了我校学习实践活动的实践载体是"解放思想,凝聚力量,深化改革,破解难题,突出特色,科学发展"。

为确保学习实践活动健康开展,按照党中央和教育部党组的指导意见,在活动中要牢牢把握"坚持解放思想,突出实践特色,贯彻群众路线,正面教育为主"4 项主要原则。

(2) 深入学习实践科学发展观活动的主要阶段和环节

校党委将学习实践活动分为学习调研、分析评议和整改落实 3 个阶段共 11 个环节来进行,时间安排是从 2009 年 3 月 16 日—9 月 7 日。

第一阶段:学习调研阶段

学习调研阶段从 3 月 16 日开始到 4 月 17 日基本完成。本阶段包括动员部署、学习培训、调查研究和思想讨论 4 个环节。主要任务是:在深入开展理论学习的基础上,结合当前高等教育的阶段性特征,认真思考"培养什么人,怎样培养人"和"办什么样的北邮,怎样办好这样的北邮"这两个根本性问题,对学校科学发展的重大问题深入讨论,形成科学发展的思想共识,夯实学习实践活动的基础。

学习实践活动开展一个月,学校共印发校报2个专刊,2个专版;建立了内容丰富的学习实践活动专题网站,共接受点击3万余次;播出电视节目10期;制作宣传栏14块;编发工作简报30期;播报和发布新闻稿件53篇。在学院层面,发布网络新闻共计273篇,编发工作简报217期。

经过一个多月的调研,校院两级领导班子共撰写提交了调研报告88篇。其中,关于学科建设的10篇;关于人才队伍建设的11篇;关于教育教学改革与建设的19篇;关于科研工作的4篇;关于和谐校园与基础能力建设的14篇;关于行政和财政管理工作的7篇;关于党建与思想政治工作的15篇;七大调研主题以外的调研报告8篇。学校于4月28日下午举行了调研成果交流会,促进了调研成果共享。

第二阶段:分析检查阶段

分析检查阶段是承前启后、把学习实践活动引向深入的重要阶段,从4月20日启动,到6月5日基本完成。本阶段包括召开专题民主生活会和组织生活会,形成高质量的领导班子分析检查报告,组织群众对分析检查报告进行评议3个环节。

召开领导班子专题民主生活会和党支部专题组织生活会,从4月20日启动至5月15日结束,分两个层面进行。第一个层面是校院两级领导班子分别召开专题民主生活会。第二个层面是各分党委指导全校党支部认真组织召开专题组织生活会。形成高质量的领导班子分析检查报告环节,从5月18日启动至5月29日结束。分析检查阶段的中心环节,是对前一阶段活动成果的集中概括和体现,是学习调研的成果和共识,也是整改落实阶段的依据和方向。

第三阶段:整改落实阶段

整改落实阶段从6月8日启动,到7月10日基本完成。本阶段主要包括制定整改落实方案、集中解决突出问题、创新和完善体制机制、进行总结和满意度测评4个环节。2009年9月7日上午,北京邮电大学深入学习实践科学发展观活动总结暨测评大会在科技大厦召开。王亚杰书记向大会提交了以《聚精会神破难题 团结一致谋发展》为题的总结报告,指出我校的学习实践科学发展观活动取得了5项工作成效,即"进一步推动了思想解放、明确了发展思路""进一步提高了理论水平、增强了执政能力""进一步深化了体制改革、创新了工作机制""集中力量破解制约学校科学发展的重大难题""以改革创新的精神进一步加强党的建设"。此次大会的圆满落幕标志着我校历时6个多月的深入学习实践科学发展观活动的阶段性胜利。

4. 开展创先争优活动

根据北京市委的部署和市委教育工委《关于在高校基层党组织和党员中深入开展创先争优活动的实施方案》的要求,学校从2010年5月开始,在党的基层组织和党员中深入开展创建先进基层党组织、争当优秀共产党员活动(以下简称"创先争优活动")。2010年5月14日,校党委发布了《中共北京邮电大学委员会关于深入开展创建先进基层党组织 争当优秀共产党员活动的实施方案》,对活动的指导思想与主要目标、主要内容、活动载体、时间安排,组织领导作了规定。

学校党委成立创先争优活动领导小组,负责我校的创先争优活动,领导小组办公室设在党委组织部。组长为党委书记王亚杰和校长方滨兴,副组长为党委副书记赵纪宁、牟文杰。各分党委(党总支)也组建了相应的领导机构。

2010年10月,学校根据北京教育系统深入开展创先争优活动领导小组《2010年下半年推动高校创先争优活动工作安排》的部署和要求,结合我校实际,决定在全校党员中深入开展"创先争优、从我做起"主题实践活动,分别制定了教职工党员和学生党员的主题实践活动实施方案。基层党组织和教职工党员以公开承诺为互动主要内容,学生党员以公开承诺为切入点,以"求真知——勤学自律、强责任——三观教育、做承诺——红色博客、重发展——成长成才、树典型——评优评先"为载体。

5. 加强干部队伍的建设

学校高度重视干部队伍建设,加强对干部队伍的选拔、考核、培养,建设高素质的干部队伍,推动学校的改革与发展。

对于干部队伍的选拔,遵循《党政领导干部选拔任用工作条例》的要求和程序,认真执行干部队伍的民主推荐工作,选拔德才兼备的同志担任领导职务。定期对学校党政机关单位和教学教辅单位进行年度考核和届满考核,根据考核结果分别予以奖励、诫勉谈话乃至免职。2006年上半年,学校遵循《党政领导干部选拔任用工作条例》的要求和程序,提出《关于教学、教辅单位处级干部届满考核的意见》,对19个部门和14个学院的处级干部共64人进行届满考核。有62名干部的考核成绩在80分以上,占参加考核干部总数的96.9%,其中90分以上的29人,占参加考核人数的45.3%。另外有2位干部在80分以下,占参加考核人数的3.1%。同时,校党委本着严谨、高效、求实的原则,对机关中层干部进行年度考核。本次考核共对25个部门的51位中层干部进行考核,考核分数全部在80分以上。其中,31人考核成绩在90分以上,占参加考核人数的60.8%。

2008年,学校对处级干部实行交流、轮岗制度。学校党委结合学校工作,加强对干部进行培训,除定期培训外,学校还结合重点工作,进行专题培训,如2006年11月举办本科教学工作水平评估干部培训班,2007年4月进行"廉政建设"培训,2008年1月举办"深入开展教育思想大讨论,提升学校核心竞争力"的中层干部培训班,7月举办"建设高素质干部队伍,推动学校改革与发展"中层干部培训班等,有效地提高了干部队伍的领导和执行能力。

学校加强对干部队伍的管理,注重党风廉政建设。学校制定了《中共北京邮电大学委员会贯彻落实〈建立健全惩治和预防腐败体系2008—2012年工作规划〉实施办法》,按照教育、制度、监督、改革、纠风、惩治等方面全面推进反腐倡廉建设。认真贯彻落实中央纪委、教育部、北京市关于党风廉政建设和反腐败工作的部署要求,坚持"综合治理、标本兼治,惩防并举、注重预防"的方针,不断完善惩治和预防腐败体系。出台了《北京邮电大学党风廉政建设责任制实施办法》和《北京邮电大学处级领导班子和领导干部执行党风廉政建设责任制情况考核办法》，建立科学的评价指标体系及有效的激励和责任追究机制，纪检监察部门协助党委行政组织协调反腐倡廉工作，制定《学校党风廉政建设和反腐败工作主要任务分工》，与中层领导干部签订《党风廉政建设责任书》，建立违反制度的追究制，大力推进二级机构党风廉政责任体系的构建，相关职能部门各负其责，做到谁主管、谁负责，一级抓一级，将廉政责任落到实处、落到基层。

（二）胜利召开北京邮电大学第十三次党员代表大会

在全党隆重纪念改革开放三十周年，深入实践科学发展观的重要时刻，学校决定召开第十三次党员代表大会。2008年10月16日，校党委召开第十三次党员代表大会筹备工作启动大会，传达了《关于召开中国共产党北京邮电大学第十三次代表大会的通知》的精神，确定了大会的指导思想、主要议程、组织领导等问题。

2009年1月16—17日，中国共产党北京邮电大学第十三次代表大会在科技大厦隆重举行。1月16日，大会举行开幕式，教育部、北京市等上级领导、北京邮电大学全体党代表、原任校级党政领导、两院院士、现任非领导职务院长、全国及北京市人大、政协委员、民主党派、侨联负责人以及列席代表等240余人参加了此次会议。"解放思想、锐意改革、科学发展、和谐共进"的大幅标语，有力地表达了我校"在改革的平台上直至辉煌"的勇气和决心。

会议由党委副书记赵纪宁主持，校长方滨兴院士致开幕词。方校长指出，第十三次党代会的召开是我校党的政治生活中的一件大事，必将对北京邮电大学改革、发展、稳定的各项工作和学校党的建设产生重要而深远的影响。过去的七年，学校在教学、科研、社会服务、党的建设和思想政治工作等方面取得了长足的进步，我们进一步明确了"世界高水平研究型大学"的新定位，制定了"两翼齐飞、四轮驱动"新战略，形成了"十项归位"的改革新举措，为创建世界高水平研究型大学打下了更加坚实的基础。

党委书记王亚杰同志代表第十二届党委作了题为《解放思想、锐意改革、科学发展、和谐共进 为建设特色鲜明优势突出的高水平研究型大学而努力奋斗》的工作报告。在报告中，亚杰书记对第十二次党代会以来的工作进行了回顾，对今后5年的工作提出了宏伟设想，亚杰书记的报告句句铿锵有力，字字紧扣代表们的心弦，他在结语中讲到，只要我们团结一致，勇于开拓，必将实现新的跨越，必将谱写新的篇章。

1月17日，中共北京邮电大学第十三届委员会第一次全体委员会议和纪律检查委员会第一次全体委员会议顺利召开。会议选举王亚杰、方滨兴、曲昭伟、任晓敏、牟文杰、李杰、杨放春、张英海、赵纪宁、温向明、薛忠文11位同志为党委常委。选举王亚杰同志为党委书记，赵纪宁、牟文杰同志为党委副书记，牟文杰同志为纪委书记（兼）。

17日下午，中国共产党北京邮电大学第十三次代表大会在科技大厦多功能厅胜利闭幕。王亚杰书记在闭幕词中指出，大会通过的集中全校共产党员和师生员工智慧的工作报告和各项决议，将对学校未来5年的发展起到重要的指导作用。这次党代会选举产生了新一届党委和纪律检查委员会,形成了一个年龄搭配合理、知识结构互补的领导集体,为我们完成党和国家交给的历史重任、实现建设高水平研究型大学的目标提供了重要的政治和组织保证。大会明确了学校的发展方向,描绘了学校事业发展的蓝图,以这次会议为标志,学校将进入一个新的发展阶段。

(三)发扬基层民主,调动教职工的积极性

2006年6月28—29日,学校在教三楼136报告厅隆重召开第四届教代会第五次代表大会和第九届学术委员会第四次全体会议联席会议,会议的主题是对学校的"十五"规划进行总结并讨论修改学校的"十一五"规划。

2007年3月30日,学校召开了2007年度教职工代表大会,确定本次大会的主题是:贯彻落实科学发展观,凝聚全校的智慧和力量,确保以优异的成绩顺利通过本科教学水平评估、保密资格审查认证和党建思想政治工作达标创优三大评估,聚精会神地打造北邮核心竞争力,全面推进和谐校园建设。大会向与会代表正式提出了"两翼齐飞、四轮驱动"的学校发展战略构想,阐释了校园发展规划、人才队伍建设、学科建设、和谐校园建设等方面的发展思路,提出"北邮既需要大师级人物,更需要大楼"等办学新观念。从提高学科整体实力、提高科技创新能力、提高人才培养质量、提高管理水平和执行力、加快校区定位和建设工作、推进开放式大学建设等方面提出当年行政工作思路。

2009年3月25—27日,结合学习实践科学发展观活动,学校召开第五届教代会、第十一届工代会。为使与会代表本着"齐心协力、群策群力、共谋发展、共建和谐"的理念为加快学校的建设和发展而积极建言献策,学校党委决定将此次大会同时作为解放思想大讨论活动的动员启动大会。党委书记王亚杰在开幕词中指出,解放思想大讨论活动的主题就是要紧紧围绕学校党委为学习实践活动制定的"解放思想、凝聚力量、深化改革、破解难题、突出特色、科学发展"实践载体,深入解放思想,凝聚全校力量,突出办学特色,推进北邮科学发展、跨越发展、和谐发展。通过开展解放思想大讨论活动,切实做到坚定"一个信心"、回答"两个问题"、做到"三个认清"、破除"四个观念"、树立"五种意识"。坚定"一个信心",就是要坚定发展的信心,理清发展的思路,形成发展的合力,切实把发展作为解决北邮所有问题的关键。回答"两个问题",就是要回答北邮能不能实现科学发展、怎么样实现科学发展这两个重大问题,澄清模糊认识,统一思想,振奋精神。做到"三个认清",就是要进一步认清北邮发展与国家对我们的希望和要求以及和兄弟院校相比存在的差距和不足,进一步认清北邮发展面临的挑战和困难,进一步认清北邮实现科学发展具备的有利条件和优势,不断增强加快北邮发展和全面振兴的预见性和参与改革、推进改革的主动性。破除"四个观念",就是要坚决破除以往"行业老大"的僵化观念、因循守旧的陈旧观念、急功近利的功利观念、小富即安的保守观念。强化"五个意识",就是要不断强化忧患意识、责任意识、改革意识、实干意识、跨越意识,以改革创新精神全面推进党的建设。校长方滨兴作了题为《求真务实

做好学校各项工作改革创新 推动学校快速腾飞》的工作报告。按照"两翼齐飞、四轮驱动"的战略构想,结合落实"十个归位"的改革举措,从学科建设、科学研究、教育教学、人才队伍建设、管理保障、校园建设等方面对2008年学校改革和发展工作作了系统回顾和总结并提出来年努力的方向。

2010年是学校实施"十一五"规划的收官之年,又是奠基"十二五"的关键之年,是按照"两翼齐飞、四轮驱动"战略构想,深化"十个归位"改革举措的决战之年。为了深入总结"十一五"期间学校工作的成绩和问题,科学规划"十二五"工作目标,2010年12月17日,在教三楼136报告厅,学校召开了第五届教职工代表大会第二次会议。校党委书记王亚杰作了题为《回顾十一五 展望十二五 全力以赴谱写学校事业发展新篇章》的讲话。讲话从"一个战略构想""十个改革举措""八项发展成就"3个方面,全面总结了我校"十一五"期间取得的成就,深入剖析了学校发展面临的外部机遇与内部挑战,代表学校就"十二五"规划的指导思想、目标与原则,"十二五"期间的主要任务与举措等方面,概括阐述了我校"十二五"发展规划的内容。校长方滨兴在题为《直面困局 同舟共济 努力工作》的工作报告中,就"十个归位"的运行成效进行了总结,也坦言了学校发展面临的困局。

(四)开展教育思想大讨论,进一步解放思想

学校党委在2007年年初,开始酝酿在全校范围内开展以解放思想、贯彻落实科学发展观为主题的教育思想大讨论活动。为确保教育思想大讨论活动切实取得成效,学校党委深入到各二级单位进行调研,全面了解学校学科建设、管理体制、运行机制、科研行为和校园建设当中存在的突出问题;成立了教育思想大讨论活动领导小组及其办公室,于2007年4月底初步完成了实施方案及思想动员;成立了北京邮电大学学科建设、校园规划建设和校内管理体制改革3个领导小组及其工作小组,利用暑假分赴各地高校开展调研,吸取经验,和同类院校进行深入的对比。在经过充分酝酿准备之后,学校党委于2007年10月底启动了教育思想大讨论活动。

为扎实搞好教育思想大讨论活动,学校党委下发了一系列文件,明确了学习实践科学发展观,深入开展教育思想大讨论的指导思想,并多次召开各分党委(党总支)、直属党支部书记会议进行具体的工作部署,较好地把握了教育思想大讨论的方向和节奏。教育思想大讨论,分为宣传学习、研讨交流、总结凝练3个阶段。

2007年10—12月是宣传学习阶段。10月31日,学校党委抓住党的十七大胜利召开的契机,在科学会堂召开有全校教职工1 200余人出席的教育思想大讨论动员大会,王亚杰书记作了题为"解放思想 与时俱进 开拓创新 科学发展"的动员报告。报告从为什么要开展大讨论、要讨论什么问题、要解决什么问题三大方面循序渐进地展开,深入阐述了学校在学科建设、校园建设、管理体制和运行机制等方面的实际,从办学思路、办学定位、办学目标、办学特色等方面为教育思想大讨论指明了方向。学校党委下发了《关于在全校开展教育思想大讨论活动的通知》,结合学校人事制度、财务制度及

校园管理等有关改革思路和举措,引导广大教职工深入讨论;开展"我为学校发展献一计"活动,广开渠道,广纳贤言。

2007年12月—2008年3月是研讨交流阶段。2008年1月4日上午,学校召开教育思想大讨论下一阶段工作部署会议,对本阶段的工作进行详细部署。2008年1月26—27日,学校党委举办了以"深入开展教育思想大讨论,提升学校核心竞争力"为主题的处级干部培训班,学校党政中层干部130余人参加了本次培训班。王亚杰书记及方滨兴校长分别作了题为《用科学发展观统揽全校各项事业发展的全局》《关于如何让北邮迈上更高台阶的粗浅思考》的报告。指出学校以培养一流人才、提高办学质量为第一要务;以抓好学科与队伍建设为核心;注重组织管理、校园建设、后勤服务等保障支撑系统的协调和可持续;坚持教学与科研的统筹兼顾。提出大学的核心竞争力主要由"雄厚的师资力量""占尽优势的特色学科""强大的科技实力"和"先进的校园文化、严谨高效的管理体制和运行机制"4个方面构成。杨放春副校长、温向明副校长也分别就各自在北京航空航天大学、东南大学、电子科技大学、哈尔滨工业大学、哈尔滨工程大学的调研情况向大会作专题报告。

2008年3—5月是总结凝练阶段。学校党委多次召开会议对教育思想大讨论活动进行了整体评价和总结。认真分析和研究了教育思想大讨论活动收集到的意见和建议,对这些意见和建议,有的经过分析研究立即纳入学校的改革计划;有的经过进一步消化整理、分类分析,作为学校解决当前存在的实质性问题的依据,由有关部门研究出台措施,提出相应的改革方案,并以适当的形式进行反馈。在圆满完成各阶段任务后,2008年5月28日下午,在科技大厦隆重召开教育思想大讨论总结大会。学校党政主要领导和全体中层干部、教学单位教师代表、各统战组织代表、离退休老同志代表、教代会主席团成员代表等200余人出席了大会。王亚杰书记作了题为《进一步解放思想 深入学习实践科学发展观》的总结报告,回顾了教育思想大讨论的历程,归纳总结了本次教育思想大讨论的3个主要成果:第一,进一步全面深入地学习科学发展观,解决了学校发展思路和发展战略这一根本问题——这是教育思想大讨论活动的理论成果;第二,进一步认清了高等教育形势和学校发展现状,明确了学校的办学指导思想、办学定位、目标和特色——这是教育思想大讨论活动的认识成果;第三,进一步认清了当前存在的突出问题,理清了学校改革的方向和思路——这是教育思想大讨论活动的现实成果。

教育思想大讨论活动的启动,受到了学校各个层面、各个群体的热情支持和积极响应。大家普遍认为,教育思想大讨论从一开始就让人耳目一新、精神振奋、备受鼓舞,大讨论活动十分必要和及时,希望通过大讨论能总结一些好的经验和做法,推动学校的改革与发展。各分党委(党总支)、直属党支部按照学校的工作部署积极宣传动员,精心组织实施。各分党委成立了活动领导小组,强化了组织领导;结合本单位的工作实际制定了实施方案,细化了工作安排;按照分阶段、分层次、分主题的原则,积极组织教职工开展讨论,增强了讨论效果;加强了宣传工作,营造了良好的舆论氛围;全校教职员工、各民主党派、群众团体、离退休老干部以及广大学生通过各种形式积极参与,共谋发展,在"我为学校发展献一计"活动中,建言献策860余条,近9万字,充分体现了北邮人爱校的情怀和强校的梦想。

教育思想大讨论前后历时近7个月,全校各级组织按照学校党委的统一部署,坚持以科学发展观统领全局,切实加强组织领导,干部带头,率先垂范,坚持发扬民主,正面引导,不断将大讨论活动引向深入。师生们紧紧围绕着"建设什么样的北邮"和"怎样建设好北邮"这两个核心问题进行了深入探讨,圆满地完成了教育思想大讨论活动各个阶段的工作任务。通过思想交锋,全校师生进一步明确了学校的办学指导思想、定位和目标,增强了紧迫感和危机感,强化了忧患意识、大局意识、创新意识和开放意识,为进一步深化学校内部管理体制改革,为校党委制定"两翼齐飞、四轮驱动"的发展战略,为今后进一步铺开的学习实践科学发展观活动奠定了坚实的思想基础。

二 战略引领 特色办学

(一) 特色型大学的发展定位

我校在半个多世纪的发展中,形成了厚重的行业特色,可称之为行业特色型大学。行业特色型大学(特指具有行业背景和突出学科优势的高水平特色大学)是我国经济社会发展的历史产物,在服务国家的经济建设和社会发展历程中发挥过重要的历史作用。但是,随着社会主义市场经济的发展和行业部门管理的改革,特色型大学开始面临新的挑战和抉择。像北京邮电大学这样一批特色突出,原来受各个部委管辖的,服务于某个特定行业、又具有很高水平的学校,在办学过程中面临着许多内在和外在的矛盾的影响和困扰。这主要有:保持传统优势与开创新增长点之间的矛盾、教育主管部门和行业部门共建的矛盾、专业性和通识性教育之间的矛盾、自主发展和政策环境制约之间的矛盾。从主观上讲,特色型大学走"多科性特色型"发展模式是比较理想的选择,盲目求大求全既不现实也不客观。然而,资源分配中的规模聚集效应、政策趋向一流现象、评估排行中的简单相加理念、社会舆论中的综合性崇拜趋向等,对特色型大学的自主定位和特色之路形成一波又一波的实质性冲击。因此,对于北京邮电大学这类行业特色型院校,在未来发展中到底应该向综合性大学迈进还是坚持走行业特色型的办学道路,是学校在办学中必须面对和解决的关键问题。

学校的新一届领导班子,首先着手解决的是这一问题。2006年12月28日,校党委书记王亚杰在校电视台向全校师生发表新年祝语,强调要坚持树立把北邮建成信息科技特色突出,工管文理协调发展的世界高水平大学的远大目标。为此,要进一步解放思想,彻底抛弃在计划经济和电信业垄断经营下形成的种种束缚学校发展的观念。强调要根据国家经济建设的需要、高新技术产业发展的需要以及学校进一步发展的需要，认真规划学科布局。在学科建设过程中，不仅要进一步发挥优势、突出重点，更要打破学科狭窄的被动局面。这是校领导第一次明确对我校的学科布局新战略格局进行描述。

2007年7月10日，王亚杰书记在"纪念建党86周年七一表彰大会"的讲话中再次强调为把北邮建成信息科技特色突出，工管文理协调发展的世界高水平大学，首要的工作就是要大力抓好学科建设，要继续强化特色、突出重点，要重视发展基础学科，发展带有信息特色的管理、经济、语言文化、艺术、法律等新的学科群，逐步形成通信、信息学科异峰突起，工管文理协调发展，群峰竞秀的新的战略格局。

2007年11月，在《北京邮电大学本科教学工作水平评估自评报告》中，对于学校的办学指导思想和学校定位的描述中，进一步就学校的定位进行了系统的表述。其中在办学指导思想、学校综合定位、服务面向定位、学科专业定位等方面，都强调了学校的特色。

2007年12月7日，中国教育报发表了题为《异峰突起群峰竞秀——北京邮电大学党委书记王亚杰谈学科发展》的报道，在访谈中，王亚杰书记着重从学科发展角度谈了特色型大学的建设问题。他指出：像北京邮电大学这样的一批特色突出，原来受各个部委管辖的，服务于某个特定行业、又具有很高水平的学校特色型大学，其目标首先是要继续强化自己的特色，使学校的特色学科在全国能够占据领先地位，至少前两位。还要进一步紧紧依靠原来所服务的行业，通过某种特定组织形式，把这种合作提升一个层次并且固定下来。例如，我们和信息产业部的关系，要比原来拉得更紧，包括移动、联通、电信、网通等运营商、制造商，要始终和他们保持一种兄弟般、唇齿相依的联系，这样才能使学校优势不断得以提高。但他同时指出，行业色彩浓厚的特色型大学，要解决的共同问题是学科生态上存在的问题，防止所服务的行业景气下降带来的办学风险，增强学校的自我生存和自我发展的能力。具体地说，就是：一方面要强化特色，另一方面又不能让学科生态过分依赖某一个行业。"我们的策略是直接瞄准国外最好的大学，经过全校上下的艰苦努力，直奔这个领域的主峰，这就必须首先解决一个科研发展上的战略问题。与此同时，我们要大力发展紧紧围绕学校主干学科的相邻学科和边缘学科。如信息安全、自动控制、计算机科学技术、航天技术等，与时俱进，这样才能使自己永远立于不败之地。我们特别希望首先在信息安全方面有所作为。"在谈话中，王亚杰介绍了北京邮电大学的学科发展战略是异峰突起，群峰竞秀。其意就是要强化优势学科，同时围绕核心学科，建设和它相关的边缘学科。除此之外，也要发展社会科学。北邮的社会科学要紧紧围绕信息产业进行，如网络文化、与电信和网络技术相关的法律问题等。这些都是围绕学校的主干学科展开的。群峰里面也要逐渐树立起很强的学科，经过建设形成新的优势。"有人形象地说北邮只有一个'太阳'，我说未来的北邮至少有三个甚至更多的'太阳'，这样就能够使北邮永远立于不败之地。"(《中国教育报》，2007年12月7日)

2007年12月11日，由北京邮电大学发起并承办的高等教育结构优化和谐发展战略研讨会暨首届高水平特色型大学发展论坛在北京隆重举行。第一次高水平特色型大学发展论坛的主题是：高水平特色型大学在国家高等教育体系中如何定位，应该怎样发展，才能在构建和谐发展的高等教育体系中发挥更大的作用，在构建和谐社会的伟大事业中作出我们应有的贡献。宗旨是探索高水平特色型大学发展之路。在论坛上，校党委书记王亚杰作了题为《挑战与出路：特色型大学的发展之路》(《高等工程教育研究》，2009年10月18日)的主题报告，报告分为6个部分：①特色型大学的形成；②特色型大学面临的新问题；③特色型大学存在的必要性；④特色型大学及其发展定位；⑤特色型大学的学科建设；⑥加强特色型大学建设的政策与环境建议。王亚杰书记的报告虽然是针对所有特色型大学而言的，但实际上是结合北京邮电大学自己的实际，是在总结我校的办学定位和发展思路。

2008年12月27日，第二届高水平特色型大学发展论坛年会由对外经济贸易大学承办，教育部直属的26所具有突出办学特色的高水平大学参会。2009年12月19日至20日，第三届高水平行业特色型大学发展论坛年会暨共建工作座谈会由西安电子科技大学承办，37所具有行业背景的特色型大学参会。2010年11月26日，校长乔建永应邀出席在合肥隆重举行的第四届高水平行业特色型大学发展论坛年会。2011年11月4日，"第五届高水平行业特色型大学发展论坛年会"在无锡举行。2012年12月12日，"第六届高水平行业特色型大学发展论坛年会"由华北电力大学承办，28所教育部直属高校以及通信、电力行业的高校参会。

2007年10月—2008年5月间进行的教育思想大讨论，使全校师生进一步认清了高等教育形势和学校发展现状，进一步明确了学校的办学指导思想、办学定位、目标和特色。王亚杰书记在北京邮电大学教育思想大讨论总结大会上的报告中，对我校的特色型大学的办学定位再次进行了清晰的说明。他强调指出：当前我们定位为"规模适度、内涵发展"，即在控制当前规模的前提下，注重办学质量的提高、注重学科结构的优化和办学资源的整合。我们坚持了"把北邮建设成为信息科技特色突出，工管文理协调发展的世界高水平大学"的既定办学目标，通过建设信息通信类的高水平学科，以及建设具有北邮特色的大学文化来体现我们大学的特色。通过"面向国家经济社会发展，特别是信息科技领域的重大战略需求，紧密结合首都经济社会发展，以信息科技为主要特色的多科性、研究型、开放式的世界高水平特色型大学"来体现我们大学的定位。我们之所以定位为"特色型"，是针对建设多学科综合发展的综合性大学而言，集中建设学校的优势学科及其边缘学科，以进一步强化我们的办学特色。特色型大学的定位，为我校的改革发展和教育教学工作提供了战略指导，为学校的改革发展指明了努力的方向。

(二) "两翼齐飞、四轮驱动"的发展战略

特色型大学的基本定位，为学校的发展模式奠定了基本格局，但学校的发展，到底

应该采取怎样的战略,这是另一个重要问题。在办学实践中,学校针对高等教育发展的趋势和学校的实际问题,逐渐形成了"两翼齐飞、四轮驱动"(有时也称"四涡轮驱动")的发展战略。

早在 2004 年前后,学校依据国家现代化建设战略部署和重要战略机遇期的工作要求,结合学校"十五"规划的收尾和"十一五"规划的制定工作的实际情况,加强了学校中长期发展战略的思考和规划,科学地制定了学校可持续发展的 3 个不同层次的规划,即总体发展规划、专项发展规划和"十一五"发展规划。

总体发展规划:学校 2004 年颁布了《北京邮电大学发展战略规划纲要》,明确了学校中长期教育事业的发展思路,提出了分三阶段建设的构想,确立了 21 世纪中叶建成"信息科技特色突出,工管文理协调发展的世界高水平大学"的总体建设目标。

专项发展规划:在颁布《北京邮电大学发展战略规划纲要》的同时,学校还制定了《北京邮电大学学科建设规划》《北京邮电大学师资队伍建设规划》和《北京邮电大学校园建设规划》等中长期专项发展规划,实施"三大工程",即质量工程、人才工程、校园工程,大力推进学校整体建设。

"十一五"发展规划:为落实学校发展战略规划和 3 个中长期专项发展规划,学校制定了"十一五"发展规划,以学科建设为龙头、队伍建设为核心,加强控制规模、优化结构、提高质量,为学校战略规划的实施奠定基础。"十一五"期间学校建设与发展的总体目标是:提高人才培养质量,优化学科体系结构,提升科技创新能力,加强师资队伍建设,完善支撑保障机制,为建设信息科技特色突出,工管文理协调发展的世界高水平大学而努力奋斗。

这 3 项规划构成了这个阶段学校发展的基本战略。新的党政领导班子就位后,在原有 3 项规划的基础上,针对我校发展面临的内外部挑战,经过对学校的发展战略进行新的深入思考,在 2007 年 3 月 30 日召开的 2007 年度教职工代表大会上,向与会代表正式提出了"两翼齐飞、四轮驱动"的学校发展战略构想。

所谓"两翼齐飞、四轮驱动"的战略构想,就是学校工作以教学、科研为中心,要求注重学科建设、校园建设两项重点工作,在质量机制、人才机制、绩效机制、管理机制方面要有创新。

"两翼齐飞"是指以教学和科研为中心,以学科建设和校园建设两大建设项目为两翼,学科建设和校园建设两大重点工作一齐推进,根本改善学校的学科生态和办学条件。"四轮驱动"是指通过全面推进质量机制、人才机制、绩效机制、管理机制 4 个方面工作的改革与创新,即校内绩效评价和收入分配制度的改革与创新,拔尖创新人才培养、选拔、引进机制的改革与创新,校内质量保证机制的改革与创新,校内管理体制和运行机制的改革与创新,为学科建设和校园建设两项重点工作提供驱动力。"四轮驱动"的核心是校内管理体制和运行机制的改革与创新。

三 深化改革 破解难题

(一)"十个归位"为核心的改革思路

按照"两翼齐飞、四轮驱动"的战略构想,又经过了一年多的充分酝酿、广泛调研、深入讨论之后,2008年5月,在教育思想大讨论圆满结束时,学校党委进一步提出了以科研、学科、教学、人才、教育、管理、岗位、条件、环境和产学研"十个归位"(有时亦称"十大归位""十项归位")为主要内容的改革发展思路,作为落实"两翼齐飞、四轮驱动"的战略构想的具体措施,全面启动了学校的新一轮改革。

2008年7月15日,在学校举办主题为"建设高素质干部队伍,推动学校改革与发展"的中层干部培训班上,方滨兴校长强调指出,发展是学校的第一要义,核心是以人为本,和谐是学校发展的必要条件,改革是学校发展的根本动力。要以培养一流人才、提高办学质量为第一要务,以抓好学科和队伍建设为核心;要注重组织管理、校园建设、后勤服务等保障支撑系统的协调可持续;要坚持教学、科研与社会服务的统筹兼顾。方校长从科研归位、学科归位、教学归位、人才归位、教育归位、管理归位、岗位归位、条件归位、环境归位、产学研归位十大方面详细阐述学校改革的整体思路。首次明确阐述了"十个归位"的改革思路。

同年10月11日,在学校53周年校庆之际,北京邮电大学校友总会在北京南粤苑宾馆报告厅举办信息化背景下通信产业发展战略研讨会暨北京邮电大学第四届地方校友会会长会。方滨兴校长在大会发言中向校友们详细介绍了学校近期正在进行的改革工作,阐述了在新的背景下,学校提出的关于"四轮驱动、两翼齐飞"的改革发展战略构想,以及"十个归位"的改革思路和措施。

之后几年,方滨兴校长先后在《在改革的平台上起飞,直至辉煌》(新年电视讲话,2008年12月31日)、《统筹兼顾,让教学与科研协调发展,改革需要你们来助力》(在学术委员会年会上的讲话,2009年1月20日)、《直面困局,同舟共济,努力工作》(在北京邮电大学第五届教代会二次会议工作报告中,2010年12月17日)等多次讲话中,从不同的角度对"十个归位"的目的、要求以及进展情况进行解读和说明。具体地说,"十个归位"的改革思路,其针对的问题和改革的目标和要求如下。

1. 学科归位

学科建设是学校建设发展的龙头,也是学校党委所确定的"两翼齐飞"中的重要的一翼。学科归位就是要增强学校在学科建设中的整体协调和运作的能力,要集中优势办学科,通过统筹规划来提高学科建设的质量,在优势学科领域中冲击全国顶尖的位置,以形成和突出学校的多科性特色。学校改变原有以人为主体、人办学科的体制,以"一级学科建学院"为构想,进行了教学科研机构调整和归位,形成以学院为主体、集中优势办学科的管理体制。遵循学术自由的原则,进行了全员的梳理和归并。截止到2010年年底,实现了600多人的归位组合,将人力资源科学地配置在所需学科,构建了一个绿色的学科生态环境,全面推进学科建设。

2. 科研归位

学校按照学科方向建设实体的科研院所,让跨学科的教师集中起来,形成了有利于科研平台建设和团队建设的运行机制,目的是凝聚大团队、构筑大平台、承接大项目、产出大成果,最终培养出大师级的人物。同时,不再将财务拨款简单地与学生数量相关联,而是将科研工作量也纳入经费拨付的参照系中,以调动学院从事科研的积极性,在群体利益的最大化的前提下把学校的资源从教学向科研倾斜,避免科研团队的建设只有凭借公司的运作才能壮大的单一模式的出现。学校将学科建设和科研一起形成合力,形成能够承接大型科研项目的强势科研团队,组建了校管研究院:网络技术研究院、信息光子学与光通信研究院、无锡北邮感知技术与产业研究院,有效促进了我校科研工作的可持续发展。

3. 教学归位

学生是学校的产品,重视教学质量显然是第一位的,质量机制是学校党委"四轮驱动"战略的驱动力之一。过去的学院经费包干机制导致因经费壁垒而设置了课程疆界,使得出现了因市场行为的竞争而导致部分课程质量不高的现象。另外,由于学科与专业并不一一对应,基于学科归位的机构改革,也影响到教学方面的整体安排。为此,学校通过课程归位、跨院竞课、实验室归位的方式来解决所面临的这些矛盾。课程归位是指每一门课程都落实到一个相对权威的学院来具体负责,并设置课程负责人制度来承担课程质量的责任;同时,要打破因经费壁垒而设置的课程疆界,允许教学质量高的教师跨院竞聘自己所擅长的课程。由此既落实了教学质量的唯一责任部门,又为学生提供了最好的教学资源。实验室归位是通过成立校管实验中心,将跨院服务的实验室重新纳入学校来集中建设与管理,以保证为各院提供均衡的服务。学校以课程管理、教育方法创新为核心,本着有利于各专业更好发展的指导思想,实施了本科专业归位;以校院两级课程管理为模式实行课程归位,将部分本科课程的建设归属到学院,并加强了课程的宏观管理;学校还集全校优质教育资源,鼓励优秀教师跨院竞课与任课,在全校范围推行竞课制度,并强化了教学实施过程中的责任问题,全力保障了教学质量的提升。

4. 人才归位

人才机制是学校党委"四轮驱动"战略的驱动力之一。人才归位就是要通过评聘分离与院聘岗位的设置,最大限度地认可以及启用具有社会竞争力的青年人才。人才归位激发了教师的工作能量,为教师创造了条件,尤其是为年轻教师提供参与社会竞争的良好平台。第一,学校按照学科方向重新确定了教师的归属。第二,引进了大师级的人才。学校成功聘请了6位院士和1位知名专家到相应学院、研究院担任非领导职务院长。第三,完善了人才引进和培养机制。聘请任福继教授、郑大昭教授(香港理工大学)为我校"长江学者讲座教授",吴建平教授、廖建新教授被聘为"长江学者特聘教授"。第四,实施岗位特聘教授、副教授计划,最大限度地认可以及启用具有社会竞争力的人才,对单项突出人员以"院聘岗位"的方式来提供展示的舞台;对有重要科研项目的课题负责人赋以研究生招生权,可以为课题的实施来招收研究生;以评聘分离的方式对人才进行客观的认可。第五,加强中青年学术骨干的培养。从有限的资源中,学校对新进青年教师的教学、科研等方面给予资助,并提供了一定的科研启动经费,使其迅速成长为青年学术带头人和学术骨干。

5. 教育归位

教育归位的目标是启用全校的教学资源来支撑继续教育,以适应社会对信息技术快速发展与更新的广泛的培训需求。为此,学校成立了远程与继续教育处,统筹管理学校的远程教育、继续教育和培训等各项工作。将继续教育学院和网络教育学院合并,建立了教学单位均可组织实施培训工作的机制,将继续教育工作的实施单位由继续教育学院扩大为全校各学院,其目的是要打破小团体模式,用全校的教学资源来支撑服务社会的职能,同时也可以鼓励科研人员在培训方面来贡献其专有的知识。改变了学校长期以来一直单独由继续教育学院作为实体来承担培训任务的局面。

6. 管理归位

管理机制是学校党委"四轮驱动"战略的驱动力之一,管理归位的核心理念是必须摒弃长年实行的校院二八分成体制给学校带来的桎梏,要将与责任相关的权利重新集中到学校,以便在科学发展观的指导下将学校的发展从"又快又好"的轨道向"又好又快"的方向转轨,从而选择的是质量优于效率的原则。为此,学校决定采取以下几项重要的变革:一是经费划拨依据的是学院为学校总业绩的贡献度,而不再与学生数量相捆绑;二是让后勤工作回归到学校的直接管理之下,建设好具有良好服务意识的后勤队伍,既张扬人员管理的市场化要素,又靠预算制来降低管理成本;三是将专职学生辅导员收回到学校直接管理,从而形成了一个强大的"54321"型学生管理团队;四是将校友会与基金会收回到校务办中直接管理,党委书记亲自担任校友总会会长,校长助理担任校友会秘书长,以便让两个外联机构更好地为学校的核心利益服务,充分发挥社会力量,促进学校的发展。一句话,"管理归位"就是要对校务管理、科研管理、财务管理、学生工作管理、后勤管理等方面进行体制的改革和机制的调整,以提高学校管理的效能。

7. 岗位归位

绩效机制是学校党委"四轮驱动"战略的驱动力之一,也是各个高校所面临的主要课题。考虑学科评估、实验室评估,乃至社会上的高校排名,都离不开科研、学术文章等综合指标,因此学校将社会对学校的评价体系分解到各个学院,让对学校发展的每一份贡献还原到所有参与贡献的教师群体之上,在教学、科研、学术成果方面对教师的付出加以正面的认可,在工作量方面加以宏观的引导,让教师群体树立对学校发展作出具体贡献的自豪感。另外,为了保护专职教学以及专职科研人员的工作积极性,学校制定规则,允许主要从事教学及主要从事科研工作的教师作为单独系列参与职称评定,而不受其他因素的制约。学校在"岗位归位"工作实施中,按照教师随学科流动,将教学、科研、文章等方面的工作量分解到相应岗位的主旨,把总体目标落实到了每个岗位的职责中,并制定了有关方案推行聘期考核,同时在收入分配中体现了教师科学研究的岗位职责。

8. 条件归位

校园建设是学校党委所确定的"两翼齐飞"中的重要的一翼,学校需要大力推动新校区建设和校区改造工程,尽快摆脱学校目前后勤资源超负荷运转的恶劣局面;同时还要制定措施来提高实验环境与重要设备的利用率,以发挥学校有限资源的使用效益。环境归位与条件归位的目标是要最大限度地发挥学校有限资源的使用效益,真正做到物尽其用、场尽其用、资源尽其用。为改善办学条件,解决实验室重复建设、实验指导教师队伍分散等问题,学校设立基础实验教学中心,主要负责跨院基础类实验室和公共实践教学资源平台的建设与管理。基础实验教学中心下设5个校管实验室。其中,基础类实验室3个(计算机综合应用实验室、电路基础实验中心、通信基础实验中心);公共实践教学资源平台2个(电气信息类专业实习基地、本科生创新实践基地)。学校还积极寻求与校外企业合作模式,截止到2010年年底拥有校外实习基地47个。

9. 环境归位

由于学校资源的扩张远没有跟上学生扩张的速度,学校处于极度透支的运行状态。工作场地对学校来说是一种紧缺资源,学校采取环境归位的措施,准备以收支两条线的方式对场地资源的占用收取费用,同时向当前对学校有贡献的部门提供资源使用补偿,以此来遏制对资源的不恰当占用。其目的是要最大限度地发挥学校有限资源的使用效益,防止学校因资源的逐渐枯竭而走向"安乐死"。学校为实现环境和条件归位的改革思路,积极探索教学和科研场地的使用管理机制。一是本着"整体规划、统一管理,定额核算、有偿使用"的原则,积极推进公用房改革。通过有偿使用收取的方式,借助经济杠杆调控现有资源的合理使用,同时依法解决了自筹资金建房管理的问题,使学校公用房的调配与使用实现了可持续发展。二是实行大型设备共享管理,充分提高设备资源的有效利用率,更好地为教学、科研服务。

10. 产学研归位

产学研归位的目标主要有两点:一是要努力扭转学校教授办公司的外部形象,要将之引导到支撑产学研联动的办学风格上来,学校要在信息技术领域方面的理论基础、先进技术、应用系统、产业化环节等诸方面占领高校的行业制高点,要形成学为所研,研能所产,产而成势的行业办学模式,从而在产学研相结合的过程中形成学校的特色,切实为学校的发展作出贡献;二是强化资产经营公司的管理和运营,促进科技成果转化,努力在成果产业化方面树立样板,真正用技术来为学校贡献财富。产学研归位在强化了资产经营公司的管理和运营的同时,积极构建学校技术成果向社会转化的物理平台,促进科技成果转化,努力形成学校产学研一体化的特色。在具体措施方面:第一,学校加大对资产经营公司的管理和运营,进一步完善了法人治理结构,建立了"三会制度"(学校资产管理委员会、公司"董事会"和"监事会"),明确了投资、融资、资产处置等重要决策的权限范围,并完善了在创办科技企业中的投入与撤出机制;第二,将北邮科技大厦、北邮出版社两个企业归位到资产经营公司管理与经营;第三,坚持"发挥行业优势,打造特色园区"的发展思路,以"一园多区"的模式推进园区建设,充分发挥特色优势和影响力,辐射通信信息行业;第四,为探寻产学研发展新路径,学校成立了工程技术转移中心(筹),在科技成果转移平台建设、成果转化、专利转让国际合作等方面打开了新的发展路径。

(二) 机构改革和院系调整

按照"十个归位"的总体部署,2008年7,8月间,学校党委常委会讨论通过了《北京邮电大学教学科研单位机构改革基本方案》,随后立即启动了对教学科研机构的改革调整工作。根据基本方案,教学科研单位改革的原则是,在行政体系设置上要支撑学科建设,原行政建制需要合并的则设立系,以保持原体系的完整。其具体做法是:撤销电信工程学院和信息工程学院,在原电信工程学院和原信息工程学院的基础上成立信息与通信工程学院;撤销语言学院和文法经济学院,在原语言学院、文法经济学院的基础上成立人文学院;撤销计算机科学与技术学院,在原计算机科学与技术学院和信息工程学院部分学科与专业的基础上成立计算机学院;成立两个研究院,即网络技术研究院和光通信与光电子学研究院。

2008年8月,为进一步抓住国际新科技革命为网络领域带来的难得发展机遇,加速提升学校在网络领域中的高新技术自主创新能力和持续竞争力,解决国家重大战略需求,北京邮电大学依托网络与交换技术国家重点实验室成立了网络技术研究院。

2008年10月15日下午,北京邮电大学信息与通信工程学院成立大会在科学会堂隆重召开。

2008年10月22日上午,在原"光通信与微波技术"教育部重点实验室的基础上组建的光通信与光电子学研究院成立大会在北邮科技大厦四层多功能厅隆重举行。2009年3月,为了更好地体现实验室的定位,经教育部批准,实验室更名为"信息光子学与光通信"教育部重点实验室(北京邮电大学),光通信与光电子学研究院亦更名为信息光子学与光通信研究院。

为落实中央和北京市有关文件精神,学校决定将原来挂靠在人文学院的马克思主义教学与研究中心剥离,成立独立的二级单位。2008年11月,马克思主义教学与研究中心在新办公楼501举行成立大会。

2009年9月23日,学校批准成立"感知技术与产业研究院",2010年2月24日,研究院正式落成启动。

四 加强教学建设和改革,努力提高教学质量

学校以教育思想和教育观念的转变为先导,以"加强基础,拓宽专业,重视实践,培养能力;激励创新,发展个性,讲究综合,提高素质"为教育教学建设和改革思路,坚持育人为本、注重人的全面发展,以提高教学质量为中心,以改善教学管理方法为途径,正确处理教学与学校其他工作的关系,确保学校教学工作的中心地位。

(一)本科教学工作水平评估取得优秀成绩

学校高度重视评建工作,明确提出以优秀成绩通过本科教学工作水平评估的目标,认真贯彻"以评促建、以评促改、以评促管、评建结合、重在建设"的评估工作方针,广泛宣传、深入动员、健全机构、落实责任、认真规划、精心组织,全面深入地开展自查自评、建设整改工作,进一步强化质量意识,落实本科教学的中心地位,优化育人环境,全面提升人才培养质量。学校评建工作起步较早,措施得力,成效显著。

1. 本科教学的自查自评

我校本科教学评建工作始于1997年,起步时间早,开展时间长。其间,先后组织开展了多轮全校性本科教学自查自评工作。

1997年学校启动了本科教学评建工作,成立了教学工作自评领导小组和自评办公室,按照原国家教委颁布的《高等工业学校本科教学评价方案》的要求,制定了学校自评实施方案,召开了师生动员会,下发了评建任务书。1998年学校开展了第一轮校内自评工作。

2001年学校召开教学工作会议,将本科教学工作优秀评估作为重要议程。学校制定了《北京邮电大学院级本科教学工作优秀评估方案》,成立了校院两级自评领导组和专家组,结合贯彻教育部《关于加强高等学校本科教学工作提高教学质量的若干意见》的精神,全面开展本科教学评建工作。在学院开展自查、自评基础上,2002年学校完成了第二轮校内自评工作。

2003年年底,学校组织对各学院整改情况进行了全面检查。根据教育部办公厅《关于对全国592所普通高等学校进行本科教学工作水平评估的通知》(教高厅[2003]9号文件)的精神,我校被列入教育部2007年计划评估学校。为迎接教育部评估,2004年以来,学校根据教育部颁布的《普通高等学校进行本科教学工作水平评估方案(试行)》,制定了《北京邮电大学本科教学工作评建规划》。学校在每年组织全面评估检查的基础上,对课堂教学、实践教学、考试、毕业设计(论文)等主要教学环节及教学文档进行多次专项检查,修订完善教学管理文件,健全教学质量标准,狠抓实践教学、

实验室建设、创新实践基地建设、课程建设等重点建设内容,每年年底结合评估专家检查情况,召开由全体校领导和中层干部参加的教学工作会议,对教学评建工作进行总结、研讨,使评建工作与日常教学管理工作有机结合,有效提高本科教学质量。

2. 全面启动迎评工作

2006年,学校全面启动迎接教育部本科教学水平评估工作。2006年1月11日,学校召开2005年本科教学工作会议。大会作的《北京邮电大学2005年部分本科教学工作汇报》,介绍了我校2005年本科教学工作中取得的主要成绩,提出目前评建工作中存在的主要问题。大会作了《北京邮电大学迎接教育部本科教学工作水平评估工作方案(建议方案)》的报告,对我校本科教学评估的建设目标、指导思想和基本原则、评估工作的组织机构、若干评估指标的现状、评估任务分解和本科教学评估工作进度安排等方面进行了说明。进一步健全和完善了校、院两级评估工作机构和工作职责,制定评建工作计划和任务分解方案。全校师生形成了"提高认识、明确目标、真抓实干、形成合力、志在必得"的统一认识。

2006年6月27日,学校召开迎接本科教学工作水平评估动员大会,全面启动迎评工作。会上校领导就我校的评估工作安排做了详细的论述,介绍我校进行本科教学工作水平评估的建设目标和指导方针,并且提出我校将分3个阶段迎接本次评估的工作计划。指出我校对应指标项的优势和不足以及要努力达到的目标。号召全体教师充分认识评估工作的重要性,积极参与和配合我校的评建工作,力争以优异成绩通过教育部2007年对我校的本科教学工作水平评估。会上,校领导与5个代表单位的负责人签订《北京邮电大学本科教学工作水平评估任务分解责任书》。各学院、职能部门逐层分解任务、明确责任人,认真开展自查,针对薄弱环节,进行重点建设。

2006年11月3—4日,学校举办本科教学工作水平评估干部培训班。培训班邀请教育部高等教育教学评估专家分别作《高等教育教学改革与评估》和《评建工作中应注意的几个问题》的报告。学校教务处作了《北京邮电大学本科教学工作评估文件说明》的报告,会议强调要贯彻落实"以评促改、以评促建、以评促管、评建结合,重在建设"的20字方针,在评建的最后阶段要抓实4项工作,即全面动员、三个牢固"确立"、加强师资建设、建立质量监控长效机制;要处理好4个关系,即正确处理评估创优和重在建设的关系,正确处理好硬件建设和软件建设的关系,正确处理好评建工作和日常工作的关系,正确处理好评建工作和党建达标创优工作的关系。

2007年,是学校建设迎评的决战之年,为了以令人满意的成绩通过教育部本科教学水平评估,学校采取有力措施加强学校建设:第一,对照指标,苦练内功,认真落实本科教学评建工作;第二,加强领导,确保投入,突显本科教学工作的中心地位;第三,充分发动,全员备战,做好本科教学的迎评准备工作。

2007年1月26日,学校召开本科教学评建工作会。校领导就前一阶段学校自评自查结果进行通报,指出全校师生应深刻理解评建方针,要做到认识到位,经费落实,提出具体标准,狠抓学风建设,给教师放权,进一步加强外部监督机制。会议就本科教学中心地位、构筑我校核心竞争力、加强学风建设和师资队伍培养等问题进行深入研讨。6月25—26日,学校邀请校外评估专家来校开展诊断评估,全面检查几年来学校评建工作成效。

3. 专家组进校现场评估

2007年12月2—7日,教育部本科教学评估专家组入驻学校,对我校本科教学工作进行全面评估。2007年12月3日上午8点30分,北京邮电大学本科教学工作水平评估汇报会在北邮科技大厦隆重举行。从12月2—7日,专家组对我校本科教学工作进行了为期5天的实地考察评估。考察期间,专家组听取了学校本科教学工作情况的报告;考察了通信类实习基地、电子信息试验教学示范中心、宏福校区等;参观了图书馆、体育馆等公共教学设施;走访了11个教学单位;到党委办公室等14个职能部门进行调研;走访了用人单位中国网通;召开了9个座谈会;调阅了22个专业的1 570份试卷,26个专业的1 024篇毕业论文(设计);随机听课39门次;对210名学生分别进行大学物理实验、计算机操作等基本技能测试;参观了大学生文化素质教育基地建设成果展,考察了学生食堂和学生宿舍。

2007年12月7日,北京邮电大学本科教学工作水平评估意见反馈会在科技大厦多功能厅隆重举行。专家组的《评估考察意见》从总体印象、主要成绩、办学特色、建议和希望4个方面全面系统地总结了学校的本科教学工作。评估专家组对我校本科教学工作评出18个"A"和1个"B"的优秀成绩。

2008年3月,教育部召开"教育部普通高等学校本科教学工作评估专家委员会"全体会议,对进校考察专家组的评估结论建议进行了审议。经全体委员投票确定,北京邮电大学本科教学工作的评估结论为"优秀"。这一结果在2008年4月8日的《教育部关于公布北京大学、清华大学等198所普通高等学校本科教学工作水平评估结论的通知》(教高函[2008]8号)予以正式发布。

(二) 本科专业建设和课程教学改革

1. 调整专业结构,优化专业布局

按照学校的"两翼齐飞、四轮驱动"的发展战略和"十大归位"的改革思路,学校在对教学科研机构进行调整的同时,学科专业归位和课程教学归位的工作也在同步进行。

首先,随着学科归位,专业相应归位。学校原来的专业设置,因人设专业、因院设专业和因经费分配设专业的情况比较突出。学校下决心改变因人办专业的体制,进行了教学科研机构调整和归位,形成以学院为主体、集中优势办学科和专业的管理体制。

与教学科研机构调整相适应,专业的归属也在调整。随着信息和通信工程学院的建立,原信息工程学院的信息工程、信息与计算科学、自动化、信息安全、数字媒体艺术、智能科学与技术专业随即进行调整,信息工程并入信息与通信工程学院,信息与计算科学并入理学院,信息安全、智能科学与技术专业并入计算机学院,自动化专业并入自动化学院,数字媒体艺术并入人文学院;随着文法经济学院的撤销,原文法经济学院的市场营销、公共事业管理、国际经济与贸易专业及相应的课程和教师,便归位到经济管理学院,2007年,思想政治教育专业撤销。

其次,调整专业结构,优化专业布局,保持电子信息类专业的特色及其在国内信息领域的领先地位。学校紧密结合国家经济和社会发展需要,进一步调整专业布局,优化专业结构,强化信息通信领域国内领先的学科优势与专业特色,适度拓展专业外延,已形成以信息科技为特色、工学门类为主体、工管文理相结合的学科专业体系。为适应信息社会发展和创新型国家建设的需要,学校在"十一五"规划中明确指出:继续强化通信工程、信息工程、计算机科学与技术、电子科学与技术等已有的优势、特色专业;依托学校优势学科,发展对国民经济有重要影响的交叉学科专业;根据社会人才需求的变化,适度创办具有战略意义和发展潜力的新专业;进一步调整优化学科专业结构与布局。为进一步科学规划专业布局与专业结构,学校采取了一系列措施,主要包括:①根据国家经济建设和社会发展的需要,适时调整学校专业布局与专业结构,2007年撤销"思想政治教育"专业;②构建专业大类平台,设置专业方向,依据"加强基础,拓宽专业"的原则,学校构建了专业大类平台,推进了电子信息类、经济学类、管理科学与工程类、数学类等专业的人才培养模式改革,通过设置专业方向,满足学生个性发展的需要;③探索交叉学科的专业建设模式,培养复合型人才,学校通过个性化专业试点和国际合作办学等多种形式探索跨学科的专业建设。

再次,依托重点学科,建设优势特色专业。通过开展特色专业建设,学校有计划有步骤地把自身优势、特色专业进一步做强做大,保持并凸现学校的优势和特色。学校进一步根据新兴产业的发展趋势,主动适应国民经济和社会发展需要,以特色专业建设为龙头,积极寻找专业建设新的增长点和新的发展方向,从专业的孤立发展向交叉学科专业协同发展的转变,从而全面提升学校办学层次和水平。

2007年开始,学校重点建设了"通信工程""信息工程""计算机科学与技术""电子科学与技术"等8个优势特色专业,同时注重引导其他专业发挥自身优势,努力办出特色。优势特色专业依托国家级重点学科、国家级和省部级重点实验室、北京市实验教学示范中心等优越办学条件和雄厚师资力量,具有突出的专业优势和鲜明的专业特色。截止到2010年,学校共有8个专业成为国家级特色专业建设项目,同时还有9个本科专业被评为北京市级特色专业建设点。2007—2010年北京邮电大学国家级和市级特色专业建设点如表11.1的所示。

表 11.1 北京邮电大学国家级和市级特色专业建设点(2007—2010)

序号	级别	年度	专业名称	负责人
1	国家级	2007	通信工程	王文博
2			信息安全	杨义先
3			计算机科学与技术	王 柏
4			电子商务	吕廷杰
5		2008	电子科学与技术	宋 梅
6		2009	信息工程	林家儒
7		2010	机械工程及自动化	魏世民
8			应用物理学	肖井华
9	北京市级	2008	通信工程	王文博
10			信息安全	杨义先
11			计算机科学与技术	王 柏
12			电子商务	吕廷杰
13			电子科学与技术	宋 梅
14			信息工程	林家儒
15			电子信息工程	门爱东
16			工业设计	侯文君
17		2009	数字媒体技术	李学明

最后,完善培养方案,创建多样化的人才培养体系。学校定期修订培养方案,每次修订都提出了明确的指导思想。积极吸纳国内外高等教育在教育思想与教育观念、培养模式等方面的改革成果;明确专业定位,突出专业特色;加大课程建设力度,增设学科前沿性和综合性课程,进一步优化课程体系,更新教学内容;从有利于逐步推进学分制改革出发,按专业大类打通学科基础平台课程,强化实践教学,致力培养学生的创新精神与实践能力。学校在修订培养方案时充分体现德智体美全面发展的教育理念,将文化素质教育纳入培养计划,要求每个学生选修10学分以上的素质教育课程;各专业培养方案中公共基础课、学科专业基础课和专业课的学分比例约为 6∶3∶1,公共基础课程平台包括自然科学基础、计算机基础课程、英语基础课程、人文社科基础、体育基础系列课程以及校级公共选修课程等;要求学生选修4个课外学分,内容涵盖了创新实践、英语听力口语测试、语言文字能力测试、社会实践、选读书目、系列讲座等方面。这些要求旨在提高学生的人文素质和科学素质。

培养方案高度重视实践教学对培养学生创新精神与实践能力的重要作用,深化实践教学改革,调整实验教学内容,增设综合性、设计性、创新性实验环节,鼓励学生积极参与创新实践计划、学科竞赛等创新实践活动,开辟多种途径吸纳学生尽早参与教师科研课题研究。实习采用校内与校外相结合的方式,确保实习效果。毕业设计(论文)以综合性专业训练和初步科研能力的培养为目的,力求与教学、科研、应用相结合。

学校积极探索多样化人才培养模式,开展了辅修专业培养、个性化专业培养及国际合作办学等人才培养模式,构建了多样化的人才培养体系。鼓励学生拓展不同专业领域的知识,优化知识结构,提高综合素质。

2. 深化教学改革,培养学生能力

(1) 教学内容与课程体系改革

学校根据"加强基础,拓宽专业,重视实践,培养能力,激励创新,发展个性,讲究综合,提高素质"的教学改革原则,提出了教学内容与课程体系改革的主要思路:通过深入开展教学研究,不断更新教学内容,加强精品课程建设,强化实践教学环节,重视采用先进的教育理念、教学方法与教学手段,实现教学内容与课程体系的不断优化。

学校高度重视课程体系改革,构建了分层次的课程体系,重新调整了必修课和选修课、理论课和实践课、公共基础课、学科基础课和专业课的学时和学分比例。学校重视基础课程建设:高等数学、大学物理、大学英语实行分级教学;组建了"非计算机专业计算机基础课程教学指导委员会"和"电子类基础课程教学指导委员会",开展基础系列课程教学内容和教学方法改革,保障了重要的专业基础课的教学质量。2009年1月,学校确定对28门重要基础课程,实行课程负责人制度,由教务处代表学校直接管理,课程负责人不仅要对重要基础课程的教学内容和质量负责,还要负责课程体系、教学方法与手段的改革。

学校制定了《北京邮电大学关于开展精品课程建设工作的意见》《北京邮电大学精品课程建设管理实施办法》,明确提出了精品课程建设的目标、内容、经费投入和管理机制。学校不断加大对教学改革和课程建设的投入力度,学校重视加强对教改项目的管理工作,严格项目立项、中期检查、结题验收程序,确保教改项目的完成质量。

早在2003年,学校制定了《关于开展精品课程建设工作的意见》,投入专项经费,规划建设精品课程;2007年教育部、财政部启动"高等学校教学质量与教学改革工程",学校以此为契机,进一步推进精品课程建设工作。自2003年以来,学校先后组织了5批校级规划建设精品课程的立项工作,累计共有54门校级立项课程,并得到学校专项经费的支持,2007—2010年验收合格的有34门。通过有关教师的不断努力,2006—2010年,学校共有18门课程获得北京市级精品课程立项,11门课程获得国家级精品课程立项(含网络教育学院6门课程)。另外,全校还有"教育部—IBM精品课程"立项建设项目4项,"教育部—微软精品课程"立项建设项目1项。这些课程为学生提供了优质的教学资源,有力促进了学校课程建设和教学改革工作的开展。2006—2010年北京邮电大学国家级和北京市级精品课程建设项目分别如表11.2和表11.3所示,"教育部—IBM精品课"和"教育部—微软精品课程"建设项目分别如表11.4和表11.5所示。

表 11.2　北京邮电大学国家级精品课程建设项目一览表(2006—2010)

序号	批准时间	课程名称	课程负责人	所属学院
1	2006	通信原理	杨鸿文	信息与通信工程学院电子工程学院
2	2007	现代密码学	杨义先	计算机学院
3	2007	大学英语	卢志鸿	人文学院
4	2009	电子商务概论	吕廷杰	经济管理学院
5	2010	现代通信技术	纪红	信息与通信工程学院
6	2007	高等数学(网络)	牛少彰	网络教育学院
7	2007	电路分析(网络)	上官右黎	网络教育学院
8	2008	计算机通信网(网络)	文福安	网络教育学院
9	2010	数字通信原理(网络)	勾学荣	网络教育学院
10	2010	移动通信(网络)	曾志民	网络教育学院
11	2010	数据结构(Java)(网络)	蔺志青	网络教育学院

表 11.3　北京邮电大学北京市级精品课程建设项目一览表(2006—2010)

序号	批准时间	课程名称	课程负责人	所属学院
1	2006	通信原理	杨鸿文	信息与通信工程学院
2	2006	现代密码学	杨义先	计算机学院
3	2006	量子力学系列课程	王永钢	理学院
4	2006	电子商务概论	吕廷杰	经济管理学院
5	2007	数字逻辑与数字系统	白中英	计算机学院
6	2007	信号与系统	吕玉琴	电子工程学院
7	2007	数学模型与数学实验	孙洪祥	理学院
8	2008	信息安全	钮心忻	计算机学院
9	2008	电路分析基础	刘杰	电子工程学院
10	2008	移动通信	王文博	信息与通信工程学院
11	2008	大学物理实验	肖井华	理学院
12	2008	概率论与随机过程	闫祥伟	理学院
13	2009	现代通信技术	纪红	信息与通信工程学院
14	2009	工程图学	王飞	自动化学院
15	2009	市场营销学	胡春	经济管理学院
16	2009	马克思主义基本原理	李钢	马克思主义教学与研究中心
17	2010	高等数学	艾文宝	理学院
18	2010	电子电路基础	刘宝玲	信息与通信工程学院,电子工程学院

表 11.4 "教育部－IBM 精品课程"建设项目

序号	课程名称	课程负责人	立项年度	所属学院
1	软件测试	袁玉宇	2006	软件学院
2	软件项目管理	韩万江	2007	软件学院
3	软件工程综合设计与实验	肖丁	2010	计算机学院
4	信息安全管理	徐国爱	2010	计算机学院

表 11.5 "教育部－微软精品课程"建设项目

序号	课程名称	课程负责人	立项年度	所属学院
1	计算机导论与程序设计基础	张雷	2006	计算机科学与技术学院

(2) 教材建设

学校重视教材建设工作,成立了"教材建设指导委员会",设立教材出版基金,制定了《北京邮电大学教材出版基金管理办法》《北京邮电大学教材出版基金管理办法实施细则》等管理文件和教材建设规划的文件,制定了"十一五"教材建设规划,149 种教材被列入学校教材建设规划,其中 50 项选题被列入"十一五"首批国家级教材建设规划。学校结合专业建设,针对学校优势学科和特色专业规划若干系列教材,构建多学科、多类型、多层次、多品种系列配套教材体系。学校秉持"重点建设,打造精品,编选并重,择优选用"的原则,确定具有鲜明特色的教材选题进行重点建设。2006—2010 年,全校已有白中英主编的《数字逻辑与数字系统》(第 4 版立体化教材)、顾畹仪编著的《光纤通信系统》、刘培植主编的《数字电路与逻辑设计》3 本教材被评为国家级普通高等教育精品教材,27 本教材被评为北京市普通高等教育精品教材。

(3) 教学方法与手段改革

学校不断推进教学方法与手段改革,大力提倡采用启发式、研讨式、案例式等各类教学方法,注重对学生思维方法和思维能力的培养。通过课堂讨论、课后交流、小课题报告、网络互动等形式开展研究型教学。在专业课教学中,注意结合当前科学技术的发展,选择适当内容作为研究和讨论课题,极大地调动了学生学习的积极性和主动性,培养了学生探究的兴趣和研究意识。电子设计、数学建模、程序设计等实践活动为学生进行自主、研究性学习提供了有效途径。

学校长期组织教学观摩评比活动,引导和激励教师不断改革教学方法与教学手段,提高教学质量。学校积极组织教师定期参加北京市青年教师教学基本功比赛,取得了优异的成绩。

学校不断改革考试方式,采用开卷、闭卷、撰写论文和报告等多种考核方式,发挥考试对学生学习的导向作用。

合理有效运用多媒体教学、网络教学,推进现代化教学手段建设,学校组织开发了网络教学资源系统平台。为了进一步推动优质多媒体课件在课堂教学中的应用,充分发挥多媒体教学的优势,学校组织开展了精品多媒体教学课件及教学资源库立项建设工作。2010年10月29日—11月1日,在教育部教育管理信息中心主办的第十届全国多媒体课件大赛中,张玉艳等教师的作品《移动通信》以及高立等教师的作品《电路分析》荣获大赛一等奖,黄淑萍等教师的作品《经济法》荣获三等奖。其中,《移动通信》网络课程获得决赛专家评分最高分95.5分。11月4—7日,在由教育部中央电化教育馆主办的第十四届全国多媒体教育软件大奖赛中,我校李青等教师的作品《数据结构》荣获一等奖。

学校还积极推进双语教学工作,通过开展双语教学师资培训、增加双语教学教师的课酬、选派教师出国进修等多种方式鼓励教师进行双语教学的实践与研究。截止到2010年,我校已有17个专业开设双语课程,168名教师获得了双语教学资格。2007—2010年,全校共批准8门双语教学示范课程为校级立项重点建设项目,其中有4门课程已通过国家级双语教学示范课程立项审批。通过开展双语教学示范课程建设工作,我校逐步探索出一种既符合中国实际又符合北邮实际的双语课程教学模式,实现了我校本科教学工作与国际先进教学理念和教学方法的接轨。

(4) 实践教学改革

学校重视实践教学、强化学生实践能力的培养,建立了包括实验实习教学、大学生创新性实验计划项目、各类学科竞赛三位一体的实践教学体系。

学校加强实习和实训基地建设,充分利用学科专业优势,整合多个学院教学资源,组建跨学院校内通信类实习基地,建立了一批稳定的校外实习实训基地,实习和实训时间有保证、经费落实、措施完善、效果好。校积极开展实践教学内容与实践教学体系的改革,构建了由实验教学、实习与实训、课程设计、毕业设计、学生科技创新实践、社会实践等环节组成的分层次、系统化实践教学体系,不断改革实践教学内容与方法。学校在实验教学内容体系改革中注重将科学研究思维训练和科学研究方法训练融入实验教学中,通过适当减少验证性实验,增设综合性、设计性、创新性实验,完善实验教学体系,并及时将学科发展的新技术、新成果引入到实验教学内容中。学校赋予学生更多的学习自主权,允许学生按照自己的兴趣、要求和特长选择、组织实验内容,并依据自己的实验方式和特点开展实验活动,在探究式实验教学中培养了学生创新意识和实践能力。学校积极建设具有先进实验教学理念、现代化实验教学设备、一流师资队伍的实践教学平台,加强实验室的综合化、数字化和网络化建设,丰富实践教学资源,加大实验教学示范中心的建设力度,各级各类实验室建设工作成效显著。2005—2010年,学校已建成北京市级高等学校实验教学示范中心6个,其中"电子信息实验教学中心"被评为国家级实验教学示范中心建设单位。

学校高度重视学生创新实践活动,学校的教学实验室、学科实验室、学生创新实践基地等为学生科技创新活动提供了良好条件,其中,教学实验室和学生创新实践基地等面向全校本科学生全年开放。学校设立了创新基金和创新实践学分,开展大学生创新性实验项目立项工作,鼓励、支持学生积极参与创新实践活动;鼓励教师积极参与指导本科生的创新实践活动,吸引学生参与自己的科研项目。学校设立了北京邮电大学大学生研究创新基金,积极组织学生参与创新性实验计划。我校是首批实施"国家大学生创新性实验计划"学校之一。学校通过设立大学生研究创新基金,开展大学生创新性实验计划立项建设,积极推进大学生创新性实验计划,为学生的创新实验提供实践平台和各方面的支持,着力培养学生的创新意识和动手实践能力。截止到2010年年底,我校已有大学生创新实验计划项目481项,参与学生1800多人,覆盖全校9个学院34个本科专业。其中国家级计划150项,参与学生500多人;北京市级计划58项,参与学生200余人。

2009年和2010年,我校分别举办了第一届和第二届北京邮电大学大学生创新性实验计划项目展示交流会。同时还参加了首届北京市大学生科学研究与创业行动计划成果展示与经验交流会和北京市第七届国际教育博览会"北京高校科学研究和大学生创业展"主题展出,获得3项北京市科技创新成果一等奖。同年5月,我校的5个项目参加了全国大学生电子信息实践创新作品评选,并从200个参评项目中脱颖而出,一举囊括5个一等奖、3个特别奖共8个奖项,我校学生还作为获奖学生代表在大会上进行了成果交流。

学校建立了由教务处与各学院负责组织管理的各种学科竞赛,由校学术办、团委、科协、各学院负责组织管理的各种科技竞赛的组织管理体系。学校鼓励学生参与各类竞赛活动,为此投入专项经费,配备专门指导教师。在鼓励学生参加国内外各种竞赛活动的同时,还积极开展"学生创新奖""创业计划大赛""创意大赛"等科技创新活动,为学生科技创新活动提供良好平台,取得了突出成绩。

3. 实施本科教学质量与教学改革工程

2007年年初,教育部、财政部发布《关于实施高等学校本科教学质量与教学改革工程的意见(教高[2007]1号)》,之后,教育部又下发了《关于进一步深化本科教学改革全面提高教学质量的意见(教高[2007]2号)》。3月16日,学校召开"落实教育部质量工程工作会",贯彻落实两个文件的精神与要求。教务处组织制定了《北京邮电大学关于实施本科教学质量与教学改革工程的意见》。按照教育部有关"项目采用学校先行立项建设、各省(自治区、直辖市)择优推荐、领导小组办公室组织评审立项、后补助建设经费的方式进行。通过这种方式,形成学校、地方和中央三级立项建设的体系"精神,学校决定对质量工程的主要项目给予建设经费支持。2008年3月又发布了《北京邮电大学本科教学质量与教学改革工程项目管理办法》,全面启动本科教学质量与教学改革工程(简称"质量工程")项目。

《北京邮电大学关于实施本科教学质量与教学改革工程的意见》规定,质量工程的建设目标是:通过学校质量工程的实施,使本科教学质量得到提高;人才培养模式改革取得突破,学生的实践能力和创新精神显著增强;教师队伍整体素质进一步提高,科技创新和人才培养的结合更加紧密;教学管理制度更加健全,质量保障体系更加完善;学分制改革进一步深化,全程全方位本科人才培养体系基本形成;本科教学工作优秀,人才培养质量更好地适应我国经济社会发展的需要,在落实科教兴国和人才强国战略、建设创新型国家、构建社会主义和谐社会中的作用得到更好的发挥,努力实现学校"多科性、研究型、开放式全国重点大学"建设目标。意见详细规划了学校质量工程建设6个方面的内容,其要点如下。

(1) 专业结构调整与专业建设

研究制定《北京邮电大学(学院)本科专业设置调整方案》和《北京邮电大学本科专业设置管理制度》,进一步优化学校专业结构布局,进一步规范本科新专业申报条件、程序和要求。

开展新办专业建设评估和优势特色专业建设评选,择优选择和重点建设10个校级优势特色专业,争取到3个左右全国特色专业点。

积极参加教育部电子信息类专业认证评估方案制定工作,积极组织相关专业参加教育部工程技术专业认证试点工作。

(2) 课程、教材建设与资源共享

学校重点组织建设英语、两课、数理基础、电类基础和计算机基础系列课程,加强公共基础系列课程教学改革,提高公共基础系列课程教学质量。继续推进精品课程建设,再遴选20门课程进行重点建设,建成校级精品课程50门,新建4门左右国家级精品课程。

认真组织完成学校"十一五"教材建设规划,编写出版100本高质量教材,尤其是高质量完成列入"十一五"国家级教材选题规划的教材。

进一步加强网络教学平台建设,实现精品课程、实验室、实习基地等优质教学资源上网开放共享,提高教师运用信息技术开展教学活动的能力和学生利用网络资源进行学习的能力。

积极推进大学英语教学改革和双语教学工作,建立网络环境下的英语教学新模式。积极参加大学英语四、六级全国网上考试。

(3) 实践教学与人才培养模式改革创新

认真组织实施学校"十一五"实验室建设规划,大力加强实验、实践教学改革,重点建成5个校级实验教学示范中心,再争取建成1个以上北京市级实验教学示范中心,争取建成2个左右国家级实验教学示范中心。推进实验教学内容、方法、手段、队伍、管理及实验教学模式的改革与创新。

大力加强实验、实习和毕业设计等重要实践教学环节,努力拓宽校外实践渠道,每个专业建设2个以上实习基地。推进文化素质教育基地建设。

继续加强创新基地建设,设立创新基金,实施学生创新性研究计划,促进学生自主创新兴趣和能力的培养,继续组织开展好大学生各类竞赛活动,努力争取到较多的教育部支持的由优秀学生进行的创新性试验项目。

以教育部立项资助的《电子信息类专业本科生创新实践能力培养改革的研究与实

践》项目为龙头,推进我校在教学内容、课程体系、实践环节等方面进行人才培养模式的综合改革,成立教改试点班,推进电子信息类专业本科创新人才培养改革的试点实践工作,争取到教育部人才培养模式创新实验区。

(4) 教学团队与高水平教师队伍建设

加强本科教学团队建设,重点遴选和建设 15 个校级、争取建设 4 个左右国家级的教学质量高、结构合理的教学团队。

每两年组织一次校级教学名师奖评选表彰工作,再选出 20 名校级教学名师奖获得者,再争取到 2 名左右全国教学名师奖获得者。

坚持教授上讲台制度,把为本科生授课作为教授、副教授的基本要求。不承担本科教学任务者不再聘为教授、副教授职务。被聘为教授、副教授后,如连续两年不为本科生授课,不得再聘任其教授、副教授职务。

(5) 学分制改革与全程全方位人才培养体系建设

积极参加北京地区高校学分制改革试点工作,实行按学分制收费,实施导师指导制度,在北京市政策允许的情况下,争取从 2007 级本科生开始逐步推进实施学分制。

修订培养计划,在进一步拓宽专业口径的基础上,大力倡导在高年级灵活设置专业方向,优化课程结构,降低必修课比例、加大选修课比例、减少课堂讲授时数,构建以核心课程和选修课程相结合、有利于学科交叉与融合的课程体系,加强实践环节,人文社科类专业实践教学环节累计学分不少于 15%,理工类专业实践教学环节累计学分不少于 25%。完善重修重考制度和辅修专业、转专业、双专业、双学位等培养制度,构建多样化人才培养模式,为优秀人才、创新人才脱颖而出创造条件。

(6) 教学质量保障体系与教学工作优秀学校评建

按照把重点放在提高质量上的要求,进一步加强和推动各项教学管理制度建设,编印《北京邮电大学本科教学管理制度汇编》,完善由校长负责、教务处牵头、学院为基础、职能部门协调配合的本科教学管理组织体系。

继续健全和完善教学质量保障体系,继续修改、完善和执行各主要教学环节质量标准,通过教学督导、日常教学检查和专项教学检查、领导和专家听课、学生信息员反馈、学生网上评教等方式及时有效地对各主要教学环节实施全方位的教学质量监控,重点抓好课堂、实验、课程设计、社会实践、专业实习、毕业设计(论文)等环节的教学质量监控工作。

根据学校质量工程的统筹安排,在全校的努力下,经过几年的奋斗,质量工程在主要内容方面都取得重大突破,涌现出一批标志性成果。截止到 2010 年,除个别项目外,质量工程的主要指标都已经达到或超额完成学校质量工程意见的要求。并积累了丰富的经验,为质量工程的后续工作奠定了基础。2007—2010 年质量工程项目计划目标与标志性成果如表 11.6 所示。

表 11.6　质量工程项目计划目标与标志性成果一览表(2007—2010)

内容	计划目标	完成数量
特色专业	重点建设 10 个校级特色专业 争取 3 个左右国家级特色专业	8 个校级特色专业 8 个国家级特色专业 9 个北京市级特色专业
精品课程	重点建设 20 门课程 建成校级精品课程 50 门 新建 4 门左右国家级精品课程	校级精品课立项 54 门 验收校级精品课 34 门 国家级精品课立项 10 门 北京市精品课立项 14 门 教育部—IBM 精品课立项 3 门
实验教学示范中心	重点建成 5 个校级实验教学示范中心 争取建成 1 个以上北京市级实验教学示范中心 争取建成 2 个左右国家级实验教学示范中心	1 个国家级实验教学示范中心 6 个北京市级高等学校实验教学示范中心
教学团队	重点遴选和建设 15 个校级团队 争取建设 4 个左右国家级团队	4 个国家级教学团队 9 个北京市级教学团队 14 个校级教学团队
双语课程建设	积极推进双语教学	8 门双语教学示范课程校级立项重点建设项目 4 门课程已通过国家级双语教学示范课程立项审批
精品教材	制定精品教材建设规划与措施	国家级 3 部 北京市 7 部
教学名师奖	再选出 20 名校级教学名师奖获得者再争取到 2 名左右全国教学名师奖获得者	1 名国家级教学名师 7 名北京市教学名师 24 名校级教学名师
校外人才培养基地	每个专业建设 2 个以上实习基地	3 个北京市级校外人才培养基地
大学生创新性实验计划	努力争取较多的教育部学生创新性试验项目	大学生创新实验计划项目 481 项,参与学生 1 800 多人 国家级 150 项,参与学生 500 多人 北京市级创新实验计划项目 58 项,参与学生 200 余人 校级创新实验计划项目 271 项,参与学生 1 000 多人 校企合作项目 2 项,参与学生 6 人

(三) 实施人才工程,加强师资队伍建设

1. 不断扩大教师队伍

2006年,学校下发《关于加强北京邮电大学师资队伍建设的意见》,大力推进"人才工程"。在实施"人才工程"中以优先投入、优先建设、优先发展的原则加强师资队伍建设。按照"规模、结构、质量、效益"协调发展的要求,坚持培养与引进相结合的原则,积极采取措施,扩大教师规模。学校严把进人质量关,积极引进高层次人才,努力提高师资学历层次。对引进教师提出明确要求,除语言和体育等个别学科外,新进教师必须具有博士学位。

学校重视培养和引进中青年教师,形成了一支老中青相结合、适应人才培养要求、具有发展潜力的师资队伍。学校积极引进国内外高层次人才,鼓励、资助教师出国留学或攻读外校学位;每年新进教师中具有校外学历的教师比例达一半以上,不断优化了师资队伍学缘结构。从总体来看,学校已经形成了一支结构合理、业务精湛、发展趋势良好、满足教学工作需要、适应学校发展要求、符合学校定位的高水平的教师队伍。2006—2010年学校专任教师数如表11.7所示。

表11.7 2006—2010年学校专任教师数

年 份	2006年	2007年	2008年	2009年	2010年
专任教师数/人	1 024	1 163	1 263	1 327	1 363
外聘教师数/人	450	450	426		
外籍教师数/人		17	33	98	106

2. 引进高端人才

在引进人才的同时,学校还通过国际国内合作,使社会上的高级人才为我所用。在高层次人才引进方面,学校启动院士工程,成功引进刘韵洁院士;此外学校还通过各种方式聘请了10余名国内外的院士以及著名学者作为我校的名誉教授,使我校师资队伍的整体水平得到显著提高。2007年,聘任英国南安普顿大学的吴建平教授为我校"长江学者特聘教授"。2009年,聘任香港理工大学郑大昭教授为"长江学者奖励计划"讲座教授。

3. 加强教师的培养

学校开展多方面的教师培养工作,重视对青年教师教学技能的培养,通过举办岗前培训,组织新教师学习教学文件,使青年教师明确教学过程各环节的规范及要求,尽快适应教师岗位;实行新进教师指导制和试讲制,积极发挥老教师的传、帮、带作用;举办现代教育技术、双语教学培训和青年教师教学观摩比赛,提高教师教学技能,促进优秀教师脱颖而出;大力鼓励、资助教师在职攻读硕士和博士学位;与国家留学基金委签订"青年骨干教师出国研修项目",选拔青年骨干教师公派出国进修或开展合作科研工作公派出国留学。

4. 打造教学名师和优秀教学团队

学校通过人事分配制度改革,鼓励教师积极投身教学,把教学效果作为教师职称评聘的重要指标,把教学工作量作为岗位聘任的主要条件,定期组织开展教学名师奖、教学成果奖、教学观摩奖、优秀教学团队等各种教学比赛和评奖活动,有力地调动了教师教学的积极性,引导教师提高教学水平。学校坚持每年组织教学研究与教学改革项目立项工作,积极营造浓厚的教育教学研究氛围,教师积极开展教育教学研究,钻研教学艺术,改进教学方法,提高了教学水平。纪越峰、杨义先教授分别获得2006年和2009年国家级教学名师奖。北京市高等学校教学名师奖获得者有纪越峰(2006年)、顾畹仪(2006年,2007年)、肖井华(2006年)、吕廷杰(2007年)、李钢(2008年)、杨鸿文(2008年)、杨义先(2009年)、卢志鸿(2009年)、俞重远(2010年)。此外,有33人被评为校级教学名师。

为进一步提高教师素质和教学能力,确保教育质量的不断提高,学校加强了本科教学团队建设,重点遴选和建设了一批教学质量高、结构合理的教学团队。在教学团队建设工作过程中,学校不仅重视团队带头人的选择,而且注重建立有效的团队内部协作机制,推动教学内容和方法的改革和研究,促进教学研讨和教学经验交流,开发教学资源,推进教学工作的老中青相结合,发扬传、帮、带的作用,加强青年教师培养。经过几年建设,截止到2010年年底,学校已经打造出4个国家级教学团队、9个北京市级教学团队和14个校级教学团队。2007—2010年北京邮电大学国家级和北京市教学团队概况如表11.8所示。

表11.8 北京邮电大学国家级和北京市教学团队概况(2007—2010)

级别	年度	团队名称	带头人	单位
国家级	2008	"计算机通信"教学团队	杨放春	计算机学院
	2009	"信息安全"教学团队	杨义先	计算机学院
		"通信原理课程"教学团队	杨鸿文	信息与通信工程学院
	2010	"电子信息实验教学中心"教学团队	纪越峰	电子信息实验教学中心
市级	2007	"电子信息实验教学中心"教学团队	纪越峰	电子信息实验教学中心
		"工科物理与实验"教学团队	俞重远	理学院
	2008	"计算机通信"教学团队	杨放春	计算机学院
		"大学英语教研室"教学团队	卢志鸿	人文学院
		"电子商务教研中心"教学团队	吕廷杰	经济管理学院
	2009	"信息安全"教学团队	杨义先	计算机学院
		"通信原理课程"教学团队	杨鸿文	信息与通信工程学院
		"数学建模与数学实验系列课程"教学团队	孙洪祥	理学院
	2010	"信息工程专业"教学团队	林家儒	信息与通信工程学院

5. 加强师德师风建设

学校一贯重视师德师风建设,建立健全了师德师风建设的保障机制,注重引入激励机制,不断优化制度环境,大力弘扬"崇尚奉献、追求卓越"的北邮精神。广大教师严格履行岗位职责,严谨治学,从严执教,教书育人。学校党政领导高度重视师德师风建设工作,常抓不懈。学校成立了党委领导下主管书记、主管校长任组长的领导小组,形成了党、政、工、团协同配合的工作机制。学校先后制定并完善了《北京邮电大学教师教风规范》《北京邮电大学教师教学工作规范》《北京邮电大学学术道德规范实施条例》《中共北京邮电大学委员会、北京邮电大学关于进一步加强师德建设工作的意见》等规章制度,对教师的师德修养、教学工作各环节职责、学术道德规范明确提出具体要求和考评办法。为落实师德师风建设的政策导向,学校将学术道德和教师职业道德作为一项重要内容纳入教职工年终考核,考核结果作为职务聘任、晋级晋职、进修选派和评比先进的重要依据,严格执行师德一票否决制。对于发生教学事故、违反学术道德的教师,严格按照相关规定给予严肃处理。在日常工作中,通过建立党政领导听课制度、校院两级教学督导制度、学生评教制度、学生信息员制度形成了学校领导、教学督导专家、学生三位一体的师德师风信息反馈、评价、考核体系。学校通过体系完备的管理制度为师德师风建设构建了长效的保障机制,不断提高教师的责任意识,引导教师严格自律,认真履行岗位职责。

为激励广大教师力行师德规范,弘扬高尚师德,学校积极探索师德师风建设的新内容、新方法和新途径。一是在加强制度规范的基础上积极开展奖励评比活动。先后制定和完善了《北京邮电大学关于开展评选表彰师德先进集体、师德标兵活动的办法》《北京邮电大学教书育人奖评选奖励实施办法》《北京邮电大学教学工作奖励条例〈试行〉》等规章制度,通过设立教学观摩评比奖、教学名师奖、教书育人奖、从教35周年纪念奖、师德标兵奖、教学团队奖、教学管理奖、师德先进集体奖等奖项以树立模范,表彰先进。二是注重开展师德宣传教育活动:每年对新进教师组织岗前培训和入校教育,将教师职业道德、学术规范作为岗前培训的重要内容;组织青年教师参加"红色旅游"等活动,加强思想政治教育;定期组织中青年教师参加教育理论培训、教学观摩评比活动和教师基本功比赛,不断提高教师的师德修养。三是注重营造校园内弘扬高尚师德的良好氛围:在全校教职工范围内开展"修师德、树形象"主题教育活动;开展全校范围的师德师风演讲比赛;通过校园宣传栏、校园网、学校电视台、《北邮校报》等媒介大力宣传优秀教师的先进事迹。学校采取的一系列激励措施行之有效,广大教师恪守师德,锐意进取,有力地推动了师德师风建设。北京市孟二冬式优秀教师蔡安妮(2007年)、北京市师德先进个人赵保国(2008年)、乌丽亚·米吉提(2010年)、李文生(2010年)是广大优秀教师的代表。

五 重点突破,加强学科建设和科研工作

(一)学科建设异峰突起,群峰竞秀

学科建设是学校建设发展的龙头,也是学校党委所确定的"两翼齐飞"战略中的重要的一翼,学校在社会上的竞争主要是基于学科的竞争。在本阶段,学校通过对行政体系进行调整,实现了以学院为主体、集中优势办学科的管理体制,增强了学科建设中的整体协调和运作的能力,通过统筹规划提高学科建设的质量,在优势学科领域中冲击全国顶尖的位置,形成多科性特色。明确了学院负责学科建设的职责,学科布局结构进一步优化。实现了以学院为主体、集中优势办学科的管理体制,增强了学科建设中的整体协调和运作的能力,学科布局和结构得到明显优化,学科生态环境得到改善。

1. "十一五"规划草案关于学科建设的基本思路

(1)"十一五"期间学科体系建设与发展目标

"十一五"期间,学科建设的指导思想是发挥北邮的创新能力,支持国家发展的创新要求,促进世界科技的创新发展。

学科建设的主要任务:凝炼学科方向、汇聚创新队伍、构筑学科基地,建设信息科技特色突出、工管文理协调发展、资源配置科学合理的学科体系。

学科建设的原则:继续强化信息与通信工程、电子科学与技术等国内排名前列的优势学科,建设以优势学科为核心的学科群体,重点在信息领域形成能够覆盖信息科学的信息获取、信息传递、信息处理、信息控制的学科群;巩固提高管理学科的水平,确立信息管理与信息经济学研究方向在国内领先的地位;注意加强理学学科建设,扶持具有IT背景特色的人文学科;培育有战略意义、对国民经济发展有重大影响、依托我校优势学科的交叉学科;营造能够培养基础扎实、知识面宽、能力强、素质高的具有创新精神和实践能力的高级信息人才所需要的学科环境。

跟踪国家重点学科评审部署,"十一五"期间,力争新建国家重点学科3~5个,增加博士后流动站2个、博士点5个、硕士点(含专业学位)10个。根据优化学科体系的需要,认真总结"十五""211工程"的经验,科学规划论证"十一五""211工程"的建设目标、建设方案和管理方法。

(2)改革与保障措施

理顺学术委员会和行政在学科建设上的关系,明确职责,工作到位,强化执行力。

理顺学科体系内部组织关系,调整和优化组织结构,强化学科建设中学校的整体规划和宏观调控作用,积极探索体现学科建设为龙头、适合学科发展规律和建设需要的行政体制架构,为推动学科建设和发展创造良好的支撑环境。

适当调整学科布局,根据北邮特色和发展需要,合理定位学科关系和资源配置,适

度发展哲学和社会科学学科,促进学科之间协同发展。

鼓励学科带头人和学术骨干到国外进行短期讲学、学术交流、进修、合作研究等学术活动,重点资助中青年学科带头人到世界著名实验室进修。

继续加大国外优质智力资源的引进,外聘短期专家的数量每年150人次左右,适量增加3个月以上长期专家的数量,力争在每个一级学科至少有一名外国专家长期在校工作。

继续加大支持、奖励力度,促进高水平论文的发表,提高学校在国际国内的影响。

2. 学科建设思路的调整

在制定学校"十一五"规划的同时,2006年9月,由研究生院牵头草拟了《北京邮电大学国防科技学科专业建设策划方案》。2006年10月,完成了《北京邮电大学"十一五"学科体系建设专项规划》。在2006年10—11月,为更好地促进学校学科发展,在林金桐校长的主持下,各学科带头人、学科挂靠学院的党政领导在有关学科建设方面进行了10次研讨与访谈。

随着学校学习实践科学发展观活动的推进、教育思想大讨论的开展,以及学校"两翼齐飞、四轮驱动"发展战略的制定,学校上下对学科发展的深层次问题的思考进一步深入,对学科发展中的矛盾的认识进一步清晰,对行业特色型大学的定位、巩固优势和特色学科的领先地位的目标进一步认同,对学校学科发展思路、战略、规划的调整也就顺理成章了。

2007年,在对各学科的全面调研基础上,修订了《北京邮电大学"十一五"学科体系建设专项规划》;在原有"通信与网络核心技术学科创新引智基地"的基础上新增"高等智能与网络服务创新引智基地";构建"泛在可信的信息通信网络及其智能服务科技创新平台"取得可喜进展;组织完成国家重点学科评估材料的申报工作,两个一级学科"信息与通信工程"和"电子科学与技术"获批成为国家一级学科重点学科;完成计算机应用技术、物理电子学、管理科学与工程3个北京市重点学科验收答辩工作,并组织学校的两个博士点(计算机系统结构、机械电子工程)和一个交叉新学科(数字内容与文化创意)申报了新的北京市重点学科建设项目;新增博士后流动站一个(计算机科学与技术流动站)。

2008年,"211工程"三期全面启动。学校明确了面向国家经济建设和社会发展的重大需求,瞄准世界科学技术前沿问题,强化信息通信特色,构建一流信息通信学科体系,实现重点突破,优势特色学科达到国际先进学科的指导思想。经校内各学科领域的专家认真研讨,明确了本学科领域的前沿方向,分析了本学科领域国内外研究的水平、北邮的优势和研究能力,提出了既体现北邮的学科特色,又能为国家信息领域解决重大问题的以网络与业务的智能化及管理、控制技术,无线移动通信理论和关键技术,光通信与光波技术,信息安全基础理论与技术为代表的8个重点学科建设项目。同时,学校按照"理顺结构、突出重点、促进交叉、整体推进"的原则,通过启动学科与专业建设工程,推动"学科归位"工作,对学院行政体系进行了重新调整,明确了学院负责学科建设的职责,实现了以学院为主体、集中优势办学科的管理体制,增强了学科建设中的整体协调和运作的能力,学科布局和结构得到明显优化,学科生态环境得到改善。有利于克服学校学科分布既分散,又雷同,学科人才缺乏,核心竞争力单一,外部竞争乏力,动辄出现人才、资源的"被子效应"的被动局面,使学校学科发展走上良性发展的道路。

3. 努力提高学科的核心竞争力

学校加强了学科建设工作,充分发挥学校潜力,根据《教育部关于加强国家重点学科建设的意见》的精神,按照一级学科国家重点学科的建设要突出综合优势和整体水平,促进学科交叉、融合和新兴学科的生长;二级学科国家重点学科的建设要突出特色和优势,在重点方向上取得突破的要求,努力开展重点学科建设,占领国家学科制高点。2006年5—7月,教育部学位与研究生教育发展中心开展第三次国家重点学科评选工作,我校精心组织,认真准备,报送了电子科学与技术、信息与通信工程、计算机科学与技术、机械工程4个一级学科参加评选,结果电子科学与技术、信息与通信工程以较好名次顺利被评为一级学科国家重点学科。2006年12月—2007年1月,教育部学位与研究生教育发展中心又开展国家重点学科考核评估工作,我校通信与信息系统、信号与信息处理、电磁场与微波技术、电路与系统顺利通过考核评估。2009年,教育部学位与研究生教育发展中心公布2007—2009年学科评估高校排名结果,我校的电子科学与技术、信息与通信工程两个一级学科均排名全国第三。

学校加强了北京市重点学科的建设工作,2007年我校计算机应用技术、管理科学与工程顺利通过北京市一级学科重点学科建设项目合格验收;同时完成机械电子工程、计算机系统结构、交叉学科数字内容传媒学3个新的北京市重点学科建设项目申请工作,也顺利获得立项,成为北京市重点学科。2010年,新增光学工程为北京市一级学科重点学科,网络治理为北京市交叉学科重点学科。

学校不断完善学科专业布局,适度扩大硕士和博士研究生学位授权点。2007年,我校新增1个博士学位授权点(光学工程)和8个硕士学位授权点(军事通信学、政治经济学、马克思主义中国化研究、传播学、英语语言文学、设计艺术学、物流工程、运筹学与控制论)。2009年,学校获准开展高级管理人员工商管理硕士(EMBA)专业学位教育,首批EMBA开始招生。2010年,又新增硕士专业学位授权点3类(翻译、公共管理、工程管理),申报自行审核一级学科博士学位授权点2个(控制科学与工程、工商管理),一级学科硕士学位授权点10个(应用经济学、法学、马克思主义理论、教育学、外国语言文学、新闻传播学、数学、物理学、公共管理、工商管理)。

经过几年努力,学校良性学科生态逐步形成。鉴于此,方滨兴校长在2010年年底的学校五届二次教代会的校长报告中强调未来学校学科建设的工作思路是:按照"强化优势、突出重点、促进交叉、扶植特色"的学科建设思路,继续巩固特色学科的既有优势,坚持非特色学科的稳步前行。保持并扩大现有国家重点学科的优势,强化信息与通信工程、电子科学与技术一级重点学科的优势地位。努力推动"信息与通信工程"一级学科国家重点学科的发展,使其排名提升为全国第一;确保"电子科学与技术"一级学科国家重点学科排名居全国前列;力争"计算机科学与技术"和"管理科学与工程"冲击国家重点一级学科;"控制科学与工程""机械工程"和"工商管理"建设成为一级学科博士点。扶植文、理学科,完善学科生态,全面提升学校综合实力。

(二) 科研工作重点突破

在科研方面,学校按照"前瞻布局,重点突破,凝聚队伍,创新体制,优化环境,提升贡献"的发展思路,大力倡导自主创新,努力拓展科技资源,在国防科技领域取得突破性进展,进一步推动与地方、与相关企业、与科研院所的横向联合,逐步建立具有学校特色的产学研用合作创新体系。

1. 科研归位建立新机制

按照科研归位的要求,学校为实现建设研究型大学的奋斗目标,大张旗鼓地扶持科学研究,积极建设大平台、形成大团队、争取大项目、取得大成果,在群体利益最大化的前提下把学校的资源从教学向科研倾斜。为此,学校按照学科方向建设实体的科研院所,让跨学科的教师集中起来,形成了有利于科研平台建设和团队建设的运行机制,以凝聚人才,产出成果,最终培养出大师级的人物。同时,学校改变教师考核评价指标和薪酬体系,不再简单将财务拨款与学生数量关联,提高科研工作量在经费拨付中的比重,调动学院从事科研的积极性,改变教授办公司和科研团队的建设只有凭借公司化的运作才能壮大的单一模式。

在组织机构上,把学科建设和科研工作联系起来,集中全校的人才,组建能够承接大型科研项目的强势科研团队,成立了网络技术研究院、光通信与光电子学研究院(后更名为信息光子学与光通信研究院)、无锡北邮感知技术与产业研究院,有效促进了我校科研工作的可持续发展。以光通信与光电子学研究院为例,它集中了原电信工程学院、电子工程学院和理学院3个学院相关学科的教师和科研人员,聘请了中国科学院半导体研究所原所长、中国工程院院士、中国光电行业最有名的科学家之一陈良惠担任首任院长,以期形成一个大团队,构建成一个大平台,目标就是要承接大的任务,获得大的成果。

此外,学校在人才引进、团队建设、职称评定、岗位设置、国内外进修、项目申报等方面,对科研人员采取系列激励政策,形成了科研的创新机制。

2. 集聚人才形成大团队

科研工作离不开杰出人才。学校大力实施"人才工程",制定政策,加大对青年人才的培养、高端人才的引进,帮助杰出人才的脱颖而出,为科研领军人才的出现、科研大团队的形成,创造了良好的环境。

在"十一五"期间,学校加强了对高端人才的引进工作,高度重视国外一流学术大师和优秀人才的引进,凝聚高水平学术队伍,全面提升学校科研教学等办学实力。近几年来,学校特聘教授数量累计已达110余人。2007年,学校启动院士工程,成功引进刘韵洁院士。同年,聘任英国南安普顿大学的吴建平教授为我校"长江学者特聘教授"。方滨兴校长上任后,又聘请了10多位院士担任各二级学院的院长。

2006年和2007年,我校申报的"通信与网络核心技术创新引智基地""高等智能与网络服务创新引智基地"先后获得批准为教育部、国家外国专家局联合实施的"高等学校学科创新引智计划"(简称"111计划")建设项目,2007年12月,基地聘请俄罗斯科学院圣彼得堡约飞物理技术研究所的杜布罗夫斯基(Vladimir G. Dubrovskii)教授和茹科夫(Alexey E. Zhukov)教授以及英国爱丁堡大学Harald Haas教授担任"111基地客座科学家"。2008年3月5日上午,在新办501会议室任晓敏副校长代表北京邮电大学为德国汉堡大学Hermann Rohling教授正式颁发了"通信与网络核心技术学科创新引智基地"海外学术大师聘书。同年11月,学校又成功聘请了半导体异质结构物理学的创立者、诺贝尔物理学奖获得者、俄罗斯科学院副院长阿尔费罗夫院士担任"111基地"学术大师,2010年3月,学校与俄罗斯圣彼得堡科学院大学签署协议建立以阿尔费罗夫为主任的中俄联合实验室。2010年,聘任国家粮食局科学研究院吴子丹研究员为"111基地"国内长期高级访问科学家,聘任中兴通讯股份有限公司美国光波所所长余建军研究员、新加坡南洋理工大学网络研究中心主任沈平教授和美国IBM华生研究中心资深研究员张良杰为"111基地"长期学术交流学术骨干。

2006—2010年,一大批科研人才脱颖而出,其中的主要代表如下所示。

- 国家杰出青年科学基金获得者:马华东(2009年)。
- 教育部新世纪人才计划获得者:吕铁军、亓峰、张民、徐坤、陆月明(2006年);杨俊忠、忻向军、李钢、陈兴渝、田慧平、李秀萍(2007年);吴军、邹仕洪、宋美娜、罗红、张霞、李立华(2008年);喻松、王莹、齐佳音、李文璟、李丽香(2009年);刘玉敏、高飞、孙其博、冯志勇、王欢、彭木根(2010年)。
- 国家自然科学基金委员会创新研究群体学科带头人:孟洛明(2008年)。
- 教育部创新团队学科带头人:纪越峰(2007年);廖建新(2010年)。
- "新世纪百千万人才工程"国家级人选:廖建新、亓峰(2006年);陶小峰(2009年)。

3. 基地建设构筑大平台

为构筑科研大平台,学校一方面加强了已有的国家、教育部和北京市重点实验室等科研基地建设,另一方面,发挥学校学科和人才优势,紧密结合科技发展趋势和国家建设需要,陆续建设了一批以国家、教育部和北京市的重点实验室、工程实验室(研究中心)为主的研究基地。2006—2010年间新建设的科研基地主要有以下几个。

(1) 可信分布式计算与服务教育部重点实验室:以北京邮电大学计算机科学与技术和软件工程学科为依托,于2010年12月14日经教育部批准立项建设。实验室现任主任为中国工程院院士方滨兴教授。

(2) 网络系统与网络文化北京市重点实验室:于2010年7月经北京市教委批准,正式立项建设。实验室依托于北京邮电大学数字内容传播学北京市重点学科、北京邮电大学新闻与传播学一级学科、信息与通信工程国家重点学科和设计艺术学一级学科。实验室学术委员会主任由中国工程院院士方滨兴教授担任。实验室主任为王文宏教授,副主任为侯文君和苏菲教授。主要开展3个方向的研究:网络文化与新媒体传播研究、网络文化服务与交互体验研究和支撑网络文化建设、发展与管理的关键技术研究,实验室的研究具有鲜明的文工交叉特点。

(3) 安全生产智能监控北京市重点实验室:2010年北京市科学技术委员会首批认定的北京市重点实验室。实验室着眼于城市安全领域智能监控的基础理论研究和共性关键技术的攻关研发,致力构建安全监管与智能监控的交叉研究平台。实验室主要研究方向包括城市安全监控、安全智能感知、网络化智能监测、安全智能决策、安全监控专用设备研制、检测技术、检测标准等,涵盖了安全领域智能监控从基础理论到应用技术的研究,为北京邮电大学开辟了一个新的优势研究领域。实验室主任由国家"863计划"专题组专家、中国通信标准化协会TC-9组副主席、中国通信学会无线与移动通信委员会副主任委员刘元安教授担任。学术委员会主任和副主任则分别由中国科学院薛其坤院士和中国工程院刘韵洁院士担任。

(4) 灾备技术国家工程实验室:由国家发改委于2008年8月批准的全国唯一的一个灾备领域国家级工程实验室。2009年9月23日,在北京邮电大学成立。实验室由北京邮电大学牵头,联合清华大学、中国科学院计算技术研究所和中国邮政集团公司共同建设。实验室现任主任杨义先教授是北京邮电大学博士生导师、首批长江学者特聘教授、首届国家杰出青年基金获得者。实验室主要研究方向为数据备份技术、数据恢复技术、数据可靠性技术、灾备标准体系和灾备技术测试验证等。致力为灾备行业提供原创性技术成果和设备,解决国家信息系统灾备建设中的部分关键技术问题,为应用基础研究与工程化开发的有机衔接与整合提供助力,为提升我国灾备行业的整体自主创新能力和国际竞争力提供强有力的技术支撑。

(5) 空间机器人技术教育部工程研究中心:2007年9月经教育部批准,由北京邮电大学作为依托单位,联合中国航天科技集团公司第五研究院总体部、北京中技克美谐波传动有限责任公司和中国航天科技集团公司第五研究院第五一三研究所等单位筹建。中心主任由空间机器人领域著名专家、博士生导师、北京邮电大学自动化学院执行院长孙汉旭教授担任。中心目前的主要研究方向为空间机器人技术、地面移动机器人技术、虚拟现实技术和嵌入式自动控制等。中心以空间机器人技术的发展需要为导向,以培育产学研相结合的技术创新体系为基础,加速高新技术产业化,力争把中心建设为空间机器人高新技术研发基地、科研成果转化基地、产业化基地和技术创新人才培养基地,为我国的经济建设和社会发展服务。

(6) 信息内容安全技术国家工程实验室(北邮模式识别实验室):实验室成立于2008年年底,是国家发展和改革委员会资助建设的100个工程实验室之一,也是首批批复的工程实验室之一。北京邮电大学模式识别实验室是承建单位之一,实验室北邮分部主任为郭军教授。实验室以提高我国信息内容安全领域的自主创新能力,培养信息安全领域创新人才为目标。实验室的主要研究方向为模式识别、机器视觉、信息检索、机器学习和网络管理。

(7) 北京邮电大学高水平特色型大学战略研究中心：北京邮电大学高水平特色型大学战略研究中心于 2009 年 11 月成立，隶属教育部科技委，是教育部第二批批准建设的 5 个战略研究（培育）基地之一。学校党委书记王亚杰教授任基地主任，教育部原副部长赵沁平教授担任基地学术委员会主任。中心目前的主要研究方向：信息通信行业产业以及战略性新兴产业整体发展规划的战略研究、高水平行业特色型大学理论与实践研究、科教融和体制机制以及模式研究等。

截止到 2010 年年底，学校共设有国家重点实验室 2 个（含国家工程实验室 1 个）、教育部工程研究中心 2 个、教育部"111 创新引智基地"2 个、各类部级重点实验室 8 个。这些研究基地为支撑学校的科研提供了良好的基础条件。

4. 军工认证拓展新领域

为扩大学校科研领域，具备承接军工科研项目的资质，学校决定认真建设准备，取得相关的资格认证。2007 年上半年，学校按照相关资格认证的要求，加强保密工作建设。首先，加强领导，加大投入，为保密工作的开展创造充分条件。按照申请一级保密资格认证的要求，设置独立的保密办公室（保密处），增加人员编制，成立保密资格认证工作组，在场地、设备、经费等方面提供充分保证，集中购置保密文件柜、碎纸机、杀毒软件、计算机操作系统、电磁辐射干扰仪等保密工具，为各项工作的全面开展创造有利条件。同时，学校各二级单位也分别成立本单位的保密工作领导小组和保密工作队伍，形成领导有力、上下联动的工作机制。其次，加强培训，全面宣传，不断提高全校师生的保密意识和保密技能。学校多次组织涉密人员保密知识培训，举办保密知识讲座，进行保密知识考试，使涉密人员的保密技能不断提高。再次，加强研究，结合校情，建立系统的保密工作规章制度。实行保密工作责任制，制定保密教育制度，涉密人员、涉密载体、涉密部门部位、涉密涉外活动管理制度，涉密通信、计算机信息系统和办公自动化保密管理制度，保密审查审批制度，失泄密事件报告查处制度，保密奖惩制度等一系列操作性强、行之有效的保密规章制度体系。同时，强化监督检查，重点开展整改，切实抓好各项制度的落实，使保密工作系统有效运行，形成良好的保密环境。

2007 年 6 月 5 日顺利通过教育部组织的现场预审；6 月 20 日通过中华人民共和国国家军用标准质量管理体系国军标质量管理体系（GJB9001A—2001）认证现场审核工作；7 月 6 日，以 488 分的优异成绩通过国家一级保密资格认证现场审查，成为教育部部属高校中第一所拥有国家一级保密资格认证的大学。专家组领导认为学校领导高度重视，书记、校长亲自挂帅，带领全校师生，加强组织体系建设，落实领导责任制，将保密工作纳入学校工作全局；完善制度体系建设，开展全员教育培训，提高责任意识与保密工作水平；着力防范体系建设，突出工作重点，强化监督检查，深入落实整改，确保各项保密防范措施的落实；推进保障体系建设，加大人力、物力、财力投入，为保密工作提供良好的条件。尤其是北邮上下以保密资格审查认证为契机，全面提升学校保密工作管理水平,使认证过程成为一次宣传教育、完善制度、强化管理、堵塞漏洞的过程,确保高质量地通过一级保密资格认证。

2008年3月25日,学校又获得国防科工委正式颁发的"武器装备科研生产许可证"。"三证"的获得标志着我校正式跨入我国军工科研生产的准入体系,也使我校成为教育部直属高校中率先具有武器装备科研生产三证许可的学校之一。按照国家要求,今后进行军品科研生产的单位必须持有《武器装备科研生产保密资格认证》《国军标质量体系认证》和《武器装备科研生产许可证》"三证",否则将列为形式审核不合格,不得从事军品相关的科研生产活动。2009年,学校又顺利通过总装备部"装备承制单位资格审查组"的现场审查。我校取得军工科研生产的"三证",为我校承接军工科研项目和生产奠定了基础。

5. 建立产学研用合作创新体系

学校坚持为国民经济建设服务,实施产学研归位,积极构建学校技术成果向社会转化的物理平台,促进科技成果转化,努力形成学校产学研一体化的特色。坚持"发挥行业优势,打造特色园区"的发展思路,以"一园多区"的模式推进园区建设,充分发挥特色优势和影响力,辐射通信信息行业。为探寻产学研发展新路径,学校计划成立工程技术转移中心,在科技成果转移平台建设、成果转化、专利转让国际合作等方面打开新的发展路径。

在科研方面,学校继续加强与企业合作,新建立了多个联合实验室。2006年4月25日,我校与江苏通鼎集团签署了"北邮－通鼎光纤技术联合实验室"共建协议及项目合作协议,标志着双方在光纤技术方面的研究合作正式开始。5月16日,我校与中交星网宽频网络有限公司举行了"北邮－中交星网流媒体应用实验室"揭牌仪式。5月24日,"北邮－爱立信未来通信联合研究中心"揭牌仪式在教三学术报告厅隆重举行,同时爱立信(中国)公司副总裁、CTO、爱立信中国研发总院院长Dan Redin教授被聘为北京邮电大学顾问教授。

2009年7月13日,学校与密云县政府签订战略合作协议,共建北京呼叫中心产业基地。根据协议,地方政府负责在北京呼叫中心产业技术和管理研发、呼叫中心培训和认证、毕业生录用中优先考虑选择北京邮电大学作为合作方,并利用北京呼叫中心产业基地,与北京邮电大学共同建设实验室、培训基地、实习基地;北京邮电大学负责提供专业人才、技术和各种资源支持,并对呼叫中心产业基地上下游产业链布局进行研究、规划和论证。9月1日,学校与无锡市政府签订合作协议。根据协议,双方合作建立政产学研用相结合的北邮无锡研究院实体;合作开展传感网示范应用的规划,并组织开展传感网架构和行业应用的研究、开发和试验工作;合作建设学生实习、就业培训基地;合作开展针对传感网技术领域的工程硕士培养等。2010年2月24—25日,学校在无锡市隆重举办了"北京邮电大学感知技术与产业研究院落成启动仪式、现代科技与学科建设战略研讨会、物联网发展战略学术报告会"等系列活动。感知技术与产业研究院的落成启用,揭开了校市合作的崭新篇章。

2010年，学校与北京市经信委签订了"物联网技术及产业促进战略合作协议"，建设"北京市信息网络技术转移中心"；参与了北京市的"中关村物联网产业联盟"和"北京市物联网工程中心"的筹建，并通过"北京市物联网工程中心"申报了2项北京市技术转移产业化项目；积极参与"中关村科学城"项目，与北京市人民政府共建"北京北邮信息网络产业研究院"；先后与天津经济和信息化委员会、泸州市人民政府等签署了合作框架协议，拓宽了学校与区域经济的产学研横向协作；加入深圳虚拟大学国家大学科技园，推进产学研基地建设工作。2010年12月22日，在中国产学研合作促进会和北京市人民政府联合主办的第四届中国产学研合作(北京)高峰论坛暨促进会年会上，宣布了"中国产学研合作创新与促进奖"的评选结果，我校张平教授获"中国产学研合作创新奖"。"中国产学研合作创新与促进奖"是由国家科学技术奖励工作办公室批准设立的社会力量奖，是为了奖励在促进产学研合作及创新方面作出突出贡献的单位及个人。

（三）科研成果新跨越

在学校新的科研创新机制下，科研人才、科研基地纷纷发力，科研项目的立项数不断增加，研究领域不断扩大，科研经费增加迅速，科研成果的质量也在不断提高，科研奖励获得数量逐渐增长，科研成果的经济和社会效益突出。

学校科研经费连年增长，2007年，学校科研经费到款仅1.59亿元，2009年，科研经费到款超过2亿元，达2.43亿元，2010年，科研经费到款超过3亿元。科研立项不断取得突破，2010年，我校获得首个973计划滚动支持项目，新增主持973项目1项。任晓敏教授获得重大国际(地区)合作研究项目，这是我校首次获得该类项目资助的教授；陶小峰教授获得科学仪器基础研究专款项目，这是我校首次获得该类项目资助的教授；"利用微波热声效应产生海底宽带超声波新方法研究"首次获得国家自然科学基金地球科学部项目的资助，体现我校在拓展新的学科领域，以及交叉学科方面又向前迈出了一步。

科研成果获得的奖励数量和质量每年都在增加。

2006年，我校任晓敏教授研究组的"高速窄线宽可调谐的解复用光接收集成器件及其关键制备工艺"荣获"2006年度中国高等学校十大科技进展"、北京市科学技术奖二等奖；廖建新研究组的"移动智能网技术"获高等学校科学技术奖(推广类)一等奖；张平研究组的"宽带无线移动 TDD-OFDM-MIMO 技术"获中国通信学会科学技术奖一等奖。

2007年，我校纪越峰、顾畹仪教授参与的"WDM 超长距离光传输设备(ZXWM-M900)"获得国家科学技术进步奖二等奖；孟洛明研究组的"ITU-T X.781 CORBA 系统实现一致性声明的需求和指南 ITU-T M.3031 tML Schema 实现一致性声明文稿的定义指南"获得中国标准创新贡献奖一等奖；孙汉旭课题组的"JK863-2007741003"获得中国人民解放军总装备部科技进步奖二等奖；廖建新课题组的"业务网络智能化技术及应用"获得中国通信学会科学技术奖一等奖。

2008年,张平教授主持完成的"宽带无线移动TDD-OFDM-MIMO技术"荣获国家技术发明二等奖;杨义先教授参与研究并合作申报的"国家信息安全公共服务共性支撑技术研究及应用示范"荣获高等学校科学研究优秀成果奖科技进步一等奖;孟洛明教授主持完成的"面向多业务的大规模复杂传送网综合管理系统"荣获高等学校科学研究优秀成果奖科技进步二等奖;李书芳教授参与研究并合作申报的"2008年北京奥运会无线电设备自动检测平台"荣获中国通信学会科学技术一等奖;邓中亮教授主持完成的"低码率音视频压缩编解码与传输关键技术研究及应用"获中国电子学会电子信息科学技术奖一等奖;邱雪松教授主持完成的"传送网运行状态评价系列国际标准及行业标准"荣获中国通信标准化协会科学技术二等奖。本年,北京邮电大学以其突出表现荣获未来移动通信论坛唯一的"2007年卓越贡献奖",这也是学校继2006年度荣获此唯一奖项后继续蝉联该项殊荣。

2009年廖建新教授主持完成的"移动通信增值业务网络智能化技术及应用(原名称:业务网络智能化技术及应用)"项目喜获国家科技进步奖二等奖;纪越峰教授主持完成的"基于智能通道组织和共享保护方法的光层联网技术与应用"获得高等学校科学研究优秀成果奖(科学技术)技术发明奖一等奖;张平教授主持完成的"D-SCDMA及其增强型终端一致性测试技术与平台"和邓中亮教授主持完成的"基于异构网络融合的多媒体技术"均获得中国通信学会科学技术奖一等奖;宋美娜教授主持的"现代服务业共性服务平台"获得中国商业联合会服务业科技创新奖特等奖。本年11月22日,信息检索领域的国际权威评测组织TREC公布了本年度的评测结果,信息与通信工程学院郭军教授和徐蔚然的研究小组提交的"博客按话题精选技术"在博客精选任务(blog—distillation Track)中多项测试指标获得第一名,共有60多个国内外单位参加了本年的评测。这标志着我校Web搜索技术的研究跨入国际先进行列。

2010年,纪越峰教授课题组完成的"基于智能通道组织和共享保护方法的光层联网技术与应用"获得国家技术发明二等奖;张平教授主持完成的"D-SCDMA及其增强型终端一致性测试技术与平台"和邓中亮教授主持完成的"基于异构网络融合的多媒体技术"又双双获得国家科技进步奖二等奖;纪越峰教授主持完成的"基于自主核心芯片的宽带光接入系统与规模应用"获得高等学校科学研究优秀成果奖(科学技术)一等奖;杨放春教授主持的"融合业务支撑环境技术"、孟洛明教授主持的"面向运营支撑的网络与业务质量保障关键技术及应用"同时获得中国通信学会科学技术奖一等奖;孟洛明教授主持完成的《网络管理接口通用信息模型与公共交互机制》等4项国际标准获得中国通信标准化协会科学技术奖一等奖;茶洪旺教授的《区域经济理论新探与中国西部大开发》和赵秀娟的《中国证券投资基金评价研究》获得北京市第十一届哲学社会科学优秀成果二等奖,这在我校哲学社会科学研究方面是一个突破。

六 以人为本,创新学生思想政治工作

2006年以来,学校继续深入贯彻落实中发[2004]16号文件与全国加强和改进大学生思想政治教育工作会议精神,以育人为中心,牢固树立"学校教育、育人为本,德智体美、德育为先"的思想观念,以加强和改进思想政治理论课的教学、加强形势政策教育、加强大学生思想政治教育队伍建设、深入开展社会实践、加强校园文化建设、发挥党团和学生组织的重要作用为工作重点,不断加强和改进大学生思想政治工作。

(一)学生管理机制的改革尝试

学校高度重视学生工作队伍建设,2006年,学校召开党委常委会专题研究大学生的思想政治工作,修订《北京邮电大学德育工作大纲实施细则》,制定实施《中共北京邮电大学委员会关于进一步加强辅导员队伍建设的实施意见》。明确了辅导员队伍的角色定位、工作定位、工作职责和素质要求,在领导机制、选聘配备机制、培养培训机制和管理考核机制等方面建立加强辅导员队伍建设的长效机制。成立北京邮电大学助学工作领导小组。2006年,学校将就业指导中心提升为副处级机构。

2008年,学校"十个归位"改革思路出台,学生管理归位的改革思路逐渐形成。5月14日,方滨兴校长在行政办公楼502会议室与来自各学院的10位辅导员进行座谈。深入了解辅导员工作实际,并就落实北京市《关于加强北京高校辅导员队伍建设的实施意见》广泛征求意见。作为落实"学生管理归位"这一改革举措所迈出的重要一步,学校决定成立辅导员工作基地,原来分散在各院办公的辅导员,集中在辅导员工作基地,由学生处(党委学生工作部)统一管理。10月28日,辅导员工作基地揭牌仪式在信息网络中心楼前隆重举行。揭牌仪式上,方滨兴校长指出:辅导员工作基地必将在我校高素质、专业化的辅导员队伍建设中,发挥其重要的支持和保障作用。

我校辅导员工作基地的创新做法,产生了广泛的社会反响,2008年11月5日,中共北京市委教育工委副书记王民忠到我校辅导员工作基地调研我校辅导员队伍建设工作并举行调研座谈会。同年12月10日,北京高校辅导员工作会议在北京会议中心召开。教育部副部长陈希同志,市委副书记、教育工委书记王安顺同志,北京市副市长赵凤桐同志等出席大会,我校30位辅导员代表参加了此次会议。方滨兴校长首先发言,作了题为《统筹资源,推进辅导员队伍科学发展》的交流报告。

学校辅导员工作基地在运行过程中,逐渐形成了一些新的工作机制。方滨兴校长在北京高校辅导员会议的发言中概括为建设"54321型"学生辅导员队伍,即形成5个管理统一的局面,打造"四化"辅导员队伍,形成"三结合"发展模式,明确两个角色的定位。2009年3月20日,学校将2009年定位为"学生年",对辅导员队伍建设内涵做了

重新解读。"5"指的是"五统一"管理局面,即统一管理,明确责任;统一办公,加强交流;统一工资,注重绩效;统一委派,个性化管理;统一考核,调动积极性。"4"指的是"四化"辅导员队伍,即专业化培养、职业化发展、动态化轮换、集团化作战。"3"指的是3个角色定位,即行政管理角色、教师角色、服务者角色。"2"指的是"双结合"发展模式,即专兼职结合和长短期结合。"1"指的是一个工作理念,即坚持以学生为本,为学生分忧的工作理念。

辅导员基地的学生工作模式和队伍建设机制,进一步扩大与学生接触的机会,强化与学生沟通的力度,增强学生管理队伍的联动能力,形成学生管理队伍的强势团体,是一次学生思想政治工作的大胆尝试。2010年1月8日,北京市委教育工委在北京会议中心隆重举办"思考与展望:在中央16号文件颁布5周年的新起点上——2009年度北京高校德育高层论坛",我校申报的"把握归位改革契机,建立辅导员管理新机制,创思想教育工作新亮点"获得了2009年首都大学生思想政治教育工作实效奖二等奖。

(二) 思想政治理论课的建设和改革

1. 落实中央文件精神,实施课程新方案

思想政治理论课是学生思想政治工作的主渠道和主阵地。2005年年初,中共中央宣传部、教育部发布了《关于进一步加强和改进高等学校思想政治理论课的意见》(教社政[2005]5号)和关于印发《〈中共中央宣传部 教育部关于进一步加强和改进高等学校思想政治理论课的意见〉实施方案》的通知(教社政[2005]9号),确定了普通高校思想政治理论课的新方案,即高校本科思想政治理论课课程设置为4门必修课:①马克思主义基本原理(简称"原理",3学分);②毛泽东思想、邓小平理论和"三个代表"重要思想概论(简称"概论",6学分);③中国近现代史纲要(简称"纲要",2学分);④思想道德修养和法律基础(简称"基础",3学分)。另外,开设"形势与政策"(本科2学分)和"当代世界经济与政治"等选修课。从2006级起开始执行。

学校制定了《中共北京邮电大学委员会关于进一步加强和改进大学生思想政治教育工作实施意见》《北京邮电大学关于进一步加强和改进思想政治理论课的具体实施方案》,按照中央文件要求,从2006级起,全面实施思想政治理论课新方案,课程设置和学时、学分安排与中央文件要求一致。

2. 健全机制,创造思想政治理论课教学条件

学校党委高度重视思想政治理论课教育教学工作,指定一名副书记具体分工负责对思政课的领导。成立了北京邮电大学思想政治理论课建设指导委员会和督导委员会等机构。

在组织机构上,学校落实中央精神,2008年11月,将马克思主义教学与研究中心升格为学校独立的二级单位,主要职责就是承担学校的思想理论课教学、学科建设和

研究工作。在教学经费方面，学校落实中央和北京市有关文件要求，为实践教学和思想政治理论课教师社会实践提供经费保障。

学校支持思想政治理论课教师参加教育部和中宣部以及各学会组织的师资培训，鼓励教师攻读学位，支持到国内外进修和访学。

学校重视思想政治理论课的建设，2009年，学校教务处对学校28门重要基础课实行重点建设和管理，马克思主义基本原理，毛泽东思想、邓小平理论和"三个代表"重要思想概论；中国近现代史纲要；思想道德修养和法律基础4门课程均被纳入。马克思主义基本原理课获得北京市精品课程立项；毛泽东思想、邓小平理论和"三个代表"重要思想概论（后更名为"毛泽东思想和中国特色社会主义理论体系概论"）、思想道德修养和法律基础2门课成为校级精品课程。

3. 深化课程改革，提高教学实效

注重实践教学，建立12个稳定的思想政治理论课实践教学基地，组织学生参观北京新农村建设、现代农业及新型工业企业和高科技企业，组织学生进行社会调查，编写思想政治理论课社会调查指导手册。组织学生成立北京邮电大学深入实践科学发展观宣讲团、马克思主义中国化研究会、网络舆情监控研究会、传统文化学社等社团，开展学生思想政治教育的自我实践活动。

深化教学方法和手段改革，教师探索采用案例教学法、互动教学法、情境教学法、探究式教学法等新的教学方法，通过演讲、辩论、课前新闻播报、论文撰写、学生讲授、修身实践等手段，调动学生参与的积极性。注重现代化教学手段的使用，大力使用多媒体、网络等现代化教学手段，许多教师运用教学博客、QQ群、人人网等网络平台，实现了思想政治理论课教育教学从课堂延伸到网络，从课上延伸到课外，大大提高了思想政治理论课教学的实效性。思想政治理论课教学效果也得到了学生的认可，思想政治理论课教师网上评教得分平均在90分以上。近年来，思想政治理论课教师中入选教育部新世纪人才计划2人，北京市教学名师1人，北京市育人标兵1人，北京市教育创新标兵1人，北京邮电大学教学名师2人，德育先进个人3人。

（三）创新"形势与政策"教育机制

根据中央16号文件和中宣部、教育部有关文件加强高等学校形势与政策教育的精神，2005年4月，学校下发《北京邮电大学本科学生"形势与政策"教育教学实施方案》，决定从2005年秋季起，实行我校形势与政策教育教学的新方案，即在本科学生大一至大三年级中开设形势与政策课程必修课，每学生2学分，从大一开始分5个学期上完，每学期0.4学分，每学期安排3个专题。

2006年6月29—30日，学校召开"形势与政策"课程建设研讨会，总结"形势与政策"教育教学新方案实施一年来的经验，就《北京邮电大学关于加强"形势与政策"（本科）课程建设的意见》实施细则进行深入研究，制定了落实的具体措施。

2007年9月28日,学校再次召开形势与政策课教学专题研讨会,总结"形势与政策"教育教学新方案实施两年来的经验,就"形势与政策"课教学理念、教学管理、教学形式、教学内容、考核方式以及师资队伍、教材、资料建设等相关问题进行深入研讨。确定了把"形势与政策"课与学生工作、思想政治教育紧密结合起来,优化内容选取,加强研究,建立起完善的评教机制,从教育形式、课程内容等方面积极进行改革,使我校"形势与政策"课程成为备受学生欢迎的一门课,从"精彩一堂课"向"精品课"努力奋斗。荣获北京市教工委颁发的2009年首都大学生思想政治教育工作实效奖优秀奖。

（四）加强心理健康教育和就业指导工作

学校坚持开展心理素质教育,建立完善的心理素质教育体系和机制,构建了在广大学生中深入开展心理健康教育、促进大学生身心和谐发展的多层次、全方位、立体化的心理素质教育体系;建立了以对新生进行心理普查为基础,以对学生开展每年一度心理健康宣传月活动、对班主任辅导员定期培训、对师生普及心理健康知识为主要途径,以为学生提供日常心理咨询服务为重点,以对个别学生进行危机干预为保障的校、院、班"三级"心理素质教育机制。学校成立了心理咨询中心,在学生处（党委学生工作部）下专门设立了心理健康教育中心。心理健康教育中心主要面向学生负责宣传教育,进行心理测评,举办心理咨询会,开设心理素质教育选修课,组织开展每年一度的"大学生心理健康宣传月"和"5·25大学生心理健康日"活动,指导学校心语社的社团活动,定期对辅导员和心理委员进行业务培训等工作。每个班级除配有专职辅导员外还举荐了心理委员。

学校心理健康教育中心拥有一支具有较高理论水平和实践经验的专兼结合工作队伍,面向全校开设了《心理素质培养与心理健康》《心理健康与咨询》和《职业生涯管理》等心理素质培养与心理健康教育选修课;针对学生在不同阶段经常遇到的心理问题,设置了情绪调节与管理、挫折应对与意志力培养、沟通与人际交往等专题讲座;每年5月相继以"共享感动、温暖我心""珍惜生命、关爱健康""敞开心扉、拥抱阳光"和"快乐·健康·和谐"为主题,开展了现场咨询、专家访谈、心理讲座、心理电影赏析、主题心理工作坊等丰富多彩的"心理健康宣传月"活动,受到了学生的普遍好评。学校还借助网络的力量,创设网上心理在线（www.byr.edu.cn）,开辟了包括"心理美文""心理手册""日常业务"和"热点活动"4个板块的心理咨询网站,进行心理健康教育。

学校高度重视毕业生就业工作,把就业工作作为"一把手工程",认真贯彻"深化、落实、巩固、拓展"的就业工作方针,以积极主动、求真务实的态度,实施全方位的就业指导工作。学校建立了校、院两级就业工作领导体系,成立了就业指导中心；及时掌握用人单位对毕业生的需求情况,适时调整就业指导方向和工作重点；为在校生分析就业形势、提供就业指导和咨询,及时公布就业信息、组织专场招聘会,同北京高校毕业生就业服务信息网等各大知名网站建立互动链接,不断拓宽就业信息渠道,为学生提供全方位的就业服务。

(五) 丰富多彩的素质教育和校园文化活动

1. 构建文化素质教育的保障体系和长效机制

在国家颁布《学校艺术教育工作规程》后,学校及时成立了"北京邮电大学艺术教育指导委员会",学生处和团委负责课外艺术教育活动的具体组织领导工作,文法经济学院及其艺术教研室具体负责开设艺术教育课程和指导课外艺术教育活动。2006年4月,教育部批准学校建立"国家大学生文化素质教育基地"。学校制定了《北京邮电大学国家大学生文化素质教育基地建设实施意见》,进一步推进文化素质教育进课堂、进宣传阵地、进学生活动计划,将文化素质教育推上培养德智体美全面发展人才的基础平台,努力建成集知识传授与能力培养、业务训练与素质教育、科学精神与人文素养为一体的富有本校特色的"教育基地"。

学校将大学生文化素质教育工作与教育教学改革和人才培养模式创新密切结合,将其列入学校培养计划,贯穿于大学教育的全过程,形成了文化素质教育的长效机制。学校重视营造氛围,采取多种形式加强思想道德素质、专业素质、科学文化素质和身体心理素质教育。培养计划规定学生必须完成至少10个学分的素质教育选修课程,并要求学生在4年内必须完成课外环节,使课内与课外、校内与校外的教育教学形成有机整体。

2. 利用第二课堂积极组织开展文化素质教育

学校在注意抓好第一课堂的同时,积极开展第二课堂活动,形成了第二课堂与第一课堂既相区别,又相联系,相互促进,互为补充的大学生文化素质教育模式。第二课堂主要组织开展文化素质专题讲座、影视欣赏、文艺汇演、社会实践、体育活动等丰富多彩的文化活动。形成科技前沿讲座、北邮人文论坛、世纪讲坛、名人讲坛等多个有影响的精品讲座。邀请了一批学术大师、文艺界知名人士、著名企业家,如"欧元之父"蒙代尔教授、诺贝尔物理学奖获得者阿尔费洛夫、Google公司副总裁李开复等走进校园,为学生开设各类讲座,将知识性、鉴赏性、启发性融为一体,营造了浓厚的校园文化氛围。

此外,学校还组织开展一系列以提高学生素质为主旨的校园文化活动,如"学风建设月""励志类讲坛"、各类知识竞赛、"奥运宣传月""辩论赛""校友论坛"等活动,加强了学风建设,全面提高了学生的综合素质。

3. 课外科技文化活动特色突出

学校注重培养学生的创新、创造与创业能力,按照"学科竞赛与学术活动相结合、科技创新与科研实践相结合、成果转化与育人成才相结合"的原则,广泛开展以"三创"教育为核心的科技学术活动,积极培育和发展校园科技创新文化。

学校以"学生创新奖""创业计划大赛""创意大赛"三大赛事为龙头,积极开展一系列以启迪学生思维、开阔学生眼界为主旨的学术活动,如"ICT文化节""我的E校园专题论坛""BEA IMS 应用创意和开发大赛""头脑风暴"知识竞赛等。学校还特别重视各类科技知识讲座在"三创"教育中的重要作用,通过讲座使学生近距离与科技名宿、科技创新工作者、企业家进行交流,启迪和激励学生关注科技创新,勇于探索。

学校注重营造有利于学生创新、创造和创业的教育环境。设置创新实践基地、设立学生创新研究基金和创新实践学分、开展大学生创新实验计划、建立和完善学生科技培训网络,依托各实验室、科研团体、团校、各级学生组织分批分类地对广大学生进行科技培训;通过建立科技成果转化应用的服务组织及其网络,促进学生科技成果的推广应用。

学校通过不断开展以"三创"教育为核心的课外科技活动,提高了学生的科技素养,培育并发展了有利于创新人才成长的校园科技创新文化。在这种氛围下,广大学生积极参与科技学术活动,锐意创新,成果丰硕。在 2006 年的 IEEE CSIDC 国际计算机设计竞赛中,我校代表队从全球 100 多所高校的 185 支代表队中脱颖而,最终取得了全球第二名的优异成绩,创造了中国大陆大学生在此项赛事中的最佳纪录。

4. 引导学生社团健康发展

学校从培养大学生文化素质的高度,鼓励和引导学生社团健康发展。学校先后成立了涵盖科技、人文、工艺、艺术、体育等方面的 40 多个社团组织。爱乐合唱团多次参加校外演出,包括中央电视台迎"十六大"大型 MTV 的拍摄,CCTV-3"新视听"节目的录制等;吉他社成了校园一面独特的旗帜,在平和中展示着一群热爱吉他的年轻人的风采;校舞蹈队在大学生心目中是一个富有激情、创造力和活力的精彩世界;思科大学实践与创新俱乐部是思科公司在亚太区资助组建的第一家学生社团;微软技术俱乐部是微软在北京支持建立的第一个高校技术俱乐部;IEEE 北邮学生分会于 2006 年暑期联合北京大学、清华大学、北京交通大学等学校分会在我校举办了第三届 IEEE 亚太区学生代表大会。社团组织通过一年一度的"社团百花节",集中开展讲座演讲、读书征文、文艺演出、体育竞赛、展览展示等丰富多彩的文化活动,充分展示学生风采,活跃校园文化氛围。

5. 在志愿服务和社会实践中提高综合素质

学校长期组织开展志愿服务活动,组建了校院两级的青年志愿者协会。志愿者争相走进城乡社区、走进敬老院、走进儿童村,积极投身于社会公益事业,服务社会。语言学院简洁同学自 2004 年起一直在北京东四街道铁营社区义务教授英语,严寒酷暑从未间断,居民亲切地称呼她为"女儿老师",荣获"2007·感动东城公德人物"称号。

学校积极组织暑期社会实践活动,广泛开展主题实践、"三下乡"、理论宣讲、社会调查、科技扶贫、环境保护、文化宣传等实践活动。学校响应北京市教委及教育工委的号召,积极实施"大学生村官配套工程",开展"红色1+1"主题活动,组织学生党支部深入京郊农村,联合开展科技支持、文化普及、卫生服务、知识宣讲、文艺演出等对口支援活动,支持社会主义新农村的建设。

（六）服务奥运盛会，弘扬志愿精神

1. 开展奥林匹克教育工作

从 2006 年起，学校积极落实北京市教育工作委员会和北京市教育委员会印发的《北京市学校奥林匹克教育行动计划》，根据北京 2008 年奥运会对北京市高等学校奥林匹克教育工作的要求，结合学校实际，制定出 2006—2008 年工作规划。规划就今后工作指导思想、主要目标、主要任务、保障措施、年度工作安排等做了详细而周密的安排。要求紧密围绕实现"新北京、新奥运"的战略构想，全面贯彻落实《北京市学校奥林匹克教育行动计划》的目标和任务，以"抓机遇、作贡献、促发展、创风格"为指导方针，各学院各部门要抓住举办 2008 年奥运会的历史性机遇，发挥学校在通信行业的传统优势，采取多种形式，积极主动地为奥运会服务；通过奥林匹克教育与德育、体育和各项实践活动的有机结合，促进学校体育活动的有效开展，提高大学生的身体素质；开展丰富多彩、形式各异的宣传和教育活动，弘扬奥林匹克精神，普及奥林匹克知识，传播奥林匹克文化，使广大学生关注奥运、了解奥运、参与奥运、体验奥运、感悟奥运、得益奥运，全面促进大学生的身心和谐发展。

2. 开展"迎奥运、讲文明、树新风"系列活动

自 2006 年下半年起，学校开始进行"迎奥运、讲文明、树新风"系列活动。主要内容有：第一，"迎奥运、讲文明、树新风"主题动员倡议活动，号召各院教师做到内修师德、外树形象，号召全体同学树立良好的学风学气；第二，"迎奥运、讲文明、树新风"主题宣传活动，在校园内和社会上大力宣传和倡导文明新风，宣传奥运知识和文明理念，倡导新的社会风尚；第三，开展"2006 年度北邮校园十大先锋人物"评选活动，以"知荣辱、讲正气、树新风、促和谐"为主题，推选出 10 位校园先锋人物；第四，"志愿服务展风采笑迎奥运传礼仪"主题系列活动，我校在迎接奥运、筹备奥运过程中的出色表现，得到上级有关部门的高度肯定。2008 年 3 月，中共北京市委教育工作委员会、北京市教育委员会召开"北京高校 2008 年奥运会、残奥会筹办工作总结动员大会"，我校被评为"2007 年度北京高校奥运会、残奥会筹办工作先进单位"，校团委任雄飞、雒秦川，保卫处金华，语言学院田凤娟，电信工程学院赵雪梅 5 位同志荣获"2007 年度北京高校奥运会、残奥会筹办工作先进个人"称号。

3. 奥运会和残奥会志愿者工作

在 2008 奥运会、残奥会筹办和举办期间，我校团委在学校党委和上级团组织的领导下，团结带领广大志愿者圆满完成了奥运志愿者的招募、培训、"好运北京"测试赛、赛时宣传和信息报送、志愿者工作赛时运行、后勤保障、赛时接待和啦啦队及文明观众组织工作等多项任务，以实际行动践行了北京邮电大学的校训，体现了北京邮电大学的精神。

2006 年 8 月 28 日，我校奥运会、残奥会赛会志愿者招募启动，学校积极动员，广泛发动，在全校形成师生高度关注奥运、参与奥运的良好氛围。报名截止时，我校奥运

会志愿者报名人数已达10 513人,约占在校生总人数的67.7%,在首都各高校中名列前茅。

学校高度重视志愿者培训工作。根据北京奥组委和北京奥运培训工作协调小组办公室等部门制定的《北京奥运会、残奥会志愿者通用培训大纲》的要求,积极策划组织一系列内容丰富、形式多样的赛会志愿者通用培训。对每名志愿者的工作情况进行管理、监督和考核。根据"抓骨干,促奥运"的工作思路,我校充分依托雁翔团校举办骨干志愿者培训班,并定期向英才学校骨干志愿者班输送优秀人才。同时,学校以《北京奥运会大学生读本》《北京奥运会志愿者读本》《北京残奥会知识读本》等为基本教材,积极推动奥林匹克知识进课堂。并通过举办"奥林匹克知识大讲堂"等方式,邀请奥运专家、学者为我校志愿者授课。学校紧紧抓住奥运倒计时等重要时点,集中开展主题文化教育活动和公益实践活动,并广泛组织奥运主题歌咏、健身等文化体育活动。

2007年9月、2008年1月和4月,我校1 100余名志愿者分赴首都国际机场、国家会议中心击剑馆和奥林匹克公园公共区参加礼宾类专业志愿服务、现代五项世界杯总决赛、国际剑联世界锦标赛和奥林匹克公园公共区综合测试赛等"好运北京"系列体育赛事。我校志愿者以饱满的热情、周到的服务,出色地完成了"好运北京"测试赛的志愿服务工作。

我校作为国家会议中心击剑馆的主责单位和奥林匹克公园公共区、奥林匹克博览会等其他非竞赛场馆和服务场所的参与单位,奥运会和残奥会期间,共派出各类志愿者3 138人(其中有947名赛会志愿者全程服务了两个奥运),累计参加各类志愿服务51 186人次,总服务时间共计453 904小时。平均每人次每天连续上岗服务8.87小时,平均每人累计服务时间长达144.65小时。北邮志愿者们用自己的奉献精神,用微笑、用热情周到的服务,赢得来自全世界的交口称赞。

国家会议中心击剑馆在奥运会、残奥会期间,均是我校主责的竞赛场馆。我校击剑馆奥运会志愿者共612人,残奥会志愿者543人,参加本届奥运会击剑、现代五项2个大项12个小项和残奥会硬地滚球、轮椅击剑2个大项的志愿服务工作,累计参加志愿服务15 765人次,总服务时间共计126 120小时。

奥林匹克公园公共区是我校派出志愿者人数最多的非竞赛场馆。我校公共区奥运会志愿者共1 028人,残奥会志愿者共985人,从奥运会开幕式到残奥会闭幕式,累计参加志愿服务28 268人次,总服务时间共计282 680小时。

国际广播中心(IBC)是我校另一个参与服务的非竞赛场馆。我校共有IBC奥运会志愿者25人,残奥会志愿者22人,累计参加志愿服务830人次,总服务时间共计6 640小时。

我校还有语言服务及贵宾陪同专业志愿者和驾驶员专业志愿者。其中,我校语言服务及贵宾陪同专业奥运会志愿者共49人,残奥会志愿者共19人,累计参加志愿服务1 178人次,总服务时间共计8 246小时。我校语言类专业志愿者的服务岗位为奥运村、残奥村礼宾助理和首都机场礼宾助理,主要负责国际贵宾的接待和陪同工作。

我校驾驶员专业志愿者共12人，均全程参加奥运会和残奥会的志愿服务，累计参加志愿服务708人次，总服务时间共计6 372小时。

城市志愿者和社会志愿者是保障北京奥运会、残奥会期间城市运行的重要力量。奥运期间，我校共承担了2个城市志愿者服务站点和3个社会志愿者服务站点的服务任务。其中，城市志愿者484人，服务于枫蓝国际站点和蓟门桥站点，累计参加志愿服务1 597人次，总服务时间共计6 388小时。社会志愿者173人，服务于城铁西直门站、大钟寺站和知春路站，累计参加志愿服务1 078人次，总服务时间共计5 390小时。在城市志愿者服务站点的评选活动中，我校枫蓝国际站点被评为最高的五星级。

我校奥运工作和志愿者的出色表现，得到奥组委、北京市和学校领导的充分肯定，2008年11月7日，学校隆重召开奥运会、残奥会工作总结表彰大会，会上对1 169名同志予以表彰，授予99名同志"北京奥运会、残奥会先进工作者"荣誉称号，授予111名同志"北京奥运会、残奥会优秀志愿者"荣誉称号，授予959名同志"北京奥运会、残奥会志愿者先进个人"荣誉称号。

北京奥运会、残奥会结束后，我校先后被评为"北京奥运会、残奥会志愿者工作优秀组织单位""北京奥运会、残奥会文明观众、啦啦队工作优秀组织单位"和"首都教育系统奥运工作先进单位"。我校团委被授予"北京奥运会、残奥会先进集体"荣誉称号，王巧妹、苏国斌和艾琳等21位同志分别被授予"北京奥运会、残奥会先进个人"和"北京奥运会、残奥会优秀志愿者"荣誉称号。2009年1月，我校获得由共青团北京市委员会、北京奥组委志愿者部、北京奥运会志愿者工作协调小组联合颁发的"奥运先锋——北京奥运会、残奥会志愿者工作优秀组织奖"等。

七　团结一致，学校"十一五"规划圆满完成

（一）学科建设成效显著

"十一五"期间，学校通过"学科归位"工作，对学院行政体系进行了调整，明确了学院负责学科建设的职责，实现了以学院为主体、集中优势办学科的管理体制，增强了学科建设中的整体协调和运作能力，学科布局和结构得到明显优化，学科生态环境得到改善，学科建设的水平有了进一步提高。

学校具有博士、硕士整体授予权的一级学科8个，比"十五"增加4个；博士学位授权点（二级学科）15个，比"十五"增加3个；硕士学位授权点42个，比"十五"增加9个；博士后科研流动站5个，比"十五"增加1个；专业学位授权领域8个，比"十五"增加2个；获准成为全国EMBA培养单位；电子科学与技术、信息与通信工程两个一级学科获国家重点学科认定，并在全国一级学科评估中排名均列第三；此外，拥有北京市一级学科重点学科1个、二级学科重点学科3个、交叉学科重点学科1个。

（二）人才培养质量稳步提升

学校办学规模稳中有升。"十一五"末全日制在校生共 22 406 人，与"十五"末相比，增幅为 17%，其中普通本科生 12 951 人、硕士生 7 234 人、博士生 1 260 人、留学生 133 人、成人脱产本专科 151 人、民族本科预科生 677 人。非全日制学生 30 694 人，在职攻读专业学位研究生 6 688 人。

学校招生就业情况良好。"十一五"期间，学校本科理工科录取平均分高出当地重点线 60 分以上的省份数一直保持在 24 个以上，录取的研究生中约 70% 的考生来源于"211"院校。毕业生深受用人单位青睐，就业率名列全国高校前茅。"十一五"期间，学校累计为国家培养输送全日制本科及以上毕业生 23 152 人，是"十五"期间的 1.96 倍，其中毕业本科生 13 994 人，5 年平均就业率为 99.02%；毕业研究生 9 158 人，其中博士生 920 人、硕士生 8 238 人，博士生和硕士生就业率均为 100%。学校先后荣获"北京地区高校毕业生就业工作先进集体"等荣誉称号。

本科教学工作成效显著。学校以优秀成绩通过了教育部本科教学工作水平评估；"通信工程""电子信息工程"专业顺利通过了教育部工程教育专业认证；积极申报并获教育部批准设置"物联网工程"本科新专业；获批成为首批教育部"卓越工程师教育培养计划"61 所高校之一；获批成为首批 60 所国家大学生创新性实验项目高校之一；获国家级教学成果二等奖 3 项，北京市教学成果一等奖 6 项、二等奖 3 项；获评本科国家精品课程 7 门、北京市精品课程 25 门、网络教育国家精品课程 6 门、教育部双语教学示范课程 4 门、教育部—IBM 精品课程 4 门、教育部—微软精品课程 2 门；获评教育部普通高等教育精品教材 3 种，北京市精品教材 27 种；获批建设国家级特色专业 8 个、市级特色专业 9 个；获批国家级人才培养模式创新实验区 1 个；获批国家级实验教学示范中心 1 个、市级实验教学示范中心 6 个、市级校外人才培养基地 3 个。

学生创新实践能力显著提高，竞赛成绩优异。学校连续举办了两届"大学生创新实践活动展示交流会暨学术论坛"。其中，"仿生机器鱼平台研究""GPRS 无人侦查飞艇"等创新作品参加了北京市第七届国际教育博览会"北京高校科学研究和大学生创业展"主题展出，并赴澳门参加澳门创意产业协会成立庆典大会。学校积极鼓励引导学生参加了 ACM 国际大学生程序设计大赛、亚太机器人、电子设计、数学建模和信息安全等 20 余类国际性、全国性竞赛，其中获国际级奖 193 人次、国家级奖 507 人次、北京市奖 1 576 人次。获奖人次始终保持在全国重点高校的前列。

研究生教育质量明显提高。获全国百篇优秀博士学位论文提名 7 篇，入选 1 篇；北京市优秀博士学位论文 3 篇；与国外高水平大学进行联合培养、访学交流，参加高水平国际学术会议 500 多人次。

（三）科学研究效益明显

"十一五"期间，学校以凝聚大团队、构筑大平台、承接大项目、产出大成果和培养大师级人物为目标,成立聚集了多学科的优势科研力量的两个校级研究院,建立了有利于科研大平台建设和团队建设的运行机制;制定和实施了科研研究基金专项向青年教师倾斜的政策;首次将科研工作纳入绩效工资体系和教师岗位考核体系。

基地建设成效明显。学校现拥有省部级以上科研基地16个,比"十五"增加11个,其中国家工程实验室2个、教育部重点实验室1个、教育部国防重点实验室2个、高等学校学科创新引智基地2个、教育部工程研究中心1个、北京市重点实验室2个、教育部战略研究基地1个。学校顺利通过了总装"装备承制单位资格审查"小组的现场审查,成为教育部直属高校中唯一一所取得国家一级保密资格认证的学校;成立了国内第一家专业从事互联网治理与信息社会法律研究的学术机构——北京邮电大学互联网治理与法律研究中心。

国家重大专项以及"863""973"计划实现新突破。重大专项立项70项,其中牵头11项。"新一代宽带无线移动通信网"专项中通过技术评审获准立项数位于高校之首;"核心电子器件、通用高端芯片和基础软件产品"专项中通过技术评审获准立项实现了学校在单项科研项目的"重量"上突破。"863"计划立项114项,较"十五"期间增长50%,其中牵头70项;"973"计划立项34项,较"十五"期间增长240%,其中牵头主持5项。

科研立项数大幅增加,标志性成果层出不穷。"十一五"期间,科研项目累计立项3 618项,是"十五"的1.37倍;省部级(包括社会力量设奖)以上奖励72项,是"十五"的2.25倍,其中国家级奖励7项,是"十五"的2.3倍;授权专利305项,是"十五"的3.76倍;三大检索论文6 490篇,是"十五"的3.5倍,其中SCI 910篇,是"十五"的4.8倍;EI 2 415篇,是"十五"的3倍。

科研经费逐年递增。"十一五"期间,科研经费总量10.65亿元(其中纵向经费6.25亿元),与"十五"期间的科研经费总量3.72亿(其中纵向经费1.67亿元)相比,北邮在科研经费总量获取国家纵向科研经费的能力上有了大幅提升,科研水平迈上新台阶。

(四)师资队伍良性发展

"十一五"期间,学校通过"人才归位",按照"高端引进、低端激发、中端崛起"的原则,引进了国内顶级专家担任各学院、研究院的院长,建立了学科、科研、教学和人才4个平台的岗位教授聘任机制,充分发挥了年轻教师的竞争力。

师资队伍建设顺利实现了"十一五"规划目标。师资队伍结构更加合理,专任教师比例大幅提升,教师学历、年龄结构更加合理。目前学校专任教师1 363人,较"十五"末净增长339人,增幅为33%。教师中具有硕士以上学历的有1 107人,占专任教师总数的81.2%,较"十五"末上升6.6%;具有博士学位的721人,占专任教师总数的52.9%,较"十五"末上升16.3%。专任教师平均年龄38.9岁,45岁以下教师占专任教师总数的77.8%,年富力强的中青年教师构成了师资队伍的主体。

集聚高层次人才的能力不断增强,创新团队建设初见成效。新增院士(含双聘院士)7人,教育部"长江学者"特聘教授1人、讲座教授1人;国家"973计划"项目首席科学家5人;"新世纪百千万人才工程"国家级人选、国家杰出青年基金获得者以及新世纪优秀人才支持计划入选者30人;国家级教学名师2人、市级教学名师11人;国家自然科学基金委创新研究群体1个;教育部创新团队2个;国家级教学团队4个、北京市教学团队9个。

(五) 国际合作与交流日趋活跃

"十一五"期间,学校办学国际化进程不断推进。与国外60余所知名大学及科研机构签署了合作协议或备忘录近100余项,建立和启动交流项目40余个;与爱立信等国际著名跨国公司建立了一批联合实验室和人才培养基地;近1000余人次的教师参与国际交流,400余名学生赴国(境)外交流学习;主办或承办国际学术会议50余场;海外特聘教授数量达到110余人。国际合作办学项目顺利通过了英国高等教育质量保证学会(QAA)的教学评估和英国工程技术学会(IET)的专业认证评估。

成功申报和建设了"通信与网络核心技术创新引智基地"和"高等智能与网络服务创新引智基地"两个教育部"111"创新引智基地,引进了以诺贝尔物理学奖获得者若尔斯·阿尔费罗夫为代表的世界一流学术大师和科研学者,形成了实力强大的国际化研究阵容。

(六) 条件保障更加有力

"十一五"期间,学校加大了基础建设力度。科研大楼、学生宿舍、学生食堂、锅炉房煤改气等共计近10万平方米工程陆续完工,为学校顺利办学和安全稳定提供了必要保障。沙河新校区建设工程、小西天改造工程正在积极推进。

注重办学条件改善,办学经费、固定资产额等稳步增长。学校经费总投入48.57亿元,比"十五"增长79%;固定资产总值16.30亿元,比"十五"增长60%,其中教学、科研仪器设备总值4.83亿元,比"十五"增长1.37倍;图书馆藏书量(含电子文献)达到668万册,比"十五"增长7.5倍。

(七) 体制机制更加通畅

"十一五"期间,学校通过"管理归位",从体制机制层面探索了人事管理、科研管理、财务管理、学生工作管理、后勤管理等管理工作,通过废改立等方式全面梳理了学校的规章制度,提高了管理效能和服务水平。人才管理归位后,试行了学院(研究院)绩效考核,量化目标责任,形成了自我激励、自我约束机制;学生管理归位后,"54321"辅导员队伍建设新机制获得北京教工委颁发的"首都大学生思想政治教育工作实效奖";科研管理归位后,在组织策划国家重大项目以及科研经费增长方面有了新突破;财务管理归位后,收支方面保持良性增长,为缓解学校财政压力奠定基础;后勤管理归位后,通过创建后勤学生创新实践基地、聘请学生担任处长助理等新举措,不断加强服务意识,提升服务能力。

(八)党建工作成果丰硕

"十一五"期间,学校党委充分发挥领导和政治核心作用,围绕"培养什么人,怎样培养人""办什么样的北邮,怎么办好这样的北邮"这两个根本性问题,创新载体,把推动学校科学发展作为最大的党建任务来抓,通过制定战略构想引领发展方向,开展思想大讨论凝心聚力,深入调查研究寻找发展突破口,加强干部提升战略执行力等系列活动,努力把党建资源转化为发展资源、党建优势转化为发展优势、党建成果转化为发展成果。

截至"十一五"末,学校党员人数为 7 893 人,其中教工党员 1 450 人、学生党员 5 693 人,较"十五"末的增幅分别为 41.73%,31.10%,46.39%;以优秀成绩通过了北京市党建和思想政治工作达标检查并获北京高校党建和思想政治工作优秀奖;学生党员骨干学校获北京高校优秀党建工作创新奖;获 2007—2009 年度"北京高等学校党的建设和思想政治工作优秀成果及创新成果"二等奖及创新奖。

第十二章　科学发展,开创学校办学新局面（2011—2015）

2011年以来,北京邮电大学按照"两翼齐飞、四轮驱动"的发展战略和"综改拉动、科学发展"的思路,牢固树立事业型思维,加强和改进党的建设,实现教育事业科学发展。本阶段,在校领导和全校师生的共同努力下,北京邮电大学在推动党建和思想政治工作水平、人才培养质量、科技创新能力、学科建设水平、人才队伍实力、国际化办学水平、后勤和教辅服务保障能力、文化软实力等相关指标稳居全国同类高校前列,为跻身于特色鲜明、优势突出、世界著名的高水平研究型大学行列奠定了坚实的基础。在未来的工作中,我们要聚精会神地瞄准这一奋斗目标,紧紧抓住综合改革的机遇,科学制定我校综合改革方案,破解制约学校发展的深层次矛盾和问题,促进学校各项事业取得新的发展。

一　加强党的领导,强化制度建设

（一）反腐倡廉工作继续加强

高校反腐倡廉是党的廉政建设的重要组成部分。北京邮电大学始终坚持把反腐倡廉工作作为一条主线,在各项工作中认真落实中央关于"坚持标本兼治、综合治理、惩防并举、注重预防"的方针,不断完善反腐倡廉的制度体系,增强党员干部对反腐倡廉的认知,不断加强党员廉洁自律意识。

1. 初步形成了党员干部廉政建设培训机制

通过建立健全党员干部集中学习党的理论材料的机制,提高党员干部对高校反腐倡廉的认识水平。2011年9月13日,我校召开新任处级干部廉政谈话座谈会,参加座谈会的人员有新任处级干部、组织部和纪委办相关人员。与会同志就新任领导干部如何认真履行党风廉政建设责任制、严格执行廉洁自律各项规定等问题同新任处级干部进行了交流。每位新任处级干部在会上都签订了《处级领导干部廉政承诺书》。

2. 顺利通过了教育部检查组对我校贯彻落实《规定》和《准则》情况进行的专项检查

2011年9月21日,由教育部人事司副巡视员殷长春,高校干部一处调研员张总明和湖南大学纪委副书记、监察处长于祥成组成的教育部第三专项检查组莅临我校,对我校贯彻落实《关于实行党风廉政建设责任制的规定》(以下简称《规定》)和《中国共产党党员领导干部廉洁从政若干准则》(以下简称《准则》)执行情况进行专项检查。整个专项检查工作由召开动员会、听取工作汇报、进行领导班子民主测评、查阅资料、召开座谈会等部分组成。专项检查工作结束后,检查组向学校党委书记王亚杰反馈了检查意见,充分肯定了我校贯彻执行《规定》和《准则》的情况,认为学校党委高度重视,传达学习和贯彻落实《规定》和《准则》措施到位,成效明显,检查工作各环节安排井然有序。

3. 召开反腐倡廉宣传教育专题会议

2012年11月30日,我校召开反腐倡廉宣传教育专题会议。校领导班子成员、全体中层干部、部分科研团队负责人参加了会议。校党委书记王亚杰作了题为《忠诚党的教育事业,共建风清气正的廉洁校园》的主题报告,进一步明确了今后我校反腐倡廉工作的思路。首先,加强师德师风建设,营造风清气正的校园环境。要求通过树立大局意识、党员意识、师尊意识和服务意识,筑牢拒腐防变的思想道德防线;严格恪守教师职业道德规范,维护学校的良好社会声誉;坚持廉洁从教,自觉做教书育人的楷模。其次,加强廉政风险防控工作,全面提升科学管理水平。加强廉政风险防控工作要求立足于北京邮电大学的实际,切实加强重点工作、"阳光治校"工作、科研经费管理工作、基建工程监管工作。最后,构建学校惩治和预防体系,确保学校健康发展。学校要按照党的十八大精神和工作部署,研究制定好今后5年惩防体系建设规划,继续深入推进惩防体系建设,保障学校科学发展。重点要做好以下三方面工作:加强科学民主决策机制建设、加大宣传教育工作力度、严格执行党风廉政建设责任制。

(二)深入贯彻十八大精神的"十个一"工程

2012年,北京邮电大学党委创新活动形式,着力打造学习贯彻党的"十八大"精神的"十个一"工程:①引航工程,"十八大"以来,党委中心组每周举行一次中心组理论学习活动,领导身先士卒,铸实信念,示范全校思想政治理论学习;②微党课工程,每位评论员一日一博带动北京邮电大学官方微博6万粉丝关注"十八大",以微党课形式拓展学习空间,领跑"首都百万师生微党课"主责日粉丝量;③亮点工程,每个工作日在学校布告栏发布一条"十八大"报告亮点解析,点点滴滴启发人;④理论工程,平均每个工作日在学校布告栏发布一篇"十八大"报告理论透析,入木三分引领人;⑤醒目工程,平均每个工作日在学校布告栏或北京邮电大学官方微博发布一幅学习"十八大"相关图片,直观入目吸引人;⑥实践工程,每个党支部举行一次学习"十八大"下基层实践活动,以行业技能服务社会;⑦红书工程,每位党员人手一册"十八大"报告和新党章,以原汁原味的学习带动自觉自愿的理论提升;⑧权威解读工程,每位党员平均一周参加一次北京邮电大学"红旗飘飘"网上"十八大"学习报告会,以权威解读经典;⑨培训工程,每个分党委举行一次"十八大"学习培训,以集中学习统领分散学习;⑩"务实安校"工程,每个北京邮电大学人投入一次"务实安校"行动,把"崇尚奉献 追求卓越"的北京邮电大学精神落地到教学科研、管理服务的方方面面,以实际业绩践行"十八大"精神。

(三) 深入开展党的群众路线学习实践活动

2013年6月18日,习近平总书记在党的群众路线教育实践活动工作会议上强调深入"扎实开展党的群众路线教育实践活动,为实现党的十八大目标任务提供坚强保证"。北京邮电大学作为第一批党的群众路线教育实践活动参加单位,突出"为民、务实、清廉"的主题,坚持问题导向、立行立改,敞开大门、依靠群众,深入查摆和解决"四风"问题,达到了预期的目标,收到了明显的效果。

1. 召开党的群众路线教育实践活动动员大会

2013年7月11日上午,北京邮电大学召开党的群众路线教育实践活动动员大会,教育部党的群众路线教育实践活动直属高校督导一组组长西安交通大学原党委书记王文生同志、副组长江南大学原党委书记简大钧同志、教育部考试中心副主任刘立国同志、督导组成员教育部学生司本专科招生处调研员周利明同志、华中农业大学学位办主任胡文同志、西南交通大学组织部部长助理周志同志莅临大会,全体校领导、全体处级干部、教师代表等参加动员大会,会议由北京邮电大学深入开展党的群众路线教育实践活动领导小组办公室主任、党委副书记曲昭伟同志主持。北京邮电大学深入开展党的群众路线教育实践活动领导小组组长、党委书记王亚杰同志首先作动员部署。王亚杰同志指出学校的教育实践活动包括学习教育、听取意见、查摆问题、开展批评,整改落实、建章立制3个环节,以处级以上领导机关、领导班子、领导干部为重点。就做好教育实践活动王亚杰同志提出3点意见:一是提高思想认识,深化行动自觉,深刻领会开展群众路线教育实践活动的必要性和紧迫感;二是贯彻文件精神,明确目标要求,扎实有效完成教育实践活动各个环节和各项任务;三是精心组织,统筹协调,确保教育实践活动扎实有序开展和取得实效。

2. 集中学习习近平总书记关于党的群众路线教育的讲话精神

按照《中共北京邮电大学委员会关于开展党的群众路线教育实践活动的实施方案》的部署安排,2013年7月15日上午,学校领导班子在行政办公楼502会议室开展集中学习。学习习近平总书记在党的群众路线教育实践活动工作会议上的讲话精神,观看了《为民 务实 清廉——党的群众路线教育实践活动专题讲座》。校党委书记、校深入开展党的群众路线教育实践活动领导小组组长王亚杰主持学习。王亚杰书记首先就中纪委驻教育部纪检组长王立英在部分在京部署高校党的群众路线教育实践活动工作会议上的讲话精神向学校领导班子成员进行了传达,并对目前高校中存在的形式主义、官僚主义、享乐主义、奢靡之风等"四风"问题进行了深入剖析,要求学校开展党的群众路线教育实践活动做到5个结合,即与学校的中心工作相结合,与学校的长远发展相结合,与解决实际问题相结合,与落实教育规划纲要相结合,与建立科学管用的长效机制相结合。他强调,开展党的群众路线教育实践活动,要注重把握好指导思想和重要环节,坚持五项基本原则:第一,坚持以正面教育为主;第二,坚持党的宗旨教育;第三,坚持党风党纪和道德品质教育;第四,坚持党的三大作风,认真开展批评与自我批评;第五,坚持开门搞活动,接受群众监督。

3. 校领导参加基层党的群众路线教育实践活动学习交流会

为进一步深入推进全校党的群众路线教育实践活动,北京邮电大学校领导深入各分党委(党总支),与北京邮电大学教职员工面对面地交流,进一步明确了各分党委(党总支)实践学习活动的方向,提出具体的指导意见。9月23日,温向明副校长参加自动化学院党委党的群众路线教育实践活动学习交流会;9月24日,赵纪宁副书记参加民族教育学院党委党的群众路线教育实践活动学习交流会;9月25日,赵纪宁副书记参加人文学院党委党的群众路线教育实践活动学习交流会,曲昭伟副书记参加网络(继续)教育学院党委党的群众路线教育实践活动学习交流会,董晞副书记参加马克思主义教学与研究中心党总支党的群众路线教育实践活动专题民主生活会;9月26日,乔建永校长参加理学院党委党的群众路线教育实践活动学习交流会;9月27日,任晓敏副校长参加"国际学院党委、网络技术研究院党委、电子工程学院党委、信息光子学和光通信研究院党委"党的群众路线教育实践活动学习交流会,温向明副校长参加教务党委党的群众路线教育实践活动学习交流会;9月29日,王亚杰书记参加信息与通信工程学院党委党的群众路线教育实践活动学习交流会;9月30日,杨放春副校长参加软件学院党委党的群众路线教育实践活动学习交流会,曲昭伟副书记参加离休、退休党委党的群众路线教育实践活动学习交流会,董晞副书记参加了后勤党委党的群众路线教育实践活动学习交流会。北京邮电大学校领导参加基层党的群众路线教育实践活动学习交流会,对学校群众路线教育实践活动的开展具有重要意义。各分党委(党总支)将按照校领导的指示精神,以高度的政治责任感开展好本单位的教育实践活动,不断总结经验,将群众路线教育实践活动不断推向前进,确保活动取得实效。

(四)学生思想政治工作开拓创新

1. 思想政治工作成效显著

自2010年以来,高校思想政治理论课建设以师资队伍建设为关键,以学科建设为支撑,以科学研究为动力,以教材体系为保障,强化师资培训,注重学科发展,深入研究教学,使我校思想政治理论课赢得广大学生的好评。2011年5月顺利通过了北京市教工委督察组对高校思想政治理论课的督查,北京邮电大学思想政治理论课建设工作获北京市教工委督查组好评。2011年12月20日,第二届首都大学思想政治教育工作交流展示暨实效奖评审会在北京会议中心举行,共有来自首都40余所高校的98个项目参与申报。经过综合评考、现场展示、评委打分等环节,我校申报的《积极应对网络新媒体挑战,建设健康向上网络育人环境》网络思想政治教育项目荣获第二届首都大学生思想政治教育实效奖评选特等奖。

2011年5月,张佳鑫同学发起"夕阳再晨——老年人科普计划"志愿服务项目,以培养老年人的参与感为第一宗旨,让他们在活动中体会活力、科技和尊重。2012年12

月 26 日,张佳鑫被评为 2012 年度"感动海淀"十大文明人物。2013 年 12 月 3 日,北京市"海淀高校正能量联盟"正式亮相。"海淀高校正能量联盟"由"最美北京人"身边雷锋、北京邮电大学在读博士生张佳鑫发起组织,目前已经覆盖了来自北京大学、清华大学、中国人民大学、中国农业大学、北京邮电大学、北京语言大学等十余所高校的学生。2013 年,我校夕阳再晨志愿服务团队荣获教育部、团中央举办的"圆梦中国公益我先行"第一届全国大学生微公益大赛"最佳项目管理奖"。2014 年,张佳鑫同学荣获"第十届中国青年志愿者优秀个人奖"。

2012 年,我校积极组织参加教育部思政司主办、中国大学生在线承办的"第五届全国高校百佳网站网络评选活动",我校参评的北京邮电大学 SNS 社区荣获"全国高校百佳网站"及"最佳网络社区奖"。2012 年 10 月 26 日,以北京市委教育工委副书记、市教委主任姜沛民为组长的《北京普通高等学校党建和思想政治工作基本标准》入校检查专家组对我校贯彻落实《基本标准》情况进行了集中检查与指导。检查组对我校落实《基本标准》的情况以及学校近年来事业发展取得的成绩给予了充分肯定,对学校党委以科学发展观统领全局、充分发挥各级党组织和广大党员先锋模范作用、打造北京邮电大学核心竞争力取得的成绩给予了高度评价。

2013 年,党委宣传部(新闻中心)、党委学生工作部分别荣获首都高校学习宣传党的十八大精神先进单位;后勤党委荣获北京高校后勤思想政治工作先进集体光荣称号;一批反映学习宣传党的十八大精神、助力青年教师成长成才等活动得到高度评价和项目支持;3 个党支部荣获北京高校基层党支部活动创新案例奖;校团委再次荣获北京市"五四红旗团委"称号,并获得"首都高校社会实践先进单位"。

2014 年,在"共产党员献爱心"捐献活动中,全校 1 965 名共产党员、76 名流动党员等共计捐款 109 501.9 元,受到北京市慈善协会给予的高度肯定;2014 年,北邮设立"特困教职工爱心帮扶基金"暨捐赠活动,目前已收到捐款 237 694 元;世纪学院再度荣获北京市无偿献血突出贡献奖;2014 年,北邮人论坛发起爱心募捐活动,4 天为身患重病研究生募得善款 462 076 元。

2. 形成富有特色的辅导员"54321"工作格局

2012 年,北京邮电大学校建设的"54321"型辅导员队伍,使得北京邮电大学荣获了第十一届北京市思想政治工作优秀单位荣誉称号。"54321"工作格局是指要不断发挥"统一管理、统一办公、统一收入、统一委派、统一考核"的优势;要更加突出"专业化培养、职业化发展、动态化轮换、集团化作战"的"四化"辅导员队伍特色;要认真扮演好"按章管理、教书育人、周到服务"3 个角色;要妥善处理好"专兼职结合、长短期结合"的相互衔接;要进一步明确"对待学生就像对待朋友的孩子一样,促进学生健康成长成才"的中心任务。学生工作者们要进一步强化"一切为了学生,为了学生一切"的服务理念,以优质服务、优良环境来培养学生,以良好的形象影响学生,以关心、爱心和真心来感化学生。

3. 成立大学生党史教育研究中心

2011 年 6 月 22 日,由北京邮电大学、中国关爱成长行动组委会、中共党史教育办公室共建的"大学生党史教育研究中心"举行揭牌仪式。该中心将以党史教育工作作为研究重点,进一步加强与兄弟院校之间的交流与合作。大学生党史教育研究中心的成立进一步拓展了学生思想政治教育的领域,为我校思想政治教育工作注入新的活力。

4. 雁翔团校助力学生干部思想政治工作

北京邮电大学雁翔团校多年来一直坚持注重学生骨干的培养工作,对北京邮电大学学生思想政治工作增添新的路径。北京邮电大学雁翔团校主要从4个层级选拔骨干学生通过专题培训和素质拓展方式培训。第一层级:雁翔团校本科新生班,面向本科一年级,校级学生组织骨干成员、各分团委骨干成员、各院会骨干成员、大班团支部干部、大班班委、小班团支部干部及小班班委等。第二层级:雁翔团校本科基础班,面向本科二年级,校级学生组织骨干成员、各分团委骨干成员、各院会部长及副部长、大班团支部委员、小班团支部书记等。第三层级:雁翔团校本科骨干班,面向本科三年级,校级学生组织主席团成员、各院分团委副书记、各院会主席团成员。第四层级:雁翔团校研究生骨干班,面向全体研究生,校院两级研究生会副部长及以上成员。

通过丰富多彩思想政治教育工作的开展,提升了北京邮电大学学生思想政治工作,五年来,北京邮电大学在学生思想政治工作方面赢得诸多荣誉,例如,2011年荣获北京市纪念建党90周年宣传工作先进集体,中央六部委"庆祝中国共产党成立90周年网上作品大赛最佳组织奖";学生党员骨干培训学校荣获2011年"北京市优秀党建工作创新项目"荣誉称号;"2012年北京市无偿献血工作先进单位"荣誉称号;2013年学生工作部获得"北京市思想政治工作优秀单位",校团委再次荣获北京市"五四红旗团委"称号,并获得"首都高校社会实践先进单位";我校夕阳再晨志愿服务团队荣获教育部、团中央举办的"圆梦中国公益我先行"第一届全国大学生微公益大赛"最佳项目管理奖";2014年,校团委荣获"全国五四红旗团委"称号以及全国大学生志愿者"三下乡"暑期社会实践活动先进单位;我校在读博士生张佳鑫荣获"第十届中国青年志愿者优秀个人奖";我校第四、第五届研究生支教团青海分团和贵州分团的项目分别荣获全国银奖;艾克热木·艾尔肯老师位列2013—2014年度北京高校"十佳辅导员"榜首;我校图书馆荣获"全国工人先锋号"荣誉称号。

(五)网络党校学习平台广泛应用

北京邮电大学充分发挥学校在信息科技领域的优势,探索并完善"红旗飘飘"网上党校,创新党员教育和入党积极分子培训模式。网上党校的建立,一方面打破传统课堂授课模式的时空限制,让师生可以随时随地学习党的理论知识;另一方面通过创新教育培训模式,充分调动广大师生的学习积极性。网络党校一方面让广大入党积极分子更深入地了解党,为其入党做好充分的思想上、组织上的各种准备;另一方面让党课资源被更多的人共享。此系统不但提供相关学习资料,还有大量的题库便于学员对自己的学习效果进行考核。如今,"红旗飘飘"网上党校已经成为北京邮电大学党员教育和入党积极分子培训的主要平台。据统计,自 2008 年创建网络党校以来,已经培训万余名入党积极分子。

(六)党的基层组织建设水平不断提高

北京邮电大学始终把推进基层党组织建设作为高水平特色型大学建设的重要保证,并以创先争优活动为契机,进一步加大基层党组织建设的创新工作,积极构建学习型基层党组织,有效增强基层党组织的活力,充分发挥基层党组织和广大党员在推动事业发展中的重要作用,为北京邮电大学深化改革发展提供了坚强的组织保障。在本阶段,学校各级党委领导重视学习贯彻十八大及十八届二中、三中、四中全会精神,深入学习贯彻习近平总书记系列重要讲话精神,着力开展中国特色社会主义和中国梦的宣传教育,坚定道路自信、理论自信和制度自信。

2012 年党的十八大之后,为学习宣传贯彻党的十八大精神,北京邮电大学党委宣传部(新闻中心)整理归纳十八大报告中的亮点,每个工作日在学校布告栏发布一条亮点解析,以帮助广大师生员工深入学习和准确领会党的十八大报告。党的基层组织建设水平不断提升,2012 年,泛网无线中心等 3 个党支部荣获"北京高校 2010—2012 年创先争优先进基层党组织"荣誉称号;2013 年,党委宣传部(新闻中心)、党委学生工作部分别荣获首都高校学习宣传党的十八大精神先进单位;后勤党委荣获北京高校后勤思想政治工作先进集体光荣称号;一批反映学习宣传党的十八大精神、助力青年教师成长成才等活动得到高度评价和项目支持;3 个党支部荣获北京高校基层党支部活动创新案例奖。

(七)胜利召开北京邮电大学第十四次党员代表大会

2015 年 1 月 22 日,中国共产党北京邮电大学第十四次代表大会在科学会堂隆重召开。大会正式代表、列席代表出席了开幕式。本次大会代表共 260 名,因事因病请假 17 名,实际到会 243 名。开幕式由曲昭伟同志主持。乔建永同志致开幕词,他指出在全党认真贯彻落实党的十八大,十八届三中、四中全会精神,扎实巩固党的群众路线教育实践活动成果的重要时刻,在北京邮电大学综合改革工作不断深入和加快创建高水平研究型大学的关键时期,大会高举中国特色社会主义伟大旗帜,全面总结了学校过去六年所取得的主要成绩和基本经验,明确了未来五年的指导思想、奋斗目标和主要任务,并对学校党的建设工作进行了全面的部署。要更加注重改革的系统性、整体性和协同性,加快发展社会主义市场经济、民主政治、先进文化、和谐社会、生态文明,让一切劳动、知识、技术、管理、资本的活力竞相迸发,让一切创造社会财富的源泉充分涌流,让发展成果更多、更公平地惠及全体人民。要进一步落实和细化教育综合改革的各项举措,通过加快教育改革和创新,培养出更多符合社会需要的高素质劳动者和拔尖创新人才。全面推进学校综合改革、不断提升北邮的整体办学水平是一项十分复杂和艰巨的系统工程,这就需要认真分析移动互联网时代高等教育面临的新形势,不断增强忧患意识和机遇意识,努力构建与高水平研究型大学相适应的管理机制;要进一步加强和改进北邮党的思想建设、组织建设、作风建设和制度建设,努力推动学校各项事业实现又好又快发展。

教育部人事司副司长魏士强同志受教育部党组委派,对我校党代会的召开表示了祝贺,高度评价了我校所取得的可喜成绩和为国家、社会的发展所作出的重要贡献。北京市委教育工委常务副书记张雪同志代表北京市委教育工委、北京市教委对大会召开表示热烈祝贺。

王亚杰同志代表中国共产党北京邮电大学第十三届委员会作题为《大力推进综合改革,加快建设特色鲜明、优势突出、世界著名的高水平研究性大学》的工作报告。王亚杰同志对今后5年的工作提出了设想,明确今后5年学校工作的指导思想与奋斗目标,提出要大力推进综合改革,促进学校教育事业科学发展,要以改革创新精神推进党建和思想政治工作。学校发展的历史机遇和时代挑战并存,全体共产党员和全校师生员工要进一步增强责任感和紧迫感,在传承中创新,在砥砺中奋进,团结一致,奋发有为。只要坚持"崇尚奉献,追求卓越"的北邮精神,按照"综改拉动、科学发展"的战略思路,牢固树立"事业型思维",以昂扬的精神、扎实的工作,大力推进综合改革,一定会实现学校教育事业新的跨越。

23日下午2时,中国共产党北京邮电大学第十四次代表大会在科学会堂举行大会选举和闭幕式。与会代表以无记名投票方式,选举产生了中国共产党北京邮电大学第十四届委员会和纪律检查委员会。中共北京邮电大学第十四届委员会常委11名:王文博、王亚杰、曲昭伟、乔建永、任晓敏、庄育锋、李杰、杨放春、赵纪宁、董晞(女)、温向明;王亚杰同志任党委书记,曲昭伟、董晞(女)同志任党委副书记,董晞(女)同志任纪律书记(兼),党传升同志为纪委副书记。

王亚杰同志对会议做总结发言,他强调,未来五年,是学校制定实施"十三五规划",全面推进综合改革,为建设特色鲜明、优势突出、世界著名的高水平研究型大学奠定基础的关键时期。新一届党委、纪委一定不会辜负全校共产党员的重托和师生员工的期望,高举中国特色社会主义伟大旗帜,认真学习贯彻习近平总书记系列重要讲话精神,按照"综改拉动、科学发展"的战略思路,牢固树立"事业型思维",把立德树人、提高质量作为教育工作的根本任务,进一步解放思想、开拓创新,充分发挥总揽全局、协调各方的领导核心作用,以创新的思路狠抓各项目标任务的落实,着力解决制约学校发展的瓶颈问题,切实担当起团结带领广大师生员工建设高水平研究型大学的历史重任。新一届党委班子和纪委班子将切实加强自身建设,团结协作、奋发有为,不断提高领导和服务能力,更加注重实现和维护广大师生员工的根本利益,更加注重保护和激发广大师生员工的积极性和创造性,全心全意为师生员工服务。

(八) 胜利召开北京邮电大学第六届教职工代表大会

2015年3月25日下午14:00,北京邮电大学第六届教职工代表大会暨第十二工会会员代表大会隆重开幕,校党委副书记曲昭伟主持会议。出席大会的有:北京市教育工会主席史利国同志;学院和职能部门的党、政主要领导,部分离退休老同志代表,各级人大代表、政协委员,民主党派负责人和后勤合同制职工代表以及来自各代表团的200余名大会代表。

校党委书记王亚杰同志致开幕词。王亚杰书记首先强调了这次双代会的重要性,他指出本次会议是我校教职员工政治生活中的一件大事。对于我们认真总结过去一个时期学校改革与发展的经验,凝聚全校教职工的智慧和力量,认真落实学校第十四次党代会的各项战略部署,加快推进学校综合改革具有十分重要的意义。他回顾了自2009年3月第五届教代会暨第十一届工代会的六年来,学校在各方面工作中取得的成绩,并肯定了这些成绩是工会、教代会发挥桥梁纽带作用,团结教职工同舟共济的结果。王亚杰书记还对未来的工会和教代会工作提出四点意见:第一,围绕中心工作,大力推进综合改革;第二,坚持民主管理,加强民主政治建设;第三,凝聚各方力量,发挥桥梁纽带作用。第四,加强党对教代会工作的领导,支持教代会创造性地开展工作。

乔建永校长作了题为《统一思想、深化改革,推动新常态下学校事业科学发展》的工作报告。报告共分三部分:①第五届教代会以来学校主要工作回顾。第五届教代会以来,面对艰巨的改革发展任务,学校按照"十二五"规划制定的各项目标,顺利完成各项工作任务,基本实现了学科建设、人才培养、科学研究、队伍建设、校园建设等方面的建设目标,为党和国家的教育事业和信息通信行业作出了应有贡献。②学校综合改革面临的形势和任务。从"高等教育综合改革的形势,试点高校及直属高校改革的基本情况,北邮综合改革的主要任务"3个方面深入剖析了学校综合改革面临的形势和任务,并指出在未来的工作中,我们要紧紧抓住综合改革的机遇,科学制定我校综合改革方案,促进学校教育事业取得新的发展。③2015年学校的工作重点。学校将在2015年做好"深入学习宣传贯彻习近平总书记系列重要讲话精神,切实加强党的建设;科学制定学校综合改革方案,促进学校教育事业健康发展;实施学校章程,完善中国特色现代大学制度;科学编制学校"十三五"规划及三大规划;积极推进学科建设;落实教学工作会议精神,提高人才培养质量"等13项重点工作。报告指出了北邮面临的形势,并提出学校将从自身实际出发,明确综合改革的方向,统一师生员工的思想认识,认真梳理出北邮办学中存在的突出问题,实事求是地对问题做出"轻、重、缓、急"的分类分析;对照中国特色现代大学制度标准,制定出北邮的综合改革方案。

校党委副书记、第五届教代会主席团主席董晞同志作了题为《拓展民主管理渠道,依法保障职工权利,为推动学校和谐发展贡献力量》的第五届教代会工作报告。报告首先回顾了第五届教代会以来,教代会和工会组织紧紧围绕学校的中心工作行使职权,认真贯彻落实全心全意依靠教职工办好学校这一根本方针,在参与民主管理、民主监督,尊重教职工主体地位,维护教职工合法权益以及加强教代会自身建设等方面,做了一些卓有成效的工作。随后又提出了包括"全心全意依靠教职工办好学校;进一步加强制度建设;抓好教代会提案工作"等新一届教代会工作设想。最后,曲昭伟书记请各位代表会后认真审阅《北京邮电大学第十一届工会委员会工作报告》《经费审查委员会审查报告》及《财务工作报告》。

(九)制定和实施北京邮电大学章程

北邮大学章程的制定是在认真学习研究相关法律法规,认真学习贯彻国家教育方针的基础上,严格按照《中华人民共和国高等教育法》和《高等学校章程制定暂行办法》的规定进行章程制定,在我国高等教育的法律法规框架内,明确学校的基本规则、决策程序与监督机制,努力使章程科学规范、合法合规、切实可行,使制定大学章程与推进依法办学紧密结合,使章程成为改革发展、依法治校的基本依据。

1. 大学章程的制定过程

(1)高度重视,组织落实

2012年4月18日,学校校务会研究决定启动大学章程制定工作,成立了由学校党委书记王亚杰和校长乔建永为组长的大学章程制定工作领导小组,制定了《北京邮电大学章程制定落实方案》。为切实保障学校章程建设工作的顺利推进,学校将大学章程的制定列入年度重点工作,拨付专门资金,并积极开展章程起草的宣传工作,为章程起草营造良好的舆论环境。此外,学校领导层面集中讨论,统一思想,强化顶层设计,明确学校远景、定位,分析章程起草中涉及的难点问题,特别是学校内部运行机制方面的创新举措。

(2)学习调研,慎重起草

在学校章程制定工作领导小组的统一领导下,起草小组系统研究章程起草相关的国家法律法规和部门规章、国内外已经成熟的大学章程文本、国内外大学章程的理论成果等,参加教育部举办的"章程制定"研讨培训班,深入学习《高等学校章程制定暂行办法》以及大学章程建设的相关论著,为起草工作奠定理论基础。同时,起草小组向学校各相关单位征集章程素材,要求各单位集中对本部门涉及的规章制度进行梳理修订完善,并提出拟写入章程的内容;深入开展校内外调研,向校内相关部门广泛收集章程素材并进行整理,有重点地开展意见征询和座谈,征求拟写进章程内容的意见和建议。

(3)广纳意见,认真修改

从2013年2月到2014年11月,学校结合办学实际情况就章程草案广泛征询学校领导、校内外相关专家、校学术委员会、广大师生员工和校友的意见和建议;以开展党的群众路线教育实践活动为契机,针对章程制定过程中的重点和难点问题深入学校机关各职能部门、各学院(研究院、中心)进行专项调研;结合学校综合改革组织召开专题座谈会对学校章程草案进行讨论修改。

此外,起草小组参考借鉴国外大学以及国内部分已核准高校的章程文本,进一步完善章程草案的结构和内容;请教育部相关专家对章程草案进行把关,并按照专家意见对章程草案进行进一步的修改完善;多次将章程草案提交学校校务会议,就重点和难点问题进行研讨并修订完善。

(4) 审议审定，提交核准

2014年12月，起草小组将章程草案提交学校第六届教职工代表大会讨论，进一步修改完善后经校务会议讨论通过和学校党委会讨论审定，于2015年1月形成了章程核准稿和说明。在充分发扬民主、广泛凝聚共识、反复修改完善的基础上，经我校第六届教职工代表大会讨论，2015年第2次校务会议讨论通过和2015年第2次学校党委会讨论审定，于2015年1月形成了《北京邮电大学章程（核准稿）》并上报教育部申请核准。

《北京邮电大学章程》经教育部高等学校章程核准委员会评议，于2015年6月26日，学校章程正式获得教育部核准，标志着我校向着完善管理体制机制，构建科学合理的内部治理结构，建设中国特色现代大学制度迈出了坚实一步。至此，《北京邮电大学章程》正式形成，并在教育部网站和北京邮电大学网站公开发布。（《北京邮电大学章程》全文见附录）

2. 大学章程的主要内容

北邮大学章程明确规定学校实行党委领导下的校长负责制，专设两个章节对学校党委和学校行政的职权职责和工作机制进行了明确规定，既体现了学校党委的统一领导，又支持和保障了校长依法独立行使职权。

北邮大学章程按照"党委领导、校长负责、教授治学、民主管理"的现代大学制度建设要求，对学校管理中的政治权力、行政权力、学术权力、民主权力的分配和协调问题进行规范，并专设一章对学校教学与科研机构的设置、主要职权职责、内部领导体制和管理制度进行阐述，用制度化的形式进一步健全和完善大学内部治理结构。

北邮大学章程包括序言和正文两部分，序言主要阐述学校的办学历史和特色、办学目标和发展定位，正文共十章一百一十条，对其中的主要内容说明如下：

第一章　总则：该部分主要阐明了制定大学章程的缘由、学校名称、办学地点、学校的机构性质、办学方向、培养目标等；明确学校的办学自主权、办学自律和监督体系；并对举办者的权利和义务进行总结归纳集中表达。

第二章　学校功能与教育形式：该部分主要明确学校在人才培养、科学研究、社会服务、文化传承创新等方面的主要活动内容和形式。

第三章　学生：该部分主要内容包括：学生的界定；学生的权利和义务；学生的奖惩体系、学业支持体系、权利保障机制和权益救济制度、心理咨询服务体系以及学生职业发展体系等。

第四章　教职员工：该部分主要内容包括：教职员工的界定；教职员工的任职制度；教职员工的权利和义务；教职员工的奖惩体系、职业发展体系以及权利保障机制和权益救济制度等。

第五章　管理体制与组织结构：该部分主要明确学校内部的治理结构和运行机制，主要内容包括：明确学校党委的定位、职权职责以及运行规则等；明确学校行政的工作机制、学校校长的职权职责，规范校务会议的职责、议事规则等；明确学校学术委员会的职权职责、议事规则等,以保障学术组织在学校学术管理中的作用;明确教职工代表大会、工会、共青团和学生组织的地位作用、职权职责、议事规则等,以维护师生员工参与学校民主管理的权利;明确学校其他组织依照法律、法规和学校规定开展活动,实行相对独立的营与管理。

第六章 教学与科研机构:该部分主要明确学校实行校院两级管理、院为基础的管理体制,阐明学院(研究院)的设置和主要职权职责,并明确学院(研究院)内部领导体制和管理制度。

第七章 经费、资产、后勤:该部分主要内容包括:学校的主要经费来源、财务管理制度、资产管理制度、后勤管理和服务体系等,以明确学校财产和经费的使用与管理原则。

第八章 外部关系:该部分主要明确学校理事会、校友总会、教育基金会的地位作用、组成、议事规则等。

第九章 校徽、校歌、校庆日:该部分主要明确学校的校徽、校歌和校庆日。

第十章 附则:该部分主要说明章程制定和修订的程序;章程与学校其他规章的关系;章程解释权的归属。

北邮大学章程坚持依法制定,在内容上体现了学校的办学特色和发展目标,着力解决学校办学、管理中的重大问题,突出科学性和可操作性。章程在制定过程中,充分发挥广大师生员工的积极性、民主精神和权利意识,集思广益,群策群力。章程的议定先后经教职工代表大会、校务会议、学校党委会等会议集中讨论、民主决策,符合法定程序,体现集体智慧,将为学校推进依法治校、深化综合改革提供总的纲领保障。

(十) 启动综合改革

北京邮电大学综合改革方案编制工作自2014年9月启动。随后,学校分专题召开了主题为人事分配制度改革、人才培养模式改革、科研与成果转化、学术治理结构完善、内部治理结构完善等一系列综合改革研讨会,并进一步深入相关学院、邀请相关教授和青年教师进行调研和访谈,全面摸清学校改革发展中存在的一系列问题,综合思考破解问题和障碍的办法和举措,并于2014年底完成了《北京邮电大学综合改革方案(初稿)》。

1. 综合改革方案的形成过程

(1) 高度重视,加强综改的组织领导工作

为了确保综改工作顺利、有序进行,学校成立综改领导小组和综改工作办公室,负责综合改革的总体设计、统筹协调、整体推进和督促落实。建立学校党委总揽改革全局,科学决策重大改革事项制度,形成改革的线路图和时间表;建立分管校领导牵头的负责机制,细化实施方案,明确各项任务责任单位,确保任务落实、责任到人、保障到位。

(2) 认真学习文件精神,明确综合改革方向和思路

在学校综改领导小组的统一领导下,起草小组认真学习解读《国务院办公厅关于开展国家教育体制改革试点的通知》、十八届三中全会《中共中央关于全面深化改革若干重大问题的决定》《教育部关于2013年深化教育领域综合改革的意见》等相关文件关于高等教育综合改革的精神和内涵,深入领会党和国家领导人、教育部领导、教育领域专家关于教育领域综合改革的讲话精神和政策解读,学习研究清华大学、北京大学、北京林业大学、合肥工业大学等学校的综合改革方案,通过学习研究掌握高校综合改革的政策背景,明确中央和教育部关于高校综合改革的方向和思路。

(3) 开展深入调查研究,起草综改方案初稿

学校召开了综合改革务虚会,从学校领导层面就学科建设、科学研究、人才培养、人事制度、基本建设等方面存在的问题和综合改革方向进行探讨,归纳出学校综合改革方案的初步框架,并确定陆续召开学校综合改革的若干专题座谈会,对涉及综合改革的关键和具体问题进行深入探讨和研究。

随后,学校召开了一系列学校综合改革专题研讨会,分析学校面临的机遇和挑战,全面摸清学校改革发展中存在的一系列问题,综合思考破解问题和障碍的办法和举措,力求找到我校综合改革的突破点。学校综合改革专题研讨会列表如表12.1所示。

表12.1　学校综合改革专题研讨会列表

序号	研讨会主题	召开时间
1	学校综合改革专题研讨会(一)——人事分配制度	2014.10.20
2	学校综合改革专题研讨会(二)——人才培养模式	2014.10.22
3	学校综合改革专题研讨会(三)——科研与成果转化	2014.10.24
4	学校综合改革专题研讨会(四)——学术治理结构	2014.10.27
5	学校综合改革专题研讨会(五)——内部治理结构完善	2014.10.29

在学校综合改革专题研讨会的基础上,起草小组针对研讨会归纳提炼出的重点和难点问题进一步深入相关学院、邀请相关教授和青年教师进行调研和访谈,力求摸清基层学院和教师的情况,搞清存在问题的原因,并征求有建设性的建议和意见。

在前期搜集资料、学习文件、调查研究的基础上,起草小组于2014年12月起草完成我校综合改革方案初稿。

(4) 广泛征求意见建议,修改完善综改方案并申请备案

2015年2月,学校领导班子专门召开务虚会,进一步明确学校综合改革的总体思路和重点任务。随后,起草小组对综改方案在学校范围内广泛征求意见、反复修改完善。2015年7月经学校党委常委会讨论审定,形成了《北京邮电大学综合改革方案》,并上报国家教育体制改革领导小组办公室申请备案。

2. 综合改革方案主要内容

北京邮电大学综合改革的主要目标是构建充满活力、富有效率、更加开放的中国特色现代大学制度,形成支撑办学目标实现的科学发展生态。面向电子信息领域国际

学术前沿、国家电子信息领域重大战略需求，探索建立经济发展新常态下高水平行业特色型大学服务和引领行业发展的建设模式和实现路径。以建立科学规范、运行有效的内部治理结构和制度体系为核心，深化内部治理与组织管理体系、人才队伍体系、学科建设体系、人才培养体系、科技创新与社会服务体系、资源配置与保障体系、党建与校园文化建设体系改革，有效调动和激发校内各级组织和广大师生员工的积极性、创造性，充分释放学术活力和办学活力，形成不断强化核心竞争力的长效机制，为加快我国信息化强国建设和推进世界信息科学技术发展提供强有力的人才保障、科技支撑和智力服务。综合改革的重点任务有：

(1) 完善现代大学制度建设

按照"依法办学、自主管理、民主监督、社会参与"的要求，建设有中国特色的现代大学制度，推进学校治理结构和治理体系现代化，不断破解影响和制约学校发展的体制机制问题，进一步释放大学的办学活力。

(2) 推进干部人事制度改革与人才队伍建设

按照"按需设岗、公开招聘、公平竞争、择优聘用、合同管理"的用人机制，不断推进和深化干部人事制度改革，建立健全以价值创造为导向的分类评价与激励机制，形成较为完善的人才工作支持体系和组织协调机制，构建职业发展路径清晰、创造潜能竞相迸发、杰出人才不断涌现的制度和人文环境，形成保障学校可持续发展的人才队伍结构和发展体系。

(3) 健全多学科协调发展的管理运行机制

按照"聚焦优势、强化骨干、夯实基础、促进交叉"的学科发展战略思路，以建设覆盖全电子信息通信领域的国际领先、国内一流的学科群为目标，加强学科战略规划，以具有国际竞争力为导向制订学科发展路线图，打造学科建设的"雁阵模式"，增强学科发展能力，加快提升学科水平，健全"异峰突起、群峰竞秀"多学科协调发展的管理运行机制。

(4) 创新人才培养模式

进一步转变教育思想、更新教育观念，将立德树人的根本任务分解落实到学校办学全过程，紧紧围绕培养全体学生的社会责任感、创新精神、实践能力"三位一体"目标，试行"本硕博贯通培养"模式，积极利用信息技术优化和改造教学模式和管理流程，全面提高人才培养质量和教育教学水平。

(5) 提升科技创新与社会服务能力

以加快提升原创性和突破性科技成果产出能力为核心，凝练重大创新目标，积极实施科技管理体制机制改革，建立起有利于协同创新的科研组织模式、灵活的科研用人机制、高效的科研资源配置方式、可持续发展的激励与约束机制以及覆盖科研全过程、分级负责的服务管理体系，不断提升社会服务能力，在服务和引领产业发展中发挥重大作用并不断拓展自身发展空间。

(6) 优化资源配置与保障机制

按照保证教学和科研工作中心地位的要求，以提高运行效率和服务质量为根本目的,建设高效的资源配置体系,实施目标管理,量化办学资源,强化成本核算,逐步实现以绩效为依据的资源配置与保障机制。

(7) 加强党建与校园文化建设

坚持党委领导下的校长负责制,不断完善党委和行政的议事决策制度,健全党委统一领导、党政分工合作、协调运行的工作机制。把培育社会主义核心价值观作为学校文化建设的战略任务和基础工程,使大学文化成为学校步入世界著名高水平研究型大学行列的重要支撑和显著标志。

(十一) 开展"三严三实"专题教育活动

为贯彻落实全面从严治党要求,巩固和拓展党的群众路线教育实践活动成果,持续深入推进我校党的思想政治建设和作风建设,根据《中共中央办公厅印发〈关于在县处级以上领导干部中开展"三严三实"专题教育方案〉的通知》和《中共北京市委办公厅印发〈关于在处级以上领导干部中开展"三严三实"专题教育的实施方案〉的通知》,结合我校实际,制定《中共北京邮电大学委员会关于开展"三严三实"专题教育的实施方案》,方案于 2015 年 5 月 24 日发布。

学校"三严三实"专题教育在校党委领导下进行,由党委组织部牵头,党政办公室、党委宣传部、纪检监察处(纪委办)、党委学生工作部等部门参与,成立"三严三实"专题教育工作协调小组,负责统筹推进有关工作。

在"三严三实"的专题教育活动中,坚持以学促建,学用结合,坚持以上率下,示范带动,坚持从严从实,全面教育,在全校处级以上领导干部中,开展学习研讨、专题党课、专题民主生活会和组织生活会,强化整改落实和立规执纪。

6 月 16 日,北京邮电大学召开"三严三实"专题教育活动动员部署会,标志着我校"三严三实"专题教育正式启动。校党委书记王亚杰作了有关"三严三实"专题党课辅导,全校所有处级以上干部参加培训活动。

在部署会中,王亚杰书记从 4 个方面解读和剖析了"三严三实":一要深刻认识"三严三实"的丰富内涵和重大意义;二是深入查摆"不严不实"问题;三是对如何践行"三严三实"必须把握的方向和原则提出了明确要求;四是大力推动综合改革,在改革中落实"三严三实"。在推进我校综合改革过程中,攻坚克难,运用"事业型思维"和战略性眼光领导、谋划、推动、落实改革的各项任务,在推动改革中落实"三严三实"。

随着我校的专题教育深入推进,以知促行、以行促知;严字当头、实字为重,聚焦解决"不严不实"突出问题,把"三严三实"植根于思想和实践中。根据"三严三实"的具体要求,各职能部门、各学院严格按照标准和要求检查工作中存在的问题,从思想上重视"三严三实"落实。

(十二) 积极推进制度建设

积极推进内部治理结构改革,完善现代大学制度,比照"依法办学、自主管理、民主监督、社会参与"的要求,构建以大学章程为基础,以党委领导下的校长负责制为核心,以学术委员会、教职工代表大会、理事会为支撑的现代大学制度整体框架;通过分类管理,梳理优化学校管理权限和流程,明晰学院职权与责任,强化学院办学主体地位,形成以"微观激活、宏观调控"为特征的新型校、院两级管理体制。

在完善人员管理制度方面,制定修改了以《北京邮电大学人事(劳动)争议处理暂行办法》为代表的系列规章制度,如制定了《人员招聘暂行办法》《内部调动暂行规定》等规章制度,发布了《北京邮电大学新进校人员专业技术职称及岗位等级认定办法》,进一步规范了新进校人员职称及岗位的认定工作。在财务管理方面,制定并发布了《北京邮电大学预算管理办法》《北京邮电大学核算管理办法(财务报销手册)》等一系列规章制度,实现了全预算管理,并对财务审核制度进行了修正和加强。在完善学生管理体制机制方面,制定了《中共北京邮电大学委员会关于改进和完善辅导员管理体制机制实施方案》,修订了《北京邮电大学辅导员管理办法》等系列规章制度,对学生工作体系进行了进一步优化。在人才培养方面,修订了《北京邮电大学特殊生源学生成绩管理暂行规定》《北京邮电大学优秀校内学生转专业实施办法》《北京邮电大学考试纪律与违纪处理规定》等7个管理文件,并制定了《研究生学制调整方案》《学术型研究生培养方案修订指导要求》《研究生院英语教学改革方案》等系列规章制度。2015年,学校全面启动"十三五"规划编制工作,制定并发布了《关于做好北京邮电大学"十三五"规划编制工作的意见》,各项工作进展顺利。

二 推进学校环境建设

(一) 校园基础建设扎实

1. "智慧校园"工程取得新进展

2011年,北京邮电大学启动智慧校园建设工程。从2011年至今,通过了智慧校园网络安全体系的完善、服务型智慧校园基础平台的构建、智慧校园平台应用系统的开发。2011年完成了"北京邮电大学通"一卡通项目的平台建设和应用建设,同时也完成了北京邮电大学信息门户的上线。

2012年,北京邮电大学创建高校第一个eID示范应用试点。2012年,北京邮电大学承担了863课题"基于eID的典型示范应用"。该课题是科技部"十二五"网络安全重大专项"网域空间身份管理与应用技术"重大项目的示范应用课题。eID即电子身份证(Electronic Identity),是指可以在网络空间唯一标识一个用户身份的一串电子信息。目前全校师生发放eID USBkey超过2万个,可以用于注册账号、登录系统、重置密码等操作,从而体验eID对保护个人隐私、建立诚信网络的重要意义。北京邮电大学成为全国高校第一个eID示范应用试点单位,eID的推广与使用为网络身份管理奠定了基础。2012年9月,北京邮电大学首推数字化迎新方式,实现对学生报道情况实时监控的目标;在2015年迎新升级为"移动迎新",将"互联网＋迎新"进行到底。

2013年,北京邮电大学网站荣获全国高校百佳网站的唯一一个"最佳网络社区奖"的荣誉称号。到2014年,北邮人论坛、北京邮电大学主页分别荣获第六、第七届"全国高校百佳网站"奖。2014年,我校不断完善官方微博、微信平台,新浪、腾讯官方微博粉丝数已达32万余人。其中,北京邮电大学"NFC校园一卡通"项目是中国移动、也是国内第一个"211"高校NFC空中发卡应用的典型案例。近年来,近场通信(NFC)及"多卡合一"已经逐步成为移动支付技术的主流。在不久的将来,NFC可能将取代我们常用的各种卡片,如公交卡、银行卡甚至是身份证,届时只需一部手机即可轻松解决日常生活中的各项需求。

2015年上半年,共召开2次CIO会议,先后制定或修订了《北京邮电大学首席信息官制度》《北京邮电大学校园网管理办法》等为代表的信息化建设相关制度11个,有效推动了校园信息化制度建设;积极推进信息化基础设施建设和公共平台建设,完成了科研楼、经管楼、小教学楼网络接入升级改造,并对宏福校区校园网改造及校园卡接入方案进行了优化,初步完成了沙河校区校园网和校园卡系统一期工程建设。对统一身份认证平台和公共数据平台应用进行了扩展,新的信息门户成功上线,初步体现了网上服务大厅功能和单点登录功能。

2. 经管院大楼改建工程、图书馆空间接建工程顺利完工

2012年,为了进一步缓解我校教学面积短缺的现状,学校决定对老锅炉房进行改造,改造完成后成为经济管理学院集办公、教学、科研为一体的综合大楼。2013年年底,7 200平方米的经济管理学院大楼工程已经顺利完成,经济管理学院迁入使用,极大地提升了我校经济管理学院的办学形象。

2013年7月,北京邮电大学图书馆为解决学生自习教室严重短缺问题,在图书馆东侧院内加建四层自习用房,加建面积共2 104平方米。其中,首层为展览室,面积为361.8平方米;二层至四层均为自习室,每层建筑面积为580.8平方米。该工程在2013年9月竣工并投入使用,大大改善了我校学生自习室资源紧缺的状况。

3. 学十宿舍楼、新科研大楼竣工并投入使用

2011年1月,基建处代表学校,会同施工单位、设计单位、监理单位等对新建学生宿舍工程进行四方验收。经过本工程综合验收,各个部分项工程符合设计要求,施工质量均满足有关质量验收规范和标准要求,该工程竣工验收合格。学十宿舍楼的竣工有力改善了我校学生的住宿状况,结束了我校学生在大运村住宿的历史。

2012年1月,北京市海淀区建委质检站领导到我校对科研大楼工程进行质量验收,校长助理汪成楚主持了验收工作,校内资产处、保卫处及后勤处等有关单位领导以及施工单位、设计单位、监理单位等均到现场参加了此次验收工作。科研大楼工程总建筑面积38 678平方米,地上十二层,地下二层。科研大楼的建成大大地增加了学校的科研用房面积,缓解了科研场地资源紧张的压力,为学校教学、科研工作创造了硬件保障。

（二）圆满完成"平安校园"创建工作

创建"平安校园"是实现我校"十二五"宏伟目标的基本前提，是学校各项事业顺利开展、稳步推进的重要保障，能够为学校的各项改革和发展提供安全、稳定和谐的校园环境。从2011年6月，学校党委开始研究部署"平安校园"的创建工作。2014年，学校以优异的成绩通过了"平安校园"检查验收。

1. 统一思想，深化对"平安校园"创建意义的认识

创建"平安校园"是以人为本、科学发展观的必然趋势；是全面贯彻党中央和市委市政府维稳部署的重大举措；是我校建设"特色鲜明、优势突出"的世界知名、国内一流的"高水平研究型大学"的重要保障；是满足师生员工对平安和谐校园新期待的重要任务；是提升我校安全维稳工作科学化水平的重要平台和有力抓手。

2. 全员动员，确保"平安校园"创建有效开展

学校党政领导高度重视创建工作，专门成立了以党委书记和校长为组长的创建工作领导小组，并把创建工作纳入学校工作要点。在此基础上，进行专题研究，2013年制定下发了《北京邮电大学深化"平安校园"创建工作实施方案》，进一步明确工作职责和工作内容，并将创建工作划分为5个阶段。2013年4月9日，北京邮电大学召开平安校园创建工作动员大会，进行广泛动员，进一步细化明确工作任务。在此期间，校领导分别带队成立5个检查小组，对全校21个二级党委、行政部门进行全面自查，掌握了基本情况，促进了薄弱环节的整改，有力地保障了全校整体创建工作的实效。

3. 对照标准，以评促建，平安校园建设成效明显

首先，通过"党政齐抓，坚持学校党委统一领导；完备机构，健全校园两级组织建设；专兼结合，构建稳定有力的维稳工作队伍；横纵结合严格落实安全稳定责任"最终达到整合优化组织领导体系。其次，通过"舆情信息收集研判日常化、师生思想政治工作及时化、学生思政动态摸排精细化、意识形态领域工作规范化、维稳工作机制常态化"实现健全完善维稳工作体系。复次，通过"完善规章制度，畅通反馈渠道；主动排查矛盾，依法化解纠纷"进一步实现矛盾纠纷排查化解体系的完备。再次，通过"巩固校园物防基础、加大技防突入力度、推进网格化管理模式、细化等级防控方案、建设管理服务中心"来进一步建设校园综合防控体系。在此基础上，通过"形式多样成效显著的安全管理工作、内外联动规范有序的安全综合治理、有力扎实的网络管理保障、困难群体全面覆盖重点帮扶机制、保密工作的全员参与和精细管理"以求完善安全教育管理服务体系。最后，通过"强化预案实战作用，提高应急处理能力；加强隐患排查力度，降低突发事件概率"进一步健全校园应急处置体系。

4. 总结经验，推进"平安校园"创建成果长足有效

自提出创建"平安校园"以来，北京邮电大学取得明显成效，形成了自己创建经验，即坚持党委统一领导,各部门协调联动;坚持夯实基础,注重长远设计;坚持与时俱进,创新安全稳定工作机制。在此基础上,提出来要平安校园的全面持续发展,需要进一步强化基层基础工作、加强安全稳定教育和培训、加快科技创新工作进程。

(三)沙河新校区建设取得新进展

早在 2003 年 3 月 14 日,北京邮电大学与北京市昌平区人民政府签订了建设征地协议,北京市人民政府同意北京邮电大学征地约 1 348 亩(1 亩=666.67 平方米)用于沙河校区建设。2003 年 6 月,教育部批准(教发函[2003]180 号)同意我校建设沙河校区。按照"高起点规划、高水平设计、高标准建设"的要求和"一次规划,分步实施"的原则,沙河新校区工程分两期完成,其中一期用地面积约 858 亩,建筑面积约 40 万平方米;二期用地面积约 490 亩,建筑面积约 20 万平方米,整体建成后将能够容纳 18 000 名学生。

2012 年 9 月 16 日,北京邮电大学人期盼 10 年的沙河校区破土动工,极大地拓展了学校发展空间,是学校加快发展的重要机遇,成为北京邮电大学发展史上的一件大事。教育部副部长鲁昕,教育部发展规划司司长谢焕忠,北京市委副秘书长傅华,北京市政府副秘书长张玉萍,北京市教委副主任何劲松,昌平区委书记侯君舒,昌平区区长金树东、常务副区长张燕友、副区长刘淑华、政协副主席任鹏举以及来自北京市国土局、昌平区委区政府、昌平区各委办局、沙河镇、罗顿公司等部门和单位的主要领导,北京广播电视大学和高教园区各兄弟院校的相关领导,北京邮电大学全体校领导及中层干部、教师代表、离退休老同志代表和学生代表等近 700 人出席开工仪式。

仪式由校党委书记王亚杰主持。在大会上,方滨兴校长指出,沙河校区开工建设是北邮师生员工近 10 年的期盼,是我校发展历史上的里程碑,必将极大拓展学校的发展空间,是北邮加快发展的重要机遇。同时,沙河新校区建设是一项庞大的系统工程,任务十分艰巨,一定要科学规划、精心组织好沙河校区建设,确保新校区建设工程成为"廉洁工程""精品工程""亮点工程"。教育部副部长鲁昕代表教育部对我校沙河校区建设工程顺利开工表示热烈的祝贺,希望学校创新建设理念、科学规划设计、加强组织管理,突出信息资源优势,力争把沙河新校区建设成为功能完善、条件优越的信息化、智能化、生态化校园,为建设高水平研究型大学提供强有力的支撑,不断提高办学质量和水平,努力为国家和北京市转变经济发展方式、发展战略性新兴产业提供人才支撑。

2012 年,沙河校区主要完成了 208 亩土地上教学实验综合楼、学生公寓、食堂及学生活动中心等一期将要开工的各个项目招标工作,完成了沙河一期电力、燃气、给水、雨、污水、中水管线咨询,正在进行市政管网综合方案和立项申报;取得沙河新校区一期 858 亩征地用地批复;学生公寓已经开工建设,目前正在进行地基及地下工程的紧张施工。

2013 年至今,沙河新校区一期工程正在紧锣密鼓地进行中,三座单体学生公寓、食堂及活动中心综合楼、教学实验综合楼已全部封顶。沙河校区的建设为建设高水平研究型大学提供强有力的支撑。2014年,我校校园建设取得了显著成绩,沙河校区一期3个单体也顺利完工,二期征地工作已经开始。

2015年9月10日,北京邮电大学沙河校区启用仪式暨北京高科大学联盟昌平揭牌典礼在北京邮电大学沙河校区隆重举行。北京市委副秘书长郭广生,教育部发展规划司副司长刘昌亚,昌平区区委书记侯君舒、区长张燕友,北京市委办公厅副主任李彦来,昌平区副区长刘淑华,以及北京高科大学联盟校领导,昌平沙河高教园区管委会、沙河镇领导和北京邮电大学校级领导班子成员、中层干部、党代会代表、双代会代表、离退休老同志代表和师生代表冒雨出席本次活动。这次活动标志北京邮电大学沙河校区正式启用,第一批(2015级本科生)正式入住沙河校区。

(四)世纪学院整体搬迁延庆新校区

2014年3月,北京邮电大学世纪学院将从大兴狼堡整体搬迁至延庆康庄。延庆是北京邮电大学"一校四园"发展思路的重要一环。世纪学院延庆校区现有校园占地500亩,建有充足的教学及辅助用房,独立的图书馆大楼及实验楼,新校区的环境优势和空间优势大大改善了学院的办学环境。

(五)后勤保障日臻完善

1. 积极解决职工住房问题

沙河高教园区目前有北京师范大学、北京邮电大学、中央财经大学、外交学院、北京航空航天大学5所学校。为了促进沙河高教园区的发展,使得这5所高校能够长期、稳定地驻扎沙河,经5所学校共同申请,北京市政府特在沙河高教园区为这5所高校建立了一些住宅,包括安置房和公租房,参照经济适用房模式管理。

根据《关于落实本市住房限购政策有关问题的通知》(京建发[2011]65号)和《北京市住房和城乡建设委员会关于沙河高教园"园区安置房"和"公共租赁住房"有关问题的意见》(京建函[2013]476号)等相关文件的精神,经过讨论研究,2014年2月20日,北京市昌平区沙河高教园区管委会下发了《北京市昌平区沙河高教园区公共租赁住房暂行办法》和《北京市昌平区沙河高教园区安置房配售管理办法》。

北京邮电大学根据北京市和昌平沙河高教园区管委会的相关文件精神,结合学校的实际情况和教师需求,制定了《北京邮电大学"沙河高教园区"安置房组织申购实施办法》(本办于法2014年5月29日由学校教代会主席团讨论通过,并于2014年6月3日经学校党委常委会批准实施)和《北京邮电大学"沙河高教园区"公租房配租暂行办法》。

根据相关规定,"沙河高教园区"安置房产权性质为"定向安置房"。我校房源总计547套,均价为每平方米14 000元。其中建筑面积约138平方米的户型22套,建筑面积约118平方米的户型60套,建筑面积约88平方米的户型465套。安置房的申购人必须为我校2014年1月1日(含)在职在岗在编的教职工,且符合北京市住房限购政策。2014年6月—2015年7月,在沙河高教园区管理委和学校领导的指导下,资产管理处完成了安置房的认购意向调查、申请资格审查等工作,安置房已全部售给学校教职工。

另外,在沙园高教园区,我校以11 000元/平方米的价格购得公租房总计631套(2015年9月数据),分别位于住宅区的10号、14号楼,用来进一步解决教职工的住房问题。其中,学校将留出一定比例的房源用来解决2014年1月1日以后新入职教职工的住房问题。2015年9月,公租房配租工作启动。

2. 共建今典小学,解决职工子女入学难题

为深入推动义务教育优质均衡发展,根据北京市委的指示要求,本着"相互支持、发展共赢"的原则,2014年8月31日,北京市海淀区教育委员会与北京邮电大学(北京邮电大学签约代表:校长助理、党政办公室主任辛玲玲研究员)正式签署《北京市海区教育委员会与北京邮电大学合作建设海淀区今典小学框架协议》,双方将共同合作建设海淀区今典小学。

此次合作建设工作的开展,对于充分发挥我校资源优势,推动海淀区基础教育发展将具有重要意义,同时也是我校深入开展党的群众路线教育实践活动,努力为教职工办实事、做好事、解难事的重要举措之一。协议签署后,海淀区今典小学将参照子弟学校招生政策,积极为我校教职工解决子女入学、转学等相关需求。

2015年3月2日,北京邮电大学副校长郭军应邀出席了今典小学2015年春季学期开学典礼并讲话。北邮与今典小学的合作共建,充分实现教育资源的优化配置,最大程度地发挥北邮的教育资源优势,引领和带动今典小学在提升办学理念、加强品牌建设、优化学校管理、开发特色课程、深化教学研究、助力师资培养、充实第二课堂等方面的进一步发展。在一年的合作共建过程中,北京邮电大学心理素质教育中心、团委、研究生支教团、自动化学院等相关部门和学生组织积极参与到今典小学的课外实践活动和部分教学工作中,促进了双方的共建合作。

三 教学改革成绩突出

(一) 创新师资培养机制,师资队伍建设得到加强

师资队伍建设是关系教学改革成败的重要因素之一。从2011年以来,北京邮电大学高度重视师资队伍建设,进一步创新师资培养机制,完善人才引进机制,师资队伍建设得到显著增强。

1. 师资队伍建设成效显现

北京邮电大学正式启动"岗位特聘教授、副教授聘任"工程。2011年10月31日，我校2011年岗位特聘教授、副教授聘任仪式在教一楼116会议室隆重举行。2011年岗位特聘教授、副教授名单分别为科研平台李立华、彭木根、徐国爱、徐坤，教学平台房鸣、周慧玲。学科平台宋晴受聘岗位特聘教授。科研平台胡铮、王强，学科平台王楠，人才平台赵玉平受聘岗位特聘副教授。岗位特聘教授、副教授的设立为青年教师的未来发展搭建了一个平台。

2011年3月16日，教育部公布了2010年度"长江学者和创新团队发展计划"创新团队入选名单。我校网络技术研究院廖建新教授作为带头人的"无线移动通信网络理论与技术"创新团队入选该计划。该计划的实施对进一步发挥高校科技创新平台的投资效益，凝聚并稳定支持一批优秀创新群体，形成优秀人才团队起到了积极作用。同年，我校引进袁熙坤先生名誉教授授予仪式，促进北京邮电大学相关专业的同学艺术创作的技艺和经验。

2011年4月，教育部科技司组织专家对我校"无线移动通信网络理论与技术"教育部候选创新团队进行了现场考察。专家组认为：北京邮电大学"无线移动通信网络理论与技术"创新团队围绕无线、网络、业务等复杂多域环境中无线移动通信网的适变性等研究领域，开展了系列卓有成效的技术创新工作，成果卓著；团队经过多年建设和发展，形成了一支知识和年龄结构合理、创新活力强、团结协作的优秀科研梯队，汇聚了一批学术思想新颖、事业心强的优秀中青年骨干人才；团队科研条件良好，仪器设备先进，学术氛围浓厚，并有完善的学科体系支撑；团队的研究计划切实可行，发展前景广阔。专家组一致认为我校"无线移动通信网络理论与技术"团队达到了教育部创新团队的要求。

2011年9月6日下午，北京市教育工会在中国音乐学院举行了"北京市教育先锋表彰大会暨第六届师德论坛"，我校图书馆获得"教育先锋号"称号，经济管理学院金永生老师获得"教育先锋教书育人先进个人"称号，后勤处雷永胜老师获得"教育先锋管理育人先进个人"称号。卞佳丽、桑林两位教授获得第七届北京市级教学名师奖；吴国仕教授荣获"国家示范性软件学院十佳兼职教授"称号；世纪学院华卫兵教师荣获2011年第五届北京民办教育园丁奖。

2. 健全师资队伍建设保障机制，师资队伍建设效果凸显

2012年10月10日，我校教师发展中心成立。教师发展中心的成立旨在不断促进人才培养与学科建设战略升级，全面提升教师的教学水平和科研能力。通过开展教师培训、教学评估、教学研究，加强和完善对全校教学工作的支持和服务，成为青年教师的岗前培训基地、在任教师提高教学水平的加油站、教育教学经验的交流平台以及中青年教师思想政治工作的坚强堡垒。

2012年，学校进一步推进人才引进和培养工作。主要通过：①加大海外高层次人才的招聘力度，通过各种渠道，与有意向回国的高层次人才积极沟通，与上级单位积极协调，经相关学院推荐，校内组织专家评议，向教育部先后推荐1位"千人计划"候选人、1位"青年千人计划"候选人；②抓住国家开始实施"国家高层次人才特殊支持计划"的机会，完成了其中"百千万工程领军人才"的推荐工作；③向教育部推荐5位长江学者特聘教授、1位讲座教授候选人，其中马华东教授被批准为长江学者；④加大高层次人才引进力度，全职引进余建国教授，聘请惠容庆教授以学术休假方式来校工作一年；⑤不断加大教师公派出国留学的力度，组织协调16名教师申报"青年骨干教师出国研修项目"，获得国家留学基金委批准，7人获得国家留学基金委国家公派名额，8人按学校公派方式出国进修；⑥顺利完成了职称评审工作，9位教师获教授任职资格，32位教师获副教授任职资格，1位教师获高级工程师职称任职资格；⑦为加大对青年教师扶持力度，促进青年教师尽快成长，全面提升青年教师的创新能力和竞争力，推动学校跨越式发展，学校决定实施"北京邮电大学青年骨干教师扶持计划"。

2012年，北京邮电大学师资队伍建设效果凸显，邝坚、胡春两名教授获得北京市教学名师奖。学校引进了彭扬和方沛宇两位千人计划学者，马华东成为长江学者。同年，我校先后聘用科学技术部基础研究司张先恩司长、"北京邮电大学——大唐国家级工程实践教育中心"贾晶教授、日本函馆未来大学姜晓鸿教授为兼职教授。Arogyaswami Paulraj 教授、美国新泽西理工学院 Nirwan Ansari 教授、英国伦敦大学玛丽女王学院 Shaogang Gong 教授、加拿大滑铁卢大学 Sherman Shen 教授等受聘为我校通信与网络核心技术创新引智基地（111基地）短期高级访问科学家。本年度，通过引智项目我校今年共计引进外籍专家、学者近120人次。

3. 2013年度北京邮电大学师资队伍建设迈上新台阶

2013年1月11日，北京邮电大学"教学质量评价委员会"成立。"教学质量评价委员会"依托于校学术委员会，由校、院学术委员会委员和名誉委员组成，是实施"教授治学"的重要组成部分。同年，北京邮电大学出台了《北京邮电大学"人才强校计划"实施方案》《北京邮电大学"伯乐"奖评选奖励实施办法》。2013年度，北京邮电大学先后向教育部推荐了5位"千人计划"候选人；房鸣、单文锐、门爱东、邝坚4位教师荣获北京市优秀教师称号；俎云霄和刘宝玲两位教授获得北京市教学名师奖；连晶晶、刘雨、郭奋卓3位教师在北京高校第八届青年教师教学基本功比赛中获奖；宋晴、徐晓慧等教师在"首届全国高校微课教学比赛"中取得优异成绩；高飞、温巧燕等教授的论文荣获中国物理学会"2013年度最有影响论文奖"一等奖；陈钢、龚庆华2位教师分别在第四届外教社杯全国高校外语教学大赛北京赛区获得佳绩。

2013年学校在人事处设立了"人才与专家工作办公室"，引进高层次人才6人；通过引智项目我校今年共引进外籍专家、学者64人次；在2013年中国大学教师水平排行榜100强中，北京邮电大学位居第54位。

2013年，我校"电子信息实验教学示范中心"通过教育部验收，被授予"国家级实验教学示范中心"称号；2013年我校"物理实验教学中心""计算机与信息网络实验教学中心"接受了北京市级实验教学示范中心验收，取得了专家组一致好评。

4. 2014年度北京邮电大学师资队伍建设稳步推进

2014年,北京邮电大学师资队伍建设成绩卓越。喜摘光华工程科技奖"青年奖"桂冠,迈入世界最具影响力科学家行列,挺进中央电视台2014年度十大科技创新人物,入选2014年度科技部"中青年科技创新领军人才计划",摘得杰青、优青基金项目资助,入选2014和2015年北京市科技领军人才计划,荣获"茅以升科学技术奖",田辉教授、艾文宝教授获得第十届北京市高等学校教学名师奖。

(二)扎实推进教育质量工程,引领教学改革

1. 围绕"教学质量年"认真组织系列活动

2011年是北京邮电大学的"教学质量年"。学校围绕"教学质量年"精心策划、认真组织开展了系列活动:举办十四期"名师讲堂"系列讲座,邀请北京大学、清华大学、南开大学等8所国内知名大学的12位国家级教学名师为我校师生开设讲座。启动北京邮电大学第十届教学观摩评比活动。举办"质量工程建设成果展",深入总结"质量工程"一期建设成果。改革教学模式,邀请袁熙坤先生、翟起滨教授、范钦珊教授等知名学者、教授和企业专家为本科生授课,将学科前沿知识和先进的教学理念、教学方法带进课堂。为配合"教学质量年",北京邮电大学开展了"名师讲堂"、教学观摩评比、"质量工程"建设成果展等系列活动,在多方面成就显著。

2. 教学质量年取得显著成效

2011年,我校"质量工程"项目建设成果喜人,其中,北京邮电大学信通院教学满意度位列全国十大院校榜首;"网络工程"和"物联网工程"专业获得教育部批准,成为第七批国家级特色专业建设点;白中英教授主编的《计算机组织与体系结构》被评为2011年度国家级精品教材;桑林、卞佳丽两位教授荣获2011年北京市教学名师奖;"信息安全"专业和"机械工程及自动化"专业入选为"卓越工程师教育培养计划"专业;"通信工程""电子信息工程"专业顺利通过工程教育专业认证。

3. 举办教学成果展,深入总结教学经验

2011年学校隆重举行"北京邮电大学'质量工程'建设成果展"。本次展示活动是对我校"质量工程"一期建设成果的全面总结,学校希望通过此次展示活动充分发挥优秀教学成果的示范和辐射作用,调动广大教师投身教育教学研究和改革实践的热情,使教师们能积极参与到"教学质量年"各项活动中来,为深化我校教学改革工作、提高我校教育质量贡献力量。

2011年12月23—24日,我校隆重召开2011"教学质量年"工作交流会。温向明副校长、教务处、各学院等相关领导以及学校本科教学督导专家等参加了会议。本次会议对本年度教学质量年工作开展进行了全面总结,并就学校本科教学质量和教学管理过程中遇到的问题进行了深入、广泛的交流和探讨,为学校教学质量持续提高、全面推进我校本科教学管理工作起到了重要作用。

（三）教学方式和模式改革逐步深入

1. 成功召开教学工作会议，研讨教学模式改革

2014年11月26日—12月3日，北京邮电大学2014年教学工作会议开幕。本次会议的主题是"抓住发展机遇，深化教学改革，提高培养质量"。校党委书记王亚杰、校长乔建永及全体校领导出席了会议，学校全体教授、中层干部、专业负责人、重要基础课程负责人、实验教学中心主任以及其他教师代表和学生代表近200人参加了会议。会议由郭军副校长主持。本次会议主要围绕信息时代和互联网环境下北京邮电大学教学方式和教学内容的改革，乔建永校长在会上作了"以信息化带动教学现代化 全面提升本科教育教学质量"的主题报告。会议期间，针对教学工作、科研工作、学科建设、师资队伍、教师管理、人才培养等工作进行深入研讨，共举行4次专题研讨会。

11月27日举行了第一次研讨会，校党委书记王亚杰、校长乔建永、副校长赵纪宁、校党委副书记董晞、副校长郭军出席了会议，我校部分本科专业负责人、重要基础课程负责人以及教务处、人事处、学生事务管理处、资产管理处、科学技术发展研究院、国际合作与交流处、发展战略研究中心和体育部相关部门负责人约30余人参加了会议。会议由校党委副书记董晞主持。会议主要就人才培养中心地位、教师评价与激励制度改革、基层教学组织建设、教师教学能力提升、课程体系和教学内容优化、信息化环境下教学模式改革以及教风和学风建设等方面发表了意见和建议。

11月28日举行了第二次研讨会，校党委书记王亚杰、校长乔建永、副校长任晓敏、副校长赵纪宁、副校长温向明、校党委副书记董晞、副校长郭军出席了会议，参加会议的其他人员包括学院院长、学院党委书记、部分职能部门负责人。会议由副校长任晓敏主持。会议主要针对我校人才培养目标定位、信息化教学手段与传统教学方式的关系、教学与科研的关系、教学过程中教师与学生的关系、信息化教学支撑保障条件、教风学风建设、教师评价制度、教学奖励政策等展开了深入的交流研讨。同天，举行第三次研讨会，会议由副校长温向明主持，各学院主管教学副院长、学院党委副书记、部分教务员代表，以及教务处、人事处、学生事务管理处、资产管理处、科学技术发展研究院、国际合作与交流处、信息光子学与光通信研究院等职能部门、研究院负责人和校友代表近30人参加了会议。主要就师资队伍建设、教师评价与激励制度改革、信息化水平的提升、科研优势与人才培养的转化机制和教学资源保障机制等问题与参会人员展开了热烈的研讨。

12月1日举行了第四次研讨会，会议由校党委副书记曲昭伟主持，各学院党委副书记、教学副院长以及教务处、人事处、学生事务管理处、资产管理处、科学技术发展研究院、国际合作与交流处、信息光子学与光通信研究院等职能部门、研究院负责人和学生辅导员代表30余人参加了会议。会议围绕课程体系、教学内容和教学模式改革、教学管理体制改革、教学资源保障和信息化建设、教风和学风建设等内容展开了热烈讨论。

2014年教学工作会议是在深入学习党的十八届三中、四中全会精神,全面推进综合改革,迎接学校第十四次党代会召开之际举行的一次重要会议,是针对当前面临的机遇和挑战,为提高本科教育教学质量共商改革思路的一次重要会议。它为学校全面提高教育教学质量,早日把我校建设成为特色鲜明、优势突出的高水平研究型大学提出改革与发展的方向。

2. 全面推进基于信息技术的教学改革专题项目

2015年,北京邮电大学下发了"北京邮电大学关于推进教学模式改革的实施意见(校教发[2015]5号)",正式启动基于信息技术的教学模式改革项目,积极探索与我校专业相适应的MOOC(大规模开放在线课程)和SPOC(小规模限制性在线课程)的出现,翻转课堂、混合式教学模式等新型教学模式。本年度立项的教学模式改革项目分为基于信息技术的教学模式改革项目和课堂教学模式改革项目两大类。其中基于信息技术的教学模式改革项目要求充分发挥和利用我校信息学科优势,结合学校课程教学的实际情况,推动我校信息化环境下教学模式改革创新。鼓励教师探索与我校学科专业特色相适应的MOOCs(Massive Open Online Courses,慕课)、SPOCs(Small Private Online Courses,私播课)、翻转课堂、混合教学等基于信息技术的新型教学模式,增强信息化环境下学生自主学习能力,推进信息技术与教学过程的深度融合,提高人才培养质量。其中,设立"通信原理"慕课教学建设项目,项目经费高达50万;设立SPOCs课程建设和翻转课堂教学模式改革项目,立项数量10项,项目经费为(5~10)万/项;设立混合式教学模式改革项目(基于"爱课堂"网络教学平台的课程建设项目),立项数量近40项,经费支持1万/项。

(四)专业建设得到进一步加强

2011年,"网络工程"和"物联网工程"专业获得教育部批准,成为第七批国家级特色专业建设点;"信息安全"专业和"机械工程及自动化"专业入选为"卓越工程师教育培养计划"专业;"通信工程""电子信息工程"专业顺利通过工程教育专业认证。

通过开展特色专业建设,学校有计划有步骤地把自身优势、特色专业进一步做强做大,保持并凸现学校的优势和特色。学校开展专业归位改革,优化专业结构,积极推进校外合作与交流,以适应产业结构和发展高新产业的需要。学校进一步根据新兴产业的发展趋势,主动适应国民经济和社会发展需要,以特色专业建设为龙头,积极寻找专业建设新的增长点和新的发展方向,从专业的孤立发展向交叉学科专业协同发展转变,从而全面提升学校办学层次和水平。

(五)注重优秀生源选拔,夯实教育质量基础

1. 举行高招咨询会和校园开日活动,增强学生对北京邮电大学的认知

2011年4月13日,北京邮电大学联合北京交通大学、北京科技大学、北京林业大学、北京化工大学4所高校举行新闻发布会,就2011年北京五高校联合招生咨询活动

及各校2011年招生政策进行解读。会议特别邀请包括新华社、人民日报、中央电视台等近30家国家重要媒体记者莅临发布会现场。发布会向媒体介绍了五高校联合招生咨询活动发起的背景以及高招咨询活动的详细方案。5所高校的招生负责人还分别就本校2011年招生政策进行了解读，对招生计划、招生专业设置、教学培养特色、毕业生就业情况等方面进行了详细的介绍，并回答了现场记者的提问。

从2011年开始，我校形成了稳定的高招咨询会和校园开放日机制，在每年的高考前夕，在我校举行高招咨询会和校园开放日活动，吸引众多学生前来咨询。此外，在2011—2015年，北京邮电大学还拿出专项经费，从全校选拔教师负责到全国各地进行本科生招生宣传，扩大了北京邮电大学的影响，本科生生源稳步提升。

2011年我校共录取本科新生3 270人，全国大部分省份的生源质量在2010年的基础上保持稳定，14个省份录取新生的质量有所提高，高考录取成绩在全国著名理工科高校中继续名列前茅。学校继续加大优秀生源基地建设力度，先后与34所重点中学签署了优秀生源基地建设协议。2012年，全国大部分省份的生源质量在2011年的基础上保持稳定，高出当地重点线100分以上的省份有8个，高出当地重点线80分以上的省份有15个，高出当地重点线70分以上的省份有20个，高出当地重点线60分以上的省份有22个，高出当地重点线50分以上的省份有24个。2013年，新生录取质量继续在全国高校中保持优势地位。现代远程教育全年共招收远程新生16 634人，比2012年增长了41.01%，创造了北京邮电大学成人学历教育招生史上的一个新纪录。

2014—2015年，新生录取质量继续在全国高校保持优势地位。2013年，中国人民大学高等教育研究中心发布了2013中国大学录取分数50强榜单，北京邮电大学位列全国第20名。2015年，华东师范大学社会调查中心发布了《中国大学录取分数排行榜（2014年版）》，北京邮电大学的录取分数线在全国的总排名为第20位，继续在全国保持优势地位。

2. 不断加强研究生招生宣传工作

2011年，我校共录取硕士研究生2 717人，录取博士研究生336人，硕士研究生各专业录取分数线均普遍高于全国录取分数线，考生整体成绩水平较高。2012年招的研究生中，全日制研究生3 051人（博士生332人、硕士生2 719人）；2013年，全日制招全日制研究生3 132人（博士生328人、硕士生2 804人）。

从2014年开始，为进一步拓宽研究生生源渠道，改善研究生生源结构，提高研究生生源质量，扩大宣传成效，学校决定进行研究生招生宣传工作，把研究生招生宣传工作纳入学校优秀生源选拔工作中。每年抽出骨干教师队伍到南京、长春、哈尔滨、天津、成都、西安、重庆、武汉、广州、济南、郑州等高校云集的地区进行研究生招生宣传。从2014年实施研究生招生宣传以来，我校研究生生源质量得到明显改善。

（六）进一步增强学生创新能力培养

1. 继续推进叶培大学院建设工作，提高拔尖创新人才的培养质量

2011年以来，学校积极推进"叶培大学院"建设，进一步推动拔尖创新人才培养工作。每年从信息与通信工程学院、计算机学院、电子工程学院、自动化学院、理学院的优秀本科生中，选拔出近100位学生组建成立了3个实验班。实验班采取虚拟建制，入选学生除了在原专业学院进行正常的本科课业学习外，同时利用业余时间接受叶培大学院特殊培养。叶培大学院全面实施"导师制"，让学生根据自己的科研兴趣、以自愿及双向互选为原则，为每一位入选学生配备了导师。目前，实验班学生已经在导师的指导下，进入导师实验室，逐步开展相关领域的科学研究。

叶培大学院是以中国科学院资深院士、北京邮电大学名誉校长、微波通信及光电通信专家叶培大先生命名。旨在培养电子信息领域拔尖创新人才及行业领军人物，深入探索并实践多种人才培养模式，进一步加大对优秀学生的培养力度，全面提高人才培养质量。今后叶培大学院将通过组织学术前沿讲座、资助学生参与学术交流、拓展学生国际化视野等深入开展人才培养工作，探索拔尖创新人才培养的多种模式，推进我校本科教学改革工作，进一步提高人才培养质量。

学院按照两种模式进行拔尖创新人才培养试点工作。

一是从全校二年级理工科专业本科生中选拔优秀学生，组建逻辑实验班。逻辑实验班旨在激发学生的学术兴趣、培养学生的综合创新能力、拓展学生的发展潜质，采取导师制、个性化等开放式的培养模式。通过导师一对一的学业和科研创新活动的指导，引导学生尽早进入科研实验室，接触科研前沿，参与科研、学科竞赛和大学生创新实践项目。逻辑实验班学生的选拔，注重考察学生的综合能力、学术兴趣和发展潜质，每年从二年级本科生中选拔学生90人。入选学生除了在原专业学院进行正常的本科课业学习外，需要利用业余时间接受叶培大学院的特殊培养。2014年第一届逻辑实验班学生保研率高达78.9%，另有20%的学生放弃保研资格出国留学，学生获得各级各类竞赛奖项160余项。2015年第二届逻辑实验班共97人，其中71人保送研究生，24人出国。

二是主要通过自主招生渠道面向全国招收具有物理及数学学科特长、有志于投身信息科技研究且具有该领域学科培养潜质、思想品德优秀的理工类高中毕业生，组建通信基础科学实验班。通信基础科学实验班旨在培养牢固掌握物理学科的基本理论和实验技能，具有扎实的数理基础、浓厚的研究兴趣和较强的研究能力，勇于创新，能够在物理学和信息与通信领域从事科学研究和技术开发的人才。实验班运用我校雄厚的师资力量和"信息光子学与光通信国家重点实验室"的研究平台，并聘请国内外著名专家指导、授课，实施小班制、导师制、个性化培养，让学生提前进入国家高水平研究项目，为进一步深造打下坚实基础。通信基础科学实验班一是通过自主招生面向全国招生，二是面向部分省份投放招生计划，招生专业为"应用物理学（通信基础科学）"。

通信基础科学实验班优秀学生可提前毕业，进入研究生学习阶段。通信基础科学实验班由理学院和信息光子学与光通信研究院联合培养，由理学院负责日常学生管理。

2. 扎实推进大学生创新项目的开展

(1) 鼓励骨干教师指导大学生创新项目。2011年11月，我校召开了第一届大学生创新项目指导教师研讨会，副校长温向明出席会议并作总结发言。此次研讨会，不仅增进了创新项目指导教师之间的交流，还为院系间的合作打下良好的基础，有助于相关管理工作的进一步完善。

(2) 创建大学生创新实践基地。为了加强我校本科生"理论教学、实验教学和科学研究"三位一体的有机结合，进一步加强实践教学和第二课堂教学，提倡和鼓励学生自主学习及研究性学习，培养学生的创新意识与实践能力，学校建立一批校级学生创新实践基地。截止到2015年，学校已经创立了数理创新实践基地、电路与电子技术创新实践基地、机电创新实践基地、计算机与网络创新实践基地、现代通信创新实践基地、企业经营与电子商务创新实践基地等基地。大学生创新实践基地大本营已经创建完成，位于我校学十楼地下一层。

(3) 每年举办大学生创新实践成果展示交流会。2011年6月，以"我创新·我成长"为主题的北京邮电大学第三届大学生创新实践成果展示交流会暨创新论坛开幕式在北京邮电大学体育馆隆重举行。本届展示交流会和创新论坛共举办6天，参展项目144项，分为机器人、手机应用、人机交互、图像识别、软件、机电设计、物联网、指挥校园、智能家居、健康关怀、网络应用、电子商务、实验教学、理论研究和互动区共15个主题展区进行展示。累计参观人数达到8383人次。其中，两个创新项目入选由教育部和科技部主办的"第四届全国大学生创新年会"展示项目；7个创新项目受北京市教委邀请参加了北京第八届国际教育博览会"高等教育教学科研成果"主题展；1个创新项目荣获第二届中国—东盟国际青年创新大赛产品设计组金奖。

2012年5月，以"我创新·我飞翔"为主题的北京邮电大学第四届大学生创新实践成果展示交流会暨创新论坛开幕式在北京邮电大学体育馆篮球厅隆重举行。展示期间，各展位的项目组成员热情地和广大师生交流，使更多的学生了解到大学生创新实验计划，增加了同学们进行科技创新的兴趣，整个展示交流会现场气氛热烈、活跃。《中国教育报》《光明日报》《北京青年报》等多家新闻媒体和网络媒体均到达创新成果展示交流会现场进行相关报道。

2013年5月，北京邮电大学举行"第五届大学生创新实践成果展示交流会暨创新论坛"。本届展会共有150个创新项目参加，分为12个主题展区：创业区、创意设计区、机电设计区、机器人区、人机交互区、图像识别区、网络应用区、物联网区、移动互联网区、智慧校园区、软件区和理论区。经过展示交流阶段校内外专家评审，有51个项目入选了创新论坛，并分为物联网、图像识别 & 网络应用、移动互联网 & 人机交互、机电设计、经济管理、创意设计6个场次进行了答辩，最终评选出一等奖21项，二等奖15项，三等奖15项和47名优秀指导教师。同时根据展会现场投票截止时间的投票结果,选出 1 项"我最喜爱的项目"。学校两个学生创新项目和一篇论文入选由教育部和科技部主办的"第六届全国大学生创新年会"。我校"电子信息创新实践基地"被评为"2013 年北京高等学校示范性校内创新实践基地建设单位"。

2014 年 4 月,北京邮电大学隆重举办第六届大学生创新实践成果展示交流会。本届展会共有 169 个参展项目,分为 12 个主题展区:模式识别、网络应用、机电与机器人、智慧校园、移动互联、物联网、软件设计、数理光学、创意、论文、创业训练与实践、校友创业区。经过展示交流阶段 90 多名校内外专家评审,有 62 个项目入选了创新论坛,并分为电子信息、软件、经济管理、数理光电、创业、机电设计和创意设计等 9 个场次进行了答辩。本届展会参观人数达到 12 202 人次,吸引了 80 多家企业参观交流,2 个创业项目孵化成功,获得了 100 万的种子基金。创新论坛环节共有校内外专家 39 人参与评审,共评出"大学生创新创业训练计划成果一等奖"17 项;"大学生创新创业训练计划成果二等奖"21 项;"大学生创新创业训练计划成果三等奖"20 项;"最具创业潜质奖"1 项;"优秀展示项目"奖 4 项。经现场投票产生"最受欢迎的十大创新项目"奖 10 项。根据媒体相关报道统计,产生"最具媒体关注项目"奖 1 项。

2015 年 5 月,以"我创新·我超越"为主题的北京邮电大学第七届大学生创新成果展示交流会在北京邮电大学体育馆隆重开幕。本届展示交流会共有参展项目 170 项,分为创业类、创意类、可穿戴技术、数据挖掘、物联网、电子技术、机电设计、模式识别、人文经管、数理类、软件设计、智慧校园和智慧生活 13 个主题展区进行展示。本届展会的参展作品都是北京邮电大学学生在创新创业实践活动中取得的优秀成果。

北京邮电大学一贯重视培养创新实践能力,积极组织各类创新创业实践教育活动。2011 年以来,北京邮电大学已经连续举办过五届北京邮电大学大学生创新实践成果展示交流会暨创新论坛。如今这已成为北京邮电大学学生创新能力培养的品牌。

3. 学生创新能力培养成效显著

通过连续 4 年多的创新能力培养,北京邮电大学的学生创新能力得到显著提升,主要体现在学生参加竞赛成绩的突出和北京邮电大学学生就业水平的提升。

(1) 北京邮电大学学生参加竞赛成绩节节攀升

2011 年,我校学生共有 1 356 人次获得各类竞赛奖励。其中,有 221 人次在国际性竞赛中获奖,包括一等奖 57 人次、二等奖 155 人次、三等奖 9 人次;有 311 人次在国家级竞赛中获奖,包括特等奖 9 人次、一等奖 35 人次、二等奖 141 人次、三等奖 126 人次;有 824 人次在市级竞赛中获奖。

2012 年,我校共计有 1 563 人次获得各类竞赛奖励,其中,275 人次在国际性竞赛中获奖,361 人次在国家级竞赛中获奖,927 人次在市级竞赛中获奖。与 2011 年相比,我校的国际级奖项和国家级奖项均有所提升。我校的传统优势竞赛项目成绩稳定,继续保持优势地位,综合类学科竞赛成绩有所突破。2013 年,我校共计有 1 223 人次获得各类竞赛奖励,其中,375 人次在国际性竞赛中获奖,282 人次在国家级竞赛中获奖,566 人次在市级竞赛中获奖。

我校学生在2013年国际大学生数学建模竞赛中取得重大突破,2队获特等奖,2队获提名奖(Finalist),31队获一等奖,92队获二等奖,实现了我校参加国际数模竞赛以来获奖水平质的跨越;在2013年全国大学生数学建模竞赛中,成绩斐然,3队获全国一等奖,7队获全国二等奖,31队获北京赛区一等奖,25队获北京赛区二等奖。在第八届全国大学生智能汽车全国总决赛中,我校"摄像头一队"脱颖而出,获全国总决赛摄像头组一等奖;创意组的"光音神探"队获得全国总决赛的二等奖;2013年,我校学生在国际体育赛事上获奖1项,全国赛事上获奖23项,市级赛事上获奖75项。学生艺术团在第四届北京市大学生艺术展演获奖10项。2013年我校世纪学院共参加国家级、省部级比赛17项,获得3项国家级奖项,41项省部级奖项,获奖人数117人。2014年度,我校学生在各级各类学科竞赛中成绩突出,省部级以上获奖人次再攀新高,共计有1706人次获得各类竞赛奖励。其中,491人次在国际性竞赛中获奖,410人次在国家级竞赛中获奖,805人次在市级竞赛中获奖。2014年度,我校学生在国际体育赛事上获奖5项,全国赛事上获奖21项,市级赛事上获奖76项。

(2)北京邮电大学学生培养质量得到社会认同,就业率位居全国高校前列

2011届本科毕业生、研究生毕业生就业率持续坚挺,名列前茅。2011年我校本科毕业生3189人,就业率达到99.28%,研究生毕业生2028人,就业率为99.66%。2012年,我校本科毕业生共3164人,硕士毕业生共2400人,博士毕业生共210人,总计5774人,比2011年毕业生增加494人。研究生就业率继续保持100%,本科生就业率则达到99.27%。2012年,我校本科生上研率达到62.17%,位居同类大学之首。2013年度,我校本科生就业率99.16%,研究生就业率100%。其中本科就业率位居全国75所部属高校第6名,继续在全国占据领先地位。2014年度,北京邮电大学硕士毕业生就业率100%,位居全国第一位。多年来,北京邮电大学大学毕业生主要在中国移动、中国电信、中国联通、阿里巴巴、中国银行、百度、华为、中国建设银行、中国科学院、腾讯、中国电子科技集团公司、中国工商银行、中国农业银行、微软、联想、国家知识产权局、工业和信息化部电信研究院、北京银行、招商银行等单位就业。

四 学科建设群峰竞秀

(一)强基固本,拓展学科群建设

学科建设是学校建设的重中之重、核心竞争力之本。在学科建设方面,我校继续按照"异峰突起、群峰竞秀"的学科建设思路,不断巩固和强化特色学科的既有优势,继续扶持基础学科、交叉学科,实现各学院、各学科的均衡有序发展。乔建永校长指出:"在加强各学科核心要素建设的同时,大胆借助相邻学科的支撑力量,打造北邮学科建设的雁阵模式。我们的学科群要像天空中飞翔的雁群那样排列有序,相互支撑,协调

发展,稳步壮大。"这就是学科建设的"雁阵模式"。

2011年3月3日,国务院学位委员会印发《关于下达2010年审核增列的博士和硕士学位授权一级学科名单的通知》(学位[2011]8号),学校在2010年自行审核增列的1个一级学科博士学位授权点和9个一级学科硕士学位授权点全部通过国务院学位委员会第二十八次会议审批。获批的一级学科博士学位授权点是:控制科学与工程;获批的一级学科硕士学位授权点包括应用经济学、法学、马克思主义理论、外国语言文学、新闻传播学、数学、物理学、工商管理、公共管理。通过此次一级学科学位授权点的增列,我校现有一级学科博士学位授权点6个,一级学科硕士学位授权点18个(军队指挥学一级学科硕士授权点待军队学位委员会批准),另有2个二级学科博士点和4个二级学科硕士点。今年我校还新增列了"翻译、公共管理、工程管理"3个硕士专业学位授权点。

学校党委把2012年作为学校的"学科建设年"。学校以培养一流人才、提高办学质量为第一要务,以抓好学科建设为切入点,注重组织管理、校园建设、后勤服务等保障支撑系统的协调、可持续发展,坚持教学、科研与社会服务的统筹兼顾,全体教职员工同心同德、辛勤耕耘,为实现学校的科学发展奠定了坚实的基础。在此基础上,2014年,根据国务院学位委员会《关于开展增列硕士专业学位授权点审核工作的通知》(学位[2013]37号)文件的精神,我校开展了增列国际商务、艺术硕士两个专业学位授权点申报工作。至此,学校的学科布局得到优化。一级学科博士学位授权点由原有的5个增至7个,一级学科硕士学位授权点由原有的8个增至19个,专业学位授权点由两大类增至七大类。学校的学科专业已经涵盖理学、工学、文学、法学、经济学、管理学、军事学、教育学、哲学、艺术学10个学科门类,涉及22个一级学科。

(二)圆满完成"211工程"三期验收

2012年我校圆满完成了"211工程"三期验收工作。在"211工程"三期国家验收工作中,充分展现了北京邮电大学在三期建设期间学科建设、基地建设、队伍建设、科技创新、国际交流与合作等各个方面的建设成效,多层次、多角度、多方面突出展现了我校在信息领域的学术、科研水平位居国内制高点。2012年11月,教育部办公厅、国家发展改革委办公厅、财政部办公厅联合发文,对"211工程"三期建设成效显著的高校给予奖励,共28所高校因重点学科建设项目综合排名率靠前且具有一定数量特别优秀重点学科建设项目(在本学科所属一级领域排名前10%)获得奖励,我校位列其中,获得中央专项奖励资金1360万元,其中国家发改委奖励资金900万元,财政部奖励资金460万元。随着"211工程"三期重点学科建设项目的稳步推进,我校又新增了一批一级学科博士、一级学科硕士和硕士专业学位授权点。学校的学科覆盖面和学科总体水平得到一定程度的提高。

(三) 传统优势学科继续保持领先地位

1. "信息与通信工程"学科全国排名第一

2013年1月29日,教育部学位与研究生教育发展中心正式发布了2012年学科评估结果,本轮评估在95个一级学科中进行(不含军事学门类)。这是我国十年来的第三次学科评估,前两次分别为2004年与2008年。此次评估,涵盖了全国391所高校和科研机构的4 235个学科。评估结果显示,北京邮电大学"信息与通信工程"一级学科,在全国74所参评高校中排名第一。我校的电子科学与技术排全国第9位、计算机科学与技术排全国第12位、软件工程排全国第23位、管理科学与工程排全国第19位,学科总体排名结果位列高校一级学科总排名第46位。2014年末,国际权威的大学专业评估机构美国US NEWS公布了其最新的世界大学排名。在计算机科学的专业排名中,北京邮电大学列全球第79位,进入世界100强。中国大陆共有11所大学的计算机专业进入前100名,我校位列第8位。排在前面的7所国内高校包括清华大学、浙江大学、上海交通大学、华中科技大学、东南大学、中国科技大学和北京大学。

2. 正式启动"985工程"优势学科创新平台建设项目

北京邮电大学"985工程优势学科创新平台"正式获准立项建设,这是北京邮电大学行业特色办学方略的重大标志性成果,为加快推进特色学科专业体系建设提供了重要支撑。2012年6月14日上午,北京邮电大学"优势学科创新平台"建设启动研讨会在新办502举行,校党委书记王亚杰,校长方滨兴院士,党委副书记赵纪宁、牟文杰,副校长张英海、任晓敏、薛忠文、杨放春、温向明等学校党政领导以及相关职能处室负责人参加了此次会议。

会议由校党委王亚杰书记主持。首先王亚杰书记对"985工程"优势学科创新平台建设作了科学规划,指出要紧密围绕优势学科创新平台总的研究方向,突出我校优势学科特色,并兼顾其他相关学科的发展,确定了我校"优势学科创新平台"建设的基本安排。随后校长方滨兴院士就研讨方案进行了深入细致的阐明,指出此次"优势学科创新平台"建设要与"985工程"建设统筹衔接,同步实施。

该项目建设有五大任务:一是促进学科交叉融合,提升科学水平;二是创新人才培养模式;三是加快引进和造就学术领军人物和创新团队;四是着力提高自主创新能力;五是以改革为动力,实现重点突破。最后,决定学校要进一步完善"优势学科创新平台"建设方案和进行项目预算编制。北京邮电大学入选"优势学科创新平台"建设项目对于学校学科发展、人才优先、创新机制、重点突破等方面都有重大意义,将大大提升学校的创新能力,助力北京邮电大学早日建设成为"特色鲜明、优势突出的世界高水平研究型大学"。

(四) 打造新的强势学科群

2011年,"网络工程"和"物联网工程"两个专业成为第七批国家级特色专业建设点;信息安全专业和机械工程及自动化专业入选为"卓越计划"专业。2012年,我校重点梳理了学科发展方向,编写了《北京邮电大学学科发展状况分析报告》,进一步完善学科人才布局,强化优势,突出特色,扩大优势学科的国际影响力。2011年以来,北京邮电大学管理科学与工程学科得到长足发展,赢得社会的赞许,取得一系列显著荣誉。2013年,"计算机系统结构"和"数字内容传媒学"两个北京市重点学科获得2014年度北京市财政支持。

(五) 学科发展生态进一步优化

1. 管理科学与工程专业得到进一步发展

2012年,经济管理学院的管理科学与工程在全国学科排名为第19位。在通信领域中的理论和应用研究,特别是在网络经济与信息经济学、通信管理理论、通信工程管理、通信网规划、电子商务管理理论与应用、信息化与政策法规、互联网治理等方面保持国内领先地位,得到学术界同仁的广泛认同。

经济管理学院的学科领域横跨管理学、经济学2个学科门类,现有1个博士后科研流动站(管理科学与工程),1个博士授权点(管理科学与工程),3个一级学科硕士授权点(管理科学与工程、工商管理、应用经济学),5个专业学位硕士授权点(MBA、EMBA、项目管理、工程管理、国际商务),8个本科专业(工程管理、工商管理、信息系统与信息管理、电子商务、会计学、市场营销、经济学、国际经济与贸易)。

经济管理学院被欧洲权威商学院排名机构评为"中国地区杰出商学院"第16名,荣获"2011中国市场最具领导力EMBA"国内新增EMBA院校,荣获"中国十大MBA教育学院"殊荣,入选2011年中国十大品牌商学院;北京邮电大学项目管理工程硕士(MEng-PM)首批荣获美国PMI GAC国际认证授牌。2013年经济管理学院获新浪网"2013年度最具品牌影响力MBA院校",EMBA项目入选网易教育"金翼奖"十佳商学院。

2. 创建数字媒体与艺术设计学院

数字媒体与设计艺术学院成立于2012年6月,是一个技术、艺术、人文交叉融合的学院。学院依托北京邮电大学的信息科技特色,面向数字内容和文化创意产业,着力培养数字媒体与交互设计领域的创新人才,满足我国文化大发展对复合型人才的迫切需求。学院建立了技术和艺术协调发展的多层次人才培养体系,是北京市文化创意产业人才培养基地,与英国玛丽女王大学签署本科生互换协议。

学院设有工业设计、数字媒体技术和数字媒体艺术3个本科专业,其中,工业设计和数字媒体技术是北京市特色专业。工业设计专业以信息产品创新设计为特色,注重智能产品设计、交互设计和用户体验评估等内容的学习。数字媒体技术专业技艺双修,以数字内容创作工具的开发和应用算法研究为特色。数字媒体艺术专业侧重培养影视特效和数字内容领域,特别是移动互联网领域内的创作人才。学院拥有新闻传播学、设计艺术学和数字媒体技术3个学术型硕士点以及艺术专业学位硕士点。依托网络系统与网络文化北京市重点实验室,学院在网络文化与新媒体传播、数字媒体技术、信息设计与交互体验等领域具有很高的科研水平。

3. 创建公共管理学院

早在2001年,公共事业管理专业本科招生,我校是同类高校中最早获得教育部批准开办该专业的院校之一。2003年,北京邮电大学行政管理硕士点开始招生。2010年,北京邮电大学公共管理一级学科硕士点获批。同年,国务院学位委员会批准北京邮电大学等46所高校成为第五批公共管理硕士专业学位(MPA)培养院校。2011年以来,北京邮电大学的公共管理学科逐步形成了以行政管理、电子政务、公共信息管理为主体,学历教育与MPA专业学位教育并重的格局。在此基础上,2012年6月,北京邮电大学组建了新的公共管理学院,学院现设有公共事业管理本科、公共管理一级学科硕士点和公共管理专业学位硕士(MPA)授权点,学科布局齐全。

4. 马克思主义教学与研究中心更名为马克思主义学院

北京邮电大学马克思主义教学与研究中心成立于2008年11月,是北京邮电大学进行思想政治理论课教学和马克思主义理论学科研究的专门机构,中心下设思想道德修养与法律基础、中国近现代史、马克思主义基本原理、毛泽东思想和中国特色社会主义理论4个教研室。马克思主义教学与研究中心在承担全校本科生和研究生的思想政治理论课及人文社会科学选修课教学工作的同时,还担负着繁荣北京邮电大学哲学社会科学的任务。

2015年6月,北京邮电大学按照国家对思想政治理论课发展的要求,正式将马克思主义教学与研究中心更名为马克思主义学院。马克思主义学院拥有马克思主义哲学二级学科硕士点和马克思主义理论一级学科硕士点。学院致力加强思想政治教育、中国近现代史研究、马克思主义原理和马克思主义中国化等马克思主义理论学科的建设,力争在短时间内成为科研特色突出、教学效果过硬的马克思主义教学科研基地。

这些人文社会科学学院的逐步成立,对于推动我校人文社会学科建设具有重要意义,从而能够进一步优化北京邮电大学的整体学科结构,促进北京邮电大学学生综合素养的提升。

(六) 学科建设平台进一步拓宽

1. 信息光子学与光通信国家重点实验室获准立项建设

实验室的历史可追溯到20世纪60年代,1988年,该实验室即成为邮电部重点实验室。随着政府机构的调整,1998年成为信息产业部重点实验室,2003年起立项建设教育部重点实验室,2005年作为教育部重点实验室正式开放运行。2007年,经教育部推荐和科技部同意,实验室作为少数特许的部级重点实验室之一参加了科技部组织的信息领域国家重点实验室评估,评估结果为良好。长期以来,在叶培大院士、徐大雄院士等老一代科学家的带领下,实验室形成了一支年龄结构和知识结构合理、学术思想活跃、创新精神强的研究团队和以室训"执着出奇,团结制胜"为代表的实验室文化与传统,为我国信息光子学与光通信事业的发展作出了重要的贡献。在光通信发展的各个不同历史阶段,实验室的研究成果均代表了我国在该领域的研究实力和学术水平。

本次新增国家重点实验室的遴选工作是科技部于2010年10月启动的。同年11月中旬,经教育部推荐,实验室向科技部正式报送了申请书;同年12月30日,实验室通过了科技部组织的以电话答辩方式进行的初评,顺利进入复评阶段;2011年1月25日,实验室通过了科技部专家组的现场考察;1月27日,实验室又参加了复评工作的最后一个环节——集中会议答辩。此次申请工作凝聚了实验室全体师生的智慧和心血,得到了校党委书记王亚杰教授、校长方滨兴院士等校领导以及相关职能部门的高度重视,得到了全校师生的热忱鼓励和鼎力支持。

科技部于2011年4月2日在其网站上公布了《关于制定国家重点实验室建设计划的通知》(国科办基[2011]20号)。全国共有49个新的国家重点实验室获准立项,依托北京邮电大学的"信息光子学与光通信国家重点实验室"为其中之一。实验室主要依托"电子科学与技术"国家一级重点学科(相应的二级学科为"电磁场与微波技术"和"物理电子学"),同时依托"信息与通信工程"国家一级重点学科(相应的二级学科为"通信与信息系统")以及"光学工程"一级学科博士点,立足"信息光子学与光通信"研究领域,坚持基础探索和工程技术相辅相成、光子学与光通信"驱""牵"互动、光通信与光信息处理交叉融合的发展模式,为国家解决本领域重大科技问题方面起到不可替代的作用,并在国际同类高水平研究机构中以较为明显的特色占有重要的一席之地。

2. 移动互联网安全技术国家工程实验室获批建设

2012年,我校集中了本领域全校的优秀科研力量,联合中国移动、解放军信息工程大学、华为和中国信息安全测评中心共同申请了"移动互联网安全技术国家工程实验室"。

2013年11月,根据《国家发改委办公厅关于信息化领域国家工程实验室项目的复函》(发改办高技[2013]2685号),我校申报的"移动互联网安全技术国家工程实验室"获得国家发展和改革委员会批准建设。该实验室由我校牵头,联合中国移动通信有限公司、华为技术有限公司、解放军信息工程大学以及中国信息安全测评中心共同建设。实验室拟建成移动互联网端到端安全技术研发、验证、示范与推广平台。基于此平台,实验室将在网络安全、移动终端安全、新业务安全和安全测评等领域突破移动互联网安全产业核心技术;研制移动互联网安全重大技术设备,实现移动互联网安全技术成果转化;凝聚、培养创新能力突出的移动互联网安全技术人才。

此次共有11个国家工程实验室获批立项,我校作为参与单位参与建设的"电子政务云计算应用技术""工业控制系统安全技术"2个国家工程实验室也获批立项。国家工程实验室是国家科技创新体系的重要组成部分,是为提高产业自主创新能力和核心竞争力,突破产业结构调整和重点产业发展中的关键技术装备制约,强化对国家重大战略任务、重点工程的技术支撑和保障,依托企业、转制科研机构、科研院所或高校等设立的研究开发实体。我校1个牵头建设、2个参与建设的国家工程实验室获批建设是我校科研基地建设历史进程中又一重要的里程碑,充实了我校工程领域的科研基地布局,增强了我校科研整体实力。上述3个实验室必将在学校学科建设、科技创新、人才培养和服务社会等方面发挥重要作用。从国家级重点实验室、工程实验室数量的角度来统计,我校位列全国高校的前20名。

3. "可信分布式计算与服务教育部重点实验室"获批立项建设

2011年1月10日,教育部在其网站上发布了"教育部关于2010年度教育部重点实验室立项建设的通知"(教技函[2010]98号),我校"可信分布式计算与服务教育部重点实验室"获批准立项建设,此次教育部批准立项建设的重点实验室共有26个。"可信分布式计算与服务教育部重点实验室"依托北京邮电大学计算机学院进行建设,以国家泛在社会服务体系建设的需求为导向,基于可信分布式服务计算研发平台开展基础理论、核心技术的攻关和关键技术的试验研究工作,主要包括4个研究方向:可信分布式计算与服务机理、可信分布式计算与服务平台、可信服务工程、网络内容可信。

2011年9月,顺利完成教育部组织的"泛网无线通信教育部重点实验室"评估工作。教育部科技司组织专家组对我校"泛网无线通信教育部重点实验室"进行了现场评估。评估专家组对实验室的总体定位与发展潜力、研究水平与贡献、队伍建设与人才培养、开放交流与运行管理等方面进行了全面的考察和评估。

4. 网络体系构建与融合北京市重点实验室获准立项建设

2011年5月18日,北京市科委发布了《关于公布2010年度第三批认定北京市重点实验室名单的通知》,我校申报的"网络体系构建与融合北京市重点实验室"获准立项建设。该实验室依托"信息与通信工程"国家一级学科,面向国家重大科研需求和国际学术研究前沿领域及未来网络,就网络体系构建理论与优化方法、核心承载网优化理论与关键技术、业务控制体系优化理论与关键技术、接入网优化理论与关键技术进行深入研究。形成了一批居于国际前沿的研究成果,不仅在国内本领域形成了较强的科学技术创新实力,而且成为本学科领域的高层次人才培养与重大科学研究的重要基地。

实验室学术带头人刘韵洁院士带领未来网络理论与应用等5个研发团队围绕未来新一代信息网络中存在的重大科学问题做重点研究,形成了鲜明的研究特色与优势。为加快科技成果转化,促进科技与经济的有效结合,实验室十分重视与高新技术企业的交流与合作,希望通过与社会资源的有效组合,为北京市的经济建设和社会发展服务。

5. 2011年协同中心创建取得新进展

2011年4月24日,胡锦涛同志在清华大学百年校庆上发表了重要讲话,鼓励高校同科研机构、企业开展深度合作,建立协同创新的战略联盟,促进资源共享。为了落实胡锦涛同志的指示,教育部、财政部决定启动实施"2011计划"。北京邮电大学积极响应,2012年,我校培育组建了"社交网络及其信息服务"和"信息安全与网络管理"两个2011协同创新中心。学校按照《关于组织2012年度"2011协同创新中心"评审认定工作的通知》(教技司[2012]162号)的要求,向"2011计划"领导小组办公室报送了《社交网络及其信息服务协同创新中心实施方案》,推荐"社交网络及其信息服务协同创新中心"参加2012年度"2011协同创新中心"的评审认定。"信息安全与网络管理协同创新中心"也取得了实质性进展,我校和CEC协商共同组建该中心,CEC拟投入1亿元经费和长城电脑大厦内部分场地支持中心的前期培育。2012年9月20日,"社交网络及其信息服务协同创新中心"(以下简称"中心")揭牌仪式在北京邮电大学举行。中心由北京邮电大学、华中师范大学和国防科技大学共同培育组建。

2014年10月,北京邮电大学作为组建主体单位的"无线通信技术协同创新中心"入选行业产业类,这是我国移动通信技术和产业第一次入选"2011计划",标志着我校的无线移动通信技术跨上一个新的台阶。无线通信技术协同创新中心是由东南大学牵头,清华大学、电子科技大学、北京邮电大学等高校共同参与,同时汇聚了中国移动通信有限公司、华为技术有限公司、中兴通讯股份有限公司和电信技术研究院(大唐电信)4家龙头企业。北京邮电大学作为组建主体单位,一直以来都是我国移动通信领域科技创新的核心单位,学校集中我国移动通信领域的优势学科资源,在无线移动通信技术所依托的信息与通信工程、电子科学与技术等主体一级学科方面实力突出,尤其是我校的"信息与通信工程"专业在2012年教育部组织的新一轮学科评估中排名第一。"2011计划"全称为"高等学校创新能力提升计划",是继"985工程""211工程"之后,国务院在高等教育系统又一项体现国家意志的重大战略举措,它包含科学前沿、文化传承、行业产业和区域发展四大类。这一计划主要是以人才、学科、科研三位一体创新能力提升为核心任务,以协同创新中心的建设为载体,深化高校的机制体制改革,转变高校创新方式,进一步提升高校和科研院所在行业和区域内的科研领军能力。

(七)组建北京高科大学联盟

在2009年召开的教育部直属高校工作咨询委员会第十九次全体会议上,中共中央政治局委员、国务委员刘延东在讲话中强调,要加快有特色、高水平大学建设步伐,努力满足国家现代化建设重大战略需要,努力提升中国大学在世界上的竞争力和影响力。

2010年5月,教育部直属高校工作司牵头,由北京邮电大学、北京交通大学、北京科技大学、北京化工大学、中国矿业大学、中国石油大学等七所高校领导组成的教育部"行业特色型大学考察团"赴欧洲进行考察和调研,考察期间代表团对巴黎高科集团中的巴黎路桥学院、巴黎矿业学院等高水平大学进行了深入调研,拜会了法国工程师职衔委员会、奥地利教育部以及匈牙利教育部等,为今后开展进一步国际合作奠定了坚实基础。

在连续成功举办六届"高水平行业特色型大学发展论坛"并汲取国际先进经验的基础上,北京高科大学联盟(简称北京高科)于2011年10月19日,由北京化工大学、北京交通大学、北京科技大学、北京林业大学、北京邮电大学、华北电力大学、哈尔滨工程大学、西安电子科技大学、中国地质大学(北京)、中国矿业大学(北京)、中国石油大学(北京)等11所高水平行业特色型大学共同发起组建。北京邮电大学为秘书长单位,我校党委书记王亚杰同志任理事长,谢苗峰同志任秘书长。2015年6月27日,经北京高科理事会讨论通过,燕山大学加入北京高科,成为第12所成员高校。北京高科的12所大学涵盖了电子信息、网络与通信、铁路公路交通、新材料、化学化工、新能源、电力、地质、矿业、石油、林业、环保、造船业、核工业、重型机械等国家战略工程领域。每一所学校都具有显著的行业办学特色和突出的学科群优势,在其行业领域内处于"领头羊"地位。

长期以来,行业特色型大学为服务国家经济建设和社会发展,特别是支撑、引领我国基础产业和支柱产业发展,作出了卓越的贡献,在我国高等教育体系中具有十分重要的战略地位。北京高科在推进校校协同创新方面先行一步,具有重要的战略意义。这是北京高科各成员高校深入学习贯彻胡锦涛同志清华百年校庆重要讲话精神,改革办学模式、提高教育质量、推进协同创新的战略举措。

北京高科现有全日制学生25万余人,其中本科生16万余人,硕士研究生7万余人,博士研究生2万余人;现有专任教师16000余人,其中教授3000余人,博士生导师2700余人;教师中有两院院士近80人,长江学者近90人,"973"项目首席专家40余人,教育部创新团队30余个,创新研究群体10余个;拥有19个一级学科国家重点学科;建有国家重点实验室16个,国家工程实验室14个,高等学校学科创新引智基地14个。近年来,北京高科共承担国家重大专项160余项,"973"项目350余项,"863"计划790余项,重大科学支撑计划270余项,共获得国家三大奖300余项。

北京高科秉承开放式办学的思想,通过实现资源共享、优势互补、协同创新和强强合作,在人才培养、科学研究、师资队伍建设、招生就业、国际合作、校园文化等方面开展全方位的合作与交流。

北京高科围绕国家重大战略需求和重大科学问题,发挥不同类型行业特色型高校在基础研究、前沿技术研究和示范性集成应用方面的特色和优势,以北京高科成员学校国家重点学科、国家级实验室(工程中心)以及省部级以上创新团队为基础和纽带,以体制机制改革为重点,以大力推进高校与高校、高校与科研院所、高校与行业企业、高校与地方以及高校国际合作中的协同创新为抓手,形成集群创新效应,力争在国家支柱产业、战略性新兴产业的共性关键技术创新,集成解决交叉领域和新兴领域发展中出现的重大科学技术问题以及工程技术拔尖创新人才培养模式创新等方面取得实质性突破和成果,为持续提高我国自主创新能力以及促进国民经济社会发展提供强有力的支撑和引领作用。

在京津冀协同发展的国家战略背景下,北京高科积极参与京津冀高等教育和区域经济的协同发展,致力于与地方政府开展政产学研对接。2013年12月初,北京高科在河北省唐山市曹妃甸区举行了"北京高科大学联盟—曹妃甸区政产学研对接会"。2014年6月底,北京高科在秦皇岛北戴河新区举行了"北京高科大学联盟与秦皇岛市政产学研对接会"。

北京高科与河北省两个地区对接合作的开展,一方面,为北京高科进一步有效整合优质资源,形成高校集群服务社会平台,为大学联盟与区域整体联动提供了新思路、新载体、新路径,增强了北京高科在创新与集成、服务社会、促进国家经济建设和区域发展等方面的综合能力;另一方面,把北京高科教育、科技等资源与地方经济发展需求相结合,对经济发展新常态下构建高校与区域政产学研协同新机制,推动京津冀协同发展,形成校地企等互利共赢的发展新格局,起到了示范和推动作用。

2015年9月10日,"北京高科大学联盟昌平基地揭牌典礼"在北京邮电大学沙河校区隆重举行。北京高科入驻昌平区,翻开了北京高科发展的重要一页,将成为北京高科服务区域经济社会发展和高等教育协同创新的新平台,将充分发挥大学在学科、人才、科技、文化等方面的资源和优势,紧密围绕昌平京北创新中心、国际创教新城的建设目标,在人才培养、科技创新、成果转化、智库建设、创新创业实践等方面与昌平区展开全方位的合作,为推动北京科技创新体系与区域经济建设发展作出新的贡献。

五 科研工作重点突破

2011年以来,北京邮电大学不断健全机制,注重创新,科研工作呈现良好势头,科研项目实力逐年增强。

(一) 科研项目数量和科研经费总量逐年增长

2011年,我校仅在国家科技重大专项、国家自然科学基金、国家社会科学基金的项目申请中,就有118项研究项目获得资助;学校新承担了8个千万元以上的项目;获得国家自然科学基金项目资助的总经费超过了4 600万元的新高度;军工科研立项总数比2010年增长32%;国际科技合作专项取得了重大突破,纪阳教授的LivingLab项目在国际上的合作地位得到了确认;学校的横向协作科研也超过历年,超越了1.3亿元的新高度。"新一代宽带无线移动通信网"专项是我国通信技术领域中唯一的重大专项,北京邮电大学在这一专项中通过技术评审获准立项数位于全国高校之首。此外,2011年北京邮电大学国家社科基金立项6项,是北京邮电大学历年来立项最多的一年。据统计,在2011年度,北京邮电大学科研经费到账37 210.76万元,横向22 282.91万元,纵向14 927.85万元。

2012年,我校获得27项国家科技重大专项,88项国家自然科学基金项目,到账科研经费已经超过3.92亿元。其中,民口科研经费到款33 150万元,军工科研经费到款6 142万元,总的科研经费到款达到39 293万元,再创新高。比2011年全年科研经费(37 850万元)增加1 443万元,增长3.8%。军口科研经费呈良好增长态势,2011年经费同比增长43.5%,2012年经费同比增长30.2%。2012年,我校国家科技重大专项共计有 27 项获得资助,包括牵头课题 3 项,合作课题 24 项,其中,通过北京邮电大学无锡研究院申报被资助合作项目 5 项。总资助经费达到 4 880 余万元,比 2010 年增加 19.7%,比 2011 年增加 56.6%。

2013 年,北京邮电大学获得 17 项国家科技重大专项、87 项国家自然科学基金项目、2 项国家社科基金,累计到账科研经费突破 4 亿元。其中,北京邮电大学牵头申报的"移动互联网安全技术"国家工程实验室和参与建设的"电子政务云计算应用技术""工业控制系统安全技术"国家工程实验室获得发改委批复立项,获批国家资助建设费用 1 200 万元。此外,2013 年,北京邮电大学共获得省部级项目 58 项,教育部新世纪人才项目 7 人,教育部人文社科等项目 23 项,横向 404 项,国防科研横项纵项共计 97 项。

(二) 高水平科研论文不断涌现

2011 年,北京邮电大学被检索论文 2 289 篇,其中,SCI 检索 410 篇,EI 检索 612 篇,ISTP 检索 1 263 篇,SSCI 检索 4 篇。其中,我校郭军教授的论文"An Activation Force-based Affinity Measure for Analyzing Complex Networks"在《Nature》的《Scientific Reports》上发表。英国著名杂志《Nature》是世界上最早的国际性科技期刊,自 1869 年创刊以来,始终如一地报道和评论全球科技领域里最重要的突破。同年,郭军教授指导的博士研究生论文获北京市优秀博士学位论文。我校信息光子学与光通信研究院毕业生李建强的博士论文获得 2011 年全国优秀博士学位论文提名。此外,2011 年,北京邮电大学《专家建议》采用数占教育部上报总数的 20%,以其高采用率和高质量,名列教育部科技委各学部及 13 个战略研究基地前茅。

2012 年,在中国大学 Nature&Science 论文排行中,我校位列第 22 位。根据中国科学技术信息研究所发布的统计信息显示,截至 2012 年 12 月 7 日,我校发表于国际会议论文索引结果在全国高校排名中位居第 12 位。2012 年,我校共发表 SCI 论文 438 篇、EI 论文 738 篇、CPCI-S 论文 483 篇、SSCI 论文 6 篇。2012 年,电子科学与技术学科 2010 届博士研究生刘心的博士论文被评为全国优秀博士学位论文提名论文(指导教师为纪越峰教授);光学工程、电子科学与技术学科各有一篇博士论文被评为北京市优秀博士学位论文(2011 届博士研究生张丽佳,指导教师为忻向军教授;2011 届博士研究生吴永乐,指导教师为刘元安教授)。

2013 年,在中国大学"Nature and Science"论文排行榜中北京邮电大学位列第 28 名;全年被 SCIE、EI、CPCI-S、SSCI 等检索论文数共计 668 篇。高飞、温巧燕等教授的论文荣获中国物理学会"2013 年度最有影响论文奖"一等奖。马海强副教授和硕士生韦克金于 7 月份发表在光学著名期刊《Optics Express》上的论文"Experimental circular quantum secret sharing over telecom fiber network",被选为美国光学数据库 2013 年 8 月份高品质论文。同年,两篇博士学位论文荣获 2013 年"全国优秀博士学位论文"提名,一篇博士论文获得北京市优秀博士学位论文奖。

2014年，在2014中国大学百篇最具影响力论文排行榜中，北邮位列第83名；*Scientific Reports*上出现了北邮博士生发表的论文；2篇博士学位论文荣获2013年"全国优秀博士学位论文"提名；乔建永教授独著的长篇学术论文"Julia Sets and Complex Singularities of Free Energies"在国际权威学术期刊 *Memoirs of the American Mathematical Society*（Memoirs of AMS）上在线发表。Memoirs of AMS是在国际上享有崇高声誉的综合性数学学术期刊，影响广泛，国际学术界公认度极高。该文首次发现了对应于真实物理空间的重整化变换的Feigenbaum现象。

（三）高层次科研获奖成果丰硕

1. 2011年科研获奖

2011年，北京邮电大学有12项科技成果获得省部级以上的科技奖励，其中，国家科技进步二等奖1项，省部级一等奖3项；7人次成为973计划项目的首席科学家。

张平教授带领科研团队获评国家自然科学基金委"创新研究群体"；作为"自适应无线传输及组网新技术"第一完成人，获教育部2011年度高等学校科学研究优秀成果奖技术发明一等奖；其领导的实验室在教育部组织的信息学科27个部重点实验室评估中，跻身4家获评优秀的获奖实验室行列。张平教授获得国家重大科研仪器设备研制专项（自由申请类）项目资助，这是北京邮电大学首次获得该类项目的资助；张平教授参与完成的TD-SCDMA关键工程技术研究及产业化应用获国家科技进步奖一等奖。

纪越峰教授作为第一完成人完成的研究成果"大容量多粒度光传送技术创新与系统应用"获得2011年度中国通信学会科学技术奖一等奖。

马华东教授负责完成的科研成果"传媒业务协同处理关键技术及应用"获2011年度中国电子学会科学技术奖一等奖，获得2010年度中国计算机学会优秀博士学位论文导师奖，所负责物联网工程专业被评为国家级特色专业。

杨放春教授作为第一完成人完成的"融合业务支撑环境关键技术与应用"项目，荣获国家科技进步奖二等奖。

马严教授获得IEEE标准突出贡献奖。

林中教授获得了中国科学院正式颁发的"国家重大科技基础设施500米口径球面射电望远镜项目科学技术委员会委员"聘书。2011年11月，林中教授因其在光缆检测领域的突出贡献，荣获了中国通信企业协会通信电缆光纤专业委员会颁发的"产业突出贡献奖"。

蔡安妮教授团队在视频检索领域的权威国际评测TRECVID2011中，由赵志诚老师指导的小组获得了语义视频自动搜索任务（Known-item Automatic Search）第一名。

2011年7月，我校人文学院李欲晓教授牵头撰写的又一篇与信息安全相关的《专家建议》被教育部采用，并加密上报党和国家领导人参阅。

2011年9月7日,朱松纯"长江学者"讲座教授聘任仪式暨学术报告会在行政办公楼501隆重举行,计算机学院执行院长马华东主持。朱松纯是美国洛杉矶加州大学UCLA教授,曾荣获计算机视觉领域最高奖(马尔奖),自受聘北京邮电大学后将创办"视觉计算与图像通信"实验室,并任实验室的首席科学家兼学术委员会主任。

2011年9月21—26日,教育部科技司组织专家组对信息科学领域的27个教育部重点实验室进行了现场评估,我校"泛网无线通信教育部重点实验室"(以下简称"泛网部重")以优异的成绩进入优秀类实验室复评。

2011年11月26日,我校岗位特聘教授潘煜于2009年撰写发表在《中国工业经济》期刊的"中国消费者购买行为研究——基于儒家价值观与生活方式的视角"一文获第四届"蒋一苇企业改革与发展学术基金"优秀论文奖。"蒋一苇企业改革与发展学术基金奖"由中国社会科学院批准,于1996年设立。与"孙冶方经济学奖"同属目前我国经济管理研究领域的大奖。"蒋一苇奖"偏重于微观经济和企业管理研究方面的成果,是我国最具权威影响的企业管理学术成果奖,也是国内部分大学排行榜评价高校人文社科研究水平的重要指标。

2. 2012年科研获奖

2012年,我校共获得国家级奖项2项,省部级奖项4项,社会力量奖项4项。其中,国家技术发明奖二等奖1项,国家科技进步奖一等奖1项。2012年4月18日,中国电子学会成立50周年庆祝大会在京举行。我校2项科研成果荣获2011年度中国电子学会电子信息科学技术奖一等奖。

我校张平教授参与完成的"TD-SCDMA关键工程技术研究及产业化应用"项目荣获2012年度国家科学技术进步奖一等奖。

纪越峰教授作为第一完成人完成的"光电交叉联动与跨层灵活疏导的光传送技术及设备"获2012年国家技术发明奖二等奖;"三横三纵、四位一体通信技术教学模式和创新平台的探索与实践"获2012年北京市教学成果奖一等奖。

2012年5月14日,我校钟义信教授申报的"构建信息科学理论基础,创新人工智能核心理论"获首届吴文俊人工智能科学技术奖成就奖;我校和天津市国瑞数码安全系统有限公司共同申报,杨义先教授等完成的"时空混沌密码与信息安全技术"项目获首届吴文俊人工智能科学技术奖进步奖二等奖。

2012年,在北京市高等教育教学成果奖评审中,我校有15项成果获奖,其中一等奖成果7项,二等奖成果8项。

王文博教授等承担的"异构无线网络的协同通信技术"获得高等学校科学研究优秀成果奖(科学技术)技术发明奖一等奖;作为第一负责人完成的《面向国家战略需求,多方位协同融合培养通信工程高水平人才》获2012年北京市教学成果奖一等奖。

郭军教授、徐蔚然副教授和陈光副教授指导的小组在信息检索领域国际权威评测TREC2011中获得实体检索(Entity)任务和微博检索(Micorblog)任务全球第一名。

邓中亮教授作为首席专家主持的863主题项目"城市室内外高精度定位导航关键

技术与服务示范"正式获得科技部批准立项并启动,这是北京邮电大学"十二五"期间主持的第一批 863 主题项目,也是北京邮电大学在 863 地球观测与导航技术领域第一次牵头负责的重大科技项目;邓中亮教授负责的"室内外高精度无缝定位关键技术研究与原型系统研制"项目通过教育部组织的技术成果鉴定,鉴定结果为国际领先水平。

徐坤教授等承担的"超宽带微波光子信号处理与链路的基础研究"获得高等学校科学研究优秀成果奖(科学技术)自然科学奖二等奖。

北京邮电大学博士生吕兴诙读博期间发表第一作者 SCI 论文 12 篇,影响因子总和 22.119,其中,一篇发表在 Journal of Mathematical Analysis and Applications 上的文章,他引率达到了 31 次,显示了较高的学术造诣。

3. 2013 年科研获奖

北京邮电大学在 2013 年中国大学十大科技进展排行榜中,位居第 23 名;在 2013 年中国大学技术发明奖中位列第 30 名;在 2013 年中国大学重大科技奖励排行榜中,位列第 42 名;在 2013 年中国大学科技进步奖排行榜中,位列第 45 名。

鉴于北京邮电大学陈俊亮院士在计算机科学方面的杰出贡献和学术水平,中国计算机学会将 2013 年度终身成就奖授予了陈俊亮院士。

我校邓中亮教授主持完成的"星地一体室内外无缝位置服务平台与应用"项目荣获 2013 年度中国产学研合作促进会创新成果奖。

纪红教授的"现代通信技术"、杨鸿文教授的"通信原理"、杨义先教授的"现代密码学"以及卞佳丽教授的"现代交换原理"4 门课程获"国家级精品资源共享课"建设工作首批立项支持。高立副教授及团队承担的课程《电路分析》被评为国家级精品资源共享课。

鄂海红、宋美娜、宋俊德等完成的项目"《移动用户个人信息管理业务总体技术要求》等 10 项行业标准"获得 2013 年度中国通信标准化协会科学技术奖三等奖。

刘元安教授申请的国家重大科研仪器设备研制专项项目——国家重大科研仪器设备研制专项项目——获得资助;其团队获中国电子学会技术发明奖一等奖。

王川副教授作为"量子通信与量子算法的物理基础研究"的主要参与人获得"2013 国家自然科学二等奖"。

张平教授主持完成的"信息密度非均匀下的异构无线组网新技术"项目获得 2013 年度国家技术发明奖二等奖。

高飞教授获 2013 年中国密码学会"优秀青年奖",高飞教授的第一作者论文《Teleportation attack on the QSDC protocol with a random basis and order》荣获中国物理学会"2013 年度最有影响论文奖"一等奖。

陶小峰教授获得国家杰出青年基金项目资助,参与的"信息密度非均匀下的异构无线组网新技术"获得国家技术发明奖二等奖。

张建华教授获得优秀青年科学基金项目资助,参与的"信息密度非均匀下的异构无线组网新技术"获得国家技术发明奖二等奖。

4. 2014年科研获奖

2014年,我校共获得国家级奖项1项,省部级奖项7项,社会力量奖14项;2014年,我校获得4项国家科技重大专项,86项国家自然科学基金项目;人文社科等项目39项。横向389项,在2014中国大学国家科技奖励排行榜中位列第46名,在2014中国大学教育部科技奖励排行榜中位列第58名。

2014年我校获得495(含国外专利3个)件发明专利,实用新型专利16件,计算机软件著作权登记批准89项;获国防科研专利授权13项,超过自2007年成立国防科研管理部门以来获得国防授权专利数量的总和;知识产权转让和实施29项。

田辉教授荣获"北京市教学名师奖";田辉教授等编写的《微机原理与接口技术》入选"十二五"普通高等教育本科国家级规划教材。

邓中亮教授主持完成的"星地融合广域高精度位置服务关键技术"项目荣获2014年度国家科技进步奖二等奖(排名第一)、中国电子学会科学技术进步一等奖(排名第一)。邓中亮教授还荣获2014年度CCTV科技盛典"十大科技创新人物"称号,这是我校首次获得该荣誉。

艾文宝教授获得2014年北京市教学名师奖。

陶小峰教授入选2014年北京市科技领军人才计划,荣获"科技北京百名领军人才培养工程"奖。

郭莉教授主持的"创建'四位一体'创新实践教育机制,培养高质量人才"荣获国家级教学成果二等奖。忻向军教授获得国家杰出青年基金项目,入选2014年度科技部"中青年科技创新领军人才计划"。

王文博教授主持的"以'3E'为核心的通信工程专业建设探索与实践"荣获国家级教学成果奖二等奖。王文博教授被北京市教委聘为电子信息类专业群专家委员会主任委员,参与编著的《现代通信技术(第4版)》获2014年全国电子信息类优秀教材一等奖。

吴永乐副教授获得2014年度国家优秀青年科学基金项目,以及国际电联青年科学家称号。

纪越峰教授主持的"宽带光接入与高速光传输关键技术创新及推广应用"荣获2014年中国产学研合作创新成果奖;纪越峰教授主持的"高速高效长距离光纤传输系统技术创新与规模应用"荣获2014年中国通信学会科学技术奖一等奖;纪越峰教授主编的《现代通信技术(第3版)》入选"十二五"普通高等教育本科国家级规划教材;纪越峰教授主编的《现代通信技术(第4版)》荣获2014年全国电子信息类优秀教材一等奖。

(四)产学研结合良性机制逐渐形成

2011年,我校继续贯彻"产学研用战略",服务社会能力持续增强。4月12日,北京邮电大学—德州仪器多核数字信号处理器联合实验室成立仪式隆重举行。北京邮电大学是首批成为德州仪器大学计划合作伙伴的中国大学之一,联合实验室的成立将有助于为更多的通信技术人才提供机会,通过把技术创新变为现实不断推进技术革新,从而实现共赢的产学研合作关系。12月16日,我校发起并担任理事长单位的中国车联网产业技术创新战略联盟正式成立,该联盟致力推进我国汽车信息化领域政、产、学、研、金、介、用的协同创新,为我国车联网产业发展探索出一条协同创新之路。

2012年,北京邮电大学积极参与和发挥产业战略联盟的作用,为我校跟踪和利用行业、产业资源,进行技术转移、成果转化和产业化服务:①参与发起成立了"中国老龄产业协会""智慧城市产业技术创新战略联盟""智能导航地图与信息服务产业技术创新战略联盟",搭建了"北京邮电大学—蓝汛内容感知与智能服务联合实验室";②筹措资金1 000万元注册成立"北京邮电大学信息网络产业研究院有限公司",培育重点成果产业化项目,聚集现有优势企业,提供优良环境,培育信息网络新型技术,孵化信息网络创新企业,推动创新性产业,带动产业链的发展;③获得了中关村管委会对产业研究院支持运行建设经费150万元,部分经费用于我校纪阳教授"大学生创业基地与平台",开展大学生创业工作;④加强与国内各省市的合作交流,积极开展科技成果转让推广,先后与南京、绵阳、什邡、郑州、广州、山东等地方政府开展了技术成果交流,深入探讨产学研合作与创新平台建设;⑤彭扬和方沛宇两位"千人计划"人才已纳入工程技术转移中心,并在产业研究院开展产学研工作,彭扬教授提出在产业研究院建立"北京邮电大学信息网络产业技术研究院移动互联网应用技术研究所"。2012年4月6日,我校举行"中国电信上海研究院—北京邮电大学计算机学院战略合作框架协议"签约仪式。12月20日,"北京邮电大学—世纪互联联合实验室"正式成立。

2013年12月5—6日,校党委书记王亚杰率团参加并主持召开"北京高科大学联盟"建设工作——曹妃甸区政产学研对接会。会议期间,各理事会成员对如何更好地发挥好北京高科联盟的平台作用,如何与曹妃甸区实现共赢、协同发展等问题进行了探讨和交流;参会高校与曹妃甸区相关部门就人才培养、产业规划等可能达成合作的项目或领域进行了交流和洽谈。此次对接会现场签订具体协议4项、合作意向26项。

(五)连续4年蝉联中国大学国家标准创新贡献奖排行榜之首

2006年,为调动全国标准化工作者的积极性和创造性,奖励标准项目实施后对经济社会发展作出的重大贡献,促进标准化事业健康发展。国家质量监督检验检疫总局和国家标准化管理委员会共同设立"中国标准创新贡献奖"。中国标准创新贡献奖是国家设立的最高标准化奖项。中国标准创新贡献奖在全社会引起强烈反响,激发了广大标准化工作者从事标准化工作的积极性和创造性。根据中国校友会的统计显示,2011—2014年,北京邮电大学位列中国校友会网"中国大学标准创新贡献奖排行榜"首位,体现出较高的标准化自主创新能力和水平。

(六)学校学报总体质量稳步提升

1.《北京邮电大学学报》(自然科学版)连续5次被评为中文核心期刊

《北京邮电大学学报》(自然版)是北京邮电大学主办的学术类期刊(双月刊),被美国工程信息公司(EI)定为核心期刊。学报被收录的权威检索系统和数据库还有英国《科学文摘》、俄罗斯《文摘杂志》、美国《剑桥科学文摘》《中国无线电电子学文摘》《电子科技文摘》《中国科学引文数据库》、"ChinaInfo(中国信息)网络资源系统《电子期刊》"、《邮电科技中文文献数据库》《中国物理文摘》《中国学术期刊综合评价数据库》《中国数学文摘》《中国期刊网》《中国学术期刊》(光盘版)、《中国科技期刊引证报告》《万方数据——数字化期刊群》。学报的学术水平随着学校整体科研水平的进步而不断提高,《北京邮电大学学报》获全国高校自然科学学报优秀编辑质量评比一等奖,在全国高校自然科学学报系统优秀学报评比中获二等奖。在国家教委、中宣部、国家新闻出版署联合组织的第二届全国优秀科技期刊评比中获三等奖,在全国优秀高等学校自然科学学报及教育部优秀科技期刊评比中获二等奖,并在历届邮电科技期刊评比中获一等奖。

从《北京邮电大学学报》(自然科学版)创刊以来,分别在1992年、1996年、2000年、2004年、2008年、2011年连续5次被评为中文核心期刊。2012年11月,教育部科技司公布了"第四届中国高校精品·优秀·特色科技期刊"评比活动的结果。经过评委会和专家的层层选拔,《北京邮电大学学报》在全国高校学报中再次进入佼佼者的行列,被评为"中国高校优秀科技期刊",这也是《北京邮电大学学报》继2006年、2008年、2010年获奖后第4次获得这一荣誉。2013年,《北京邮电大学学报》(自然科学版)第5次荣获中国科技论文在线优秀期刊奖,《北京邮电大学学报》(自然科学版)网站再次荣获中国高校科技期刊优秀网站奖。

2014年,《北邮学报》的影响因子在全国无线电电子学、电信技术类的99种期刊中排名第12位,持续保持领先地位。2015年1月,教育部科技发展中心2014年继续对加入其网站的期刊进行了"中国科技论文在线优秀期刊"评选活动,就影响因子和他引率、网站收录论文数和下载量、期刊入网的完整性及期刊编委的国际化程度、开放存取等进行统计分析,严格评选出了"中国科技论文在线优秀期刊"奖。《北京邮电大学学报》(自然科学版)在评比中荣获一等奖,这是继2008年首次获奖后连续第6年获此殊荣。

2.《北京邮电大学学报》(社会科学版)首次成为CSSCI扩展版来源期刊

《北京邮电大学学报》(社会科学版)创刊于1999年,先后被评为中国人文科学学报核心期刊、全国百强社科学报。学报"网络文化"栏目获"百种特色栏目"奖。2011年以来,《北京邮电大学学报》(社会科学版)学报质量稳步提升,进入了一个跨越式发展的崭新阶段。2013年12月29日,中国社会科学研究评价中心中文社会科学引文索引指导委员会公布CSSCI来源期刊中,《北京邮电大学学报》(社会科学版)以第二名被收录进"高校综合性学报扩展版来源期刊"。

2014年10月,《北京邮电大学学报》(社会科学版)在中国高校人文社科学报学会举行的2010—2014年第五届全国高校社科期刊评优活动中以第4名蝉联"全国百强社科学报",《网络文化》栏目蝉联"全国高校社科期刊特色栏目"。

六 对外合作取得新拓展

(一) 国际合作新篇章

1. 创建孔子学院,增添国际合作新内容

南太平洋大学(USP)成立于1968年,是全球仅有的两所区域性大学之一。该大学由12个成员国共同所有,有14个校区。成员国包括库克群岛、斐济、基里巴斯、马绍尔群岛、瑙鲁、纽埃岛、所罗门群岛、图克劳、汤加群岛、图瓦卢、瓦努阿图和萨摩亚。南太平洋大学是太平洋地区首屈一指的高等教育机构,教学质量在世界上享有很高的声誉。南太平洋大学是斐济及整个地区的最高学府,许多太平洋岛国的政府总理、部长都毕业于此。

2008年,我校开始孔子学院建设工作。斐济南太孔子学院是我校合作建设的第一所孔子学院,是我校孔子学院工作的一座里程碑,我校力争将南太平洋大学孔子学院建设成为有特色、有底蕴、有作为、具有示范性的孔子学院。南太孔子学院是目前南太平洋十二岛国中唯一的一所孔子学院,它的建立必将推进斐济汉语教学,增进两国人民之间的了解和友谊,促进两国教育、经济和文化领域的交流与合作。

2010年3月26日,南太平洋大学正式向国家汉办提出与我校合建孔子学院的申请;2010年12月12日,国家汉办批准并签署《关于国家汉办与斐济南太平洋大学合作建设斐济南太平洋大学孔子学院的协议》。

2011年2月20—25日,应斐济南太平洋大学校长钱德拉教授(Rajesh Chandra)的邀请,我校副校长任晓敏教授等一行6人对斐济南太平洋大学进行了为期6天的工作访问。我校代表团成员包括国际处处长房东波、马克思主义教研中心主任王欢教授、人文学院院长李欲晓教授以及人文学院崔晓玲副教授和国际处梁翠媚老师。2011年2月22日上午,代表团正式开始对斐济南太平洋大学的访问,钱德拉校长向代表团介绍了南太平洋大学的情况。他表示,"双方共建的南太孔子学院将为南太平洋各岛国的人民更好地了解中国、学习中国的语言和文化提供一个非常好的平台。"任晓敏副校长说:"南太平洋大学是一所优秀的、国际化程度很高的高等学府,北邮希望能够与南太平洋大学共同努力,合建一所高质量、有特色的孔子学院,促进中斐两国的交流与合作。"

2011年2月22日,双方正式签订了《关于合作建设斐济南太平洋孔子学院的执行协议》以及两校《全面合作备忘录》。中国驻斐济群岛共和国大使韩志强出席了签字

仪式并发表了热情洋溢的致辞。韩志强大使表示:"南太孔子学院是目前南太平洋岛国唯一的一所孔子学院,它的建立必将推进斐济汉语教学,增进两国人民了解和友谊,促进两国教育、经济和文化领域的交流与合作。"协议签订当天,斐济国家电视台及多家媒体均在首要位置上报道了这一事件。

2011年11月13日,中方院长李登贵赴斐济,随后开始办公室装修、孔子学院揭牌、招生等各项准备工作;2012年2月3日,南太平洋大学孔子学院"首届汉语培训班开班仪式"在位于斐济首都苏瓦的劳卡拉(Laucala)校区隆重举行。

2012年9月6日,由北京邮电大学和南太平洋大学合作建设的南太孔子学院举行正式揭牌暨孔子铜像落成揭幕仪式。南太大学孔子学院无论是筹备还是教学,都得到斐济教育当局和南太大学校方的大力支持,这也反映出当地人对中国的认可,对中国文化的认同。斐济总统奈拉蒂考、总理姆拜尼马拉马曾多次出席孔子学院的主题活动,钱德拉校长对于孔子学院的建设十分重视和关心,校长夫人是孔子学院的学生。

2013年4月,南太孔院走出苏瓦,在位于斐济第二大城市劳托卡的南太大学分校区设点开班,辐射整个斐济大西部地区。2014年8月12日,南太孔院走出斐济在瓦努阿图共和国首都维拉港的南太大学分校区设点开班,更是其战略性发展的又一举措。2015年3月24日,孔院总部正式批准设立库克群岛分校孔子课堂,7月15日,南太平洋大学库克校区孔子课堂首期社会汉语培训班结业典礼成功举行。

孔子学院是我国汉语国际推广的重要平台,更是我国文化外交战略规划的重要组成部分。北京邮电大学与斐济南太平洋大学合作建立的南太平洋大学孔子学院作为汉语教学及中国文化传播在南太地区的重要载体,在其成立的短短3年时间里,取得了可喜的成绩。北京邮电大学李登贵博士成为南太孔子学院首任中方院长。李登贵院长出色的工作得到了国家汉办的高度认可,获得全球优秀孔子学院院长的光荣称号。

2. 国际学院发展呈现良好态势

2011年,经教育部批准增加"北京邮电大学与伦敦大学玛丽女王学院物联网工程学士学位联合培养项目"。2013年6月,经英国枢密院批准,伦敦大学玛丽女王学院正式更名为伦敦玛丽女王大学。2014年,经教育部批准同意将上述3个项目中伦敦大学玛丽女王学院的名字变更为伦敦玛丽女王大学。2014年6月26日下午,英国伦敦玛丽女王大学西蒙·盖斯卡尔(Simon·Gaskell)校长一行访问我校,乔建永校长与西蒙·盖斯卡尔校长共同签署两校联合培养项目意愿书,并交换联合培养项目10周年纪念牌。截至2015年,国际学院3个联合培养项目分别设立电信工程及管理、电子商务及法律、物联网工程3个专业,均属于北京邮电大学本科计划内招生,现有在校生近2500名,已有毕业生2700余名。

(二)国内合作新天地

2011年,我校成立7个校企科研型联合实验室,与北京市技术市场办公室、天津市滨海区、湖南省长沙市、浙江省杭州市、海南省5个地方政府进行了合作交流与科技成果转让推广。北京邮电大学组织成立了迄今为止全国规模最大的进行全方位合作的高校联盟——北京高科大学联盟，北京邮电大学党委书记王亚杰任北京高科理事长。中航工业长空机械有限责任公司与北京邮电大学天然气加注集成控制系统联合研发中心举行揭牌仪式；北京邮电大学与中国电子信息产业集团有限公司签署战略合作协议；世纪学院成为国家安全生产宣传教育数字产品研发基地。

2011年11月，"中国（南京）未来网络产业创新中心"宣告成立，该中心的成立搭建了我校与科研院所、企业、政府合作的协同创新平台，将推动我国在该领域的技术进步和产业发展。2011年，学校分别与创新科存储技术有限公司、河北长城传媒有限公司、湖北视神软件科技有限公司、捷迪讯（JDSU）、中国进口汽车贸易有限公司、北京长空机械有限责任公司、北京大地腾农网络技术有限公司签署合作协议，成立相关的联合实验室，共同进行科研攻关，联合申报科研项目。

2012年，我校分别和电信科学技术研究院、东华软件股份有限公司、四川九洲电器集团有限责任公司、中国联合网络通信有限公司北京市分公司4家企业联合申报的"国家级工程实践教育中心"获得教育部批准。目前，我校与4个国家级工程实践教育中心已经开展了实质性合作。实现了校企联合制定教学目标和教学方案，学校已组织了630多名学生在4个国家级工程实践教育中心进行了实习，效果良好。2012年3月5日，"北京法院知识产权保护实践基地、北京邮电大学知识产权（12330）教学实践基地"签约仪式举行，我校副校长张英海教授出席仪式。5月30日，北京市举行"中关村科学城特色产业园建设合作项目签约大会"，副校长杨放春代表我校与北京蓝讯通信技术有限责任公司就双方"内容感知与智能服务共建联合实验室及产业化合作项目"进行了签约。6月29日，信息光子学与光通信国家重点实验室（北京邮电大学）与光纤光缆制备技术国家重点实验室（武汉长飞光纤光缆有限公司）签署全面合作协议。我校副校长、信息光子学与光通信国家重点实验室主任任晓敏教授，长飞公司总经理庄丹博士共同出席签字仪式。11月8日，北京邮电大学与北京青年报社签署战略合作框架协议。双方将充分利用各自的资源优势，在弘扬校园文化、共建文明校园、扶助勤工俭学、倡导创新创业、推动志愿者服务、提供就业实践等方面进行广泛深入的合作。

2013年，学校组建"北京邮电大学——易鼎天成联合实验室"。该实验室是我校与海南易鼎天成电子科技有限公司合作成立的，是学校科技创新的承载平台和服务现代信息社会的实践基地之一。同年我校成立"北京邮电大学——世纪互联"联合实验室。该实验室是我校与世纪互联数据中心有限公司合作成立，隶属信息光子学与光通信研究院，共同开展宽带网络建设重大需求关键通信技术的开发研究和人才培养工作。2013年，我校对贵州省黔南布依族苗族自治州长顺县开展扶贫工作，并与长顺县民族高级中学共同签署《北京邮电大学与长顺县民族高级中学共建优秀生源基地》合作文件，开展支教共建、志愿服务、文化交流等活动。

七 继往开来,北京邮电大学发展新思维

(一) 喜迎建校 60 周年校庆

1. 召开 60 周年校庆筹备工作协调会

2013 年 5 月 13 日下午,北京邮电大学 60 周年校庆筹备工作协调会在行政办公楼 502 会议室召开,校党委书记、校庆筹备工作委员会主任王亚杰主持会议。校庆筹备工作委员会常务副主任赵纪宁,副主任吕廷杰、辛玲玲,校庆筹备工作办公室主任蔺志青,副主任周晔、王卫宁、马启华、林杰、王新波、林秀琴及刘杰、代根兴、姚红侠、刘春惠、任雄飞、杨静宗、李琳、何育军、李秀峰等相关人员出席了会议。

2. 北京邮电大学 60 周年校史编写启动会顺利召开

2014 年 2 月 21 日下午,学校 60 周年校史编写启动会在 502 会议室召开。校党委书记王亚杰,校庆工作办公室主任辛玲玲、蔺志青以及宣传部、图书馆、出版社、公共管理学院相关部门负责人出席了此次会议。会议由蔺志青主任主持。在听取了与会人员的讨论发言后,王亚杰书记就校史编写的基本原则、框架构思、工作进度等提出了具体的要求。

3. 北京邮电大学成功举办 60 周年校庆纪念活动启动仪式

2014 年 10 月 18 日下午,北京邮电大学 60 周年校庆纪念活动启动仪式在校本部科学会堂成功举办。校党委书记王亚杰,校长乔建永,副校长任晓敏、赵纪宁,党委副书记曲昭伟,副校长郭军等校领导,亿阳集团董事长邓伟等嘉宾,学校中层干部、师生代表、离退休人员代表、校友代表等 1 000 余人参加了本次启动仪式。当天,北京邮电大学向海内外校友发公开信。公开信表明:2015 年 10 月 18 日,学校将本着"简朴热烈、注重特色、凝心聚力、以庆促建"的原则,举办 60 周年校庆系列活动。校庆期间,我们热忱欢迎所有关心和支持北京邮电大学发展的海内外校友、教育界和学术界同仁聚首学校,同庆盛事,共襄盛典!

同日,北京邮电大学发布 60 年校庆 LOGO。徽标以数字"60"、腾龙、翱翔的凤凰、飞舞的彩带等多种元素构成,形象地体现北邮 60 周年校庆的涵义和主题。数字"60"与腾龙、翱翔的凤凰有机交融,凝聚着万千朝气与活力,隐喻北邮学子展翅搏击、放飞梦想、崇尚奉献、追求卓越的进取精神;展现出北邮团结奋进、开拓创新、建设高水平大学的精神风貌;象征着北邮 60 年来筚路蓝缕、风雨兼程之后所展现出的勃勃生机和无穷活力,预示着北邮人将以 60 周年校庆为契机,再铸辉煌的豪迈情怀。数字"0"经过旋转构成字母"e",突出北邮作为通信类学校的显著特色;数字"0"演变为腾飞的巨龙,同时具有无限延伸之意,象征着加速全球化进程的 e 时代,凸现了北邮人与信息时代的血脉相连。红色充满着朝气与活力,象征着吉祥与圆满;希望与永恒的电信蓝,体现

了科学性和时代感。飞舞的彩带渲染了60周年校庆隆重、热烈、喜庆的气氛,预示着北邮正意气风发,阔步前行,向更辉煌的明天迈进。

4. 北京邮电大学隆重发布首套60周年校庆明信片

本套明信片共12张,以校园风光(校本部标志性建筑摄影)为主题,将北邮的校园风貌、校园文化进行了良好展现。校庆纪念明信片由新闻中心设计制作,由60周年校庆办公室、校友会以及各学院(研究院)协助发行。纪念明信片将发行3套,设计内容为学校本部和沙河新校区的建筑、文化、景观等,主旨展现北京邮电大学60年来的发展变化、校园文化的凝练与传承。

5. 精心组织60年校庆"校友回家"系列活动

从2015年4月至今,北京邮电大学精心组织了60年校庆校友回家系列活动,其中包括2015年4月1日的"人才研讨会活动"、校友魏小康的职业规划讲座活动、4月2日亿阳集团贺北京邮电大学60周年校庆捐赠仪式、4月8日成功举办创业企业招聘会、4月28日校友创新创业大讲堂活动、5月13日信通院"雏鹰展翅,梦在蓝天"个人发展主题讲座、5月14日信通院"扬帆起航,智绘未来"学术讲座、5月18日"移动互联网创意与创业"开课、5月20日"筑梦四年,无悔青春"的个人发展主题讲座、5月24日"创新实践与互联网+"讲座、6月1日"大数据+"学术讲座活动、6月5日崔曙光教授受聘为通信与网络核心技术创新引智基地(111基地)短期高级访问科学家仪式、6月15日"相约老校友,共忆北邮情"校友交流会。2015年7月10日,在我校校庆倒计时100天之际,2015年"校园好声音"北邮战队在北邮主楼前广场为大家带来了一场精彩绝伦的演唱会。

6. 组织"烛光"教学奖评选

为迎接我校60周年校庆,全面贯彻落实我校2014年教学工作会议精神,激励我校教师倾心教学,提高教学水平,经学校研究决定,组织开展"烛光"教学奖的评选工作。2015年4月20日,北京邮电大学"烛光"教学奖评选启动会召开。郭军副校长指出,希望各单位高度重视本次评选工作,积极组织本单位教师参与评选。随后,孙洪祥处长详细解读了《北京邮电大学"烛光"教学奖评选办法》,并对本次评奖的程序进行了说明。在会议讨论阶段,各单位负责人围绕本次评选工作的相关事宜进行了沟通。

截至2015年5月15日,各教学单位共推荐42名候选人。学校组织了候选人资格审查工作。按照"北京邮电大学'烛光'教学奖评选办法",2015年5月22日下午,"烛光"教学奖评选委员会召开会议对候选人进行遴选,候选人遴选工作遵循公正、公平、公开的原则,采取无记名投票的方式,最终确定了30名候选人进入下两轮的评选。目前,第一轮的教职工选举活动已经结束,网络选举活动正在进行,选举结果与颁奖典礼将在校庆当天揭晓。

(二) 树立事业型思维,展望北邮未来发展

高等教育作为一项与时俱进的崇高事业,在坚持全面深化改革的同时,需要强化

每一位教育工作者的事业型思维,从而更好地探索高等教育发展的新规律、不断适应人才培养的新需要,有效解决教育工作中面临的新问题。从发展的大格局上,处理好学校的各项工作。

1. "事业型思维"理念的形成

2014年2月25日,乔建永校长在北京邮电大学第五届教职工代表大会第四次会议上作了题为"我们需要事业型思维"的报告,首次提出在高校的建设和发展中需要事业型思维的理念。乔校长指出,"学校的建设与发展是一项事业,绝不能把它看成一个大的项目,更不能把它看成一个又一个项目的简单累加与集合","所谓事业型思维,说大了就是要在'崇尚奉献,追求卓越'的北邮精神指导下看问题,说直白一点就是要有长远的追求和长远的布局。"

同年8月,乔校长在《中国高等教育》(2014年第8期)上发表署名文章,将事业型思维的理念做了详细的阐述。"事业型思维将成为启动高校新一轮改革必须建立的一大思想基础。任何一所学校的管理与发展都要依靠一系列项目的运行来实现,这是提高学校管理效率的科学手段。但是,我们必须更加清醒地认识到,学校的整体建设与发展是一项事业,绝不能仅仅当作是一个大的项目,更不是一个又一个大的项目简单的累加与集合。当前,高等学校的改革已经进入'深水区',新一轮的改革必将是一项前所未有的复杂性系统工程。面对只有进行时没有完成时的改革,我们必须强化的思想基础正是事业型思维。"

事业型思维要结合学校实际情况,以只争朝夕的精神和甘于奉献的品质,破解当下面临的困难与问题,为学校的未来发展蓄势。改革"没有完成时",学校各方面改革的长期性、艰巨性、复杂性,做到既不盲目追求"毕其功于一役",又能够"快步走、不停步",同时更要注重改革的系统性、整体性和协同性,最终实现积小胜为大胜,积跬步而致千里,从而推进学校各项事业的快速、健康发展。只要我们巩固了事业型思维基础,并将事业型思维基础积淀为学校文化独有的精神气质,我们就能形成精神上的强大动力;只要我们把这种精神上的强大动力贯穿于改革和发展的各个环节和各项工作中去,我们就能够形成攻坚克难的共识,就能为建设高水平信息科技大学这项事业的稳步发展提供取之不尽、用之不竭的源泉动力。

2. 以信息化带动教育现代化

2014年4月18日,乔建永校长在《中国高等教育》(2014年第8期)上发文指出,"要用深入研究信息通信产业的科技研发和人才需求的客观实际,指导教学内容和课程体系的总体改革。紧密围绕信息科技前沿动态,科学调整教学内容和课程体系设置,实现在教学内容上立足信息科技前沿,在课程设置上围绕行业发展需求,在教学方法上依托信息技术,在教学内容和课程体系改革中彰显信息科技特色,在人才培养及学校发展定位上顺应信息科技潮流;不断适应利用信息技术改进教学方法的必然趋势,推进学校教育教学工作科学发展。"

2014年6月13日,乔校长在北邮本科教学工作审核评估动员会上发表题为"教学质量是北邮的立校之本"的讲话中指出,"大力提高校园信息化水平,用一流的信息技术武装教学,提高教学资源的开放度,大幅度提高教学效率,这是北邮教学下一步必须做到的。"2014年11月26日,乔校长在北邮2014年教学工作会议上进一步指出,互联网必将改变大学的教学模式,"MOOC(大规模开放在线课程)和SPOC(小规模限制性在线课程)的出现,翻转课堂、混合式教学模式的应用,都使教学方式和学生的学习方式发生了深刻的变化",所以,北邮的事业发展迫切需要进一步提高信息化水平,"利用具有划时代意义的互联网技术,我们极有可能通过教学模式的改革来'撬动'教学内容和课程体系的新一轮改革",构建起移动互联网时代北邮本科教学的创新模式。

3. 提高学术权力的运行质量

乔建永校长2014年4月18日在《中国高等教育》(2014年第8期)上发文指出,"学校将进一步完善院级的教授治学方案,设计和改进相应的制度体系,充分保障教师群体在学校事业科学发展中的主导地位,充分发挥教授和专家在治学和学术事务中的重要作用;进一步探索符合学校实际的科学方法,将教授治学的理念融入大学文化并有效地一以贯之。"强调重视教授在高校中的地位,强调学术权力的地位。

2014年7月11日,乔校长在北邮学术委员会全体会议上对学术委员会提出了新的要求,"要抓好学术标准、学术方向和学术风格3个方面的工作",北邮的办学定位要靠学术标准、学术方向和学术风格来落实。

2015年3月25日,乔建永校长在北京邮电大学第六届教职工代表大会上再次强调,要牢固树立学术问题是大学的本质问题的核心思想,要严格依照学校的章程和教育部发布的《高等学校学术委员会规程》,尽可能清晰地界定学术权力与行政权力的权责范围。北邮要进步,靠的是学术至上的共识;靠的是冷静的思考,鲜明的文化个性,人文精神和传统内涵;靠的是品位高尚,温文尔雅的知识群体。如果大学离开了学术本质,知识分子就会变质,大学就会急剧退化,失去文化,缺乏自信,迷失方向。

4. 推动内部管理机制建设

按照教育部《高等学校章程制定暂行办法》的要求,我校要深入开展大学章程建设与内部管理体制改革工作,在充分发扬民主、广泛征求意见,凝聚各方共识的基础上,完成学校章程的起草工作;同时学校将以此为契机,把学校章程的制定与民主管理和科学管理紧密结合起来、与学校中长期发展定位及规划紧密结合起来、与学校管理改革顶层设计紧密结合起来,严格工作规范,全力推进学校内部管理体制的各项改革,切实提高学校管理工作的制度化、科学化水平。

2014年9月26日,乔校长在北邮新学期中层干部会议上指出,"管理机制的改革和完善是提高学校工作质量最为重要的课题,科学高效的管理机制是大学制度的灵魂。"各个部门职责和岗位职责的履行程度直接决定了学校的运行程度。学校倡导事业型思维,就是希望用学校事业发展的前途去激励大家的责任心,促进工作作风的转变和工作效率的提高,从而达到提高学校运行效率的目的。每一个员工热爱事业,热爱工作,热爱岗位,在工作中争当爱岗敬业的模范,可以大力地促进北邮事业的发展。

2015年9月15日,在新学期中层干部会议上,乔校长再次强调,学校需要加快推进内部管理体制与机制的建设,提高干部队伍的工作作风和工作能力。

5. 积极推进综合改革

2015年3月25日,乔建永校长在北京邮电大学第六届教职工代表大会上作了题为"北邮综合改革面临的形势和任务"的报告,详细分析了目前高校改革面临的形势,并提出了北邮在下个阶段改革的具体任务。乔校长指出,综合改革要"充分尊重广大师生员工的主体作用和首创精神,发动师生员工广泛参与,形成改革共识和合力,让各种改革创新要素汇聚并竞相迸发,让师生员工的创新智慧充分涌流",要"尊重教育教学规律,更加注重改革的顶层设计,更加关注改革的系统性、协调性和连贯性"。

推进学校综合改革的主要任务是:第一,要推进内部治理结构改革,完善现代大学制度,中国特色现代大学制度,就是要比照"依法办学、自主管理、民主监督、社会参与"的要求,构建以大学章程为基础,以党委领导下的校长负责制为核心,以学术委员会、教职工代表大会、理事会为支撑的现代大学制度整体框架;第二,要创新人才培养模式、提高人才培养质量;第三,要提升科技创新能力,健全学科发展机制,"要以学校的中长期学科建设规划的审核和启动为基础,紧紧围绕建设特色鲜明、优势突出、世界著名的高水平研究型大学的奋斗目标,着力打造北邮学科建设的'雁阵模式'";第四,学习借鉴相关经验,稳步推进人事制度改革;第五,提高运行效率,推动行政、教辅和后勤改革。学校将确立"整体构思、分块设计、先易后难、标本兼治"的综合改革思路,坚持改革目标的科学性,积极审慎地寻求标本兼治的过渡方案,科学推动综合改革方案的逐步落实。

2015年是北邮的校庆年、"十二五"规划的收官年、综合改革的制定和启动之年。我们按照"两翼齐飞、四轮驱动"发展战略,牢固树立"事业型思维",在教学、科研、社会服务、党的建设和思想政治工作等方面取得了长足的进步,为创建高水平研究型大学打下了更加坚实的基础。展望未来,北京邮电大学将迎来新的历史起点。相信在所有北邮人的共同努力下,北京邮电大学会坚定不移地向"特色鲜明、优势突出、世界著名的高水平研究型大学"的目标迈进!

附录一

北京邮电大学大事记

1953 年

10 月 19 日,中央人民政府政务院通知邮电部,"批准设立邮电学院一处"。

1954 年

1 月,月末在邮电部教育司召开北京邮电学院筹备处第一次会议。参加会议的有邮电部副部长钟夫翔、教育司司长林爽等 24 人。会上宣布成立筹备处,钟夫翔任主任、林爽任副主任。

2 月 24 日,北京邮电学院筹备处正式成立。

4 月中旬,从全国邮电部门调科级以上干部 104 人开办工程经济专修科,并正式上课。

9 月 12 日,中央人民政府政务院批复:同意成立北京邮电学院,由高教部、邮电部进行筹建工作。

1955 年

7 月 20 日,北京邮电学院正式宣布成立,原天津大学电讯系和重庆大学电机系报话通讯专业师生,经院系调整合并到北京邮电学院。

7 月,苏联专家吉杰列夫应聘来我院任顾问。

9 月 10 日,北京邮电学院举行成立大会和开学典礼。邮电部部长朱学范在会上讲话,任命:院长钟夫翔,副院长林爽、施光迪、卢宗澄。设有线电通信工程系、无线电通信工程系和工程经济系。

10 月 24 日,我院首份《学生守则》公布。

10 月,工会第一次代表大会召开,选举工会委员会,季焕麟教授任主席。

11 月 7 日,国务院全体会议第二十二次会议通过:钟夫翔为北京邮电学院院长。

11 月 24 日,受邮电部委托,我院开办工程经济专修科,学制 2 年。

12 月 24 日,院报《北京邮电学院》创刊,4 开 4 版,不定期。

* 本年初,九三学社北邮小组成立,负责人陈策琪。

1956 年

1—2 月,制定 1955—1967 年远景规划,成立院全面规划委员会,规定改善知识分子工作和生活条件的办法。

3月1日,北京市海淀区明光村新院址基建开工。

3月2日,邮电部通知:部和部党组已决定向中央请示调孟贵民为我院副院长。孟贵民今日到职工作。

3月18日,召开共青团北京邮电学院第一次代表大会。王立江任团委书记。

4月2日,据高教部《关于高等工业学校开办干部特别班的通知》,我院举办干部特别班,修业年限为3年。

5月3日,邮电部党组函复:同意邮电学院成立分党组。由钟夫翔任书记,孟贵民任副书记。

5月9日,邀请十一省市邮电管理局代表来我院座谈招生工作。

6月28日,函授部夜大学筹备就绪开始招生。

8月份,学院从新外大街迁入明光村校址,即现蓟门桥南西土城路10号。

10月12日,国务院全体会议第39次会议通过任命孟贵民、卢宗澄为北京邮电学院副院长。

10月13日,高教部批准我院成立院务委员会。主任委员钟夫翔,副主任委员孟贵民,秘书周元亮,成员:刘宜伦、叶培大、朱贻先、陶章、蔡长年、陈德昭、栗振英、胡命谒、王云枫、黄衡、关崇煜、秦华礼、方刚、王立江、侯鹏飞、陈厚堪、张书田、魏保瑜、杨叔艺、徐大雄、吴佐义等。

10月14日,陈德昭当选为海淀区人民代表。

11月24日,钟夫翔调动工作,院长职务由孟贵民代理。

12月1—2日,第一次党员代表大会召开,选举产生了中共北京邮电学院委员会。第一书记孟贵民,第二书记秦华礼,副书记张书田、方刚。

12月22日,第二次团代会召开,选举产生第二届团委会委员21名,王立江任书记。

* 1956年制订了《北京邮电学院科学研究暂行办法》,开展向科学进军的活动。

1957年

1月,学院成立治安保卫委员会和节约工作委员会。

2月1日,苏联邮电代表团在团长邮电部部长晋苏尔采夫率领下来我院参观。

3月,我院爱国卫生运动委员会成立。

3月3日,举行第二次工会会员代表大会,选举工会委员会,施国钧任主席。

4月,与苏联莫斯科通讯工程学院建立教学业务联系。

5月4日,学院成立民盟支部,主任委员叶培大。

5月4日,九三学社北邮支部成立,主委陈策琪。

5月13日,开始整风运动,院党委要求党外人士帮助整风,部分教职工和学生提出更改校名的要求,院内大鸣大放,揭发矛盾。

6月19日,院内开始反右派斗争。

10月18日,邮电部通知任命孟贵民为北京邮电学院院长,杨思九为副院长。

10月23日,院行政会议通过了《图书馆借书暂行规则(草案)》。

12月10日,院内进行精简机构,紧缩编制。动员干部下放,教职工踊跃报名。

12月19日,公布下放干部110人名单,12月21日举行欢送大会。

1958年

1月22日,中共北京市委批准:杨思九任院党委第一书记,兼任第一副院长,孟贵民不再兼任党委书记职务。同时任命党委第二书记秦华礼、副书记张书田、方刚。

2月14日,孟院长向全体师生员工做"勤工俭学"的动员报告,开展勤俭办学、勤工俭学运动。

2月,我院红十字会成立。

3月21日,全院师生在东北旺苗圃和学院内外植树万株。

3月29日,开展"双反"运动,各级组织的党员干部做检查,推动全院交心运动的深入开展。

4月11日,开始在学生中进行"红与专"的大辩论,5月19日后教师中也开始了"红与专"的辩论,最后师生都订出了个人的红专规划。

5月份,无线楼(教二楼)竣工。

5月17日,全院师生员工1880人,组成"八一"团,由秦华礼书记率领,参加修建十三陵水库的劳动。

6月1日,教学实验用电视台建成。

6月2日,在北京市工业跃进展览会上,我院电视台正式展出,并作了播送与接收的表演。展出期间,朱德副主席、郭沫若副委员长参观了我院电视台。

6月13日,全院举行贯彻总路线誓师大会,开展"大跃进"运动和教学改革。

7月1日,我院半导体单路载波机等30多种产品参加北京市高校红专跃进展览会。电视台、半导体三路载波机等参加全国工业交通展览会展出。

7月14日,中共中央书记处书记康生来院参观,提出"白手起家,人人办工厂"的口号。院内开展所谓的"大办工厂"的运动。

7月17日,我院成立通讯兵预备师,国庆节在天安门接受检阅。

8月,我院成立基础部。

10月15日,院内掀起"为1070吨钢奋战"进行所谓"大炼钢铁"的运动,除在院内炼钢,还上山炼钢。

11月29日,成立文艺创作委员会,开展文艺创作运动,即所谓"文艺大跃进"。

12月24日,国务院批准:秦华礼任南京邮电学院代党委书记兼院长,免除其邮电学院党委副书记职务。

* 1958年制定了《加强各级教学组织领导工作的措施草案》《高等学校教师学衔暂行办法》《各级教师工作范围的规定(草案)》《教学法委员会暂行办法》。

* 邮电部在我院召开现场会议,贯彻勤工俭学、大办工厂的经验。

1959 年

1月20日,从本月起编印工作简报,暂定每月一期。制订跃进工作计划,各系和教研室总结科研工作,修订教学计划、工作制度。

2月6日,全院师生员工代表大会,通过《院务委员会暂行组织条例》,选出院务委员27人。

2月13日,成立职工业余红专大学校务委员会,由杨思九等11人组成,杨思九任校长。

3月18日,邮电部同意在有线系、无线系内分别增设"有线电通信设备制造"和"无线电通信设备制造"两个专业,暑期开始招生,名额为120人。

3月19日,邮电部决定将北京邮电学院、北京电信学院合并,仍定名为北京邮电学院。责成孟贵民、杨思九、杨村组成领导小组负责并院工作。

3月23日,职工业余红专大学今天正式成立,并举行开学典礼。报名参加文化及专业学习班的有785人,参加哲学班的有942人。

4月4—5日,召开第二次党代会,正式代表86人,选举产生新的委员会,由19人组成。书记杨思九,副书记赵磊、方刚、张书田。

4月10日,根据邮电部关于北京两院合并的指示,并经过第三次院务委员会会议讨论通过,报部批准,本院新的最高领导机构为院务委员会。其下是院长、副院长,领导16个二级单位,一个直属干部研究班。

4月11日,全体师生员工大会,正式宣布两院合并。会上赵志刚副部长对合并后的工作作了指示,原北京邮电学院孟贵民院长、原北京电信学院杨村院长和党委书记杨思九分别在会上讲话。

4月22日,院工会召开第三届会员代表大会,出席代表222人,代表会员846人,选举21人为第三届工会基层委员会委员。主席施国钧,副主席王希伦、赵连璋、郑广远。

4月25日,召开第三次团代会,选出委员29名,常委9名,王立江任团委书记。

5月26日,按照邮电部的指示原西安邮电函授筹备处与我院函授部合并,该处于5月23日迁来北京。函授部下设办公室、教务科、视导组、北京辅导站和中技教研组。

5月29日,中共北京市高等学校委员会批准:杨思九为北京邮电学院党委书记,赵磊、方刚为副书记。

6月20日,工经楼(教一楼)竣工,经验收投入使用。

9月7日,经党委批准原"业余红专大学"改名为职工业余红专学校。

9月14日,第3次院务会议,讨论通过《学籍试行办法》《学生考勤暂行规定》《人民助学金暂行实施办法》《学生纪律处分暂行规定》等有关学生管理制度。

10月3日,我院"四年成就展览会"正式展出。展览分概况、思想改造、教学、科研、生产、函授、中技、生活福利、国际友谊、结束语等十个部分。

10月8日,邮电管理研究班举行开学典礼。

10月25日,我院被评为海淀区和北京市卫生红旗单位。郑志功代表学院领奖。

12月7日,党委召开学生工作会议,研究学生学习、政治思想教育和班级组织与任务等问题,总结和交流几年来学生工作的经验。

1960年

1月4日,国务院全体会议第93次会议通过任免:刘砚田、周元亮、王希伦任副院长,免去杨村的北京电信学院院长职务、刘砚田北京电信学院副院长职务;免去杨思九、施光迪的北京邮电学院副院长职务。

2月10日,全国邮电教育会议开幕,杨思九书记等3人参加会议;全国邮电科技会议开幕,刘砚田副院长参加会议。

2月26日,我院先进集体2个、先进工作者28人出席北京市教育与文化卫生体育方面社会主义建设先进单位和先进工作者代表大会。

中共北京市委和北京市人民委员会批准我院为出席市文教战线群英大会的先进基层单位。会上,市委、市人民委员会授予我院一面奖旗。

3月10日,为出版《北京邮电学院学报》,向上级主管部门提出报告。

3月25—27日,第三次党代会召开。杨思九继任党委书记,赵磊、方刚为副书记,方刚兼监委书记。

3月25—27日,召开第四次团代会,王立江当选为团委书记。

4月15日,开学以来,我院先后派出1347人,结合毕业设计、生产实习和生产劳动,参加了邮电企业和有关工厂等单位技术革新和技术革命运动。

5月15日,北京市召开大学、中专先进工作者和先进集体代表会。我院出席的先进集体和个人代表共45人。胡健栋、陈炳南、刘乃翰、赵明伍、范宝恒被评为北京市的劳动模范,23人被评为先进工作者。

5月,第四届工代会召开,选举赵连璋为主席。

9月28日,邮电部在我院举办运筹学现场会,由工经系汇报运用运筹学方面的经验。

10月22日,根据中共中央《关于增加全国重点高等学校的决定》,我院被确定为64所全国重点院校之一。

10月24日,邮电部通知:决定将邮电科技大学并入邮电学院。11月1日正式合并。

12月2日,全院选举海淀区第四届人民代表大会代表,共有5601人参加投票,于自连、陈德昭、王心力当选。

* 1959—1960年,我院获北京市高校卫生红旗、治保红旗、红旗食堂等荣誉称号。

* 从1955年建院始5年来,我院共聘请7位苏联专家,1960年全部回国。

1961年

3月13日,贯彻"调整、巩固、充实、提高"的方针,响应中央大搞调查研究的号召,要求各级领导干部加强调查研究,并组织了专门的调查研究小组。

4月13日,院务委员会扩大会议决定进行"树立延安作风,发扬艰苦奋斗精神"的教育运动。结合贯彻中央关于压缩社会集团购买力的决定和继续深入开展清产工作。

9月21日,邮电部提出关于新专业设置意见:有线电通信设备设计与制造、无线电通信设备设计与制造、无线电物理、自动学与运筹学照常开设;微波通信、半导体器件和电真空技术继续设置;邮电通信机械自动化需在部的指导下,在实践中逐渐提高;电子电路专业停办,学生转入其他专业。

10月31日,制定《毕业设计暂行办法(初稿)》。

12月21日,院务委员会会议决定:在工经系内设国际通讯教研组;有线系设有线电信设备制造教研组。

1962年

1月10日,行政工作会议讨论制定贯彻高教《六十条》的规划,学生在院内参加工厂生产劳动的组织办法。

2月,制定了我院《关于执行高校六十条的五年规划(1962—1966)》。

3月21日,行政会议传达国务院关于厉行节约的紧急规定。

5月16日,院务委员会讨论通过《学术委员会组织条例》和学术委员会成员名单。

5月9日—7月1日,召开第四次党代会,正式代表162人。大会着重总结了1958年以来办学的经验教训,改选党的委员会。杨思九为书记,赵磊、方刚为副书记,方刚兼监委书记。

7月2—5日,制订精简整编方案。刘砚田副院长在教职工大会上做精简整编报告。

10月9日至年末,我院制定了《关于节约水电的几项规定》《关于教职工申请家属宿舍的暂行规定》《关于教职工享受探亲假的暂行规定》《关于教材供应和收费暂行办法》《系(部)办公室工作细则》《干部参加劳动锻炼工作实施细则》等。

11月1—3日,第五次团代会召开,出席正式代表318人,王立江被选为团委书记。

12月,第五届工代会召开,选举产生工会委员会主席赵连璋。继任主席赵琪。

1963 年

1月15日，成立北京邮电学院家属委员会。

3月12日，"全国各邮电学校函授部、华北、东北函授科负责同志座谈会"在我院召开。会议主要内容是总结两年来贯彻"八字方针"的工作及制定《邮电函授教育工作条例》。

3月13日，行政会议讨论修订《一般学生人民助学金使用办法》和通过《关于学生实习暂行规定》。

3月19日，陈德昭、于自连、王民英当选海淀区人民代表。

3月21日，通过《关于执行邮电部邮电院校学籍管理暂行规定的补充规定》。

5月8日，行政会议讨论通过《实验室车间仪器管理补充办法》《学生在院内实习工厂进行金工学习及生产劳动组织办法》《保密制度》《安全制度》《特种资金管理的几项规定》《干部参加劳动锻炼暂行规定》。

5月13日，行政会议讨论通过《劳动管理考核办法》《进修教师工作暂行规定》《旁听生暂行办法》《研究生培养管理实施办法》《毕业设计暂行办法》《固定资产管理补充规定》《公物设备损坏丢失赔偿办法》《图书馆管理办法》。

5月25日，制定《关于学生恋爱结婚问题的几项暂行规定》。

5月30日，我院职工业余红专学校被海淀区评为先进集体，授予荣誉奖状。

6月5日，行政会议通过《关于统计工作的暂行规定》。

6月12日，我院成立体育运动委员会。

7月3日，行政会议通过《物资供应管理办法》。

7月11日，院务委员会通过《图书馆委员会组织条例》。

7月17日，行政会议通过院内《土地房屋使用管理办法》。

9月20日，长春邮电学院有线系学生78人合并来我院。

11月28日，传达上级"五反"工作指示，部署我院"五反"工作。

12月5日，图书馆委员会第一次会议，听取图书馆建馆八年来工作情况报告，讨论图书馆工作问题。

12月13日，刘副院长分别向教职工和学生作反对铺张浪费的动员报告，会后全院出现了张贴大字报的热潮。

12月25日，我院被评为海淀区卫生先进单位。

1964 年

2月8日，各系实验室及工厂进行三清三查的验收工作。

3月20日，杨思九书记向全院教职工作"五反"自我教育阶段的动员报告，并代表党委领导核心进行检查。

5月20日，第13次全国邮电教育工作会议在我院召开，会议确定1964—1965年主要任务是以毛泽东思想为指导，贯彻"少而精"原则，积极稳妥地进行教学改革，切实减轻学生负担，提高教学质量，使学生在德、智、体诸方面得到全面发展。

6月20日，第二次全国邮电函授教育工作会议在我院召开。

9月18日，邮电部赵志刚副部长率领工作组来我院进行社会主义教育试点工作，抽调我院部分干部共同成立社会主义教育工作队。"四清"工作队正式成立。

11月5日，院务委员会决定成立微波、信息论、电子线路、仪表、工经等研究室及相应的干部配备。

11月6日，召开全院师生员工家属大会，赵副部长作社会主义教育运动的动员报告。

11月18日，出席社会主义国家邮电合作组织成员国经济专家会议的保加利亚、匈牙利、越南、朝鲜、蒙古、波兰、罗马尼亚、苏联、捷克斯洛伐克等国代表22人来院参观访问。

1965年

2月16日，"四清"工作队队委会讨论工作队员学习"二十三条"小结和院领导"洗澡下楼"工作具体安排。

4月20日，"四清"工作队队委会讨论干部"洗澡下楼"收尾工作，开始清经济、反贪污和整改建设阶段。

6月12日，院党委和"四清"工作队队委联席会议，进一步讨论当前整顿机构、精减人员的情况，教学、行政组织机构设置方案，政治机构设置与人员编制方案，精减人员处理办法，整顿组织工作的计划等。最后决定学院管理体制实行二级制，成立政治部。全院人员至少精减20%。

6月28日，书记、院长参加"四清"工作队队委会，决定7月20日全部结束"四清运动"。

7月24—29日，召开第五次党代会，出席代表117人。选举19位同志组成第五届党委会，杨思九为书记，张惠仁为第一副书记，赵磊为第二副书记，张惠仁兼监委书记。

7月30日，第六次团代会召开，出席代表234人。杨兆云当选为团委书记。

8月27—28日，党委第三次会议，讨论本学期行政工作和政治工作计划，提出本学期的工作中心是学好毛主席著作，深入教学改革与管理工作革命化。

9月24日，邮电部批复同意我院组织机构调整意见，设立有线系、无线系、工经系、基础部、函授部、院长办公室、人事处、保卫处、教务处、科研处、总务处、人武部、计财科、物资供应科、膳食科、图书馆、实习工厂、印刷厂18个单位。要求进一步制订各单位职掌分工和编制。

* 本年，王蕴玮、王明鉴出席布拉格国际电信网络研讨会。

* 院团委为加强学生们思想政治教育和安全、卫生等工作，开展了红色宿舍活动。

* 图书馆配合团委红色宿舍活动，举办了3个红色宿舍阅览室。

1966年

1月18日，院团委在新形势下对如何加强团支部建设、加强对团员的教育、抓好团的组织发展和干部培训提出任务和要求。

1月28日，制订教学改革工作要点：在教师中开展"上好一堂课"的试点；在两个班级试行"单元教学法"；修改教学方案，在三个专业中试行半工半读，初步建立半工半读劳动基地；毕业设计要面向生产。

3月8日，经上级批准任命王锡祥为副院长。

3月12—13日，党委书记杨思九、副院长王希伦率领参加陕西省三原县社教运动师生1106人，分别返回学院。

4月5日，赵子润、魏春娥、陈德昭当选海淀区第六届人大代表。

6月4日，邮电部教育司司长宋德仁率"文化大革命"工作组进院。

6月8日，邮电部改派政治部主任朱春和率"文化大革命"工作组进驻学院。

6月10日，宣布停止党委活动，有关负责人被停职检查。

6月12—18日,工作组主持召开三次全院大会,揭批所谓的"推行修正主义路线"等问题。

7月26日,陶鲁笳、胡乔木先后来院和群众见面并讲话,引起不同凡响。院内近一个月来出现大鸣大放、大字报的高潮。

1967年

1月17—23日,院内各基层单位、二级单位夺权风潮遍及全院。

1月21日,下午5时北邮东方红公社和邮电部机关革命造反团接管邮电部,发表夺权公告。

1月23日,北京邮电学院东方红公社社委会夺了学院党政领导权,原学院多数党政领导受审查。

5月20日,成立北京邮电学院革命委员会。

7月,北京卫戍区×团政委巴音率军训团进驻学院。

8月8日,我院举行毛主席塑像落成典礼。

11月27日,中共北邮革委会核心组成立。

1968年

8月27日,原工程兵×部郭福海率解放军毛泽东思想宣传队进驻我院。

同日北京市服务行业陈自民队长率首都工人毛泽东思想宣传队进驻我院。9月底撤出。

10月初,由特殊钢厂、第二通用机械厂、起重机厂工人组成的工宣队,进驻我院。

10月初,由卫戍区郭奇、王群率调查组进驻学院调查所谓"非法私设黑电台"事件。

11—12月,进行所谓"清理阶级队伍"的群众运动。

1969年

1—6月,继续揭、批、查,"清理阶级队伍"。

9—10月,在河南确山县筹建"五·七"干校。

10月20日,"五·七"干校先遣队赴河南确山县。干校先在徐岗和高中设点,后迁至黄山坡。

1970年

4月,通信兵部×部贺伯升率军宣队进驻学院。

5月18日,经电信总局同意由贺伯升、郭奇等五人组成北京电信工程学院筹备领导小组。贺伯升为组长。

同时,由贺伯升、郭奇等七人组成军宣队临时党委。

9月21日,确山"五·七"干校临时党委成立。

10月,北京电信工程学院成立,归通信兵部电信总局领导,实行军事化管理,设政治委员和政治机关、行政军级职权。实行三部(训练部、政治部、院务部)三级制。

1971年

2月16日,召开全院大会,传达电信总局临时党委关于北京电信工程学院试点招生请示报告批复及招生通知。

7月25日,通信兵部党委批复同意组成北京电信学院临时党委,贺伯升任书记。

10月6日，根据中发(71)56号国务院9月14日通知，决定任命：施光迪为北京电信工程学院院长(未到职)，贺伯升为北京电信工程学院第一政治委员，徐信为第二政委，郭奇、延立华、李怀珍为副院长。

10月22日，首批"五·七"干校学员返京。

10—12月，电信工程学院全院教职工学习"四人帮"把持制定的全面否定建国十七年来成就的《全国高等教育工作座谈会纪要》即《十七条》。接着传达学习批判林彪反革命集团的中央文件。

1972年

1月12日，电信总局临时党委对学院的专业设置、学制等7个问题作了指示。

5月12日，赞比亚22名实习生来我院进修。

7月1日，河南确山"五·七"干校遭受严重的龙卷风袭击，房倒屋塌数十间。傅长岭、俞晋镐等三同志遇难，轻重伤员30多人。

11月11日，临时党委扩大会议讨论：抓好教育计划的调整、专业方向和培养目标的调查研究、校办工厂的发展方向及实验室的建设等七个方面的问题。

11月，王蕴玮、王明鉴作为中国邮电代表团成员出席日内瓦国际电联年会。这是联合国恢复我国合法权利后，我国代表第一次出席会议。

1973年

1月22日，撤销河南确山"五·七"干校。

5月2—3日，第七届团代会召开，选出委员15名，常委7名，王宾友任书记。

5月22日，党委会研究4800平方米宿舍基建问题。

9月，我院计划生育委员会成立。

11月5日，经邮电部与北京市商定，北京邮电学院实行北京市和邮电部双重领导。正式恢复北京邮电学院院名。决定设置三个系、两个部，学制三年。

12月3日，恢复函授教育。

12月26日，北京市工人毛泽东思想宣传队9人进驻学院，队长刘宗训。

1974年

3月28日，我院工农兵学员首届代表大会开幕，大会选举产生学生委员19名，常委9名。

5月9日，邮电部批准北京邮电学院成立革委会，启用新图章。

11月12日，根据邮电部和北京市委的决定，从即日起，我院的党政工作、教育革命由北京市领导。

本年，主要搞"批林批孔"运动和开门办学。

1975年

3—10月，机电专业学生到市电信局修造厂开门办学，结合承缆机、半自动铣齿机、线路施工工程车三个项目进行教学，经过7个月完成三项任务，投入生产、推广使用。

5月，电子交换专业师生与北京电信局宣武电信设备厂合作研制成100门半电子交换机，与无线电一厂合作，研制成多功能电子计算机。

7月24日,第六次党代会开幕。大会代表学习了毛主席关于理论问题、安定团结和把国民经济搞上去的指示。选举产生第六届委员会。杨思九任书记,戴玉琢、赵磊、刘宗训任副书记。

8月,机电专业彭道儒老师研制成功BY-2接点薄膜润滑剂,为我国通信和电子工业提供一种新型润滑材料。

11月,开展所谓的评论《水浒》,批判"投降派"的活动。

1976年

1月8—12日,我院全体师生员工沉痛悼念周恩来总理逝世。

2—8月,在"四人帮"把持下全国开展的"反击右倾翻案风"中,我院也进行了所谓"反击右倾翻案风"的活动。

5月19日,第八次团代会召开,代表135人,高俊峰被选为团委书记。

7月28日,唐山大地震后我院防震抗震,并派人赴唐山救灾。

本年,邮电部批准我院和508厂合办721工人大学;和北京无线电仪器厂合办机械班;和761厂合办微波专业班;和北广合办微波通讯专业班。

10月—12月,祸国殃民的"四人帮"覆灭,"文化大革命"的十年浩劫结束。全院掀起批判"四人帮"罪行的热潮。

1977年

7—8月,传达学习贯彻十届三中全会文件。全院师生员工热烈拥护十一届一中全会胜利召开。

12月8日,师生员工大会,党委带头深揭狠批"四人帮"炮制的"两个估计"。

12月,蔡长年、徐大雄同志当选为北京市第七届人民代表大会代表,并出席会议。

* 本年度为IAGAE准毫米波空间通信设备研制成1.7GAE中频放大器,达到国内先进指标。

* 1977年,教育部再次确定我院为全国重点院校,本科学制改为四年。本年度我院获市以上科研成果17项。

1978年

1月14日,教育部副部长雍文涛、高沂、刘仲侯等来院检查工作,参观录像机、微带微波机、时分制彩色电视机等研制项目,听取我院关于发展电视教学初步设想。

3月9日,召开"表彰先进,提升职称"大会。

9月9日,美国工程教育代表团一行11人来院参观,这是建院以来第一个来访的美国代表团。

9月16日,邮电部通知:三名顾问恢复工作,孟贵民为院长,王希伦为副院长,徐信为副书记。

10月13日,党委常委讨论通过十八名教师出国进修。

10月22—23日,法国邮电教育代表团应孟院长邀请来京,并来我院参观访问。

10月28日,召开全院落实党的干部政策、知识分子政策大会,党委宣布四个平反决定。为所谓"私设反革命电台""地下黑党委反革命潜伏集团"及在"文化大革命"中受迫害致死的9位同志平反昭雪。

12月9日,召开共青团第九次代表大会,出席代表190名,刘阳生为书记。

12月23日,党委宣布对被诬陷、错定、错斗的同志平反。

* 本年度我院获国家级科研成果奖23项,市以上科研成果奖21项。

* 研制成100兆脉冲与伪随机码两用信号发生器,由工厂小批量生产。

* 研制成多点参数显示仪,达到国内先进水平,鉴定后,供工厂生产。

1979 年

1月6日,传达学习党的十一届三中全会文件。

2月6—9日,党委扩大会讨论全院工作重点转移、三年奋斗目标和搞好调整工作。

2月10日,党委召开民盟、民革、九三学社等民主党派成员座谈会。

6月,院行政办公室讨论筹建计算中心,引进罗马尼亚计算机,决定即派22人到罗学习。

9月10日,院第二届学术委员会成立,有委员61人。主任叶培大,副主任王锡祥、蔡长年、陈德昭、胡健栋、王蕴玮。秘书长张清德、王文。

9月,制定《教师工作量暂行实施办法》和《编译教材稿酬分配暂行实施办法》。

我院21位同学被评为市级三好学生,5位同志被评为79年度市青年新长征突击手。

10月,进行职称评定工作。

10月27日,以王锡祥副院长为团长的北京邮电学院代表团一行7人赴法进行考察、访问两周。

11月,联合国开发计划总署确定援助项目,拨款238 000美元,由我院聘请三个专家和派两个代表团出国考察和购置部分教学设备。

12月8日,邮电部任命:宋德仁为学院党委书记,徐信、赵磊、孟贵民为副书记;孟贵民为院长,叶培大、蔡长年、王希伦、王锡祥、李根达为副院长。

本年,邮电部决定在原函授部的基础上,成立北京邮电函授学院。恢复邮电管理工程专业。

1979年底,落实政策工作基本结束,对"文化大革命"时期的冤、假、错案358名和"批清"运动中受审查的23名教工进行平反昭雪和恢复名誉,补发工资。对错划为右派分子的102人落实政策,予以改正。

1980 年

1月15—22日,中国通信学会通信理论专业委员会在广州召开成立大会,选举我院周炯槃教授为主任,并挂靠在我院科研所。

1月19日,民盟、民革、九三学社等民主党派恢复组织活动,党委建立定期召开民主党派双月座谈会制度。

1月29日,院办公会议通过《教师到分院兼课的暂行规定》和《教师到校外兼课暂行规定》。

1月,我院民主同盟支部恢复活动,选举产生支委会,张家兴任主任委员。

6月7—24日,周炯槃、唐人亨参加LCC80中国通信代表团到美国参加国际通信会议。

6月9—26日,以宋德仁为组长的北京邮电学院考察组赴美,考察高等邮电教育。

9月2日,应用物理系成立。

9月3日,党委常委讨论通过《关于对"文化大革命"期间入学的大学生现在担任政治工作的干部进行补课和确定技术职称的暂行规定》。

10月7—9日,我院第七次党代会召开,选举产生第七届委员会。宋德仁为书记,王锡祥、戴玉琢为副书记,王锡祥兼纪委书记。

10月,学院召开1979—1980学年学雷锋、创三好表彰大会。

本年,邮电部委托我院举办国际邮政通信人员法语训练班,时间为10个月。

本年,中国电子学会信息论学会任命我院蔡长年教授为主任,周炯槃教授为副主任,挂靠在我院科研所。

1981 年

3月12日,在全院师生员工和家属中开展以讲文明、讲礼貌、讲卫生、讲秩序、讲道德和心灵美、语言美、行为美、环境美为内容的"五讲四美"文明礼貌活动。

4月1日,我院集邮协会成立。

4月16日,第六届工会会员代表大会召开,正式代表193人,选举19位同志组成工会委员会,选举李有全为主席,继任范书学。

4月22日,我院市人大代表蔡长年、徐大雄和市政协代表周炯槃分别出席北京市人大七届五次会议和市政协五届四次会议。

4月28日,世界电联副秘书长巴特勒先生来院检查、了解联合国开发计划署援助项目。

5月21日,联合国开发计划署副代表道斯(英)、潭伟文及外经部王丽敏、邮电部罗峻等来院了解联合国援助项目执行情况,并参观电教馆和相关实验室。

5月22日,召开第十次团代会,选举25名委员组成团委会,刘阳生任书记。

5月26日,邮电部学位委员会在我院召开,会期五天,部学位委员会副主任叶培大、委员蔡长年、周炯槃、陈德昭、沈树雍等教授出席会议。

5月,教务处拟定《北京邮电学院学分制暂行规定》及81届各专业教学计划。

5月,设立保卫处,由党委保卫部同时行使保卫部和保卫处双重职权。

6月,经国务院学位委员会第二次会议批准,叶培大、蔡长年、周炯槃三位教授为国务院学位委员会学科评议组成员。

8月26日,在院党内外中层以上干部会上,赵志刚副部长宣读邮电部《关于叶培大等4位同志任免通知》,叶培大任邮电学院院长、孟贵民、徐信、赵磊为顾问。免去孟贵民院长职务。

11月2—20日,院学术委员会分7个分会场进行了15次学术报告会和播放录像,参加这次活动的教工达千余人次,会上交流论文83篇。

11月3日,经国务院学位委员会批准,我院首批获准3个博士学位授予学科专业及其3位指导教师。

11月28日,叶培大教授出席中国人民政治协商会议第三届全国委员会第四次会议。

12月,我院一万平方米职工住宅工程破土动工。

本年,徐大雄被评为市劳动模范,物理教研室被评为市先进集体。

1982 年

1月10日,制定学院授予学士学位的工作细则。

2月23—26日,团中央、教育部在京召开"全国三好学生代表大会",我院7813班关若琪(学生会主席)出席了大会,被授予"全国三好学生"光荣称号。

3月1—6日,召开院学生思想政治工作会议,参加会议的有各系、部的党政负责人,专职团干部等百余人。会上宣布成立德育基础教研室。

5月4日—6月17日,北京科技开发中心与我院联合举办"选控图"学习班正式上课,由张公绪主讲。

9月10日,11 400平方米新建图书馆大楼破土动工。

本年,制定《研究生教学大纲》《研究生教学试行学分制办法》和《研究生培养和管理工作暂行规定》。

本年,国家体委、全国总工会授予我院为全国职工体育工作先进集体。

1983 年

2月5日,邮电部决定北京邮电函授学院从2月份起划归北京邮电学院领导。调整后名称为北京邮电学院函授分院。

3月21日,召开第三届学术委员会成立大会,选举周炯槃教授为主任委员,钟义信、沙斐为副主任委员,区惟煦为秘书长,张清德为副秘书长,委员39人。

3月28日,日本邮政省大臣房胜野治一行来我院访问,洽谈建立培训中心事宜。

3月28日,邮电部正式批准我院成立外事办公室(撤销留学生办公室),成立研究生部和外语教学部。

4月18日,邮电部批准《北京邮电学院发展规模、任务及校舍建设规划》,同意在院内新建教学科研主楼。

6月24日,被誉为美国"光纤之父"的ITT专家高锟先生来院作学术讲座。

6月27—30日,"第四届集成光学和光通信会议"在日本东京举行,叶培大任团长,在会上宣读学术论文《中国的光通信》。

7月20—30日,应用物理系举办一次全国性的"激光散斑技术的研究和应用"讲习班,参加者来自全国41所高校和6个科研单位。

10月10日,程控交换技术短训班正式开学。

10月20日,新安装的600门半自动电话交换机,今天中午12时全面试通。

12月13日,戴玉琢副书记向全院各党支部书记学生辅导员及有关人员,传达关于当前清除精神污染的政策问题。

12月19日,邮电部批复我院成立老干部处,其职责是负责离退休老干部的管理和服务工作。

12月28日,沈鑫副教授出席民革六届一中全会,当选为民革中央委员。

本年,我院被评为1983年度北京市公民义务献血先进单位。

本年,经北京市科委评审通过,1983年度我院有3项科技成果荣获北京市优秀科技成果奖。

1984 年

1月7日,"九三学社"支社召开成立大会,由胡筠教授主持支社工作。

2月15—24日,我院教务长胡健栋为团长的中华人民共和国邮电部北京邮电培训中心项目代表团与以小野寺武为团长的日本国际协力事业团专项合作调查团在我院举行会谈。之后胡健栋率团赴日考察。

2月28日,科技处举行学术报告会,钟义信作《信息科学与信息革命》的学术报告。

3月4日,"首都大学生共产主义实践日",我院1500多名师生走上街头做服务性义务劳动。

3月16日,世界通信年中国委员会秘书处在京举行世界通信年发奖会。会上我院管善群著的《电声技术基础》荣获优秀科技图书一等奖;焦其祥的《微波接力通信》获优秀科普书籍二等奖。

4月13日,召开科技成果发奖大会,为彭道儒的"BY-2电接触固体薄膜润滑剂"颁发国家科学发明二等奖。

4月16日,邮电部同意在我院成立"北京邮电培训中心"。

4月,我院教务长胡健栋教授参加国家教委组织的专业设置目录讨论会,确定我院设置计算机通信专业。

5月25日，召开师资培养工作会议。讨论修改《北京邮电学院助教培养管理工作暂行规定》《关于公开选拔培养中年学术骨干教师的几点设想》和《关于选留和调入教师工作的几点意见》。

5月，我院民盟支部全体会议，选举陈季子任主任委员。

6月5日，邮电部政治部屈井河来院在处级以上干部会上宣布院新任领导班子名单：李根达任党委书记，叶培大任院长，盛名环任副书记，胡健栋、庄士钦、刘慕曾任副院长。原党委书记宋德仁，副书记兼副院长王锡祥担任顾问。

6月6日，邮电部批准我院成立高等教育研究室。

9月6日，由党委宣传部主办的《北京邮电学院》院刊复刊。

9月上旬，相继成立"计算机应用""综合业务数据网"和"质量研究"等三个开发中心。

10月5日，市政府批准我院在平谷县成立"北京邮电学院平谷分院"，开办三年制大专班，今日举行开学典礼。

10月19日，在我院召开邮电高校教材编审委员会成立大会及第一次工作会议。

11月3日，民革北邮支部成立，主任委员沈鑫。

11月15日，由北京邮电学院、中国仪表进出口总公司与日本SONY公司正式签订技术合作协议书。

11月15—17日，第八次党代会召开，选出新一届党委，书记李根达，副书记李鹏飞、盛名环。

12月3日，召开第十一次团代会，大会选举产生第十一届团委。孟晓敏为书记，继任为周万斌。

12月20日，下发《教师工作规范及考核办法》《党政工作人员考核办法》《人员流动管理办法》和《各种单项奖励办法》征求意见稿。

1985年

1月13日，由北京邮电学院和北京电信管理局联合成立北京信息工程开发联合公司，召开首次董事会。

1月16日，日本海外通信广播咨询协力团一行7人来院，向我院提交"北京邮电培训中心设备招标书"。

1月29日，邮电部召开"授予彭道儒副教授科研成果特别奖发奖大会"。同时宣布批准成立"北京邮电学院化学防护研究所"。

1月30日，我院被评为84年北京市献血工作先进单位，赵梧被评为市84年献血工作先进个人。

2月2日，院图书馆委员会召开成立大会。副院长胡健栋任主任委员、院长助理朱祥华、研究生部主任唐人亨及图书馆主任王戌辰任副主任委员，委员会由19名委员组成。

2月4日，邮电部批复同意我院成立质量与管理科学研究所。

3月下旬，经北京市专利管理局批准，北京邮电学院专利事务所成立。

5月15日，首届全国技术成果交易会在北京展览馆开幕。我院参展项目有：正反两变交换器、选控图、DJB-823保护剂、BY-2润滑剂、数字信号处理实用软件、气象卫星数字图像处理等。

5月，以我院教师为技术骨干力量的中国通信建设总公司技术咨询部正式成立并对外开展业务。

8月20日，邮电部决定：任命叶培大为名誉院长，免去院长职务，任命胡健栋为院长，朱祥华为副院长。

8月24日，邮电部党组决定，学院党委副书记李鹏飞兼任纪委书记。

9月16日，我院与福建省邮电管理局合办的北京邮电学院福州分院举行成立暨开学典礼大会。首届招生120人。

9月，计算机系成立，设有计算机通信专业和计算机应用专业。

10月8日，邮电部批准北京通信元件厂划电归北京邮电学院。于15日上午举行交接仪式。元件厂仍为独立经济核算企业。

12月14日，管理系主办的邮电部第四期局长统考培训班结业。

12月14日，我院参加"中国高校联合技术开展中心"。

12月19日，彭道儒、沈树雍、高攸纲被评为邮电部劳动模范。参加邮电部召开的劳模大会。

12月28日，广播电视部在我院主持召开科研成果鉴定会。全子一副教授研制的CMAC制彩色电视通过了部级鉴定。

12月下旬，图书馆大楼正式交付使用。建筑面积为13 406平方米。

1986年

1月22日，国家教育委员会批准我院举办电路系统计算机辅助分析和数字信号处理的理论应用助教进修班。

1月30日，中日双方在我院就"关于在北京邮电培训中心进行技术合作"举行会谈，于2月5日正式签订会谈纪要。

2月26日，外语教学部改为外语系。

4月17日，首届教职工代表大会和第七届工会会员代表大会召开。双代会代表261人，选举工会委员会，郭才旺任主席。

4月，经邮电部批准，我院门诊部改为校医院。

6月2日，党政领导办公会讨论决定：我院校风为"团结、勤奋、严谨、活泼。"

6月11日，院大学生心理咨询服务处正式成立。

6月17日，在原马列主义教研室的基础上成立社会科学系。

6月14—18日，法国电信教育代表团来院参观访问。

7月2—4日，由我院具体承办的"国际全息应用学术会议"在科学会堂召开。共有68个国家和地区的代表280名参加。我院有5名代表参加，徐大雄任大会秘书长。

7月5日，邮电部政治部发出《关于在邮电教育战线开展向沈树雍同志学习活动的通知》。

8月19日，院第四届学术委员会第一次会议选举周炯槃为主任，钟义信、沙斐为副主任，聘任区惟煦为秘书长，张清德为副秘书长。委员48人。

8月28日，召开社会科学系第一次教职工大会，学院领导宣布社科系成立和系领导班子成员。

8月28日，在原电信系电信基础实验室、无线系电路网络实验室和数字技术实验室、机械系自动化实验室及基础部电工实验室的基础上正式合并成立院电路中心实验室。

9月22日，院长办公会议决定：外事办公室改为处事处，成立学生处、实验中心。

9月29日，院思想政治工作研究会正式成立。

10月8日，北京邮电培训中心举行落成典礼。中方参加的有邮电部宋直元副部长、中国建设银行周道炯行长、经贸部沈觉人部长助理及我院领导。日方参加的有日本邮政省次官小泽洁及其率领的代表团(9人)、日本驻华代理大使、日本海外协力团、咨询团，以及参加培训中心项目建设的十余家日本公司、厂商代表。

11月7日，我院新图书馆楼举行落成典礼，高教部副部长、全国高校图工委主任周林、邮电部副部长赵子纲、全国高校图工委副主任兼秘书长庄守经、北京市高校图工委秘书长赵侃、我院党委书记李根达、院长胡健栋出席典礼并讲话。图书馆馆长王戊辰作了题为《回顾与展望》的报告。典礼由副院长朱祥华主持。

11月,国家科委批准《北京邮电学院学报》公开发行,每年出版4期。

本年,国家教委批准我院新增设计算机软件、应用数学、信息工程、科技外语4个本科专业。

1987年

1月17日,叶培大名誉院长和吴彝尊教授等赴美参加IEEE学术会议。

2月15—16日,培训中心为全国邮电工作会议代表150人举办短训班。

2月19日,经邮电部批准我院成立审计监察处。

3月6—13日,市政协第六届委员会第五次全体委员会在京西宾馆召开,周炯槃、陈德昭、唐人亨、彭道儒、胡恩植委员出席了会议。

3月7—17日,法国邮电教育代表团团长法国高等电信学校校长乔治·马里奥等与邮电部教育局及我院负责人座谈选派留学生事宜。

3月23日,胡健栋院长接待以国际发展部经理Jonn C. Antonio为首的美国施乐公司代表团。

3月24日,国家教委确定我院为军训试点院校。

5月27日,徐大雄、李爱春同志当选为海淀区第六届人大代表。

5月28日,社科系、学生工作部和团委联合举办"中国近代史知识竞赛"。

5月份,我院中层干部考评工作全面铺开,五月底,述职报告、民主评议、填写民意测验表和功能测评表的工作告一段落。

6月20日,邮电部决定将北京邮电学院函授分院行政关系划归北京邮电学院领导。

10月26日,我院电教馆改为电化教育中心。

11月16日,经国家新闻出版署批准成立"北京邮电学院出版社"。

12月5—16日,由院团委、学生会举办的我院"首届大学生文化艺术节"共有大型活动25个,参加者约万余人次。

* 本年,体育场主席台、看台竣工,建筑面积为1 500平方米。

1988年

1月5日,我院德育教研室改为思想政治教育教研室。

1月18日,经院长办公会议决定,鸿雁电器厂自1988年1月1日起划归学院管理。

1月25日,邮电部颁发北京邮电学院设计研究所勘察设计资格等级证书。

1月31日,后勤处校园管理科被评为市先进集体。

2月8日,我院信息系生物信息研究中心正式成立。

3月1日,邮电部批准由联合国开发计划署援助的"北京国际电信开发中心"在我院成立。

3月7—10日,经国家教委批准,研究生部对大学本科毕业后从事本专业工作5年以上并有科技成果的在职人员,采取了单独招生考试与推荐相结合的办法进行选拔硕士研究生的试点工作。

3月24日,全国政协委员叶培大教授作为民盟代表,彭道儒教授作为教育界代表,出席了全国政协七届一次会议。

3月底,邮电部批准,同意我院成立北京三新计算机通讯技术开发集团。5月31日经市工商局批准正式开业。

4月初,经邮电部和国家教委向国家计委申报我院建立三个国家级重点实验室:(1)程控交换技术与通信网实验室;(2)光纤通信实验室;(3)先进通信实验室。

4月6日,我院成立"人才交流中心"。该中心设在人事处,日常工作由人事科办理。

4月7日,我院"北京三新计算机通信技术开发集团"成立。

4月14—23日,IEEE北京分会主席、我院名誉院长叶培大教授出席在新西兰奥克兰市举办的IEEE第10区工作会议。

4月份,我院向国家教委申报"博士点科研基金"立项:外界电磁环境对电气设备及生态的影响、通信编码及其在通信网综合传输中的应用、多维信号处理中一些有关网络新发展的研究。

5月份,我院已获准成立"移动通信研究开发中心"。该中心办公室设在科技处。成立北京市第八专利代理事务所,面向社会办理专利事务。

6月11—24日,应国际通信会议主席G. W. RUBL先生的邀请,我院名誉院长叶培大教授率邮电代表团前往美国费城出席ICC88L国际通信会议。

6月12—19日,院长胡健栋教授前往芬兰赫尔辛基大学出席IEEEIS-CA88(电路系统国际学术会议)。

9月13—20日,在国务院电子信息系统推广应用办公室主持召开的"光纤通信工作会议"期间,我院有11个项目参展。

10月31日,我院与人大、师大、交大、北航、北医、理工大学、科技大学等八院校联合成立"首都高校软科学联合研究中心"。

11月2日,第九次党代会隆重召开。选举产生第九届党委会,书记李鹏飞,副书记黄金满。

11月14日,经亚太电联协调,由我院举办的"通信工程培训班"正式开课,为期两周。参加培训的13名学员来自8个国家。

12月,经邮电部批准,《北京邮电学院人文科学学报》创刊在内部发行。

1989年

1月6日,审计监察处改为审计处。

3月,我院民盟支部第三届会议,选举新支委会,王德隽任主任委员。

4月5日,由图书馆和院团委共同发起的"北邮益友读书协会"召开成立大会,黄金满副书记任第一届理事会理事长。李鹏飞书记参加成立大会并讲了话。

4月16日,我院学生贴出第一张悼念胡耀邦同志逝世的条幅,参与了首都高校的学潮。

4月30日,院长办公会议通过:撤销应用物理系,成立应用科学技术系。

5月4日,全院出现大小字报5份,缺课者约2 000人。李鹏飞主持召开系主任会,具体研究迅速恢复正常教学秩序的办法。

5月12日,非法的院学生自治会在学1—3楼之间非法架设广播站开始播音。

5月15日,学生开始罢课,参加天安门广场绝食的学生40余人,维持秩序、救护队500—600人。

5月28日,上午有400—500名学生参加由非法的"高自联"组织的所谓"世界华人大游行"。

6月4日,院党委召开扩大会议,根据市委的要求和布置,向全院师生提出"保卫学校,保护师生员工的人身安全"的要求。

7月15日,黄金满副书记主持召开总支书记和系部主任会,布置清查工作,成立清查领导小组和办公室,整理我院在学潮—动乱—暴乱期间的大事记。

9月26日,院长胡健栋签发公告,院第五届学术委员会组成名单:主任舒贤林、副主任张家谋、吕诚昭,秘书长高凤英,副秘书长郭宝民。委员59人。

9月,教学科研主楼竣工,建筑面积为24 910平方米。

10月29日,"全国首届青年通信学术会议"在我院召开,我院青年教师杨义先博士担任大会主席。

12月20日,院团委和科技处共同组织我院14个项目参加在清华大学举办的"挑战杯"首届大学生课外科技活动成果展览暨技术交流会。我院获一项三等奖,八项四等奖。

12月底,在全国高等学校自然科学学报优秀编辑质量评比中,我院学报获一等奖。

1990年

2月6日,邮电部任命昂秀芬为党委副书记,任命黎荣龙、张志敏为副院长。

3月4—11日,院团委组织全院学生在院内外开展"学雷锋、树新风、迎亚运、做贡献"的各种宣传活动和义务服务、义务劳动。

3月15日,我院举办业余党校成立大会暨第一期开学典礼。

3月27日,朱祥华院长召集院学术委员会主任舒贤林教授以及院出版社、科技处和学报编辑部的有关人员会议,讨论并部署了学报英文版的稿源、编辑、出版及发行等事宜。

3月份,我院名誉院长叶培大教授接到设在麻省理工学院的美国电磁场科学研究院J. A. Kong院长函告:被聘请为该院院士,任期五年。年初叶教授还收到美国传记学会J. M. Evans主编函告,他被编入《国际著名人士字典》。

4月1日,35周年校庆学术委员会特邀校友吴基传副部长来校作"我国邮电通信事业发展中引进外资政策"的报告。

5月9日,实验四厂在邮电工业总公司华北大区设备管理评比中,被评为1989年设备管理优秀单位。

7月13—27日,我院选出3名北京市德育先进工作者、17名邮电部部属高校德育先进个人和一个先进集体。

8月2日,第四届北京发明展览会颁奖;我院张家谋等完成的"电视消重影电路"获金牌;王德隽等完成的"60路TDM/FDM复用转换设备"获银牌;赵荣华等完成的"红外光斑观测仪"获银牌;费时雨等完成的"波浪形散热带成形机"获银牌。

8月14日,经海淀区工商局批准北京三新计算机通信联合公司更名为北京邮电学院科技开发公司。

11月6日,我院成立廉政领导小组,办公室设在监察室。

12月19日,第十二次团代会召开,选举产生由23名委员组成院团委,赵纪宁任书记(赵调离后由程宏接任书记)。

12月28日,钟义信、李闯当选为海淀区第十届人大代表。

1991年

4月13日,校办产业管理委员会成立,召开工作会议,院领导、各系、部、处、厂及相关单位负责同志参加了会议。

4月20日,教学科研主楼举行落成典礼。主楼16层,建筑面积为24 910平方米。

4月24—28日,我院第二届教代会,第八届工代会召开。

5月8日,第八届工会委员会全体会议。郭才旺当选为工会主席,郝军、于素芹、云大年当选为副主席。

5月9日,第二届教代会主席团会议,黄金满当选为教代会主席团主席,张志敏、郭才旺当选为副主席。

5月11日,我院红十字会代表队在"首都高校红十字知识救护技能竞赛"决赛中,夺得第2名的好成绩,为学院捧回奖杯。

5月21—23日,国家教委在我院召开全国高校情报工作委员会常委会暨高校图工委工作座谈会。朱祥华院长参加了闭幕式。

6月15日,由党委宣传部、学生工作部、院团委、社科系联合举办"党在我心中"知识竞赛进行决赛,89级文管班获一等奖。

7月5日,我院成立学生科技活动指导委员会。旨在加强对学生科技活动的指导。组织一年一度的"星火杯"科技发明竞赛。

7月18日,经院领导研究同意,决定图书馆增设情报所。

8月24—31日,我院科技开发公司在北戴河举办"全国计费器用户培训班"。

9月11日,北京国际电信开发培训中心举办的"计算机化通讯应用培训班"开课。

9月17日,团中央"在成才的道路上"优秀大学生报告团来我院报告优秀事迹。

9月24日,院党政联席会议决定成立院文明校园建设领导小组。

9月27日,北京高校图书馆自动化研究会在我院图书馆报告厅召开成立大会,研究会秘书处设在我院图书馆。

10月7日,由管理系承担的部定项目"2000年邮政通信发展战略研究",在我院召开评审会。经过专家评审,认为该项成果对我国邮政事业的发展具有一定的指导意义。

10月,成立校办产业管理委员会,同时设立校产处,作为委员会常设办事机构。

11月12日,台湾电子工业大陆考察团一行9人来我院参观访问。

11月14日,由团委、学生会、益友读书协会联合举办的"社会主义与国情知识竞赛",在图书馆报告厅举行。

11月份,中国专利局中国专利评选结果揭晓,王德隽教授等完成的"数字多频信号提取方法"获"中国专利优秀奖"。

12月7—9日,邮电部教育司邮电高校评估领导小组"邮电高校管理工程专业教育质量评估会"在我院召开。

12月14日,美国摩托罗拉公司委托其驻京办事处代表荣先生,新加坡分公司负责人陈先生,来我院签发1991年摩托罗拉奖学金。

12月18日,北京星际通信有限公司在二十一世纪饭店举行开业典礼。

本年北京市绿扬杯"电子电路"实验竞赛,我校获本次冠军,参加者孟云安、陈红、牟若梅;

本年北京市大学生(非数学专业)数学竞赛,9025班施辉武获二等奖。另有2名获三等奖。

1992年

1月9日,北京邮电学院教育合作指导委员会成立。成员有全国各省管理局的代表。

2月21日,根据邮电部机构编制委员会批复,同意我院调整部分二级机构及其职能:

①原生产物资处改为物资设备处,下设三科:设备供应管理科、器材供应管理科、综合管理科。原器材供应部划归物资设备处。

②撤销后勤办公室，成立校办产业管理处。

③军训体育部调整为体育部（教学机构）和武装部（党委办事机构）。2月，国家教委授予我院"全国高等学校学生军训工作优秀学校"铜匾。

3月2日，邮电部同意我院"程控交换技术与通信网"国家重点实验室为系部级机构。

4月25—29日，中共北京邮电学院第十次党代会召开。大会选举产生了第十届党委会。新党委第一次全体会议，选举李鹏飞为党委书记、黄金满、昂秀芬为副书记。

5月25日，经国家科委考核遴选，成立了由我国通信界著名专家组成的"863通信高技术研究专家领导小组"。我院钟义信教授被聘为领导小组组长。

5月27日，两办召集信息员会议，总结第一阶段信息工作，制定了《北京邮电学院信息工作暂行规定》。

6月15日，我院与中山市中山高新技术产业开发总公司，兴办联营企业，定名为泰康通信设备有限公司在中山市批准正式注册。

6月26日，我院老年科技工作者大会召开，正式成立北邮离退休科技工作者协会，李根达任协会理事长。

6月29日，经党委常委会讨论决定昂秀芬兼任函授分院党委书记，免去倪维祯函授分院党委书记职务。

8月18—20日，院党委常委会召开第七次扩大会议（即"长陵会议"），专题研究学院的改革问题。参加会议的有全体常委委员、副院长、院长助理及院改革领导小组的工作人员及有关职能部门负责人共24人。会议着重研究了我院的综合改革方案。

9月9—12日，由我院主办的第二届国际电信流量及网路（ISTN-92）学术研讨会在北京举行。

10月4日，我院与广东省邮电管理局正式签订联合办学协议书。

10月7日，英籍华裔著名作家韩素音来院作了题为"新技术革命对世界的影响以及国外对中国改革开放的看法"的演讲。

10月27日，北京市高校生产实习和社会实践工作表彰大会召开，我院教务处、人武部被评为先进集体。

11月11日，我院教学改革委员会正式成立，钟义信任主任。

11月份，我院无线系硕士研究生陈磊同学研制的"非同步源多画面彩色图像显示器"荣获"中国大学生实用科技发明大奖赛成果展暨技术交易会"二等奖。

12月23—25日，在密云召开第五次教学工作会议。

12月，我院在第九届北京高校非物理专业大学生物理竞赛中荣获团体总分第二名。3名获个人一等奖中，两名为北京市最高分。获奖者：9124班左男、9122班马文超、9141班秦光泽；9141班阎文华获二等奖，另有7名获三等奖。

* 1992年全国大学生数学建模竞赛，一等奖8961班杨庆华、许世荣、张琨。另6名获三等奖。
* 1992年函授分院被国家教委评为普通高校成人教育先进单位。

1993年

1月7日，我院"程控交换技术与通信网"国家重点实验室，完成世界银行贷款招标项目，将进入实质性阶段。

2月11日，在全院中层干部会议上，朱院长指出："教育改革的目标是进入'211工程'，使北邮成为通信领域国内领先，国际著名的重点大学"。

2月27日，我院破例晋升9位中青年教师为教授。

3月14日，胡正名教授当选为第八届全国政协常委，杨义先教授、彭道儒教授当选为第八届全国政协委员。

3月15日，陈俊亮教授当选为第八届全国人大代表。

3月29日，由中国自然科学基金会和美国国家基金会组织的中美科学家关于"生物医学工程与无损伤医学诊断"学术交流会在我院举行。朱祥华院长主持了会议，孙景鳌和蔡安妮教授领导的现代成像技术研究室全体人员参加了这次交流会。

3月30日，我院召开"1993年学生工作研讨会"，参加评奖论文30篇，并出版一本学生工作论文集。

4月6日，国家教委"211"工程办公室主任王忠烈一行6人来院了解我院申报"211"工程进展情况。

4月6日，由朱祥华院长签发公告：第六届学术委员会主任赵尔沅，副主任张家谋、吕诚昭，秘书长姜珺，副秘书长郭宝民，委员40人，名誉委员3人。

5月16—17日，院党委召开第十六次常委（扩大）会（即"香山会议"），专题研究机关改革问题。参加会议的有：书记、副书记、院长、副院长、院长助理共13人。李鹏飞书记主持会议，对机关改革小组提交的《北京邮电学院机关改革方案》进行了深入的讨论。

5月20日，我校统战工作受到北京市委、市政府的表彰，被授予北京市对台工作先进集体铜匾。

5月23—26日，朱祥华院长参加了由中国通信学会组织的在日内瓦举行的IEEE"国际通信会议"（ICC'93）。

5月，我院第三届思想政治研究会理事会产生，理事34人，黄金满任会长。

5月，北邮"211工程"委员会成立。

6月，我校教学手段现代化指导委员会成立。

9月13—14日，在我院召开"海峡两岸通信与智能网学术研讨会"，来自中国台湾、美国、加拿大的专家学者和我国电子工业部、邮电部、部分省邮电管理局、大专院校的专家学者，共40余人，参加了研讨会，会议由钟义信副院长主持。

9月，我校民革支部委员会换届改选，朱兆仓连任主任委员。

10月6日，院党委召开全院党员大会，对反腐倡廉工作进行动员与布置。

10月11日，我院与加拿大NT（BNR）签署双边合作备忘录。

12月6日，国家教委正式批准北京邮电学院更名为北京邮电大学。

12月12日，我院大学生第三届文化艺术节，纪念毛泽东同志100周年诞辰东方红主题文艺汇演在新落成的科学会堂隆重举行。

12月20—22日，在海口市召开北京邮电大学董事会筹备暨成立大会。参加会议的有13个省、市、区邮电管理局的局长、主管教育的副局长、教育处处长和三个通信设备厂的负责人。明确了北京邮电大学董事会首批董事单位17个。

12月，在北京市教材评估检查工作中，我校被评为高校教材工作优秀单位。

12月，由北京邮电大学主办，南京邮电学院、长春邮电学院、重庆邮电学院、西安邮电学院和石家庄邮政高等专科学校协办的《中国邮电高校学报（英文版）》由国家科委批准"公开发行"，每年出版二期。

12月25日，王明鉴、李闳当选为海淀区十一届人大代表。

＊本年，我院科技开发公司和星际通信有限公司，荣获北京市试验区93年度"优秀新技术企

业"称号。

* 本年，我院三厂三公司有了很大发展。邮电部第四实验工厂、鸿雁电器厂、深圳通信设备厂和北邮科技开发公司、北京星际通信有限公司、中山康泰通信设备有限公司在研制、生产、经营各方面都呈现出欣欣向荣的景象。

本年，全国大学生数学建模竞赛，一等奖获得者9143班张黎明、9122班李海东、9261班香盈波。二等奖获得者9061班徐永军、9131班张炜、9122班曹洪伟，另3名获三等奖。大学生非数学专业数学竞赛，我院获一等奖1名，为本次比赛最高分，获得者9212班党梅梅；二等奖3名：9224班贺丰、9243班赵鸿、9241班杨飞；另三等奖2名。北京市大学生非物理专业物理竞赛，我院9246班朱晓民获一等奖，9241班杨飞获二等奖，另有7名获三等奖。

1994 年

1月5日，原总务处和膳食处合并，成立后勤处。

1月6日，"九三学社"北邮支社召开第三次全体社员大会，选举宋亚民为主任委员。

1月17日，时任中共中央总书记的江泽民同志为我校题写了"北京邮电大学"校名。

2月，我校教务处被国家教委评为全国优秀教务处。我院参加国际大学生数学模型比赛获三等奖。

3月2日，我校召开北京邮电学院更名为北京邮电大学庆祝大会。国家教委高教司周远清司长，宣布了国家教委《关于北京邮电学院更名为北京邮电大学的通知》，邮电部部长吴基传为江泽民同志亲笔题写的校牌揭彩。

3月21日，我校"发展我国高速信息网的对策研究"专家组正式成立，组长叶培大教授、副组长陈俊亮教授。

3月21日，我校研制成功的"光缆机械性能测试机""HJD200数字程控交换机""用户电话磁卡控制器 MCT-9201""BYJE多路电话监控计费器""BPS-1智能信令监测仪"荣获国家新产品证书。

3月24—27日，召开教学实验室工作研讨会，成立了"校教学实验室建设委员会"。

3月29日《中国邮电高校学报》（英文版）创刊暨第一次会议在我校召开。

4月8日，我校开展民主评议党员工作。

4月13日，邮电部吴基传部长、林金泉副部长、葛镭司长等来我校食堂、学生公寓进行实地考察，他们与学生一起排队买饭，共进午餐，亲切交谈，听取意见，事后又指导学校改进工作。

5月15日，由于市、区领导重视，北太平庄水果批发市场扰民问题，终于得到解决。

5月27日，我校召开全体党员大会，布置廉政和稳定工作。

5月份，学生处组织开展学生文明宿舍活动月活动。

6月1日，我校召开优秀CAI课件、一类课程、先进教务处表彰大会。

6月30日，我校信息系计费技术中心荣获第二届技术市场金桥奖集体奖，武士荣获第二届技术市场金桥奖个人奖。

6月，外语系承办首届北京市大学生英语口语竞赛。

9月10日，《中国邮电高校学报（英文版）》创刊号出版，举行首发式及中秋茶话会。

9月10日，李岚清副总理在国家教委副主任韦钰、邮电部副部长林金泉等陪同下来校看望师生员工，并专程到著名老教授周炯槃先生家中走访。

9月，我校三层楼的学生新食堂竣工，建筑面积为6 730平方米。

10月11日，国家教委和世界银行联合专家组中期检查我校国家重点实验室工作。

10月21—23日,我校"211工程"建设项目顺利通过部门预审。由邮电部邀请15位通信管理和科技专家(含7位院士)参加预审。

11月1—3日,1994年全国电子信息学科研究生教育学术研讨会在我校召开。

11月2日,北京市委宣传部、市高教局、市文化局、团市委等12个单位联合发起"读百卷书,激爱国情,读书工程(94-97)"大型读书活动。我校团委、图书馆、益友读书协会热烈响应,在校内积极开展这一活动。

11月2—5日,全国邮电高校图书馆工作研讨会在我校召开,朱祥华校长、周继鑫司长出席开幕式,他们在讲话中强调加快图书馆自动化和开展信息服务的重要性。

11月28日,我校程控交换技术与通信网国家重点实验室学术委员会 召开第二次会议。

12月2—5日,邮电部在我校召开了邮电院校实验室工作研讨会。

12月14日,统战部召开民主党派双月座谈会,校领导向与会同志详细介绍我校《分房条例(草案)》,广泛听取各方面意见。

* 本年10—12月:

①全国大学生电子设计竞赛9112班曹克勋、9113班陈曦、9141班秦光泽获二等奖;另三等奖6名。

②北京市大学生(非数学专业)数学竞赛9361班程钢获一等奖;二等奖:9321班范志飞、9324班魏华、9316班李晓军、9325班施家政、9318班周赣鸿、9383班周辉;另三等奖6名。

③北京市大学生(非物理专业)物理竞赛获二等奖6名:9361班程钢、9316班葛伟民、9318班邓琳、9317班魏威峻、9361班庄振运、9342班李力卡。另三等奖6名。

④全国大学生数学模型竞赛9131班张炜、9123班曹洪炜、9224班贺丰获一等奖;获三等奖3名。

⑤北京市大学生英语口语竞赛9342班王晓中获三等奖。

⑥1994年度大学生国际数模竞赛我校获三等奖5名,获得者9143班张黎明、9131班张炜、9127班曹洪炜、9123班李海东、9261香盈波。

12月20日,我校今年获"全国高校毕业教育先进单位"荣誉称号,受到国家教委、市高教局的表彰。

1995 年

1月4日,校教代会二届三次会议召开。

1月10日,首批博士后刘元安、郭建恩按期出站。

2月16日,学生新食堂今日开伙,新食堂采用MCF-9301磁卡收费机,结束了近40年使用饭票的历史。

2月28日,我校参加"211工程"预审的材料报送国家教委"211工程"办公室,我校"211工程"立项正式启动。

3月8日,首都女教授联谊会北邮分会成立大会召开,钱平凯任会长。

3月20日,党委宣传部和校报编辑部举办"信息高速公路"有奖知识竞赛。

4月5日,北京市电话局和我校合作建设北邮电话支局签字仪式在我校举行。

4月10日,北邮—摩托罗拉奖教金、奖学金授奖仪式举行。

4月22日,周炯槃教授被评为北京市先进工作者,出席北京市劳动模范和先进工作者表彰大会。

4月27日,首届北京地区校友分会(筹)理事会召开,理事会成员由在京的相关部门、单位担任领导职务的我校校友组成。

5月2日,62届校友、国际香港巨人集团有限公司董事长张连兴先生,向母校捐赠人民币300万元,设立"张连兴校友教育基金",同时向校友理事会捐赠活动经费人民币10万元。

5月3日,"首都女教授联谊会北邮分会"举行女教授与女大学生主题座谈会,纪念"五·四"青年节。

5月8日,受国家教委委托,"现代信息与通信高级研讨班"在我校举办。相关科研单位和兄弟院校的20多位正、副教授参加为期50天的学习。

5月10日,青年教师教学观摩评比举行,由10名教授、专家组成评委会,朱祥华校长任主任委员。评出一等奖4名,二等奖10名。

5月8—12日,全国邮电高校后勤管理研究会专题研讨会在我校召开,代表40余人出席。对高校后勤维修、水电管理与节能及后勤产业进行了研讨。

5月13日,我校荣获'95首都大学生计算机技能大赛非专业组集体一等奖,专业组集体三等奖。

5月14日,北京市大学生日语竞赛举行,我校5名参赛同学获团体平均分第一名,9336班李迎春获二等奖。

5月19日,校治保会召开成立大会。校内各治保分会、治保小组成员参加。校治保会领导小组组长由黄金满担任,常务副组长由庄士钦担任。

5月24日,北京市教育工会检查组,来我校进行检查验收工作。通过检查,检查组一致通过授予我校工会"先进教职工之家"称号。

6月5日,校庆工作委员会成立,下设:宣传、秘书、接待、学术活动、校史及书画展览、科技展示及洽谈、校园建设及环境美化、文艺活动、团体操表演及安全保卫等共10个工作小组。各组宣布成立后即启动开展工作。

6月21日,朱祥华校长会见了美国GTE公司副总裁约翰·雷德蒙一行3人。庄副校长与雷德蒙先生签署了"北京邮电大学与GTE公司合作备忘录"。

6月27日,周炯槃教授当选为中国工程院院士。

7月3日,由邮电部教育司、全国邮电高校图书情报工作委员会主办的《邮电院校图书馆》创刊,周继鑫副司长为创刊号写了发刊词。马自卫馆长任主编,编委会设在图工委秘书处所在地(我校图书馆)。

8月21日,北京邮电大学228电话支局(远端模块局)建成,总容量为5 000门,今日举行割接仪式。原有2013388、2019988、2012227和2024442等四个小交换机用户分机电话全部改为程控直拨电话。

10月8日,老书记杨思九同志逝世。

10月9日,北京市文明校园检查团经过两天一夜的检查,我校以被查29所院校的最高分通过检查,被评为"北京市文明校园"。

10月14日,李白烈士塑像揭幕仪式在科学会堂南侧举行,曾庆红、贾春旺、罗青长、吴基传、伍绍祖、孙道临等出席。

10月15日,北京邮电大学建校40年校庆庆典举行。吴阶平、吴基传等领导出席。

11月28日,市高教局在我校召开市高校青年教师教学演示赛颁奖大会,电信系纪越峰老师荣获一等奖。

1996 年

1月3日，经校主管领导同意，学生处内部机构进行调整。教育管理科划分为思想教育科和行政管理科，另设毕业分配办公室、勤工助学中心、心理咨询中心、公寓管理科。

1月4日，国家重点实验室承担的国家863项目"面向现在通信网络管理的智能网研究与开发"顺利通过了国家科委组织的项目验收。该项目由中国科学院、中国工程院院士陈俊亮教授主持开发。

1月8日，经校主管领导同意，我校设立CER-NET华北地区北邮主节点网络中心，该中心挂靠在计算中心，不作为一级行政机构。

1月9日，国家教委在我校召开了"中国教育和科研计算机网示范工程华北地区网北京邮电大学主节点建设鉴定验收会"。会议由国家教委主持，教委科技司副司长、CERNET管理委员会成员袁成深、清华大学副校长梁尤能教授等7名委员到会，我校副校长庄士钦、钟义信及相关职能部门负责人出席了会议。

1月12日，教材建设工作会议召开，会议对"八五"期间教材工作情况进行总结、并对"九五"期间教材工作提出意见。

邮电部科技司组织的"国家通信863智能网系统方案评审会"在我校举行。朱祥华校长参加。

由信息工程系承担的国家863项目"数字交叉连接系统"日前完成并顺利通过国家科委组织的鉴定和验收。信息系研制的BTC9402是我国第一个自主研制并实用化的产品、它采用国际先进的软、硬件技术，达到九十年代国际先进水平。信息系承担研制的另一个项目ATM交换机BTC9500则采用了大规模可编程逻辑技术和先进的分散控制技术，是国内第一个自主研制成功的ATM交换机并达到国际先进水平。

第三期北邮—摩托罗拉奖学金颁发仪式在图书馆报告厅举行。

1月15日，信息工程系吴伟陵教授、胡正名教授负责承担的"八五"国家科技攻关项目"数字移动通信系统中的信道编译码和交织技术的研究"通过了由邮电部科技司组织的鉴定。

1月18日，我校在图书馆报告厅召开96新闻记者联谊会，共有32位记者出席。

2月6日，邮电部林金泉副部长在部教育司司长葛镭的陪同下，到我校听取了校党政领导对学校1995年工作和研究制定"九五"期间学校发展规划的汇报。

2月9日，庄士钦副校长出席与三星公司（韩国）的合作签字仪式。

3月3日，吉尔吉斯斯坦共和国国家科学院选举徐大雄为吉尔吉斯斯坦国家科学院的外籍院士，隶属物理学和技术学部。

3月6—9日，"北京邮电大学教育发展战略研讨会"举行，国家教委"211工程"办主任王忠烈、高教司副司长朱修礼、邮电部教育司司长武世雄、副司长周继鑫及校党政领导、各系部中心正副主任、总支正副书记、各职能处负责人出席大会。校长朱祥华作了北邮发展战略的报告，王忠烈就"211工程"建设的核心——学科建设作了重点阐述。

4月5日，校医院新楼落成典礼举行。部教育司副司长周继鑫等领导及我校各二级单位负责人参加了典礼。

4月10日，校领导李鹏飞、朱祥华等向邮电部教育司司长一行汇报《"211工程"可行性论证报告》。

4月11日，中比文化中心大学教授代表团访问参观北邮。

4月24日，北邮与国际ATM论坛共同举办的第一届ATM研讨会在北京国际会议中心举行，来自日本、美国、澳大利亚、加拿大及全国各地 200 多名代表参加了会议。朱祥华校长致欢迎辞。

4月25日,校党政领导参加由我校主办的 ICII96 会议的开幕式。

4月25—28日,经国务院批准,由邮电部、电子部、中国科协、国家自然基金委等主办、我校承办的第一届"信息基础结构国际学术研讨会"在北京举行。

4月27日,北京地区校友联谊会在学校举行。在京校友 600 多人参加了会议。会议成立了"北京邮电大学北京地区校友理事会",通过了人员组成名单。

4月份,外事处刘存安、贺建勋、常悦珠三同志荣获国家教委"来华留学生先进工作者"称号。

5月27日,北邮—三星奖学金颁奖仪式在我校举行。朱祥华校长、庄士钦副校长会见韩国三星大中国区总代表郑溶溰先生,对其设立奖学金表示赞赏。

5月29—30日,中国学位与研究生教育学会 1996 年全体理事会在我校召开。国家教委副主任周远清到会并作了重要讲话。

6月12日,日本 SONY PMC 总裁来校访问。

7月23日,受邮电部科技司委托,我校主持召开了"180 电信服务质量监督检查系统"项目鉴定会,通过部级鉴定。

9月3日,瑞典爱立信公司总裁、我校名誉博士阮魁森先生,公司副总裁乌登费特先生来我校作了题为"面向二十一世纪通信"的演讲。三月份我校与爱立信公司双方签署了"无线通信合作框架协议"。参加活动的还有瑞典驻华大使林德思先生、爱立信中国公司总裁黎德倍。

9月10日,学校召开中层以上干部、民主党派、侨联负责人会议,邮电部人事司副司长熊庆模宣布了校新领导班子成员。任命孙鸿志为校党委书记、王德宠为党委副书记兼纪检委书记、赵青山为党委副书记,免去李鹏飞党委书记、黄金满党委副书记。任命林金桐(列钟义信之前)、张英海、任晓敏、秘建虎为副校长,免去庄士钦、赵青山副校长职务。

9月6—7日,"九五"实验室建设规划论证会召开。我校 3 位院士、校领导及各系部主任及学科带头人共 40 余人出席了会议。

9月11日,96 级新生开学典礼在科学会堂举行。今年录取新生 1152 人。

9月13日,我校两项教学成果通过了北京市和邮电部的现场鉴定。鉴定会由北京市教委和邮电部教育司联合主持。

9月25—27日,邮电部通信类教指委会暨各院校教务处长联席会议在我校召开。任晓敏副校长出席了会议。

9月27日,由亚太电信联盟委托我国举办的"ATM 网络"培训班,经过两周的学习,今日举行结业典礼。

10月11日,加拿大参议长莫尔加特先生率领的代表团一行 10 人访问了我校。

10月23—29日,邮电高等函授教育评估专家组对我校函授、夜大学教育工作进行检查评估。专家组最后评定北京邮电大学函授、夜大学达到"优良"等级。

10月24日,学校决定成立研究生院(筹)。同时撤销信息培训中心,成立信息工程系和培训中心。

10月31日,校长朱祥华与阿尔卡特公司技术部主任皮特·瑞德利先生代表双方签署了科技合作谅解备忘录。

11月5—7日,由我校主办的 1996 年亚太地区环境电磁兼容学术会议在西安建国饭店举行。林金桐副校长参加了会议。

11月7日,经邮电部党组(96)33 号文批复,林金桐、任晓敏为邮电大学党委常务委员。

11月9日,国家教委验收我校CERNET网,庄副校长主持汇报,计算中心联网演示,通过验收。

11月27日,北京邮电大学与美国代罗杰克公司关于联合建立计算机电话集成研究与开发中心合作协议签字仪式在我校图书馆南厅举行。

12月9日,我校与北京朗讯科技光缆有限公司合作建立光纤光缆检测中心。

12月12日,校常委会确定管理系与社科系合并,筹备成立管理与人文学院。

12月13—15日,中国电联全国信息与电子学科研究生教育委员会成立大会在我校召开。委员会理事长为我校名誉校长叶培大。

12月15日,科技处被评为"全国高等学校科技管理先进单位"。国家教委召开表彰大会宣布了表彰决定,并颁发了奖状奖牌。此前,科技处被评为北京地区高等学校科技管理先进单位。

12月21日,庆祝邮电函授教育四十周年庆祝大会在科学会堂召开,孙鸿志等校党政领导及相关单位、上级领导出席。

12月27日,"北京邮电大学—华通国际电讯有限公司教育奖励基金"捐赠仪式举行。华通国际电讯有限公司董事总经理薛宾向母校捐资100万元,设立教育奖励基金。

本年,我校有三项科研成果获得1996年度国家教委科技进步奖。信息工程系杨义先、郭宝安、胡正名等人的"最佳信号理论与设计"获甲类二等奖。机械工程系文福安、廖启征、梁崇高、尹建平、荣辉、肖力舟等人的"并联机器人机构位置正解"获甲类三等奖,我校作为"中国教育和科研计算机网CERNET示范工程"的参加单位,获乙类一等奖。

副校长任晓敏教授荣获国家杰出青年科学基金。

1997年

1月10日,邮电部杨贤足副部长视察我校ATM实验网。

1月20日,中国电信—北京邮电大学全国移动电话网网管系统软件开发与集成合同签字仪式在我校举行。

1月27日,学校党委召开"北京邮电大学精神文明建设研讨会",会议讨论了《北京邮电大学精神文明建设三年规划》《北京邮电大学文明单位达标考核办法》《北京邮电大学文明单位考核指标》等文件。

2月25日,校长办公会研究决定:应用科学技术系改名为电子工程系,计算机工程系改名为计算机科学与技术系,邮电教育与政策研究室改名为高等教育研究所。

3月12日,管理工程系与社会科学系合并暨管理与人文学院(筹)成立大会在图书馆报告厅举行。

同日,由我校编写完成的180电信服务质量监督检查系统技术规范审定会召开,经过邮电部及19名专家论证,该规范通过审核。

4月4日,第七届学术委员会、第六届自然科学学报编委会、第三届人文版学报编委会举行换届改选。乐光新当选为学术委员会主任,杨义先、江执中当选为副主任。

4月9日,北京9校协作组宽带网建设信息交流会在我校召开。

同日,"第二届校优秀CAI课件颁奖、演示大会"在130大教室举行。

同日,首届研究生科技学术节开幕式在科学会堂举行,王选院士做精彩演讲。学术节到20日结束。

4月23日,第三届教代会、第九次工代会召开。选举郭才旺为校工会主席,唐春红、王飞、于素芹(兼职)为副主席。会议于25日闭幕。

5月8日,我校与诺基亚公司联合举办科技活动日。

5月11日,第三届大学生科技节开幕。本次科技节到月底结束。

5月16日,北京高教学会高校后勤管理研究会第七届年会在我校召开,来自北京68所院校主管后勤工作的领导共140余人参加。我校朱祥华校长、赵青山副书记、副校长秘建虎等出席大会。

5月19日,我校学生第一届《国家体育锻炼标准》达标测验赛开始,共有2228人参加近万人次的测验,月底结束,结果达标率为99.4%,优秀率20%。

5月21日,第十一次党代会开幕。参加大会正式代表194名,列席代表13名,选举产生了由21名委员组成的中共北邮第十一届委员会和9名代表组成的新一届纪检委。选举王德宠、朱祥华、任晓敏、孙鸿志、林金桐、昂秀芬、赵青山等7人为常委,孙鸿志任党委书记,王德宠、赵青山为副书记。王德宠兼任纪委书记。5月24日会议闭幕。

6月11日,电路中心实验室通过北京地区高校基础课教学实验室专家组检查评估,专家组宣布我校为评估合格单位。

6月17日,CTE基金会向我校捐款仪式在中国大饭店举行。CTE公司董事长查尔斯·李、GTE公司高级顾问基辛格博士、邮电部领导和我校朱祥华校长出席。GTE公司向我校捐款4万美元,用于教学科研和资助困难学生。

6月24、27日,中国工程院常务副院长朱高峰院士两次应邀到我校作题为《工程和工程师》的专题报告。

6月27日,教职工"迎回归、颂祖国"歌咏比赛在科学会堂举行。

7月1日,我校师生代表百余人出席在北京工人体育场举行的"庆祝香港回归祖国大会"。

7月8日,实习邮电支局在试营业1个月后正式开业。

同日,1997年暑期学生工作研讨会暨新班主任培训班召开。

同日,李秀峰、李景周被评为北京市优秀教育工作者。王文东被评为北京市优秀青年教师。乐光新、张平、章继高、吴善培、赵荣华、张亚云、施海舟、幸云辉被评为北京市优秀教师。

7月15日,校党委常委会决定,成立北京邮电大学教学工作领导小组。

同日,面向21世纪《电子信息专业人才培养方案及教学内容体系改革的研究与实践》课题组召开研讨会,主要研讨了高等工程专门人才的培养目标、培养模式和培养方案,探讨加强基础与拓宽专业、传授知识与培养能力的关系等问题。

8月27日,王惠芳获北京市教育事业统计工作优秀个人三等奖。我校获得优秀集体一等奖。

8月29日,经校评审领导小组讨论通过,共有112人被评为1996年度先进工作者。其中校级先进工作者13人,岗位先进工作者99名。

8月29、30日,邮电部专家组对《北京邮电大学"211工程"建设项目可行性研究报告》进行论证和立项审核,一致同意可行性研究报告通过立项审核。

9月10日,97级新生入学典礼举行。本年学校停止招收专科生,且将通信工程(电信)、通信工程(无线)合为一个专业,将原计算机通信、计算机及应用、计算机软件三个专业合为计算机科学与技术专业。新增市场营销、自动控制(邮政)两个新专业。

9月24日,赵青山副书记主持学生科技活动颁奖大会,并对获奖者颁奖。

9月29日,我校和湖南省邮电管理局关于远程教学、80/160G ATM交换系统的合作协议签字仪式在我校举行。

9月30日,函授学院首届通信信息管理专业自考学生毕业典礼在北京市通信管理局举行。

10月8日,为配合《首都大学生文明公约》的学习、落实,校团委和电信工程学院分团委主办,在全校范围内开展了一次问卷调查活动。

10月29日,1997年暑期社会实践总结表彰大会召开。

10月29—31日,北京邮电大学党的工作会议召开,会议主题是学习和贯彻落实《高校基层工作条例》,讨论研究改善和加强我校党的建设工作。

11月3—6日,由我校承办的第六次全国邮电函授教育工作会在江西召开,会议总结了"八五"期间邮电函授教育的成绩与不足,研究制定了今后的战略目标。

11月13日,学生食堂、学生宿舍闭路电视系统正式开通。

11月20日,深圳华为技术有限公司在我校设立华为科学教育发展基金,该基金分为助学金、奖教金和科研基金三类,奖励我校优秀教师和在读学生。

11月下旬,学校开展教学观摩评比活动,近30名教师参加了本次评比。经过评审,评选出校级教学观摩一等奖3名,二等奖11名,鼓励奖6名和单位组织奖3个。

12月17日,北邮—爱立信奖学(教)金颁奖仪式举行,该奖学(教)金是爱立信公司在中国高校设立的第一个奖学(教)金项目,为期4年,总额80万元,每年奖励100名学生,50名教师。

1998年

1月6日,任晓敏副校长主持召开教学工作特别顾问座谈会,讨论了实验室和教材建设工作并向特别顾问赵尔源、徐惠民颁发了聘书。

1月8日,北邮第二届教学实验室建设委员会成立,有委员30余名,任晓敏副校长担任主任委员。

1月16日,我校研制的10GBIT/S ATM交换机,通过由邮电部组织的技术鉴定。

同日,我校与上海贝尔公司ATM技术与产品合作签字仪式在京举行。

1月19—23日,北邮—湖南省邮电管理局远程教学实验成功,实现了全国第一个跨省的宽带、实时、交互式的远程教学。

2月13—15日,学校集中对处级以上干部进行党性教育。

2月17日,朱祥华校长主持召开"211工程"委员会第一次会议,讨论调整了部分"211工程"委员会成员,审议"211工程"各学科建设项目委员会名单和项目负责人及任务指南等。

2月24—26日,邮电高校教育教学工作会议在我校举行。

2月25日,中国工程院副院长朱高峰到我校参观ATM技术研究中心科研开发现场及以BTC-9500为核心组建的中国邮电ATM科学实验网。

2月28日,程控交换技术与通信网国家重点实验室通过国家教委组织的7名专家委员会的评估。

3月2日,电信工程学院教师管克俭荣获霍英东教育基金第六届高等院校青年教师基金奖、基础科学部教师孙洪祥获青年教师(教学类)三等奖。

3月3日,经教育部人事司批准,杨义先为"长江学者奖励计划"第一批特聘教授。

3月4日,北方交通大学副校长谈振辉教授来校作"教学工作优秀学校建设与评价"的报告。

3月6日,校教学工作领导小组副组长梁于升教授主持召开教学观摩讲评专家组会议,重点分析了在观摩评比中获一等奖的三位教师的教学方法及特色。

同日,经邮电部党组决定,任命张英海为邮电大学函授学院党委书记(兼职)。

3月9日,机关党委在外事处召开精神文明建设现场会。

3月17日,我校胡正名教授当选全国政协第九届常委,陈俊亮教授当选为全国人大第九届常委。

3月18日,学校召开1997年度学生竞赛优胜者颁奖大会,任晓敏副校长为获奖师生颁奖。

3月20日,邮电部人事司熊庆模副司长在学校中层干部会上宣布了学校领导和函授学院主要负责人的任免:任命林金桐为北京邮电大学校长,免去朱祥华校长职务、免去昂秀芬副校长兼函授学院院长、党委书记职务,任命张英海为函授学院党委书记、张筱华为函授学院院长。

同日,校创建"文明单位"考核领导小组,在王德宠副书记和张英海、秘建虎副校长的带领下,分两组对第一批申请精神文明建设达标的单位进行集中考核。

3月23日,我校与美国高通公司合作建立研究中心协议签字仪式及合作奖学金项目颁奖仪式举行。我校与高通公司将就宽带移动通信关键技术研究进行为期5年的合作。同时高通公司每年向北邮提供20万元的奖学(奖教)金。

3月30日,校办主持召开林金桐校长与学生恳谈会,此后两天,林校长又分别举行了与教授和青年教师的座谈会。

4月2日,北邮、中国电信总局及朗讯科技(中国)公司联合建立同步数字体系(SDH)实验室合作协议签字。

4月18日,中国共产主义青年团北京邮电大学第13次代表大会召开,117名团员代表参加大会。大会选举出新一届共青团委员会,曲朝伟任书记、辛玲玲任副书记。

4月20日,邮电部机构编制办公室批准:原电信工程系和无线电工程系合并组建电信工程学院;管理工程系与社会科学系合并成立管理与人文学院。

同日,英国肯特郡迈克尔王子殿下访问我校。林金桐校长会见了迈克尔王子殿下一行,并陪同参观了我校与加拿大北方电讯合作建立的电信技术研究开发中心。

4月22日,98届研究生毕业典礼暨学位授予仪式在科学会堂举行。249人获得硕士学位,23人获得博士学位。

4月28日,学校举行仪式授予美国安普公司副总裁哈沃德博士顾问教授。仪式结束后,哈沃德就电接触科学技术发展问题进行学术报告。

同日,第二届北邮—诺基亚科技活动节开幕,来自诺基亚公司的9名科研人员进行了学术讲座。

4月30日,国家科委来函,聘请我校任晓敏副校长为863信息技术领域307主题第五届专家组副组长。

5月4日,校党委常委会研究决定:在原函授学院和邮电培训中心的基础上,成立继续教育学院,同时保留原机构名称。在计算机科学与技术系、国家重点实验室基础上成立计算机科学与技术学院。

同日,任晓敏副校长被授予第12届"五四奖章"荣誉称号,在北京市举行的"继承五四光荣传统,做跨世纪四有新人"主题团会上,接受了市领导颁发的"五四奖章"。另外,杨义先教授当选为本届北京十大杰出青年,在北京电视台主办的《青春的风》晚会上亮相。

5月8日,第35届田径运动会召开。学生二人刷新了学生男子三项(跳高、跳远、五项全能)校运会记录。

5月13日,班主任聘书颁发仪式暨1997年度学生工作表彰大会召开。

同日,第二届研究生学术节开幕,林金桐校长、叶培大教授出席开幕式。

5月14日,任晓敏副校长作为307光电子技术主题专家组副组长应邀出席了国家863计划信息领域工作会议。接受了国家科委领导颁发的荣誉聘书。

5月20日,教学优秀学校评价部署会议召开,各院(系)、中心负责人出席,学校向各院(系)、中心部署了评建工作任务,并发放《评建任务书》及《北邮系级本科教学工作优秀学校评价方案(试行)》。

5月22日,国家计划发展委员会正式批复北邮"211工程"建设项目可行性研究报告,同意我校作为"211工程"项目院校,在"九五"期间进行建设。由此,我校成为全国首批进入"211工程"建设的61所高校之一。

5月26日,校党委常委会研究决定了校机关编制,设29个单位,人员编制为219人。

5月27日,本科教学优秀学校评建动员大会在科学会堂召开,任晓敏副校长介绍了评建工作情况,林金桐校长做了工作报告。

5月31日,学校举行第14次学生代表大会,孙鸿志书记、赵青山副书记、张英海副校长及相关二级单位负责人及学生代表等143人出席。

6月1日,我校与美国杰克公司签署第二期合作协议,根据协议,该公司赞助我校研究生院"计算机通信集成(CTI)技术原理与应用"课程全套实验设备。

6月3日,计算机科学与技术学院成立大会召开。

同日,由函授学院和邮电培训中心联合组成的继续教育学院成立。

6月6日,1998年北京市部分高校体育达标测验赛在我校举行,我校获得团体总分第一。

6月9日,经校工会全委会选举、校党委常委会批准,王新波任校工会主席,免去郭才旺工会主席职务。

同日,我校举行授予美国赛瑞球斯大学资深教授理查德·佛克博士为我校顾问教授仪式,张英海副校长出席受聘仪式。

6月18日,经国务院批准,叶培大教授当选为中国科学院资深院士。

6月19日,校党委在图书馆报告厅召开"发展党员工作会议",总结《1995—1997年发展党员工作规划》的落实情况。

6月25日,"师德先进群体"暨"先进教职工之家"表彰大会召开。11个二级单位获"师德先进群体"称号,6个部门工会获"先进教职工之家"称号。

6月,钟义信副校长荣任WFEO(世界工程组织联合会)中国委员会秘书长。

7月2日,98届学生毕业典礼暨学位授予仪式在科学会堂举行,共有1188名学生毕业。

7月9—10日,面向21世纪《电子信息类专业人才培养方案及教学内容体系改革的研究与实践》课题组召开研讨会,总结了1996年、1997年两届课题组教改试点班经验,布置了下一步的工作。

7月27日,学校召开"211工程"多媒体教学网络工作会议,会议由钟义信副校长主持,会议认为多媒体教学网络是我校的标志性成果,应努力做好。

7月,教育部发出通知,决定成立"教育部远程教育规划专家组",李鹏飞教授被聘为专家组成员。

同月,经北京市教育委员会批准,刘元安、门爱东、邓中亮、王文东、陈树强、李青、肖丹、周锋、马华东、李波、王明会、漆涛等13人为市高校(青年)学科带头人。黄永清、阎秀群等30人为市优秀青年骨干教师。

8月29日,我校与香港联迪东方有限公司签订联合建立"北邮—联迪研究开发中心"协议书。根据协议,该公司向我校研究生部实验室和个人计算机与计算机辅助设计中心提供300万元港币,支持其在通信领域的深层次研究。

8月,校领导带队赴山东、辽宁、河北等省用人单位,重点对1991至1997届毕业生进行大规模的质量调查。

9月9日,98级新生举行开学典礼,本年共录取1 001人,全部到校报到。

9月10日,学校召开全校教职工大会,庆祝教师节。并对97—98学年教学、科研成果奖的获得者进行了表彰。

9月16日,邮电部科技司主持召开中国邮电ATM科学实验网二期工程会议,正式宣布该实验网二期工程开始启动。

9月23日,课堂教学质量调研专家组成立,由12名专家组成,专家组成员每周进入课堂听课2次。

9月,研究生公寓(学8楼)建成入住,公寓为12层,总投资3 700万元,建筑面积1.888万平方米。公寓每个房间配有独立卫生间、呼叫系统、直拨电话和电视,每层配有洗衣房、活动室等。

同月,教育部确定我校为全国首批四所远程教育试点学校之一,批准在三省二市(广东、福建、辽宁、北京、天津)电信职工内招收电信工程和计算机科学与技术远程教育本科生1 000人。同时批准我校招收98—99学年度工商管理硕士学位(MBA)和工程管理硕士研究生150人。

当月,基础部数学教研室获得1998年北京市教育系统德育工作先进集体。电信工程学院党委书记谢中平、机械系班主任钟广涛被评为德育先进工作者。

10月13日,第三届教代会第二次会议召开,197名正式代表,31名列席、特邀代表参加会议。林金桐校长作了题为《锐意改革求实创新为实现北邮总体建设目标而努力工作》的行政工作报告和《加强民主管理,开创教代会工作新局面》的教代会工作报告。16日闭幕。

10月20日,信息工程系杨义先教授获第四届中国青年科学家技术科学类奖。

10月23日,北京市高校文明校园建设专家组对我校校园治安、宣传阵地、伙食工作、校舍维护、校园卫生进行了实地复查,再次授予我校"文明校园"称号。

10月,国际电信联盟会议决定,孟洛明代表中国电信主管部门提交的国际电联国内对口研究组研究项目——《基于TMN接口的ATM网络管理所使用的管理目标定义》可作为国际电信联盟一电信标准部门(ITU-T)的一个新建议,指定他为建议起草人,在国际电联1999年1月印度会议上提交有关文件。这是中国国内ITU-T第4研究组(SG4)研究项目首次被国际电联采纳。

11月6日,学生刘玉宇、刘劲松、魏宏荣获1998年全国大学生数学建模竞赛一等奖,陈明、陈进、张贻华获二等奖。

11月18日,校本科教学优秀评价自评专家组第一次会议召开,会议由评建办公室主任温向明主持,赵青山副书记主持了会议。

11月24日,图书馆作为A类院校中的第一家通过北京高校图书馆自动化、网络化建设评估。

11月25日,"211工程"建设项目开工动员大会召开。会议宣读了国家发展计划委员会《关于北京邮电大学"211工程"建设项目的批复》及北邮"211工程"项目建设委员会委员名单,并分别与各项目负责人签订任务合同。

11月,经"长江学者奖励计划"专家评审委员会评审,我校"通信与信息系统""信号与信息处理"两学科被首批获准设置特聘教授岗位。

12月2日,北京市教育委员会专家组检查我校英语教学工作。

12月16日,艾波、顾畹仪在第12届人大换届选举中当选为海淀区人大代表。

12月22日,中国科学院资深院士叶培大教授将首次收到的资深院士津贴5 000元全部捐献给"希望工程"。

12月23日,任晓敏副校长主持召开'98教学观摩评比表彰大会暨讲评录像片首映式。

12月24日，北京市高校青年教师教学基本功比赛总结颁奖大会在北京师范大学举行。我校电信工程学院纪红副教授获工科组一等奖(第五名)、基础部闵祥伟副教授、信息工程系杨晓兰获二等奖。校工会获组织奖。

12月29日，我校主办99届毕业生与京内用人单位双向选择大会，40余家京内用人单位和北京生源及有在京择业资格的400余名学生进行了双向选择，这是我校毕业生就业制度改革的一次尝试。

12月，邮电系统第四次邮电科技期刊质量检查评审中，我校主办的《北京邮电大学学报》获得优秀邮电科技期刊一等奖。并被美国工程信息公司(EI)定为 EI Compendex 数据库收录期刊。

同月，由 ATM 技术研究中心研制、上海贝尔公司生产的 BTC-9500ATM 交换系统，成功地被选为中国公众多媒体通信网的核心节点设备。

本年，电信工程学院张家谋教授、全子一教授荣获1998年度广播电视科学技术奖。李鹏飞教授被聘为教育部现代远程教育专家组成员。我校获邮电部科技进步奖9项，其中一等奖一项，二等奖3项，三等奖5项。

计算机科学与技术学院副教授、计算机重点学科实验室主任、北京市青年学科带头人马华东博士负责的国家自然科学基金项目"面向多媒体领域的实时系统建模研究"荣获国家自然科学基金委员会与联合国下属科研教育机构联合国大学国际软件技术研究所共同资助。

经国务院批准，孟洛明为第八批国家级有突出贡献的中青年科学、技术、管理专家。

1999 年

1月8日，电信工程学院实验中心、基础科学部物理实验室、计算机科学与技术学院系统结构实验室和机械电子工程系机械电子基础实验室顺利通过北京市教委的评估验收。

1月9日，我校召开99届毕业生与京外用人单位双向选择大会，邮电系统京外30多家用人单位和500多名毕业生参加。

1月14日，钟义信副校长召开"211工程"联合办公会，会议决定支持国家和北京市批准的我校新增学科的建设，部署"211工程"中期检查及自查内容、步骤。

1月17日，机械电子工程系邓中亮教授负责的原邮电部资助重点项目"智能邮戳 CAD/CAM 系统"通过信息产业部科技司组织的技术鉴定。

1月18日，由我校和清华大学、北方交通大学及天津大学共同承担的"OTDM 光孤子通信关键技术研究"项目，通过863通信主题专家组验收。

1月26日，图书馆通过北京市科学技术委员会组织的"现代电子化图书馆信息网络系统"成果鉴定。

1月29日，由网络管理研究中心主任孟洛明教授负责研制的"电信管理网基础软件测试系统"通过信息产业部主持的重点科技发展计划项目鉴定。

2月12日，叶培大教授被聘为国家信息化办公室专家委员会主任，钟义信教授为专家委员会委员。

3月初，我校与北京医科大学高速信息通道联网成功，实现两校资源共享。这是北京电信资助的校际 ATM 高速信息通道(高科工程)首期工程。

同月，"电磁场与微波技术""密码学"两学科获得教育部批准设置第二批特聘教授岗位。

3月1日，国家新闻出版署同意我校出版《北京邮电大学学报(社会科学版)》。

3月9日，我校与诺基亚公司签署第三期合作协议，随后举行第三届北邮—诺基亚科技日活动。

3月10日,我校与首都信息发展有限公司签署战略合作协议。

3月11日,国家邮政局刘立清局长和盛名环、武士雄等副局长来校参观校园网和实习邮电支局。

3月15日,学生课外体育锻炼健身走廊正式投入使用。

3月16日,钟义信副校长主持召开"211工程"中期检查预备会,对本次中期检查的自检方案作了具体部署。

同日,学生文化娱乐中心正式启用。

3月17日,本科教学工作优秀学校自评与建设领导小组会召开,会议总结了前一阶段的工作,通报了其中的问题,提出解决问题的建议和措施。

3月中旬,中国科学技术发展基金会茅以升科技教育基金委员会授予青年教师王文东副教授1998年度"茅以升北京青年科技奖"。

3月25日,首批"长江学者奖励计划"特聘教授签字仪式举行,杨义先教授被聘为"密码学"学科特聘教授。

3月27日,95级本科生开始实施外语教学改革新方案,进行英语听力、口语测试。

3月30日,原邮电部重点科研项目"B-ISDN话音接入系统"通过鉴定。

3月31日,1998年学生竞赛优胜者颁奖大会举行,任晓敏副校长发表讲话。

4月6日,第三届研究生学术文化节开幕。

4月15日,美国大学生数学建模竞赛结果揭晓,我校一队获一等奖,一队获二等奖,二队获成功参赛奖。

4月18日,我校与北京密云县工业开发区总公司签署合作协议,北邮通信科技园在密云成立。

4月19日,第八届学术委员会举行成立大会。新的委员会由51名委员和4名名誉委员组成。

4月21日,99届研究生毕业典礼暨学位授予仪式举行。23名博士、231名硕士被授予学位。

4月22日,职工消费合作社开业。

4月23日,第36届田径运动会召开,男子跳高记录被打破。

5月10日,学校决定成立学术委员会办公室。

5月17日,校党政机关处级干部聘任工作会议召开,对新调整后的党政机关处级机构干部的聘任工作进行动员。

学校召开1998年度"文明单位标兵"和"文明单位"命名授牌仪式,共有11个单位达到"文明单位"创建标准,其中一个单位为"文明单位"标兵。

5月18日,康柏公司副总裁俞新昌博士访问我校。

6月2日,本日开始,学校27名相关领导和专家组成的答辩委员会分别对申报13个正处岗位的干部进行公开选拔。

6月7日,校党委常委会在答辩和组织考察的基础上,任命了机构调整后的18个党政机关干部。

6月9日,我校与深圳华为技术有限公司联合举行首届"华为杯"学生科技创新活动。

6月中旬,作为教育部首批试点的12所院校之一,我校将在北京、天津、上海、四川、辽宁、湖北、广西等7省、市实行计算机网络远程招生录取工作。

6月14日,学校召开中层干部会议,校党委组织部宣布了学校首批聘任的党政机关正职干部名单。

6月22日,远程学院举行开学典礼,第一批网上大学计算机科学与技术专业本科生1 000人正式入学。林金桐校长作了题为《人类文明的里程碑》的讲话。

7月，按照教育部新的专业目录，我校对1999年本科专业培养计划进行了全面修订。

7月初，北京邮电大学教育基金会筹备委员会成立。

7月6日，863项目"脱机手写汉字数据库的建立及高精度识别方法的研究"通过了国家863计划智能计算机主题项目验收组的验收。

7月7日，我校与中山市泰康通信设备有限公司及北京雷森科技发展有限公司共同研制开发的"OTMS-98光缆自动监测及管理系统"通过国家信息产业部组织的部级鉴定。

7月8日，99届本科生毕业典礼暨学位授予仪式举行，共毕业学生996人，31名学生响应祖国号召，志愿支边。

7月14日，"211工程"建设中期检查表彰会召开。

7月20日，后勤服务产业集团正式成立。同日，首批筒子楼改造工程竣工。

9月7日，杨义先、张平、纪越峰等10位青年教师的优秀教学科研成果参加了由北京市教育工会组织在中央美术学院美术馆举办的"北京地区高校青年教师优秀教学科研成果展"。

9月，高等职业教育学院正式开学，首批计算机网络实用技术、移动通信实用技术、有线电视实用技术三个专业307名新生入学。

9月8日，99级新生开学典礼在科学会堂举行。

9月10日，学校召开全校教职工大会，隆重庆祝第15个教师节。林金桐校长作了题为《北邮跨世纪的发展》的报告，提出我校今后学科和专业发展的方向定位为：信息科技为特色，工学门类为主体，工管文理相结合。

9月30日，党政机关改革结束。党政机构由原来31个减为19个，机关人员由219人减为130人。

10月8日，我校举行诺基亚"阳光计划"行动。

10月10日，在全国大学生英语竞赛中，我校学生3人获一等奖，2人获二等奖，8人获三等奖。

10月14日，第二届课堂教学质量调研专家组成立大会召开。

10月18—22日，我校和中国通信学会联合主办的"第五届亚太地区通信会议暨第四届光电子通信会议"（简称APCC/OECC'99）国际会议在北京友谊宾馆召开。

10月19日，我校与国信朗讯科技网络技术有限公司签署了联合培养博士后合作意向书。

10月20日，林金桐校长作为中英论坛中方核心组成员赴英国参加中英论坛活动。

同日，国庆50周年学生活动总结表彰会在科学会堂举行。我校获得首都国庆群众游行总指挥部授予的"首都群众游行组织工作先进单位"荣誉称号。

10月21日，97—99年度先进基层党组织、优秀党员、优秀党务工作者表彰大会召开。

10月29日，"北京邮电大学粤苑公寓"命名仪式在学术报告厅举行。

11月2日，北邮—朗讯科技创新活动开幕式隆重举行。

11月9日，北邮《网上作业管理系统》网络教学软件通过鉴定。

11月10—17日，第三届教代会第三次会议召开，共254名代表出席。校长林金桐作了题为《完善功能，深化改革，加快发展，争创一流》的工作报告，教代会主席团主席、校党委副书记王德宠作了题为《加强教代会建设，全心全意依靠教职工办好学校》的教代会工作报告。

11月13日，北邮—中兴通讯光通信联合实验室成立，同时成立联合实验室首届学术委员会，聘请叶培大院士为名誉主任委员。

11月19日，98—99学年评优总结表彰大会召开。

11月20日,在全国大学生电子设计竞赛中,我校8个队24名同学参加竞赛,二个队同时获得北京赛区一等奖和全国一等奖,二个队获北京赛区二等奖,二个队获北京赛区三等奖。

12月5日,1999年北京市高校乒乓球锦标赛在我校举行,我校男女乒乓球队获得4金4银3铜的好成绩。

12月1日,北京邮电大学思维空间站启用,这是全国高校第一所由学生自己组建的思维空间站。

12月7日,办公自动化系统第一版平台发布会召开。

12月11日,"迎千禧龙年,庆澳门回归"为主题的第11届"一二·九"文化艺术节开幕。

12月27日,学校与校后勤服务产业集团就2000年后勤保障工作举行签约仪式。

12月,教务处先后被北京市教委和教育部评为"北京市普通高等学校先进教务处"和"全国普通高等学校先进教务处"。

2000年

1月12日,99年度学生工作研讨会在图书馆报告厅举行。

1月,第16届北京市大学生物理竞赛评审结束,我校获得甲组一等奖,总成绩在北京市高校中名列第二。

2月12日,根据国发[1999]26号、国办发[2000]11号、教厅密函[2000]27号文精神,我校独立建制划转教育部管理,从本日起列为教育部直属高校。

2月27日,学校召开中层干部会,传达国务院、教育部、信息产业部关于高校管理体制改革会议的精神。

3月1日,张英海副校长会见美国在线亚洲总裁。

3月6日,信息产业部人事司负责人来校代表信息产业部党组宣布:王德宠任中共北京邮电大学党委书记,免去孙鸿志党委书记职务。

3月11日,学校首次在99级1 200名学生中进行了"大学语文水平测试",这是我校为推进素质教育采取的重要举措之一。

3月,研究生院获得"全国学位与研究生教育管理工作先进集体"称号。

同月,我校实行本科生转专业制度,允许10%的本科生转专业,当年有39名同学转入新专业学习。

3月8日,我校与香港新华集团就我校自主开发的"微机分布式并行处理指纹自动识别系统"举行合作签字仪式。

3月9日,电信工程学院刘诚教授和北京牡丹电子集团公司合作开发的"HDTV电视墙系统"通过了北京市科委组织的技术鉴定,该成果填补了国内的技术空白。

3月10日,我校作为"深圳虚拟大学园"成员单位参加该园举行的新千年开园仪式。

3月22日,生产实习研讨会召开,14个省(市)邮电管理局的领导参加了会议。

同日,后勤集团和总参兵种部第四管理处合作经营的"双翼餐厅"开业,这是学校后勤产业融入社会的尝试。

3月24日,1999年度学生竞赛优胜者颁奖大会在图书馆报告厅举行。1999年我校学生在参加的各类竞赛中获得国际一等奖3人,二等奖3人;全国一等奖15人,二等奖2人;北京市特等奖1人,1等奖10人,二等奖26人。

3月29日,围棋国手常昊、邵伟刚一行访问我校,林金桐校长会见。

同日,任晓敏副校长主持召开教学观摩评比专家组会议。

4月3日,校党委常委会批准通过了《北京邮电大学教学、教辅机构调整设置方案》和《北京邮电大学院(系)党组织的设置》,决定设立14个教学单位和3个教辅单位。

4月4日,全国部分高校校长到我校参观交流后勤改革成果、经验。林金桐校长作报告,秘建虎副校长主持会议。

4月5日,院系改革动员大会在科学会堂隆重举行,王德宠书记作动员报告,林金桐校长就学校的发展前景和思路作了讲话。

4月14日,朱祥华教授主持的原邮电部重点科技发展计划项目"基于ATM及IP网的宽带多媒体信息系统"通过信息产业部科技司的鉴定。

4月15—16日,教学、教辅单位正职负责人竞聘上岗答辩会举行。

4月19日,2000年研究生毕业典礼暨学位授予仪式在科学会堂隆重举行。

4月21日,第37届田径运动会召开。

4月24—26日,校党委常委会审议批准了校内工资改革实施方案、校机关岗位工资实施细则及校机关所属中心实体分配管理办法,讨论确定了教学和教辅单位党政正职领导干部人选。

4月29日,第五届教学观摩评比揭晓,共评选出一等奖3名,二等奖4名,鼓励奖9名,单位组织奖2个。

4月,孟洛明教授入选教育部"跨世纪优秀人才计划",获得30万元资助。

5月8—12日,我校参加第三届中国北京高新技术产业国际周活动。

5月9日,我校与加拿大新桥网络公司联合建立的"北邮—新桥数据通信实验室"揭牌仪式在我校举行。

同日,我校与威盛电子集团(台湾)就校企合作等问题达成协议,双方联合建立通信技术开发中心,威盛电子集团每年为中心运作提供65万美元的经费。

5月10日,北邮—爱立信公司合作框架协议签约仪式在我校举行。林金桐校长和爱立信柯德川总裁分别代表双方签署了《合作框架协议》《设置爱立信特聘教授协议》和《设立爱立信奖学金协议》。

5月13日,"五月的鲜花"歌咏比赛在科学会堂举行。

5月16日,校党委常委会研究决定聘请北京师范大学经济学院唐任伍教授兼任文法经济学院院长。

5月17日,赵青山副书记主持"十佳团支部""优秀团干部、团员"表彰会。

5月18日,王德宠书记、林金桐校长主持召开"三讲"教育动员会。

同日,我校代表队在北京大学举办的"招银杯"全国大学生网络应用技能大赛中,以超出第二名40分的绝对优势获得冠军。

5月23日,我校召开各院及中心新任领导干部宣布大会及颁发聘书大会。王德宠书记、林金桐校长分别向新上任的党政领导颁发了聘书。

张英海副校长主持校庆筹备工作会。

5月24日,北京市市长刘淇及其他市委领导来我校调研高校后勤社会化改革情况。刘市长一行参观了学生公寓、洗衣房、学生食堂等后勤服务设施,肯定我校的后勤社会化改革确实走在全国高校的前列。

林金桐校长主持召开校基金会发展研讨会。

王德宠书记、林金桐校长与北京师范大学书记、校长商谈两校合作事宜。

5月25日,信息产业部张春江副部长莅临我校参加"中国电信的改革和发展"座谈会。

5月29日,我校举办院处级干部"三讲"教育培训班。

5月30日,健康促进大学启动会召开。

5月,2000年美国大学数学建模竞赛成绩确定,我校派出的4支参赛队,2队获得一等奖,一个获得成功参赛奖。

6月17日,我校获得2000年度北京市体育达标优秀先进单位称号。

6月22日,任晓敏副校长当选为北京市高等教育学会第六届理事会常务理事;解月珍、李秀峰当选为理事。

6月24日,我校移动新技术研究室、清华大学数字与微波通信国家重点实验室及大唐电信共同承担的国家863重点项目"WCDMA"实验系统通过验收。

6月28日,北京市高校后勤社会化改革工作现场会在我校召开。市长刘淇、副市长林文漪、汪光焘及有关负责同志参加了会议。刘淇市长在会上作了重要讲话。

6月,经国家杰出青年科学基金评审委员会审议,国家自然科学基金会委务会议通过,任晓敏教授正式获得国家杰出青年科学基金的延续资助。

7月7日,任晓敏副校长召开毕业设计质量检查专家组会议。

7月10日,校领导班子研究"三讲"整改措施。

7月30日,由我校国家重点实验室、美国Bell Labs和信息产业部电信研究院共同主办的NMW'2000(Network Management Workshop' 2000;OORBA Technology)在北京举行。国家重点实验室主任孟洛明教授、美国Bell Labs副主任K. Peicheun和信息产业部电信研究院副院长韦乐平教授级高工共同担任本次会议的程序委员会合作主席。网络管理系统测试中心主任亓峰副研究员被邀请作大会报告:Studying of CORBA interface testing method.

8月,任晓敏教授主持的21世纪初国家级高等教育教学改革项目《电子与电气信息类专业理工融合教育模式及课程体系的研究与实践》获得世界银行贷款10万元资助。这是我校获得的资助领最大的国家级教改项目。

8月28日,北京邮电大学电信科技股份有限公司正式成立。

9月7日,2000级新生开学典礼举行。

无线新技术研究室与大唐电信科技股份有限公司联合成立"北邮—大唐通信技术开发中心"。大唐公司将向该中心提供2 000万元的实验室建设经费并提供项目研究经费。

9月18日,2 000年校级教学成果评选结果揭晓,共评出一等奖11项(推荐申报北京市高等教育教学成果奖),二等奖17项。

9月29日,钟义信教授主持的《电子信息类专业人才培养方案及教学内容体系改革的研究与实践》课题通过成果鉴定。

10月13日,首届大学生"创新奖"颁奖大会举行。"创新奖"是我校为学生设立的校内最高奖项。

10月15日,庆祝建校45周年暨叶培大教授执教60周年大会在科学会堂隆重举行。北京市、教育部、信息产业部的领导、各兄弟院校、企业界的领导以及校友和师生出席了大会。

同日,研究生院成立大会举行。信息产业部原副部长谢高觉、宋直元,教育部、科技部信息产业部各位领导出席。王德宠书记宣布北京邮电大学研究生院成立,国务院学位办副主任王亚杰和林金桐校长为研究生院成立揭牌。

同日,学校举行首批企业教授特聘仪式,林金桐校长与企业法人代表签署了设置企业特聘教授的协议书,并向17名首批特聘教授颁发了聘书。

当日,由广东电信局、广东电信管理局出资2 000万元兴建的粤苑公寓落成典礼在我校举行。

教育基金会正式成立,来自校内外的专家教授、企业家、校友等100余人出席成立大会。

10月16日,美国冠远科技股份有限公司在经济管理学院设立冠远教育基金捐赠仪式举行。根据协议,该公司每年向经济管理学院捐助人民币25万元,用于设立"冠远教育基金""北邮冠远奖学金"和"北京邮电大学经济管理学院院长冠远基金"。

10月,首次学生"创新奖"评奖活动举行,分有奖征文、设计制作和毕业论文三个系列,共评出获奖作品21件,其中特等奖1件,一等奖告缺,二等奖6件,三等奖14件。

10月28日,远程教育(网上大学)宁夏教学站举行开学典礼。

11月2日,我校与山东潍坊新立克集团北京世维通科技发展有限公司举行"北邮—世维通光通信器件联合实验室"协议签字仪式。

学生工作部主持召开2000年学生工作交流会。

11月11日,北京邮电大学1999—2000学年学生评优总结表彰大会隆重举行。2 338人次、25个班集体获得各种奖学金,发放奖学金188.6万元。

11月9日、13日,党委常委会研究决定撤销教学办公室处级建制,成立研究生院、教务处,并确定了二部门的机构设置、人员定编和干部职数等。

11月15日,2001届毕业生就业工作动员会召开。该届共有本科毕业生948人、博士毕业生59人、硕士毕业生261人。

11月15—17日,ISTN'2000国际学术研讨会在杭州举行,主题为国际电信流量与网络研讨,名誉校长叶培大教授担任大会主席,林金桐校长主持。

11月18—19日,教育基金会第一届理事会召开,会议讨论并通过了《北京邮电大学教育基金会章程》《北京邮电大学教育基金会2001年工作计划》《北京邮电大学教育基金会3—5年发展规划》和《北京邮电大学教育基金会2000年财务汇报及2001年财务预算》等文件。

11月18、19、26日,学生事务管理处举办了2001届毕业生与用人单位首次"双选会"咨询会,中国电信、中国联通等150余家单位参加了咨询招聘。

11月29日,三届四次教代会召开,本届教代会主题是审议《北京邮电大学"十五"计划(讨论稿)》和《院级民主管理办法(讨论稿)》,听取了校长工作报告和主管副校长的教学专题报告。正式代表255人出席。12月1日大会闭幕。

11月30日,校行政专题工作会议决定原高等职业技术学院正式更名为职业技术学院。

11月,由美国SPIE、中国物理学会(CPS)和中国光学与光电子行业协会共同主办的光学与光电子检测与控制大型国际学术会议(OE CHINA2000)在北京中国国际展览中心召开,任晓敏副校长作为光通信与光互联分会的中方主席主持了会议并做特邀报告。

12月13日,校常委会研究决定,校长聘任:李秀峰任校友会(筹)秘书长。

12月13—15日,思想政治工作会议召开,校党政领导及基层思想政治教育工作者参加了会议。王德宠书记和林金桐校长分别作了题为"振奋精神,积极进取,努力开创新世纪学校思想政治工作的新局面""作好思想政治工作,推进学校改革发展"的报告。大会审议了《中共北京邮电大学委员会关于加强和改进思想政治工作的意见》《中共北京邮电大学委员会、北京邮电大学关于加强师德建设工作的意见》《学生思想政治工作队伍建设的意见》等三个文件。

12月26日,北邮电信研究院正式成立,院长由朱祥华教授担任,同时与北邮联合设立了人工智能、接入网、信息数字化和计算机网络4个研发中心。

12月,孟洛明教授获得2000年度国家杰出青年科学基金。

杨伯君、章继高教授获教育部2000年度"高等学校博士点专项科研基金"资助,期限3年。

2001年

1月18—20日,召开党政联席扩大会议,重点围绕扩大招生规模后新校区筹建和过渡期方案、落实三讲整改措施以及实施"两级管理、院为基础"的管理模式等三个问题进行了研讨。

2月13日,我校与加拿大北电网络(中国)有限公司签订第二期合作意向书。加拿大总理克雷蒂安及其率领的访华团、林金桐校长出席了签字仪式。

2月26日,副校长任晓敏教授主持的世行贷款21世纪初高等教育教学改革项目"电子与电气信息类专业理工融合教育模式及课程体系的研究与实践"课题组召开会议,正式启动课题研究工作。

3月2日,经教育部备案、批准,2000年度新增电子商务、电子信息科学与技术、公共事业管理和日语4个本科专业,自2001年开始招生。我校成为教育部批准的首批试办电子商务专业的13所高校之一。数学与应用数学、应用物理学2个专业2001年恢复招生。

3月7日,教育部科技司领导来校就"教育部信息网络工程研究中心"的筹建工作进行了专项检查,并对该中心的名称使用予以了正式确认。

3月14日,北邮微软俱乐部成立。

3月20日,网络教育学院与美国系统技术公司举行"推动远程教育、共享全球资源"合作新闻发布会。新闻发布会上展示了北邮远程课程、通信行业职工网上培训课程及美国系统公司最新技术网络课程和网上教学平台。

3月21日,美国大学生数学建模竞赛结果揭晓,我校共有六个代表队参赛,其中三个队获得一等奖、一个队获得二等奖、两个队获得成功参赛奖。在国内参赛的高校中,我校名列全国第二,北京地区高校第一。

3月23日,北邮学生科协举办了"北邮电信杯"第七届学生科技节开幕式暨北邮第二届"创新奖"新闻发布会。

3月,纪越峰、王柏义、徐国鑫、詹舒波、林金桐五位教师在国家"863"十五周年先进集体、先进个人表彰大会上获先进个人称号。

4月6日,个性化专业培养遴选面试会召开,经严格选拔,首批5名学生获准自今年秋季学期进行"个性化专业"人才培养模式试点。

4月19日,教材建设委员会和教务处召开"北京邮电大学制订'十五'教材建设规划"学科专家组会议。

4月20日,北京邮电大学第38届运动会隆重开幕。

5月15—16日,北京市委教工委、市教委"党建与思想政治工作先进校评审专家组"对我校申报北京市党建与思想政治工作先进校进行了为期两天的评审。6月25日,我校荣获以市委名义表彰的"党建与思想政治工作先进校"提名奖。

5月29日,雷振明教授主持完成的科研项目"ATM交换设备—骨干型应用研究"被科技部、财政部、国家计委、国家经贸委评为"九五"国家重点科技攻关计划优秀科技成果。

6月1日,110治安综合服务系统正式启动。校园110治安综合服务台设在校园管理与保卫处,实行24小时昼夜值班,110治安巡逻车对全校实行24小时昼夜巡逻。

6月1日,"211工程""九五"教学实验室建设项目验收工作全部结束。

6月4日，电信工程学院教授、博士生导师张平被评为2000年北京市总工会系统经济技术创新标兵。

6月28日，"2001届本科毕业生毕业典礼暨学位授予仪式"大会召开。本届毕业学生974人。

7月5日，我校与丽台科技股份有限公司签署合同，成立"北京邮电大学—丽台通信与计算机科技研究中心"。

我校与北京邮政局就实施"校园一卡通"工程举行合作签字仪式。"校园一卡通"工程，即对全校学生、教职员工信息统一实现计算机管理，使其通过个人邮政储蓄活期账户实现收取学杂费、发放奖学金、助学金、职工工资、奖金等账务划转功能，同时可对学生信息进行相应管理。

7月14—16日，我校召开教学工作会议。会议主题为：高擎"质量至上"的旗帜，动员全体北邮人"倾情、求是、为先"，为创建本科教学工作优秀学校和一流研究生院而奋斗。会议全面总结了学校"九五"期间教学工作成绩，分析了目前所面临的问题和困难，对今后学校人才培养目标、教育教学改革的思路和举措进行了全面系统的研讨。

7月，我校荣获第21届世界大学生运动会组织委员会授予的彩虹志愿者培训工作优秀组织奖。

9月6日，我校与日本安立公司（Anritsu）联合创建"北邮—安立光电检测技术研究中心"。

9月10日，我校党委副书记赵青山、教务处副处长党传升和获奖教师参加了北京市教委在北京会议中心召开的"北京市庆祝教师节暨特级教师颁证、教育教学成果颁奖大会"，我校共荣获六项北京市教育教学成果奖。

9月17日，我校通过了全国MBA学位教学合格评估专家组对MBA教学情况进行的评估。

从新学期开始对全校本科生实行任选课网上选修制度。学生通过网络选课系统即可从网上选修任选课，合理地优化了学校教学资源配置，方便了学生选课。

9月25日，吕廷杰教授荣获全国师德先进个人称号。纪越峰教授获北京市师德先进个人称号。顾畹仪教授被授予"全国优秀教师"称号。

10月17日，受教育部的委托，我校主持召开了我国"网络教育认证"项目研究工作的第一次研讨会。副校长张筱华教授担任该项目组的组长。

10月24日，北邮函授学院更名为北京邮电大学网络教育学院。

10月30日，北邮科技文化交流中心（北邮科技大厦）竣工并开始投入使用。

11月3日，我校成功举办了北京高校历史上的首次高校信息安全论坛。国家计算机网络与信息安全实验室白硕处长，校党委副书记赵纪宁、信息安全中心杨义先教授出席开幕式并讲话。

11月24日，第十四届"一二·九"文化艺术节开幕式暨校园通俗歌手大赛在科学会堂隆重举行。

本科教学工作优秀学校评估研讨会召开，落实部署学院自评工作。

11月，在2001年全国大学生数学建模竞赛中我校共获得2个一等奖，5个二等奖，获奖队数居北京赛区第一，这7个队同时也获得北京赛区的一等奖。

12月3日，教育部、国家发展计划委员印发教高[2001]6号文，正式批准北京邮电大学等高等学校试办示范性软件学院。北邮信息科技园获准正式成为北京市大学科技园。

12月4日，扩招迎新工作总结会召开，会议对2001年学校顺利跨越扩招大关进行了全面总结。

12月11日，北京邮电大学宽带通信网络实验室与英特尔（中国）有限公司（互联网交换架构IXA：Internet eXchange Architecture）发展中心联合建立IXA实验室。

12月17日，我校获得批准北京市精品建设教材资助项目13项，其中有3项为重点资助项目。

12月18日，中国共产党北京邮电大学第十二次党员代表大会隆重举行。教育部、北京市教工委的领导和全体代表出席了大会。本次大会选举王德宠同志为任书记,赵青山同志、赵纪宁同志任副书记,赵青山同志任纪委书记(兼)。

12月31日,教材建设工作会议召开,讨论通过《北京邮电大学"十五"教材建设规划》。

2002 年

1月1—3日,IT产业迎接入世挑战发展对策研讨会暨北京邮电大学六九届校友联谊会隆重举行。

1月7日,图书馆馆长代根兴同志当选为中国图书馆学会第六届文献资源建设专业委员会专业委员。

1月9日,第四次教职工代表大会、第十次工会会员代表大会隆重开幕。校长林金桐作了题为《完善职能,开拓进取,追求效益,提高质量》的工作报告,党委副书记赵青山作了题为《发挥教职工代表大会职能,团结全校教职工为实现北邮"十五"发展目标而奋斗》的工作报告,校工会主席王新波作了题为《为实现北邮"十五"发展目标开创工会工作新局面》的工会工作报告。

1月14日,我校与北方交通大学昌平职业技术学院签署了合作办学协议。协议规定,我校2002年和2003年的本科新生将在昌平校区学习和生活。

2月28日,国家自然科学基金委和原邮电部共同支持的重大项目—"高速信息网中关键基础问题"通过了专家验收。周炯槃院士为该项目总负责人,其子课题分别由我校及清华、北方交大、西安电子科技大学、华南理工大学、武汉大学、中科院计算机语言中心、东南大学等校教授承担。

3月14日,"UT斯达康"杯首届创业大赛举办。

全校中层以上干部会召开。传达了全国高校第十次党建会议和2001年寒假北京高校领导干部会议的精神。党委书记王德宠、校长林金桐分别布置2002年党委和行政的主要工作。

3月28日,教育部部长陈至立一行到我校参观考察。陈部长对我校发展过程中遇到的困难表示了极大的关注,指示要积极支持北邮的发展建设。

3月29日,经教育部备案或批准,我校2002年将新设国际经济与贸易、法学、光信息科学与技术、信息安全、测控技术与仪器5个本科专业,并开始招生。

4月3日,本科教学评估工作会议召开。

4月10日,党员代表大会在北邮科技大厦召开。投票选举王德宠同志为北京邮电大学出席中共北京市第九次党员代表大会代表。

4月20日,全国首届一级学科整体水平评估结果揭晓,我校的排名为:电子科学与技术专业排名第2、信息与通信工程专业排名第3、管理科学与工程专业排名第25、计算机科学与技术专业排名16、机械工程专业排名第37。此次全国12个一级学科评估排名中,有2个或2个以上学科进入前3名的学校共9所,我校是其中之一。

4月24—25日,我校通过"211工程""九五"期间项目验收。

5月15日,北邮与北京通信学会联合举办纪念第34届世界电信日学术报告会。

6月14日,我校举行美国Juniper网络公司向北邮捐赠教育基金签字仪式。美国Juniper网络公司向我校捐赠七万五千美元(约合人民币六十二万元)作为教育基金。

8月29日,教育部领导一行6人来该校考察工作,听取《北京邮电大学"十五"期间招生规模》和《北京邮电大学学生宿舍建设、改造与职工住宅置换方案》的汇报。

9月3日,海峡两岸无线电技术研讨会在我校召开。会议主题为:21世纪海峡两岸无线通讯与多媒体数字广播的发展趋势。

9月19日,2002年教学观摩评比、教学实验工作、教育管理工作表彰会召开。

9月27日,我校出席了"山东省企业与驻京高校科技创新洽谈会",并与山东省科学技术厅签署了"山东省科技厅与北京邮电大学关于电子信息技术合作协议"。

10月14日,"十五""211工程"建设项目通过了专家组可行性论证。专家们审阅了《北京邮电大学"十五""211工程"建设项目可行性论证报告》,审议通过了北邮"211工程""十五"总体建设目标和学科体系的建设结构;六个学科建设项目、两个公共服务体系建设项目、师资队伍建设项目和基础建设项目;中央资金、自筹资金使用方向和筹措计划。

10月16日,名誉校长、中科院资深院士叶培大教授荣获何梁何利基金2002年度科学与技术进步奖。

10月19日,我校与北京昌平宏福集团就成立中国首个"信息谷—北京邮电大学国家大学科技园"签字仪式在人民大会堂举行。

10月24日,我校与松下电器研究开发有限公司签署了合作研究协议。

11月25日,我校与台湾通达国际有限公司联合实验室协议签字仪式隆重举行。

10月28日,后勤集团ISO9001-2000认证工作正式启动。

11月29日,党建工作研讨会第三议题——经验交流暨大会总结在图书馆报告厅举行。校党委副书记赵纪宁主持,校党委书记王德宠做了大会总结并作了题为《认真学习贯彻"十六大"精神,不断开拓我校组织发展工作的新局面》的报告。

11月5日,我校举行"诺基亚——世界之桥"合作签字仪式暨"展望明天——诺基亚中国研发科技日"活动。

12月1日,我校教育基金会经北京市民政局批准成为正式注册登记的独立的非营利性社会团体法人。

12月17日,我校召开了2002年北京市大学生电子设计竞赛发奖大会。

12月26、27日,四届二次教代会召开。

12月27日,教育部党组成员、人事司司长李卫红代表教育部党组宣布了我校新一届行政领导:林金桐继续担任北京邮电大学校长,张英海、任晓敏、张筱华、薛忠文为北京邮电大学副校长。

2003年

1月7日,北京市北三环—学院路地区高校图书馆联合体馆际借阅协议签字仪式在我校图书馆举行。

3月3日,软件学院校区奠基仪式在昌平区北七家镇宏福区举行。

3月7日,"北邮人文论坛"第一次活动(学术讲座"理工高校人文教育之反思")在明光楼文法经济学院多功能教室举行。

3月13日,我校陈俊亮院士当选为全国政协第十届委员会常务委员。

4月27日,校防治"非典"领导小组组长、党委书记王德宠主持召开了防治"非典"领导小组会议,对"非典"防治工作做了部署。

6月5日,关于学分制改革专题会议召开。

6月25日,2003届本科生毕业典礼暨学位授予仪式举行。

7月1—2日,校党委书记王德宠、副校长任晓敏、薛忠文、张筱华、组织部部长李杰等校领导分别赴各学院、中心宣布新一届二级领导班子。

7月7日,宣传部(宣教中心)在办公楼召开了抗"非典"以来工作总结大会。

7月19日,科技部和教育部国家大学科技园评估(验收)工作专家组一行5人对我校信息谷国家大学科技园进行了评估(验收)。专家们对北邮信息谷国家大学科技园的工作给予了充分的肯定,并提出了建设性的意见。

8月14日,林金桐校长率团访问了伦敦大学玛丽女王学院(Queen Mary College, University of London),受到了该校校长以及电子工程系主任的热烈欢迎。

8月23日,北京邮电大学网络文化研究中心成立暨网络文化与社会发展学术研讨会成功举行。

8月28日,中央财经大学、北京邮电大学、北京航空航天大学、北京师范大学、外交学院等五所院校正式入住北京沙河高教园区签约暨建设启动仪式在昌平商务会馆举行。

9月15日,利物浦大学副校长Christopher John Gaskell教授、学术秘书John Charles Latham先生和电子电器工程系方大庆教授一行3人来我校访问。

10月10日,我校与爱尔兰都柏林城市大学签署了合作备忘录,双方将在人才培养、师资培训等领域展开不同模式的合作。

10月17日,瑞典皇家理工学院院长Hannu Tenhunen教授来访。林校长接见了来宾。

10月20日,"理工融合"教改项目通过教育部成果鉴定。

10月24日,课程建设指导委员会成立。张英海副校长任委员会主任。课程建设指导委员会的职责是在主管校长的领导下,开展课程建设工作研究和论证,在课程建设的规划、立项、评审等方面为学校决策提供依据,对课程建设工作进行研究、咨询及指导。

10月23—24日,"第二次全国大学科技园工作会议"在湖北省武汉市召开。科技部、教育部授予北京邮电大学"国家大学科技园"称号。

11月10日,第一个由我校主持的国家973计划项目申请成功。

11月13日,我校召开专题会议,传达、学习和贯彻第十二次全国高校党建工作会议精神。

11月29日,北京校友会成立大会在京都信苑宾馆隆重举行。

12月3日,第四届三次教代会隆重召开。大会主题是深入学习"十六大"及十六届三中全会精神,以"三个代表"重要思想为指导,结合我校实际,谋划发展,规划未来,进一步动员全校教职工,解放思想,实事求是,与时俱进,为加快学校的建设和发展而努力奋斗。会议听取和通过了《校长工作报告》《教代会工作报告》,讨论、审议了《北京邮电大学发展战略规划》等系列文件。

12月13日,第十六届"一二·九"文艺汇演在科学会堂正式开始。

12月24日,在图书馆报告厅举行了2003年校领导班子和校级领导干部述职报告会。两委委员、中层以上干部、教代会主席团全体成员、校学术委员会常委、民主党派负责人和离退休老同志代表等听取了学校领导的述职,并当场填写了了民主测评表。这是我校历史上第一次校领导班子和领导干部年度考核述职大会。

12月29日,研究生教育调研专家组会议召开,副校长兼研究生院院长任晓敏教授主持,与会人员围绕"如何提高研究生的培养质量问题"进行了深入的讨论。

2004年

1月7日,后勤集团在科学会堂召开了2003年工作总结、表彰暨2004年任务书签订大会。

1月10—12日,师资队伍建设工作会议召开。

1月17日,我校召开新当选的人大代表座谈会。

2月11日,教育部科技委信息学部挂靠我校,任晓敏教授应聘出任常务副主任。

2月23日,2003年度我校获得国家科技进步奖、北京市科学技术奖、中国通信学会科学技术奖共9项。

3月17日,研究生教育工作交流会第一次会议召开,会议由任晓敏副校长主持。各学院主管研究生工作的院长、主管学生工作的书记和研究生教育调研专家组专家参加了会议。

3月19日,我校中水工程通过北京市节水办的验收。

4月23日,北邮—CA公司合作建立教学联合实验室揭牌以及签字仪式在行政办公楼举行。

5月10日,校团委被共青团北京市委员会授予2003年度"北京市五四红旗团委"光荣称号。

5月24日,教育部向我校发出书面通知,批准我校正式建立研究生院。

5月28日,以中国工程院院士、信息技术专家何德全教授为组长的国务院信息安全办公室国家网络与信息安全专家组对我校计算机网络安全进行了检查。专家组认为我校高度重视网络信息安全,有关组织机构健全,管理措施得力,各级责任明确;作为教育网华北地区主节点之一,很好地承担了地区网络的联通和管理任务。

5月28—30日,北京邮电大学专业学位研究生教育工作研讨会在北京杏林山庄召开。

6月17日,首批"新世纪百千万人才工程国家级人选"证书颁发仪式举行。张筱华副校长为获得首批"新世纪百千万人才工程国家级人选"称号的纪越峰教授颁发了证书。

7月1日,接教育部批件,我校与伦敦大学玛丽女王学院联合培养学士学位项目获得正式批准,并将从2004年开始招生。本项目在计划内招生,学制四年,毕业后分别授予北京邮电大学和伦敦大学学士学位。

9月10日,庆祝第20个教师节暨师德先进集体、师德标兵表彰大会召开。

9月23日,北京邮电大学—德国罗德与施瓦茨公司合作项目签字仪式在科技大厦举行。

10月11日,教育部科技司组织召开了"光通信与光波技术教育部重点实验室(北京邮电大学)"建设计划专家论证会。

10月15日,第四届"创新奖"颁奖大会在科学会堂隆重举行。

10月19日,中国民主同盟北京邮电大学委员会在科技大厦隆重举行成立大会。

11月3日,"北邮—诺基亚"知识创新工程签字仪式暨启动会举行。

11月10日,四届四次教代会圆满完成了大会预定的各项议程。

11月24日,教育部2004年度国家级精品课程终审会在科技大厦召开。

12月19日,"北京邮电大学50周年校庆300天倒计时启动仪式"在科学会堂隆重举行。

12月22日,北京市实验室评估专家组来我校对电信工程学院的电磁场与微波技术实验室及电子工程学院的电子工程实验室进行合格评估。认为两个实验室各项指标符合评估标准的要求,同意通过合格评估,报上级主管部门批准。

12月30日,林金桐校长宏福校区学生恳谈会举行。

2005年

1月7日,由教育部科学技术委员会组织评选的2004年度"中国高等学校十大科技进展"揭晓,我校参与建设的"中国下一代互联网示范工程CNGI核心网CERNET2主干网"入选。

3月31日,"移动智能网技术"项目获2004年度国家科技进步二等奖。项目负责人廖建新教授出席了在人民大会堂举行的颁奖大会,受到了时任中共中央总书记的胡锦涛同志和时任国务院总理的温家宝同志的亲切接见。

4月18日,北京邮电大学世纪学院获得教育部正式批准。世纪学院是由北京邮电大学与北京锡华未来教育股份有限公司合作,按照新机制和新模式举办。2005年有7个专业招生。

5月16日，北京邮电大学福建校友会成立。

5月21日，北京邮电大学海南校友会成立。

6月10日，北京邮电大学青海省校友会成立。

6月19日，北京邮电大学上海校友会换届成立大会召开。

6月20日，北京邮电大学陕西校友会成立。

6月26日，教育部科技司在北京邮电大学主持召开了国家"十五"重大科技攻关项目"网络教育关键技术及示范工程""职业培训示范工程"课题预验收会。

7月6日，北京邮电大学2005届博士研究生毕业典礼暨学位授予仪式举行。

7月6日，我校网络中心开通校园网和CERNET网络组播服务，并将长期开展对名师讲座进行组播视频直播服务。

7月7日，北京邮电大学重庆校友会成立。

7月8日，人民日报、光明日报、中国教育报、新华网首页、神州学人网站五大媒体同贺我校50周年华诞倒计时100天。

7月15日，教育部科技司组织专家组对"光通信与光波技术教育部重点实验室（北京邮电大学）"建设项目进行了验收。

7月24日，北京邮电大学安徽校友会成立。

7月28日，英国南安普顿大学授予林金桐教授荣誉科学博士学位。

7月31日，北京邮电大学黑龙江校友会成立。

8月4日，北京邮电大学新疆校友会成立。

8月7日，北京邮电大学河南校友会成立。

8月21日，北京邮电大学山东校友会成立。

9月5日，由信息产业部主办，北京邮电大学国际电信开发培训中心与中国国家计算机网络与信息安全管理中心承办的中国—东盟国家计算机应急组织能力建设与地区合作研讨班在北邮开幕。

9月8日，北京邮电大学内蒙古自治区校友工作部成立。

9月14日，北京邮电大学宁夏校友会成立。

9月16日，北京邮电大学广西校友会成立。

9月18日，北京邮电大学江苏校友会成立。

9月19日，阿尔及利亚邮政、信息通信部部长Mr. Boudjemaa HAICHOUR访问北京邮电大学。

9月21日，我校与日立公司在钓鱼台国宾馆签署合作协议，日立公司将以光通信技术为核心，与我校在研究开发领域进行技术合作，成立"北邮—日立联合实验室"，共同致力于光通信技术领域的研究工作。

9月22日，北京邮电大学河北校友会成立。

10月15日，北京邮电大学首届地方校友会会长会议召开。

10月15日，我校副校长牟文杰教授会见了参加由北京邮电大学发起并主办的国际大学校长论坛——信息通信技术教育2005(IFUP-ICT'05)的美国、西班牙等6个国家8所大学的大学校长。

10月15日，北京邮电大学建校五十周年招待晚宴在人民大会堂三层金色大厅举行。

10月16日，庆祝北京邮电大学建校50周年庆典大会在人民大会堂召开，越南驻华大使陈文律先生代表越南政府向我校颁发了越南国家主席陈德良签发的"友谊勋章"。主题为"我的未来不是梦"的校庆晚会在风雨操场隆重举行，"同一首歌"走进北邮。

10月16—17日，国际大学校长论坛召开。林金桐校长参会，并与13所大学签署了合作协议或备忘录。

11月2日，北京邮电大学首届校园文明礼仪月系列活动举行。

11月5日，诺贝尔物理学奖获得者阿尔费洛夫博士来到我校进行为期一周的学术访问。

12月2日，北京邮电大学归国华侨联合会成立。

12月5—6日，我校校报创刊五十周年暨发行五百期宣传活动举行。

12月6日，由中华人民共和国商务部主办，北京邮电大学国际电信开发培训中心承办的"上海合作组织电信研修班"在北邮隆重开幕。

12月8日，《北京邮电大学与安立有限公司合作研究项目验收会暨"安立奖助学金"颁发仪式》举行。

12月11日，北京邮电大学第十六次学生代表大会第一次全体会议成功举行。

12月21日，北京邮电大学第二届优秀博士学位论文颁奖大会召开。

12月23日，由我校张杰教授主持承担的教育部科学技术研究重点项目"下一代光网络多层联合路由技术与生存性策略的研究"通过教育部组织的专家验收。

12月23日，北京市科学技术委员会项目"用于波分复用的解复用接收器件的研制"验收会顺利举行。验收专家组认真听取了项目负责人任晓敏副校长作的工作报告和技术报告，对课题组的工作给予了高度的评价。

12月24日，我校纪越峰、陆月明、李慧等人领导的项目组与中讯邮电设计院联合开发完成的"ASON规划模拟软件（APMS）"近日通过了验收鉴定。专家组认为：该项目在解决多项关键技术方面具有创新，特色明显，填补了国内空白，达到了国际先进水平。该成果目前已在"中国联通2005年长途传输网智能光网络传输系统工程""中国网通骨干传输网十一五规划""中国电信ASON目标网规划"等多个运营商项目中得到实际应用。

12月29日，我校组织申报的"泛网无线通信"教育部重点实验室建设项目通过教育部批准立项建设。

12月30日，教育部科学技术研究重点项目"用于密集波分复用系统（DWDM）的集成解复用接收器件"通过验收。

2006年

1月4日，北京邮电大学研究生教育专家调研组聘任仪式举行。

1月11日，由我校光互联网研究室主持承担的国家863计划研究项目"IP层与光层动态适配技术的研究与应用"通过了863专家组组织的现场验收。

1月20日，由我校副校长、光通信与光波技术教育部重点实验室主任任晓敏教授主持承担的国家973计划项目成果鉴定会召开，最新成果"WDM光网络中的集成可调谐解复用光接收器及其关键制备工艺"通过鉴定，鉴定结论称原创性突出并达到国际领先水平。

1月24日，我校张平教授代表北京邮电大学成功申请欧盟项目端到端重配置（E2R, End-to-End Reconfiguration）获得通过。

2月24日，我校名誉校长、中国科学院资深院士叶培大教授因其在信息化领域所做出的杰出贡献荣选"中国信息化十大杰出专家"。

3月10日，北京邮电大学作为主要成员发起单位参加"下一代互联网宽带业务应用国家工程实验室"的建设。

3月18日,第三届"北邮—富士通"杯大学生围棋赛举行,我校获得9路盘围棋电脑软件比赛的第一名。

3月18日,北京邮电大学二级学院校友工作研讨会召开。

3月19日,北京邮电大学第十六次研究生代表大会隆重召开。

3月21日,第四届北京邮电大学三星奖学金颁奖仪式举行。

3月22日,召开了"《北京邮电大学学报(社会科学版)》战略发展研讨会"。

3月29日,我校与索尼(中国)有限公司签署了"北邮—索尼信息安全项目"合作协议,这标志着北邮与索尼公司的学术研究合作正式开始。

4月2日,北京邮电大学2006届硕士研究生毕业典礼在科学会堂隆重举行。

4月4日,我校电信工程学院张平教授项目组研制完成的"宽带无线移动TDD-OFDM-MIMO技术"科技成果通过了北京市科委专家组鉴定。

4月18日,教育部专家组一行7人来到我校,对国际学院中英合作办学项目进行复核。

4月19日,教育部ChinaGrid专家组莅临我校,对我校网格建设工作进行了现场考察。

4月20日,电子工业出版社向我校捐赠图书5000余册(20万码洋)。

4月21日,第四十二届春季运动会在校运动场隆重召开。

4月22日,"我的大学"第三届校园开放日成功举办。

4月24日,英国伦敦大学玛丽女王学院院长Adrian Smith教授同外事、行政总管Nigel Relph先生、玛丽女王学院电子工程系主任Laurie Cuthbert教授和Na Yao博士一起访问国际学院。

4月25日,我校与江苏通鼎集团签署"北邮—通鼎光纤技术联合实验室"共建协议及项目合作协议,此次签约标志双方在光纤技术方面的研究合作正式开始。

4月27日,财政部教科文司科学处宋秋玲处长来我校考察指导重点实验室建设工作,教育部财务司计划处刘玉光处长,教育部科技司基础处李渝红处长、雷忠良副处长和明炬副处长参加了考察指导活动。

5月12日,英国高等教育质量保证委员会(QAA)一行五人对我校国际学院北邮与玛丽女王学院学士学位联合培养项目进行评估访问。

5月16日,我校与中交星网宽频网络有限公司举行了"北邮—中交星网流媒体应用实验室"揭牌仪式,张英海副校长出席了仪式。

5月24日下午,"北邮—爱立信未来通信联合研究中心"揭牌仪式隆重举行,林金桐校长出席了会议。

5月25—29日,香港城市大学学生会"京沪政经国情学术交流团"一行24人访问我校。

5月30日,北邮学术办《中国邮电高校学报》(英文版)与爱思唯尔(Elsevier)签约仪式在北京邮电大学成功举行。

7月3日,北京邮电大学信息工程学院代表队在国际计算机设计竞赛中获亚军。

7月14日,第三届IEEE亚太区学生代表大会开幕式在北京邮电大学隆重举行。会议由北京邮电大学、北京交通大学、北京大学、清华大学的四个IEEE学生支部联合主办。这是IEEE亚太区代表大会第一次在我国大陆召开。

8月15—17日,北京邮电大学校友总会与新疆通信管理局、北邮新疆校友会共同主办的"西部信息产业发展战略研讨会暨北京邮电大学第二届地方校友会会长会"在新疆乌鲁木齐市圆满召开。

8月20日,北京市教委领导及北京市实验教学示范中心评审专家组莅临我校,对我校申报"北京市级实验教学示范中心"的电子信息实验教学中心进行检查和评审。

9月4日,林金桐校长应邀出席了在人民大会堂金色大厅举行的第九届中国国际电子商务大会并致辞。

9月15日,原中共中央政治局常委、国务院副总理李岚清同志应北京邮电大学的邀请,为全校师生带来了一场题为《音乐·艺术·人生》的精彩讲座。

9月15日,纪念蔡长年教授90周年诞辰的座谈会召开。

9月21日,民族教育学院少数民族高层次骨干人才硕士研究生基础培训开学典礼举行。

9月23日,北京邮电大学"雁翔"团校2006级学员班开学典礼举行。

9月25日,我校参加建设的中国下一代互联网核心网CNGI-CERNET2通过国家验收鉴定。

10月19日,北京邮电大学第六届学生"创新奖"、第五届创业计划大赛、首届研究生学术论坛闭幕式暨颁奖典礼举行。

10月21日,北京邮电大学成人高等教育50周年庆祝大会召开。

10月23日,由我校校长林金桐教授和玛丽女王学院校长Adrian Smith教授率领的两校合作项目代表一行8人在教育部受到章新胜副部长的亲切接见。

10月25日,我校与意大利Create-Net研究中心以及清华大学共同签署了建立联合实验室的合作协议,林金桐校长代表我校签署协议。

11月16日,我校举行北京邮电大学沙河校区建设项目启动仪式。

11月17日,北京邮电大学2006年博士学位授予仪式暨优秀硕士、博士学位论文颁奖会召开。

日前,由教育部、国家外国专家局联合实施的"高等学校学科创新引智计划"(简称"111计划")第二批建设项目评审工作结束,我校申报的"通信与网络核心技术创新引智基地"项目以优异成绩通过了专家组评审和"111计划"专家委员会综合评议,已获准作为2007年度建设项目正式立项。这标志着我校在建设多科性、研究型、开放式世界高水平大学的道路上又迈出了坚实的一步。

11月24日,民盟北京市委和民盟北京邮电大学委员会在我校科技大厦共同举办了"2006年首都网络文化产业发展论坛"。

11月25日,在国家自然科学基金委员会的支持下,由北京邮电大学主办的首届ICT大会"信息、知识、智能及其转换理论第一次高峰论坛"(SIKIT06)成功举办。

12月21—24日,"心系家国"——京港文化交流团香港专业进修学校一行35人访问我校。

2007 年

1月3日,我校党委召开了全校中层以上干部会议,进一步学习传达和全面部署第十五次全国高校党建会议精神。

1月9日,香港岭南大学"北京黑龙江政治经济文化考察交流团"一行21人访问北京邮电大学,赵纪宁副书记亲切会见来宾。

1月10日,北京邮电大学校级领导班子和领导干部述职大会在北邮科技大厦隆重召开。

1月13日,由中国电子学会信息分论分会和北京邮电大学研究生院联合主办的"2006北京地区高校研究生学术交流会——通信与信息技术"在北京邮电大学顺利召开。

1月19—20日,教育部国际合作与交流司政策规划处徐永吉处长、聂瑞麟副处长一行莅临我校,对北邮与伦敦大学玛丽女王学院联合培养项目进行了实地考察。

1月22日,我校团委被评为2006年度北京市五四红旗团委。

1月24日,2007年北京邮电大学留学归国人员新春联谊会举行。

1月24日,国家留学基金委员会副秘书长李建民、来华部主任黎冰、副主任李彦光等一行三人莅临北京邮电大学指导工作。

1月26日,我校召开本科教学评建工作会,总结2006年本科教学评建工作,分析存在的问题,研究2007年本科教学评建目标。

1月28—29日,北京邮电大学第九届学术委员会第五次全体会议隆重召开。

2月9日,林金桐校长访问伊普斯威奇的英国电信研究院。

2月10日,林金桐校长一行在伦敦大学玛丽女王学院会见在英国留学和工作的北邮校友。

2月10日,副校长孙海英教授负责和中国移动北京移动信达通信技术有限公司、中国移动通信集团设计院有限公司合作承担的信息产业部电子信息产业发展基金"基于移动数据通信的智能交通收费系统"项目通过专家组验收。

2月5—12日,我校校长林金桐教授、国际学院院长应娅舒教授、电子工程学院院长邓中亮教授、生物医药工程学科吕英华教授一行4人访问了英国伦敦大学玛丽女王学院。

2月14日,我校和中国移动通信集团公司在北京举行技术创新联合实验室框架协议签字仪式。

3月1日,索尼集团高级副总裁、信息技术研究所所长兼索尼中国CTO伊贺章先生一行6人访问我校,林校长亲切会见来宾。

3月7日,西班牙电信(Telefonica)国际集团执行董事兼中国网通国家工程实验室联席CEO Cliseo Sanchez先生一行访问我校,林金桐校长亲切会见来宾。

3月11—13日,日本电气通信大学国际处负责人铃木雅久先生和范建明博士访问我校,林金桐校长亲切会见来宾。

3月14日,中国工程院院士刘韵洁受聘北京邮电大学双聘院士仪式暨学术报告会在我校科技大厦多功能厅隆重举行。

3月16日,我校计算机科学与技术学院廖建新教授主持完成的"移动智能网技术"项目获得2006年度教育部高等学校科学技术进步奖推广类一等奖。

3月17日,第四届"北邮—富士通"杯大学生围棋赛在我校拉开序幕。

3月20日,古巴高等教育部副部长Miriam Alpizar Santana女士一行4人访问我校,校长林金桐教授亲切会见来宾。

3月20日,北京邮电大学与北京电信教育培训中心合作创办的"北京邮电大学电子信息类专业实习基地"在北京电信教育培训中心正式挂牌成立。

3月21—22日,北京邮电大学2006年新上岗处级干部培训班召开。

3月23日,北京邮电大学工会第十届五次委员(扩大)会议在校办501会议室举行。

3月24日,"奥运大讲堂"走进北邮。

3月28日,以"就业与创业"为主题的校长恳谈会召开。

3月28日,美国科学院信息部主任Paul Uhlir先生访问我校,林金桐校长亲切会见来宾。

3月30日,北京邮电大学2007年度教职工代表大会隆重召开。

4月1日,美国东俄冈州立大学室内合唱团走进北邮与爱乐合唱团进行交流演出。

4月5—7日,中国通信学会第六次全国会员代表大会在北京成功举行。我校校长林金桐教授当选副理事长,我校名誉校长叶培大教授被授予名誉理事会长称号,周炯槃教授被授予名誉理事称号,陈俊亮教授出任第六届理事会咨询委员会主任委员,周炯槃、钟义信和高攸纲教授出任咨询委员会委员。

4月11日,我校选举出北京市第十次党代会代表的党员代表大会举行,大会最终选举出王亚杰同志、蔺志青同志作为我校出席北京市第十次党代会的代表。

4月12日，诺基亚—西门子通信公司首席代表 Seppo Hamalainen 先生一行7人到我校进行访问。

4月17日，安捷伦科技公司执行副总裁兼首席财务官 Adrian Dillon 先生访问我校，林金桐校长亲切会见来宾。

4月17日，瑞典国家工程院院长 Lena Treschow Torell 教授访问我校，林金桐校长和中国科学院、中国工程院院士陈俊亮教授亲切的会见来宾。

4月19日，北京邮电大学和北京大学主办的高校卫星导航技术研讨会暨高校卫星导航联合研究组（GUG）第一次全体会议在北邮科技大厦隆重召开。

4月19日，林金桐校长亲切会见来访我校的英特尔集团无线工程主管 Dominik J. Schmidt 先生。

4月20日，在科学会堂举行了北京邮电大学兼职教授李刚校友受聘仪式暨李刚教授首场主题报告会。

4月29日，"北京邮电大学学生阳光体育运动"全面启动。

5月13—18日，英国工程技术学会（IET）专业认证评估组一行三人来到国际学院，开始对我校与伦敦大学玛丽女王学院学士学位联合培养项目进行为期一周的专业认证评估。

5月20日，"迎奥运"首都高校第四十五届学生田径运动会在我校成功举办。

5月30日，北京邮电大学与北京协力超越科技有限公司共建的"北京邮电大学专业实习基地"举行了隆重的签约、揭牌仪式。

7月2日，网络安全解决方案的领先供应商网御神州与北京邮电大学设立的信息安全联合实验室正式成立。

7月2日，教育部思政司冯刚副司长为北邮院校两级中心组成员做了题为"和谐校园建设中宣传思想工作的几个问题"的精彩报告。

7月19日，巴基斯坦高等教育委员会主席（Prof. Dr. Atta-ur-Rahman）一行3人来访我校，洽谈中巴合作在巴创办理工科大学事宜。

7月27日，林金桐校长会见 IEEE Computer Society 主席 Mike Williams 先生。

9月3日，尼泊尔通讯部长兼政府发言人 Mohamed Ben Omar 先生一行访问我校，洽谈交流与合作事宜。

9月4日上午，加拿大魁北克经济发展、创新与出口贸易部部长雷蒙·巴尚先生经济代表团一行访问我校无线技术研究所，洽谈交流合作事宜。

9月6日，北京邮电大学2007级研究生开学典礼隆重举行。

9月6日，中俄大学校长论坛在莫斯科大学举行。王亚杰书记发表了题为"抓住机遇，务实合作，积极推进中俄两国联合培养高层次人才"的演讲。

9月8日，由共青团中央学校部、飞利浦电子中国集团联合主办的挑战杯·飞利浦"精于心，简于形"五环科技运动会暨智能机械挑战赛北京赛区晋级赛在我校成功举办。我校机器人代表队获得北京站赛区冠军，成功晋级全国总决赛。

9月8日，北京市隆重召开庆祝教师节暨优秀教师表彰大会，我校蔡安妮教授获得"孟二冬式优秀教师"称号。

9月14日，北京邮电大学2007级本科生新生开学典礼在宏福校区隆重举行。

9月13—14日，应越南友好院校越南邮电技术学院（PTIT）的邀请，牟文杰副书记出席 PTIT 十周年校庆系列活动，并赠送了校庆礼物表示祝贺，同时表达进一步加强两校合作与交流的意愿。

9月17日,由北京邮电大学和中国广播艺术团联合主办的"中国广播艺术团走进北京邮电大学慰问演出"隆重举行。

9月17—19日,IEEE霍姆科学成就奖颁奖大会在美国匹兹堡市举行,我校自动化学院章继高教授出席大会,接受IEEE霍姆科学成就颁奖并在大会上发表题为"尘土污染对电接触可靠性的影响"的导向报告。

9月19日,由北京邮电大学主办的中日韩三方论坛暨宽带网络与多媒体技术国际会议(IC-BN-MT/ICT Triangle Forum 2007)在北邮科技大厦隆重召开。

9月20日上午,我校党建和思想政治工作汇报会在北邮科技大厦召开。

10月8日,英国南安普顿大学光电子研究中心主任、英国首相首席科学顾问、"特种光纤"之父David N Payne教授和英国南安普顿大学光电子研究中心华平教授一行两人到我校进行访问。

10月9日,国家科技部批准公布2007年度国家973计划立项项目。由我校作为第一承担单位申请的国家973计划项目"可测可控可管的IP网的基础研究"获得批准并正式立项。

10月15日,北京邮电大学2007年博士学位授予仪式召开。

10月15日,校长林金桐、校党委副书记牟文杰分别会见来访的挪威阿格德大学校长Torunn Lauvdal教授等六人,对代表团首次访问北邮表示热烈欢迎。

10月12日,校党委书记王亚杰会见了伦敦大学玛丽女王学院电子工程系主任、北邮与玛丽女王学院联合培养项目英方负责人Laurie Cuthbert教授。

10月15日,法国EG@工程师教育集团主席暨法国勒芒工程师学院董事长Alain Le Mehaute博士访问了我校。

10月29日,伊拉克通信部部长穆罕默德·阿拉维先生、副部长穆罕默德·萨勒曼先生、部长顾问莱伊斯·阿迪卜·达哈先生、部长高级顾问Robert C. Fonow先生以及伊拉克邮政公司总经理欧戴伊·阿卜杜拉·侯赛因先生一行5人访问我校。

10月31日,我校教育思想大讨论动员大会在科学会堂隆重举行。

11月6日,校长林金桐会见了来访的津巴布韦高教部部长穆登盖先生一行。

11月15日,我校被确认为中关村开放实验室联盟首届理事长单位,杨放春副校长被推选为联盟首届理事长。

11月26日,教育部副部长赵沁平一行到我校视察指导科学研究工作。

11月26—28日,第二届京港大学校长高峰论坛在香港会议展览中心成功举办。校长林金桐教授出席会议并做了题为"国际合作办学,我们的实践"的报告。

11月30日,由北京中创信测科技股份有限公司捐赠的北京邮电大学户外全彩大屏幕落成典礼隆重举行,党委书记王亚杰和中创信测董事长贾林共同为大屏幕揭幕。

12月3日,由教育部组织的北京邮电大学本科教学工作水平评估工作正式启动。

12月7日,北京邮电大学本科教育教学工作水平评估意见反馈会举行。

12月7日,王亚杰书记、牟文杰副书记在北邮科技大厦第四会议室亲切接见了IEEE霍姆科学成就奖获得者——自动化学院章继高教授。

12月11日,由北京邮电大学发起并承办的"高等教育结构优化和谐发展战略研讨会暨首届高水平特色型大学发展论坛"在北京隆重举行。

12月19日,北京邮电大学行政领导班子换届宣布大会召开。

12月19日,2007年中国标准创新贡献奖颁奖典礼在北京举行,由我校孟洛明、陈兴渝老师完成的"ITU-T X.781和M.3031"获2007年中国标准创新贡献奖一等奖。

12月26日，在由教育部、科技部主办的"春晖杯中国留学人员创新创业大赛"上，北邮留学人员创业园的在孵企业——乐意堂（北京）科技有限公司，获得了大赛一等奖。

2007年12月28日，由国际合作与交流处主办的"北邮邀请，世界祝福"北邮留学生暨港澳台侨学生新年联欢会开幕。

2007年12月29日下午，校党委王亚杰书记会见香港爱心助学人士陈骥先生，并同受助的10名信息院学生亲切座谈。

2008 年

1月4日，北京市无偿献血表彰大会上，我校荣获"北京市无偿献血先进集体"。原我校计算机科学与技术学院学生陈磊荣获"全国无偿献血奉献奖铜奖"；文法经济学院任炜老师荣获"全国无偿捐献造血干细胞奉献奖"。

1月7日，由中共北京市委教育工委、北京市教育委员会联合人民网主办的"推进党的十七大精神进课堂，百万首都大学生同上一堂课"活动在我校举行。

1月8日，中共中央、国务院在北京人民大会堂隆重举行2007年度国家科学技术奖励大会。由我校纪越峰教授、顾畹仪教授与合作单位共同完成的"WDM超长距离光传输设备（ZXWM-M900）"获得2007年度国家科技进步奖二等奖。

1月10日，我校无党派人士电信院张平教授、信息院院长郭军教授应邀参加北京市委统战部召开的党外代表人士座谈会，并当选为第十一届北京市政协委员。

1月10日，北京邮电大学工会获得2007年度"工会工作十大成果奖"第四名的好成绩，校工会女教职工委员会获得2007年度北京市教育工会"先进女教职工委员会"，李文生老师获得2007年度北京市教育工会"优秀女教职工工作者"。

1月14日，校党委副书记牟文杰听取九三学社北邮支社的工作汇报，并接受九三学社海淀区委向学校党委赠送的《九三学社北京市委参政议政成果汇编》《九三学社简史》等图书。刘元安教授在召开的海淀区政协会上荣获"海淀区政协2007年度优秀提案者"表彰。

1月15日，校党委副书记牟文杰主持召开新任北京市人大代表政协委员座谈会。我校新当选的市人大代表俞重远教授、市政协委员张平教授和统战部的同志出席座谈会。

1月17日，北京邮电大学校级领导班子和领导干部述职大会召开。

1月18日，由教育部中国教育信息网、优学网、中华网和校内网等社会媒体开展的中国十佳网络教育学院评选活动结果最近揭晓，我校网络教育学院并再次蝉联"十佳网络教育学院"称号，这也是我校网络教育学院第三次蝉联此称号。

1月23日，北京高校后勤推进标准化建设及2007年度评优表彰大会中，启阳科贸公司党支部荣获北京高校后勤思想政治工作先进党组织，物业中心荣获北京高校后勤物业管理先进学校，汤晓红等八人荣获北京高校后勤思想政治和物业工作先进个人。膳食中心学苑餐厅被评为北京高校标准化食堂并授牌。

根据"教育部、财政部关于批准2007年度国家精品课程建设项目的通知"，我校本科《现代密码学》《大学英语》课程和《高等数学》（网络教育）、《电路分析》（网络教育）课程被批准为2007年度国家精品课程建设项目。

1月25日，中国人民政治协商会议第十届全国委员会常务委员会第20次会议通过，我校计算机学院院长、无党派人士孟洛明教授当选为第十一届全国政协委员。我校理学院副院长、民盟盟员俞重远教授当选为北京市人大代表，信息院院长、无党派人士郭军教授和无线电信技术研究所

(WTI)所长、泛网无线通信教育部重点实验室主任、无党派人士张平教授当选为北京市政协委员。

1月26—27日,根据学校党委的工作部署,我校举办了主题为"深入开展教育思想大讨论,提升学校核心竞争力"的中层干部培训班。

1月29日,国家人事部部长尹蔚民、副部长王晓初等莅临我校,亲切慰问校长方滨兴院士。

2月6日,北京邮电大学专门为因雪灾无法返家的同学举办了一场别开生面的新春游园联欢活动,并与他们共庆新春佳节。北京电视台的《特别关注》和《北京新闻》对活动进行了报道。

2月23日,由全国政协教科文卫体委员会、中国教育电视台、联合国教科文组织、北京大学、中华英才半月刊等9家单位主办的中国年度系列英才评选活动公布评选结果,林金桐教授光荣入选2007年度中国十大教育英才。

3月2日,中共北京市委教育工作委员会、北京市教育委员会召开"北京高校2008年奥运会、残奥会筹办工作总结动员大会",我校被评为"2007年度北京高校奥运会、残奥会筹办工作先进单位",5位同志荣获"2007年度北京高校奥运会、残奥会筹办工作先进个人"称号。

3月5日,北京邮电大学为德国汉堡大学Hermann Rohling教授正式颁发了"通信与网络核心技术学科创新引智基地"海外学术大师聘书。在教育部和国家外专局的大力支持下,我校先后于2006年和2007年获准建立了两个高等学校学科创新引智基地(简称111基地)。

3月10日,教育部科技司娄晶副司长来我校考察,校党委王亚杰书记会见娄晶副司长。

3月27日,"2007·感动东城公德人物"颁奖典礼隆重举行,我校语言学院2004级研究生简洁同学荣获"2007·感动东城公德人物"称号。

3月31日,2008年"亿阳"奖助金颁发仪式举行。

3月,在北京市举办的"迎奥运和谐社区杯"乒乓球比赛中,我校学生乒乓球队获得女子团体第一名、单打第一名和第二名、男子团体第二名的好成绩。

4月5日,2008年"迎奥运"首都高校武术比赛中,我校武术队参加了本次比赛,获得了男子团体冠军、女子团体亚军、男女团体亚军、个人单项16个第一名的优异成绩,并获"体育道德风尚奖"。

4月12日,好运北京2008国际剑联世界锦标赛组委会成立仪式暨誓师动员大会在国家会议中心击剑馆成功召开。我校党委副书记赵纪宁代表击剑馆志愿者主责高校发言;党委书记王亚杰等领导为志愿者代表授旗,并为工作人员代表颁发了上岗证书;我校郭霖珂同学代表志愿者发言宣誓。

4月14日,由北邮科协推荐,我校三位同学撰写的调研报告参加北京市科学技术协会主办的第四届北京大学生社会实践科普调研征文评选活动,获得两个三等奖和一个参与奖。

4月14日,北京邮电大学软件学院首届工学硕士研究生毕业典礼暨学位授予仪式举行。

4月19日,由校办和招办牵头组织的"我的大学"第五届校园开放日成功举办,形成了通信电子类高校招生咨询的品牌"开放日"。

4月19—20日召开的中国计算机学会第九次会员代表大会上,方滨兴校长当选为中国计算机学会第九届理事会副理事长,计算机学院马华东教授当选为理事。

4月20日,我校学生提交的"WCDMA系统数字频域干扰抵消器"项目,在首届中国电子学会Xilinx杯开放源码硬件创新大赛上摘取桂冠。

4月22日,2008年国际大学生数学建模竞赛中,1个队获Outstanding,4个队获Meritorious,9个队获Honorable Mention,11个队获Successful Participant(成功参赛)。获奖队数和一等奖队数在各高校中都名列前茅。

4月28日,我校电信工程学院张民副教授获得第十一届霍英东教育基金会青年教师奖(自然科学)二等奖。

4月29日,在北京奥运会倒计时100天和五四青年节到来之际,我校奥运会赛会志愿者录用通知书发放仪式暨共青团组织表彰誓师大会举行。中央电视台、中国教育电视台、新华网、新浪网、北京青年报等媒体相继进行报道。

4月29日,由党委学生工作部主办的"名博进大学,爱心暖学子——潘石屹走进北京邮电大学"活动举行。

4月18—20日,由教育部高等学校信息安全类专业教学指导委员会指导、北京邮电大学信息安全中心主办、北京邮电大学出版社协办的"全国高校信息安全专业精品课程建设经验交流会议"在北京邮电大学召开。

5月5日,由韩国Park教授建议、中国科协提名、WFEO(世界工程组织联合会)执委会批准,我校钟义信教授担任世界工程组织联合会信息与通信委员会主席,同时兼任世界工程组织联合会副主席。

5月7日,校党委副书记牟文杰、副校长温向明主持召开了民主党派等统战组织负责人、无党派人士和党外代表人士参加的,学校首次教师岗位设置与聘用通报情况、征求意见座谈会。

5月9日,"巴基斯坦—中国工程科技大学项目"(PCU)—中国大学联合体(CCU)成立大会召开。

5月8—11日,"迎奥运"首都高校第四十六届田径运动会举行,我校获得了乙组男女团体第三名、男子团体第二名、女子团体第六名,获金牌4枚,银牌2枚,铜牌4枚,打破一项校纪录,并荣获"体育道德风尚奖"。

5月12日,面对5月12日下午四川省汶川县突发的7.8级地震,北京邮电大学积极采取五项措施,体现"一方有难,八方支援"的精神。一是全面排查学生动态。13日下午,校长方滨兴院士主持召开了地震灾区学生代表座谈会,党委副书记赵纪宁亲自向受灾同学发放了首批救助款,学校随后召开了抗震救灾工作部署会。二是开设震区同学"亲人联线"。在方滨兴校长的大力支持下,13日下午,学校迅速联系上四川省当地通信部门,开设了学生与地震灾区亲情热线。三是积极开展爱心捐助活动,一方面学校给予受灾学生每人500元临时生活补贴,另一方面,校工会、校学生会、校研究生会向全校师生员工发出倡议,有组织地开展向灾区人民捐款献爱心活动。四是迅速开展心理危机干预工作。五是迅速引导舆论,凝聚人心。

继去年获得国家武器装备科研生产单位"一级保密资格认证"和"GJB9001A-2001质量体系认证"之后,我校近日又获得国防科工委正式颁发的"武器装备科研生产许可证"。"三证"的获得标志着我校正式跨入我国军工科研生产的准入体系,也使我校成为教育部直属高校中率先具有武器装备科研生产"三证"许可的学校之一。

5月13日,北京邮电大学等83个单位获北京市人民政府首都绿化委员会授予的首都全民义务植树先进单位称号,我校张莉等848人获北京市人民政府首都绿化委员会授予的首都绿化美化积极分子称号。

5月13日,我校圆满完成了"好运北京"测试赛服务工作,全年未发生甲方责任交通事故,被北京市交通安全委员会评为2007年度北京市交通安全先进单位。

5月19日14时28分,全体北邮师生自觉停止一切工作和学习,沉痛肃穆在主楼前、大屏幕前、篮球场上、主干道上、教室里、宿舍阳台上、楼道口,身着素色服装,送别所有在这次震灾中逝去的生命。

5月21日晚8:00,在全国哀悼日的最后一天,北京邮电大学部分师生怀着无比沉痛的心情聚集在主楼前广场,向在地震中不幸遇难的同胞志哀,并对广大灾区群众表达深深的祝福,愿逝者安息,愿生者坚强。

5月22日,北京市教委副主任郭广生、市教委高教处处长黄侃一行来到学校,对我校的地震灾区学生进行慰问。

5月24日,北京邮电大学雁翔团校导师受聘仪式暨2008级学员开学典礼举行。

5月,北京市血液中心对抗震救灾中我校的师生们热情给予高度肯定,特表彰我校为"举国抗震救灾,热血拯救生命"先进团体。

我校于2007年12月2—7日接受了教育部本科教学工作水平评估。2008年3月,教育部召开"教育部普通高等学校本科教学工作评估专家委员会"全体会议,对进校考察专家组的评估结论建议进行了审议。经全体委员投票确定,北京邮电大学本科教学工作的评估结论为"优秀",并在《教育部关于公布北京大学、清华大学等198所普通高等学校本科教学工作水平评估结论的通知》(教高函[2008]8号)予以正式发布。

5月30日,未来移动通信论坛第三届理事会暨会员大会举行。北京邮电大学以其突出表现荣获未来移动通信论坛唯一的"2007年卓越贡献奖",并由邬贺铨院士亲自向北京邮电大学泛网无线通信教育部重点实验室常务副主任陶小峰颁奖。这也是北京邮电大学继2006年度荣获此唯一奖项后继续蝉联该项殊荣。

6月5日,由我校杰出校友唐骏、孙春兰夫妇共同设立的唐骏孙春兰奖学励学基金设立发布会举行。

由中科院上海光学精密机械研究所和德国慕尼黑国际博览集团联合主办、光学期刊联合编辑部承办的2007年度"中国光学重要成果"的评选结束。理学院物理部马海强老师发表在《Optics Letters》期刊上的"一种相位编码——偏振检测的量子密钥分发系统"荣获2007年度"中国光学重要成果"之一。

6月6日,由北京市教委主办、北京邮电大学承办、东信北邮信息技术有限公司协办的2008年北京市"EB杯"大学生电子设计竞赛在北京邮电大学举行了隆重的颁奖大会。

6月11日,校党委王亚杰书记以《讲党性、重品行、作表率,切实加强和改进党风建设》为题上了一堂精彩的党课。

6月11日,光计算机学院通信软件中心教授徐六通老师作为奥运火炬手光荣地参加了云南香格里拉圣火传递活动。

6月14日,我校网石联盟团队在答辩中表现出色,获得第五届"挑战杯"首都高校大学生创业计划竞赛特等奖的佳绩。

6月22日,北京市实验教学示范中心评审专家组一行5人莅临我校,对我校物理实验中心申报国家级示范中心进行阶段性评审考察。

6月26日、27日,由教育部、新华社共同主办的"抗震救灾 众志成城——2008中国抗震救灾大型新闻图片展"巡展活动走进北邮。

近日北京市教育委员会公布了2008年北京市优秀教学团队评审结果,我校以杨放春教授带头的"计算机通信教学团队"、卢志鸿教授带头的"大学英语教研室教学团队"、吕廷杰教授带头的"电子商务教研中心教学团队"被评为2008年北京市优秀教学团队。

6月27日,北京高校"平安奥运"伙食工作总结大会在小汤山召开,我校以高校年度总采购量第三名被评为"北京高校伙食联合采购工作先进学校"。

7月1日,北京邮电大学城市志愿者代表与其他高校志愿者代表一同参加了北太平庄街道办事处举办的北京奥运会、残奥会城市志愿者誓师大会。我校城市志愿者服务站点——枫蓝国际第一班站点的志愿者们打开服务岗亭，北太平庄地区城市志愿者服务正式开始。并于7月8日被评为北京市"五星级"城市服务站点。

7月8日，我校举行外国留学生学位授予仪式。

7月16日，后勤处与国际处、保卫处联合，邀请了北京市公安局出入境管理处的李裕辰警官及相关领导对留学生公寓服务人员进行了奥运保障与安全防范的专项培训。

7月26日，国家会议中心击剑馆奥运会残奥会誓师动员大会隆重召开。

7月29日，北京邮电大学—伦敦大学玛丽女王学院联合培养项目首届本科毕业典礼隆重举行。

7月31日，我校奥林匹克博览会志愿者誓师大会举行。

8月1日，江西省奥运会赛会志愿者一行80人抵达北京西站。江西志愿者团督导、团中央办公厅文书与档案处甘峰处长、北京邮电大学江西省志愿者接待工作团队负责人、校团委张耀文书记等迎接。

2008年我校一人获评全国优秀博士学位论文，一人获全国优秀博士学位论文提名。全国优秀博士学位论文获得者李丽香，论文题目《一种新的基于蚂蚁混沌行为的群智能优化算法及其应用研究》，指导教师杨义先；全国优秀博士学位论文提名获得者杨宇光，论文题目《量子保密通信若干问题的研究》，指导教师温巧燕。

9月2日，北京邮电大学成为《中国科学技术馆新馆常设展览37标段"走向未来展区"展项深化设计、制作及相关服务》的中标单位。

9月5日，教育部社会科学司出版管理处魏小波处长、林丽副处长到我校出版社指导工作，并就高校出版社工作与我校出版社领导进行了座谈。

9月17日，国家自然科学基金委员会2008年度集中受理申请项目评审结果揭晓，我校共获得32项资助，其中，2项重点项目，17项面上项目，13项青年科学基金项目。

9月26—28日，由北京邮电大学主办、爱尔兰都柏林大学和杭州电子科技大学协办的"2008 China-Ireland International Conference on Information and Communications Technologies"（CIICT2008）取得圆满成功。

9月28日，我校以杨放春教授带头的"计算机通信教学团队"被评为2008年国家级教学团队。

10月10—12日，由中国教育部111计划及韩国科技教育部BK21项目联合资助，北京邮电大学主办的"The First Joint Workshop between BUPT and Hanyang University"成功召开。

10月15日，北京邮电大学信息与通信工程学院成立大会隆重召开。

10月21日，北京邮电大学2008年博士学位授予仪式暨优秀硕士、博士学位论文颁奖会隆重举行。

10月22日，光通信与光电子学研究院成立大会隆重举行。

10月26日，第33届ACM国际大学生程序设计竞赛亚洲区预选赛北京赛区竞赛圆满结束，由我校计算机学院2006级学生洪定乾、向旻和信息与通信工程学院学生郝霄虹组成的Tracer队获得金奖。

10月28日，我校辅导员工作基地揭牌仪式隆重举行。

11月5日，中共北京市委教育工委副书记王民忠在宣教处副处长王达品的陪同下来到我校辅导员工作基地，调研我校辅导员队伍建设工作。

11月7日，北京邮电大学奥运会、残奥会工作总结表彰大会举行。我校先后被评为"北京奥运会、残奥会志愿者工作优秀组织单位""北京奥运会、残奥会文明观众、啦啦队工作优秀组织单位"和

"首都教育系统奥运工作先进单位"。

11月15日,王亚杰书记会见了诺贝尔物理学奖获得者若列斯·伊万诺维奇·阿尔费罗夫院士,与阿尔费罗夫院士进行亲切交谈。方滨兴校长代表北京邮电大学为阿尔费罗夫教授颁发"通信与网络核心技术学科创新引智基地"(简称111基地)海外学术大师聘书。

11月16日,由中国科技大学主办的第33届ACM国际大学生程序设计竞赛亚洲区预选赛合肥特别赛区竞赛结束,我校特邀代表队获得铜奖。

11月15日、16日,北京市教育委员会召开了高等院校第十四届体育科学论文报告会,我校体育部在本届论文报会上获得了最佳组织奖,体育部教师两篇论文获得二等奖、三篇论文获得三等奖、六篇论文获得优秀奖。

11月15—19日,第六届"挑战杯"中国大学生创业计划竞赛终审决赛举行,我校参赛作品《"网石联盟"创业计划》在比赛中荣获银奖。

11月25日,2008—2009年度"安立奖助学金"证书颁发仪式隆重举行。

11月30日,第33届ACM国际大学生程序设计竞赛亚洲区预选赛成都赛区竞赛中,由我校2006级学生洪定黔、向旻和郝霄虹组成的Tracer队获得银奖。

12月2日,王天然院士受聘自动化学院院长仪式隆重举行。

12月10日,我校为2008年从军入伍的5名学生举行了欢送会。

2008年,我校阿尔神、杜海涛同学均被评为二零零八年度优秀士兵(2007年11月,我校自动化学院阿尔神同学、信息与通信工程学院杜海涛同学分别远赴中国人民解放军南海舰队和63851部队入伍)。

12月18日,"职前教育网络学堂"(http://bupt.joycareer.com)正式开通。

12月30日,第六届首都民族团结进步表彰大会召开。我校民族教育学院院长林峰同志被评为"首都民族进步先进个人"。

12月,北京邮电大学党委荣获2007年度党内统计优秀报表单位。

12月,北京邮电大学教务处获得"北京市普通高等学校先进教务处"称号。

12月,校学生乒乓球队荣获2008年"闽龙杯"北京市总决赛冠军。

12月,我校荣获"2008年全国亿万职工迎奥运健身活动月"先进单位,我校是北京市高校中唯一获奖的高校。

12月,北京市侨联召开的总结表彰大会上,我校获得两项大奖:"迎奥运促和谐推进首都侨联事业新发展"系列活动中被评为"先进单位",侨务法律法规知识竞赛中荣获"组织奖"。

2009年

1月8日,"教育成就未来 品牌铸就辉煌——新浪2008中国教育盛典"在北京举行盛大的颁奖典礼。北京邮电大学网络教育学院第三次荣获"中国十大品牌网络教育学院"称号。

1月9日,教育部党组副书记、副部长陈希同志在直属司副司长贾德永、办公厅秘书黄磊的陪同下,来我校视察工作,并召开座谈会。

1月9日,中共中央、国务院在北京人民大会堂隆重举行2008年度国家科学技术奖励大会。由我校张平、陶小峰、李立华、田辉、张建华、王莹完成的"宽带无线移动TDD-OFDM-MIMO技术"项目获得2008年度国家技术发明奖二等奖。

1月15日,2008年度北京市高校体育工作总结会召开。我校荣获2008年度北京市高等学校贯彻落实《学校体育工作条例》优秀学校、北京高校高水平运动队建设检查评估优秀学校。

1月16—17日,中国共产党北京邮电大学第十三次代表大会隆重召开。会议选举王亚杰同志为党委书记,赵纪宁、牟文杰同志为党委副书记,牟文杰同志为纪委书记(兼)。

1月20—21日,我校第十届学术委员会召开了第二次全体会议。

2月16日,我校研究生院获"北京地区学位与研究生教育管理先进集体"荣誉称号,并成为首批建立的9个北京高校产学研联合研究生培养基地之一。

2月25日,我校吴湛击、高飞、桑新柱3位教师申报的2009年度教育部重点项目获得资助。

2月26日,我校李立华、张霞、罗红、宋美娜、邹仕洪、吴军等6位青年教师入选2008年度教育部新世纪优秀人才支持计划。

2月26日,以"创新引领未来"为主题的"aigo爱国者杯"暨第三届北京发明创新大赛圆满落幕。我校信息与通信工程学院高泽华老师的发明"光综合交换OIS网络技术"获得金奖和通信信息类专项奖。

2月26日,《人民日报》2009年2月26日第14版对我校进行了专题报道,题目是:北京邮电大学——打造辅导员"集团军"。报道充分肯定,经过一年的改革探索,在"集团化作战"思想的指导下,北邮的辅导员队伍建设已走在了北京市高校的前列。

3月2日,我校王枞、周亚建、廖启征、罗红4位老师获得北京市自然科学基金2009年度资助。

3月3日,由澳大利亚联邦科工组织信息技术研究中心与北京邮电大学合作建立的澳中无线通信技术研究中心在悉尼正式举行了揭牌仪式。这是中澳两国迄今在无线通信研究领域开展的最大的合作项目。

3月16日,北京邮电大学深入学习实践科学发展观活动动员大会召开。

3月16日,科技处公布,我校有2项科研成果获教育部"2008年度高等学校科学研究优秀成果奖"。"国家信息安全公共服务共性支撑技术研究及应用示范"获高等学校科学研究优秀成果奖科技进步奖一等奖,"面向多业务的大规模复杂传送网综合管理系统"获高等学校科学研究优秀成果奖科技进步奖二等奖。

3月16日,教育部正式批复我校民族教育学院"三基地"挂牌申请,使我校成为教育部唯一的集"全国高校民族预科教育基地""全国少数民族高层次骨干人才硕士生基础强化培训基地"和"全国少数民族骨干教师语言与信息化培训基地"为一体的少数民族人才培养基地。

3月20日,为进一步理顺学生工作机制,充分发挥教书育人、管理育人和服务育人的合力作用,学校将2009年定位为"学生年",正式启动系列活动。

3月25日,北京邮电大学第五届教职工代表大会、第十一届工会会员代表大会暨解放思想大讨论动员大会隆重开幕。

3月30日,北京邮电大学与邯郸市政府签署了框架合作协议。

4月1日—8月18日,在教育部高等教育司、工业和信息化部信息安全协调司的指导下,受教育部高等学校信息安全类专业教学指导委员会委托,北邮成功举办了"2009年全国大学生信息安全竞赛"。我校在此次竞赛中获得一等奖1项,二等奖1项,三等奖2项,计算机科学与技术学院的李剑老师被评为"优秀指导教师",我校同时获得了本次大赛的优秀组织奖。

4月3日,由我校"电子信息实验教学中心"完成的"电子信息类实践教学创新体系和人才培养模式的研究与实践"教学成果通过专家鉴定。

4月9日上午,中共中央政治局委员、北京市委书记刘淇同志,市委副书记、市长郭金龙同志等市领导莅临北京邮电大学,就建设北京信息高速路、发展北京信息产业工作进行了专题调研。

4月10日,我校"光通信与光波技术教育部重点实验室"正式更名为"信息光子学与光通信教育部重点实验室",新名称启用与徽标发布仪式隆重举行。

4月18日,第十六届大学生电影节暨第十届短片大赛颁奖典礼在中国电影博物馆举行。我校师生完成的手机短片《韩剧惊情400年》获得手机短片最佳创意奖。这是我校数字媒体艺术专业继2008年获得国际大学生动画节最佳数字合成短片奖提名之后,首次在国内高水平大赛上获奖。

4月22日,第33届ACM国际大学生程序设计竞赛世界总决赛在瑞典举行。我校以解四题的成绩获得并列第34名,绝对第48名的最终学校排名。这是我校代表队自2001年参加ACM国际大学生程序设计竞赛以来首次在世界总决赛中获得具有里程碑意义的排名。

4月26日,在北京市大学生体育协会主办的2009年首都高校武术比赛中,我校学生武术队获得18个单项冠军,最终取得了男女团体总分第一名、男子团体总分第一名、女子团体总分第五名的好成绩。

4月28日,在教育部高等学校物流类专业教学指导委员会组织、教育部高等学校本科教学质量与教学改革工程资助的"邮运杯"第二届全国大学生物流设计大赛中,北京邮电大学代表队荣获二等奖。

5月10日,在2009年全国大学生英语竞赛复赛中,我校3名同学获得特等奖,18名同学获得了一等奖,50名同学获得了二等奖,97名同学获得三等奖。

5月11—18日,软件学院北邮-九鼎计算机围棋研究所的围棋程序在第十四届国际计算机奥林匹克大赛中荣获九路围棋比赛的铜牌。

5月19日,欧盟教育文化总司长奥蒂尔·坎坦女士一行访问我校。

5月22日,在"2008年首届北京市大学生物理实验竞赛"颁奖会上,我校参赛的4个队成绩优异,其中1个队获得一等奖,2个队获得二等奖,1个队获得三等奖。

5月23—25日,建行"e路通"杯2008全国大学生网络商务创新应用大赛全国总决赛举行。我校获得了一个网络创业主题赛全国一等奖、两个网络贸易主题赛全国二等奖、一个网络商务创新全国三等奖、一个网络创业主题赛全国最具创意特别奖的好成绩。

5月25日,在北京市教育工会举办的北京高校第六届青年教师教学基本功比赛中,我校自动化学院宋晴老师荣获北京高校第六届青年教师教学基本功比赛(理工A组)一等奖、最佳演示奖、最佳教案奖;人文学院郑春萍老师荣获北京高校第六届青年教师教学基本功比赛(英语组)二等奖第一名、最佳教案奖。

6月3日,北京市科委与北京邮电大学、中国科学院等12家高校院所和大型企业签署联合共建"首都科技条件平台研发实验服务基地"协议书,并向社会首发《首都科技条件平台科技资源开放服务目录》。

6月10—12日,欧洲科技年会第18次年度会议在西班牙桑坦德市召开。北京邮电大学泛网无线通信教育部重点实验室团队应邀参加了E3项目组展示平台的联合软硬件展示,并获得最佳展示奖。

6月12日下午,北京邮电大学宏志爱心基金捐款暨宏志爱心社成立仪式举行。安徽华菱电缆集团有限公司捐资40万"爱心基金"设立"宏志爱心奖学金"。

6月16日上午,北京邮电大学深入学习实践科学发展观活动分析检查阶段总结暨整改落实阶段动员部署大会召开。

6月16日,北京邮电大学"落实科学发展观、提高党风廉政建设水平汇报会"召开。

6月16日,由总政科干局朱宏军副局长带队的部队专家一行5人对我校军队指挥学博士后科研流动站进行了实地评估考察。

6月22日，由北京团市委、北京市科委、北京市科协、北京市教委、北京市学联联合主办的第五届"挑战杯"首都大学生课外学术科技作品竞赛颁奖仪式。我校参赛作品共获得3个一等奖、1个二等奖、5个三等奖。同时，我校还荣获"优秀组织奖"。

6月23日，北京邮电大学首届大学生创新性实验计划项目结题验收暨展示交流会在我校隆重举行。本次展览共有40个项目参与展出，其中35个为结题验收项目，5个为特别展示项目。

7月9日，我校获批成为教育部首批建设的5个教育部战略研究培育基地之一。11月25日，高水平特色型大学战略研究培育基地顺利通过教育部验收。

7月13日，北京邮电大学与密云县人民政府共建北京呼叫中心产业基地战略合作签约仪式在密云县人民政府隆重举行。

7月18—21日，2009年全国大学生武术锦标赛在郑州大学举行，我校代表队取得了二金六银三铜的优异成绩。

7月27—8月5日，第十五届全国大学生乒乓球锦标赛在内蒙古呼和浩特市举行。我校代表队在本次比赛中共获得三金二银二铜的优异成绩。

8月23日，教务处发布信息，我校杨义先、卢志鸿教授荣获第五届北京市高等学校教学名师奖。

9月1日，北京邮电大学与无锡市人民政府隆重举行"政产学研用"合作协议签约仪式。

9月3日，2008年北京市教育教学成果奖颁奖大会举行。我校获得6项一等奖、3项二等奖，一等奖获奖者为杨放春、纪越峰、蒋达娅、罗群、王亚峰、柯宏力，二等奖获奖者为白中英、卢志鸿、杨鸿文。

9月4日，人事处发布信息，我校信息与通信工程学院郭莉、理学院王永钢、经济管理学院赵保国、信息光子学与光通信研究院张杰四位教师荣获北京市优秀教师称号。

9月6日，北邮聘任两名长江学者。其中聘任该校网络技术研究院廖建新教授为长江学者特聘教授，聘任香港理工大学郑大昭教授为长江学者讲座讲授。

9月7日，科技处发布信息，国家自然科学基金委员会2009年度集中受理申请项目评审结果揭晓，我校共获得45项资助，其中，1项重点项目，3项重大研究计划培育项目，24项面上项目，16项青年科学基金项目，1项国际合作项目。

9月8日，我校计算机科学与技术学院杨义先教授获得第五届高等学校教学名师奖。

9月15日，以杨义先教授为带头人的"信息安全教学团队"和以杨鸿文教授为带头人的"通信原理课程教学团队"被批准为2009年国家级教学团队建设项目。

9月15日，科技处发布信息，国家自然科学基金委员会信息科学部2008年底结题项目评估结果揭晓，我校在信息科学部结题的21个项目全部评为"良"以上，其中，9项为"优"，1项为"特优"（项目负责人为纪越峰教授），这是2007年以来，我校继田播教授的项目后，第二个获得"特优"的基金项目。

9月18日，我校贾云鹏老师申报的国家社科基金（艺术学）项目获得立项。这是我校首次获得国家社科基金（艺术学）项目。

9月23日，北邮"灾备技术国家工程实验室"建设启动大会圆满举行。实验室主任由杨义先教授担任。

9月23日晚，"北邮爱立信校园俱乐部"成立仪式隆重举行。"北邮爱立信校园俱乐部"是爱立信首次与中国高等院校共同发起成立的由大学生自行管理的高校学生社团。

9月25日，崔炎龙同学导演的数字电影剧情短片《校园攻略》成功入围第八届北京电影学院国际学生影视作品展。

9月27日，我校计算机科学与技术学院马华东教授获得国家杰出青年科学基金项目资助。

10月1日,北京邮电大学1124名国庆游行方阵师生以及40名晚会参演师生圆满完成国庆表演任务。

10月6日,北邮名誉教授、"光纤之父"高锟教授获得诺贝尔物理学奖。

10月11日,由中国科技大学主办的第34届ACM国际大学生程序设计竞赛亚洲区预选赛合肥赛区竞赛圆满结束。我校两团队分别获得金奖和铜奖。这是自2001年我校代表队组队参加ACM国际大学生程序设计竞赛亚洲区预赛以来,首次在第一场亚洲区预赛中获得金奖并叩响了2010年世界总决赛的大门。

10月12日,我校受教育部委托牵头举办了"高水平行业特色型大学"发展问题研讨会。

10月13日,中国老教授协会"第四届老教授科教工作优秀奖颁奖大会暨高等教育改革与发展研讨会"召开。北京邮电大学林中教授由于在光纤光缆检测领域突出的科研和教学成果荣获"老教授科教工作优秀奖"。

11月3日,在英国商会主办的2009年度"英国商业大奖"(British Business Award)颁奖典礼上,北京邮电大学与伦敦大学玛丽女王学院学士学位联合培养项目脱颖而出,获得"最佳合作伙伴"大奖(Right Partnership Award)。

11月4日,我校樊玲玲、吴嘉同学的《灵旋——左右手通用的数码相机设计》获得由科技部国家制造业信息化中心主办的"2009全国三维数字化创新设计大赛"北京赛区数字表现组特等奖,并入围全国总决赛;马璇同学完成的作品《大运会之 Start Here》获由教育部高等教育司主办的"第三届全国大学生广告艺术大赛"优秀奖。

11月6—9日,由中国高等教育学会、中国发明协会、中国教育技术协会举办的"全国普通高校信息技术创新与实践竞赛"举行,我校计算机学院张少楠同学成功入围网络安全类竞赛的决赛,获得"一等奖",并获科技部颁发的"恩欧希教育信息化发明创新奖",指导教师李剑获得本次竞赛的"优秀指导教师"。

11月8日,我校在首届首都高校物流设计大赛中荣获一等奖。

11月13日,北京邮电大学举行了"2009年博士学位授予仪式暨优秀学位论文颁奖会"。张兴和高飞的论文获得全国优秀博士学位论文提名奖,刘维清的论文获得北京市优秀博士学位论文奖。

11月17—18日,2009年北京地区高校毕业生就业工作总结会隆重召开,我校被评为2009年北京地区高校毕业生就业工作先进集体。

11月22日,信息检索领域的国际权威评测组织TREC公布了本年度的评测结果。我校信息与通信工程学院郭军老师和徐蔚然老师的研究小组提交的"博客按话题精选技术"在博客精选任务(blog-distillation Track)中多项测试指标获得第一名,这标志着北邮Web搜索技术的研究跨入国际先进行列。

12月5日,全国高校"创意 创新 创业"电子商务挑战赛决赛召开,我校参赛队获得北京赛区特等奖2项,一等奖4项,二等奖3项和三等奖;获得了全国二等奖2项,全国三等奖2项;经济管理学院的胡桃老师获得全国优秀指导教师奖。

12月9日,北邮隆重举办了2009年"质量工程"建设暨教学成果颁奖会,获得国家级教学成果二等奖3项,国家级特色专业建设点项目1个,国家级教学团队建设项目2个,国家精品课程建设项目1项,普通高等教育精品教材1项,教育部双语教学示范课程建设项目北京市教育教学成果奖一等奖6项、二等奖3项,北京市级特色专业建设点1个,北京市优秀教学团队建设项目3个,北京市级精品课程4门;有11项教材获得2009年北京高等教育精品教材建设立项,其中1项重大项目、5项重点项目和5项一般项目获得立项支持。机械测控类专业实习基地被评为2009年北京高等学校市级校外人才培养基地建设单位;经北京市教委批准,我校语言实验教学中心获 2009 年度北京市高等学校实验教学示范中心称号。

12 月 10 日,在"2009 全国三维数字化创新设计大赛"总决赛中,我校获得数字表现组一等奖。

12 月 11 日,研究生院发布信息,我校信息与通信工程专业博士研究生张磊同学的论文在 IET2009 IET International Communication Conference on Wireless Mobile & Computing (CCWMC2009)被评为 IET Excellent paper。

12 月 14 日,2009 年全国大学生数学竞赛(北京赛区)中,我校共有 12 名同学获得非数学专业组一等奖,18 名同学获得非数学专业组二等奖,20 名同学获得非数学专业组三等奖,2 名同学获得数学专业组三等奖。

12 月 18—19 日,在北京市教育工委和北京高教学会组织的 2009 年心理素质年会及工作研讨会上,我校心理健康教育工作获得北京市委教工委的表彰,获得"突出进步单位"奖。

12 月 21 日,在由中国校友会网、《大学》杂志和 21 世纪人才报等机构发布《2009 中国大学评价研究报告》中,我校依旧位居"最受媒体关注大学排行榜"前 20 名。

12 月 22 日,在诺基亚中国园举办的"2009 年诺基亚移动创新大赛"总决赛中,北京邮电大学取得了优异的成绩。作品"奇幻世界"摘得唯一金奖,"多媒体同步秀"获得一等奖,"基于 Maemo 平台的移动社交系统"获得二等奖,"乐宠 Mofie"获得优胜奖。北京邮电大学获得了唯一的团体大奖——"最佳创意高校奖"。

12 月 25 日,中国通信标准化协会公布了 2009 年度"中国通信标准化协会科学技术奖"评奖结果,我校两项成果获奖,分别是"宽带、多天线系统的电波测量、建模研究和国际标准化(面向 IMT-Advanced 的宽带 MIMO 信道模型)"和"网络管理通用接口国际和行业标准及其应用"。

12 月 25 日,中国通信学会举行了 2009 年度中国通信学会科学技术奖颁奖大会,我校有 2 项成果获一等奖,1 项成果获二等奖,还获得了中国通信学会特别颁发的"优秀组织奖"。

12 月 28 日,工业和信息化部在世纪金源大饭店召开了"2009 年信息产业重大技术发明评选结果发布会",我校张平教授团队和北京星河亮点通信软件有限责任公司共同完成的"TD-SCDMA 及其增强型终端一致性测试技术与平台"项目荣获 2009 年信息产业重大技术发明奖。

12 月 28 日,科技处发布信息,我校林昭文老师参加完成的"基于 CNGI 的政府地理信息系统应用示范"项目获 2009 年中国测绘学会测绘科技进步奖二等奖。

12 月 28 日,在沙河高教园区会议室,校长方滨兴院士代表我校与北京市百货公司就我校沙河校区征地补偿问题签订了《征地补偿安置协议》。此次与市百公司签订的 208.722 亩土地补偿协议标志着我校沙河新校区建设工作取得突破性进展。

2010 年

1 月 4 日,教育部科技发展中心公布了 2009 年度"中国科技论文在线优秀期刊"评选结果,《北京邮电大学学报》(自然科学版)荣获一等奖。

1 月 7 日,由北京市教委组织的 2009 年北京市大学生学科竞赛颁奖会召开,我校因出色承办电子设计竞赛而获得优秀组织奖。

1 月 8 日,北京市委教育工委在北京会议中心隆重举办"思考与展望:在中央 16 号文件颁布五周年的新起点上"——2009 年度北京高校德育高层论坛。我校申报的"把握归位改革契机,建立辅导员管理新机制,创思想教育工作新亮点"获得了 2009 年首都大学生思想政治教育工作实效奖二等奖,"畅通大学生思想政治教育主渠道,大力推进《形势与政策》课教学改革"获得了优秀奖。

1月11日,2009年度国家科学技术奖励大会在人民大会堂隆重举行,由我校廖建新教授主持完成的"移动通信增值业务网络智能化技术及应用"项目喜获国家科技进步奖二等奖。

1月11日下午,我校前任校长林金桐教授应邀参加了温家宝总理主持召开的《高等教育座谈会》,李克强副总理、国务委员刘延东、教育部长袁贵仁等出席了座谈会。林金桐教授发言的题目是"现代大学制度:核心是教授治学"。

1月16日,吴邦国委员长莅临位于无锡物联网研究院四层的北邮无锡感知技术与产业研究院展厅。我校党委王亚杰书记、网络技术研究院孙其博副教授向吴邦国委员长介绍了北邮在物联网领域的研究优势和发展现状,并重点展示了我校以智慧医疗为代表的若干物联网示范应用项目取得的优秀成果,得到了吴邦国委员长的充分肯定。

1月27日,由人力资源社会保障部等七部委共同组织的"2009年度新世纪百千万人才工程国家级人选"评选活动结果揭晓,我校信息与通信工程学院陶小峰教授光荣入选。

2月5日,第34届ACM国际大学生程序设计竞赛世界总决赛举行。我校学生以解五题的成绩获得并列全球第14名,绝对第28名的最终学校排名,列参加该项总决赛20所中国大陆高校的第五名。

2月24—25日,我校在无锡隆重举办了"北京邮电大学感知技术与产业研究院落成启动仪式、现代科技与学科建设战略研讨会、物联网发展战略学术报告会"等系列活动。

3月15—21日,应诺贝尔物理学奖获得者、我校111基地学术大师、俄罗斯科学院副院长若列斯·伊·阿尔费罗夫院士的邀请,我校副校长任晓敏教授等一行5人对俄罗斯圣彼得堡科学中心、圣彼得堡科学院大学、俄罗斯科学院约飞物理技术研究所等机构进行了为期7天的学术和工作访问。18日,受方滨兴校长委托代表我校与圣彼得堡科学院大学举行了隆重的共建"若列斯·伊·阿尔费罗夫信息光电子学与纳异质结构中俄联合实验室"正式协议的签字仪式。

3月17日,校党委书记王亚杰、副校长杨放春、校长助理吕廷杰一行到天津考察调研,与天津经济和信息化委员会签署了战略合作框架协议,拉开了双方在电子信息技术领域展开广泛合作的序幕。

3月24日,我校王亚杰书记的文章《大学与科学发展》、方滨兴校长的文章《"道路驱动"还是"目标驱动"——论以人为本的高校教育与科研管理方法》荣获北京市局级干部优秀理论文章一等奖;任晓敏副校长的文章《科学发展观视野下的高校国际合作与交流》荣获北京市局级干部优秀理论文章二等奖。

3月29日,副校长杨放春一行到四川省泸州市考察调研,并与泸州市人民政府签订科技合作框架协议,拉开了双方在信息技术应用方面广泛合作的序幕。泸州市副市长梁伟华会见了杨放春副校长一行并出席了签约仪式。

3月29日,由我校与日本旭硝子(AGC)公司联合主办的高速氟素塑料光纤技术论坛暨BUPT-AGC联合实验室揭牌仪式隆重举行。

3月29日,中国电信业"十二五"规划前期预研重点课题评优结果公布,共十项课题被工信部评为优秀课题,我校3项课题入选。

4月12日,我校由刘宝玲教授负责的《电子电路基础》和由艾文宝教授负责的《高等数学》两门课程被评为2010年度北京市级精品课程。

4月13日,我校林家儒教授带头的信息工程专业教学团队被评为2010年北京市优秀教学团队。

4月14日,青海省玉树藏族自治州玉树县发生了7.1级地震。我校迅速启动应急预案,积极开展灾区学生排查、心理辅导、募捐、默哀等活动。

4月20日,北京市劳动模范和先进工作者表彰大会在北京会议中心召开。我校计算机学院荣获"北京市模范集体"称号。

4月24日,科学中国人2009年度人物在北京揭晓,我校信通院张平教授当选2009年度人物。

4月25日,第17届北京大学生电影节第11届短片大赛举行颁奖典礼。我校有多部作品入围并喜获3项大奖。

4月25日,由北京市大学生体育协会主办的2010年北京高校武术比赛在北京理工大学举行。校武术队共获得19个单项冠军,最终取得了男女团体总分第一名、男子团体总分第一名、女子团体总分第五名的好成绩,并获精神文明代表队称号。

5月5—12日,学校举办了以"我创新·我快乐"为主题的第二届大学生创新实践成果展示交流会暨创新论坛。

5月16日,微软"创新杯"全球学生科技大赛中国区决赛结束。我校信息与通信工程学院3名学生组成的代表队进入全国三强。

5月17日下午,我校"创建先进基层党组织争当优秀共产党员活动"动员部署大会召开。

5月23日,首届"外教社"杯全国大学英语教学大赛北京赛区决赛举行。我校韩凌和焦丽霞两位老师分别参加了综合组和听说组的比赛,并双双获得二等奖,成为北京赛区唯一两名获得二等奖的选手。

5月26日,北京市教委发布了"北京市教委关于公布2010年北京高等学校市级校外人才培养基地的通知"(京教函〔2010〕297号),我校与深圳市中兴维先通设备有限公司共同建设的电子信息类专业实习基地被评为北京高等学校市级校外人才培养基地建设单位,这是近三年学校获批的第三个市级校外人才培养基地。

5月26日,我校信息光子学与光通信研究院俞重远教授获第六届北京市教学名师奖。

5月28日,我校民族教育学院林锋同志当选为预科教育专业委员会主任,郭志刚同志当选为副主任,朱建平同志当选为副秘书长。

5月28日,我校在竞赛(北京赛区C类)中喜获佳绩,有3名同学获得特等奖。

6月2日,我校纪红教授负责的《现代通信技术》课程被批准为2010年度国家精品课程建设项目。

6月2日,我校经济管理学院万岩教授负责的"人工智能与数据挖掘"课程被批准为教育部2010年度双语教学示范课程建设项目。

6月7日,我校通信软件实验教学中心被评为"北京高等学校实验教学示范中心"。

6月13日,教育部发布了《关于批准第一批"卓越工程师教育培养计划"高校的通知》,61所高校被批准为第一批"卓越工程师教育计划"实施高校。我校经积极组织和申请,被批准为第一批实施高校之一。

6月21日,我校战略研究基地王亚杰主任牵头撰写的《行业特色型大学是促进我国高等教育多样化发展的中坚力量》《高校是支撑引领国家低碳发展战略的中坚力量》两篇专家建议被教育部科技委采用,并得到国家以及相关部委领导人高度重视和好评。

7月7日,教育部、财政部公布了第六批高等学校特色专业建设点的名单。我校"应用物理学""机械工程及自动化"专业被批准为国家级特色专业建设点。

7月7日,由中央电视台主办,教育部、科技部、中国科协协办的2010年(第九届)"亚太机器人大赛国内选拔赛"闭幕。我校机器人代表队在本届比赛中夺得季军和最佳技术奖的优异成绩。

7月12日,我校以纪越峰教授带头的"电子信息实验教学中心教学团队"被批准为2010年国家级立项建设教学团队。

7月12日,在由北京市教育委员会主办的首届北京市大学生科学研究与创业行动计划成果展示与经验交流会中,我校的"仿生机器鱼平台优化研究""GPS无人侦察机飞艇"和"智能机器人"共三个参展项目获得了北京市"大学生科研与创业行动计划"科技创新成果一等奖,并参加了第七届北京国际教育博览会大学生科技创新成果展。

7月17—20日,"第九届设计与制造前沿国际会议"(ICFDM2010)在长沙召开,我校李端玲、张忠海两位老师所发表论文被评为会议10篇优秀论文奖之一。

7月18—20日,2010年中国机器人大赛暨RoboCup公开赛举行。我校学生在"RoboCup仿真组(3D)"的比赛和"轮式机器人短假游中国比赛"中分别取得了三等奖。

7月19日,我校获批准建设"网络系统与网络文化北京市重点实验室"。

7月20—26日,第十六届全国大学生乒乓球锦标赛举行,我校派出12名运动员参赛,共获得了3金2银3铜,并被评选为精神文明队。

7月24日,2010年爱立信应用程序设计大赛(EAA)落下帷幕,我校学生,取得了全球第7名的好成绩,跻身全球14强。

7月25—29日,我校图书馆因"在全民阅读活动中富有创意、深入持久、表现突出",被中国图书馆学会评为2009年"全民阅读示范基地"。

8月13日,北京邮电大学国家大学科技园天津分园建设合作协议签约仪式在天津津利华酒店举行。

9月2日上午,北京市人民政府召开"中关村科学城首批启动建设项目签约大会"。在签约大会上,党委书记王亚杰代表学校同北京市人民政府签署了《北京市人民政府支持北京邮电大学建设北京北邮信息网络产业研究院的协议》。

9月11日,首届"中国大学生服务外包创新应用大赛"落下帷幕,由我校软件学院硕士研究生和本科生6人组成的北京邮电大学代表队夺得一等奖。

9月25日,中法SCILAB-OW2竞赛颁奖典礼在宁夏大学隆重举行。由我校计算机学院学生组成的代表队在比赛中共获得一等奖1名,二等奖2名,三等奖1名。

9月27日,由《世界经理人周刊》和哥伦比亚新闻评论主办的2010年"世界企业家高峰会"暨"2010年(第八届)中国最具影响力MBA排行榜"颁奖典礼举行。我校经济管理学院荣获"2010中国最具影响力MBA排行榜"第9名和"中国最具发展潜力MBA排行榜"第5名。

10月15日,为营造和谐的助学育人氛围,拓展多样性的助学育人渠道,开辟全新的助学育人途径,经过精心策划,认真筹备,学校爱心屋正式成立。

10月23—25日,中国电子学会举行第三届全国电子信息实践教学研讨会暨2010年全国大学生电子信息实践创新作品评选会。我校共有5个项目分别参加了综合组和创新组的评选,并且从二百多项参评作品中脱颖而出,一举囊括5个一等奖、3个特别奖共8个奖项。我校学生刘欢欢受邀代表获奖项目进行了成果交流。

10月26日,我校"北京市安全生产智能监控重点实验室"被北京市科委认定为首批北京市重点实验室,并在会上被正式授牌。

10月26日,《北京邮电大学学报》在全国几千家参评的高校学报中再次进入佼佼者的行列,被评为"中国高校优秀科技期刊"。

10月29日—11月1日,在第十届全国多媒体课件大赛中,张玉艳等教师的作品《移动通信》以及高立等教师的作品《电路分析》荣获大赛一等奖,黄淑萍等教师的作品《经济法》荣获三等奖。

10月29日,北邮无锡研究生院首期"物联网方向"硕士研究生班开学典礼暨"无锡物联网培训基地"揭牌仪式在北邮无锡感知技术与产业研究院隆重举行。

11月4—7日,在第十四届全国多媒体教育软件大奖赛中,我校李青等教师的作品《数据结构》荣获一等奖。

11月24日,北京市第十一届哲学社会科学优秀成果奖颁奖大会隆重召开。我校经济管理学院茶洪旺老师的专著《区域经济理论新探与中国西部大开发》和赵秀娟老师的专著《中国证券投资基金评价研究》获得第十一届哲学社会科学优秀成果奖二等奖。

11月26日,科技部中国科学技术信息研究所召开了2010年中国科技论文统计结果发布会,发布了2009年科技论文被SCI、EI、ISTP、SSCI收录情况,我校共有288篇论文入选SCI检索。中国科学技术信息研究所还发布了2009年度"中国百篇最具影响国际学术论文",我校电子工程学院吴永乐和刘元安等老师的一篇文章 A Dual Band Unequal Wilkinson Power Divider Without Reactive Components 入选。

12月3日,北京市人民政府召开了中关村科学城第二批建设项目签约揭牌大会。我校副校长杨放春教授代表学校与北京歌华有线电视网络股份有限公司就"中关村科学城感知大厦三网融合及物联网应用示范工程"项目签订了合作协议。

12月6日,我校副校长张英海教授代表学校与上海圆通速递有限公司董事长兼总裁喻渭蛟签订战略合作协议。

12月8日,学校与大唐电信集团签署战略合作框架协议,双方将以教育部"拔尖创新人才"联合培养试点单位为依托,探索推行"双导师制"的创新人才培养模式,建设行业领先的高层次创新型科技人才培养基地。

12月10日,在 The IEEE Sixteenth International Conference on Parallel and Distributed Systems (IEEE ICPADS2010)会议上,计算机学院王超博士生、马华东教授与香港科技大学、哈尔滨工业大学合作的论文"Approximate Data Collection for Wireless Sensor Networks"获得最佳论文奖。

12月11—12日,第二届全国高校"创新、创意及创业"电子商务挑战赛总决赛举行,我校12支团队全部获奖,获得1个全国特等奖,1个全国一等奖,4个全国二等奖和6个全国三等奖的好成绩。胡桃老师指导的团队除获全国特等奖外,还荣获全国最佳创新、最佳创意及最佳创业3个单项奖,是全国唯一一支包揽全国所有奖项的团队。

12月17日,北京邮电大学第五届教职工代表大会第二次会议隆重召开。

12月17日,在"北京市自然科学基金20周年探索与实践"大会上,任晓敏教授、纪越峰教授、陶小峰教授和李端玲副教授被评为北京市自然科学基金20周年优秀项目负责人。

12月17日,由教育部科学技术委员会组织评选的2010年度中国高等学校十大科技进展揭晓,我校张平教授团队科研成果"Gbps无线传输及组网研究"入选,这是我校科研成果首次入选中国高等学校年度十大科技进展。

12月19日,由中央文明办、中国文联和教育部主办,中国曲艺家协会和北京邮电大学承办的"全国道德模范故事汇"基层巡演活动在我校举行。

12月22日,由中国产学研合作促进会和北京市人民政府联合主办的第四届中国产学研合作(北京)高峰论坛暨促进会年会在北京隆重举行,我校张平教授获"中国产学研合作创新奖"。

12月22日,2010年度中国通信学会科学技术奖颁奖大会召开。由我校与北京得实达康系统集成有限公司、上海欣方智能系统有限公司联合申报(杨放春教授主持)的"融合业务支撑环境技术"

项目、由北京市天元网络技术股份有限公司与我校联合申报(孟洛明教授主持)的"面向运营支持的网络与业务质量保障关键技术及应用"项目分别荣获中国通信学会科学技术奖一等奖。

12月26日,在北京市高等教育学会研究生英语教学研究分会举办了"第二届青年教师教学基本功比赛活动"中,人文学院研究生英语教研室王琳老师获得一等奖。

12月27日,由北京市教委举办的2010北京市大学生学科竞赛——北京市大学生动漫设计竞赛结束,我校信息与通信工程学院数字媒体技术专业选送的作品获得1项一等奖、1项二等奖和6项三等奖。

12月28日,中国通信标准化协会(CCSA)召开第九届会员大会。由我校孟洛明教授主持完成的《网络管理接口通用信息模型与公共交互机制等4项基础国际标准》获得2010年中国通信标准化协会科学技术一等奖。

2011年

1月10日,我校"可信分布式计算与服务教育部重点实验室"获批准立项建设,此次教育部批准立项建设的重点实验室共26个。

1月10日,北邮—捷迪讯联合实验室成立仪式举行。

1月16日12时整,中国共产党的优秀党员、中国民主同盟盟员、北京邮电大学名誉校长、中国科学院资深院士、中国通信界泰斗、著名微波通信与光纤通信专家、杰出的教育家叶培大先生因病医治无效在北京逝世,享年96岁。

2月10日,学校与法国里昂商学院合作协议签约协议举行。

2月20—25日,副校长任晓敏教授对斐济南太平洋大学进行访问,双方正式签订了《关于合作建设斐济南太平洋大学孔子学院的执行协议》和两校《全面合作备忘录》。南太孔子学院是目前南太平洋岛国唯一的一所孔子学院。斐济国家电视台和《斐济时报》对此事进行报道。

3月3日,根据国务院学位委员会印发《关于下达2010年审核增列的博士和硕士学位授权一级学科名单的通知》,学校在2010年自行审核增列的1个一级学科博士学位授权点和9个一级学科硕士学位授权点全部通过国务院学位委员会第二十八次会次审批。获批的一级学科博士学位授权点是控制科学与工程;获批的一级学科硕士学位授权点是应用经济学、法学、马克思主义理论、外国语言文学、新闻传播学、数学、物理学、工商管理、公共管理。此外还新增列了硕士专业学位授权点3个:翻译、新闻学、公共管理。

3月9日,学校举行"北京邮电大学'质量工程'建设成果展(2007—2010)开幕式"。

3月16日,教育部公布2010年度"长江学者和创新团队发展计划"创新团队入选名单,我校廖建新教授作为带头人"无线移动通信网络理论与技术"创新团队入选该计划。

3月21日,北京邮电大学与创新科存储技术有限公司联合建立的"北邮—创新科云存储与云灾备技术联合实验室"正式成立。

3月25日,北京邮电大学与河北长城传媒有限公司战略合作协议签约暨北京邮电大学实习基地和北京邮电大学与河北长城传媒有限公司联合实验室揭牌仪式举行。

4月2日,科技部公布《关于制定国家重点实验室建设计划的通知》,全国共有49个国家重点实验室获准立项,依托我校的"信息光子学与光通信国家重点实验室"为其中之一。

4月6日,"无线移动通信网络理论与技术"教育部创新团队顺利通过教育部专家组现场考核。

4月13日,北京邮电大学联合北京交通大学、北京科技大学、北京林业大学、北京化工大学举行新闻发布会,就2011年北京五高校联合招生咨询活动及各校2011年招生政策进行解读。新华社、人民日报、中央电视台等 30 家国家重点媒体记者莅临发布会现场。

4 月 18 日，2011 年国际大学生数学建模竞赛中，19 支队伍荣获一等奖，50 支队伍荣获二等奖。

4 月 20 日，在新闻出版总署公布的《"十二五"国家重点图书、音像、电子出版物出版规划》中，我校 5 个出版项目共 33 种图书名列其中。

4 月 27 日，2011 年微软"创新杯"全球学生大赛中国区总决赛举行，我校学生获得中国区软件设计总决赛一等奖。

4 月 29 日，我校学生武术队在北京高校武术比赛中共获得 25 个单项冠军，最终取得了男女团体总分第一名、男子团体总分第一名、女子团体总分第二名的成绩，并获体育道德风尚奖。

5 月 5 日，北京邮电大学与深圳中兴维先通信设备有限公司联合共建市级校外人才培养基地。

5 月 14 日，我校在"2011 全国虚拟仪器设计大赛"中荣获综合组全国二等奖，并获优秀院校组织奖。

5 月 18 日，在 2011 年中国最具权威 EMBA 排行榜评选中，北京邮电大学 EMBA 项目位列第九。

5 月 22 日，2011 年北京市研究生英语演讲比赛中，我校荣获特等奖。

5 月 29 日，"第三届北京外国留学生汉语之星大赛"中，我校一名留学生获得"北京外国留学生汉语之星"称号。

5 月 31 日，北京邮电大学学生荣获"海云天"杯第二届北京市高校软件设计邀请赛第二名。

6 月 7 日，校党委王亚杰书记参加"高水平行业特色型大学战略合作联盟"专题汇报会。

6 月 14 日，北京邮电大学正式启动"985 工程"优势学科创新平台建设。

6 月 22 日，由北京邮电大学、中国关爱成长行动组委会、中共党史教育办公室共建的"大学生党史教育研究中心"揭牌仪式举行。

7 月 1 日，北京市教育委员会公布第七届北京市高等学校教学名师获奖名单，我校桑林教授、卞佳丽教授获得第七届北京市高等学校教学名师奖。

7 月 9 日，北邮经济管理学院荣获 2011（第八届）《中国市场最具领导力 EMBA》国内新增 EMBA 院校第一，2011（第八届）《中国市场最具领导力 EMBA》最佳企业合作单项奖，2011（第七届）《MBA 成就奖》特色院校第一名。

7 月 8 日，方滨兴校长出席人民教育出版社《向世界一流的高水平大学迈进》出版座谈会。

7 月 12 日，第六届首都"挑战杯"竞赛中，我校有 9 件作品获奖，自然科学类二等奖 1 件，人文社科类一等奖 3 件，二等奖 3 件，三等奖 2 件，并获优秀组织奖。

7 月，在 2011 年度中央电视台"希望之星"英语风采大赛全国决赛中，2009 级本科生赵琪同学获全国总决赛季军、一等奖。

7 月，我校人文学院李欲晓教授牵头撰写的与信息安全相关的《专家建议》被教育部采用，并加密上报党和国家领导人参阅。

8 月 25 日，我校计算机学院徐六通教授今日起程援疆，杨放春副校长等到机场送行。

8 月 26 日，北京邮电大学"联发科技"奖学金签约仪式举行。

8 月 17—20 日，在第六届全国大学生智能汽车全国总决赛中，我校学生荣获全国总决赛摄像头组二等奖。

8 月 23—25 日，我校学生在 2011 年"中国机器人大赛暨 Robo Cup 公开赛"中获全国二等奖。

8 月，我校荣获北京市纪念建党 90 周年宣传工作先进集体。

8 月，由我校杨学成副教授、李欲晓教授等撰写的关于微博的《专家建议》得到教育部领导高度重视,并呈报国家领导人及相关部委阅。由我校人文学院李欲晓教授等撰写的与互联网信息安全有关的《专家建议》得到工业和信息化部高度重视,苗圩部长进行了批示,并转尚冰副部长等有关领导作进一步研究,有关建议内容已被工信部相关司局采纳。

9月1日,国家自然科学基金委副主任孙家广院士一行莅临我校分别考核了我校网络技术研究院孟洛明教授领衔的"通信网的网络理论和技术"创新研究群体以及信息与通信工程学院张平教授领衔的"无线通信网络理论和技术"创新研究群体的建设与发展状况。

9月6日,在北京市教育先锋表彰大会上,我校图书馆获得"教育先锋"称号,经管院金永生教授获得"教育先锋教书育人先进个人"称号,后勤处雷永胜老师获得"教育先锋管理育人先进个"称号。

9月7日,朱松纯"长江学者"讲座教授的聘任仪式暨学术报告会举行。

9月7日,北京邮电大学JDSU创新奖学金签约仪式在北京邮电大学举行。

9月13日,我校召开新任处级干部廉政谈话座谈会,参加座谈会的人员有新任处级干部以及组织部和纪委办相关人员。

在2011年第17届全国大学生乒乓球锦标赛中,我校学生乒乓球队获得男子特招组团体冠军、男子特招组双打冠军、女子特招组单打冠军、男子特招组单打亚军、女子特招组团体亚军、男子特招组单打第三名、女子特招组双打第三名。

9月15日,中航工业长空机械有限责任公司与北京邮电大学天然气加注集成控制系统联合研究中心揭牌仪式。

9月15日,由北京邮电大学等共同主办的2011中国智能产业高峰论坛暨IEEE云计算与智能系统国际大会在京举行。

9月16日,我校项目管理工程硕士首批荣获美国PMI GAC国际认证授牌。

9月20日,我校党委书记王亚杰亲切会见了重庆邮电大学党委书记陈流汀,到我校挂任校长助理的重庆邮电大学副校长杜惠平以及重庆市委组织部、重庆市教育工委相关领导。

9月21日,教育部第三专项组莅临我校,对我校贯彻落实《关于实行党风廉政建设责任制的规定》和《中国共产党党员领导干部廉洁从政若干准则》执行情况进行专项检查。

9月21日,教育部科技司组织专家组对我校"泛网无线通信教育部重点实验室"进行了现场评估。

10月10日,教育部"永远跟党走——庆祝中国共产党建党90周年网上系列主题活动"总结表彰大会举行,北京邮电大学荣获中央六部委"最佳组织奖"。

10月11日,北京邮电大学中芬Sizzle VCE项目国际交流会暨移动互联网国际教育创新试点班开班式举行。

我校郭军教授在《Nature》的《Scientific Reports》上发表论文"An Activation Force-based Affinity Measure for Analyzing Complex Networks"。

10月14日,我校专业学位研究生教育工作研讨会成功召开。

10月19日,作为全国规模最大的进行全方位合作的高校联盟——北京高科大学联盟成立大会在钓鱼台国宾馆举行,北京高科理事长、北京邮电大学党委书记王亚杰主持北京高科大学联盟成立大会。

10月22日,我校师生代表参加全国国家示范性软件学院成立十周年庆祝大会,软件学院荣获"国家示范性软件学院人才培养贡献奖",宋茂强教授荣获"国家示范性软件学院建设成就奖",吴国仕教授荣获"国家示范性软件学院十佳兼职教师"称号。

10月25—26日,我校联合北京交通大学、北京科技大学、北京林业大学、北京化工大学举办了以"高校招生与中学教育"为主题的第二届全国重点中学校长论坛。

10月28日,我校召开北京高校创先争优活动先进事迹报告会暨北京邮电大学教学质量年"名师讲堂"。

10月中旬,经济管理学院被欧洲权威商学院排名机构Eduniversal评为"中国地区杰出商学院"第16名。

11月1日,海淀区第十五届人大代表换届选举邮电选区正式代表候选人与选民见面会举行。邮电选区四名正式候选人卞佳丽、方滨兴、孟洛明、桑林和来自学生、教工和家属区选民小组的召集人和选民见面。

11月4日,第五届高水平行业特色型的大学生论坛年会举行,王亚杰书记主持大会并作总结。

11月11日,由中国工程院和南京市人民政府主办,中国联合网络通信有限公司、北京邮电大学等协办,江宁开发区承办的"2011中国未来网络发展与创新论坛"在南京召开。我校党委书记王亚杰作为理事代表我校签署了"建设中国(南京)未来网络产业创新中心的合作协议"。

11月15日,中共北京市委组织部、市委宣传部、市委教育工委、市教委召开首都师范大学党委书记张雪同志先进事迹报告会。我校党委书记王亚杰一行12人参加报告会。

我校信息光子学与光通信研究院毕业生李建强的博士论文获得2011年全国优秀博士学位论文提名。

11月9日,我校校领导欢送我校李登贵同志赴斐济南太平洋孔子学院担任首任中方院长一职。

11月18日,中关村创新平台举办中关村科学城院校企第二次项目对接会。我校徐连明副教授发布了科技成果转化项目"大型建筑物复杂环境室内定位系统"。

11月16日,我校召开网络系统与网络文化北京市重点实验室第一届学术委员会第一次会议。学术委员会对本年度的开放课题进行了评议,《具有中国水墨效果的手机应用设计与交互》等五项开放课题获准立项。

我校成功入围2011年第36届ACM国际大学生程序设计竞赛世界总决赛,我校ACM集训队的9支队伍分别参加大连赛区、上海赛区、成都赛区、福州赛区的比赛,共获得2金、8银、3铜的优异成绩。

11月22日,我校林中教授因其在光缆检测领域的突出贡献,荣获中国通信企业协会通信电缆光纤专业委员会颁发的"产业突出贡献奖",并获得中国科学院正式颁发的"国家重大科技基础设施500米口径球面射电望远镜项目科学技术委员会委员"聘书。

11月23日,长飞奖学金签约仪式及座谈会举行。

9月21—26日,教育部科技司组织专家对信息科学领域的27个教育部重点实验室进行了现场评估,我校"泛网无线通信教育部重点实验室"以优异成绩进入优秀类实验室复评。10月20日,教育部科技司组织专家对10个进入复评的优秀类实验室进行了评审,并于10月25日在其网站上公布了2011年度信息科学领域教育部重点实验室评估结果,"泛网无线通信教育部重点实验室"获评优秀类实验室。

11月12—13日,全球首届网络化社会论坛在香港举行。我校吕廷杰教授是唯一一名被邀请参会的中国大陆教育界代表。

11月22—24日,朝鲜熙川工业大学校长全勇雄、副校长李国昌及白昌首老师一行三人来访我校,并与我校签订《朝鲜民主主义人民共和国熙川工业大学和中华人民共和国北京邮电大学交流协议书》。

11月26日，第四届"蒋一苇企业改革与发展学术基金奖"颁奖仪式举行，共10篇论文，2本著作获奖。我校岗位特聘教授潘煜先生于2009年撰写发表在《中国工业经济》期刊的"中国消费者购买行为研究——基于儒家价值观与生活方式的视角"一文获优秀论文奖。

11月28日，九三学社北京邮电大学"乐群""卓越""敬业"支社隆重举行成立暨选举大会。

12月，我校科技处被评为"十一五"高校科技管理优秀团队，科技处曾洁同志被评为"十一五"高校科技管理先进个人。

12月1日，北京邮电大学经济管理学院广东分院在广州举行揭牌仪式。

12月2日，由学校校友总会与人文学院联合举办的"进入大学与走向社会"校友座谈会举行。

12月5日，信息光子学与光通信国家重点实验室举行揭牌仪式，科技部和教育部领导莅临实验室实地考察、指导工作。

12月5日，我校2011年博士学位授予仪式暨优秀硕士、博士学位论文颁奖会举行。2011年我校共有7位同学的博士学位论文、17位同学的硕士学位论文被评为校级优秀学位论文，1篇博士学位论文被评为全国优秀博士学位论文提名论文，1篇博士学位论文被评为北京市优秀博士论文。

12月6日8时20分，中国共产党的优秀党员、中国工程院资深院士、中国信息论研究的奠基人、通信理论的学术泰斗、通信网络理论的开拓者、德高望重受爱戴的科学家和教育家、北京邮电大学周炯槃先生，因病医治无效，在北京逝世，享年91岁。

12月15日，"北京邮电大学——电联工程技术有限公司爱心助学金"签约及颁发仪式举行。

12月8—10日，北京邮电大学被评为"全国高校后勤十年社会化改革先进院校"。5月，我校被北京高教学会后勤管理研究会评为"北京高校后勤十年社会化改革先进院校"。

12月8—9日，2011年国家自然科学基金管理工作会议召开，我校获得2006—2010年管理先进单位，科技处高燕丽副处长获得了从事国家自然科学基金管理工作满20年荣誉称号，刘迎华老师获得了先进工作者称号。

12月12日，河南省教育厅高教处携河南农业大学、河南理工大学、开封大学等高校代表一行来我校调研"北京高科大学联盟"及本科人才培养工作。

12月15日，北京市大学生体育协会主席杜松彭、北京市教育委员会体卫艺处处长王东江带领北京市高等学校专家组，对我校2009—2010年贯彻落实《学校体育工作条例》进行了检查评估。

12月15日，"北京邮电大学——电信工程技术有限公司爱心助学金"签约及颁发仪式举行。

12月12—14日，我校武器装备质量管理体系顺利通过GJB9001B—2009质量管理体系换版审核。

12月15日，经济管理学院荣获"中国十大MBA教育学院"称号。

12月16日，由我校和中国机械工业集团有限公司主办的中国车联网产业技术创新战略联盟成立举行。

12月17日，北京邮电大学北京校友会常务理事扩大会在北邮召开。增补7位同志为北京校友会常务理事，增补马启华为北京校友会秘书长。

12月18日，2011年北京市数学学年会暨北京市第22届大学生数学竞赛颁奖大会举行。

12月19日，中国通信学会召开2011年度中国通信学会科技奖获奖项目通报会，我校两项科研成果荣获2011年度中国通信学会科学技术奖，其中一等奖1项，三等奖1项。

12月20日，第二届首都大学生思想政治教育工作交流展暨实效奖评审会举行，我校申报的《积极应对网络新媒体挑战，建设健康向上网络育人环境》网络思想政治教育项目荣获特等奖。

12月20日，由搜狐网、搜狐教育频道联合主办的"致青年 TO YOUTH 2011 中国教育年度总评榜暨搜狐教育年度盛典"举行,北京邮电大学经济管理学院被授予2011年中国十大品牌商学院。

12月20日,原外交部部长助理、驻葡萄牙大使、驻俄罗斯大使、驻澳大利亚大使、第十届全国政协委员武韬大命名为北邮校院两级中心组成员,作"当前国际形势与我国的外交关系"报告。

12月21日,南太平洋大学校长亲切会见并宴请我校派驻孔子学院全体教师。

12月22日,中国宽带无线IP标准工作组2011年全会召开,我校获得工信部宽带无线IP标准工作组2011年突出贡献单位奖,信息与通信工程学院田辉教授获得2011年度标准突出贡献奖。

12月24日,张英海副校长参加全国继续教育工作会议,教育部正式批准并启动了包括北京邮电大学在内的40所高校参与的继续教育示范基地研究项目,同时宣布了全国50所高校作为首批高等学校继续教育示范基地并正式授牌。

12月25日,张英海副校长参加教育部继续教育示范基地服务社会签约仪式。北邮与中国邮政集团签署了《北京邮电大学与中国邮政集团公司战略合作协议》,与工信部签署了《通信行为职业技能培训和鉴定体系建设的合作协议》。

12月27日,罗德与施瓦茨-北京邮电大学研究生创新基金启动仪式举行。

12月28日,袁熙坤先生斐济南太平洋大学孔子学院理事会名誉理事长聘任仪式举行。

2012年

1月4日,我校召开"2011年教学质量年总结暨表彰大会"。

1月9日,我校"服务科学研究中心"正式成立。

1月9日,中国校友会网2012中国大学排行榜揭晓,在中国大学重大科技进步奖排行中,我校位列第18位;在中国大学Nature&Science论文排行中,我校位列第22位;在中国大学重大技术发明奖排行中,我校位列第22位;在中国大学重大科技奖励排行榜中,我校位列第31位。在中国大学标准创新贡献奖排行中,我校获中国标准创新贡献奖最多,居全国大学首位。

1月9日,2012年首都高等学校体育工作会议召开,北京邮电大学荣获"2011年贯彻实施《学校体育工作条例》优秀学校""2011年北京市高校阳光体育联赛优胜奖""2011年北京市高校高水平运动队建设检查评估优胜奖",我校温向明副校长获"2011年贯彻实施《学校体育工作条例》优秀校长"。

1月11日,2011年北京邮电大学"十大教育新闻""十大教育人物"热评结果揭晓。

1月11日,我校召开2011年度学校领导班子和校级领导干部述职大会。

1月12日,学校举行"北京邮电大学2012年教学任务书颁发仪式",副校长温向明为全校各学院及相关教学单位颁发2012年本科教学任务书。

1月13日,2011年度Cathy Pacific China Business Award(凯西太平洋中国企业奖)颁奖典礼在英国伦敦举行。我校与伦敦大学玛丽女王学院本科联合培养项目获得New Horizon Award(新地平线奖)。

1月20日,国家人力资源和社会保障部专业技术人员管理司司长孙建立、副司长俞家栋在专家处处长孙晓丽、徐凤琴同志的陪同下莅临我校慰问了校长方滨兴院士。

2月3日,南太平洋大学孔子学院"首届汉语培训班开班仪式"在斐济首都苏瓦的劳卡拉(Laucala)校区举行。

2月13日,北京市共青团工作会议在京召开,我校团委荣获"2011年北京市五四红旗团委";我校举办的"永远跟党走"主题微博展示活动荣获"学党史 知党情 跟党走"2011年北京青少年主题教育实践活动优秀活动项目。

2月14日,在北京人民大会堂举行2011年度国家科学技术奖励大会。我校副校长杨放春教授主持完成的"融合业务支撑环境关键技术与应用"项目荣获2011年度国家科技进步奖二等奖。

2月16—18日,科技部委托国家自然科学基金委员会组织专家对我校"网络与交换技术国家重点实验室"和"信息光子学与光通信国家重点实验室"进行了现场评估。

2月26—28日,校党委王亚杰书记和校长方滨兴亲切会见斐济南太平洋大学校长钱德拉教授(Rajesh Chandra)一行,并举行欢迎晚会、赠送留学生奖学金。南太平洋大学孔子学院第一届理事会在我校成功举行。

2月27日,由中国教育部111计划"高等智能与网络服务创新引智基地"资助,北京邮电大学承办的2011 Joint Workshop on ICT between BUPT and AAU 成功召开,副校长郭军到会致辞。

2月28日,工业和信息化部刘利华副部长、办公厅莫玮主任、通信发展司张峰司长、无线电管理局谢飞波局长、电子信息司胡燕巡视员、科技司韩俊副司长、人事教育司刘爱民副司长、无线电管理局阚润田副局长等一行12人莅临我校调研指导工作。

3月5日,"北京法院知识产权保护实践基地、北京邮电大学知识产权(12330)教学实践基地"签约仪式举行。

3月8日,我校召开赴基层挂职团干部欢迎欢送会。

3月22日,我校举行科学技术部基础研究司张先恩司长学术报告会暨兼职教授聘任仪式。

3月26日,我校举行2012届研究生毕业典礼。

3月26日,我校召开《北京普通高等学校党建和思想政治工作基本标准》集中检查工作会议。

3月31日,我校举行"北京邮电大学—大唐国家级工程实践教育中心"贾晶教授兼职教授聘任仪式。副校长张英海出席聘任仪式。

4月1日,我校召开国家出版基金项目启动会暨"十二五"国家重点图书出版规划项目研讨会。

4月5日,我校举行与韩国三星集团技术及专利合作框架协议签字仪式,副校长杨放春出席活动。

4月6日,我校举行"中国电信上海研究院—北京邮电大学计算机学院战略合作框架协议"签约仪式。

4月12日,我校举行"我爱我"北京邮电大学第九届心理健康宣传月开幕式。

4月13日,我校召开中国共产党北京邮电大学代表大会。

4月17日,北京邮电大学美国得克萨斯州校友分会成立大会在达拉斯召开。

4月18日,任晓敏副校长会见了匈牙利欧布达大学副校长米哈伊·瑞格(Mihaly REGER)先生等一行七人代表团,并签署了《北京邮电大学和匈牙利欧布达大学合作备忘录》。

4月20日,我校举行海航慈航奖学金颁奖仪式。

4月25日,我校召开新上岗处级干部"立足本职,创先争优"交流会。

4月27日,"北邮—蓝汛内容感知与智能服务联合实验室"揭牌成立。

4月28日,我校召开第十届学术委员会第六次全体会议。

4月30日—5月4日,我校杨放春副校长等一行4人赴台湾地区,对台湾大学、政治大学、元智大学和中兴大学等四所大学教师发展中心的体制和机制进行调研。

5月7日,北京邮电大学福建校友会换届大会在福州召开。

5月9日,昌平区区委书记侯君舒、区长金树东、副区长刘淑华、周云帆、王承军及昌平区各相关委办局领导一行20余人莅临我校进行调研。

5月10日,教育部发展规划司司长谢焕忠一行4人莅临我校就沙河校区建设问题进行专题调研。

5月10—13日，在首都高等学校第50届学生田径运动会上，我校学生田径代表队取得乙组男女团体总分第二名、男子团体总分第二名、女子团体总分第三名的优异成绩，并获得单项3个第一名、7个第二名、4个第三名，20人次进入前八名。

5月14日，首届"吴文俊人工智能科学技术奖"颁奖典礼在我校举行。我校钟义信教授申报的"构建信息科学理论基础，创新人工智能核心理论"获首届吴文俊人工智能科学技术奖成就奖；我校和天津市国瑞数码安全系统有限公司共同申报，杨义先教授等完成的"时空混沌密码与信息安全技术"项目获首届吴文俊人工智能科学技术奖进步奖二等奖。

5月14日，我校举行以"我创新·我飞翔"为主题的第四届大学生创新实践成果展示交流会暨创新论坛。

5月17日，中国（南京）未来网络产业创新中心第一届第一次理事会会议在南京召开。

5月18日，我校举行日本函馆未来大学姜晓鸿教授兼职教授聘任仪式暨学术报告会，任晓敏副校长出席仪式。

5月19日，我校承办北京市第六届"和谐杯"乒乓球比赛。

5月20日，我校举办2012年"五月鲜花"合唱比赛。

5月23日，我校举行"北京邮电大学—罗德与施瓦茨联合实验室"签约仪式，副校长杨放春教授出席签约仪式。

5月25日，2012年首都大学生心理健康节闭幕，我校荣获"首都大学生心理健康节最佳组织奖"。

5月25日，我校举办首届辅导员职业技能竞赛决赛。决赛分为自我介绍与展示、班情熟知、情景案例、微博写作和基础知识测试五个部分。

5月27日，2012年度中央电视台"希望之星"英语风采大赛北京赛区总决赛举行。我校学生在校园短剧大赛单元荣获2个一等奖，1个二等奖；在演讲大赛单元荣获1个银奖，3个一等奖，3个二等奖，7个三等奖。

5月31日，我校召开2011—2012年度共青团组织表彰大会。

5月30日，北京市举行"中关村科学城特色产业园建设合作项目签约大会"，副校长杨放春代表我校与北京蓝讯通信技术有限责任公司就双方"内容感知与智能服务共建联合实验室及产业化合作项目"进行了签约。

6月8日，教育部监察局局长徐开濯、人事司副司长魏士强、教育部人事司三处处长张总明一行莅临我校宣布领导班子新成员任命。

6月8—13日，2012年全国大学生武术锦标赛举行。我校学生武术队获得4枚金牌、3枚银牌、3枚铜牌，多人次进入前八名。

6月13日，第七届全国邮电高校工会工作研讨会在我校召开。

6月13日，我校叶培大学院正式开班，学校从2010级优秀本科生中，选拔了96名学生组建成立了3个实验班，并实施导师制。

6月19日，我校举行2012届本科生毕业典礼。

6月19—21日，我校研究生支教团服务单位新疆阿克苏职业技术学院一行来校交流访问，并将圆满完成一年支教任务的我校第二届研究生支教团送回学校。

6月21日，南太平洋大学孔子学院首届汉语培训班结业典礼在斐济首都苏瓦隆重举行，首批70余名学员顺利结业。

6月24—26日,2012年亚洲和大洋洲地区孔子学院联席会议在曼谷召开。我校党委王亚杰书记应邀参加了此次联席会议。

6月26日,澳大利亚新南威尔士大学工程部部长格雷厄姆·詹姆士·戴维斯(Graham James Davie)教授和电子工程与电信学院彭纲定教授一行访问我校。

6月26日,我校举行2012年来华留学生毕业典礼,副校长任晓敏教授出席典礼并发表演讲。

6月28日,我校举行北京邮电大学——伦敦大学玛丽女王学院联合培养项目2012届本科毕业典礼。

6月29日,信息光子学与光通信国家重点实验室(北京邮电大学)与光纤光缆制备技术国家重点实验室(武汉长飞光纤光缆有限公司)签署全面合作协议。

7月3日,我校举行2012年京台IT交流营开营仪式。

7月4日,我校举行学生党员骨干培训学校2011级毕业典礼暨2012级开学典礼。

7月4日,我校成立公共管理学院。

7月6日,由文化部主办,我校网络文化研究中心承办的第三届中国网络游戏评论沙龙在我校举行。

7月7日,我校在人民大会堂隆重举行2012年工商管理学位授予仪式。

7月8—10日,我校召开第十一届工会委员会三次(扩大)会议暨2012年工会理论研讨会,会议选举董晞同志为校工会委员会常务委员、主席。

7月13日,伊拉克通信部部长穆罕默德·陶菲克·阿拉维(Mohammed Tawfik Allawi)先生率代表团一行九人访问我校。

7月18日,北京市发改委、北京市科委、北京市财政局和中关村管委会联合召开"2012中关村开放实验室授牌暨产学研合作交流工作会",我校安全生产智能监控北京市重点实验室、网络体系构建与融合北京市重点实验室获批挂牌"中关村开放实验室"。

7月18日,我校举行Arogyaswami Paulraj教授受聘为我校通信与网络核心技术创新引智基地(111基地)短期高级访问科学家授予仪式。

8月17日,教育部公布了"十二五"国家级实验教学示范中心名单,我校"语言实验教学中心"被评为国家级实验教学示范中心,目前我校已有2个国家级实验教学示范中心,6个北京市级实验教学示范中心。

8月18日,我校乒乓球队在北京市第六届和谐杯乒乓球总决赛中获得高校组团体冠军,并获得优秀组织奖。

8月29日,我校2012级本科生开学典礼在宏福校区体育场举行。

8月31日,我校2012级研究生开学典礼在学校运动场隆重举行。

9月6日,我校合建的第一所孔子学院——斐济南太平洋大学孔子学院正式揭牌并开班授课。

9月7日,我校举行第28个教师节庆祝大会暨师德先进表彰大会。

9月12日,校党委书记王亚杰和校长方滨兴院士主持召开本科招生工作专题会议。

9月13日,我校召开"科学道德和学风建设宣讲教育策划方案"讨论会,正式启动2012年科学道德和学风建设宣讲教育工作。

9月16日,我校举行沙河校区建设工程开工仪式。

9月20日,2012年,学校正式培育组建了"社交网络及其信息服务"和"信息安全与网络管理"两个2011协同创新中心。

9月20日,"社交网络及其信息服务协同创新中心"揭牌仪式在我校举行。

9月20日，IEEE会士、美国新泽西理工学院Nirwan Ansari教授受聘为我校高等智能与网络服务创新引智基地（111基地）长期高级访问科学家受聘仪式举行。

9月21日，"宽带战略和未来网络对经济和社会的影响暨第八届地方校友会会长会"成功召开。

9月24日，英国伦敦大学玛丽女王学院Shaogang Gong教授受聘为我校高等智能与网络服务创新引智基地（111基地）长期高级访问科学家授予仪式举行。

9月28日，北京邮电大学党员先锋阵地揭牌成立。

10月9—10日，由教育部高教司副司长刘贵芹、中国科技馆原馆长王渝生为组长的教育部第二检查组莅临我校，对我校贯彻落实"三重一大"决策制度情况进行检查。

10月10日，校党委书记王亚杰亲切会见了重庆邮电大学党委书记陈流汀，到我校挂任校长助理的重庆邮电大学纪委书记郑白玲以及重庆市委组织部、重庆市委教育工委相关领导。

10月10日，我校教师发展中心成立。

10月13日，我校举行建校57周年校庆返校活动。其间举行了第四届学生成才荣誉导师、校外辅导员受聘仪式暨大学生成才讲坛。

10月19日，由党委学生工作部主办的"我的班级我的家"优秀示范班集体评选暨班级风采展示活动在教三136学术报告厅举行。10个班级荣获"十佳示范班集体"，3个班级荣获"学雷锋活动示范班集体"。

10月26日，以北京市委教育工委副书记、市教委主任姜沛民为组长的《北京普通高等学校党建和思想政治工作基本标准》入校检查专家组对我校贯彻落实《基本标准》情况进行了集中检查与指导。

10月29日，IEEE Fellow、加拿大滑铁卢大学Sherman Shen教授受聘为我校高等智能与网络服务创新引智基地（111基地）长期高级访问科学家授予仪式举行。

11月2日，我校与爱尔兰都柏林城市大学签署合作备忘录。

11月5日，国家发展和改革委员会副主任胡祖才在社会发展司副司长王凤玲的陪同下莅临我校调研指导工作。

11月8日，北京邮电大学与北京青年报社签署战略合作框架协议。

11月19日，我校研究生会承办的北京邮电大学"论科学，塑诚信"首届研究生辩论赛决赛暨颁奖典礼举行。

11月22日，北京邮电大学第七届研究生学术论坛、第十二届学生创新奖、第十届创业计划大赛联合闭幕式暨颁奖典礼举行。

11月28日，英国高等教育质量保证学会（QAA）一行5人对北京邮电大学与伦敦大学玛丽女王学院学士学位联合培养项目进行评估访问。

11月28日，南太平洋大学孔子学院第二届汉语培训班结业典礼暨迎新春庆祝活动在斐济苏瓦举行。

11月29日，英国伦敦大学玛丽女王学院副校长杰里米·吉尔伯恩教授（Jeremy Kilburn）率领中英联合培养项目英方主要负责人员一行访问我校。

11月30日，我校召开反腐倡廉宣传教育专题会议。校领导班子成员、全体中层干部、部分科研团队负责人参加了会议。校党委书记王亚杰做了题为《忠诚党的教育事业，共建风清气正的廉洁校园》的主题报告。

11月30日，我校举行2012年博士学位授予仪式暨优秀博士、硕士学位论文颁奖会。

12月8日，我校举行第二十五届"一二·九"火炬接力赛，校党委副书记赵纪宁，副校长、校体育运动委员会主任温向明出席活动。

12月11日，教育部211办正式发文通报了北京邮电大学"211工程"三期建设项目验收结果。因我校"211工程"三期建设成效显著（重点学科建设项目综合排名率靠前且具有一定数量特别优秀重点学科建设项目），获得中央专项奖励资金。

12月12日，第六届高水平行业特色型大学发展论坛年会在华北电力大学举行。

12月16日，科学与艺术——庆祝爱乐合唱团25周年音乐会在科学会堂举行，校党委副书记赵纪宁出席音乐会。

12月20日，"北邮—世纪互联联合实验室"正式成立。

12月21日，信息光子学与光通信国家重点实验室（北京邮电大学）第一届学术委员会第二次会议暨"111基地高级访问科学家"祁明浩博士聘任仪式在北京举行。

12月22日，2012"心系家国"京港文化交流团的欢迎仪式在我校举行，北邮副校长郭军教授出席欢迎仪式。

12月26日，2012年度"感动海淀"十大文明人物颁奖典礼在海淀剧院隆重举行。

12月29日，学校整合科技处、军工科研管理部、科研基地办公室、工程技术转移中心等科研管理部门，成立科学技术发展研究院，统筹负责学校科研管理工作。

2013年

1月4日，在2012年全国高校"创新、创意及创业"电子商务挑战赛全国总决赛中，我校4支队伍获得3个全国特等奖、1个全国一等奖，成绩斐然。另外，我校共有90支参赛队在北京赛区获奖，其中5个特等奖、12个一等奖、33个二等奖和40个三等奖。

1月5日，在北邮科技大厦隆重举行了纪念周炯槃先生92周年诞辰暨募捐会议。

1月8日，校党委统战部召开我校民主党派、侨联负责人和无党派人士新年座谈会。

1月9日，《光明日报》刊登我校党委书记王亚杰文章《建设风清气正的校园》。

1月11日，举行北京邮电大学科学技术发展研究院成立和领导聘任仪式。

1月11日，我校第五届教职工代表大会第三次会议隆重召开。

1月11日，隆重召开北京邮电大学"教学质量评价委员会"成立大会。

1月12日，北京邮电大学工商管理新年论坛举行。

1月16日，北京高科大学联盟研究生培养合作专题研讨会在我校举行。

1月18日，我校纪越峰教授主持完成的"光电交叉联动与跨层灵活疏导的光传送技术及设备"项目荣获2012年度国家技术发明奖二等奖。我校张平教授参与完成"TD-SCDMA关键工程技术研究及产业化应用"项目荣获2012年度国家科学技术进步奖一等奖。

1月27日，国家973计划项目"社交网络分析与网络信息传播的基础理论研究"启动会召开。

1月29日，北京邮电大学"信息与通信工程"一级学科在教育部学位与研究生教育发展中心发布的2012年学科评估结果中，位列全国74所参评高校第一名。

2月17—23日，我校党委副书记曲昭伟率团一行六人赴玛丽女王学院进行商讨和会谈。双方对前期的合作与交流成果予以了充分肯定，一致同意继续加强和深化双方合作与交流。

2月22日，我校党委副书记赵纪宁率党委宣传部、党委学生工作部、马克思主义教学与研究中心等相关负责人参加由市委教育工委举办的2013年北京高校宣传教育工作会议。

3月2日，北京邮电大学召开2012年度校级领导干部述职大会，会议由党委书记王亚杰主持。

3月12日，北京邮电大学四项科研成果荣获2012年度教育部科学技术奖。

3月14日,北京邮电大学公共管理学院与西城区陶然亭街道建立社会实践基地。

3月14日,中共中央对外联络部副部长刘结一率中共友好代表团访问斐济期间,亲切视察了南太平洋大学孔子学院。

3月15日,我校成立首个"院级教授会"。

3月21日,北京邮电大学国际学院2013年企业顾问团年会召开。

3月25日,我校举行2013届研究生毕业典礼。

3月26日,我校举行谷口智彦顾问教授聘任仪式暨学术报告会。

3月27日,北京邮电大学党委宣传部/新闻中心LOGO发布及颁奖仪式在行政办公楼101会议室举行。

3月28日,学校党委副书记、纪委书记董晞带领相关部门负责人到北京市纪委廉政风险防控管理重点联系单位中国石油大学(北京)就廉政风险防控管理、推动权力结构科学化配置体系、权力运行规范化监督体系、廉政风险信息化防控体系("三个体系")建设进行交流调研。

4月2日,我校举行2012年度继续教育先进工作者表彰会。

4月2日,由科技部组织的信息光子学与光通信国家重点实验室(北京邮电大学)建设验收会在北京邮电大学科研楼举行。

4月7日,台湾宜兰大学校长赵涵捷教授一行访问北邮,我校副校长郭军教授亲切会见来宾。

4月9日,我校召开"平安校园"创建工作动员部署会。

4月10日,美国丹佛大学Emergent Digital Practice系主任Christopher Coleman教授和俄勒冈大学Digital Arts/New Media系主任Michael Salter教授到我校进行教学与学术交流。

4月10日,北京邮电大学学生在2013年国际大学生数学建模竞赛中2队荣获特等奖。

4月18—23日,我校副校长郭军教授一行4人先后访问了台湾的元智大学、中原大学、新竹交通大学和高雄第一科技大学,并就双方交流合作等相关事宜进行了会谈。

4月24—26日,我校副校长郭军教授一行4人访问了香港中文大学、香港城市大学、香港理工大学和澳门科技大学,并就双方交流合作等相关事宜进行了会谈。

4月25日,由教育部民族教育司主办,北京邮电大学民族教育学院承办的"少数民族高层次骨干人才基础强化培训"工作研讨会顺利召开。

5月2日,工业和信息化部教育与考试中心徐玉彬主任、谭志彬处长等一行六人莅临我校调研指导工作。

5月5日,北京邮电大学男子足球队在2013"印院杯"首都大学生足球乙级联赛中取得冠军。

5月9日,教育部"银龄温暖工程·资源共享平台"建设启动仪式在北京邮电大学举行。

5月10日,由我校科学技术发展研究院和团委联合承办的"通用汽车杯"全国车联网创新应用设计大赛启动仪式举行。

5月13日,北京邮电大学60周年校庆筹备工作协调会召开,校党委书记、校庆筹备工作委员会主任王亚杰主持会议。

5月13日,王杰教授受聘为我校通信与网络核心技术创新引智基地(111基地)短期高级访问科学家。

5月14日,以"我创新·我绽放"为主题的北京邮电大学第五届大学生创新实践成果展示交流会暨创新论坛开幕式在北邮体育馆篮球厅隆重举行。

5月14日,美国IEEE Fellow(电气工程师学会会士)、南加州大学(University of Southern California)工学院副院长秦泗钊(Si-Zhao Joe Qin)教授访问我校。郭军副校长亲切会见了来宾。

5月25日,举行北京邮电大学2012—2013年度共青团组织表彰大会。

5月25—26日,我校在"TST 杯"2013年首都高校乒乓球锦标赛中获得女子团体冠军、男子团体亚军的好成绩。

5月25日,由北京市大学生体育协会主办、北京市大学生体育协会篮球分会协办、我校承办的"北京高科大学联盟2013年在京高校大学生男子篮球联赛"开幕式在我校篮球场隆重举行。

5月26日,在2013年首都高校武术比赛中。我校学生武术队共获得19个单项冠军,最终取得了男子团体总分第一名、女子团体总分第二名、男女团体总分第一名的佳绩,并获体育道德风尚奖。

5月27日,凤凰网首页发表校长方滨兴院士署名文章:我们每个人的梦汇聚成中国梦。

5月30日,北京邮电大学第二届辅导员职业技能竞赛成功举办。

5月31日,中华人民共和国教育部报道我校"银龄温暖工程",题目为:银龄情·青春梦——北京邮电大学老少共筑"中国梦"。

6月3日,《教育纪检监察》刊登我校党委书记王亚杰文章《忠诚党的教育事业 共建风清气正廉洁校园》。

6月9日,我校 ACM 集训队的7支队伍分别参加了2013年 ACM 国际大学生程序设计竞赛的南京邀请赛、通化邀请赛、长沙邀请赛和杭州邀请赛,共获得五金、三银、一铜的优异成绩。

6月13日,北京邮电大学"第五届大学生创新实践成果展示交流会暨创新论坛"闭幕式和颁奖大会召开。

6月16日,我校举行2013年"乒乓在沃"北京联通高校乒乓球挑战赛校际决赛。

6月18日,国家互联网信息办公室召开互联网信息研究工作专家座谈会,我校李欲晓教授被聘请为"特约研究员"。

6月19日,北京邮电大学德国校友分会成立。

6月20日,中国人民大学高等教育研究中心发布了2013年"中国大学50强"榜单排名。我校位居大学榜第三十六位,比去年上升三个位次。

6月27日,北京邮电大学与伦敦大学玛丽女王学院联合培养项目2013届本科生毕业典礼隆重召开。

6月27日,北京邮电大学2013届本科生毕业典礼举行。

7月2日,2013年"京台大学生 IT 交流营"开营仪式成功举行。本次"京台大学生 IT 交流营"为期7天。

7月5日,我校参赛代表队在第37届 ACM 国际大学生程序设计竞赛世界总决赛中,解出四题获得并列第48名,绝对第52名的最终学校排名。

7月8日,北京邮电大学理学院陈建军博士荣获饶毓泰基础光学奖。

7月11日,北京邮电大学召开党的群众路线教育实践活动动员大会。

8月8日,教育部社科司徐艳国副司长、教育部社科司出版管理处林丽处长莅临我校出版社,对我社的发展情况进行调研。

8月21日,北京邮电大学软件学院在第四届中国大学生服务外包创新创业大赛中再获殊荣。

8月28日,北京邮电大学行政领导班子换届宣布大会在北邮科技大厦多功能厅召开。王立英同志宣布了任免决定:根据《教育部关于乔建永等职务任免的通知》(教任[2013]52号),任命乔建永为北京邮电大学校长,任晓敏、杨放春、温向明、郭军为北京邮电大学副校长,免去方滨兴的北京邮电大学校长职务。根据《中共教育部党组关于乔建永、方滨兴职务任免的通知》(教党任[2013]85号),任命乔建永同志为中共北京邮电大学委员会委员、常委,免去方滨兴同志的中共北京邮电大学委员会常委职务。

9月2日，北京邮电大学2013级学生军训开训典礼在宏福校区操场隆重举行。

9月7日，九三学社北京邮电大学委员会成立大会在我校召开。

9月11—19日，斐济南太平洋大学孔子学院院长余倩莊女士（Ms. Joan Yee）及其丈夫瓦当·纳塞教授（Wadan Narsey 教授，前南太平洋大学教授、现澳大利亚詹姆斯·库克大学兼职教授）到我校进行友好访问。

9月18日，北京邮电大学国际汉语培训中心特别举办了中秋佳节留学生联欢暨文化推介活动。

9月20日，北京邮电大学15项教学成果喜获2012年第七届北京市高等教育教学成果奖，其中一等奖获奖成果7项，二等奖获奖成果8项。

9月29日，科技部高新司、国家遥感中心，863计划地球观测与导航技术领域导航专家组和专项总体专家组在我校共同组织召开了《室内外高精度定位导航白皮书》新闻发布会。

10月14日，由我校张平教授主持的国家973计划项目"认知无线网络基础理论和关键技术研究"课题结题验收会召开。

10月15日，加拿大皇家大学管理学部部长佩德罗·马尔格斯（Pedro Márquez）博士、国际合同培训主任特瑞莎·麦尔（Theresa Meyer）主任、加拿大高贵林市教育局中国事务部主任 Susan Wang、中国事务经理 Steve Jiang 一行4人访问我校。

10月15日，举行第二届"全国邮电高校科技与产业管理论坛"。

10月16日，学校召开廉政风险防控工作会议，会议由校党委副书记、纪委书记董晞主持，18位相关职能部门负责同志及纪委办全体人员参加了此次会议。

10月24日，校党委书记、校友总会会长王亚杰会见我校校友、新当选亚太邮联秘书长林洪亮。

10月30日，2013年全国大学生电子设计竞赛北京赛区优秀组织学校和优秀辅导教师评审会在北京邮电大学召开。

10月30日，乔建永校长、任晓敏副校长一同亲切会见了加拿大皇家大学校长 Allan Cahoon（艾伦·卡洪）教授、副校长 Cyndi Mcleod（辛迪·麦克劳德）女士一行。双方就建立长期合作伙伴关系，实现共同发展等方面进行了沟通。

11月1—3日，在首届华北五省（市、自治区）大学生机器人大赛中，我校6支参赛代表队获得一等奖1项、二等奖1项、三等奖4项的好成绩。

11月7日，我校作为在京高校唯一报告会现场成功举办"龚全珍同志先进事迹报告会"。

11月7日，举行北京邮电大学—法国里昂高等商学院全球EMBA项目首届开学典礼。

11月12—15日，我校信息光子学与光通信国家重点实验室和长飞公司光纤光缆制备技术国家重点实验室联合承办2013年亚洲光纤通信与光电国际会议暨信息光子学与光通信国际学术会议。

11月13日，举行北京邮电大学第六届"明日之星"英语才艺大赛汇报演出暨颁奖典礼。

11月15日，我校申报的"移动互联网安全技术国家工程实验室"获得国家发展和改革委员会批准建设。

11月16日，在北京市第七届"和谐杯"乒乓球总决赛中，我校乒乓球队获得高校组团体冠军。

11月20日，我校举行2013年博士学位授予仪式暨优秀博士、硕士学位论文颁奖会。

11月23日，北京邮电大学学生在"第三届首都高校物流设计大赛"获得一等奖1项、二等奖1项、最佳创意奖1项。

11月23—24日，在北京市大学生体育协会主办的2013年首都高校乒乓球锦标赛中，我校学生乒乓球队共获得4枚金牌、3枚银牌、1枚铜牌的佳绩。

11月27日,我校乔建永校长和加拿大皇家大学艾伦·卡洪(Allan Cahoon)校长正式签署两校学术合作意向书。

11月30日,我校加入中国高校英语写作协同创新联盟。

12月4日,乔建永校长、任晓敏副校长亲切会见了我国驻斐济大使黄勇及夫人佟晓玲。

12月5日,我校副校长任晓敏亲切会见了爱尔兰国立大学梅努斯副校长贝尔纳德·马洪(Bernard Mahon)教授一行。

12月5—6日,校党委书记王亚杰率团出席北京高科联盟——曹妃甸区政产学研对接会。

12月5—7日,第六届全国三维数字化创新设计大赛举行,我校"OCTEAM"队荣获工业与工程组一等奖。

12月6日,我校参与共建的南太平洋大学孔子学院(南太大学孔子学院)第三届理事会召开。

12月7日,北京邮电大学第十七次学生代表大会暨第十七次研究生代表大会在科学会堂隆重召开。

12月9日,由我校邓中亮教授主持完成的"星地一体室内外无缝位置服务平台与应用"项目荣获2013年度中国产学研合作促进会创新成果奖。

12月9日,经济管理学院世纪讲坛100讲暨十一周年信息产业精英论坛隆重举行。

12月10日,我校国家级电子信息实验教学示范中心发展研讨会成功举行。

12月11日,学校召开纪检监察工作报告会,总结2013年纪检监察工作,研究2014年工作思路。

12月11日,人文学院国际汉语培训中心第七届国际文化嘉年华成功举办。

12月17日,2013(第三届)中国未来网络发展与创新论坛在中国(南京)未来网络谷举行。我校王亚杰书记、方滨兴院士和科研院科研基地处王彦处长应邀出席会议。

12月17日,《北京邮电大学学报》(社会科学版)在教育部科技发展中心组织的2012年度"中国科技论文在线优秀期刊"暨"中国科技论文在线科技期刊优秀组织单位"评选活动中,获得"中国科技论文在线优秀期刊"二等奖。

12月17日,我校2011211123班在由中共北京市委教育工委举办的"我的班级我的家"十佳示范班集体评选活动中,荣获北京市"十佳示范班集体"称号。

12月18日,举办北京邮电大学第八届研究生学术论坛、第十三届学生创新奖、第十一届创业计划大赛联合闭幕式暨颁奖典礼。

12月18日,在2013年第38届ACM/ICPC亚洲区预赛中,我校ACM集训队的9支代表队陆续参加了五场赛事,共获得4金、3银、3铜的优异成绩。

12月19日,英国伦敦玛丽女王大学校长西蒙·盖斯卡尔(Simon Gaskell)与联合培养项目英方主任Yue Chen博士一行访问我校国际学院。

12月19日,北京邮电大学校友费爱国当选中国工程院院士。

12月20日,校党委副书记董晞带队参加第八届全国邮电高校工会工作研讨会。

12月23日,第七届"心系家国"京港文化交流团的欢迎仪式在北京邮电大学举行。

12月25日,2013年北京邮电大学教职工冬季健走活动 暨"万步·健康·迎新年"健走竞赛活动颁奖仪式圆满结束。

12月25日,网络技术研究院高飞教授、温巧燕教授等2008年发表在Chinese Physics B上的论文《Teleportation attack on the QSDC protocol with a random basis and order》荣获中国物理学会"2013年度最有影响论文奖"一等奖。

12月26日,《北京邮电大学学报》(自然科学版)第五次荣获中国科技论文在线优秀期刊奖,《北京邮电大学学报》(自然科学版)网站再次荣获中国高校科技期刊优秀网站奖。

12月26日,北京市教委、北京高校后勤研究会召开北京高校后勤2013年度工作会暨评优表彰大会。我校后勤处共获得了7项荣誉称号,其中先进集体1个、先进个人6名。

12月30日,北京邮电大学后勤党委被评为北京高校后勤思想政治工作先进集体。

12月30日,《北京邮电大学学报》(社会科学版)以第二名被收录进"高校综合性学报扩展版来源期刊"。

2014 年

1月2日,我校出版社出版的《宽带天线与天线阵列》(姚远著)一书获得第三届中国出版政府奖图书提名奖。

1月7—8日,校党委副书记兼工会主席董晞、校工会常务副主席王翔参加北京市教育工会九届六次委员(扩大)会议。

1月9日,召开国家973项目"社交网络分析与网络信息传播的基础研究"2013年度总结会。

1月9日,我校校友阿努伯·巴塔莱伊被任命为尼泊尔国家电信公司总裁。

1月10日,我校图书馆荣获"CALIS三期联合目录项目建设杰出贡献奖"和"CALIS三期名称规范数据库项目建设杰出贡献奖"。

1月10日,我校张平教授主持完成的"信息密度非均匀下的异构无线组网新技术"项目在2013年度国家科学技术奖励大会中获得国家技术发明奖二等奖。

1月12日,我校名誉教授袁熙坤创作的赫里斯托·波特夫雕塑献花仪式在北京金台艺术馆举行。

1月16日,在海淀区创建全国文明城区总指挥部办公室开展的"微电影、微动漫、微小说、微剧本、微漫画、照片"等微记录创意作品大赛中,我校党委宣传部(新闻中心)荣获"最佳组织奖"。在我校所提交的作品中,共获得包括《Big+World》一等奖在内的7个奖项。

1月16日,召开深入学习贯彻党的十八届三中全会精神专题报告会。

1月18日,陈俊亮院士荣获中国计算机学会2013年度终身成就奖。

2月13日,乔建永校长亲切会见了山西潞安集团副总经理肖亚宁一行。双方就进一步加强校企在信息化等方面的合作进行了交流。

2月19日,我校与伦敦大学玛丽女王学院合作举办的两个学士学位联合培养项目:电信工程及管理、电子商务及法律顺利通过评估,获得合格的成绩。

2月20日,校党委王亚杰书记亲切会见教育部离退休干部局安钰峰局长一行。

2月21日,召开60周年校史编写启动会。

2月25—28日,我校成功召开"北京邮电大学第五届教职工代表大会第四次会议"。

2月28日,以我校刘元安教授为首席科学家的国家973计划项目"无线接入网高能效微波集成器件理论及实现机理"启动会召开。

3月3日,我校世纪学院2014年春季学期开学典礼在世纪学院延庆校区举行。

3月3日,我校北邮人论坛在教育部思想政治工作司指导、教育部中国大学生在线主办的第六届"全国高校百佳网站"评选中荣获"全国高校百佳网站"。

3月4日,我校"夕阳再晨"获评首批首都学雷锋示范服务站。

3月9日,我校召开公开选拔副校长述聘大会。

3月14日,我校举行2013年度继续教育先进工作者表彰会。

3月19日,我校在北京市委教育工委主办的2013年北京高校优秀学生基层组织创建展示活动中荣获多项奖项。

3月21日,我校人文学院互联网治理与法律研究中心孟庆顺老师在第12届梦想杯香港国际武术节上获得陈式太极拳冠军、陈氏太极剑冠军、武当太极剑亚军以及集体太极拳二等奖的好成绩。

3月21—22日,在2014年北京市大学生体育协会理事(扩大)会议的评估中,我校获得首都高等院校高水平运动队建设评估一等奖。

3月25日,我校召开2014年党风廉政建设和反腐败工作会议。

3月27日,召开北京校友会座谈会。

3月28日,北京市科委发布《关于认定2014年北京市国际科技合作基地的通知》,我校今年申报的"网络信息处理北京市国际科技合作基地""信息光电子学与纳异质结构北京市国际科技合作基地""网络社会信息开发与保护北京市国际科技合作基地"和"数字文化产业北京市国际科技合作基地"获得认定。

3月28日,校党委书记王亚杰会见秦皇岛北戴河新区工委书记兼管委会主任郭爱民一行。双方就北戴河新区建设方面开展合作进行了深入的交流和探讨。

4月4日,我校2篇博士学位论文荣获2013年"全国优秀博士学位论文"提名。

4月6—9日,我校两篇论文获得2014年IEEE国际无线通信与网络大会(IEEE WCNC 2014)最佳论文奖(Best Paper Award)。

4月8日,校党委书记王亚杰会见最高人民法院研究室副主任、中国应用法学研究所(法研所)所长孙佑海一行。

4月9日,乔建永校长会见美国苹果公司副总裁布鲁斯·塞维尔(Bruce·Sewell)先生。

4月9日,我校举行本科教学审核评估专家报告会。

4月11日,南京邮电大学周南平副校长一行4人来我校就校园信息化建设进行专题调研。

4月17日,中国普天信息产业股份有限公司曹宏斌副总裁、普天物流技术有限公司赵汝雄副总裁和物流产业技术战略联盟杨敏秘书长一行到我校调研物流产业技术战略联盟建设工作。

4月17日,我校无锡感知技术与产业研究院获得"2013年度无锡市优秀物联网科研机构"称号。

4月22日,召开中俄教育合作事宜洽谈会。

4月24日,举办以"我创新·我精彩"为主题的北京邮电大学第六届大学生创新实践成果展示交流会暨创新论坛开幕式。

4月24日,我校召开"平安校园"创建工作专题报告会,北京市人民政府教育督导室主任、北京市委教育工委副书记唐立军应邀作为本次报告会的主讲嘉宾。

4月25日,我校杰出校友、校友总会名誉会长、原信息产业部吴基传部长莅临学校指导工作。

4月28日,我校学生在2014年国际大学生数学建模竞赛中1队获特等奖提名奖(Finalist),29队获一等奖(Meritorious),138队获二等奖(Honorable)。

5月4日,共青团中央对2013年度全国各级团组织中的先进集体和个人进行集中表彰,我校团委荣获"全国五四红旗团委"荣誉称号。

5月6日,由我校数字媒体与设计艺术学院七维亦影创新基地选送的交互式动画作品《神奇的当铺》,获得了2014微软"创新杯"全球学生科技大赛中国区全国总决赛二等奖。

5月9日,我校校长乔建永教授会见美国德州农工大学库玛(P.R. Kumar)院士。我校校友、现德州农工大学崔曙光副教授陪同来访。

5月10—11日，我校乒乓球代表队在2014年首都高校乒乓球锦标赛上荣获男子甲A组团体冠军、女子甲A组团体亚军的佳绩。

5月11日，我校武术代表队在2014年首都高校武术比赛上荣获20个单项冠军，最终取得了男子团体总分第一名、女子团体总分第一名、男女团体总分第一名的佳绩，同时荣获精神文明奖。

5月13—20日，我校乒乓球队在第30届泛波罗的海世界大学生运动会上获得两枚银牌、一枚铜牌的成绩。

5月13—15日，国际学院顺利通过英国工程技术学会（IET）专业认证评估。此次是中英联合培养项目第四次通过IET专业认证评估。

5月14日，我校召开2014年教学模式改革研讨会。

5月15日，我校召开民族教育学院成立十周年表彰大会。

5月16日，我校校长乔建永、副校长兼可信网络通信协同创新中心主任杨放春与中国电子科技集团公司（CETC）总经理熊群力、副总经理左群声在中国电子科技集团公司举行战略合作高层会晤。

5月17—25日，我校ACM大学生程序设计竞赛集训队6支队伍在北京和西安举办的两场全国大学生程序设计邀请赛，共获得了3金、1银、1铜的优异成绩。

5月20日，移动互联网安全技术国家工程实验室第一届理事会成立大会和第一届技术委员会成立大会在我校召开。

5月21—23日，在南京举行的第五届中国卫星导航学术年会（CSNC 2014）上，我校共荣获6项奖励，包括北斗卫星导航应用推进奖、创新贡献奖、学术论文组织奖、年会优秀论文奖1篇（邓中亮教授指导，安倩完成）、青年优秀论文一等奖1篇（邓中亮教授指导，安倩完成）、青年优秀论文优秀奖2篇（邓中亮教授指导，阮凤立完成；光研院戴一堂副教授完成）。

5月22日，乔建永校长会见美国密西西比学院理·罗伊斯校长代表团。

5月22日，我校召开研究生培养指导委员会成立大会，正式成立"研究生培养指导委员会"。

5月23日，我校获得2013年首都高等学校阳光体育联赛阳光杯优胜奖。

5月23日，我校召开学习宣传贯彻习近平总书记五四重要讲话精神座谈会暨共青团组织表彰会，校党委副书记曲昭伟出席会议并讲话。

5月23日，党的十八大精神宣讲团成员、中共中央党校教授、博士生导师、中央党校马克思主义理论教研部思想政治教育教研室宋福范主任来到北京邮电大学做"在新的历史起点上，全面深化改革——党的十八届三中全会精神解读"专题报告，为全校党员干部全面深入解读十八届三中全会精神。

5月26日，我校组织纪红、林金桐、卞佳丽、邓芳、周锋、李文生、孟祥武赴重点中学开展科普讲座活动。

5月27日—6月1日，乔建永校长率团先后访问台湾地区元智大学、中原大学、政治大学、中国文化大学、明志科技大学、静宜大学以及义守大学。

5月29日，我校荣获"创青春"全国创业大赛首都站"优胜杯"。

5月29日，我校新增国际商务硕士和艺术硕士两类专业学位硕士授权点获批。

6月3日，北京市委教育工委常务副书记刘建、组织处副处长李丽辉深入民族教育学院开展调研工作。

6月4日，计算机学院李丽香教授、彭海朋副教授和杨义先教授与德国Kurth教授（欧洲科学院院士）和Schellnhuber教授（美国科学院院士）合作完成的论文"Chaos - order transition in foraging behavior of ants"于 2014 年 5 月在美国国家科学院院刊(PNAS)上发表。

6月5日,"平安校园"创建检查验收工作圆满结束。以北京市人民政府教育督导室主任、北京市委教育工委副书记唐立军为组长的首都高校"平安校园"创建检查验收工作组对我校的"平安校园"创建工作进行了集中检查验收。

6月6日,我校召开教学教辅单位换届聘任工作动员大会。

6月7日,举办互联网技术服务区域发展战略研讨会暨北京邮电大学第九届地方校友会会长会。

6月13日,召开本科教学工作审核评估启动会。

6月17日,我校学生在 2014 年全国大学生英语竞赛荣获特等奖 6 项,一等奖 8 项,二等奖 34 项,三等奖 68 项。

6月21日,"灾备技术国家工程实验室"建设项目顺利通过教育部组织的验收。

6月26日,我校与伦敦玛丽女王大学联合培养项目 2014 届毕业典礼隆重举行。

6月26日,我校召开 CIO 联席会议。

7月1日,召开学习贯彻习近平总书记系列重要讲话精神报告会。

7月1日,我校举行爱心帮扶基金捐赠活动启动仪式。

7月3日,我校理学院田播教授名列 Thomson Reuters 2014 世界最具影响力科学家行列。

7月4日,我校在读博士生张佳鑫成功当选 6 月"北京榜样"。

7月8日,我校 2014 年博士学位授予仪式暨优秀博士学位论文颁奖会顺利举行。

7月9日,我校田辉、艾文宝教授获第十届北京市高等学校教学名师奖。

7月13—17日,我校武术队在中国大学生体育协会主办的 2014 年中国大学生武术锦标赛上共获得 5 枚金牌、3 枚银牌、9 枚铜牌。

7月14日,袁熙坤教授中美洲文化之旅获颁多米尼加总统奖章。

7月16日,我校主持的 AONI 项目最新研究进展入选 OECC/ACOFT 2014—PDP 报告。

7月22日,我校艾克热木·艾尔肯老师荣获 2013—2014 年度"北京高校十佳辅导员"荣誉称号。

7月28日,校长乔建永教授独著的长篇学术论文"Julia Sets and Complex Singularities of Free Energies"在国际权威学术期刊《Memoirs of the American Mathematical Society》(Memoirs of AMS)在线发表。

8月5日,我校与南太平洋大学合作建设的南太平洋大学孔子学院瓦努阿图教学点顺利开班。

8月22日,我校在"2014 尚和杯中国机器人大赛暨 RoboCup 公开赛分项赛"中获得一等奖(冠军)1 项,一等奖(第 6 名)1 项,二等奖 1 项,三等奖 5 项。

8月25日,乔建永校长做客人民网首届高校校长论坛并签署战略合作协议。

9月2日,我校学生在 2014 年全国大学生电子商务"创新、创意及创业"挑战赛中荣获 3 个全国一等奖,5 个全国二等奖,15 个全国三等奖。我校荣获全国优秀组织单位奖。

9月3日,我校相关部门与海淀区今典小学相关负责人就合作共建工作的深入开展进行了沟通与交流。

9月4日,"以'3E'为核心的通信工程专业建设探索与实践"和"创建'四位一体'创新实践教育机制,培养高质量人才"两个项目在国家级教学成果奖评选中均获得国家级教学成果奖二等奖。

9月12日,召开校领导班子与新聘教职工座谈会。

9月15日,北京邮电大学财务服务厅揭牌仪式在教一举行。

9月15日,国家自然科学基金委信息科学部实地考察我校创新研究群体。

9月18日,党委副书记董晞会见西南民族大学党外代表人士一行。

9月19—23日,在2014年全国研究生数模竞赛中,我校取得一等奖1名、二等奖3名、三等奖7名和9个成功参赛奖的历年最佳成绩。

9月19—21日,由我校111创新引智基地项目"高等智能与网络服务"参与主办的IEEE网络基础设施与数字内容国际会议——IEEE IC-NIDC 2014在北京顺利召开。

9月24日,国务院法制办公室副主任、党组成员袁曙宏莅临我校调研指导工作。

9月25日,校长乔建永会见延庆县县委书记李志军一行。

9月26日,校党委副书记曲昭伟率学校相关部门负责同志赴中央财经大学沙河校区进行调研。

9月27日,任晓敏副校长出席孔子学院建立十周年庆典活动。

9月27日,我校宏福校区举行"互联中国梦"网络安全公益论坛。

9月27—28日,由我校参与主办,IET作为技术支持的无线通信、网络技术与移动计算国际学术会议——WiCOM 2014在北京顺利召开。

10月12日—12月7日,我校学生在第39届ACM国际大学生程序设计竞赛亚洲区域赛中,累计获得3金1银8铜的好成绩。

10月13日,《北京邮电大学学报》(社会科学版)在中国高校人文社科学报学会举行的2010—2014年第五届全国高校社科期刊评优活动中,蝉联"全国百强社科学报";《网络文化》栏目蝉联"全国高校社科期刊特色栏目"。

10月18日,《中国高等教育》隆重推出北邮专版及北邮王亚杰书记、乔建永校长联袂文章《加强校园文化建设 推动大学持续健康发展》。

10月18—19日,由北京市教育委员会主办,我校参与协办的首都高等学校第六届秋季学生田径运动会在我校运动场隆重召开。

10月21日,在教育部科技司组织的"第五届中国高校优秀科技期刊"评比活动中,《北京邮电大学学报》被评为"中国高校优秀科技期刊"。

10月22日,任晓敏副校长会见美国耶希瓦大学副校长斯考特·高德博格。

10月22日,我校成功举办中欧导航定位技术研讨会。

10月24日,在2014年度24个"2011协同创新中心"(简称"2011计划")名单中,我校作为组建主体单位的"无线通信技术协同创新中心"入选行业产业类,这是我国移动通信技术和产业第一次入选"2011计划",标志着我校的无线移动通信技术跨上一个新的台阶。

10月24日,任晓敏副校长会见加拿大皇家学会诺曼·比尤利院士。双方就开展多领域合作进行了交流。

10月31日,由工业和信息化部指导,我校参与承办的"互联中国梦——百度网络安全公益论坛"召开,校长乔建永、中国互联网协会秘书长卢卫、副秘书长杨一心等以及全校近500名学生参加此次活动。

11月1—4日,我校武术队队员岳雷钧在首届世界太极拳锦标赛中获得冠军。

11月3日,根据教育部关于印发《第二批"十二五"普通高等教育本科国家级规划教材书目》的通知(教高函〔2014〕8号),我校五种教材入选第二批"十二五"普通高等教育本科国家级规划教材名单。

11月3日,我校任晓敏副校长与伦敦玛丽女王大学杰里米·吉尔伯恩(Jeremy·Kilburn)副校长签署两校交换生协议。

11月4日，我校学生在2014年"创青春"全国大学生创业大赛中获得主体赛事1金2铜、专项赛事1银1铜的好成绩。

11月12日，智利总统米歇尔·巴切莱特阁下为我校袁熙坤教授创作的雕塑揭幕。

11月14日，举行北京邮电大学—德赛集团"学子成才"奖助学金签约仪式暨产学研合作洽谈会。

11月14—16日，我校学生在2014年华北五省(市、自治区)大学生机器人大赛中获得华北五省(市、自治区)大学生机器人大赛一等奖1项，二等奖5项，三等奖4项；北京市大学生机器人大赛一等奖2项，二等奖3项，三等奖2项，我校郭磊老师被评为2014年北京市大学生机器人大赛优秀指导老师。

11月15日，我校"宽带光接入与高速光传输关键技术创新及推广应用""神州电子文档安全管理系统"两项科技成果荣获2014年中国产学研合作创新成果奖。

11月15日，"移动互联网安全技术国家工程实验室"的揭牌仪式在深圳举行。

11月17日，任晓敏副校长会见了加拿大拉瓦尔大学中国招生与发展负责人徐洪(John Zee)博士。

11月18日，举行"北京邮电大学—北京移动奖学金、奖教金"签约仪式。

11月19日，方滨兴院士参加首届世界互联网大会。

11月20日，我校与延庆县政府在延庆县签订战略合作协议。

11月26日—12月3日，我校举行2014年教学工作会议。

11月29日，召开北京校友会2014年校友代表大会。

11月30日—12月4日，根据共青团中央、中国青年志愿者协会印发《关于表彰第十届中国青年志愿者优秀个人、组织和项目的决定》，我校信息与通信工程学院在读博士研究生张佳鑫荣获"第十届中国青年志愿者优秀个人奖"。

12月1日，纪越峰教授主编的《现代通信技术(第4版)》获2014年全国电子信息类优秀教材一等奖。

12月1日，科技部网站公布，由我校电子工程学院邓中亮教授担任首席专家的国家863计划"城市室内外高精度定位导航关键技术与服务示范"项目取得了多项重要研究成果，并已成功应用于北京APEC会议的安保任务，出色完成了无扰服务、绿色会议的任务，为此次会议的圆满召开提供了重要保障。

12月2日，北京市教委后勤处处长刘占军、北京市学校后勤事务中心副主任赵长顺莅临我校检查指导后勤服务保障工作。

12月7日，乔建永校长出席第九届孔子学院大会。

12月8—9日，校党委书记王亚杰、刘韵洁院士、研究生院常务副院长王文博教授、科研院科研基地处王彦处长和信息与通信工程学院院长张琳教授应邀出席第四届中国未来网络发展与创新论坛暨全球SDN开放网络高峰会议。

12月12日，举办校园网和CERNET北邮核心节点建设20周年研讨会。

12月12日，邓中亮教授荣获中央电视台2014年度十大科技创新人物。

12月13—16日，我校艺术团在第四届北京青年艺术节共获得一项金奖、两项银奖以及两项铜奖的优异成绩。

12月14日，我校获得全国高校"校园好声音"大赛华北赛区冠军。

12月14日，我校成功召开"2014年新型光纤光缆应用与测试技术研讨会"。

12月15—22日，开展研究生科学道德和学风建设系列教育活动。

12月22日，举办第八届(2014)"心系家园"京港文化交流团欢迎仪式。

12月26日，举办社会主义核心价值观宣传教育优秀学生工作项目暨优秀案例现场展示评比活动。

12月29日，副校长郭军主持召开大学生创新实践优秀本科生公派留学工作会。

12月31日，我校主页荣获第七届全国高校百佳网站奖。

12月18日公布的REF(The Research Excellence Framework)科研评比中，伦敦玛丽女王大学在154所大学中脱颖而出，排名全英第9名。

12月，我校访问教授Norman C. Beaulieu院士荣获IEEE CTTC(Communication Theory Technical Committee, CTTC)个人成就奖，以表彰其在"衰落信道与分集系统分析基础研究"方面所作出的杰出贡献。

2014年末，国际权威的大学专业评估机构美国US NEWS公布了其最新的世界大学排名。在计算机科学的专业排名中，北京邮电大学列全球第79位，进入世界100强。

2015年

1月5日，经网络投票、省厅初评、专家通信和会议评审等环节，北京邮电大学主页荣获第七届全国高校百佳网站荣誉称号。

1月5日，我校博士研究生张佳鑫荣膺2014年度十大"北京榜样"。

1月8日，王亚杰书记亲切会见了加拿大皇家学会诺曼·比尤利(Norman C. Beaulieu)院士，希望在相关的研究领域与重点实验室加深合作。

1月9日，我校邓中亮教授主持完成的"星地融合广域高精度位置服务关键技术"项目荣获2014年度国家科技进步奖二等奖。

1月9日，2014年度国家科学技术奖励大会在人民大会堂隆重举行。诺贝尔奖获得者、我校"111"基地学术大师、我校信息光子学与光通信国家重点实验室名誉主任、信息光电子学与纳异质结构中俄联合实验室主任、俄罗斯科学院副院长、俄罗斯科学院圣彼得堡大学校长——若列斯·伊·阿尔费罗夫院士，荣获2014年度中华人民共和国国际科学技术合作奖。中共中央总书记、国家主席习近平同志亲自为阿尔费罗夫院士颁发了奖励证书。

1月14日，由教育部学位与研究生教育发展中心、中国科协青少年科技中心共同主办、我校承办的第一届全国研究生移动终端应用设计创新大赛启动会暨组委会第一次会议在北京邮电大学成功召开。

1月16日，2014年度中国通信学会科学技术奖评审工作结束。我校共有4项科研成果荣获2014年度中国通信学会科学技术奖，其中一等奖3项，二等奖1项。其中廖建新博士主持的"移动通信服务精细化运营中大数据关键技术及应用"项目获得了2014年度中国通信学会科学技术奖一等奖，该项目已被工业与信息化部推荐参评2015年度国家科技进步奖。

1月16日，由我校夏俊教授撰写的"3G/4G时代中国移动通信业竞争与监管"论文荣获2014年度北京市第十三届哲学社会科学优秀成果奖二等奖。

1月16日，北京邮电大学2014年"北京移动奖教金""周炯槃优秀青年教师励志奖"颁奖会隆重举行。

1月20日上午，北京邮电大学女教授协会在行政楼501会议室举行第三届委员会第一次会议。校长乔建永、党委副书记董晞、北京市妇女联合会副主席周志军、校工会常务副主席王翔、校团委书记任雄飞出席了大会。我校第二届、第三届全体女教授协会委员会委员参加了会议。

1月22日,教育部科技发展中心2014年继续对加入其网站的期刊进行了"中国科技论文在线优秀期刊"评选活动,就影响因子和他引率、网站收录论文数和下载量、期刊入网的完整性及期刊编委的国际化程度、开放存取等进行统计分析,严格评选出了"中国科技论文在线优秀期刊"奖。《北京邮电大学学报》(自然科学版)在评比中荣获一等奖,这是继2008年首次获奖后连续第6年获此殊荣。

1月22—23日,中国共产党北京邮电大学第十四次代表大会在科学会堂隆重召开。会议选举王亚杰同志任党委书记,曲昭伟、董晞(女)同志任党委副书记,董晞(女)同志任纪律书记(兼),党传升同志为纪委副书记。

2月6—10日,2015年国际大学生数学建模竞赛举行,我校学生在此次竞赛中取得优异成绩,1队获特等奖提名奖(Finalist),43队获一等奖(Meritorious),129队获二等奖(Honorable),整体获奖质量在参赛高校中继续保持优异地位。

2月12日,北京市教委郑登文副主任、刘占军处长一行来我校慰问寒假留校学生。

2月12日,第五届中华优秀出版物奖公布,我校出版社出版的《宽带移动通信系统的网络自组织(SON)技术》(彭木根著)一书喜获图书奖。

2月27日,北京市委、市政府隆重举行2014年度北京市科学技术奖励大会,我校共有两项科研成果荣获2014年度北京市科学技术奖。

2月28日,"首都高校安全稳定工作会议"在北京市会议中心召开。会议宣布了授予北京邮电大学等19所高校"平安校园"荣誉称号的决定。至此,我校顺利通过了北京市"平安校园"创建验收。

3月2日,我校通信与网络虚拟仿真实验教学中心被教育部评为国家级虚拟仿真实验教学中心。

3月2日,我校数理创新实践基地被认定为北京高等学校示范性校内创新实践基地建设单位。

3月2日,北京邮电大学副校长郭军应邀出席了今典小学2015年春季学期开学典礼并讲话。

3月3日,国家邮政局局长马军胜、我校邮政发展研究中心主任赵国君做客"两会e客厅"。

3月4日,我校举办北京市先进工作者——张平教授、北京市模范集体——网络与位置服务创新团队先进事迹报告会。

3月6日,中国驻斐济新任大使张平阁下应南太平洋大学钱德拉校长的邀请,莅临南太大学参加活动并视察孔子学院工作。

3月11日,我校向教育部报送的信息"北京邮电大学深入开展志愿服务工作"被发布在教育部网站首页。

3月13日,党委副书记、纪委书记董晞主持召开学校十四届纪委第二次全委会。会议的主要内容是:学习传达中纪委五次全会和教育部大兴培训会部领导讲话精神,研究讨论2015年纪检监察工作要点,审议《中共北京邮电大学纪律委员会会议制度》等。

3月15日,金永生教授做客香港卫视《两会新闻直播厅》就"互联网+"特别是"互联网金融"及"一带一路战略"等热点问题进行了专家解读。香港卫视网络电视台、卫星电视在线频道、香港卫视手机App等全球同步直播了本次专家访谈。

3月16日,北京邮电大学完成《20世纪中国知名科学家学术成就概览》(之一)9位北邮大师级人物撰写工作。

3月17日,我校召开2015年教育部本科教学工程建设项目启动会。

3月18日,北京邮电大学与中科院半导体所共建"黄昆班"开班仪式隆重举行。

3月20日，北京市科委支持我校承担的"裸眼3D显示装置研制"课题顺利通过专家验收。

3月25—27日，北京邮电大学第六届教职工代表大会暨第十二届工会会员代表大会隆重开幕，校党委副书记曲昭伟主持会议。

4月1日，斐济南太平洋大学孔子学院咨询委员会成立大会暨第一次会议成功举办。北京邮电大学副校长任晓敏教授特意为咨询委员会的成立发来中英文贺信。

4月2日，亿阳集团贺北京邮电大学60周年校庆捐赠仪式隆重举行。

4月7日，我校离退休工作处荣获"创意生活 共筑梦想"北京教育系统老同志创意作品展组织奖，我校退休徐淑华同志的作品《吉祥鸿运马》荣获最佳创意奖；我校退休李振良同志的作品《嫦娥奔月》荣获优秀作品奖；我校退休李秀秋同志的作品《纸盘画》荣获优秀作品奖。

4月11日，北邮荣获首届全国高校校园好声音大赛亚军。

4月14日，学校召开2015年党风廉政建设工作会议。全体校领导、纪委委员、中层干部参加了会议。

4月中旬，一篇关于为急性白血病患者黄敏丽募捐治疗费用的帖子在社会上引起了很大反响。黄敏丽为北京邮电大学人文学院2013届日语专业本科毕业生。28小时17分钟，1 303 087.56元善款，29位献血爱心人士，740条论坛祝福，111 877次微信阅读数……面对如此庞大的数字和如此快速的回应，北邮人共同创造了一个奇迹，这是一首爱的赞歌，这更是"崇尚奉献 追求卓越"的北邮精神和北邮正能量的完美诠释与集中体现。17日，北京邮电大学领导送上了捐款和祝福。

4月16日，我校在世纪学院延庆校区召开了北京邮电大学与延庆县人民政府落实战略合作协议协调会。

4月17日，北京市大学生体育协会第五次会员代表大会暨2015年理事（扩大）会召开，我校荣获贯彻实施《学校体育工作条例》优秀学校，副校长郭军荣获优秀"校长杯"。

4月17日，我校任晓敏副校长与伦敦玛丽女王大学大卫·萨德勒(David Sadler)副校长签署两校博士生交换协议。

4月19日，第十届中国电子信息技术年会召开，我校邓中亮教授团队主持完成的"室内位置服务关键技术与应用"项目荣获2014年度中国电子学会科学技术奖一等奖。

4月22日，阿里巴巴集团在我校举办主题为"技术拓展商业边界"的第六届技术论坛。

4月27日，由教育部思想政治工作司指导、全国高校辅导员工作研究会和中国教育报主办的第七届"全国高校辅导员年度人物"评选活动中，我校推荐的民族教育学院辅导员艾克热木·艾尔肯老师获评第七届"全国高校辅导员年度人物"。

4月29日，民族教育学院"艾克热木正能量工作室"揭牌仪式在宏福校区举行。

4月29日，由我校"网络体系构建与融合北京市重点实验室"主办的首次"能源互联网下的信息通信体系研讨会"成功举办。

4月29日，可信网络通信协同创新中心（以下简称中心）理事会2015年度会议在我校召开。

4月30日，我校召开"双培计划"工作专题会议。"双培计划"是北京市教委推动的北京高等学校高水平人才交叉培养计划中的子项目，我校高度重视并积极推进北京高等学校"双培计划"。

5月2日，《中国教育报》二版头条辟专文报道我校"互联网＋时代的教育变革"。

5月6日，由我校牵头承担，邓中亮教授为首席专家的十二五国家863计划主题项目"城市室内外高精度定位导航关键技术与服务示范"下设课题技术验收会议在北邮科技大厦成功举行。验收专家一致同意各课题通过验收，并对项目所取得的成果给予了肯定。

5月11日，教育部直属高校基本建设规范化管理专项检查组莅临我校开展检查工作。

5月14—17日,首都高等学校第53届学生田径运动会举行,我校获得男女团体第二名、男子团体第二名、女子团体第七名、体育道德风尚奖。

5月19日,教育部科技司司长王延觉莅临我校,调研考察我校可信网络通信协同创新中心(以下简称中心)培育组建工作,基础处处长邰忠智陪同调研。

5月21日,以"我创新·我超越"为主题的北京邮电大学第七届大学生创新实践成果展示交流会暨创新论坛开幕。

5月25日,经北京市教育委员会、北京市大学生体育协会对2014年北京市高等学校体育竞赛综合评估,我校获得2014年首都高等学校阳光体育联赛阳光杯、朝阳杯优胜奖。

5月23—24日,首都高校武术比赛举行。我校学生武术队共获得15个单项冠军,最终取得了男子团体总分第一名、女子团体总分第一名、男女团体总分第一名的佳绩。

5月23日,科技部副部长李萌在我校校长乔建永陪同下参观了我校第七届大学生创新实践成果展。他成为今年北邮大创展的第11 709人次参观者。

5月23日,校长乔建永教授赴延庆校区世纪学院,为师生作了题为"数学对科学与文化的影响"的学术讲座。

5月30—31日,北京市第九届"和谐杯"乒乓球比赛暨2015年首都高校"TST杯"乒乓球锦标赛、"校长杯"乒乓球比赛在我校体育馆举行。

5月31日,埃及驻华大使馆文化参赞侯赛因·伊卜拉欣(Hussein Ibrahim)博士一行6人访问我校。

6月5日,我校93级校友、美国德州农工大学崔曙光教授受聘为通信与网络核心技术创新引智基地(111基地)短期高级访问科学家,授予仪式在行政办公楼501会议室举行。

6月6日,2015年首都高等学校游泳冠军赛举行,我校夺得男子乙组团体总分第三、女子乙组团体总分第三、总成绩乙组第五的好成绩。

6月6日,校长乔建永亲切会见了刚果(布)国土整治和重大工程部部长让·雅克·布雅(Jean Jacques BOUYA)一行。

6月9日,党委副书记曲昭伟亲切会见了来访的海淀区区委常委、武装部部长吴祖安和副部长苏宝军一行。

6月10日,广西大学与北京邮电大学校园文化建设交流会召开。

6月15日,人工智能公司iPIN.com在北京发布了《2015年iPIN.com中国大学薪酬排行榜》和《iPIN 2015年中国大学就业竞争力排行榜》。北京邮电大学分别位居第八位和第十六位。

6月15—16日,任晓敏副校长等一行应邀参加在武汉光电国家实验室举行的信息光子学协同创新高端论坛,并作特邀报告。

6月16日,我校发布北京邮电大学60周年校庆晚会众筹公告。

6月16日,北京邮电大学召开"三严三实"专题教育活动动员部署会,校党委书记王亚杰作了有关"三严三实"专题党课辅导,标志着我校"三严三实"专题教育正式启动,会议由校长乔建永主持。

6月18日,校工会召开了工会、教代会专题会议,各二级单位党委书记参加会议。

6月25日,孔子学院总部副总干事、国家汉办副主任王永利先生一行莅临斐济,对南太平洋大学孔子学院进行工作督导。

6月26日,由北京市教育工委、市教委主办,北京教育老干部活动中心、北京老教育工作者协会、北京邮电大学承办的北京市教育系统老同志纪念中国人民抗日战争暨世界反法西斯战争胜利

70周年歌曲展演活动在我校科学会堂举行。

6月26日，由中国工程院主办，中国通信学会协办，北京邮电大学承办的"2015中国信息技术发展新趋势论坛"在北京邮电大学成功举办。

6月26日，我校中国人工智能学会获民政部社会组织评估4A等级。

6月26日，《北京邮电大学章程》获教育部核准。

6月27—28日，北京高科大学联盟与秦皇岛市政产学研对接会在秦皇岛市北戴河新区隆重举行。北京高科大学联盟理事长、校党委书记王亚杰，校长乔建永率北邮代表团出席了会议。

6月29日，由教育部学位与研究生教育发展中心、中国科协青少年科技中心共同主办、我校承办的第一届全国研究生移动终端应用设计创新大赛专家委员会在北京邮电大学成功召开。

2014年9—10月底，海淀区精神文明建设委员会办公室在全区开展了第二届"回眸文明"主题摄影比赛，我校一共摘回6个奖项：三个1等奖，两个3等奖，1个单位组织奖。

7月3日，乔建永校长、任晓敏副校长会见了英国伦敦玛丽女王大学大卫·萨德勒（David Sadler）副校长一行。

7月2日，北京邮电大学与伦敦玛丽女王大学联合培养项目2015届本科毕业典礼隆重召开。

7月2日，北京邮电大学2015届本科生毕业典礼在校本部体育场隆重举行。

7月3日，2015年留学生毕业典礼举行。

7月3日，"智慧校园：腾讯QQ'互联网＋'教育服务战略合作签约仪式"在北京腾讯汇成功举办。杨放春副校长出席会议并讲话，教育部科技司副司长雷朝滋、腾讯公司副总裁殷宇等出席会议。

7月6日，北京邮电大学国际汉语培训中心"俄罗斯圣彼得堡652中学文化交流项目"圆满结束。

7月6日，第十一届(2015)京台大学生IT交流营开营仪式隆重举行。

7月7日，华东师范大学社会调查中心推出了《中国大学录取分数排行榜》(2015版)，北京邮电大学位居第20位。

7月7日，IBM—北京邮电大学大数据与分析技术建设项目启动以及签约仪式。IBM向我校捐赠了IBM大数据及分析技术系列软件。郭军副校长亲切会见来宾。

7月9日下午，2015年博士学位授予仪式暨优秀博士学位论文颁奖典礼隆重举行。

7月10日晚，在我校校庆倒计时100天之际，2015年"校园好声音"北邮战队在北邮主楼前广场为大家带来了一场精彩绝伦的演唱会。

7月15日，南太平洋大学库克校区孔子课堂首期社会汉语培训班结业典礼成功举行。

7月18日，2015年全国邮电高校教学工作联席会议在我校召开。

7月，中央军委委员、总装备部部长张又侠同志一行莅临我校调研指导科研协调创新工作。王亚杰书记、乔建永校长、杨放春副校长、我校科研人员汇报了学校相关工作，教育部科技司李渝红处长等陪同调研。

8月8—9日，"麦芒杯"第一届全国研究生移动终端应用设计创新大赛全国总决赛在北京邮电大学举行。我校共有4部作品进入全国总决赛。其中获得一等奖的作品有3部，三等奖作品有1部。

8月26日，根据新浪教育发布的消息，北京邮电大学在全国高校研究生就业率排行榜中名列榜首。

8月28日，我校中国人民抗日战争胜利70周年纪念章颁发仪式举行。副校长赵纪宁逐一为18

名抗战期间参加革命工作的老同志或家属代表颁发了纪念章和慰问金。

8月28日,教育部林蕙青副部长和国家邮政局马军胜局长在国家邮政局召集双方相关司局负责人、我校校领导,就邮政快递行业人才培养工作进行交流和研讨。

9月2日,北京邮电大学沙河校区开学准备工作协调会在沙河校区行政办公楼四层会议室召开,会议由昌平区政府副区长刘淑华主持。

9月9日,我校2015年大学生入伍欢送会举行。

9月10日,北京邮电大学60周年校庆系列活动之周炯槃先生学术思想研讨会举行。周炯槃先生铜像落成仪式在我校本部校区隆重举行。

9月10日,北京邮电大学沙河校区启用仪式暨北京高科大学联盟昌平揭牌典礼在北京邮电大学沙河校区隆重举行。北京市委副秘书长郭广生,教育部发展规划司副司长刘昌亚,昌平区区委书记侯君舒、区长张燕友,北京市委办公厅副主任李彦来,昌平区副区长刘淑华,以及北京高科大学联盟校领导,昌平沙河高教园区管委会、沙河镇领导和北京邮电大学校级领导班子成员、中层干部、党代会代表、双代会代表、离退休老同志代表和师生代表出席本次活动。活动由副校长李杰主持。

9月11日,蔡长年先生铜像落成仪式在我校本部校区隆重举行。

附录二

历任学校党政领导人名录

(一) 历任党委书记、副书记名录

钟夫翔	1956年5月—1956年11月	分党组书记
孟贵民	1956年5月—1956年11月	分党组副书记
	1956年12月—1957年3月	党委第一书记
	1957年3月—1958年1月	党委书记
	1979年12月—1980年10月	党委副书记
秦华礼	1956年12月—1957年3月	党委第二书记
	1957年3月—1958年1月	党委副书记
	1958年1月—1959年2月	党委第二书记
张书田	1957年3月—1959年10月	党委副书记
方 刚	1957年3月—1965年7月	党委副书记
杨思九	1958年1月—1959年4月	党委第一书记
	1959年4月—1966年5月	党委书记
	1973年6月—1979年12月	党委书记
赵 磊	1959年5月—1966年5月	党委副书记
	1973年6月—1981年8月	党委副书记
张惠仁	1956年7月—1966年5月	党委副书记
徐 信	1973年6月—1975年7月	党委副书记
戴玉琢	1973年6月—1984年4月	党委副书记
刘宗训	1973年6月—1977年11月	党委副书记
宋德仁	1979年12月—1984年4月	党委书记
王锡祥	1980年10月—1984年12月	党委副书记
盛名环	1980年10月—1985年6月	党委副书记
李根达	1984年4月—1988年11月	党委书记

李鹏飞	1985年6月—1988年11月	党委副书记
	1988年11月—1996年8月	党委书记
黄金满	1988年11月—1996年8月	党委副书记
昂秀芬	1990年2月—1993年1月	党委副书记
孙鸿志	1996年8月—2000年2月	党委书记
王德宠	1993年1月—2000年2月	党委副书记
	2000年3月—2006年11月	党委书记
赵青山	1996年8月—2006年11月	党委副书记
赵纪宁	2001年4月—2014年7月	党委副书记
王亚杰	2006年11月—	党委书记
牟文杰	2006年11月—2012年6月	党委副书记
曲昭伟	2012年6月—	党委副书记
董晞	2012年6月—	党委副书记

(二) 历任院(校)长、副院(校)长

钟夫翔	1955年7月—1956年11月	院　　长
林爽	1955年7月—1956年4月	副院长
施光迪	1955年7月—1959年10月	副院长
卢宗澄	1955年7月—1957年10月	副院长
孟贵民	1956年3月—1956年11月	副院长
	1956年11月—1957年10月	代院长
	1957年11月—1966年5月	院　　长
	1973年10月—1981年8月	院　　长
林启琛	1956年10月—1959年4月	副院长
杨思九	1957年10月—1959年10月	副院长
刘砚田	1959年4月—1966年5月	副院长
周元亮	1959年11月—1964年9月	副院长
王希伦	1959年10月—1966年5月	副院长
	1973年3月—1981年12月	副院长
王锡祥	1966年2月—1966年5月	副院长
	1973年3月—1980年10月	副院长
戴玉琢	1973年3月—1983年2月	副院长
叶培大	1979年12月—1981年8月	副院长
	1981年8月—1985年8月	院　　长
	1985年8月—2011年1月	名誉院长
蔡长年	1979年12月—1984年9月	副院长

姓名	任职时间	职务
李根达	1979年12月—1984年4月	副院长
胡健栋	1984年4月—1985年8月	副院长
	1985年8月—1989年11月	院　长
庄士钦	1984年4月—1994年3月	副院长
	1994年3月—1996年8月	副校长
刘慕曾	1984年4月—1990年1月	副院长
朱祥华	1985年8月—1989年1月	副院长
	1989年11月—1994年3月	院　长
	1994年3月—1998年3月	校　长
倪维桢	1987年7月—1992年6月	副院长
张志敏	1990年2月—1992年5月	副院长
黎荣龙	1990年2月—1994年3月	副院长
	1994年3月—1996年4月	副校长
钟义信	1992年5月—1994年3月	副院长
	1994年3月—2001年4月	副校长
赵青山	1992年5月—1994年3月	副院长
	1994年3月—1996年8月	副校长
昂秀芬	1993年1月—1994年3月	副院长
	1994年3月—1998年3月	副校长
林金桐	1996年8月—1998年3月	副校长
	1998年3月—2007年12月	校　长
张英海	1996年8月—2012年6月	副校长
任晓敏	1996年8月—	副校长
张筱华	2001年4月—2006年11月	副校长
薛忠文	2001年4月—2012年6月	副校长
牟文杰	2003年1月—2006年11月	副校长
秘建虎	1996年8月—2001年4月	副校长
方滨兴	2007年12月—2013年8月	校　长
乔建永	2013年8月—	校　长
赵纪宁	2014年7月—	副校长
杨放春	2006年11月—	副校长
温向明	2006年11月—	副校长
郭　军	2012年6月—	副校长
李　杰	2014年7月—	副校长

附录三

国家级有突出贡献的专家名录

姓名	性别	出生年月	突贡专家时间	级别	备注
陈俊亮	男	1933.10	1984 年	国家级	退休
蔡学勋	男	1932.01	1984 年	国家级	退休
梁崇高	男	1932.09	1986 年	国家级	退休
宋俊德	男	1938.09	1986 年	国家级	退休
王中德	男	1937.03	1990 年	国家级	出国离职
章继高	男	1933.03	1960 年	国家级	退休
钟义信	男	1940.02	1990 年	国家级	退休
杨义先	男	1961.03	1991 年	国家级	
顾畹仪	女	1946.04	1992 年	国家级	
杨放春	男	1957.03	1992 年	国家级	
廖启征	男	1947.02	1992 年	国家级	
程时端	女	1940.06	1994 年	国家级	退休
蔡安妮	女	1943.07	1994 年	国家级	退休
雷振明	男	1951.04	1996 年	国家级	
孟洛明	男	1955.05	1998 年	国家级	

附录四

省部级教学、科研成果奖获得者名录

附表 4-1　国家级教学成果奖

项目名称	评奖时间	获奖级别	获奖个人或单位
开拓者的丰收	1989 年	国家优秀奖	周炯槃
电子技术实验课的建设与改革	1993 年	国家级二等奖	电路中心实验室

表 4-2　国家级获奖教材

书名	获奖等级	作者	出版社	年份
《信息论基础》	全国高等学校优秀教材特等奖	周炯槃	人民邮电出版社	1987 年
《载波通信原理》	全国高等学校优秀教材奖	多路通信教研室	人民邮电出版社	1987 年
《机构和机械手分析》	国家自然科学四等奖	梁崇高、李宏友、廖启征	北京邮电学院出版社	1989 年
《电信传输理论》	全国高等学校优秀教材奖	王明鉴	人民邮电出版社	1992 年
《光纤通信系统》	全国高等学校优秀教材奖 国家级普通高等教育精品教材	顾畹仪、李国瑞	人民邮电出版社	1992 年 2008 年
《模拟集成电路应用》	全国优秀科技图书奖	谢沅清		
《数字逻辑与数字系统》（第四版 立体化教材）	国家级普通高等教育精品教材	白中英	科学出版社	2008 年
《数字电路与逻辑设计》	国家级普通高等教育精品教材	刘培植	人民邮电出版社	2009 年
《计算机组织与体系结构》（第四版 立体化教材）	国家级普通高等教育精品教材	白中英	清华大学出版社	2011 年

附表 4-3 国家级、省部级科研成果奖

成果及名称	奖励级别及奖励等级	研制单位	主要研制者	年份
L 波段微波接收机	全国科技大会科技进步奖	无线电工程系	吴彝尊等	1978 年
多点参数显示仪	全国科技大会科技进步奖	无线电工程系	陈德荣、汪培林、陈剑青、汪仲仙	1978 年
BY-2 电接触固体薄膜润滑剂	国家发明二等奖	化学教研室	彭道儒	1982 年
HJD-02 程控电话交换机	国家三等奖	四厂 二炮	邢辉等 王维毅等	1985 年
DJB-823 电接触固体薄膜保护剂	国家发明二等奖	化学防护研究所	彭道儒	1986 年
DCG 反射全息图及其干版	国家科技进步三等奖	应用物理系	傅子平、张菊芹、徐大雄、王本、余重秀	1987 年
选控图及其诊断理论	国家科技进步三等奖		张公绪	1987 年
DS-2000 程控数字电话交换机	国家科技进步一等奖	上海一所、北邮合作研制	陈俊亮、鲁刚、杨放春、石磊琦、宋茂强	1988 年
集成电路 CAD 二级系统	国家科技进步二等奖	清华大学、中科院半导体所、北邮等单位联合研制	宋俊德、辛德禄、肖东平、陈耀军、秦树	1989 年
空间机构位移分析	国家自然科学四等奖	机械工程系	廖启征、李宏友、梁崇高、张启先	1989 年
尘土及颗粒对电接触可靠性影响及防护措施	国家自然科学三等奖	机械工程系	章继高、祝德明、温晓敏、李有清、陈良民	1991 年
数字多频信号提取方法	中国专利优秀奖	电信工程系	赵振纲、王德隽	1991 年
"熊猫"集成电路 CAD 系统	国家科技进步一等奖	17 个单位联合研制,北邮应科系排名第 11 位	宋俊德、李波、杜世红	1993 年
HDP-01 型数字多频设备	国家星火三等奖	电信工程系	赵振纲、吕连生、王德隽、赵宗明、张宁娟、倪中兴、刘瑞霞	1993 年
用于本地网的相干通信技术	中国青年科技奖	无线电工程系	管克俭	1994 年

续表

成果及名称	奖励级别及奖励等级	研制单位	主要研制者	年份
图书情报集成化信息管理和网络系统	国家科技进步三等奖	图书馆	马自卫、郑智学、李小燕、崔桂红、姜海菱	1996年
光纤多路电视传输系统	国家科技进步三等奖	无线电工程系	李玲、王庆海、袁自山、曲达赠、张小频	1996年
34 Mb/s 彩色电视数字设备	国家科技进步三等奖	北京邮电大学	全子一、门爱东、黄孝建、白金榜、陈磊	1996年
中国教育和科研计算机网 CER-NET 示范工程	国家科技进步二等奖	多单位联合（北邮排名第八）	马严（排名第9）	1997年
10Gbps ATM 交换机（BTC-9500）	国家科技进步二等奖	北京邮电大学	雷振明、于德晨、李东强、吴晓春、吴晓非、傅永根、杨子姗等	1999年
CIN 高级智能网系统	国家科技进步三等奖	解放军信息工程大学、北邮、中科院计算所	邬江兴、陈俊亮、李国杰、杨放春、黄文宣	1999年
网络管理设计、测试成套技术及系统	国家科技进步二等奖	北京邮电大学	孟洛明、亓峰、杨正球、陈兴渝等15人	2000年
CORBA 系统实现一致性声明的需求和指南	国家科技进步二等奖	北邮、北京市天元网络技术有限公司	亓峰、王智立、孟洛明、陈兴渝等10人	2003年
中国第三代移动通信系统开发研究项目	国家科技进步二等奖	东南大学、北邮（排名第5）等7个单位联合研制	张平（排名第6）	2003年
TD-CDMA 第三代移动通信技术标准	国家科技进步二等奖	电信技术研究所、北邮（排名第5）等5个单位联合研制		2003年
移动智能网技术	国家科技进步二等奖	北邮、杭州东信北邮信息技术有限公司	廖建新、陈俊亮、王晶、王纯、李炜等10人	2004年

续表

成果及名称	奖励级别及奖励等级	研制单位	主要研制者	年份
TRG-0002 光纤通信传送网 SDH 网络管理系统	北京市科学技术奖二等奖	多单位联合(北京邮电大学排名第三)	陈兴渝(排名第1)、孟洛明(排名第3)、李文璟(排名第5)	2005 年
高速窄线宽可调谐的解复用光接收集成器件及其关键制备工艺	北京市科学技术奖二等奖	北京邮电大学	任晓敏、黄辉、黄永清、王琦、王兴妍、刘凯、马骁宇、张瑞康、崇英哲	2006 年
新型 GaInAs(NSb)低维半导体光电子材料与器件	北京市科学技术奖二等奖	中国科学院半导体研究所、北京邮电大学	任晓敏(第六名)、黄永清(第九名)	2006 年
光纤宽带多业务接入系统	北京市科学技术奖二等奖	北京格林威尔科技发展有限公司、北京邮电大学	孙曙和(第一名)、陈雪(第二名)、纪越峰(第三名)、邱雪松(第五名)	2006 年
移动智能网技术	高等学校科学技术奖(推广类)一等奖	北京邮电大学	廖建新、陈俊亮等 15 人	2006 年
中国下一代互联网示范工程 CNGI 示范网络核心网 CNGI-CERNET2/6IX	高等学校科学技术奖一等奖	清华大学等 25 个单位、北京邮电大学(排名第十)	吴建平等 30 人、马严(排名第六)	2006 年
集中认证授权审计的理论、技术与应用	天津市科学技术进步奖二等奖	天津市国瑞数码安全系统有限公司、国家计算机网络与信息安全管理中心、北京邮电大学	杨义先、刘欣然、李忠献、汪立东、夏光升、张鸿、李小标、吕慧勤	2006 年
WDM 超长距离光传输设备(ZXWM-M900)	国家科技进步奖二等奖	中兴通讯股份有限公司、清华大学、北京邮电大学、无锡市中兴光电子技术有限公司	施社平、赵勇、纪越峰、彭江得、顾畹仪、陈宇飞、夏焱、陈明华、李青宁、王泰立	2007 年
基于 H.324 的多媒体通讯关键技术研究与终端	北京市科学技术奖三等奖	北京邮电大学、爱普拉斯通信技术(北京)有限公司	邓中亮、庞潼川、段大高、崔岩松、周俊、刘敦军	2007 年

续表

成果及名称	奖励级别及奖励等级	研制单位	主要研制者	年份
TD-SCDMA 终端综合测试仪	北京市科学技术奖三等奖	北京星河亮点通信软件有限责任公司、北京邮电大学、展迅通信（上海）有限公司	张平、徐国鑫、姜军、张治、邓钢、李春媛	2007年
ITU-T X.781 CORBA 系统实现一致性声明的需求和指南 ITU-T M.3031 tML Schema 实现一致性声明文稿的定义指南	中国标准创新贡献奖一等奖	北京邮电大学、北京市天元网络技术股份有限公司	孟洛明、陈兴渝、邱雪松等10人	2007年
WDM 超长距离光传输设备（ZXWM-M900）	广东省科学技术奖二等奖	中兴通讯股份有限公司、清华大学、北京邮电大学、无锡市中兴光电子技术有限公司	施社平、赵勇、纪越峰、彭江得、顾畹仪、陈宇飞、夏焱、陈明华、李青宁、王泰立	2007年
JK863—2007741003	中国人民解放军总装备部科技进步奖二等奖	北京邮电大学	孙汉旭、贾庆轩、梅涛、叶平、邵志宇、史国振、张延恒、邝坚、宋荆洲、廖启征	2007年
宽带无线移动 TDD-OFDM-MIMO 技术	国家技术发明奖二等奖		张平、陶小峰、李立华、田辉、张建华、王莹	2008年
国家信息安全公共服务共性支撑技术研究及应用示范	高等学校科学研究优秀成果奖科技进步奖一等奖	上海交通大学、北京邮电大学等7家单位联合	李建华等15人，杨义先（排名第2）、钮心忻（排名第8）、罗群（排名第11）	2008年
面向多业务的大规模复杂传送网综合管理系统	高等学校科学研究优秀成果奖科技进步奖二等奖	北京邮电大学、北京市天元网络技术股份有限公司	孟洛明、邱雪松、亓峰、熊翱、李文璟、成璐、刘会永、芮兰兰、詹志强、刘星、高志鹏、陈兴渝、王智立、王颖、王锴、陈纲、白克飞	2008年

续表

成果及名称	奖励级别及奖励等级	研制单位	主要研制者	年份
基于WLAN技术的以太网同轴传输技术研究及应用	北京市科学技术奖三等奖	北京六合万通微电子技术股份有限公司、北京邮电大学	邓中亮(北邮)、寿国梁、韩可(北邮)、陈杰、吴南健、王海永	2008年
移动通信增值业务网络智能化技术及应用(原名称:业务网络智能化技术及应用)	国家科技进步奖二等奖	北京邮电大学、杭州东信北邮信息技术有限公司	廖建新、徐童、王晶、王纯、沈奇威、陈俊亮、朱晓民、张乐剑、李炜、张磊	2009年
基于智能通道组织和共享保护方法的光层联网技术与应用	高等学校科学研究优秀成果奖(科学技术)技术发明奖一等奖	北京邮电大学、中兴通讯股份有限公司	纪越峰、张杰、叶兵、顾畹仪、李慧、魏晓强	2009年
开放式综合业务支撑环境关键技术	高等学校科学研究优秀成果奖(科学技术)科技进步奖二等奖	北京邮电大学、上海欣方智能系统有限公司	杨放春、詹舒波、苏森、邹华、赵耀、双锴、王红熳、孙其博、张文涛、刘志晗、闫丹凤、李静林、于晓燕	2009年
网络教育关键技术及示范工程	高等学校科学研究优秀成果奖(科学技术)科技进步奖一等奖	东南大学等8单位联合(北邮排名第6)	顾冠群等15人,于斌(排名第9)	2009年
ITU-T E.412.1:2007 传送网资源中断对业务可用性影响的评价等3项标准	中国标准创新贡献奖二等奖	北京邮电大学、北京市天元网络技术股份有限公司	亓峰、刘会永、王智立、李文璟、高志鹏、刘星、陈兴渝、詹志强	2009年
基于智能通道组织和共享保护方法的光层联网技术与应用	国家技术发明奖二等奖		纪越峰、张杰、叶兵、顾畹仪、李慧、魏晓强	2010年
TD-SCDMA及其增强型终端一致性测试技术与平台	国家科技进步奖二等奖	北京邮电大学、北京星河亮点通信软件有限责任公司	张平、姜军、张治、邓钢、李亦农、唐晓晟、王莹、唐恬、马楠、陈杰	2010年

续表

成果及名称	奖励级别及奖励等级	研制单位	主要研制者	年份
基于异构网络融合的多媒体技术研究与应用	国家科技进步奖二等奖	中兴通讯股份有限公司、北京邮电大学	邓中亮、王晓明、戴志军、李学明、沈灿、段大高、韩可、刘继年、李加周、崔岩松	2010年
网络教育关键技术及示范工程	国家科技进步奖二等奖	东南大学等7单位联合（北邮排名第6）	顾冠群、罗军舟、曹玖新、郑庆华、史元春、虞维平、吉逸、刘彭芝、于斌、王杉	2010年
基于自主核心芯片的宽带光接入系统与规模应用	高等学校科学研究优秀成果奖（科学技术）一等奖	北京邮电大学、北京格林威尔科技发展有限公司、北京格林伟迪科技有限公司	纪越峰等	2010年
现代服务业共性服务平台关键技术与应用	高等学校科学研究优秀成果奖（科学技术）二等奖	北京邮电大学（牵头）等6单位联合	宋美娜等	2010年
量子保密通信协议理论研究	高等学校科学研究优秀成果奖（科学技术）二等奖	北京邮电大学	温巧燕等	2010年
面向突发业务的新型超高速光子交换模式的基础理论	高等学校科学研究优秀成果奖（科学技术）二等奖	北京邮电大学	伍剑等	2010年
区域经济理论新探与中国西部大开发	北京市第十一届哲学社会科学优秀成果二等奖	北京邮电大学	茶洪旺	2010年
中国证券投资基金评价研究	北京市第十一届哲学社会科学优秀成果二等奖	北京邮电大学	赵秀娟	2010年
融合业务支撑环境关键技术与应用	国家科技进步奖二等奖	北京邮电大学、北京得实达康系统集成有限公司、上海欣方智能系统有限公司	杨放春、苏森、王红熳、张海滨、邹华、双锴、赵耀、孙其博、施智辉、刘志晗	2011年
自适应无线传输和组网新技术	高等学校科学研究优秀成果奖（科学技术）技术发明奖一等奖	北京邮电大学、中兴通讯股份有限公司	张平、陶小峰、张建华、冯志勇、赵先明、向际鹰	2011年

续表

成果及名称	奖励级别及奖励等级	研制单位	主要研制者	年份
光电融合交叉节点与大容量光传送平台的关键技术及应用	高等学校科学研究优秀成果奖（科学技术）科技进步奖二等奖	北京邮电大学、中兴通讯股份有限公司	张杰、纪越峰等15人	2011年
网络管理建模、分析与评价技术系列国际标准及应用	北京市科学技术奖一等奖	北京邮电大学、北京市天元网络技术股份有限公司、北京宜富泰网络测试实验室有限公司	孟洛明、李文璟等15人	2011年
多天线正交频分复用无线通信系统的理论研究	北京市科学技术奖二等奖	北京邮电大学	刘元安、谢刚、刘凯明、唐碧华、高锦春、曾令康	2011年
面向无线城市信息应用的融合业务平台	北京市科学技术奖二等奖	中国移动通信集团北京有限公司、北京邮电大学	张平、范云军、冯志勇、张平宗、马天舒、胡铮、肖欢、纪阳、李亦农、刘宇、田辉、朱传华、夏默、王艳玲	2011年
多模多目标智能识别与跟踪系统	北京市科学技术奖三等奖	北京航空航天大学、中国电子科技集团公司第三研究所、北京邮电大学	张弘、邓中亮、王德奎、韩可、贾瑞明、王可东、穆滢、刘晓龙、黄建明	2011年
光电交叉联动与跨层灵活疏导的光传送技术及设备	国家技术发明奖二等奖	北京邮电大学、中兴通讯股份有限公司	纪越峰、张杰、赵勇、陈雪、涂勇、赵志勇	2012年
TD-SCDMA关键工程技术研究及产业化应用	国家科学技术进步奖一等奖	北京邮电大学（排名7）	张平（排名11）	2012年
异构无线网络的协同通信技术	高等学校科学研究优秀成果奖（科学技术）技术发明奖一等奖	北京邮电大学、中国移动通信集团设计院有限公司	王文博、彭木根、张兴、蒋远、高鹏、赵慧	2012年
超宽带微波光子信号处理与链路的基础研究	高等学校科学研究优秀成果奖（科学技术）自然科学奖二等奖	北京邮电大学、清华大学	徐坤、陈宏伟、戴一堂、李建强、陈明华、谢世钟、林金桐	2012年

续表

成果及名称	奖励级别及奖励等级	研制单位	主要研制者	年份
面向多业务的广覆盖光纤无线融合无源光网络基础理论	高等学校科学研究优秀成果奖（科学技术）自然科学奖二等奖	北京邮电大学、华中科技大学	忻向军、刘德明、张丽佳、刘博、邓磊、张琦、王拥军、马健新、余重秀	2012年
单信道超高速光传输及信号处理技术与理论	高等学校科学研究优秀成果奖（科学技术）自然科学奖二等奖	北京邮电大学、清华大学	伍剑、霍力、李岩、邱吉芳、周光涛、吴冰冰、娄采云、林金桐	2012年
神经元及其网络系统的放电活动、节律和集群行为的动力学研究	高等学校科学研究优秀成果奖（科学技术）自然科学奖二等奖	北京航空航天大学、北京邮电大学、北方工业大学	陆启韶、王青云、杨卓琴、孙晓娟、石霞、段利霞	2012年
信息密度非均匀下的异构无线组网新技术	国家技术发明奖二等奖	北京邮电大学、中兴通讯股份有限公司	张平、陶小峰、张建华、冯志勇、赵先明、向际鹰	2013年
城市室内外无缝高精度定位导航关键技术与应用	高等学校科学研究优秀成果奖（科学技术）技术发明奖二等奖	北京邮电大学、北京首科信通科技有限责任公司、中卫星空移动多媒体网络有限公司、中国科学院国家天文台、中国传媒大学	邓中亮、吕子平、施浒立、刘雯、邓纶晖、余彦培、徐连明	2013年
移动通信信息服务中大数据挖掘与支撑关键技术及应用	高等学校科学研究优秀成果奖（科学技术）进步奖二等奖	北京邮电大学、北京新媒传信科技有限公司、重庆新媒农信科技有限公司、杭州东信北邮信息技术有限公司	廖建新等17人	2013年
基于光纤传感技术的输电线路无源在线监测系统	江西省科技进步奖三等奖	国网江西省电力公司信息通信分公司、北京邮电大学	李路明、张治国（北邮）、蔡志民、杨济海、孙欣、罗耀明	2013年
一种性能指标值正常波动范围的动态确定方法及其装置	黑龙江省科学技术奖三等奖	亿阳信通股份有限公司、北京邮电大学	于艳华（排名第一）、宋俊德（排名第三）	2013年

续表

成果及名称	奖励级别及奖励等级	研制单位	主要研制者	年份
《移动用户个人信息管理业务总体技术要求》等10项行业标准	中国通信标准化协会科学技术奖三等奖	北京邮电大学、中国移动通信集团公司、华为技术有限公司、工业和信息化部电信研究院	鄂海红、宋美娜、杨波、杨健、李家姿、王雷、匡晓烜	2013年
卫星/WiFi/INS/图像等多模融合高精度全空间定位技术	卫星导航定位科技进步奖三等奖	中科院计算所、北京邮电大学	罗海勇、赵方(北邮)、朱珍民、贾红妮(北邮)、沈燕飞、唐熊、李朝晖(北邮)、史红周、陈援非、叶剑	2013年
面向三网融合的光载射频接入技术	国家新闻出版广电总局科技创新奖高新技术研究与开发奖一等奖	山西广电信息网络(集团)有限责任公司、北京邮电大学、总局广播电视规划院	忻向军、石川、秦巍龙、张丽佳、王雷、赵文华、刘博、刘鹏、侯玉娟、孙立新、孙黎丽、杨家胜	2013年
星地融合广域高精度位置服务关键技术	国家科学技术进步奖二等奖	北京邮电大学等8单位联合	邓中亮、吕子平、罗圣美、高利佳、施浒立、姜德荣、徐连明、刘雯、李卫宁、余彦培、李正武、邓纶辉、武世勇、肖挺莉、李宁	2014年
无线电子健康关键支撑技术及应用	北京市科学技术奖二等奖	北京邮电大学、中国人民解放军总医院、联通宽带业务应用国家工程实验室有限公司、北京柏惠维康科技有限公司	康桂霞、陈赤航、张梅奎、刘达、田辉、唐雄燕、张宁波、刘正宣、李建功、齐飞	2014年
新型编码调制理论与应用	北京市科学技术奖三等奖	北京邮电大学、普天信息技术有限公司	吴湛击、王文博、彭涛、胡炜、池连刚、雷旭	2014年
3G/4G时代中国移动通信业竞争与监管	北京市哲学社会科学优秀成果奖二等奖	北京邮电大学	夏俊	2014年

续表

成果及名称	奖励级别及奖励等级	研制单位	主要研制者	年份
运动座载设备协调控制关键技术及应用	高等学校科学研究优秀成果奖（科学技术）技术发明奖一等奖	北京航空航天大学、北京邮电大学	贾英民、霍伟、杜军平、孟德元、刘杨、陈霄汉	2014年
高速光纤通信系统中偏振模色散监测、控制、均衡及自适应补偿技术	高等学校科学研究优秀成果奖（科学技术）科技进步奖二等奖	聊城大学、北京邮电大学	白成林、张晓光、张霞、席丽霞、许恒迎、唐先锋、张文博	2014年
灾难现场远程医学保障应用研究	军队科技进步奖二等奖	解放军总医院、北京邮电大学	张梅奎、康桂霞、窦娜、杨媛、李梅、班雨、张玺栋、张震江、杜侃	2014年
通信局(站)防雷接地关键技术及标准与大规模应用	河南省科学技术进步奖二等奖	中讯邮电咨询设计院有限公司等7单位联合（北邮排名第5）	刘吉克、林湧双、孔力、熊膺、陈强、朱清峰、陈水明、余炽华、吕英华、石丹	2014年
宽带光接入与高速光传输关键技术创新及推广应用	中国产学研合作创新成果奖	北京邮电大学	纪越峰、赵永利、顾仁涛、王立芊、张民、张杰、陈雪	2014年
神州电子文档安全管理系统	产学研合作创新成果奖	北京邮电大学	景晓军、顾永翔、孙松林、黄海、王炫名、杜秀川、马勇	2014年

注：2005年以后包括省部级科研获奖名录

附表4-4 北京邮电大学国家级精品资源共享课一览表

课程名称	课程负责人	批准时间	所属学院
现代交换原理	卞佳丽	2013年	计算机学院
通信原理	杨鸿文	2013年	信息与通信工程学院电子工程学院
现代密码学	杨义先	2013年	计算机学院
现代通信技术	纪 红	2013年	信息与通信工程学院

附表 4-5 北京邮电大学国家级、省部级精品课程一览表

课程名称	课程负责人	等级	批准时间	所属学院
计算机组成原理	杨旭东	国家级	2004 年	计算机学院
现代交换原理	卞佳丽	国家级	2005 年	计算机学院
通信原理	杨鸿文	国家级	2006 年	信息与通信工程学院电子工程学院
现代密码学	杨义先	国家级	2007 年	计算机学院
大学英语	卢志鸿	国家级	2007 年	人文学院
电子商务概论	吕廷杰	国家级	2009 年	经济管理学院
现代通信技术	纪 红	国家级	2010 年	信息与通信工程学院
高等数学（网络）	牛少彰	国家级	2007 年	网络教育学院
电路分析（网络）	上官右黎	国家级	2007 年	网络教育学院
计算机通信网（网络）	文福安	国家级	2008 年	网络教育学院
数字通信原理（网络）	勾学荣	国家级	2010 年	网络教育学院
移动通信（网络）	曾志民	国家级	2010 年	网络教育学院
数据结构（JAVA）（网络）	蔺志青	国家级	2010 年	网络教育学院
信息论	田宝玉	北京市级	2003 年	信息与通信工程学院
计算机组成原理	杨旭东	北京市级	2004 年	计算机学院
现代交换原理	卞佳丽	北京市级	2004 年	计算机学院
大学物理	俞重远	北京市级	2004 年	理学院
电磁场与电磁波	顾畹仪	北京市级	2005 年	信息与通信工程学院
大学英语	卢志鸿	北京市级	2005 年	人文学院
通信经济学	吴 洪	北京市级	2005 年	经济管理学院
通信原理	杨鸿文	北京市级	2006 年	信息与通信工程学院
现代密码学	杨义先	北京市级	2006 年	计算机学院
量子力学系列课程	王永钢	北京市级	2006 年	理学院
电子商务概论	吕廷杰	北京市级	2006 年	经济管理学院
数字逻辑与数字系统	白中英	北京市级	2007 年	计算机学院
信号与系统	吕玉琴	北京市级	2007 年	电子工程学院
数学模型与数学实验	孙洪祥	北京市级	2007 年	理学院
信息安全	钮心忻	北京市级	2008 年	计算机学院
电路分析基础	刘 杰	北京市级	2008 年	电子工程学院
移动通信	王文博	北京市级	2008 年	信息与通信工程学院
大学物理实验	肖井华	北京市级	2008 年	理学院
概率论与随机过程	闫祥伟	北京市级	2008 年	理学院
现代通信技术	纪 红	北京市级	2009 年	信息与通信工程学院

续 表

课程名称	课程负责人	等级	批准时间	所属学院
工程图学	王 飞	北京市级	2009年	自动化学院
市场营销学	胡 春	北京市级	2009年	经济管理学院
马克思主义基本原理概论	李 钢	北京市级	2009年	马克思主义教学与研究中心
高等数学	艾文宝	北京市级	2010年	理学院
电子电路基础	刘宝玲	北京市级	2010年	信息与通信工程学院电子工程学院

附表 4-6 北京邮电大学国家级、省部级特色专业建设点

专业名称	负责人	等级	年度
通信工程	王文博	国家级	2007年
信息安全	杨义先	国家级	2007年
计算机科学与技术	王 柏	国家级	2007年
电子商务	吕廷杰	国家级	2007年
电子科学与技术	宋 梅	国家级	2008年
信息工程	林家儒	国家级	2009年
机械工程及自动化	魏世民	国家级	2010年
应用物理学	肖井华	国家级	2010年
网络工程	卞佳丽	国家级	2011年
物联网工程	马华东	国家级	2011年
通信工程	王文博	北京市级	2008年
信息安全	杨义先	北京市级	2008年
计算机科学与技术	王 柏	北京市级	2008年
电子商务	吕廷杰	北京市级	2008年
电子科学与技术	宋 梅	北京市级	2008年
信息工程	林家儒	北京市级	2008年
电子信息工程	门爱东	北京市级	2008年
工业设计	侯文君	北京市级	2008年
数字媒体技术	李学明	北京市级	2009年

附表 4-7 "卓越工程师教育培养计划"试点专业

专业名称	负责人	年度
信息安全	杨义先	2007年
机械工程及自动化	魏世民	2007年

附表 4-8　国家级、省部级教学团队

教学团队名称	团队带头人	等级	年度
"计算机通信"教学团队	杨放春	国家级	2008 年
信息安全教学团队	杨义先	国家级	2009 年
通信原理课程教学团队	杨鸿文	国家级	2009 年
"电子信息实验教学中心"教学团队	纪越峰	国家级	2010 年
"电子信息实验教学中心"教学团队	纪越峰	北京市级	2007 年
"工科物理与实验"教学团队	俞重远	北京市级	2007 年
"计算机通信"教学团队	杨放春	北京市级	2008 年
"大学英语教研室"教学团队	卢志鸿	北京市级	2008 年
"电子商务教研中心"教学团队	吕廷杰	北京市级	2008 年
信息安全教学团队	杨义先	北京市级	2009 年
通信原理课程教学团队	杨鸿文	北京市级	2009 年
数学建模与数学实验系列课程教学团队	孙洪祥	北京市级	2009 年
信息工程专业教学团队	林家儒	北京市级	2010 年

附表 4-9　国家级、省部级教学成果奖获奖成果

成果名称	完成人	等级	年份
计算机组成原理(第三版)(主、副教材)(北京邮电大学、清华大学联合成果)	白中英、杨春武、戴志涛、冯一兵、覃健诚	国家级二等奖	2005 年
电子信息类实践教学创新体系和人才培养模式的研究与实践	纪越峰、桑林、任维政、韩玉芬、郭莉	国家级二等奖	2009 年
信息安全专业规范研究与专业体系建设	杨义先、罗群、崔宝江、徐国爱、张茹	国家级二等奖	2009 年
基于下一代网络的创新型实践教学平台的研究与实践	杨放春、邝坚、卞佳丽、房鸣、李静林	国家级二等奖	2009 年
高校电子商务专业知识体系建设与创新实践(浙江大学,西安交通大学,北京邮电大学,对外经济贸易大学,教育部高等学校电子商务专业教学指导委员会联合成果)	陈德人、李琪、吕廷杰、陈进、王东、胡桃、华迎、魏修建、刘渊、冯雁、张仙锋、郑小林、徐林海	国家级二等奖	2009 年
以"3E"为核心的通信工程专业建设探索与实践	王文博、纪越峰、桑林、杨鸿文、尹长川、纪红、赵慧、张杰、孙咏梅、吴建伟	国家级二等奖	2014 年
创建"四位一体"创新实践教育机制,培养高质量人才	郭莉、温向明、周慧玲、房鸣、王菡、邝坚	国家级二等奖	2014 年

续表

成果名称	完成人	等级	年份
高等教育教学成果评奖管理与信息服务系统的研制与应用	张英海、柯宏力、刘晓平、代根兴、党传升	北京市级一等奖	2008年
构建先进物理实验教学平台,培养学生实践创新能力	肖井华、蒋达娅、杨胡江、王世红、赵晓红	北京市级一等奖	2008年
电子信息类实践教学创新体系和人才培养模式的研究与实践	纪越峰、桑林、任维政、韩玉芬、郭莉	北京市级一等奖	2008年
信息安全专业规范研究与专业体系建设	杨义先、罗群、崔宝江、徐国爱、张茹	北京市级一等奖	2008年
"场"类课程教学改革的研究	顾畹仪、张阳安、王亚峰、徐坤、张欣	北京市级一等奖	2008年
基于下一代网络的创新型实践教学平台的研究与实践	杨放春、邝坚、卞佳丽、房鸣、李静林	北京市级一等奖	2008年
基于计算机和课堂的大学英语视听说教学模式的研究与实践	卢志鸿、范姣莲、王海波、贾海梅、张人云	北京市级二等奖	2008年
电子信息类专业基础课系列课程教学改革与实践	解月珍、吕玉琴、桑林、杨鸿文、任维政	北京市级二等奖	2008年
计算机硬件课程群质量建设与应用推广(北京邮电大学、清华大学联合成果)	白中英、戴志涛、杨春武、方维、高荔、张天乐	北京市级二等奖	2008年
构建"四位一体"的创新实践教育机制,培养高素质创新人才	温向明、郭莉、周慧玲、房鸣、王菡	北京市级一等奖	2012年
面向国家战略需求,多方位协同融合培养通信工程高水平人才	王文博、桑林、杨鸿文、尹长川、赵慧	北京市级一等奖	2012年
"三横三纵、四位一体"通信技术教学模式和创新平台的探索与实践	纪越峰、纪红、张杰、孙咏梅、吴建伟	北京市级一等奖	2012年
教学科研协同的信息安全人才培养模式构建	钮心忻、谷利泽、郑康锋、周亚建、张淼	北京市级一等奖	2012年
基于网络和课堂的大学英语实验教学创新体系的研究与实践	卢志鸿、范姣莲、刘爱军、郑春萍、王海波	北京市级一等奖	2012年
构建数字化实验创新平台,探索数理学科融合的人才培养模式	肖井华、蒋达娅、杨胡江、李海红、贺祖国	北京市级一等奖	2012年
理论与实践一体化开放式教学模式的研究与实践	邝坚、戴志涛、卞佳丽、刘健培	北京市级一等奖	2012年
大学素质教育模式的研究与实践	孙洪祥、温向明、刘春惠、王欢、任雄飞	北京市级二等奖	2012年

续 表

成果名称	完成人	等级	年份
以能力培养为目标,平台建设为基础,互动反馈为纽带,多角度探索人才培养模式	单文锐、丁金扣、艾文宝、贺祖国、李鹤	北京市级二等奖	2012年
面向邮政行业的远程与继续教育人才培养模式的创新实践与研究	张英海、曾志民、刘莹、康艳明、廖德生	北京市级二等奖	2012年
搭建创新实践活动平台,培养拔尖创新人才模式的研究与实践	刘晓平、郭莉、任维政、韩玉芬、李忠庆	北京市级二等奖	2012年
创建实时互动信息平台实现电路系列课程辅助教学及创新人才培养	刘培植、孙文生、刘宝玲、韩玉芬、邓钢	北京市级二等奖	2012年
面向创新型人才培养的电子信息类专业基础课教学模式的研究与实践	俎云霄、王卫东、任维政、刘丽华、李巍海	北京市级二等奖	2012年
从"运动制胜"到"运动致趣"——北京邮电大学体育发展模式的革新与实践	高峰、吴兆斌、杨东亚、方志新、张浩	北京市级二等奖	2012年
基于开放式网上虚拟实验教学系统的高校实验教学模式的创新与实践	文福安、孙燕莲、李建伟、范春梅、廖德生	北京市级二等奖	2012年

附录五

省部级以上劳动模范、先进工作者、优秀教师名录

授予年	姓名	荣誉称号	授予单位
1956年	徐大雄	全国劳模、邮电系统全国先进工作者	邮电部
1956年	石坤锐	全国劳模、邮电系统全国中技先进工作者	邮电部
1982年	徐大雄	全国产业系统劳动模范	工交口
1982年	石坤锐	全国产业系统劳动模范	工交口
1983年	李有全	全国优秀工会工作者	全国总工会
1985年	彭道儒	邮电部全国劳动模范	邮电部
1985年	徐靖忠	邮电部全国劳动模范	邮电部
1985年	高攸纲	邮电部全国劳动模范	邮电部
1985年	沈树雍	邮电部全国劳动模范	邮电部
1986年	周炯槃	全国邮电教育先进工作者	邮电部
1986年	吴彝尊	全国邮电教育先进工作者	邮电部
1986年	陈德荣	全国邮电教育先进工作者	邮电部
1986年	林　中	全国邮电教育先进工作者	邮电部
1986年	任静远	全国邮电教育先进工作者	邮电部
1986年	闻　莺	全国邮电教育先进工作者	邮电部
1986年	梁仲元	全国邮电教育先进工作者	邮电部
1986年	张　毅	全国邮电教育先进工作者	邮电部
1989年	章继高	全国优秀教师	国家教委
1990年	钟义信	全国优秀教师	国家教委
1991年	周炯槃	全国邮电系统劳动模范	邮电部
1991年	王德隽	全国教育系统劳动模范	国家教委
1993年	王明鉴	全国优秀教师	国家教委
1995年	叶培大	全国优秀教师	教育部

续表

授予年	姓名	荣誉称号	授予单位
1998年	程时端	全国模范教师	教育部
2001年	吕廷杰	全国师德先进个人	中国教科文卫体工会
2001年	顾畹仪	全国优秀教师	教育部
2006年	纪越峰	国家级教学名师	省部最高级
2009年	杨义先	国家级教学名师	省部最高级
1957年	徐大雄	北京市劳动模范	北京市
1957年	李朔生	北京市先进工作者	北京市
1958年	沈树雍	北京市劳动模范	北京市
1960年	胡健栋	北京市劳动模范	北京市
1960年	陈炳南	北京市劳动模范	北京市
1960年	刘乃翰	北京市劳动模范	北京市
1960年	赵明伍	北京市劳动模范	北京市
1960年	范宝恒	北京市劳动模范	北京市
1960年	陶 章	北京市劳动模范	北京市
1960年	陈宗皋	北京市劳动模范	北京市
1960年	石坤锐	北京市劳动模范	北京市
1960年	张本玉	北京市劳动模范	北京市
1960年	李甫明	北京市劳动模范	北京市
1960年	张树宝	北京市劳动模范	北京市
1960年	沈树雍	北京市劳动模范	北京市
1960年	倪维祯	北京市劳动模范	北京市
1960年	陈德昭	北京市劳动模范	北京市
1960年	王进茂	北京市劳动模范	北京市
1960年	孙治国	北京市劳动模范	北京市
1960年	薛祖琐	北京市劳动模范	北京市
1960年	康国颖	北京市劳动模范	北京市
1960年	徐世雄	北京市劳动模范	北京市
1960年	骆文海	北京市劳动模范	北京市
1960年	朱殿喜	北京市劳动模范	北京市
1960年	何我如	北京市劳动模范	北京市
1960年	陈英泓	北京市劳动模范	北京市
1960年	盛友招	北京市劳动模范	北京市
1960年	林敬熙	北京市劳动模范	北京市

续表

授予年	姓名	荣誉称号	授予单位
1960年	李春福	北京市先进生产者	北京市
1960年	刘德海	北京市先进生产者	北京市
1960年	徐大雄	北京市先进生产者	北京市
1961年	李春福	北京市先进生产者	北京市
1961年	陈宗皋	北京市先进生产者	北京市
1961年	康国颖	北京市先进生产者	北京市
1961年	薛礼清	北京市先进生产者	北京市
1961年	陈德昭	北京市先进生产者	北京市
1961年	沈树雍	北京市先进生产者	北京市
1961年	陈炳南	北京市先进生产者	北京市
1961年	高春山	北京市先进生产者	北京市
1961年	曲鸣皋	北京市先进生产者	北京市
1961年	陈策琪	北京市先进生产者	北京市
1961年	孙书奇	北京市先进生产者	北京市
1961年	路盛海	北京市先进生产者	北京市
1963年	申洪波	北京市劳动模范	北京市
1981年	徐大雄	北京市劳动模范	北京市
1984年	彭道儒	北京市劳动模范	北京市
1985年	彭道儒	北京市劳动模范	北京市
1988年	周炯槃	北京市劳动模范	北京市
1994年	周炯槃	北京市先进工作者	北京市
1995年	程时端	北京市优秀教师	北京市
1995年	蔡安妮	北京市优秀教师	北京市
1997年	乐光新	北京市优秀教师	北京市
1997年	张 平	北京市优秀教师	北京市
1997年	章继高	北京市优秀教师	北京市
1997年	吴善培	北京市优秀教师	北京市
1997年	赵荣华	北京市优秀教师	北京市
1997年	张亚云	北京市优秀教师	北京市
1997年	施海舟	北京市优秀教师	北京市
1997年	幸云辉	北京市优秀教师	北京市
1997年	李秀峰	北京市优秀教育工作者	北京市
1997年	李景周	北京市优秀教育工作者	北京市

续表

授予年	姓名	荣誉称号	授予单位
1997年	王文东	北京市优秀青年教师	北京市
1998年	朱祥华	首都劳动奖章	北京市
2000年	雷振明	北京市劳动模范	北京市
2001年	张　平	北京市教育创新标兵	北京市
2002年	纪越峰	北京市师德先进个人	北京市
2002年	秦　伟	北京市教育创新标兵	北京市
2003年	白中英	北京市高等学校教学名师	北京市
2003年	宋茂强	北京市教育创新标兵	北京市
2004年	张　杰	北京市师德先进个人	北京市
2004年	廖启征	北京市优秀教师	北京市
2004年	肖井华	北京市优秀教师	北京市
2004年	卞佳丽	北京市优秀教师	北京市
2004年	党传升	北京市优秀教育工作者	北京市
2005年	郭　军	北京市教育创新标兵	北京市
2005年	张惠君	北京市教育创新标兵	北京市
2006年	纪越峰	北京市教学名师	北京市
2006年	王德宠	北京市优秀教师	北京市
2006年	桑　林	北京市优秀教师	北京市
2006年	贺祖国	北京市优秀教师	北京市
2006年	林秀琴	北京市优秀教师	北京市
2006年	卢志鸿	北京市师德先进个人	北京市
2006年	刘丽华	北京市教育创新标兵	北京市
2006年	王　欢	北京市教育创新标兵	北京市
2006年	肖井华	北京市教学名师	北京市
2006年 2007年	顾畹仪	北京市教学名师	北京市
2007年	吕廷杰	北京市教学名师	北京市
2007年	蔡安妮	北京市"孟二冬式优秀教师"	北京市
2007年	蒋达娅	北京市教育创新标兵	北京市
2007年	胡　桃	北京市教育创新标兵	北京市
2008年	杨鸿文	北京市教学名师	北京市
2008年	李　钢	北京市教学名师	北京市
2009年	杨义先	北京市教学名师	北京市

续表

授予年	姓名	荣誉称号	授予单位
2009 年	卢志鸿	北京市教学名师	北京市
2010 年	俞重远	北京市教学名师	北京市
2011 年	桑 林	北京市教学名师	北京市
2011 年	卞佳丽	北京市教学名师	北京市
2012 年	邝 坚	北京市教学名师	北京市
2012 年	胡 春	北京市教学名师	北京市
2013 年	刘宝玲	北京市教学名师	北京市
2013 年	俎云霄	北京市教学名师	北京市
2014 年	田 辉	北京市教学名师	北京市
2014 年	艾文宝	北京市教学名师	北京市

附录六

历年毕业生、招生、在校生情况

附表 6-1　历年本专科毕业生、招生、在校生情况统计表

年度	毕业生数			招生数			在校生数		
	合计	本科	专科	合计	本科	专科	合计	本科	专科
1955				613	501	112	888	776	112
1956	84	84		1126	1087	39	1781	1781	
1957	99	99		625	625		2329	2252	77
1955—1957	183	183		2364	2213	151			
1958	73	73		857	818	39	2762	2654	108
1959	196	164	32	777	753	24	3637	3549	
1960	510	483	27	1595	909	686	4318	3567	751
1961	621	621		508	508		3949	3949	
1962	481	481		525	525		4619	4619	
1955—1962	2064	2005	59	6626	5726	900			
1963	1590	1590		672	672		3842	3842	
1964	991	991		701	701		3599	3514	85
1965	958	958		710	710		3342	3257	85
1955—1965	5603	5544	59	9609	8709	900			
1966							3342	3342	
1967							3342	3342	
1968	1978	1978					1364	1364	
1969	737	737					627	627	
1970	627	627							
1955—1970	8945	8886	59	8709	9609	900			
1971	301	301		657	657		356	356	
1972				554	554		722	722	

续表

年度	毕业生数			招生数			在校生数		
	合计	本科	专科	合计	本科	专科	合计	本科	专科
1973				584	584		1353	1192	161
1974	283	166	117	602	494	108	1621	1513	108
1975	600	542	58	476	476		1448	1448	
1976	524	466	58	639	639		1617	1617	
1955—1976	10653	10361	292	12221	11213	1008			
1977	559	559		669	669		1729	1729	
1978	474	474		698	698		1991	1991	
1979				290	290		2231	2131	100
1980	612	563	49	573	573		2180	2180	
1955—1980	12298	11957	341	14451	13443	1008			
1981				511	511		2681	2681	
1982	1306	1306		568	511	57	1939	1882	57
1983	283	283		667	542	125	2314	2132	182
1984	616	561	55	668	608	60	2364	2182	182
1985	634	513	121	890	798	92	2614	2462	152
1955—1985	15137	14620	517	17755	16413	1342			
1986	569	509	60	876	814	62	2198	2764	154
1987	622	530	92	819	819		3108	3049	59
1988	675	605	70	836	814	22	3264	3242	22
1989	789	788	1	773	742	31	3226	3173	53
1990	823	801	22	800	748	52	3194	3111	83
1955—1990	18615	17853	762	21859	20350	1509			
1991	815	784	31	820	783	37	3192	3103	89
1992	865	814	51	894	733	161	3204	3006	198
1993	767	767		1225	868	357	3650	3096	554
1994	768	732	36	1242	868	374	4109	3228	881
1955—1994	21830	20950	880	26040	23602	2438			
1995	885	741	144	1199	878	321	4403	3366	1037
1955—1995	22715	21691	880	27239	24480	2759			
1996	1056	730	326	1008	911	97	4328	3546	782
1997	1219	877	342	999	999		4100	3674	426
1998	1180	864	316	1000	1000		3905	3800	105

续 表

年度	毕业生数			招生数			在校生数		
	合计	本科	专科	合计	本科	专科	合计	本科	专科
1999	963	860	103	1521	1213	308	4445	4137	308
2000	913	913		1841	1641	200	5317	4838	479
1955—2000	28046	25935	1967	33608	28603	3364			
2001	974	974		2530	2530		6857	6378	479
2002	1242	970	272	2854	2854		8402	8227	175
2003	1333	1170	163	2592	2592		9578	9560	18
2004	1553	1553		2840	2840		10800	10800	
2005	3483	2483		2958	2958		11266	11266	
1955—2005	35631	33458	2402	47382	42377	3364			
2006	2695	2695		3256	3256		11655	11655	
2007	2435	2435		3202	3202		12259	12259	
2008	2702	2702		3229	3229		12711	12711	
2009	2867	2867		3185	3185		12921	12921	
2010	3100	3100		3214	3214		12951	12951	
2011	3154	3154		3273	3273		12917	12917	
2012	3135	3135		3389	3389		13010	13010	
2013	3059	3059		3539	3539		13338	13338	
2014	3036	3036		3508	3508		13641	13641	

注：2006—2014年数据来源于档案馆历年"高等教育基层统计报表"。

附表6-2　历年研究生毕业生、招生、在校生情况统计表

年度	毕业生数			招生数			在校生数		
	合计	博士	硕士	合计	博士	硕士	合计	博士	硕士
1955				6		6	10		10
1956	4		4	12		12	17		17
1957							16		16
1955—1957	4		4	18		18			
1958	15		15						
1959				4		4	4		4
1960				17		17	21		21
1961				16		16	37		37
1962	2		2	2		2	31		31
1955—1962	21		21	57		57			

续表

年度	毕业生数			招生数			在校生数		
	合计	博士	硕士	合计	博士	硕士	合计	博士	硕士
1963	1		1	3		3	33		33
1964	9		9	2		2	25		25
1965	14		14	3		3	14		14
1955—1965	45		45	65		65			
1966	3		3						
1968									
1969									
1970									
1955—1970									
1971									
1972									
1973									
1974									
1975									
1976									
1955—1976	48		48	65		65			
1977									
1978				16		16	16		16
1979				26		26	42		42
1980				22		22	60		60
1955—1980	48		48	129		129			
1981	14		14	42		42	87		87
1982	11		11	34		34	110		110
1983	31		31	53		53	124		124
1984	7		7	81	1	80	200	1	199
1985	63		63	217	9	208	353	10	343
1955—1985	174		174	556	10	546			
1986	51	1	50	154	10	144	470	19	451
1987	108		108	125	3	122	474	32	442
1988	189	6	183	117	2	115	395	28	367
1989	149	11	138	115	15	100	352	32	320
1990	118	9	109	114	10	104	348	33	315

附录六 历年毕业生、招生、在校生情况　　　　　　　　　　　　　　551

续 表

年度	毕业生数			招生数			在校生数		
	合计	博士	硕士	合计	博士	硕士	合计	博士	硕士
1955—1990	789	27	762	1181	50	1131			
1991	117	6	111	122	11	111	350	35	315
1992	98	7	91	147	7	140	393	38	355
1993	110	10	100	225	19	206	504	47	457
1994	112	13	99	225	13	212	619	71	548
1955—1994	1226	63	1163	1900	100	1800			
1995	130	8	122	340	66	274	823	131	692
1955—1995	1356	71	1285	2240	166	2074			
1996	190	18	172	323	54	269	922	167	755
1997	241	45	196	363	45	318	1014	153	861
1998	302	42	260	402	58	344	1088	157	931
1999	307	41	266	468	77	391	1233	180	1053
2000	324	32	292	671	110	561	1541	245	1296
1955—2000	2720	249	2471	4467	510	3957			
2001	366	54	312	1221	210	1011	2360	397	1963
2002	376	58	318	1564	247	1317	3456	567	2889
2003	499	57	442	1820	297	1523	4605	754	3851
2004	1066	114	952	2073	261	1812	5457	805	4652
2005	1564	247	1317	22260	292	1924	6112	853	5259
1955—2005	6591	779	5812	13371	1817	11544			
2006	1604	208	1396	2357	302	2055	6621	854	5767
2007	2147	260	1887	2401	327	2074	6802	891	5911
2008	2188	169	2019	2415	309	2106	7010	1040	5970
2009	2107	274	1833	2990	333	2657	7925	1272	6653
2010	2141	257	1884	3013	331	2682	8494	1260	7234
			1718			1926			5776
2011	2125	254	1871	3053	336	2717	9173	1277	7896
			1740			1918			5786
2012	2743	306	2437	3044	334	2710	9323	1294	8029
			1894			1815			5577
2013	2757	248	2509	3131	328	2803	9520	1337	8183
			1779			1753			5425

续表

年度	毕业生数			招生数			在校生数		
	合计	博士	硕士	合计	博士	硕士	合计	博士	硕士
2014	2808	247	2561	3132	334	2798	9630	1402	8228
			1797			1742			5223

注:1. 2006—2014年数据来源于档案馆历年"高等教育基层统计报表"。
2. 2010年后硕士分为学术型硕士和专业硕士。2010年—2014年硕士的数据中,上行为硕士人数总计,包括学术硕士和专业硕士;下行为专业硕士人数。

附表6-3 历年函授毕业生、招生、在校生统计表

年度	毕业生数			招生数			在校生数		
	合计	本科	专科	合计	本科	专科	合计	本科	专科
1955									
1956									
1957									
1955—1957									
1958				157	157				
1959				224	224				
1960				1393	1393				
1961				312	312		1379	1379	
1962				190	190		1349	1349	
1955—1962				2276	2276				
1963	129	128	1	215	215		1208	1208	
1964	84	71	13	229	229		1193	1193	
1965	764	692	72	325	325		1090	1090	
1955—1965	977	891	86	3045	3045				
1966	1179	337	842						
1967	34	9	25						
1968	3		3						
1969									
1970									
1971									
1972									
1973									
1974									
1975									

附录六 历年毕业生、招生、在校生情况

续表

年度	毕业生数			招生数			在校生数		
	合计	本科	专科	合计	本科	专科	合计	本科	专科
1976									
1955—1976	2193	1237	965	3045	3045				
1977									
1978									
1979				604	604		604	604	
1980				1154	1154		1867	1867	
1955—1980				4803	4803				
1981				708	708		2404	2404	
1982				540	540		2840	2840	
1983	25		25	537	537		3235	3235	
1984	133		133	818	818		3958	3958	
1985	572	462	110	1254	1254		4276	4276	
1955—1985	2923	1699	1224	8660	8660				
1986	900	793	107	965	553	412	4066	3654	412
1987	657	551	106	659	428	231	3734	3226	508
1988	614	383	2331	657	329	328	3546	2753	793
1989	611	311	300	652	236	416	3214	2169	1045
1990	530	388	142		136	540	3060	1779	1281
1955—1990	6235	4125	2110	12269	10342	1927			
1991	571	407	104		116	533	2874	1335	1539
1992	457	272	185		161	688	2946	1062	1884
1993	527	301	226		202	795	2991	873	2118
1994	572	242	330		351	855	4049	997	3052
1955—1994	8362	5347	3015	15970	111	11172	4798		
1995	688	150	538	1320	120	1200	2408	517	1891
1996	686	117	569	1443	117	1326	2532	470	2062
1997	714	104	610	1492	156	1336	3281	521	2760
1998	635	124	511	1498	150	1348	3150	787	2363
1999	911	227	684	1810	410	1400	4921	984	3937
2000	1137	242	895	4345	1096	3197	5322	1869	3453
1995—2000	13133	6311	6822	27878	2160	20979			
2001	1256	87	1169	4703	1564	3088	6258	2182	4076

年度	毕业生数			招生数			在校生数		
	合计	本科	专科	合计	本科	专科	合计	本科	专科
2002	1249	43	1206	3643	1150	2493	7250	2537	4713
2003	1674	70	1604	0	0	0	8320	3328	4992
2004	2268	713	1555	3169	1403	1766	10893	3578	7315
2005	3556	1215	2341	2269	1354	915	911	4203	4908
1995—2005	23136	8439	14697	41662	7631	29241			
2006	4003	1091	2912	1274	912	362	5559	3439	2110
2007	1953	1128	825	963	690	273	4926	3075	1851
2008	1585	908	677	928	680	248	4258	2865	1393
2009	1928	1413	515	775	595	180	4059	2313	1746
2010	966	682	284	1001	397	604	4074	2030	2044
2011	781	581	200	1038	317	721	3584	2013	1571
2012	699	448	251	594	244	350	2744	1394	1350
2013	859	309	550	436	229	207	2052	1309	743
2014	436	250	186	622	267	355	1463	860	603

说明：1. "文化大革命"前函授只招收本科，没有专科。根据1966年国家教委关于"补发'文化大革命'期间毕业证书"的通知精神，在校学习达两年的，就可补发"大专"证书，因而在毕业栏中有了专科人数。

2. 1979年恢复函授以后只有本科，未招专科，但1982年后根据当时的实际情况，为了分"本、专科两段制"，故1985年以前的招生、在校人数均没有分专科。

3. 1986年以后，函授正式开办了专科专业。

4. 本资料函院提供。2006—2014年数据来源于档案馆历年"高等教育基层统计报表"。

附表6-4　历年远程教育毕业生、招生、在校生情况统计表

年度	毕业生数			招生数			在校生数		
	合计	本科	专科	合计	本科	专科	合计	本科	专科
1999	0	0	0	1084	1084	0	1084	1084	0
2000	0	0	0	1581	1581	0	2165	2165	0
2001	0	0	0	2395	2395	0	4060	4060	0
2002	0	0	0	2497	2497	0	6837	6837	0
2003	158	158	0	2942	2718	224	9336	9212	124
2004	823	823	0	1999	1796	203	9644	9361	283
2005	989	989	0	3832	3404	160	9632	9245	387
2006	2183	2183	0	5405	3563	1842	12584	10378	2206
2007	2350	1982	368	6302	4076	2226	15655	11746	3909
2008	3312	2627	685	6659	3202	3457	18998	12596	6402

续表

年度	毕业生数			招生数			在校生数		
	合计	本科	专科	合计	本科	专科	合计	本科	专科
2009	4292	2552	1740	8432	3080	5352	23173	13147	10026
2010	5513	3026	2487	7774	3115	4659	25434	13236	12198
2011	5797	2341	3456	8709	3745	4964	28200	14555	13645
2012	5878	2317	3561	8180	4219	3961	32004	15877	16127
2013	6924	2831	4093	15678	8476	7202	40421	22386	18035
2014	5797	2729	3068	17119	9015	8104	45065	24667	20398

注：2006—2014年数据来源于档案馆历年"高等教育基层统计报表"。

附表6-5　历年外国留学生情况统计表

年度	本科生			普进生			高进生			硕研生			博研生			语言生
	毕业	招生	在校	毕业	招生	在校	毕业	招生	在校	毕业	招生	在校	毕业	招生	在校	
1955																
1956																
1957																
1958	1															
1959																
1960	4															
1961	2															
1962	2															
1963	20															
1964	3															
1965																
1966	8															
1967																
1968																
1969																
1970																
1971																
1972																
1973																
1974																
1975																
1976																

年度	本科生			普进生			高进生			硕研生			博研生			语言生
	毕业	招生	在校	毕业	招生	在校	毕业	招生	在校	毕业	招生	在校	毕业	招生	在校	
1977		7														
1978		4														
1979		4														
1980																
1981	6	2														
1982	3	12														
1983	3	2			1											
1984		5		1	1											
1985	2	8			1			5								
1986		14		1				5								8
1987	9				2			3								15
1988	4	12		1	1		3									10
1989	7	3			1											17
1990	12	10		2	1						1					14
1991	12	3		1	7			1			1			1		20
1992	11	4		7	2		1				4			1		82
1993	1	3		2	3			1		1	5					152
1994	8	2		3	2		1	1		1	2		1			212
1995	3	7			1		1			3			1			133
1996		6		1	2			2		4				1		164
1997	2	6		2	3		2	1								167
1998		3		3	1		1	2					1			137
1999	5	4		13	4		2	2		3			1			142
2000	4	10		4	1		2	3		4				2		107
2001	5	7		1	5		3	3		3						112
2002	3			5			3			2						
2003	4	6			3		2	3		3			2	1		
2004	10	9		3	2		2	3		2						
2005	7	25		2	2		2	3		3						
2006	2	22	46							3	2	13	1	2	13	99
2007	2	12	49							6	3	10	1	4	18	108
2008	8	22	65							4	6	12	7	13	27	108

续表

年度	本科生			普进生			高进生			硕研生			博研生			语言生
	毕业	招生	在校	毕业	招生	在校	毕业	招生	在校	毕业	招生	在校	毕业	招生	在校	
2009	10	29	71							2	5	12	2	11	35	150
2010	13	29	77							2	1	13	6	13	37	149
2011	12	33	86								16	15	2	12	35	123
2012	18	16	81							4	24	23	13	6	28	172
2013	17	30	108							7	20	54	8	14	40	269
2014	17	36	105							7	29	65	5	14	45	182

注：2006—2014年数据来源于档案馆历年"高等教育基层统计报表"，语言生的信息来源于北邮国际汉语培训中心。

附录七

北京邮电大学章程

序　言

北京邮电大学前身是1955年创办的北京邮电学院;1960年被确定为全国重点院校;1993年更名为北京邮电大学;2000年从信息产业部划转教育部管理。历经半个多世纪的发展,北京邮电大学已经成为信息科技特色鲜明、优势突出,以工学门类为主体、工管文理协调发展的多科性、研究型大学。

面向未来,学校以建设"特色鲜明、优势突出、世界著名的高水平研究型大学"为办学目标,秉承"厚德博学、敬业乐群"的校训和"崇尚奉献、追求卓越"的北邮精神,培养具有责任意识、创新精神、实践能力和国际视野的高素质专门人才,坚持学术自由、原始创新、特色发展,为建设信息化强国、推动经济发展与社会进步作出重要贡献。

第一章　总　则

第一条　为规范办学行为,完善治理结构,实现学校自主办学的科学化、民主化、法治化,根据《中华人民共和国教育法》《中华人民共和国高等教育法》等法律法规,制定本章程。

第二条　本章程是学校依法自主办学、实施管理和履行公共职能的基本准则和依据。

第三条　学校名称为"北京邮电大学",简称"北邮";英文名称为"Beijing University of Posts and Telecommunications",简称"BUPT";学校主页:http://www.bupt.edu.cn。

第四条　学校法定注册地址为北京市海淀区西土城路10号,设有西土城路校区、小西天校区、沙河校区和宏福校区。

学校根据事业发展需要,依法经批准可设立和调整校区及校址。

第五条　学校是由国家举办,国务院教育行政部门主管,国务院教育行政部门与国务院工业和信息化主管部门共建的全日制普通高等学校。

第六条 学校为非营利性事业单位，具有独立法人资格，依法享有民事权利，独立承担法律责任。

第七条 学校坚持社会主义办学方向，全面贯彻党和国家的教育方针，遵循高等教育办学规律和人才成长规律，以培养具有责任意识、创新精神、实践能力和国际视野的高层次专门人才为根本任务，开展教育教学、科学研究、社会服务及文化传承与创新活动，促进社会主义现代化建设。

第八条 学校依法在制定招生方案、调节系科招生比例、学科专业设置、学位授予与学业证书颁发、教学活动、科学研究、技术开发与社会服务、国际交流合作、机构设置与人员配备、人员评聘与薪酬分配、资产与知识产权处置、经费管理与使用等方面，享有办学自主权。

第九条 学校实行依法治校，建立健全有利于科学发展的办学自律和监督体系。完善教育质量评估监督保障体系和教育教学管理制度，保证教育教学质量；严格管理教育经费和资产，提高办学效益；依法维护教职工的合法权益；遵照国家有关规定收取费用并公开收费项目及标准；自觉接受主管部门组织的评估；自觉接受主管部门、全体教职工、学生及社会的监督。

第十条 举办者和主管部门按照国家有关规定任免学校领导人员，指导和监督学校办学方向，检查学校贯彻和落实党和国家路线、方针、政策的情况，核准学校章程、事业发展规划、办学规模，监督和规范办学行为；决定学校的分立、合并、终止、变更名称、类别和其他重要事项；监督和评估学校的办学基本条件、办学水平和办学质量；为学校提供办学经费等教育资源和政策保障，改善办学条件和办学环境，并对学校的教育资源使用效益进行监督和审计；依法保障学校办学自主权不受非法干预，对学校教育和管理活动中违反国家法律和政策规定的，依法问责和纠正。

第二章 学校功能与教育形式

第十一条 教学是学校中心工作之首。学校根据人才培养目标和要求，分级组织实施教学活动，建立健全统一的教育质量监控体系，保障高水平的教育质量，并定期公布教学质量报告。

第十二条 学校根据建设"特色鲜明、优势突出、世界著名的高水平研究型大学"的目标，面向信息等领域科技前沿和国家重大战略需求，大力开展基础科学研究、前沿技术研究和应用创新研究，鼓励有组织的协同创新和自由探索相结合，鼓励学科交叉研究，以高水平的科学技术研究支撑高质量的人才培养。

第十三条 学校发挥信息技术等领域科技资源综合优势，与企业构建多方位的合作交流体系，注重建立产学研用战略联盟，集成创新和发展企业的共性技术、核心技术和新技术，健全技术转移和产业化服务体系，加速科技创新成果转化，鼓励学生开展创新创业活动，通过多种方式积极为国家、行业和区域经济建设、政治建设、文化建设、社会建设提供人才保障、智力服务和科技支撑。

第十四条　学校发挥文化育人功能,以"立德树人"作为根本任务,大力弘扬社会主义核心价值观,弘扬崇尚知识、追求真理、自由探索的大学精神,促进科学精神和人文精神融合,推动社会主义先进文化的传承创新和建设。

第十五条　学校以全日制本科生教育和研究生教育为基本形式,积极开展多种形式的中外合作教育和留学生教育。学校建立终身教育服务体系,根据社会需求适当开展非全日制学历教育和非学历教育。

第十六条　学校根据人才成长规律和人才培养标准,实行修业基本年限与学分制相结合的修业管理制度,并依法确定和调整各类型教育的修业年限。

学校依法颁发学历证书和学位证书,学位分学士、硕士和博士三级。

第十七条　学校根据人才培养、知识创新、科技文化发展规律以及经济社会发展需要,统筹规划学科体系建设,自主设置和调整学科门类,促进多学科协调发展。

第十八条　学校可依法向为社会发展和人类文明进步作出杰出贡献的卓越学者和知名社会活动家授予名誉博士学位或其他荣誉称号。

第三章　学　生

第十九条　学生是指被学校依法录取、取得入学资格,具有学校学籍的受教育者。

第二十条　学校按照公开、公平、公正的招生原则,依据国家招生政策,自主制定人才选拔标准,建立健全分类考试、综合评价、多元录取的招生制度,招收具有良好综合素质和创新潜质的优秀学生。

第二十一条　学生在校期间依法享有以下权利:

(一)参加学校教育教学计划安排的各项活动,使用学校提供的教育教学资源;

(二)参加社会服务、勤工助学,参加党团组织、学生团体及文娱体育等活动;

(三)申请奖学金、助学金及助学贷款;

(四)在思想品德、学业成绩等方面获得公正评价,达到学校规定要求后获得相应的学历证书、学位证书;

(五)按规定条件和程序重新选择专业,跨学科、学院选修课程;

(六)公平获得在国内外深造学习和参加学术文化交流活动的机会;

(七)公平获得各级各类荣誉称号和奖励;

(八)知悉涉及个人切身利益的事项,对教学活动及管理、校园文化、后勤服务、校园安全等工作提出意见和建议;

(九)对学校给予的处分或者处理有异议,向学校提出申诉;

(十)法律、法规规定的其他权利。

第二十二条　学生在校期间依法履行下列义务:

(一)遵守宪法、法律、法规及学校管理制度;

(二)遵守学生行为规范,尊敬师长,养成良好的思想品德和行为习惯;

(三)努力学习,完成规定学业;

（四）遵守学术道德和学术规范，践行学术诚信；

（五）珍惜学校名誉，维护学校利益；

（六）按规定缴纳学费及有关费用，履行获得贷学金及助学金的相应义务；

（七）法律、法规规定的其他义务。

第二十三条　学校建立学生奖惩体系，对品学兼优的学生授予相应的荣誉称号以资鼓励，对违反校纪校规的学生按照学校规章规定给予相应的处罚。

第二十四条　学校建立学生学业支持体系，设立奖助学金、助学贷款、勤工助学等形式的资助项目，为学业期间遇到特殊困难的学生提供帮助。

第二十五条　学校建立学生权利保障机制和权益救济制度，支持学生参与学校民主管理，鼓励学生对学校工作提出批评和建议，规范学生申诉处理程序，维护学生的合法权益。

第二十六条　学校建立心理咨询服务体系，为学生提供心理辅导、心理测试、危机干预等心理咨询服务。

第二十七条　学校建立学生职业发展体系，为学生提供就业指导、创业教育等职业生涯规划服务。

第二十八条　学校提倡和支持学生开展课外科技竞赛和创新创业实践活动，鼓励学生参与教师的科研工作等。

第二十九条　在学校接受培训、继续教育、在职学习等其他类型的受教育者，依照学校规定和合同约定，享受相应的权利，履行相应的义务。

第四章　教职工

第三十条　学校教职工由教师、教学辅助人员及其他专业技术人员、管理人员和工勤人员等组成。

第三十一条　学校根据事业发展需要，实行按需设岗、公开招聘、公平竞争、择优聘用、合同管理的用人机制，建设素质优良、结构优化、富于创新精神和国际交流能力的高水平人才队伍。

第三十二条　学校对教职工实行如下任职制度：

（一）教师实行资格认证、专业技术职务评聘和岗位聘用制度；

（二）教学辅助人员及其他专业技术人员按规定实行资格认证，并实行专业技术职务评聘和岗位聘用制度；

（三）管理人员实行岗位聘用和教育职员制度；

（四）工勤人员实行工勤技能岗位聘用制度。

学校制定人事管理制度，对教职工定期进行考核，考核结果作为对各类人员续聘、解聘、晋升、奖励或者处分的依据。

第三十三条　学校教职工享有如下权利：

（一）依据有关规定合理使用学校的公共资源；

（二）公平获得自身发展所需的相应工作机会和条件；

（三）在品德、能力和业绩等方面获得公正评价；

（四）公平获得各级各类奖励及各种荣誉称号；

（五）知悉学校改革、建设、发展及涉及其切身利益的重大事项；

（六）参与学校民主管理，对学校工作提出意见和建议；

（七）就职务职称、福利待遇、评优评奖、纪律处分等事项表达异议和提出申诉；

（八）依据有关规定，获得国（境）内外访学、进修学习、培训等机会；

（九）法律法规、规章以及合同约定的其他权利。

第三十四条 学校教职工应履行如下义务：

（一）忠诚于人民的教育事业，为人师表，勤奋工作，尽职尽责；

（二）尊重和爱护学生，不得侵害学生利益，不得以不公平的方法对待学生；

（三）恪守职业道德，遵守学术道德规范；

（四）珍惜学校名誉，维护学校利益；

（五）遵守学校规章制度；

（六）法律、法规、规章以及合同约定的其他义务。

第三十五条 学校建立教职工奖惩体系，对为国家和学校做出突出贡献的教职工予以表彰奖励，对违反学校规章制度和聘用合同的教职工给予相应处分。

第三十六条 学校重视教职工在学校办学中的主体地位，建立健全教职工职业发展体系，为教职工提供事业发展平台，创造事业发展的条件和环境。

第三十七条 学校关心教职工切身利益，建立权利保障机制和权益救济制度，规范教职工申诉处理程序，维护教职工合法权益。

第三十八条 名誉教授、讲座教授、兼职教授、客座教授、访问学者、进修教师、在站博士后等人员，在本校从事教学、科研、进修活动期间，依据法律规定、政策规定、学校规定和合同约定，享有相应的权利，履行相应的义务。

第五章　管理体制与组织结构

第一节　一般规定

第三十九条 学校实行中国共产党北京邮电大学委员会（以下简称"学校党委"）领导下的校长负责制。

第四十条 学校按照党委领导、校长负责、教授治学、民主管理、社会参与的基本管理体系，健全决策权、执行权、监督权相互协调制约的权力结构和运行机制。

第四十一条 学校根据精简、高效原则，设置党政职能机构、教学科研机构、保障服务机构和其他机构，并配置其职权职责。

第四十二条 学校建立法律顾问制度，促进依法治校水平的提高。

第四十三条 学校实行党务公开和校务公开制度，及时向师生员工、离退休老同志等通报学校重大决策及实施情况。

第二节　学校党委

第四十四条　学校党委是学校的领导核心,统一领导学校工作,支持校长独立负责地行使职权。

第四十五条　学校设党委书记1名,副书记若干名。党委书记主持党委的全面工作,负责组织党委重要活动,协调党委领导班子成员工作,督促检查党委决议的贯彻落实,主动协调党委与校长之间的工作关系,支持校长开展工作。党委副书记协助党委书记工作。

第四十六条　学校党委履行下列主要职权职责：

（一）全面贯彻执行党的路线方针政策,贯彻执行党的教育方针,坚持社会主义办学方向,坚持立德树人,依法治校,依靠全校师生员工推动学校科学发展,培养德智体美全面发展的中国特色社会主义事业合格建设者和可靠接班人。

（二）讨论决定事关学校改革发展稳定及教学、科研、行政管理中的重大事项和基本管理制度。

（三）坚持党管干部原则,按照干部管理权限负责干部的选拔、教育、培养、考核和监督,讨论决定学校内部组织机构的设置及其负责人的人选,依照有关程序推荐校级领导干部和后备干部人选。做好老干部工作。

（四）坚持党管人才原则,讨论决定学校人才工作规划和重大人才政策,创新人才工作体制机制,优化人才成长环境,统筹推进学校各类人才队伍建设。

（五）领导学校思想政治工作和德育工作,坚持用中国特色社会主义理论体系武装师生员工头脑,培育和践行社会主义核心价值观,牢牢掌握学校意识形态工作的领导权、管理权、话语权。维护学校安全稳定,促进和谐校园建设。

（六）加强大学文化建设,发挥文化育人作用,培育良好校风学风教风。

（七）加强对学校学院等基层党组织的领导,做好发展党员和党员教育、管理、服务工作,发展党内基层民主,充分发挥基层党组织的战斗堡垒作用和党员的先锋模范作用。加强学校党委自身建设。

（八）领导学校党的纪律检查工作,落实全面从严治党主体责任,推进惩治和预防腐败体系建设。

（九）领导学校工会、共青团、学生会等群众组织和教职工代表大会。做好统一战线工作。

（十）讨论决定其他事关师生员工切身利益的重要事项。

第四十七条　学校党委实行集体领导与个人分工负责相结合,坚持民主集中制,集体讨论决定学校重大问题和重要事项。领导班子成员按照分工履行职责。

第四十八条　学校实行党员代表大会(以下简称"党代会")代表任期制和提案制。学校党委委员由党员代表大会选举产生,每届任期5年。学校党委设立常务委员会

（简称党委常委会），党委常委会由学校党委全体会议（简称党委全委会）选举产生，对党委全委会负责并定期报告工作。党委全委会在党代会闭会期间领导学校工作，党委常委会主持学校党委经常工作。

党委全委会会议、党委常委会会议坚持科学决策、民主决策、依法决策。党委全委会议由党委常委会召集，议题由常委会确定。党委全委会必须有 2/3 以上委员到会方能召开。表决事项时，以超过应到会委员人数的半数同意为通过。党委常委会会议由党委书记召集并主持。会议议题由学校领导班子成员提出，党委书记确定。会议必须有半数以上常委到会方能召开；讨论决定干部任免等重要事项时，应有 2/3 以上常委到会方能召开。表决事项时，以超过应到会常委人数的半数同意为通过。不是党委常委的行政领导班子成员可列席会议。

第四十九条 中国共产党北京邮电大学纪律检查委员会（以下简称学校纪委）是学校的党内监督机构，在学校党委和上级纪委的领导下开展工作，协助学校党委开展党风廉政建设和反腐败工作，落实党风廉政建设监督责任。学校纪委根据相关规定履行职权职责。

第三节　学校行政

第五十条 学校设校长 1 人，副校长若干人，总会计师 1 人。根据工作需要设校长助理岗位。

第五十一条 校长是学校的法定代表人，在学校党委领导下，贯彻党的教育方针，组织实施学校党委有关决议，全面负责教学、科研、行政管理工作。

第五十二条 校长行使下列职权职责：

（一）组织拟订和实施学校发展规划、基本管理制度、重要行政规章制度、重大教学科研改革措施、重要办学资源配置方案。组织制定和实施具体规章制度、年度工作计划。

（二）组织拟订和实施学校内部组织机构的设置方案。按照国家法律和干部选拔任用工作有关规定，推荐副校长人选，任免内部组织机构的负责人。

（三）组织拟订和实施学校人才发展规划、重要人才政策和重大人才工程计划。负责教师队伍建设，依据有关规定聘用与解聘教师以及内部其他工作人员。

（四）组织拟订和实施学校重大基本建设、年度经费预算等方案。加强财务管理和审计监督，管理和保护学校资产。

（五）组织开展教学活动和科学研究，创新人才培养机制，提高人才培养质量，推进文化传承创新，服务国家和地方经济社会发展，把学校办出特色、争创一流。

（六）组织开展思想品德教育，负责学生学籍管理并实施奖励或处分，开展招生和就业工作。

（七）做好学校安全稳定和后勤保障工作。

（八）组织开展学校对外交流与合作，依法代表学校与各级政府、社会各界和境外机构等签署合作协议,接受社会捐赠。

(九)向党委报告重大决议执行情况,向教职工代表大会报告工作,组织处理教职工代表大会、学生代表大会、工会会员代表大会和团员代表大会有关行政工作的提案。支持学校各级党组织、民主党派基层组织、群众组织和学术组织开展工作。

(十)履行法律法规和学校章程规定的其他职权。

第五十三条 校长行使职权、履行职责,实行校长统一领导、副校长分工负责、行政职能部门和教学科研机构组织实施的工作机制。

第五十四条 校务会议是学校行政议事决策机构,是校长行使职权的基本形式。校务会议由校长召集并主持。会议成员一般为学校行政领导班子成员。会议议题由学校领导班子成员提出,校长确定。会议必须有半数以上成员到会方能召开。校长应在广泛听取与会人员意见基础上,对讨论研究的事项作出决定。党委书记、副书记、纪委书记等可视议题情况参加会议。主要讨论决定以下事项:

(一)贯彻执行党和国家的路线方针政策和法律、上级重要指示决定和学校党委决议的实施方案和重要措施。

(二)讨论落实学校党委关于学校办学方针、指导思想、发展规划、重大改革方案等决定的实施意见和重要措施。

(三)研究学校年度工作计划的实施、学期工作安排、校长工作报告和向上级的重要请示。

(四)制定实施教学计划和教学改革方案,检查评估教学质量;制定实施学科建设规划、科研发展规划,开展科技创新与成果转化工作;制定实施师资队伍和管理队伍建设规划。

(五)讨论落实加强思想政治工作,建立以校长、行政系统为主实施的德育管理体制,组织引导教职工结合本职工作开展教书育人活动。

(六)讨论落实党委决定的经费筹措、资产管理、财务预算、大额资金使用、基建项目、审计监察、学校合法权益的维护等事项。

(七)根据有关法律法规,健全教学、科研、行政与学生管理等规章制度,完善行政管理体系。

(八)讨论确定召开教学科研、行政管理、学生工作等业务性工作会议,协调部署全校性的行政工作,听取院部(处)重要工作汇报。

(九)讨论决定教职员工聘用与解聘、学生学籍管理与奖惩事项。

(十)讨论处理教职工代表大会、学生代表大会、工会会员代表大会和团员代表大会等有关行政工作的提案,以及关系师生员工切身利益的其他重要事项。

(十一)依照法律法规或受学校党委委托由校务会议讨论决定的其他事项。

校务会议根据学校行政管理工作安排议题,按照集体讨论、校长决定的方式,决策行政管理中的重要问题。校务会议议事规则由学校另行制定,加以规范。

第五十五条 学校设立监察委员会。监察委员会由相关部门负责人、民主党派代表、教职工代表、学生代表等组成,其主要职权职责是对学校内设机构及其人员实施监察,独立、全面履行行政监察职能。监察委员会日常办事机构设在学校监察部门。监察委员会对校长负责。

第四节 学术组织

第五十六条 学校设立校学术委员会。校学术委员会是学校统筹行使学术事务决策、审议、评定和咨询等职权的最高学术机构,是强化专家学者在学校学术工作中的主体地位,保障学校学术决策规范、科学的组织。

第五十七条 校学术委员会的学术决策、审议、评定与咨询工作遵循学术规律,尊重学术自由,坚持学术平等,鼓励学术创新,促进学术发展和人才培养,提高学术质量;公平、公正、公开地履行职责,保障教师、科研人员和学生在教学、科研和学术事务管理中充分发挥主体作用,促进学校科学发展。

第五十八条 学校应当充分发挥和尊重校学术委员会在学术事务上的职权职责。下列事务决策前,应当提交校学术委员会审议,或交由校学术委员会审议并直接作出决定:

(一)学科、专业及教师队伍建设规划,以及科学研究、对外学术交流合作等重大学术规划;

(二)自主设置或者申请设置学科专业;

(三)学术机构设置方案,交叉学科、跨学科协同创新机制的建设方案、学科资源的配置方案;

(四)教学科研成果、人才培养质量的评价标准及考核办法;

(五)学位授予标准及细则,学历教育的培养标准、教学计划方案、招生的标准与办法;

(六)学校教师职务聘用的学术标准与办法;

(七)学术评价、争议处理规则,学术道德规范;

(八)学术委员会专门委员会组织规程,学术分委员会章程;

(九)学校认为需要提交审议的其他学术事务。

实施以下事项,涉及对学术水平作出评价的,应当由学术委员会或者其授权的学术组织进行评定:

(一)学校教学、科学研究成果和奖励,对外推荐教学、科学研究成果奖;

(二)高层次人才引进岗位人选、名誉(客座)教授聘用人选,推荐国内外重要学术组织的任职人选、人才选拔培养计划人选;

(三)自主设立各类学术和科研基金、科研项目以及教学、科研奖项等;

(四)需要评价学术水平的其他事项。

学校作出下列决策前,应当通报校学术委员会,由校学术委员会提出咨询意见:

(一)制定与学术事务相关的全局性、重大发展规划和发展战略;

（二）学校预算决算中教学、科研经费的安排和分配及使用；
（三）教学、科研重大项目的申报及资金的分配使用；
（四）开展中外合作办学、赴境外办学，对外开展重大项目合作；
（五）学校认为需要听取校学术委员会意见的其他事项。

校学术委员会对上述事项提出明确不同意见的，学校应当作出说明、重新协商研究或者暂缓执行。

校学术委员会按照有关规定及学校委托，受理有关学术不端行为的举报并进行调查，裁决学术纠纷。

校学术委员会建立年度学术报告制度，并提交教职工代表大会审议。

校学术委员会指导学校主办、协办的学术刊物的编辑与出版，支持校科学技术协会及其他挂靠学校的学术团体的工作。

第五十九条 校学术委员会委员由学术造诣高、学风端正、公道正派、有参与学术议事的意愿和能力，能够正常履行职责的校内教授或其他正高级专业技术职务人员组成。可聘请校外著名专家担任学术委员会特别委员。

第六十条 校学术委员会委员由院级学术委员会提名，根据学科与教师规模确定人数并选举产生。其中，担任学校及职能部门党政领导职务的委员，不超过委员总人数的1/4；不担任党政领导职务及院系主要负责人的专任教授，不少于委员总人数的1/2。主任委员由校长提名，全体委员选举产生。

校学术委员会的议事规则按照《北京邮电大学学术委员会章程》规定执行。

第六十一条 校学术委员会委员实行任期制，任期为4年，可连选连任，但连任最长不超过2届。校学术委员会每次换届，连任的委员人数应不高于委员总数的2/3。

第六十二条 校学术委员会下设学位评定委员会、职称评定委员会、学术活动与学术道德建设委员会等专门委员会。校学术委员会结构可根据学术发展需要进行适当调整。

第六十三条 校学术委员会在学院等二级教学科研单位实行院级学术委员会制度。院级学术委员会根据相关规定产生并开展工作，向校学术委员会报告工作，接受校学术委员会的指导和监督。

第六十四条 学位评定委员会是学校按照国务院学位委员会授权，作出授予或撤销学位的决定、审议学校学位工作的机构。学位评定委员会成员依据国务院学位委员会有关规定聘任。学位评定委员会实行民主集中制的议事原则，重大问题须通过表决决定。

第六十五条 职称评定委员会是学校专业技术职务的评定机构。职称评定委员会实行民主集中制的议事原则，重大问题须通过表决决定。

第六十六条 学术活动与学术道德建设委员会是组织开展学术活动，并对学校学术规范、学术道德和学风建设进行指导和咨询的机构。学术活动与学术道德建设委员会实行民主集中制的议事原则，重大问题须通过表决决定。

第五节 教职工代表大会

第六十七条 教职工代表大会(以下简称"教代会")是全体教职工在学校党委领导下依法行使民主权利、参与民主管理和民主监督工作的基本形式。教代会的组织原则是民主集中制。

第六十八条 教代会履行以下职权职责：

(一)听取学校章程草案制定和修订情况报告,提出修改意见和建议；

(二)听取学校发展规划、教职工队伍建设、教育教学改革、校园建设以及其他重大改革和重大问题解决方案的报告,提出意见和建议；

(三)听取学校年度工作、财务工作、工会工作报告以及其他专项工作报告,提出意见和建议；

(四)讨论通过学校提出的与教职工利益直接相关的福利、校内分配实施方案以及相应的教职工聘用、考核、奖惩办法；

(五)审议学校上一届(次)教代会提案办理情况报告；

(六)按照有关工作规定和安排评议学校领导干部；

(七)监督学校章程、规章制度和决策的落实,提出整改意见和建议；

(八)讨论法律、法规、规章规定的以及学校工会商定的其他事项。

第六十九条 教代会代表以教师为主体,教师代表不得低于代表总数的60%,并保证一定比例的青年教师和女教师代表。教代会代表实行任期制,每届任期5年,可以连选连任。教代会每学年应至少召开一次全体会议,其意见和建议以会议决议的方式作出。

第七十条 教代会设主席团。主席团是教代会的常设领导机构,其成员从教代会代表中推选产生,在教代会闭会期间负责主持日常工作。

校工会委员会为教代会的工作机构。

第七十一条 学校实行二级教代会制度。二级教代会在校教代会指导下,参照校教代会制度规定,组织开展本单位民主管理和民主监督工作。

第六节 工会

第七十二条 校工会委员会(以下简称"校工会")在学校党委和上级工会组织的领导下,依照《中华人民共和国工会法》和《中国工会章程》独立自主开展工作,全面履行工会职能,维护教职工的合法利益和民主权利,发挥工会组织联系群众的桥梁和纽带作用。

第七十三条 校工会的主要职能：

(一)依法维护教职工的政治权利、劳动权利和物质文化利益,参与协调劳动关系,促进和谐校园建设与发展；

(二)动员和组织教职工积极参加学校的改革发展工作,完成学校的中心任务；

（三）代表并组织会员依照相关法律法规，参与学校民主管理和民主监督工作；

（四）引导教职工不断提高思想道德素质和科学文化素质，建设有理想、有道德、有文化、有纪律的教职工队伍。

第七十四条 校工会会员代表大会是学校工会组织的最高权力机构。校工会委员会是会员代表大会的常设机构，由会员代表大会民主选举产生，一般每届任期5年，可以连选连任。校工会委员会对会员代表大会负责并报告工作。

第七十五条 学校工会组织设置校工会、分工会、工会小组三级。学校各级工会组织坚持民主集中制原则。

第七节 共青团、学生组织

第七十六条 共青团北京邮电大学委员会（简称共青团）在学校党委和上级团组织的领导下，围绕学校党政工作中心，加强大学生思想政治教育、服务青年学生成长成才、促进校园文化建设。学校支持共青团按照团章独立自主地开展工作，充分保证共青团工作正常开展的需要。

第七十七条 学生会、研究生会是在上级党的领导、团的指导下，学生自己的群众组织；是学生自我服务、自我管理、自我教育的主体组织，代表学生根本利益；是学校党政联系广大同学的主要桥梁和纽带；是完善学校内部治理结构的重要力量。

学生会、研究生会按照民主集中制的组织原则，依照国家的法律、法规、学校规章制度和各自章程，行使职权，履行职责。学生代表大会以及研究生代表大会是全校本科学生以及研究生参与学生事务的最高权力机构。

第七十八条 经学校批准，学生可以在校内成立学生社团组织，在法律、法规和学校规定的范围内开展活动，并服从学校的领导和管理。

第八节 学校其他组织

第七十九条 校内各民主党派及社会团体按照宪法、法律、法规、学校规章制度以及各自章程独立自主地开展活动，参与学校民主管理和民主监督工作，发挥其在学校改革发展建设中的作用。

第八十条 附属于学校的具有独立法人资格的单位，依照法律、法规和学校制度规定实行相对独立的运营与管理。

第八十一条 学校可以与公民、法人和其他组织缔结协议，联合设立教育科研组织机构，开展合作办学、合作研究与技术开发、社会服务等活动。

联合设立的教育科研组织机构依照法律、法规和学校规定实行相对独立的运营与管理。

第六章 教学与科研机构

第八十二条 学校根据人才培养、学科专业建设以及科学研究的需要设置若干学院(研究院),并可根据发展需要适时予以调整。学院(研究院)可根据需要,提出设立系、教研中心、研究中心、研究所等三级教学科研机构方案,报学校审批。

其他具有独立建制的二级教学科研机构,根据学校规定,享有与学院(研究院)相同或相应的权利和义务。

第八十三条 学校实行校、院两级管理,院为基础的管理体制。学校本着事权相宜和权责一致的原则,在人、财、物等方面赋予学院(研究院)相应的管理权力,并通过指导、监督和评估等方式,促进学院(研究院)相对独立地自主运行。学院(研究院)作为人才培养、科学研究、学科建设、社会服务和文化传承创新等活动的具体组织实施单位,在学校授权范围内实行民主管理,依法依规管理和使用本学院(研究院)的办学资源。

第八十四条 学院(研究院)的主要职权职责:

(一)根据学校规划、规定,制定学院(研究院)发展规划;

(二)制定并组织实施学科专业建设、师资队伍建设、课程建设及教学计划,组织开展科学研究和其他学术活动;

(三)提出学院(研究院)本科生年度招生计划,报学校本科生招生委员会审批;拟定学院(研究院)的研究生招生录取名单,报学校研究生招生委员会审批;

(四)设置内部机构,制定内部工作规则和办法,考核并评价学院(研究院)教职工,决定学院(研究院)人员的岗位聘用和管理;

(五)负责学生的教育与管理,就学生的奖惩提出意见;

(六)管理和使用学院(研究院)办学经费和资产;

(七)负责学院(研究院)社会服务活动;

(八)在学校统一领导下开展与港澳台等地区及其他国家的国际交流与合作;

(九)行使学校赋予的其他职权。

第八十五条 学院(研究院)设院长1名,副院长若干名。院长、副院长采取民主推荐、组织推荐等方式进行选拔或公开招聘产生,经学校党委批准,校长聘任。

第八十六条 院长是学院(研究院)行政主要负责人,全面负责学院(研究院)的教学、科学研究、学科建设、对外交流和其他行政管理工作。副院长协助院长工作。院长定期向本学院(研究院)全体教职工、教职工代表大会报告工作。

第八十七条 学院(研究院)党委发挥政治保障作用,负责学院(研究院)的党建和思想政治工作,保证党和国家路线、方针、政策和学校各项决定在本学院(研究院)的贯彻执行,支持院长规范履行职责,对学院(研究院)的改革发展、稳定负有重要责任。

第八十八条 学院(研究院)党委的主要职权职责:

(一)宣传、执行党的路线方针政策及学校各项决定,并为其贯彻落实发挥保证监督作用;

(二)加强党组织的思想建设、组织建设、作风建设、制度建设和反腐倡廉建设。具体指导党支部开展工作;

（三）领导学院（研究院）的思想政治工作；

（四）做好学院（研究院）党员干部的教育和管理工作；

（五）领导学院（研究院）工会、共青团、学生会、研究生会等群众组织和教职工代表大会。

第八十九条 学院（研究院）实行党政联席会议制度。党政联席会议是学院（研究院）的决策机构，根据议事规则讨论决定人才培养、科学研究、学科建设、师资队伍建设、思想政治工作和行政管理等事务，并接受师生员工的监督。

第九十条 为充分发挥教授在学院（研究院）治学中的重要作用，学院（研究院）在学校指导下根据工作需要可设立教授会。教授会作为学院（研究院）的学术自治组织，依其章程自主开展工作。

第七章 经费、资产、后勤

第九十一条 学校经费来源形式包括财政补助收入、教育收入、上级补助收入、附属单位上缴收入、经营收入和其他收入。

学校积极拓展办学经费来源，多渠道、多层面筹措教育经费，增加办学资源。

第九十二条 学校实行"统一领导、分级管理"的财务管理体制，建立健全财务预决算、内部控制、经济责任、绩效管理、财务信息公开和审计监督等制度，完善运行机制，保证资金运行安全，并接受有关部门和社会各界的监督。

第九十三条 高校国有资产包括用国家财政资金形成的资产、国家无偿调拨给高校的资产、按照国家政策规定运用国有资产组织收入形成的资产、接受捐赠等经法律确认为国家所有的其他资产，其表现形式为流动资产、固定资产、在建工程、无形资产和对外投资等。学校对所占有、使用的国有资产，依法进行自主管理和使用。

第九十四条 学校依法保护并合理利用学校以及与学校权益关系的专利权、商标权、著作权、土地使用权、非专利技术、名誉权和荣誉权等无形资产。

第九十五条 学校建立健全资产管理制度，实行"统一领导、归口管理、分级负责、责任到人"的国有资产管理机制，合理配置办学资源，提高资源使用效率，实现资产保值增值。

第九十六条 学校坚持勤俭办学的方针，开源节流，建设节约型校园。

第九十七条 学校建立健全后勤管理和服务体系，做好师生员工的后勤保障和服务工作，提高后勤服务质量和效率。

第八章 外部关系

第九十八条 学校广泛开展对外合作与交流，加强与各级政府、社会团体、企业、科研院所、高等院校的联系，共同建立教学科研基地、人才培养基地、成果转化机构等，推动协同创新，为促进经济社会发展服务。

第九十九条 学校与海外知名教育和研究机构建立长期稳定的学术合作关系，引进海外优质教育资源,参与高等教育和科学研究工作的国际合作与交流。

第一百条 学校设立理事会。理事会是由热衷教育事业,关心和支持学校事业发展的杰出校友、社会贤达、知名企业家、政府部门代表、行业组织代表等校内外各界人士组成的咨询机构。理事会参与学校办学定位、发展战略规划等重大事务的咨询、评议,对学校办学质量与效益进行监督评议,促进学校与政府、行业、企业和社会各界长期紧密联系与合作,筹措办学资源,支持学校各项事业发展。

第一百零一条 学校设立校友总会,通过全国地方校友会和海外校友会等渠道,以多种方式广泛联系和服务校友,鼓励校友参与学校的建设与发展,为校友的继续教育和培训提供便利和条件。

第一百零二条 学校依法设立教育基金会。教育基金会接受社会各界、企事业单位和个人的捐赠,用于支持学校教育事业发展。学校在充分尊重捐赠人意愿的前提下,按照科学、规范、高效的原则使用捐赠资金。

第一百零三条 学校通过实行的信息公开制度,及时向社会发布办学信息,主动接受社会监督和评价。

第九章 校徽、校歌、校庆日

第一百零四条 学校校徽包括徽志和徽章。

学校徽志是同心双圆套圆形徽标。环形带内书写中英文校名;内环中间图案上部为展翅飞翔的鸿雁,下部为抛物面天线,寓示着古代鸿雁传书到现代高科技薪火相传,并凸显学校信息通信科技特色。

学校徽章为长方形证章,其中教职工证章为深红色底白字,研究生证章为橘红色底红字,本科生证章为白底红字。

第一百零五条 校歌:《传邮万里》。

第一百零六条 校庆日:公历10月18日。

第十章 附 则

第一百零七条 本章程的制定经教职工代表大会讨论,由校务会议审议后,提交学校党委会审定,并经学校法定代表人签发上报国务院教育行政部门核准。

本章程的修订,原则上应遵循上述程序。

第一百零八条 本章程是学校运行的基本规范,其施行后学校制定、修订各类规章制度不得与本章程相抵触。

第一百零九条 本章程由学校党委或由其授权学校党委常委会负责解释。

第一百一十条 本章程经核准后,自公布之日起施行。

编　后　语

北邮五秩华诞的祝福之音犹在耳畔，又将迎来六十甲子。作为校庆献礼的一部分，学校决定续写十年（2006—2015年）的北邮校史。

校史编撰意义深远、责任重大，随着经济全球化、社会信息化速度的加快，北邮迎来了新一轮的发展机遇和挑战。这十年，北邮人凝心聚力，做出了一些骄人的成绩，确实值得大书特书。在发展道路上，失误在所难免。如何落墨让编者很是绞尽脑汁。当代史最难写。好在我们有开明的校领导，从不在任何问题上给我们预先设定条条框框，使我们能够放开手脚，享受到最大限度的修史自由。也好在我们有良好的团队，大家有共同的修纂理念，即尽可能实录史事，而少论其是非得失，偶有倾向性评判，也必以论事不论人为底线。所有这些，既保证了我们工作的顺利进行，也保证了《北京邮电大学校史(1955—2015年)》的客观真实性。

续写过程中得到校档案馆的大力支持，其保存的十年来的完整档案资料为我们查阅历史文献和有关资料提供了有效的帮助。各职能处室和学院为搜索材料也给我们提供了很大的方便。《北京邮电大学校史(1955—2015年)》在体例上沿袭编年体的框架，对学校的重大历史事实和发展轨迹做了全景式的客观描述，对各院系(中心)、学校行政管理部门和直属单位的情况述及极少。

《北京邮电大学校史(1955—2015年)》中的文字、数据均采用我校档案馆和学校相关部门所存的档案和文件以及公开正式出版的文字材料，编者只对材料数据的出处负责。全书分工执笔情况如下：第一章许云龙；第二章任德恭；第三章陈家瑞；第四章王启霄；第五章张志刚；第六章王性毅；第七章吕文彬；第八章李秀峰、严潮斌；第九章方明东；第十章程玉红、李秀峰、方明东；第十一章方明东；第十二章李全喜。高纪春代表编委会写了前言。王欢对第十一章、第十二章进行了修改审定。张静、祝阳对大事记部分进行了统计、补充。出版社代根兴为该书的审核付出了辛勤努力。

由于水平有限，时间仓促，编撰中疏漏和错误之处在所难免，敬请读者批评指正！

编　者
2015年9月